二〇一九年湖南汨罗屈原与楚辞学国际学术讨论会暨中国屈原学会第十八届年会论文

# 中国楚辞学

## 第三十辑

中国屈原学会 编

主办

北京市哲学社会科学研究基地 北京语言大学首都国际文化研究基地
江苏高校哲学社会科学重点研究基地南通大学楚辞研究中心
中国屈原学会汨罗屈原文化研究院

协办
湖南省社科研究基地湖南理工学院屈原文化研究基地

学苑出版社

图书在版编目（CIP）数据

中国楚辞学. 第三十辑 / 中国屈原学会编. —北京：学苑出版社，2021.11
ISBN 978-7-5077-6302-7

Ⅰ.①中… Ⅱ.①中… Ⅲ.①楚辞研究—中国—丛刊 Ⅳ.① I207.223-55

中国版本图书馆 CIP 数据核字（2021）第 234407 号

责任编辑：李蕊沁　战葆红
出版发行：学苑出版社
社　　址：北京市丰台区南方庄 2 号院 1 号楼
邮政编码：100079
网　　址：www.book001.com
电子信箱：xueyuanpress@163.com
联系电话：010-67601101（营销部）　010-67603091（总编室）
印　刷　厂：河北赛文印刷有限公司
开本尺寸：787×1092mm　1/16
印　　张：35.25
字　　数：705 千字
版　　次：2021 年 11 月第 1 版
印　　次：2021 年 11 月第 1 次印刷
定　　价：120.00 元

# 编　委　会

**顾　问**　　谭家健　　陈怡良（中国台湾）　　李炳海　　崔富章　　毛　庆
　　　　　　赵逵夫　　蒋南华　　潘啸龙　　章必功　　殷光熹　　张崇琛

**主　编**　　方　铭　　周建忠　　彭千红

**编　委**　　程本兴　　蔡靖泉　　陈连山　　常　森　　陈书良　　戴永新
　　　　　　冯良方　　傅利民　　方　铭　　郭　丹　　郭　杰　　郭建勋
　　　　　　龚红林　　黄崇浩　　黄凤显　　黄金明　　黄灵庚　　何新文
　　　　　　黄震云　　金荣权　　李　诚　　刘　刚　　林家骊　　李金善
　　　　　　罗　漫　　廖　群　　刘生良　　刘石林　　刘毓庆　　力　之
　　　　　　李洲良　　凌智民　　彭千红　　钱　征　　汤　洪　　谭家斌
　　　　　　汤漳平　　王德华　　吴广平　　王孝强　　谢　君　　熊良智
　　　　　　徐文武　　徐志啸　　杨生虎　　尹小林　　姚小鸥　　叶子衡
　　　　　　周秉高　　詹福瑞　　张宏洪　　张俊伟　　周建忠　　赵敏俐
　　　　　　张　强　　张庆利　　朱闻宇　　周　征　　林登顺（中国台湾）
　　　　　　鲁瑞菁（中国台湾）　　邓国光（中国澳门）　　黄耀坤（中国香港）
　　　　　　大野圭介［日本］　　谷口洋［日本］　　朴永焕［韩国］
　　　　　　吴万钟［韩国］　　白　马［德国］

**编辑部**　　谢　君　　朱闻宇　　王孝强

# 目 录

**汉唐楚辞学研究**

《天问章句》所涉部分齐人齐事考……………………………………………………郭 丽(1)
论王逸引《诗》……………………………………………………………………大野圭介(8)
汉楚辞诵读考论………………………………………………………………………汤 洪(14)
《楚辞章句》对《九歌》的经学阐释………………………………………………董方伯(23)
敦煌残卷《楚辞音》所代表的时代与楚辞音义文献的产生………………………牟 歆(36)

**宋元楚辞学研究**

《楚辞集注》《楚辞补注》注释方法之比较……………………………………张 强 任 刚(50)
朱熹《楚辞后语》中的作家论………………………………………………………谢 君(61)
宋代楚辞学者的《天问》宇宙观
　　——以洪兴祖、杨万里、朱熹为例………………………………………李国荣(74)
晚宋方澄孙的《诗》《骚》正变论推源……………………………………………张祝平(87)
论元代科举与《楚辞》………………………………………………………………陈 静(96)

**明清楚辞学研究**

明人何乔远《释骚·离骚解》简介与评析…………………………………………郭 丹(107)
《楚词笺注》所依底本杂说…………………………………………………………刘树胜(116)
明代赋论中的《楚辞》评论…………………………………………………………李征宇(129)
略析毛奇龄《天问补注》的训诂特色………………………………………………黄建荣(140)
郭焯莹楚辞学平议
　　——以湖南师范大学图书馆藏郭著稿抄本为中心…………………………陈松青(150)
《楚辞串解》作者陈大文里籍考辨…………………………………………………陈 欣(180)
论刘梦鹏《屈子章句》注释对《楚辞》的阐释……………………………………胡 彦(185)
吴汝纶楚辞评点及其价值……………………………………………………………谢模楷(193)

## 现当代楚辞学研究

蒋天枢《楚辞论文集》提要及简评 …………………………………… 刘生良(204)

鲁迅《汉文学史纲要》的楚辞书写 …………………………………… 柯混瀚(210)

何天行《〈楚辞〉作于汉代考》综评 …………………………………… 钟兴永(219)

主题突破　笔意纵横
　　——读许瑞哲《屈原儒道思想探微》 ……………………………… 陈怡良(227)

中国屈原学会举办重要学术会议纪略 ………………………………… 钟兴永(241)

## 楚辞来源研究

屈原"楚辞"与《诗经》中的远行意象 …………………………………… 李树军(270)

论越文化对《楚辞》的影响 ……………………………………………… 吴从祥(276)

屈赋源起《诗经》论质疑 ………………………………………………… 邓　稳(283)

浅析楚辞产生的必然性 ………………………………………………… 韩新卫(299)

## 屈原及楚辞文学影响研究

骚体赋与屈原 …………………………………………………………… 高一农(302)

试论元代文人对屈原和陶渊明的接受 ………………………………… 叶志衡(317)

王鹏运词对屈骚的接受 ………………………………… 刘红麟　朱银花(329)

皮锡瑞《师伏堂诗草》与晚清湖湘士人的屈骚情结 …………………… 李有梁(340)

韩愈诗中的楚骚情怀
　　——以其骚体诗为例 ……………………………………………… 汤家岳(349)

肯为青山老白头
　　——连横诗歌的屈骚精神 ………………………………………… 尚志会(360)

从徘徊难进到屈曲之美
　　——屈原对"容与"的使用及文学意义 …………………………… 管宗昌(369)

屈原《天问》写作方式对刘向《列女传》的影响 ………………………… 史常力(379)

台湾赋中之屈骚意涵 …………………………………………………… 欧天发(386)

隐居的诗学：士不遇焦虑的消解及文学书写 ………………………… 邹福清(395)

追寻的悲歌
　　——商隐《燕台四首》主旨新论及其对屈骚的接受 ……………… 张学松(410)

屈子诗学的艺术范式及当代启示 ……………………………………… 刘勇刚(421)

《楚辞》创伤书写的时空建构及其对《文选》哀伤赋作的影响 ………… 赵俭杰(431)

"友其人于冥寞,续微学之将坠"
　　——论大、小苏对屈宋的接受……………………………………彭安湘(440)
《离骚》寂寞千年后
　　——论南宋骚雅词观与词境……………………………………苏慧霜(451)
论当代"新楚辞"的主题、文体特征及创作承传路径
　　……………………龚红林　李文钰　罗瑾瑜　尹　倩　温玉清　孙汝兰(469)

## 赋体文学研究

文士主体性研究视域下的西汉前期骚体赋……………………………陈咏红(484)
《九思》与王逸所处的立场……………………………………………谷口洋(495)
王逸《九思》中的"情"与"景"……………………………………甄　桢(509)
崇礼家范与谢庄骚、颂一体文风的形成………………………………孙　宝(517)
论《招隐士》的文体及《招隐》琴曲…………………………………姚鹏举(529)
试论中古辞赋与奏议的关系……………………………………………冷卫国(542)

# 《天问章句》所涉部分齐人齐事考

山东理工大学齐文化研究院　郭　丽

《天问》："齐桓九会,卒然身杀。"今对导致齐桓公"卒然身杀"的人物与历史背景作出探讨。王逸《章句》云："言齐桓公任管仲,九合诸侯,一匡天下。任竖刁、易牙,子孙相杀,虫流出户。"言齐桓公任用管仲的时候,能够多次使诸侯会盟,匡正天下将倾的颓势;齐桓公任用竖刁、易牙,导致齐国内政混乱,齐桓公死不得其所;他的子孙卷入君位的争夺中,导致齐桓公久死不葬;桓公遗体生的虫,都爬出了户外。《史记·齐太公世家》记载:"管仲卒,五公子皆求立。冬十月乙亥,齐桓公卒。易牙入,与竖刀因内宠杀群吏,而立公子无诡为君。太子昭奔宋。桓公病,五公子各树党争立。及桓公卒,遂相攻,以故宫中空,莫敢棺。桓公尸在床上六十七日,尸虫出于户。"①

一

《天问》"卒然身杀"的历史人物与事件可与上博简(五)《鲍叔牙与隰朋之谏》结合起来加以考证。简文记载齐地发生日食之后,齐桓公问讯日食发生的原因,及如何消除可能带来的灾害②。鲍叔牙和隰朋提出谏议,认为桓公应当远离女色,重视民众生活,减轻税收,远离竖刁与易牙。齐桓公听取谏议,采取措施,取得很好的效果。

上博简(五)《鲍叔牙与隰朋之谏》中,隰朋与鲍叔牙谏议齐桓公说:"或以竖刁与易牙为相,二人也,朋党群丑,娄朋娶与……不以邦家为事,从公之所欲更。"又云:"今竖刁匹夫而欲知万乘之邦而贵尹,其为灾也深矣;易牙之邪者食人,其为不仁厚矣。"③ 日食发生的时候,竖刁、易牙在齐桓公朝为主要的官员,二人结交朋党,纵容齐桓公的个人喜好,不关心齐国的国事,为达到个人目的,对齐国的政治造成危害。鲍叔牙和隰朋认为,竖刁、易牙是奸邪之人,此与历史文献记载吻合。《说苑·贵德》:"竖刀、易牙,毁体杀子以干利,卒为贼于齐。"竖刁、易牙在齐桓公去世之前,逐渐掌握了国家权力。他们在齐桓公去世

---

① 司马迁:《史记》,北京:中华书局,1959 年,第 1494 页。
② 关于日食发生的时间,研究者有多种论说,笔者专文做出考察,认为日食发生的时间,当在齐桓公四十一年,即管仲去世前后这段时间,参见郭丽:《简帛文献与〈管子〉研究》,北京:方志出版社,2015 年,第 117—123 页。
③ 释文参见李学勤:《鲍叔牙与隰朋之谏释读》,《文物》,2006 年第 6 期。

之后，拥立新君，造成国内局势混乱。《春秋繁露·灭国下》："齐桓卒，竖刁、易牙之乱作。"《说苑·权谋》："及桓公殁，竖刁、易牙乃作难。"他们拥立公子无诡①做国君，纯粹是为了捞取政治资本，无所谓政治抱负与政治主张。竖刁、易牙拥立新的国君，齐桓公的其他儿子亦不甘示弱，前后共有五个儿子争夺王位，王位不断易人，影响了齐国的稳定，导致齐国的霸主地位丧失。

## 二

竖刁，《左传》作"寺人貂"，杜预《注》曰："寺人，内奄官，竖貂也。"《史记·齐太公世家》作"竖刀"，"刀"与"刁"通。现有数据中，对竖刁记载最早的是《左传·僖公二年》："齐寺人貂始漏师于多鱼。"僖公二年为公元前658年，此是齐桓公二十八年。杜预《注》曰："齐桓多嬖宠，内则如夫人者六人，外则幸竖貂、易牙之等，终以此乱国。传言貂于此始擅贵宠，漏泄桓公军事，为齐乱张本。"孔颖达《疏》曰："此人名貂，幼童为内竖之官，以为齐侯所宠，后虽年长，遂呼为竖貂焉。此时为寺人之官，故称寺人貂也。言漏师者，漏泄师之密谋也。漏师已是大罪，此云始者，言其终又甚焉。"②则竖刁掌握权力甚早。当时，齐国非常强盛，管仲全面管理齐国行政，隰朋、鲍叔牙、宁戚、宾胥无诸位卿大夫也各有重任③，在此种情况下，竖刁仍然掌握了部分政权，并在外交上泄露齐国的国家机密，其本性逐渐显露。

竖刁为获得齐桓公的信任，做出巨大牺牲。齐桓公喜好女色，后宫人数众多，很混乱，竖刁自宫来管理后宫。《韩非子·二柄》："齐桓公妒而好内，故竖刁自宫以治内。"管仲早已看到这个问题，故临终之前，谏议齐桓公驱逐竖刁。《史记·齐太公世家》记载，管仲生病危，与齐桓公讨论接替其职位的人选，管仲认为竖刁"自宫以适君，非人情，难亲"④。

---

① 《史记》无诡，《左传》作"无亏"。
② 孔颖达：《春秋左传正义》，北京：中华书局影印阮元校刻十三经注疏，1980年，第1791页。杨伯峻：《春秋左传注》曰："寺人，宦官之为宫中侍御者，《周礼·天官》有寺人之官。貂，竖貂。《国语》《管子》《吕氏春秋》《说苑》诸书'竖貂'并作'竖刁'……多鱼，高士奇《地名考略》以为或在今河南省虞城县界。"北京：中华书局，1981年，第283页。
③ 《国语·齐语》：齐桓公"唯能用管夷吾、宁戚、隰朋、宾胥无、鲍叔牙之属而伯功立。"上海：上海古籍出版社，1998年，第247页。
④ 司马迁：《史记·齐太公世家》，北京：中华书局，1959年，第1492页。《管子》亦有记载，根据黎翔凤《管子校注·小称》，管仲说："公喜宫而妒。竖刁自刑，而为公治内。人情非不爱其身也，于身之不爱，将何有于公？"北京：中华书局新编诸子集成本，2004年，第608页。《管子校注·戒》中也有管仲对齐桓公说："今夫竖刁，其身之不爱，焉能爱君？君必去之。"同上，第522页。《韩非子》亦有记载，王先慎：《韩非子集解·难一》："管仲有病，桓公往问之。管仲曰：'微君言，臣故将谒之。愿君去竖刁……君妒而好内，竖刁自宫以治内；人情莫不爱其身，身且不爱，安能爱君？'"北京：中华书局，新编诸子集成本，1998年，第351页。《韩非子集解·十过》："夫人之情莫不爱其身，公妒而好内，竖刁自獖以为治内，其身不爱，又安能爱君！'"同上，第73页。向宗鲁：《说苑校正·权谋》："管仲有疾，桓公往问之曰：'仲父若弃寡人，竖刁可使从政乎？'对曰：'不可！竖刁自刑以求入君。其身之忍，将何有于君。'"北京：中华书局，1987年，第320页。

《吕氏春秋》的记载与此相似,齐桓公曰:"竖刁自宫以近寡人,犹尚可疑邪?"管仲对曰:"人之情,非不爱其也,其身之忍,又将何有于君?"① 管仲根据人之常情判断,认为竖刁自宫,不爱自己身体,其背后必然蕴藏巨大野心。

管仲去世之前谏议齐桓公驱逐竖刁,这与简文中鲍叔牙与隰朋之谏相合。简文中,齐桓公听取了鲍叔牙与隰朋的谏议,驱逐了竖刁,这当在管仲去世之后。但竖刁离开之后,后宫没有人管理,齐桓公因为"官中乱,复反竖刁"②。竖刁返回时,齐桓公重要的辅佐管仲、隰朋已经去世,这给竖刁以夺权的机会。根据《左传·僖公十七年》,齐桓公有三位夫人,"王姬、徐嬴、蔡姬,皆无子。"然"齐侯好内,多内宠,内嬖如夫人者六人:长卫姬,生武孟。少卫姬,生惠公。郑姬生孝公。葛嬴生昭公。密姬生懿公。宋华子生公子雍"。在如夫人生的六个儿子中,齐桓公与管仲选定郑姬之子公子昭为世子,"公与管仲属孝公于宋襄公,以为大子"。但是"雍巫有宠于卫共姬,因寺人貂以荐羞于公。亦有宠,公许之,立武孟"。③ 卫共姬是如夫人中年龄最长的一个,其子武孟,即公子无亏。齐桓公立公子昭为王位继承人之后,又在管仲去世之后,答应立无亏做世子,因之王位的继承出现了混乱,《左传》载,"管仲卒,五公子皆求立"。这场王位的争夺,在齐桓公去世之后明朗化了。桓公四十三年冬去世,易牙与竖刁勾结宫内之人,立无亏为国君,公子昭"奔宋"。竖刁诸人拥立无亏,当然是为获得拥立之功,以获取政治资本。

## 三

中国古代厨师易接近君主。伊尹即以烹调技艺而得到商汤的赏识与任用。《史记·殷本纪》云:"伊尹名阿衡。阿衡欲奸汤而无由,乃为有莘氏媵臣,负鼎俎,以滋味说汤,致于王道。"治国与烹调有相通之处,故《老子》云:"治大国若烹小鲜。"河上公《注》:"鲜,鱼。烹小鱼不去肠,不去鳞,不敢挠,恐其糜也。治国烦则下乱。"④ 易牙因为其高超的烹调技艺而得到齐桓公的赏识,因而从政,固无不可。然其怀有个人野心,不以国家为念,此为易牙遭到批判的主要原因。

易牙的味觉功能特别好,能够品尝味道之微异,这是成为好厨师的重要条件。《淮南子·道应训》云,孔子曰:"菑、渑之水合,易牙尝而知之。"《淮南子·氾论训》亦云:"奚儿、易牙,淄、渑之水合者,尝一哈水而甘苦知矣。"易牙烹调食物,味道亦佳美。《战国策·魏策二》云:"齐桓公夜半不嗛,易牙乃煎熬燔炙,和调五味而进之,桓公食之而饱,至旦不觉。"⑤

---

① 陈奇猷:《吕氏春秋新校释·知接》,上海:上海古籍出版社,2002年,第979页。
② 黎翔凤:《管子校注·戒》,上海:中华书局,新编诸子集成本,2004年,第527页。
③ 孔颖达:《春秋左传正义》,北京:中华书局,影印阮元校刻《十三经注疏》本,1980年,第1809页。
④ 王卡点校:《老子道德河上公章句》,北京:中华书局,1993年,第235页。
⑤ 《战国策》,上海:上海古籍出版社,1985年,第847页。

因之易牙成为善于烹调美味之厨师的代名词,《荀子·大略》:"言味者予易牙,言音者予师旷,言治者予三王。"

易牙为博得齐桓公的宠信,烹其子以享齐桓公。《史记·齐太公世家》云,易牙"杀子以适君"。易牙杀其子,以婴儿之身为桓公烹饪。《管子》与《淮南子》认为易牙乃是烹其长子而献之齐桓公。《管子·小称》:"夫易牙以调和事公。公曰:'惟烝婴儿之未尝。'于是烝其首子而献之公。"《淮南子·主术训》:"昔者齐桓公好味而易牙烹其首子而饵之。""首子",长子,《史记·宋微子世家》:"微子开者,殷帝乙之首子而帝纣之庶兄也。"然据《韩非子·十过》:"夫易牙为君主味,君之所未尝食唯人肉耳,易牙蒸其子首而进之。"《韩非子·难一》:"易牙为君主味,惟人肉未尝,易牙烝其子首而进之。"则是易牙烹其孩子之首而进献桓公。要之,易牙杀其子而烹是没有问题的。《吕氏春秋·知接》云:齐桓公曰"易牙烹其子以慊寡人"。《说苑·权谋》:"易牙解其子以食君。"可做如是观。

易牙的地位开始较竖刁为低。上文提到的"雍巫有宠于卫共姬,因寺人貂以荐羞于公,亦有宠,公许之立武孟"。雍巫受到无亏之母长卫姬的宠信,通过竖刁献美味于齐桓公,因之齐桓公答应立武孟为太子。这可能是私下应允,没有经过正式程序。杜预《注》:"雍巫,雍人名巫,即易牙。"孔颖达《疏》曰:"此人为雍,宜名巫,而字易牙也。"则"雍巫"即是易牙。桓公去世,易牙与竖刁联合宫内与他们关系亲近的人,将对立的官吏杀死,立公子无亏为齐王。之后因宋襄公的干预,无亏在位三个月即被齐人杀死,《史记·齐太公世家》:"孝公元年三月,宋襄公率诸侯兵送齐太子昭而伐齐。齐人恐,杀其君无诡。"孝公继位。但是孝公不能安抚众位同父兄弟,并没有意识到其王位并不稳固,还急于讨伐邻国,《左传·僖公二十六年》云:"齐师侵我西鄙,讨是二盟也。夏,齐孝公伐我北鄙。"杨伯峻云:"齐孝公仍以霸主自居,不以鲁与他国盟会为然,竟以为讨。"①鲁国请求到楚国的援助,"公以楚师伐齐,取谷。置桓公子雍于谷,易牙奉之以为鲁援。"② 杜预《注》:"雍本与孝公争立,故使居谷以偪齐。"孝公在宋襄公的帮助下登上了王位,但易牙并不甘心自己的失败,又伺机在鲁国的协助下拥立公子雍,并没有成功。公子雍,宋华子之子。上博简(五)《鲍叔牙与隰朋之谏》中,"公身为亡道,进华孟子",李学勤先生认为简文中的华孟子即是宋华子③,说明宋华子直到齐桓公的晚年还受到桓公宠幸。

易牙为个人利益而不顾国家利益,其险恶用心早已为管仲发现。圣人能够见微知著,即是此义。管仲去世之前,告诫齐桓公说:"今夫易牙子之不能爱,将安能爱君?君必去之。"④ 易牙的行为亦引起了后世人的戒惧。《墨子·所染》:"其友皆好矜奋,创作比周,

---

① 杨伯峻:《春秋左传注》,北京:中华书局,1981年,第439页。
② 杨伯峻:《春秋左传注》,北京:中华书局,1981年,第439页。
③ 李学勤:《鲍叔牙与隰朋之谏释读》,《文物》,2006年第6期。
④ 黎翔凤:《管子校注·戒》,北京:中华书局,2004年,第608页。

则家日损,身日危,名日辱,处官失其理矣,则子西、易牙、竖刁之徒是也。"《淮南子·精神训》:"桓公甘易牙之和而不以时葬。"《太平御览·饮食部·食下》引《庄子》佚文曰:"秋禽之肥,易牙和之,非不美也,彭祖以为伤寿,故不食之。"人当戒慎自身的修养,克制过分的欲望,以避免引起灾祸。

## 四

尽管王逸《天问章句》中没有提及卫公子开方,开方在齐国历史上造成的影响不容忽视。开方很有政治才能,但做事是为谋取个人利益的最大化,其行为影响了齐国王位的更迭和政治局势的变化。

开方本是卫国公子,因为卫国狭小,故到齐国仕宦。根据《管子》,卫公子开方早年得到了齐桓公与管仲的任用,《管子·大匡》云:"公子开方之为人也,慧以给,不能久而乐始,可游于卫。"开方聪明活泼,喜欢做事,但没有恒心,故管仲推荐开方做与其他国家交往的工作。房玄龄《注》曰:"其人性轻率,不能持久。"《管子·小匡》亦载:"公子开方为人巧转而兑利,请使游于卫以结交焉。"兑,喜悦。管仲已经发现开方为人善于取巧,喜好利益。

开方做事符合齐桓公的心意,故在管仲生病的时候,齐桓公认为开方也是为相的适合人选。"管仲病,桓公问曰:'群臣谁可相者?'管仲曰:'知臣莫如君。'""公曰:'开方如何?'"①管仲了解开方,故谏议齐桓公去逐。管仲认为开方"倍亲以适君,非人情,难近。"②又云:"公子开方事公十五年,不归视其亲。齐、卫之闲,不容数日之行。臣闻之,务为不久,盖虚不长。其生不长者,其死必不终。"③还说:"西郭有狗嘷嘷,旦暮欲啮,我猳而不使也。今夫卫公子开方,去其千乘之太子,而臣事君。是所愿也得于君者,是将欲过其千乘也。君必去之。"④开方在多年的仕宦生涯中,政治才能提高,且能花言巧语,很得桓公喜爱。尽管齐桓公听取管仲的谏议,驱逐开方,但是桓公很快发现,"逐公子开方,而朝不治"⑤。且齐桓公的内在虚荣之心亦得不到满足,"利言卑辞不在侧,复反卫公子开方"⑥。这给开方带来机

---

① 司马迁:《史记·齐太公世家》,北京:中华书局,1959年,第1492页。王先慎《韩非子集解·十过》亦云:"管仲老,不能用事,休居于家,桓公从而问之曰:'仲父家居有病,即不幸而不起,政安迁之?'管仲曰:'臣老矣,不可问也。虽然,臣闻之:知臣莫若君,知子莫若父。君其试以心决之。'齐桓公曰:'然则卫公子开方何如?'"北京:中华书局,1998年,第73页。

② 司马迁:《史记·齐太公世家》,北京:中华书局,1959年,第1492页。

③ 黎翔凤:《管子校注·小称》,北京:中华书局,2004年,第608页。

④ 黎翔凤:《管子校注·戒》,北京:中华书局,2004年,第522页。《韩非子》亦有记载。王先慎《韩非子集解·十过》载,管仲云:"齐、卫之间,不过十日之行,开方为事君,欲适君之故,十五年不归见其父母,此非人情也。其父母之不亲,又能亲君乎!"北京:中华书局,1998年,第74页。王先慎《韩非子集解·难一》:"开方事君十五年,齐、卫之间不容旦日行,弃其母,久宦不归;其母不爱,安能爱君?臣闻之'矜伪不长,盖虚不久。'"同上,第351页。

⑤ 黎翔凤:《管子校注·小称》,北京:中华书局,2004年,第609页。

⑥ 黎翔凤:《管子校注·戒》,北京:中华书局,2004年,第527页。

会。开方趁齐桓公去世,国家混乱之机,"以书社四十下卫"①,将齐国四十社的土地和人口送给卫国。古制二十五家立社,把社内人名登录簿册,谓之"书社"。房玄龄《注》曰:"古者群居,二十五家则共置社,谓以社数书于策。"春秋时期送别国以土地人口,常以书社为单位,《左传·哀公十五年》:"昔晋人伐卫,齐为卫故,伐晋冠氏,丧车五百。因与卫地,自济以西,禚、媚、杏以南,书社五百。"杜预《注》:"二十五家为一社,籍书而致之。"②要之,开方在齐桓公去世,新君未立之机,将齐国许多土地和人口送给卫国。不仅如此,开方还参预了竖刁、易牙树立无亏做齐王的行动,且瓜分齐国的权力,"易牙、竖刁、堂巫、公子开方四人分齐国。"③

无亏为易牙、竖刁、卫公子开方所共立。然无亏为齐王,没有得到民众的支持,似亦没有合法的程序,在宋襄公的干预下,孝公成为齐君。登上王位的孝公,并没有与竖刁、易牙、卫公子开方的势力联合。开方等待机会,谋取政治资本。根据《史记·齐太公世家》,齐孝公立"十年,孝公卒,孝公弟潘因卫公子开方杀孝公子而立潘,是为昭公。昭公,桓公子也,其母曰葛嬴。"开方帮助齐孝公之弟潘,杀死孝公之子,潘成为齐王,是为昭公。开方有拥立之功,昭公在位十九年,这一段时间开方在政治上当具有相当的影响。较之竖刁、易牙的失败,开方的政治才能更高一些。

## 五

《公羊传》僖公十六年:"冬十有二月,公会齐侯、宋公、陈侯、卫侯、郑伯、许男、邢侯、曹伯于淮。"《注》曰:"桓公德衰,任竖刁、易牙,堕功灭项,自此始也。"僖公十六年,即公元前644年,此为齐桓公四十二年④。管仲去世之前,再三谏议齐桓公去逐竖刁、易牙、卫公子开方,齐桓公也暂时听取了管仲的谏议,去逐三人。管仲去世之后十个月,"隰朋亦卒"。桓公重新任用竖刁、易牙、卫公子开方,其结果是内政的混乱,外交的失利,政治上走向下坡。

齐桓公四十三年,竖刁、易牙、开方逐渐掌握了齐国的政权,他们看到齐桓公年老体衰,将不久于人世,就包围桓公的宫殿,拥立新的国君。作为春秋五霸之首的齐桓公,最后在饥渴交加中,带着羞愧之心去世⑤。桓公的五位公子忙着争夺王位,"以故宫中空,莫

---

① 陈奇猷:《吕氏春秋新校释·知接》,上海:上海古籍出版社,第979页。黎翔凤:《管子校注·小称》云:"公子开方以书社七百下卫矣。"北京:中华书局,2004年,第609页。记载书社数量有不同,大概"四""七"字形接近,在流传过程中出现讹误,具体情况已经不可辨识。

② 孔颖达:《春秋左传正义·哀公十五年》,北京:中华书局,影印阮元校刻《十三经注疏》本,1980年,第2175页。

③ 黎翔凤:《管子校注·小称》,北京:中华书局,2004年,第609页。

④ 司马迁:《史记·齐太公世家》:桓公四十一年,"是岁,管仲、隰朋皆卒。"北京:中华书局,1959年,第1492页。

⑤ 黎翔凤:《管子校注·小称》:"公曰:吾饥而欲食,渴而欲饮,不可得,其故何也?"北京:中华书局,2004年,第609页。王先慎:《韩非子集解·十过》:"桓公渴馁而死南门之寝。"北京:中华书局新编诸子集成本,2004年,第74页。《吕氏春秋·知接》:齐桓公"蒙衣袂而绝乎寿宫"。

敢棺。桓公尸在床上六十七日,尸虫出于户。十二月乙亥,无诡立,乃棺赴。辛巳夜,敛殡。"①敛,通"殓",意为给死者穿衣,入棺。殡,死者入殓后停柩以待葬。齐桓公去世没有及时殡葬,"以乱故,八月乃葬齐桓公。"②根据宗周礼乐文明,齐桓公殡、葬的时间都超过了礼俗规定的时间。《礼记·王制》云:"天子七日而殡,七月而葬;诸侯五日而殡,五月而葬;大夫、士、庶人三日而殡,三月而葬。"郑玄《注》:"尊者舒,卑者速。"若是超过了殡、葬的时间,则需要记录下来,以示讽刺。《左传·隐公元年》曰:"天子七月而葬,同轨毕至。诸侯五月,同盟至。大夫三月,同位至。士逾月,外姻至。"孔颖达《疏》:"唯过期乃葬者,传言缓,以示讥耳。"③

根据上述内容,可以发现,齐桓公任用管仲、隰朋、鲍叔牙诸人,取得了巨大的霸业,一时间中国诸侯莫不拥戴。桓公亦因竖刁、易牙、开方在个人感情方面打动了他,故也得到任用。齐桓公的晚年,管仲、隰朋同年去世,鲍叔牙大概也在此前后时间去世,竖刁、易牙、开方逐渐掌握了权力,干预并影响了齐国历史。桓公去世之后,竖刁、易牙、开方联合起来,拥立无亏作为齐君,此时他们是一个团体。无亏被杀之后,竖刁不知所终;易牙借助鲁国的力量,企图拥戴公子雍做新君,没有得逞;开方则与公子潘联合起来,在孝公去世之后,杀死孝公之嫡子,潘成为齐君。则无亏死后,竖刁、易牙、开方的利益团体发生了分化,他们之间的争夺,影响了齐国国君的废立和齐国的历史进程。早年齐桓公称霸,与诸侯盟会,为维护纲常秩序,主张确立嫡子的稳固地位,使嫡、庶地位分明,不能以庶易嫡。《谷梁传·僖公九年》记载,齐桓公与诸侯盟誓:"毋雍泉,毋讫籴,毋易树子,毋以妾为妻,毋使妇人与国事。"④但是晚年竖刁、易牙通过不正当手段,在明知齐桓公已经立公子昭为世子的情况下,使齐桓公私下答应立无亏为君主,这实际是立了两个世子。桓公诸子看到有机可乘,纷纷争夺王位,政治混乱不可避免。竖刁、易牙、开方是诱使齐桓公政治毁颓的外因,齐桓公作为君主,晚年不能明辨是非,任用感情上与之亲近之人,是造成齐国混乱的主要原因。

---

① 司马迁:《史记·齐太公世家》,北京:中华书局,1959年,第1494页。
② 王先慎:《韩非子集解·十过》:"公守之室,身死三月不收,虫出于尸。"北京:中华书局,1998年,第74页。陈奇猷:《吕氏春秋新校释·知接》:"虫流出于户,上盖以杨门之扇。"上海:上海古籍出版社,2002年,第979页。黎翔凤:《管子校注·小称》:"死十一日,虫出于户,乃知桓公之死也。葬以杨门之扇。"北京:中华书局,2004年,第609页。
③ 孔颖达:《春秋左传正义·隐公元年》,北京:中华书局影印阮元校刻《十三经注疏》本,1980年,第1717页。
④ 杨士勋:《春秋谷梁传注疏·僖公九年》,北京:中华书局,影印阮元校刻十三经注疏,1980年,第2396页。黎翔凤《管子校注·大匡》记载与此接近,言齐桓公与诸侯盟誓,使:"诸侯毋专立妾以为妻,毋专杀大臣,无国劳,毋专予禄;士庶人毋专弃妻,毋曲堤,毋贮粟,毋禁材。"同上,第365页。《霸形》亦云:"毋贮粟,毋曲堤,无擅废适子,无置妾以为妻。"同上,第460页。《管子校注·君臣下》认为:"内有疑妻之妾,此宫乱也。庶有疑适之子,此家乱也;朝有疑相之臣,此国乱也。任官无能,此众乱也。四者无别,主失其体。""故妻必定,子必正,相必直立以听,官必中信以敬。"同上,第593页。

# 论王逸引《诗》

## 富山大学 大野圭介

王逸《楚辞章句》引用诸多典籍作为注释。对此,宫野直也指出"其中尤以引《诗》居多"①。蒋天枢亦指出:

> 王逸之学,本出民间流传系统,而又得"左右采获"于各家之书,以为《楚辞章句》。《章句》虽兼采众说,除明着引用"淮南子曰"者外,绝不见引及刘安、班固、贾逵之说者……②

王逸在《楚辞章句叙》言及刘安作《离骚经章句》,这之前班固、贾逵已各作《离骚经章句》,不引其说,这是偶然吗?

其实从王逸本人记述可以看出这是有意为之。宫野氏指出③:《楚辞章句叙》的:

> 夫《离骚》之文,依托《五经》以立义焉:"帝高阳之苗裔",则"厥初生民,时惟姜嫄"也;"纫秋兰以为佩",则"将翱将翔,佩玉琼琚"也;"夕揽洲之宿莽",则《易》"潜龙勿用"也;"驷玉虬而乘鹥",则"时乘六龙以御天"也;"就重华而敶词",则《尚书》咎繇之谋谟也;"登昆仑而涉流沙",则《禹贡》之敷土也。

这一段反驳此后所引班固《离骚叙》的文字:

> 淮南王安叙《离骚传》,以《国风》好色而不淫,《小雅》怨诽而不乱,若《离骚》者,可谓兼之。蝉蜕浊秽之中,浮游尘埃之外,皭然泥而不滓;推此志,虽与日月争光可也。斯论似过其真。

王逸指出《离骚》还是与《诗经》具有同等价值。然则王逸大量引《诗》,不引班固之说,

---

① [日]宫野直也:《〈楚辞章句〉引书考》,《鹿儿岛女子大学研究纪要》,11卷1号,1990年。
② 蒋天枢:《论〈楚辞章句〉》,《楚辞论文集》,西安:陕西人民出版社,1982年,第218页。
③ [日]宫野直也:上揭论文,《〈楚辞章句〉引书考》,《鹿儿岛女子大学研究纪要》,11卷1号,1990年,第259页。

均是理所当然的。

那么,王逸主张《离骚》与《诗经》同等重要,只是仅仅因为赞同刘安所说的"以《国风》好色而不淫,《小雅》怨诽而不乱,若《离骚》者,可谓兼之"吗?仔细考察王逸引《诗》情况,可知或许未必如此。次章我们试对此予以详细分析。

## 一、王逸引《诗》倾向

《楚辞章句》各篇王逸引《诗》频次如下:

| 篇名 | 次数 | 备注 |
| --- | --- | --- |
| 离骚 | 13 | |
| 九歌 | 10 | 东皇太一2　少司命1　大司命2　湘君2　山鬼2　国殇1 |
| 天问 | 2 | |
| 九章 | 10 | 惜诵3　哀郢2　怀沙2　悲回风2 |
| 远游 | 3 | |
| 卜居 | 0 | |
| 渔父 | 0 | |
| 九辩 | 4 | |
| 招魂 | 7 | |
| 大招 | 5 | |
| 惜誓 | 0 | |
| 招隐士 | 0 | |
| 七谏 | 6 | 沉江1　怨世2　自悲1　谬谏2 |
| 哀时命 | 2 | |
| 九怀 | 3 | 陶壅1　昭世1　通路1 |
| 九叹 | 35 | 逢纷2　离世2　怨思3　远逝5　惜贤7　忧苦7　愍命2　思古4　远游3 |

《渔父》《卜居》《惜誓》《招隐士》各篇全无引《诗》,《九叹》引《诗》却赫然超群,自是一目了然。此中,《渔父》《卜居》旨趣显然与屈原赋大不相同,其注也是与本文不同的有韵四言句,例如:

屈原既放,
(注)身斥逐也。
游于江潭,
(注)戏水侧也。
行吟泽畔,

（注）履荆棘也。
　　　颜色憔悴，
　　（注）肝霉黑也。

　　小南一郎指出这在王逸之前可能已有传承①。《渔父》《卜居》具有"屈原故事"性质，与屈原自身作品不同，或许王逸未曾认识到需要引《诗》等经书而重新作注，使其具有同《离骚经》一样的"经"的价值。

　　《惜誓》王逸注，《诗经》自不必说，其他典籍亦不引用，大都采用了"言……"直陈大意的形式。王逸本人在其《叙》中说："《惜誓》者，不知谁所作也。或曰贾谊，疑不能明也。"或是正因为（王逸认为）作品由来不明，所以他觉得不值得引经而提高其权威。

　　《招隐士》王逸注与《渔父》《卜居》一样，是与本文不同的有韵四言句，不引其他典籍亦同。《招隐士》亦富有道家色彩，是与其他屈原赋旨趣大不相同的作品，小南一郎指出："如果重视《招隐士》篇的存在，姑且接受其为淮南王安集团创作的传统之说，诸篇（《招隐士》《渔父》《卜居》）或是在以淮南王刘安为中心的集团之中，与道家思想的展开相互影响而形成的。"②

　　《招隐士章句叙》中，王逸亦云：

　　　　著作篇章，分造辞赋，以类相从，故或称小山，或称大山。其义犹《诗》有《小雅》《大雅》也。

　　王逸认为，淮南小山——他认为是此篇的作者——其名字与作品本身已体现《诗经》之精神，自然无须再引《诗》作注，这是很可能的。

　　王逸在《楚辞章句叙》中亦指出：

　　　　屈原履忠被谮，忧悲愁思，一云忧愁思愤。独依诗人之义而作《离骚》，上以讽谏，下以自慰。

　　《离骚经章句叙》亦云：

　　　　《离骚》之文，依《诗》取兴，引类譬喻，故善鸟香草，以配忠贞；恶禽臭物，以比谗佞；灵修美人，以媲于君。

---

① ［日］小南一郎：《楚辞とその注釈者たち》，日本：朋友书店，2003年，第4章第1节。
② ［日］小南一郎：《楚辞とその注釈者たち》，日本：朋友书店，2003年，第316页。

王逸引《诗》数量远超其他经书，恐怕是其意图将《离骚》称扬为体现《诗经》精神、与经书同等存在的作品。

然而刘向《九叹》，为汉代仿作，创作年代也与王逸较近，王逸对它作注为何引《诗》如此之多？至少他不会将《九叹》称扬为超过《离骚》之"经"。下面我们以汉代诗赋与其注释引《诗》情况为线索，试对这一问题进行分析。

## 二、东汉初期的诗赋与《诗经》

西汉武帝时期以前的辞赋中，几乎未见基于《诗经》的表达。宋玉《神女赋》描写神女而云：

> 皎若明月舒其光，须臾之间美貌横生，晔兮如华，温乎如莹。

《文选·李善注》举《陈风·月出》"月出皎兮（《李善注》作矣）"、《郑风·有女同车》"颜如舜华"与《齐风·著》"尚之以琼华（《李善注》作莹）乎"之例，但这些都是描写女性美貌的固定表达，并非有意引《诗》。对武帝时期的司马相如大赋，亦有李善引《毛诗》《韩诗》等作注之句，大多不过指出《诗经》中也有其词罢了。

相反，西汉末期至东汉初期的《楚辞》型辞赋中，屡次出现援引《诗经》诗题与句子的表达。例如：

扬雄《甘泉赋》"仪刑乎于万国，爱敬尽于祖考"（《大雅·文王》"仪刑文王，万国作孚"）

同《羽林赋》"王雎关关，鸿雁嘤嘤。群娱乎其中，噍噍昆鸣。凫鹥振鹭，上下砰磕，声若雷霆"（《周南·关雎》"关关雎鸠"、《小雅·鸿雁》诗题、《小雅·伐木》"鸟鸣嘤嘤"、《大雅·凫鹥》诗题、《周颂·振鹭》诗题）

同《长杨赋》"于是圣武勃怒，爰整其旅"（《大雅·皇矣》"王赫斯怒，爰整其旅"）

班固《西都赋》"天人合应，以发皇明，乃眷西顾，寔惟作京"（《大雅·皇矣》"乃眷西顾，此惟与宅"）

至于班固，《西都赋》序云："或曰、赋者古诗之流也"，《东都赋》末尾如乱辞般附加《诗经》形式的四言诗，显然这些都是有意引《诗》。

除辞赋之外，对东汉时期成立的《古诗十九首》，李善注也多引《毛诗》《郑笺》与《韩诗》。其大部分只是指出在《诗经》中可见其词，有时可见整个句子源自《诗经》表达，如《其十二》"晨风怀苦心，蟋蟀伤局促"，前句基于《秦风·晨风》"鴥彼晨风，郁彼北林。未见君子，忧心钦钦。如何如何，忘我实多"，后句源于《唐风·蟋蟀》"蟋蟀在堂，岁聿其莫。今我不乐，日月其除"之诗意。

如上，以武帝时期为界，之后辞赋引《诗》数量便飞跃性增加。其中有什么背景呢？

西汉武帝时期以前,经学与诗赋有别,几乎无人身兼学者与宫廷文人两种身份。不过,伴随"罢黜百家,独尊儒术"儒教一尊政策,立五经博士为学官之后,学者与辞赋作家渐渐接近。西汉末期刘向、刘歆与扬雄既为学者,亦作辞赋。至于东汉,班固既是学者,同时又为辞赋开辟新境界;张衡为尚书之官,作为政治家大显身手,同时亦通天文历算,辞赋方面也有援引《楚辞》游行描写的《思玄赋》等作品①。经由如上众人之手,文学渐渐吸取了经书的词汇与精神。

不仅《诗经》词汇,而且其内容形式也被援引于辞赋之中的西汉末期至东汉初期的文学,也在如此潮流之中成立了。这一潮流及于王逸收录于《楚辞章句》的诸篇作品。刘向《九叹》之中,不仅可见来自《诗经》的词汇,亦有基于其内容而作为典故的表达,例如:

若青蝇之伪质兮,(王注)伪,犹变也。青蝇变白使黑,变黑成白,以喻谗佞。《诗》云:营营青蝇。

晋骊姬之反情。(王注)言谗人若青蝇变转其语,以善为恶,若晋骊姬以申生之孝,反为悖逆也。

青蝇,《诗经·小雅·青蝇》云:"营营青蝇,止于樊",《诗序》曰:"《青蝇》,大夫刺幽王也";《毛传》曰:"兴也。营营,往来貌。樊,藩也";《郑笺》曰:"兴者,蝇之为虫,污白使黑,污黑使白,喻佞人变乱善恶也。言止于藩,欲外之,令远物也。"刘向生年早于王逸与郑玄,此时《诗经》的青蝇已被解作谗佞之比喻,故刘向也用此意。刘向之前的辞赋未见援引这一典故的例子。王逸注"变白使黑,变黑成白,以喻谗佞"与《郑笺》"污白使黑,污黑使白,喻佞人变乱善恶也"相类,这是郑玄用王逸之说,还是王逸与郑玄各别用了自刘向时便已存在的解释,就难以断定。

至于王逸《九思》,可见不只引《诗》之词,甚至借用整个《诗经》句子的表达。《悼乱》云:

鸧鹒兮喈喈、山鹊兮嘤嘤。鸿鸬兮振翅、归雁兮于征。

首句用《小雅·出车》"仓庚喈喈",次句用《小雅·伐木》"鸟鸣嘤嘤",三、四句用《小雅·鸿雁》"鸿雁于飞、肃肃其羽。之子于征、劬劳于野"。王逸以《离骚》为"依诗人之义而作"从而与《诗经》关联提高权威,本人亦"依诗人之义而作"一篇作品,将体现经书精神的《楚辞》文学付诸实践。

## 三、《楚辞章句》引《诗》的意图

王逸将刘向《九叹》与《诗经》关联意图何在?《汉书·艺文志·诗赋略》云:

---

① [日]狩野直祯:《赵岐考》,《史窗》38号,1980年,第44—45页。

> 春秋之后,周道寖坏,聘问歌咏不行于列国,学诗之士逸在布衣,而贤人失志之赋作矣。大儒孙卿及楚臣屈原离谗忧国,皆作赋以风,咸有恻隐古诗之义。

这被视为班固录刘向、刘歆《七略》之说。此说云贤人失志之赋发端于学《诗》之士战国时代沦落四散的背景之中,亦云屈原赋也发源于《诗》。

以刘向为界,辞赋渐近于《诗》。如上所述,稍后于刘向的扬雄在《羽林赋》中将《诗经》诗题与词汇嵌饰得金碧辉煌,班固更是在辞赋中大规模引《诗》,以提高其权威。此后的辞赋作家也继承了这一潮流,至王逸时已成为标准技巧而扎根。

与此相对,表征屈原或其意象的失志贤人游行于异界的叙事结构,则逐渐被辞赋所援引。刘歆作骚体赋《遂初赋》描写自己在充满苦难的地上游行,开启行旅赋之路;甚至出现了像张衡《思玄赋》那样,进行了与屈原故事无关描写远游之后,最后云"不出户而知天下兮,何必历远以劬劳",否定远游本身的作品。班固认为刘安"以《国风》好色而不淫,《小雅》怨诽而不乱,若《离骚》者,可谓兼之"评价过高,恐怕是因为他认为只是一味模仿《离骚》精神而重复的《楚辞》文学早已落伍于时代。

王逸对这一潮流,强调不仅始于《离骚》的屈原赋,而且刘向《九叹》也屡屡引《诗》,以此来否定班固"虽与日月争光可也。斯论似过其真"的评价,主张继承屈原以来传统而传承至今的《楚辞》文学,也等同于《诗经》,也绝不落后于辞赋。

王逸将《楚辞·离骚》视为"经"而作《楚辞章句》的看法,自然毫无疑问,但同时《楚辞》究竟是"辞",也即文学,也应加以考虑。其实,先秦时期自觉的文学,除了《诗》与《楚辞》文学以外,只有"歌"与其附随的故事,比如《论语》所录《楚狂接舆歌》、《孟子》所录《孺子歌》等。可是王逸时,辞赋已经确立了文学的地位。既然《楚辞》是辞赋的源头,它必须是"经",同时也是文学,《诗经》最适于实现此目的。所以王逸主张《离骚》是基于五经的精神,同时,《楚辞章句》一书,经书之中《诗经》的援引赫然群立,也强调了刘向《九叹》与《诗经》有着密切的关系。

# 汉楚辞诵读考论

四川师范大学 汤 洪

楚辞研究向称显学,两千多年的楚辞研究史,治楚辞者在屈原生平及精神内涵、《楚辞》成书增辑过程、字词训释、篇章义旨、艺术成就、文化渊源、文化特色以及与楚辞相关的楚地文化等诸多方面展开了深入而系统的探讨。但是,时至今日,有关楚辞专门的诵读研究尚不多见。自屈原造《离骚》奇文,屈原二十五篇作品遂成为后世抒情文学祖述的范式。宋玉扬波于后,深谙屈辞精髓但又在继承中推陈出新,开创"屈辞宋赋"双峰并峙的文学新局,其泽被后世,余韵至今不衰。屈宋宏文巨制一经流传,即为世人所瞩目。

汉代对屈原作品、屈原人格精神展开了持续论争,客观上促进了楚辞作品研究、屈原人格评论的不断深入与楚辞专门之学的形成,为后世二千多年楚辞研究定下基调。贾谊《吊屈原赋》悯伤屈原"遭世罔极""逢时不祥"。刘安奉武帝诏命作《离骚传》,推崇屈原有与日月争光之志。司马迁《史记》专为屈原立传,称其"谗谄之蔽明也,邪曲之害公也,方正之不容也",而"悲其志"。刘向《新序·节士》称赞屈原"有博通之知,清洁之行"。扬雄悲屈原其人其文,读其文未尝不流涕,为凭吊屈原,扬雄模拟《离骚》作《广骚》,又依傍《惜诵》诸篇作《畔牢愁》。刘歆《遂初赋》惋惜"屈原之贞专兮,卒放沉于湘渊"。桓谭"少时好《离骚》"。梁竦思慕屈原,作《悼骚赋》。王充哀伤楚不能用屈原,谓"屈原洁白"。班固谓"屈原以忠信见疑,忧愁幽思而作《离骚》"。王逸为《楚辞》作章句,谓"屈原履忠被谮,忧悲愁思,独依诗人之义而作《离骚》,上以讽谏,下以自慰"。从贾谊到王逸,有汉一代,楚辞作品研究、评论以及拟骚之作蔚然成一时代风尚,其源流班班可考。随着汉代《楚辞》结集成书,加之刘姓帝王对楚音、楚物的独特喜好,从而引起楚辞的显盛与汉赋的繁荣。文学的发展与语言相辅相成,在楚辞以及汉赋隆盛的时代背景之下,关注汉代帝王对楚辞诵读语言艺术的独特喜好以及这一特殊言语艺术与楚辞大盛于汉之间密不可分的牵连关系,前辈学者已有所论列。汤炳正《屈赋语言的旋律美》[①]、赵逵夫《屈原在完成歌诗向诵诗的转变方面所作的贡献》[②]多有开创性的探索。王昆吾《诗六义原始》认为"六诗是西周乐教的六个项目,服务于仪式上的史诗唱诵和乐舞。"[③]伏俊琏《谈先秦时期

---

① 汤炳正:《屈赋语言的旋律美》,《屈赋新探》,济南:齐鲁书社,1984年,第386—406页。
② 赵逵夫:《屈原在完成歌诗向诵诗的转变方面所作的贡献》,《屈骚探幽》,兰州:甘肃人民出版社,1998年,第148—166页。
③ 王昆吾:《诗六义原始》,《中国早期艺术与宗教》,上海:东方出版中心,1998年,第213页。

的"诵"》认为"先秦的诵可大致分为行人之诵、瞽史之诵和经师之诵。它们是中国早期经典流传的主要形式。'诵'体现在文本上大致是节奏感强,韵律和谐。"① 但是,就楚辞诵读展开专门系统的深入研究,尚有待继续考察,本文尝试就此做进一步探索,就教于方家。

## 一、汉代楚辞诵读文献考辨

有关楚辞诵读之直接文献典籍,最早见载于刘歆《七略》,此条材料保存于《北堂书钞》卷一四四:

> 孝宣皇帝诏征被公,见诵楚辞。被公羊裘,母老,每一诵,辄与粥。②

此事又见载于《汉书·严朱吾丘主父徐严终王贾传·王褒传》:

> ……宣帝时修武帝故事,讲论六艺群书,博尽奇异之好,征能为楚辞九江被公,召见诵读,益召高材刘向、张子侨、华龙、柳褒等待诏金马门。神爵、五凤之间,天下殷富,数有嘉应。上颇作歌诗,欲兴协律之事,丞相魏相奏言知音善鼓雅琴者渤海赵定、梁国龚德,皆召见待诏。③

欲考察汉代楚辞诵读的历史面貌,上引《七略》与《汉书》的原始载录至关重要。材料之关键文字为"诵"与"诵读",由于不少楚辞学者认为"诵"即歌唱,从而认为楚辞原为合乐歌唱的唱词,因而,本文以秦汉时代楚辞递嬗背景为考察视角,聚焦还原"诵""诵读"与"歌"所承担的不同语言艺术功能属性,从而尽量还原《七略》和《汉书》所载楚辞诵读的历史场景。

《说文解字》"言"部"讽""诵""读"三字并列。"讽,诵也","诵,讽也","读,诵书也"④。《说文》"讽""诵""读"互释,表明三个词的语义功能大体一致,也说明三个语词所指的语言艺术形式甚为相近。几千年来,此种语言艺术在人类社会生活中从未中断,"讽诵""诵读"仍活跃于今日舞台艺术和日常生活之中,是人们表达内心情感的有效话语言说方式,这种方式通过语言的抑扬顿挫和适度夸张的语调让听者与文字产生情感共鸣。相反,"歌"在《说文》归"欠"部,"歌者,咏也"⑤,"咏,歌也"⑥。《说文》"歌""咏"互

---

① 伏俊琏:《谈先秦时期的"诵"》,《孔子研究》,2003年第3期。
② 虞世南:《北堂书钞》,《文渊阁四库全书》,上海:上海古籍出版社,1987年,第889册,第741页。
③ 班固:《汉书》,北京:中华书局,1962年,第2821页。
④ 许慎:《说文解字》,北京:中华书局1963年,第51页。
⑤ 许慎:《说文解字》,北京:中华书局1963年,第179页。
⑥ 许慎:《说文解字》,北京:中华书局1963年,第53页。

释,今天"歌咏"一词依然甚为常用,也是舞台表演和人们日常生活中习见的声音艺术。由此可见,《说文》所训释"讽""诵""读"与"歌""咏"的内涵外延应有严格界限,我们切不可混为一谈。"讽诵""诵读"与"歌咏"是两种截然不同的有声语言艺术表达形式,这两种形式今日犹存于现实社会生活。"诵读"是用富有感染力的语言将文字作品饱含情感地大声诵出,以期与听者产生内心情感沟通,诵读是一种有声语言的再创作活动。汉代诵读语言艺术的具体声腔韵调以及与后世吟诵之间是否存在关联,我们已不得而知,但其运用清晰响亮的情感语言,并结合多种言语手段再现书面作品思想感情意蕴,这应是毫无疑问的。而"歌""歌咏"则与音乐紧密相连,其本质是"乐"。音乐有其自身的旋律流转,因而音乐的唱词并不强调字音的字调真实与完整,即是说,字调被乐律本身的旋律所替代,听者关注的重点不在语言本身的抑扬顿挫与高低长短,而在遗落字调后的字与字、短语与短语、句与句之间的内在旋律所传达的情感内涵。

## 二、诵读不必是歌唱

许慎《说文解字》对"诵""读""歌""咏"等文字的训释,应不是向壁虚造,自有其秦汉文献依据和汉代语言现实基础,我们拟勾稽梳理,尽量还原历史本相。

"诵"在先秦文献典籍中极为常见。《周礼》《左传》《国语》《战国策》《礼记》《论语》《孟子》皆有大量记载。

《周礼·春官宗伯·大司乐》记载:"以乐语教国子,兴、道、讽、诵、言、语。"① 贵族子弟学习诗歌有此六种训练方法,郑玄注谓:"倍文曰讽,以声节之曰诵。"② 由此可知,"讽"应是直接用日常生活语言将识记于心的文字读出,没有任何修饰与附加,而"诵"则是一种有声调、有节奏、有情感的有声艺术语言,"诵"的形式是更富有音乐性的吟诵还是更接近言语艺术的现代朗诵,仅依郑玄的注解,我们已无法还原其历史原貌并得其真相,欲彻底认知此一问题,尚需我们进一步深入研究。但是,依据《周礼》记载以及郑玄的注解,我们至少可以认为,"讽""诵"虽具有"乐语"的节律,但与咏、歌有着本质不同。《左传》也有诵诗的大量记载,诵诗一事往往由专人司职,与《周礼》一样,"诵"需要专掌技艺的专职人员以专门化的教育才能传承延续。《襄公四年》"国人诵之曰:'臧之狐裘,败我于狐骀。我君小子,朱儒是使。朱儒朱儒,使我败于邾'"③《襄公十四年》"史为书,瞽为诗,工诵箴谏"④《襄公二十八年》"穆子不说,使工为之诵《茅鸱》"⑤ 等记载告诉我们,在先

---

① 郑玄注,贾公彦疏:《周礼注疏》(阮刻十三经注疏),北京:中华书局,1997年,第787页。
② 郑玄注,贾公彦疏:《周礼注疏》(阮刻十三经注疏),北京:中华书局,1997年,第787页。
③ 杜预注,孔颖达正义:《春秋左传正义》(阮刻十三经注疏),北京:中华书局,1997年,第1934页。
④ 杜预注,孔颖达正义:《春秋左传正义》(阮刻十三经注疏),北京:中华书局,1997年,第1958页。
⑤ 杜预注,孔颖达正义:《春秋左传正义》(阮刻十三经注疏),北京:中华书局,1997年,第2000页。

秦,诵诗是一种需要专门训练方能胜任的技能,其表达重点是将为人熟知的书面文字艺术化地呈现于声音,以浓烈而恰切的情感感染听众,以期与听者产生情感共鸣,达成言说者的传播目的。《国语》有关诵诗的记载与《左传》大体相似,《周语上》"故天子听政,使公卿至于列士献诗,瞽献曲,史献书,师箴,瞍赋,矇诵"、《楚语》"宴居有师工之诵"、《晋语三》"舆人诵之曰"等皆是其例,诵诗已然是一种需经专业训练的专门技艺,诵诗者善于在公开场合运用富有情感的有声艺术语言呈现精练的书面文字,以达到交际的有效目的。《礼记·内则》亦载:"十有三年,学乐,诵诗。"① 男子十三岁时,开始学习音乐、诵读诗歌。显而易见,"学乐"与"诵诗"应是两种不同的语言艺术技能形式,很明显,诵诗并不必须借助于外在能发出乐音的物质形式,也不依赖于乐律而成旋律的声音韵律,而是依靠人自身存在的发声器官来完成情感表达,因此,诵诗并不是音乐,而是有感情地用抑扬顿挫的声调诵读诗歌。《论语·子路》也有关于诵诗的直接记载:"子曰:'诵诗三百,授之以政,不达;使于四方,不能专对。虽多,亦奚以为?'"② 孔子所谓的诵诗同样是在外交场合以恰当的文字引用来表达切合现实交际场景的情形,此诵并不是唱歌,若在外交场合随时用唱歌来表达情感,这恐怕并不符合历史与生活实际,因此,此诵无疑亦是用恰切的情感形式将书面文字声音艺术再现。《孟子·万章下》有"颂其诗,读其书,不知其人可乎?"③ "颂"即为"诵",《孟子》所记颂诗读书正是诵读诗书,与《汉书》所记诵读楚辞正完全相同。《论语》和《孟子》关于诵诗的记载,明末清初姜宸英《湛园札记》有考辨:"孔子曰诵诗三百,孟子亦曰诵其诗。诵之者,抑扬高下其声,而后可以得其人之性情与其贞淫邪正忧乐之不同。然后闻之者,亦以其声之抑扬高下也,而入于耳而感于心,其精微之极,至于降鬼神致百物,莫不由此而乐之盛,莫逾焉。当时教人诵诗,必有其度数节奏,而今不传矣。"④ 姜宸英考辨诵诗,关注诵诗语言形式的抑扬高下,诵者之所以要将语言艺术化地顿挫抑扬,其目的是"入耳感心",用艺术化的语言感染听者,使其达到情感共鸣,姜氏的认识甚得堂奥。

汉代直接记载楚辞诵读的文献极其缺乏,由于诵读是有声语言传达艺术,考古资料也不太可能有多少遗留,这就为我们探寻汉代楚辞诵读历史场景平添困难。但是,间接的文本诵读文献却相当可观,可以为我们了解楚辞诵读的历史情景提供旁证。《汉书·严朱吾丘主父徐严终王贾传·朱买臣传》记载了朱买臣虽家贫仍刻苦读书的奋进事迹:"家贫,好读书,不治产业,常艾薪樵,卖以给食,担束薪,行且诵书。"⑤ 贫家子弟挑着担子在

---

① 郑玄注,孔颖达正义:《礼记正义》(阮刻十三经注疏),北京:中华书局,1997年,第1471页。
② 何晏注,邢昺疏:《论语注疏》(阮刻十三经注疏),北京:中华书局,1997年,第2507页。
③ 赵岐注,孙奭疏:《孟子注疏》(阮刻十三经注疏),北京:中华书局,1997年,第2746页。
④ 姜宸英:《湛园札记》,《文渊阁四库全书》,上海:上海古籍出版社,1987年,第859册,第572页。
⑤ 班固:《汉书》,北京:中华书局1962年,第2791页。

道路上诵书,想来一定没有音乐的伴奏,朱买臣所诵之书应不局限于诗歌一类,查考他后来的从政经历,朱买臣所诵之书少不了秦汉哲学、历史等著作,因而汉人朱买臣的诵书与歌唱一定大不相同。《汉书》同传又谓朱买臣受宠臣严助的推荐,被汉武帝召见,"说《春秋》,言《楚词》,帝甚说之"①。与九江被公一样,朱买臣以擅长言楚辞为汉武帝所赏识,此"言"亦非"歌"非"咏",应是属于言语一途的语言艺术,这种语言艺术讲究文字本身的声调抑扬,而不是像音乐遗落字调而专注于字音延长所带来的旋律。《汉书·严朱吾丘主父徐严终王贾传·王襃传》记载王襃与张子侨待诏汉宣帝,王襃以擅为辞赋为宣帝宠信,并擢为谏大夫。"其后太子体不安,苦忽忽善忘,不乐。诏使襃等皆之太子宫虞侍太子,朝夕诵读奇文及所自造作。疾平复,乃归。太子喜襃所为《甘泉》及《洞箫颂》,令后宫贵人左右皆诵读之。"② 此则材料极有学术价值和生活趣味,治愈太子抑郁不乐、善忘不安的良方居然是王襃等人的"诵读"之功。此"诵读"一定不同于歌唱,诵读的文本是"奇文"和王襃等人自己创作的辞赋,此处的"奇文"或许正是《楚辞》等篇章,这与前引宣帝征召九江被公诵读《楚辞》亦有内在牵连。当时益州刺史王襄正是在汉宣帝征召九江被公的背景之下向宣帝推荐王襃,由此可见,王襃亦擅长诵读楚地辞赋。由此汉代文献典籍的记载,我们已清晰可知,文章等案头文学应适宜于言语的诵读,而不必在配乐歌唱。此外,繁富的辞赋文学也适合于声情并茂的响亮诵读,而不必合乐而歌,《汉书·艺文志》"不歌而诵谓之赋"③也正是此一文字文学艺术形式的言语真实表达。王襃等人诵读自己创作的辞赋,正是不合弦乐的口头言语即兴表达形式,而并不是具有既定旋律的被管弦之乐的音乐艺术。关于此一问题,骆玉明《论"不歌而诵谓之赋"》论述已详:"在汉代,屈赋大概已经都是不歌而诵的了。"④ 王昆吾《中国韵文的传播方式及其体制变迁》也有论及:"诵是比歌更接近日常口语的韵文语言……歌唱对于语言简明性的要求,吟诵对于语言华丽性的要求,使传播方式的区别转变为文体的区别,于是有了中国文体的第一次分野:诗(歌)与赋(诵)的分野……吟诵和歌唱相比,是一种字音间隔较小、词句较为连贯的表述方式……楚辞不歌而诵,便成了这种文人摛藻之体。"⑤

由此可见,诵读不是歌唱,先秦至汉延续的诵读技艺与歌唱界限分明,一为言语艺术,一为音乐艺术,正如《汉书·艺文志》所言:"诵其言谓之诗,咏其声谓之歌。"⑥

郭纪金《"诵"字的音义辨析与楚辞的歌乐特质》认为:"歌乐结合是中国古典文学在

---

① 班固:《汉书》,北京:中华书局1962年,第2791页。
② 班固:《汉书》,北京:中华书局1962年,第2829页。
③ 班固:《汉书》,北京:中华书局,1962年,第1755页。
④ 骆玉明:《论"不歌而诵谓之赋"》,《文学遗产》,1983年第2期。
⑤ 王昆吾:《中国韵文的传播方式及其体制变迁》,《中国早期艺术与宗教》,上海:东方出版中心,1998年,第144—168页。
⑥ 班固:《汉书》,北京:中华书局,1962年,第1708页。

发展中形成的特色,'楚辞'就是楚人的歌辞,具有可歌性质……屈原作品的文体原本叫'诵',楚辞是用于歌唱的歌词。"① 此外,郭纪金《楚辞可歌刍论》亦认为:"楚辞就是楚人的歌词,和《诗经》、汉乐府一样,具有可以歌唱的特质。"② 楚辞可歌并不符合屈原"忧心烦乱,不知所诉"③的创作目的以及楚辞诵诗的语言实际,且不说《离骚》长篇巨制,不可能用于规制旋律的合乐歌唱,即使是《九歌》,明显也经过屈原精心润色增饰,民间流行的祭祀乐歌一定较为粗鄙,而不是《楚辞》所见《九歌》精整华丽之今貌。其实,先秦可配乐而歌的例子甚为丰富,除《诗经》外,楚地殊异的《孺子歌》《接舆歌》《越人歌》等皆是其例。《左传·襄公三十一年》有"文王之功,天下诵而歌舞之"④的记载,很明显,"诵"与"歌"各具社会文化功能与实用交际意义,不可混为一谈。《史记·宋微子世家》记:"箕子朝周,过故殷墟,感宫室毁坏,生禾黍,箕子伤之,欲哭则不可,欲泣为其近妇人,乃作《麦秀》之诗以歌咏之。"⑤ 歌咏之诗乃为配乐而歌唱,所谓长歌当哭是也。汉代配乐作歌十分流行。项羽垓下之围,四面楚歌,刘邦的军队在军乐队的演奏下随乐起歌的宏大场景让项羽部属泣不成声。刘邦建立政权后,平黥布,还过沛县,邀故人饮酒,酒酣,刘邦击筑,并唱《大风歌》。刘邦所唱《大风歌》,一样需要击筑配乐而歌。汉武帝元狩四年和太初四年,喜获天马,遂两作《天马歌》,此歌为配乐歌唱的唱词,一唱三叹,反复咏歌。西汉乌孙公主刘细君因和亲而远嫁西域,遂作《悲愁歌》,悲叹少女心中的无奈与忧愁。由此可见,入乐入律,是"歌"与"歌诗"区别于案头阅读文学的根本区别。今日尚流行之京剧,其唱念做打,唱功与歌唱相似,念功(宾白)即与诵读相仿,这是京剧语言基本功训练的两种不同功夫,其咬字吐音、运气发声技巧和表情达意皆不可混同,这也正是中国几千年传承至今各具风格的语言声音艺术形式。

在屈原时代,这两种声音艺术表达形式已是人们日常生活中常用的有效手段。脱离早期原始的歌唱音乐文学,楚辞已经走向案牍的诵读纯文学。屈原创作《离骚》等作品,已经不是为了配乐歌唱,而是在颠沛流离、穷途末路的塞舛生活中诵读文字聊以自慰。屈原放逐之后,生活窘迫,颜色憔悴,形容枯槁,满腔忠信而见疑,遂忧愁幽思而成《离骚》。《离骚》诸作,其创作初衷在于抒泻郁结的愤闷,以文字的形式希冀让世人知晓自己内心的真实情感。因而,屈原创作的目的已经不是为配乐歌唱以传情达意,而是留诸笔墨以传于后世的名山之作,正如汤炳正先生《屈赋语言的旋律美》所言:"屈赋当中,除《九歌》外,如《离骚》《九章》等,盖已皆'诵'而不'歌'……由'歌'到'诵'……它已成为

---

① 郭纪金:《"诵"字的音义辨析与楚辞的歌乐特质》,《深圳大学学报》,2000年第3期。
② 郭纪金:《楚辞可歌刍论》,《文学评论》,2000年第6期。
③ 王逸:《离骚序》,载《楚辞补注》,北京:中华书局,1983年,第2页。
④ 杜预注,孔颖达正义:《春秋左传正义》(阮刻十三经注疏),北京:中华书局,1997年,第2016页。
⑤ 司马迁:《史记》,北京:中华书局,1982年,第1620页。

一种独立的语言艺术,而不得不发挥其语言在表现力上所特有的优势。也就是说,不得不进一步发挥语言音响上所独具的音乐美和强烈的感情色彩……在诗歌的发展道路上,当它(屈赋)脱离了舞蹈、音乐和曲调而成为独立的语言艺术之后,不仅没有减低它的艺术性,反而使'诵诗'的语言美、旋律美得到了进一步的发展。"① 赵逵夫《屈原在完成歌诗向诵诗的转变方面所作的贡献》亦有继续探讨:"屈原正是在这个基础上完成了歌诗向诵诗的转变。屈原的作品,除《卜居》《渔父》及就民间祭祀歌舞词润色加工而成的《九歌》之外,都是'诵诗'……可见诵虽不同于配乐的歌唱,但也很能显示出作品的节奏和音韵之美。"② 由此可知,楚辞自屈原时代即以诵读形式呈现,而不必配乐歌唱。

## 三、屈原之后汉代楚辞诵读的流波余韵

无论项羽,还是刘邦,皆是故楚遗民。政治楚国虽亡于秦,但绵延八百余年的楚文化并没有随着郢都的沦陷而即刻消亡。秦享祚日浅,随后建立的汉王朝虽袭用秦之政治制度,但在文化上却更多承续着楚国的文脉,从某种意义上说,开放、包容、恢宏、绚丽而唯美的楚文化在汉代得以浴火重生。汉代帝王皆喜好楚物楚语,这是推动楚辞繁荣最为重要的政治上层原因。汉高祖即特别钟爱楚声,《汉书·礼乐志》记载:"高祖乐楚声,故房中乐楚声也。"③ 汉宣帝不满足于楚辞文字文本的视觉阅读,更醉心沉浸于听觉的声音感染力,因而特别召见擅长楚辞诵读的九江被公前来诵读楚语楚声。由此可见,在汉代,楚辞诵读显然是一专门学问,这门独特技艺自有其特定的口耳传习系统和特殊的停连、重音、语气语调、抑扬顿挫、高低缓急和节奏等诵读技巧,并非人人所能擅长,所以汉宣帝才会专门召见独擅楚辞诵读的九江被公,而不是任何一人即可担当此任。可惜年代久远,文献湮灭,我们无法还原汉代楚辞诵读的声音具体形式,但从《汉志》"诵其言谓之诗,咏其声谓之歌"的记载可以推测,歌唱更偏向于字句之间音长的尽量延展,拉长字音,形成较长时间的咏叹,从而重点传递字音背后寄托的旋律弦外情感。而诵读较咏歌则更偏向于日常口语,在口语正常音速音长基础上,适当夸张字词音长、音强,以更为响亮清晰且富含情感的声音形式传递给听者,其传播重点在诵读声音所依托的文字文本。从"博尽奇异之好"亦可知,楚辞诵读技艺到汉宣帝时已日渐式微,已经没有太多人能长于此技。此一技艺的逐渐失传,与楚国的灭亡不无关系。秦灭楚国,王权土崩瓦解,掌握文化的贵族阶层沦陷四散,民间艺人亦东移南迁。更为重要的是,随着楚地纳入中原版图,中原人不断南迁入楚,楚地的方音方言亦不断中原化,楚音的日渐衰微也就在所难免,这正是楚

---

① 汤炳正:《屈赋语言的旋律美》,《屈赋新探》,济南:齐鲁书社,1984年,第386—406页。
② 赵逵夫:《屈原在完成歌诗向诵诗的转变方面所作的贡献》,《屈骚探幽》,兰州:甘肃人民出版社,1998年,第149—150页。
③ 班固:《汉书》,北京:中华书局,1962年,第1043页。

辞诵读技艺逐渐成为绝学的内生原因。《战国策·秦策五》记载吕不韦花心思着力打造公子异着楚服觐见王后,并得到来自楚地的王后的亲近,王后还为其变更名字曰"楚",秦王亦接见,"王使子诵,子曰:'少弃捐在外,尝无师傅所教学,不习于诵'"①,由此可知,楚地诵读技艺需要专门师承口耳教习。由于传承者随秦军硝烟而零落殆尽,所以至汉初能为此技者就归于寥落,这正是汉宣帝征召九江被公的历史背景。尽管操持特殊腔调、独特语音的楚语诵读口耳传承研习者日渐稀少,但是,这门技艺历经汉代,甚至到晋徐邈《楚辞音》、南朝宋诸葛民《楚辞音》,再到隋代释道骞《楚辞音》,尚有其隐约的流播痕迹可寻。

《史记·屈原贾生列传》记载令尹子兰使上官大夫短屈原于楚顷襄王,顷襄王听信谗言,怒而流放屈原于江南,"屈原至于江滨,被发行吟泽畔"②。屈原远望故土,行吟江边,在迁徙颠沛的流放生活中,屈原是没有音乐可以享听的,他只能吟诵饱含血泪的诗篇抒泻郁情。屈原所吟诵的文字,正是《汉志》所记"屈原赋二十五篇"。由此可知,屈原本人即是楚地诵读行家里手,正是因为他擅长诵读楚地先民的歌谣,在继承楚地民歌的基础上,又长于将内心情感化为书面文字,遂产生如《离骚》等精彩绝艳的诗篇。屈原流放于江南之野,在"行吟泽畔"之时,"思君念国,忧心罔极,故复作《九章》"③。《九章》开篇《惜诵》言"惜诵以致愍兮,发愤以杼情",王逸谓"论之于心,诵之于口,至于身以疲病,而不能忘"④,洪兴祖也有相同的认识:"惜诵者,惜其君而诵之也"⑤。王逸、洪兴祖对屈原诵读诗章皆有清晰认识,屈原将内心压抑的情感用千锤百炼的文学语言诵读出来,以发泄郁结的心情,此诵读应不与歌唱相同,是不必合乐而歌的另一种语言艺术。清人刘熙载《艺概·赋概》亦云:"《楚辞》《惜诵》无歌调,《九歌》无诵调。歌、诵之体,于斯可辨。"⑥刘熙载自觉区分歌、诵之不同,为我们研究楚辞语言提供新的启发。改编自民间的祭歌《九歌》本就是歌唱的唱词,所以刘熙载认为这是歌之形式。而屈原包括《惜诵》在内的其他作品皆为抒泻心中牢愁而作,其目的是为行吟之中的口头排遣,刘熙载认为这是诵之形式。《九章·抽思》有"道思作颂,聊以自救兮"句,王逸谓"道思者,中道作颂,以舒怫郁之念,救伤怀之思也"⑦,颂者,诵也,屈原反反复复以口诵出的是他心中郁结的对故土故国故人的思念。屈原之诵,正是楚地特有的有别于歌唱的诵读技艺,此一技艺,在楚地并不为屈原所独专,而是一门流行于楚地的有声语言艺术。宋玉《九辩》有"然中路而迷惑

---

① 刘向集录:《战国策》,上海:上海古籍出版社,1985年,第280页。
② 司马迁:《史记》,北京:中华书局,1959年,第2486页。
③ 洪兴祖:《楚辞补注》,北京:中华书局,1983年,第120页。
④ 洪兴祖:《楚辞补注》,北京:中华书局,1983年,第121页。
⑤ 洪兴祖:《楚辞补注》,北京:中华书局,1983年,第121页。
⑥ 刘熙载著,王气中笺注:《艺概笺注》,贵阳:贵州人民出版社,1986年,第297页。
⑦ 洪兴祖:《楚辞补注》,北京:中华书局,1983年,第141页。

兮,自压桉而学诵"①,我们进而可以推测,此门技艺,屈原凭师承关系以口耳相传于宋玉诸弟子,再绵延传递至汉代而不衰。《汉志》所谓《诗》"三百五篇,遭秦而全者,以其讽诵,不独在竹帛故也"②的论断,其实同样适用于楚辞的流传,以口头诵读口耳相传承续文字经典,这当是先秦文化典籍流播之通例。姜亮夫《楚辞书目五种·楚辞书目提要·音义类》对楚辞的诵读艺术亦有论述:"《楚辞》自汉已传诵读之法,则其音必有与世习不相中者。世以为楚人楚语,音异在地域之不同,谅矣!然余以为楚人必能楚语,又何必借重于九江、被公诸人,则不仅于字音之异同,其在声韵强弱高低急徐之间乎?"③姜亮夫考察《楚辞》音义书目,从汉代楚辞的专门诵读谈起,认为九江被公等人诵读楚辞不仅仅有楚语特殊字音的专长,更擅长将文字用声韵强弱高低急徐的言语技巧呈现给听者,姜氏所认为的这一特别诵读技能不同于音乐艺术,而是一种经过专门训练方能胜任的语言表达艺术。此外,姜亮夫《简论屈子文学》对汉代楚辞诵读的历史场景亦有详论:"楚音之异,约有两事,一者字音之异,二者诵读之异……至诵读一事,则自汉以来,已成专门之学,史所谓能为'楚声'如九江被公、朱买臣诸家,皆其著者,惜其读已不传于世,无由考其详矣。至隋释道骞所传,则史称其'音韵清切',言殊迷离,不易理解。余自西南,旅于大江黄河乃至长白山,交其士大夫,习闻其诵诗之法,实最多方,与其语言相表里,且大体得之师儒旧传,则今江陵、武昌、长沙间诵读,当亦于贾生、刘安、向歆父子、师叔父子所诵唱不相远,则谓屈赋诵读之法,尚存人间,必不相远,则不必强证而可卜者矣。"④姜亮夫尚能亲耳听闻长江南北故楚之地的诵读之声,足见此技艺自先秦至汉甚至绵延至近代以来流传久远,楚音楚语穿越千年,其遗韵至今犹存于故楚广阔地域。金开诚《屈原集校注》亦有相似论断:"《离骚》则因篇幅过长,必不能唱……后来汉人的拟骚之作也不能唱。"⑤金开诚着眼《离骚》篇幅体制,认为《离骚》不能歌唱的原因是其文字过长所致,这种认识应符合歌唱之实际。正如我们前面所探讨的,在屈原时代,用于歌唱的《诗经》式文学体例,经过屈原等人的接触继承、开拓创新,已经由听觉的音乐文学嬗变成视觉的案牍文学,文学由此进入一个全新的自觉时代,中国真正产生了第一批以文字为创作载体的纯文学创作者,文学遂成为文字之学,诵读案牍文学随即成为传播文字载体的有效语言艺术形式,屈原无疑是这批创作者中最为早出也最为杰出的一位。

---

① 洪兴祖:《楚辞补注》,北京:中华书局,1983年,第191页。
② 班固:《汉书》,北京:中华书局,1962年,第1708页。
③ 姜亮夫:《楚辞书目五种》,北京:中华书局,1961年,第263页。
④ 姜亮夫:《楚辞学论文集》,上海:上海古籍出版社,1984年,第225—226页。
⑤ 金开诚:《屈原集校注》,北京:中华书局,1996年,第4页。

# 《楚辞章句》对《九歌》的经学阐释

首都师范大学　董方伯

王逸的《楚辞章句》是流传至今的最早、最完整的《楚辞》注本。虽然在此之前,说解《楚辞》的行为必是存在的,但留下具体名目的只有淮南王刘安作《离骚传》,刘向、扬雄分别有《天问解》,贾谊、班固分别有《离骚章句》,以及马融的《离骚法》。这些作品不仅均已失传,而且又都是解释《楚辞》单篇,更与《九歌》无涉。因此甚至可以说,《楚辞章句》是我们能够知晓的,历史上第一次有人详细谈及《九歌》的著作。它的出现对《楚辞·九歌》阐释的历史来说,确是破天荒的一件大事。

王逸的生卒不可知,生平记载十分简略。根据《后汉书》知道他大概生活于汉安帝、顺帝时期,所以其生卒上下限大概可以推知,至少活动年份应晚于班固。《四库提要》云:"旧本题'校书郎中',盖据其注是书时所居官也。"① 所以很明显,他吸收了一个时代累积下来的研究成果。一个例证就是,《楚辞章句》的注释部分行文中出现的"或曰"等字样,虽数量有限,但还是收录了部分两汉研读楚辞的旧说。"或曰"所引起的文字,分为以下两种情况。其一是记录王逸所见的屈赋异文,如"或曰:'纠锵鸣兮琳琅。'"② 这是记录了《九歌·东皇太一》"谬锵鸣兮琳琅"的异文。其二则是关于文本不同于己的解释。如:"言秋风疾,则草木摇,湘水波,而树叶落矣。以言君政急则众民愁,而贤者伤矣。或曰:屈原见秋风起而木叶堕,悲岁徂尽,年衰老也。"③ 这里是解释《九歌·湘夫人》中的"袅袅兮秋风,洞庭波兮木叶下"。这些不同的阐释显然出于汉代前人的注说,只可惜王逸并没有标注"或"具体指的是谁。

《楚辞章句》的单行本较为罕见,今日所见只有明朝的翻刻本。其版本主要分为北京国家图书馆藏明正德十三年吴郡黄省曾校、高第刊本,上海图书馆藏隆庆辛未岁豫章夫容馆宋版重雕本,此外还有明万历十四年丙戌冯绍祖刊本和明万历十五年丁亥冯绍祖改刻本等版本。④ 除单行本外,《楚辞章句》的内容还被收入李善所注的《文选》和洪兴祖的《楚辞补注》。《文选注》虽然可资参证,但由于《文选》本身对于《九歌》就没有全录,只录六首,导致王注的内容"先天不足",且李善吸收王注,文字上也做了精简处理,所以

---

① 永瑢、纪昀等编纂:《文渊阁四库全书》,台北:商务印书馆,1982年,第1062页。
② 洪兴祖:《楚辞补注》,北京:中华书局,2015年,第44页。
③ 洪兴祖:《楚辞补注》,北京:中华书局,2015年,第51页。
④ 马骏鹰、王逸:《楚辞章句》文献研究,浙江师范大学学位论文,2002年。

如果要进行《楚辞章句》的专题研究,这不是一个很好的版本。洪兴祖校订《楚辞章句》,并在此基础上著成《楚辞补注》,作品原文每句下面先述王注,其他前人有可取的则记在王注之后,最后是自己的"补曰",故《楚辞补注》基本完整保存了王注。所以本文进行《楚辞章句》对于《九歌》阐释的相关探讨时,主要以中华书局的《楚辞补注》为基础,以明正德十三年刻本为参照。①

## 一、"依经立义"和"依诗取兴"

自汉武帝"罢黜百家,独尊儒术"之后,经学就取得了官方认证的崇高地位,两汉的经学极为兴盛。经学就是解释儒家经典的学问。"所谓经学,是指易、书、诗等群经之学的简称;凡成系统,有条贯之学术,即皆谓之学。"②而"依经立义"的概念出自《楚辞章句叙》:

> 夫《离骚》之文,依托五经以立义焉:"帝高阳之苗裔",则"厥初生民,时惟姜嫄"也;"纫秋兰以为佩",则"将翱将翔,佩玉琼琚"也;"昔揽洲之宿莽",则《易》"潜龙勿用"也;"驷玉虬而乘鹥",则"时乘六龙以御天"也;"就重华而陈词",则《尚书》咎繇之谋谟也;"登昆仑而涉流沙",则《禹贡》之敷土也。故智弥盛者其言博,才益多者其识远。屈原之词,诚博远矣。自终没以来,名儒博达之士著造词赋,莫不拟则其仪表,祖式其模范,取其要妙,窃其华藻,所谓金相玉质,百世无匹,名垂罔极,永不刊灭者矣。③

"夫《离骚》之文,依托五经以立义焉"的表述,后来由刘勰在《文心雕龙》里简化为"依经立义",可以认为是王逸的首创。王逸原本的意图,大概是依傍五经而提升《楚辞》之地位,所以声称《楚辞》以五经之思想为基础。但他的"依经立义"一说,实则总结了汉人以经学为基础,阐释《楚辞》或《九歌》的核心思想和手段。王逸作为东汉时的文人,受到两汉经学的笼罩,是毋庸置疑的。他的经学阐释视角,也是前代学者早已奠定了的。然而他毕竟是将《楚辞》和《九歌》文本逐句进行阐释这项工作付诸实践的第一人,也是"依经立义"思想的总结者,王逸也就理所当然地成为汉代《九歌》经学阐释的代表人物。

由于经学自两汉之后,始终主导着中国传统文化直至近代,因此王逸的"依经立义"一说,还无意间揭示了两汉之后的中国古代传统文化的一大奥义。

文论研究者认为:"作为中国古代文化与文论的意义生成方式,'依经立义'是随着汉

---

① 本文引用《楚辞补注》采用中华书局2015年白话文等点校版。《楚辞章句》单行本采用黄灵庚主编《楚辞文献丛刊》,国家图书馆出版社,2014年,第2册:《楚辞章句十七卷》汉·王逸撰,明·黄省曾校正,清·袁廷檮校跋,明正德十三年(1518)刻本。
② 李成熊:《中国经学发展史》,台北:台湾文史哲出版社,1987年,第2页。
③ 洪兴祖:《楚辞补注》,北京:中华书局,2015年,第37页。

代经学的产生与兴盛而出现的,并与两千余年的经学发展相始终。……综观自汉迄清中国两千余年的释经活动,我们可以看出,虽然古今文学派释经的方法不同,但其释经的目的却无异:一是通过'释'来确立经典;二是通过'释'来彰显经义。"①

哲学研究者认为:"中国哲学史上以儒家为代表的'依经立义'的话语言说方式,既是中国哲学最基本的话语言说方式和学术研究范式,也是贯穿中国哲学始终的占主导地位的话语言说方式和学术研究范式。……从形式上看,以儒家为主导的依经立义的言说方式、话语模式和学术研究范式,是以'经'或'经典'依托,以'义'为核心,'借事明义',发挥其中的'微言大义'的言说方式、话语模式和学术研究范式。"②

那么王逸是如何将"依经立义"贯彻到具体阐释实践中的呢?王逸自己在《楚辞章句叙》中有所解释:"帝高阳之苗裔",则"厥初生民,时惟姜嫄"也……这种阐释方式,乃是附会式的连线,虽然具有传承经学的作用,但今人看来未必是针对文本、尊重文本的合理的阐释方式。这样的阐释方式在王逸注《九歌》过程中固然存在:

> 龙驾,言云神驾龙也。故《易》曰:云从龙。(《云中君》:"龙驾兮帝服,聊翱游兮周章。")③

云与龙的互文关系,在中国自古以来关于龙的想象中,就已经十分明晰了,在这里刻意点出《周易》"云从龙"一说,从文本阐释的角度来讲,实际的必要性不大。王逸在此点到《周易》,恐怕就是出于他在《楚辞章句叙》中提到的,将《楚辞》的内容附会连线到五经的文本内容,以提升《楚辞》地位的心态。

然而,这样的阐释方式在王注《九歌》中并不突出。也就是说,王逸自己对"依经立义"的解释,实际上是缩小了它的范围,没有体现出"依经立义"的阐释方式的要旨。真正体现"依经立义"阐释特点的,是王逸可能自己也没有意识到的一点——在《九歌》字句的阐释中,所灌注的强烈的道德、礼乐、等级的观念,而这些观念正是儒家思想的观念。例如:

> 剑者,所以威不轨,卫有德,故抚持之也。……言己供神有道,乃使灵巫常持好剑以辟邪,要垂众佩周旋而舞,动鸣五玉锵锵而和,且有节度也。(《东皇太一》:"抚长剑兮玉珥,璆锵鸣兮琳琅")④

---

① 李建中、张金梅:《依经立义:作为中国文论研究方法的建构》,《思想战线》,2009年第6期。
② 余卫国:《儒家"依经立义"的话语言说方式探析》,《内蒙古社会科学》(汉文版),2009年第4期。
③ 洪兴祖:《楚辞补注》,北京:中华书局,2015年,第46页。(单行本"云从龙"作"云从龙也")
④ 洪兴祖:《楚辞补注》,北京:中华书局,2015年,第44页。

剑无非是一种武器,无善恶之分,可以杀人越货,也可以执行正义,更可以只作为一种祭祀的装饰,何以一定要"威不轨,卫有德"?这无疑是受到儒家道德观念的影响。"要垂众佩周旋而舞,动鸣五玉锵锵而和,且有节度也",王逸对节度、法度的要求,符合儒家的礼乐文化,而未必是楚地祭祀真实情况的记录。又如:"斗,谓玉爵。言诛恶既毕,故引玉斗酌酒浆,以爵命贤能,进有德也。"①(《东君》:"操余弧兮反沦降,援北斗兮酌桂浆")同样融入了道德的色彩。

等级制度也是儒家尤其是经过汉人改造的儒家思想的核心。王逸在注《九歌》时,无意透露了这一思想倾向,如由王逸首先提出的著名的"同姓无相去之义"的说法:

  言婚姻所好,心意不同,则媒人疲劳,而无功也。屈原自喻行与君异,终不可合,亦疲劳而已也。……言人交接初浅,恩不甚笃,则轻相与离绝。言己与君同姓共祖,无离绝之义也。(《湘君》:"心不同兮媒劳,恩不甚兮轻绝。")②

按照王逸的意思,屈原之所以不能与楚国和楚怀王"离绝",最大的原因是他与君主"同姓共祖"。许子滨《王逸〈楚辞章句〉发微》考辨这一说法的源流,征引董仲舒的"公子无去国之义"和何休的"礼,公子无去国之义",证明了此说与汉代儒家思想的关系。③即使这一点存而不论,"同姓共祖"指出了贵族阶层的特殊责任,所谓"礼不下庶人,刑不上大夫"④,将屈原的爱国思想归为统治阶级的宗族思想,强调了严苛的等级制度。又如:"言舜使九嶷之山神,缤然来迎二女,则百神侍送,众多如云也。"⑤(《湘夫人》:"九嶷缤兮并迎,灵之来兮如云")即使是神灵,在王逸的阐释里,也有三六九等的划分:舜是地位最高的,二位湘夫人是被迎接的尊客,九嶷山神虽是下属的神但地位也较高,而"百神"则如云云兵卒,只能"侍送"了。

还有关于"志"的思想的体现。子曰:"吾十有五而志于学,三十而立,四十而不惑,五十而知天命,六十而耳顺,七十而从心所欲,不逾矩。"子曰:"三军可夺帅也,匹夫不可夺志也。"王逸在阐释中多次提到"志":

  言己虽出阴入阳,涉历殊方,犹思离居隐士,将折神麻,采玉华,以遗与之。明己行度如玉,不以苦乐易其志也。(《大司命》:"折疏麻兮瑶华,将以遗兮离居")⑥

---

① 洪兴祖:《楚辞补注》,北京:中华书局,2015年,第60页。
② 洪兴祖:《楚辞补注》,北京:中华书局,2015年,第49页。(单行本"离绝"作"离绝也")
③ 许子滨:《王逸〈楚辞章句〉发微》,上海:上海古籍出版社,2011年,第95页。
④ 戴圣:《礼记》,上海:上海古籍出版社,2016年,第27页。
⑤ 洪兴祖:《楚辞补注》,北京:中华书局,2015年,第54页。
⑥ 洪兴祖:《楚辞补注》,北京:中华书局,2015年,第55页。

言己虽见疏远,执志弥坚,想乘神龙,辚辚然而有节度,抗志高行,冲天而驱,不以贫困有枉桡也。(《大司命》:"乘龙兮辚辚,高驰兮冲天")①

又如,王逸在解读《河伯》的"灵何惟兮水中"一句时,认为意思是"言河伯之屋,殊好如是,何为居水中而沉没也"②,似乎屈原有"不得志"的意味在里面。以上这些例子,都是王逸"依经立义"这一阐释思想的具体体现。

除"依经立义"之外,王逸又有"依诗取兴"一说,出自《楚辞章句·离骚序》:

> 《离骚》之文,依《诗》取兴,引类譬谕,故善鸟香草,以配忠贞;恶禽臭物,以比谗佞;灵修美人,以媲于君;宓妃佚女,以譬贤臣;虬龙鸾凤,以托君子;飘风云霓,以为小人。其词温而雅,其义皎而朗。凡百君子,莫不慕其清高,嘉其文采,哀其不遇,而愍其志焉。③

"依经立义"可以说较为准确地概括了王注阐释的整体特点,是王逸进行《九歌》思想内容层面阐释的一个核心思想。而"依诗取兴"则是从属于"依经立义"的文学观念,是具体谈及了《九歌》或《楚辞》对《诗经》的学习和借鉴,从文学创作手段的层面建立二者的联系。早在淮南王刘安那里,就已经注意到了诗骚之间密切的联系,并将它们对举而讨论。而王逸用引《诗》作注的方式,将这种关联性详细点明了:

> 瑶,石之次玉者。《诗》云:报之以琼瑶。(《东皇太一》:"瑶席兮玉瑱,盍将把兮琼芳")④
> 辚辚,车声。《诗》云有车辚辚也。(《大司命》:"乘龙兮辚辚,高驰兮冲天")⑤
> 窈窕,好貌。《诗》曰:窈窕淑女。言山鬼之貌,既以姱丽,亦复慕我有善行好姿,故来见其容也。(《山鬼》:"既含睇兮又宜笑,子慕予兮善窈窕")⑥

王逸从文学创作的层面指出,《楚辞》和《九歌》继承了《诗经》的比兴传统,这是具有进步意义的。然而,不管王逸甚至直到现代的一些学者如何努力寻求《诗经》与《楚辞》

---

① 洪兴祖:《楚辞补注》,北京:中华书局,2015年,第56页。
② 洪兴祖:《楚辞补注》,北京:中华书局,2015年,第61页。
③ 洪兴祖:《楚辞补注》,北京:中华书局,2015年,第2页。
④ 洪兴祖:《楚辞补注》,北京:中华书局,2015年,第44页。(单行本"琼瑶"作"琼瑶也")
⑤ 洪兴祖:《楚辞补注》,北京:中华书局,2015年,第56页。(单行本"辚辚也"作"辚辚")
⑥ 洪兴祖:《楚辞补注》,北京:中华书局,2015年,第62页。

的共通性,它们仍不能被完全看作一个整体,这样的阐释方式实际上否定了《楚辞》和《九歌》独特的文学性和价值所在。同"依经立义"一样,"依诗取兴"指的不是二者并列,《诗》等经书具有高一等级的地位,是囊括一切的,具有标杆意义的,评判其他文学作品的。而《九歌》等辞赋作品,则是王逸认为的较为符合此标准的优秀文学作品。这里的潜台词即是,如果不能"依诗取兴",那么这样的文学作品就不是值得被传诵的。

从"依经立义"和"依诗取兴"这两个核心思想来看,王逸打出了鲜明而准确的旗号,实现了将《九歌》主要思想内容纳入儒家思想框架、文学性纳入《诗》之比兴的解释体系中。虽然存在漏洞、牵强的地方,但至少做到了总体上的自圆其说。这是王逸作为经学家的阐释成果。

## 二、章句体式和阴阳思想

《楚辞章句》顾名思义,自然是章句之学。所谓"章句之学",乃是汉儒做学问的一种通行方式。"古书之训诂,寄于文字;古书之义理,托于章句。章句不辨,义理莫名。离析章句,所以求明义理也。"①

王逸《楚辞章句》的阐释惯例,一般先解释重点字词,然后用"言……"的格式解释整个句子。使用章句的体例进行阐释,由于重视文字的训诂,故从字、词、句等各个层面均做了详细的考证,为《九歌》的阐释做出了极为基础而重要的贡献。如在《东皇太一》中引《尔雅》释美玉之名:"璆、琳琅,皆美玉名也。《尔雅》曰:有璆琳琅玕焉。"②足见王逸参证颇多,考辨严谨。又如在《湘君》中对"玦"文化内涵的关注:"玦,玉佩也。先王所以命臣之瑞,故与环即还,与玦即去。……言己虽见放逐,常思念君,设欲远去,犹捐玦佩置于水涯,冀君求己,示有还意。"③ 这是精辟的论断,为后人所激赏。

此类对于字、词、句的详细阐释,在《楚辞章句》中不一而足,作为经典的传世注本,其伟大之处也毋庸赘言。本文更需要关注章句体例其他的侧面和特点,《楚辞章句》的一个阐释特征很少被人提及。笔者认为,章句之学的"剖章析句"做法,固然是严谨的治学方法,其所涉及的内容极为丰富,考察极为周全,对经学的传承亦有着不可磨灭的功绩。然而,这种做学问的方法有时也走向繁复的路径,《汉书·艺文志》称:"后世经传既已乖离,博学者又不思多闻阙疑之义,而务碎义逃难,便辞巧说,破坏形体;说五字之文,至于二三万言。"④ 而这样的特点导致的另一个问题是,注释者偶尔只关注细节和局部,使得前后的解释难以做到全然的圆融,或较少进行规律性的总结。这里讨论两个问题,一是

---

① 胡朴安:《古书校读法》,江苏:江苏古籍出版社,1985 年,第 117 页。
② 洪兴祖:《楚辞补注》,北京:中华书局,2015 年,第 44 页。
③ 洪兴祖:《楚辞补注》,北京:中华书局,2015 年,第 50 页。
④ 班固:《汉书》,北京:中华书局,1964 年,第 1723 页。

对于代词的解释,王逸的注释有时不做明确的统一或分别说明。例如对"灵"指代何人的解读:

> 灵,巫也。楚人名巫为灵子。(《云中君》:"灵连蜷兮既留,烂昭昭兮未央。")①
> 灵,谓云神也。(《云中君》:"灵皇皇兮既降,猋远举兮云中。")②

此二注皆出于《云中君》一篇,"灵"的含义已经不统一。当然,王逸采用的是"随文释义"的方法,两处都有各自的语境,根据"灵皇皇兮既降,猋远举兮云中"来看,"灵"确实指代神灵才能说得通;根据他所见资料,楚地也确有"名巫为灵子"的习俗。因此这样的解释当然是对的。但何以"灵连蜷兮既留,烂昭昭兮未央"中的"灵"不是指代云神呢?王逸并没有意识到,有必要特意交代其中的差异。再如对"君"指代何人的解读:

> 君谓云神。(《云中君》:"思夫君兮太息,极劳心兮忡忡")③
> 君,谓湘君。(《湘君》:"望夫君兮未来,吹参差兮谁思?")④
> 君,谓怀王也。陫,陋也。言己虽见放弃,隐伏山野,犹从侧陋之中,思念君也。(《湘君》:"横流涕兮潺湲,隐思君兮陫侧。")⑤

根据王逸的这几条注释来看,他在不同篇章的注释工作中,将"君"注为不同的神灵,似乎隐然透露出各篇目与神灵之间对应的关系,而"君"既可以指代神灵,又可以指代君主,又令人联想君主与神灵的隐喻关系。可惜的是,王逸在此也没有进行更多的说明,其间的奥义只能由后人点出了。

二是关于文意的贯通性。章句这一体制的固有属性,多少限制了王逸进行上下文联系的机会。如《湘君》中的"桂櫂兮兰枻,斲冰兮积雪"与后二句"采薜荔兮水中,搴芙蓉兮木末"若联系在一起理解,则更为顺畅,反映了屈原劳苦而终无所得的哀怨。沿着对划船动作的描写,联想到在水中采薜荔,这样推测写作思路也是较为合理的。而王注却只能先解其"勤苦",后解其"不可得",二者相对独立。

最为说明问题的例子,就是主旨争议颇大的《山鬼》篇。至少在同一篇作品内,所阐释出的文意应该是贯通的,不会存在过于突兀的情况。而王注虽然对每句都进行了详细

---

① 洪兴祖:《楚辞补注》,北京:中华书局,2015年,第46页。
② 洪兴祖:《楚辞补注》,北京:中华书局,2015年,同上。
③ 洪兴祖:《楚辞补注》,北京:中华书局,2015年,第47页。(单行本"云神"作"云神也")
④ 洪兴祖:《楚辞补注》,北京:中华书局,2015年,第48页。
⑤ 洪兴祖:《楚辞补注》,北京:中华书局,2015年,第49页。

论证,看似无懈可击,却偶尔存在无法说通整篇作品的情况。对于《山鬼》的前半篇,王逸的基本阐释如下:

  若有人,谓山鬼也。(《山鬼》:"若有人兮山之阿,被薜荔兮带女萝。")①
  言山鬼之貌,既以姱丽,亦复慕我有善行好姿,故来见其容也。(《山鬼》:"既含睇兮又宜笑,子慕予兮善窈窕。")②
  言山鬼修饰众香,以崇其善。屈原履行清洁,以厉其身。神人同好,故折芳馨相遗,以同其志也。(《山鬼》:"被石兰兮带杜衡,折芳馨兮遗所思。")③

我们可以感受到,王逸在上述的阐释里,倾向于"人神爱情"的主旨。王逸是承认《九歌》中存在人神爱情这一主旨的,《少司命》中曾注曰"而司命独与我睨而相视,成为亲亲也"④,而《山鬼》看起来主旨与之近似,王逸因此做出了本能的判断,将阐释的思路一再向这个主题延展,思路是较为顺畅的。然而,在《山鬼》原文"杳冥冥兮羌昼晦,东风飘兮神灵雨"之下,王逸突然转换了阐释的思路:

  灵修,谓怀王也。……言己宿留怀王,冀其还己,心中憺然,安而忘归,年岁晚暮,将欲罢老,谁复当令我荣华也。(《山鬼》:"留灵修兮憺忘归,岁既晏兮孰华予?")⑤
  言己所以怨公子椒者,以其知己忠信,而不肯达,故我怅然失志而忘归也。……言怀王时思念我,顾不肯以闲暇之日,召己谋议也。(《山鬼》:"怨公子兮怅忘归,君思我兮不得闲。")⑥
  言怀王有思我时,然谗言妄作,故令狐疑也。(《山鬼》:"君思我兮然疑作。")⑦

王逸或许考虑到"灵修"等处的解释,因此转换了思路,将《山鬼》的下半篇看作是屈原抒发思君之忠诚和对谗言之忧惧的文字。将《山鬼》与屈原的忠君爱国联系在一起,本无可厚非,但毕竟仍在一篇作品之中,抒情对象突然转换,又无令人信服的解释,这就导致文意无法连贯,《山鬼》被硬生生地分为两个前后不搭的部分。当然,屈原的思绪本就较为丰富,这是文意难以贯通的一个重要原因,然而作为阐释者,王逸在这里侧重于局

---

① 洪兴祖:《楚辞补注》,北京:中华书局,2015年,第62页。
② 洪兴祖:《楚辞补注》,北京:中华书局,2015年。(单行本"故来见其容也"作"是以故来见其容也")
③ 洪兴祖:《楚辞补注》,北京:中华书局,2015年,第63页。(单行本"芳馨"作"香馨")
④ 洪兴祖:《楚辞补注》,北京:中华书局,2015年,第57页。(单行本"相视"作"相望")
⑤ 洪兴祖:《楚辞补注》,北京:中华书局,2015年,第63页。(单行本"复当"作"当复")
⑥ 洪兴祖:《楚辞补注》,北京:中华书局,2015年,第64页。
⑦ 洪兴祖:《楚辞补注》,北京:中华书局,2015年。

部阐释的明晰,而未对整体文意作出调和,也是显而易见的。虽然不是由王逸直接提出的,但在他举棋不定的描述中,我们发现了争议——在《九歌》中,有没有人神恋爱的因素?或说,人和神的关系都有哪些形式?这个问题就抛给了后世的阐释者。

另外,王逸在阐释中所透露的阴阳思想,同样是汉代时代背景所决定的。追本溯源,阴阳思想起于《周易》,用两种符号表示抽象的阴阳关系,认为阴、阳是宇宙间相反而又相成的两种根本力量。《尚书·洪范》有"五行"之说,春秋战国时期的邹衍进一步推演,提出五德终始的思想。此后,阴阳学说与五行学说逐渐合流,形成以"阴阳消息,五行转移"为理论基础的宇宙观。至于汉代,"阴阳思想于秦汉之际被广泛地应用于经学之中,尤以公羊学、齐诗、易学为盛,阴阳灾异与天人感应思想成为时代潮流,并且在公羊派大师董仲舒的手里进一步体系化,与五行学说相融合。具有方法意义的阴阳思想,被董仲舒之流采用后,形成了天人相感的哲学体系,阴阳思想成为天人相感的中介。"① 王逸的阴阳观是东汉经学逐步深化到一定程度的产物。

阴阳思想虽然在王逸的《九歌》阐释中体现不多,但以下几个例子仍然很充分地说明,王逸谙熟阴阳学说的核心思想,并内化到了对于《九歌》的阐释中。

> 女,阴也。以喻臣,谓己之俦匹。(《湘君》:"采芳洲兮杜若,将以遗兮下女")②
>
> 阴主杀,阳主生。言司命常乘天清明之气,御持万民死生之命也。(《大司命》:"高飞兮安翔,乘清气兮御阴阳")③
>
> 阴,晦也。阳,明也。……屈原言己得配神俱行,出阴入阳。一晦一明,众人无缘知我所为作也。(《大司命》:"一阴兮一阳,众莫知兮余所为")④
>
> 言东风飘然而起,则神灵应之而雨。以言阴阳通感,风雨相和。(《山鬼》:"杳冥冥兮羌昼晦,东风飘兮神灵雨。")⑤

在这几个注释中,王逸指出了阴、阳两面的关系,认为男女、君臣、生杀、阳晦都是对立统一的关系,还透露了"天人感应"的观念。《大司命》篇中的两个注释,由于作品本身就已有"阴阳"的字眼,所以阐释者不得不解释阴阳的含义,还算不上创见。然而,在《湘君》"采芳洲兮杜若,将以遗兮下女"的阐释中,可以说王逸熟练地运用了阴阳思想,认为男女和君臣的关系类似,都属一阴一阳,可以进行代换,创造性地提出了《楚辞》和《九歌》

---

① 刘祥:《论王逸〈楚辞章句〉中的阴阳思想》,湖南大学学位论文,2013年。
② 洪兴祖:《楚辞补注》,北京:中华书局,2015年,第50页。(单行本"俦匹"作"俦匹也")
③ 洪兴祖:《楚辞补注》,北京:中华书局,2015年,第55页。
④ 洪兴祖:《楚辞补注》,北京:中华书局,2015年。
⑤ 洪兴祖:《楚辞补注》,北京:中华书局,2015年,第63页。(单行本"通感"作"相感")

中"男女喻君臣"或曰"夫妇喻君臣"的阐释思路。

"剖章析句"等经学的阐释方式,加之汉代的阴阳思想、五行比附的逐步深入,遂演化为谶纬之类:

> 言己在深山之中,遭雷电暴雨,猿狖号呼,风木摇动,以言恐惧失其所也。或曰:雷为诸侯,以兴于君。云雨冥昧,以兴佞臣。猿猴善鸣,以兴谗言。风以喻政,木以喻民。雷填填者,君妄怒也。雨冥冥者,群佞聚也。猿啾啾者,谗夫弄口也。风飒飒者,政烦扰也。木萧萧者,民惊骇也。(《山鬼》:"风飒飒兮木萧萧,思公子兮徒离忧。")①

如此夸张的天人感应、政治比附的讲法,是极具有汉朝时代特色的。需要辨析的是,王逸本身已有注,"言……也"是王逸的阐释。他本人的阐释意见,自然集中体现在自己提出的注释中,而非那些"或曰"里。也就是说,可以认为王逸的阐释思想与"或曰"的阐释思想虽大同而有小异,其小异处是要尤其注意的。在这个例子里,王逸也只是将这样近乎谶纬的阐释作为一家以供参考,本身未必全然认同。

## 三、创作动因和作者形象

《楚辞章句》每章之首都有一个小序,用以做一些简要的说明,《九歌》作为本书的一章,也不例外。王逸因此成为首个谈及屈原创作《九歌》的动因,九歌的性质、功能等创作背景问题的阐释者。其序曰:

> 《九歌》者,屈原之所作也。昔楚国南郢之邑,沅、湘之间,其俗信鬼而好祠。其祠,必作歌乐鼓舞以乐诸神。屈原放逐,窜伏其域,怀忧苦毒,愁思沸郁。出见俗人祭祀之礼,歌舞之乐,其词鄙陋。因为作《九歌》之曲,上陈事神之敬,下见己之冤结,托之以风谏。故其文意不同,章句杂错,而广异义焉。②

王逸在序中表达的认识有以下几点:

其一,《九歌》的写作时间和地点,认为是屈原放逐时期的作品,地点则是"楚国南郢之邑,沅、湘之间"。

其二,《九歌》的写作动因,是楚地人自古"信鬼而好祠",并且祭祀时又有歌舞取悦诸神,所以形成了民俗祭祀的一套礼法,而屈原放逐时"窜伏其域,怀忧苦毒,愁思沸

---

① 洪兴祖:《楚辞补注》,北京:中华书局,2015年,第64页。(单行本"谗言"作"谗人")
② 洪兴祖:《楚辞补注》,北京:中华书局,2015年,第43页。(单行本"下见"作"下以见")

郁",实际接触到了这些民俗,一方面想必这些曲调歌词"呕哑嘲哳难为听",使得屈原产生了改进的想法,另一方面屈原心有郁结而不得发,必得找一事物发泄,于是"作《九歌》之曲"。

其三,《九歌》的文本性质,是与祭祀、歌舞相结合的文本,很可能是祭祀时所演唱的歌诗。

其四,《九歌》的写作特点,王逸指出《九歌》各篇之间或者一篇之内"文意不同,章句杂错,而广异义焉"。

关于第四点的原因,牵扯到一个异议,即"作"意为原创还是改造,《九歌》是否取材于民间? 当然,屈原是看到俗人的歌舞才决定写作的,其范式必然遵循一定的民俗规律,但屈原是将其原始材料进行了加工,还是基本没有参照民间的词句,自己按照祭祀的需要和范式而创作呢? 这两者都能解释《九歌》"文意不同,章句杂错,而广异义"的特点。如果是前者,则是由于《九歌》里面其实混杂了多个作者(屈原和其他可能的群体创作者),导致词句混杂,如果是后者,则是因为屈原的创作虽为原创,但目标非常复杂,既要"上陈事神之敬",并照顾到实际祭祀使用的环境,又要"下见己之冤结,托之以风谏",导致词句混杂。

在序中亦不难发现王逸对司马迁的因承。司马迁在《史记》中评论屈赋时所提出的"讽谏"和"发愤著书"两方面,都得到了很好的继承。"讽谏说"出自诗大序,"上以风化下,下以风刺上,言之者无罪,闻之者足以戒,故曰风。"① 司马迁则将"讽谏说"的旨意运用到屈赋的阐释中:"上称帝喾,下道齐桓,中述汤、武,以刺世事。明道德之广崇,治乱之条贯,靡不毕见。"② 从司马迁甚或更早的儒家学者开始,将《楚辞》经典化、向《诗》和五经靠拢的过程就没有停止过,"讽谏说"的应用也只是这个过程的一个方面,最终由王逸集其大成。关于以经学阐释《九歌》的问题,上文已详论。

对"发愤著书"的再次强调,是王逸在《九歌》阐释历史上作为阐释者个体的闪光点。他对《九歌》的阐释,基本是出于经学视角的,是由时代的文化环境所决定的,但这并不意味着王逸始终没有个体化的解读。即使同在经学的视域下,经学也不是铁板一块,每个注经者仍在固定的框架内有限地展示了自己的独特思考。将屈原写作《九歌》的动因归为"怀忧苦毒,愁思沸郁",乃千载之下对人性光辉的体察,是符合"意有所郁结,不得通其道,故述往事、思来者"③ 的文学规律的。

有学者进一步认为,根据《楚辞章句》中《九歌》之外的其他章节的注释来看,王逸秉承了"以情训志,情志互训"的文学观,完全超越了诗大序所规定的"止乎礼义""主文而

---

① 毛公:《毛诗正义》,上海:上海古籍出版社,1990年,第13页。
② 司马迁:《史记》,北京:中华书局,1959年,第2482页。
③ 吴楚材选编:《古文观止》,上海:上海古籍出版社,2016年,第212页。

谲谏"的框架。① 笔者以为如此断言未免过于激进，王逸作为经学家的基本思想是无法自我超越的，但是王逸对于纯经学的阐释方式确乎具有超越性。

因此，在王逸的《九歌》阐释下，屈原的形象是有真性情的，较为接近一个诗人的形象，其情感不做过多的抑制，一旦不平则喷薄而出，甚至也没有避讳对怀王的幽怨情感：

> 或曰：君，谓怀王也。屈原陈序云神，文义略讫，愁思复至，哀念怀王暗昧不明，则太息增叹，心每懛懛，而不能已也。（《云中君》："思夫君兮太息，极劳心兮懛懛"）②
> 
> 言尧二女仪德美好，眇然绝异，又配帝舜，而乃没命水中。屈原自伤，不遭值尧、舜，而遇闇君，亦将沉身湘流，故曰愁我也。（《湘夫人》："帝子降兮北渚，目眇眇兮愁予。"）③

在这些例子中，王逸替屈原直斥楚怀王为"闇（通'暗'）君"，没有庇护君上，在汉王朝中央集权大一统的背景下，这样的突破自非班固之徒能及。在《楚辞章句叙》中，王逸也明确表示了对班固的反对："而班固谓之'露才扬己'，'竞于群小之中，怨恨怀王，讥刺椒兰，苟欲求进，强非其人；不见容纳，忿恚自沈'，是亏其高明，而损其清洁者也。"④ 如此掷地有声、振聋发聩的反驳，正是王逸不全囿于章句之学，而真正以身心体悟屈原之生命脉搏，贴近作者真实的所感所想，从而得出的思考结论。

客观上讲，王逸根据自己的理解，有意或无意地建构了一个模糊的屈原形象。这个形象当然大体上是个儒家人物。撇开修齐治平的因素不谈，王逸阐释下的抒情主人公，是心有郁结不得不发的诗人形象，并且心理复杂、行为犹豫。王逸为悼念屈原，曾作《九思》一组，也一并收入《楚辞章句》。文学创作间接体现了王逸的阐释观，创作和阐释可以进行互文性的理解。在《九思》中，王逸突出了屈原"求之不得"的心态，如"志阏绝兮安如，哀所求兮不耦"⑤，又强调所求之路径有曲折阻遏，如："念灵闱兮隩重深，愿竭节兮隔无由。望旧邦兮路逶随，忧心悄兮志勤勉。"⑥

《楚辞章句》于《九歌》和屈原形象的解读上，这一点也有明显的对应。如指出屈原求而不得："屈原见云一动千里，周遍四海，想得随从，观望西方，以忘己忧思，而念之终不可得，故太息而叹，心中烦劳而懛蠱也。"⑦（《云中君》："思夫君兮太息，极劳心兮懛蠱"）再

---

① 雷炳锋：《从〈楚辞章句〉看王逸的文学本质观》，《大庆师范学院学报》，2011 年第 2 期。
② 洪兴祖：《楚辞补注》，北京：中华书局，2015 年，第 47 页。
③ 洪兴祖：《楚辞补注》，北京：中华书局，2015 年，第 51 页。
④ 洪兴祖：《楚辞补注》，北京：中华书局，2015 年，第 37 页。
⑤ 洪兴祖：《楚辞补注》，北京：中华书局，2015 年，第 266 页。
⑥ 洪兴祖：《楚辞补注》，北京：中华书局，2015 年，第 261 页。
⑦ 洪兴祖：《楚辞补注》，北京：中华书局，2015 年，第 47 页。

如指出屈原行路曲折:"言己欲乘龙而归,不敢随从大道,愿转江湖之侧,委曲之径,欲急至也。"①(《湘君》:"驾飞龙兮北征,邅吾道兮洞庭。")按照后句的意思,屈原似乎还有些许自卑的心态,他迫切地思念故国,想要乘龙而归,又认为自己是获罪之人,所以"不敢随从大道"。这一性格所对应的文章特点,就是王逸所谓的"优游婉顺"②。

要而言之,王逸是系统阐释《九歌》的第一人,也是两汉经学对《九歌》进行阐释的整合者,他通过章句之学,严谨地逐句注释了《九歌》,从而成功使得《九歌》基本纳入了儒家道德和文艺观的体系之内,开创了深刻影响后世的研究道路。但是其中他透露出对屈原人格的认同,以及对屈原形象的关注,是较为活泼的阐释态度。阐释者在体证作者的过程中,主观性确实难以避免,但这样的阐释非纯粹的主观体悟,而是根据已有的材料、知识和社会发展规律,再加之自己的理解,不断细化、梳理细节,从而逼近真相。

---

① 洪兴祖:《楚辞补注》,北京:中华书局,2015年,第48页。
② 洪兴祖:《楚辞补注》,北京:中华书局,2015年,第37页。

# 敦煌残卷《楚辞音》所代表的时代与楚辞音义文献的产生

四川师范大学 牟 歆

楚辞学著作中最早以"音义"或"音"命名的文献见载于《隋书·经籍志》,包括徐邈撰《楚辞音》一卷、宋处士诸葛氏撰《楚辞音》一卷、孟奥撰《楚辞音》一卷、未著录作者《楚辞音》一卷、释道骞《楚辞音》一卷,惜多已亡佚。有幸的是敦煌残卷《楚辞音》的出现,让我们终于可以一见魏晋南北朝时期楚辞音义文献的真容,因而自被发现以来它就备受学界关注。以往学界对敦煌残卷《楚辞音》的研究多集中在文献释读和作者考索等方面,却忽略了其与同时代或后世楚辞音义文献之间的联系,故而未能真正明确它在楚辞音义和整个楚辞学发展史上的地位。那么,作为现存最早的楚辞音义文献,敦煌残卷《楚辞音》原书究竟产生于何时?在内容和体例上有何特点?怎样表现了楚辞音义文献的产生?本文将对这些问题试作讨论,以求教于学界。

## 一、敦煌残卷《楚辞音》代表的时代

对敦煌残卷《楚辞音》的研究,学界已有了诸多成果。由于卷中"兹"字下有"骞案"字样,又不避隋唐讳,故王重民、闻一多二先生均认为其即《隋书·经籍志》所载之"释道骞《楚辞音》"[1]。而周祖谟先生以为"道骞"应作"智骞"[2],饶宗颐先生以为应作"道骞"[3],神田喜一郎和姜亮夫先生则认为当作"智骞"[4]。他们对作者名字的看法虽然有异,但对该抄本的时代在隋唐之间则均无异议。李大明先生《道骞〈楚辞音〉论考》则认为:"残卷引《广雅》不避'广'字讳,引《世本》不避'世'字讳,则此写本当抄于五代或稍后,盖非唐写本也。"[5]

笔者认为,敦煌残卷《楚辞音》作为现存最早的楚辞音义文献专书,对于讨论楚辞音

---

[1] 王重民:《楚辞音残卷跋》,《敦煌古籍叙录》,北京:中华书局,1979年,第275页;闻一多:《敦煌旧抄本楚辞音残卷跋》,《闻一多全集》,上海:开明书店,1948年,第2册第497页。
[2] 周祖谟:《骞公〈楚辞音〉之协韵说与楚音》,《辅仁学志》,1940年第2期。
[3] 饶宗颐:《楚辞书录》,香港:Tong Nam Printers & Publishers,1956年,第105页。
[4] [日]神田喜一郎:《缁流の二大小学家——智骞と玄应》,《支那学》第7卷第1号,1933年,第30页;姜亮夫:《智骞〈楚辞音〉跋》,《中国社会科学》,1980年第1期。
[5] 李大明:《楚辞文献学史论考》,成都:巴蜀书社,1997年,第141页。

义文献的产生至关重要。该书的作者究竟是谁,抄写的时代又在何时?这些问题其实对研究楚辞音义文献的产生不会有太大影响,但该书原本产生的真正时代却非常关键。因为它代表了楚辞音义文献专书产生的最早形态,表现出了楚辞音义文献的一般体例和内容。所以我们要讨论楚辞音义文献的产生,就必须先弄清敦煌残卷《楚辞音》原书产生的时代。

首先,判断《楚辞音》残卷年代的最直接依据就是卷中的避讳现象。卷中不避隋讳"广",亦不避唐讳"世",所以李大明先生认为该卷子必然抄于五代或稍后。其实这里应该有两种可能性,一种的确是在五代或稍后,另一种则是抄于隋文帝开皇二十年即隋炀帝杨广即位以前。因为既然杨广尚未即位,所以"广"字自然也就不在避讳之列,而唐讳"世"字就更不用说了。

虽然黄耀堃先生曾作《道骞与〈楚辞音〉残卷的作者新考》一文,从避讳、楚音、按语、协韵、异文等五个方面论证了"P.2494写本似不是骞公的《楚辞音》"①。但关于《楚辞音》残卷的作者,目前学界普遍认为还是骞公。关于骞公的生活时代,黄耀堃先生则有较为详细的考察。其云:

> 按《隋书》以及与骞公相关的人物,大致可以推断骞公为隋人,或者卒于隋代。与骞公同时代而寿数确实可考的只有法侃,法侃卒于唐武德六年,年七十三(551—623);至于与骞公同属慧日道场的智果,在仁寿(601—604)之后进入慧日道场,那时骞公已在那里,因此骞公的活动年代大约始于隋代以前,而卒于隋代,因此他的作品被收入《隋书·经籍志》。另一方面,骞公在隋朝中期时年纪已不小,也因此被称作"骞公"。至于同附《续高僧传·智果传》末的玄应,他的著作不收入《隋书》,而见于《新唐书》,称作《大唐众经音义》,因此可以相信骞公的活动时间应该在隋代的中后期。②

所以《楚辞音》残卷原书的创作和抄写时间都完全可能是在隋开皇二十年以前,故而既不用避隋讳"广",也不用避唐讳"世"。

其次,敦煌残卷《楚辞音》中的注音也可体现其原书创作的时代。敦煌残卷《楚辞音》中有七处协韵,分别为:

> 属,协韵作章喻反。③

---

① 黄耀堃、黄海卓:《道骞与〈楚辞音〉残卷的作者新考》,《汉语史学报》,2003年。
② 黄耀堃、黄海卓:《道骞与〈楚辞音〉残卷的作者新考》,《汉语史学报》,2003年。
③ 智骞:《楚辞音》,黄永武主编:《敦煌丛刊初集》,台北:新文丰出版公司,1985年,第13册第516页。

下,协韵作户音。①(共三处)

马,协韵作妈音,同亡古反。②

古,协韵作故音。③

行,协胡刚反。④

周祖谟先生曾根据唐钞本《文选集注·离骚》"周流乎天余乃下"句下所引《文选音决》"下,楚人音户"⑤,并对比敦煌残卷《楚辞音》关于"下"字的注音,认为残卷中的"协韵"正是骞公能为"楚声"的表现⑥。但姜亮夫先生通过考订后指出:"凡其协音,皆魏、晋、齐、梁以来旧音,且大体皆见于《毛诗》《尚书》《周易》之中,而非即为楚音。"⑦也就是说,敦煌残卷《楚辞音》中的七处协韵都是魏晋南北朝时期的音读。除此之外,姜先生还对残卷的所有音切进行了对比研究,得出了以下结论:

> 其注音之法,一本汉儒旧例,无所更革或新增。最重要者,此二百余反语及其直音,余一一照以汉儒旧音,皆无扞格。又以魏、晋以来字书、韵书,如李季节、夏侯咏、阳、吕、杜诸家及《经典释文》所载,郑玄、服虔、伪孔安国、徐邈、郭璞诸音及玄应《一切经音义》所引,皆有所本。偶有唇音轻重相左、牙音轻重相左之象,亦皆旧说之承用,而非新切之更订。余更照以隋、唐人韵书所载(以余《敦煌韵辑》为据),亦无一不在诸韵字中。即一字数反者,亦一一符合于旧音。⑧

也就是说,姜先生认为《楚辞音》残卷中的所有注音都与魏晋南北朝时的音读相同,而不仅仅是协音。笔者也将《楚辞音》残卷中的注音与《经典释文》所载徐邈等人的六朝旧音作了比对,发现确实如此。现举十例,如下表所示:

---

① 智骞:《楚辞音》,黄永武主编:《敦煌丛刊初集》,台北:新文丰出版公司,1985年,第13册第516、517、520页。

② 智骞:《楚辞音》,黄永武主编:《敦煌丛刊初集》,台北:新文丰出版公司,1985年,第13册第516页。

③ 智骞:《楚辞音》,黄永武主编:《敦煌丛刊初集》,台北:新文丰出版公司,1985年,第13册第518页。

④ 智骞:《楚辞音》,黄永武主编:《敦煌丛刊初集》,台北:新文丰出版公司,1985年,第13册第520页。

⑤ 周勋初纂辑:《唐钞文选集注汇存》,上海:上海古籍出版社,2000年,第1册第873页。

⑥ 周祖谟:《骞公〈楚辞音〉之协韵说与楚音》,《辅仁学志》,1940年第2期。

⑦ 姜亮夫:《智骞〈楚辞音〉跋》,《中国社会科学》,1980年第1期。

⑧ 姜亮夫:《智骞〈楚辞音〉跋》,《中国社会科学》,1980年第1期。

表1 《经典释文》所载六朝旧音与《楚辞音》残卷注音对照表

| 注音字 | 《经典释文》 | 敦煌残卷《楚辞音》 |
| --- | --- | --- |
| 过 | 古卧反,罪过也,超过也 | 古卧反 |
| 知 | 音智 | 智音 |
| 相 | 息羊反 | 息羊反;息亮反 |
| 饮 | 于鸩反 | 于鸩反 |
| 严 | 鱼检反 | 鱼俭反(《文选音决》所引作"鱼检反") |
| 行 | 下孟反 | 遐盲反;遐孟反;下孟;协胡刚反 |
| 还 | 音全 | 旋音 |
| 揭 | 居谒反 | 丘桀反 |
| 和 | 胡卧反 | 胡戈反 |
| 椒 | 子料反 | 子遥反 |

从上表所列音切来看,存在以下几种情况。

第一,有二书注音完全相同者。这不仅包括直音和反切均相同者,如均把"知"注为"智"和均把"相"注为"息羊反"。也包括反切的上、下字用字不同,但实则切音相同的例子,如"行",《经典释文》的"下孟反"为匣纽更韵,敦煌残卷《楚辞音》的"遐孟反"亦是匣纽更韵。但在这当中又分为两种情况。一种是注音和字义均相同。如《经典释文》所注之"严"取自《尚书·皋陶谟》"日日严祗敬六德"之"严",孔颖达曰:"严则敬之壮也。"① 敦煌残卷《楚辞音》所注之"严"为《离骚》"汤禹严而求合兮"之严,王逸《章句》亦曰:"严,敬也。"② 故而二"严"字音义俱同,实即为"俨"字。另一种则只是注音相同,但注音字的字义却不同。如《经典释文》所注之"过"字取自《易·大过》之"过",意为罪过、超过;而敦煌残卷《楚辞音》所注之"过"为王逸《楚辞章句》"使不得过也"之"过",是经过之义。二者意义不同,但均注为"古卧反"。这些都说明敦煌残卷《楚辞音》的原作者在对前人学说广泛继承的同时,又注意区分鉴别。如果其作者真是骞公的话,那就正如道宣《续高僧传》卷三十《杂科·声律》附《隋东都内慧日道场释智果传》所称,智骞诚为"遍洞字源,精闲通俗"③ 者。

第二,有二者注音相似者。其中又有几种情况。一是声纽相同,韵部不同。如"还",《经典释文》音"全",为从纽元韵;《楚辞音》音"旋",为影纽元韵。二字实则一声之转。二是声纽、韵部均相同,但声调不同。如"椒",《经典释文》音"子料反",为啸韵去声;《楚辞音》音"子遥反",为宵韵平声。《经典释文》在这里实际是引用徐邈《毛诗音》中的注音。蒋

---

① 孔颖达:《尚书正义》,《十三经注疏》,北京:中华书局,1980年,第139页。
② 洪兴祖:《楚辞补注》,北京:中华书局,1983年,第37页。
③ 道宣:《续高僧传》,《大正新修大藏经》,石家庄:河北省佛教协会,2009年,第50册第704页。

希文在研究以徐邈为代表的魏晋南北朝语音系统时曾说:"《广韵》的平声字和去声字在徐邈的读音里常有混切。"①看来确实如此,这也说明徐邈生活的时代尚未受到"四声八病说"的影响,平上去入四声虽然早已存在,但声调对于语音表达的作用和影响还未像后来一样重要。然则,《楚辞音》残卷的注音在声调上比徐邈更贴近于中古语音的实际,则说明其作者在对前代学者学说继承的同时,也注意将其与自身所处时代的语音特点相融合,使得其音注更为符合当时的实际情况,这也是一种建立在继承基础上的发展和推进。

因而从敦煌残卷《楚辞音》注音的特点上看,已经可以充分说明其原书的创作年代应在魏晋南北朝时期。

再次,从《楚辞音》残卷引文与传世文献所产生的异文中亦可推测其年代。黄耀堃先生《道骞与〈楚辞音〉残卷的作者新考》一文末尾附有许建平教授的一条意见,颇有参考价值。其云:

> 残卷 39 行"佚"条引《尚书》曰:"无教佚欲有邦。"唐石经"佚"作"逸"。天宝三载卫包改隶古字本为今字本,开成时刻入唐石经。在政令之下全国通行今字本,则作逸之本应该看作天宝以前东西,至迟亦应是唐中期以前之本。今残卷所引者作"佚",是否从中透露出该写卷作于唐中期以前的咨讯?另,该卷字体优美,行款疏朗,略带隶意,就我的感觉,这种优美的写卷,大多是敦煌陷蕃前的写本。这个本子为六朝本的可能性较大。②

今检敦煌残卷《楚辞音》引《尚书》确实作"无教佚欲有邦"③,而今本《尚书》卷四《皋陶谟》正作"无教逸欲有邦"④。卫包受诏改《尚书》隶书为楷书是在唐玄宗天宝三年,开成石经刻成是在唐文宗开成二年,之后《尚书》定本均依照石经施行。而敦煌残卷《楚辞音》引《尚书》仍从古体,则其原书的写作至迟应在开成二年以前。再加上其又不避"广""世"二字,故可推知其书恐当为魏晋南北朝时期之作。

最后,洪兴祖《楚辞补注》中亦有旁证。《楚辞补注》"楚辞卷第一"五字后有洪兴祖题解,其云:

> 隋唐书《志》有皇甫遵训《参解楚辞》七卷、郭璞注十卷、宋处士诸葛《楚辞音》一卷、刘杳《草木虫鱼疏》二卷、孟奥音一卷、徐邈音一卷。……隋有僧道骞者善读之,

---

① 蒋希文:《徐邈反切系统中特殊音切举例》,《中国语文》,1994 年第 3 期。
② 黄耀堃、黄海卓:《道骞与〈楚辞音〉残卷的作者新考》,《汉语史学报》,2003 年。
③ 智骞:《楚辞音》,黄永武主编:《敦煌丛刊初集》,台北:新文丰出版公司,1985 年,第 13 册第 517 页。
④ 孔颖达:《尚书正义》,《十三经注疏》,北京:中华书局,1980 年,第 139 页。

能为楚声,音韵清切。至唐,传楚辞者,皆祖骞公之音。①

这里有两点值得注意:一是洪兴祖只说隋唐书《志》中记载有郭璞、孟奥、徐邈等人著作,但他本人极有可能从未见到过这些文献。二是洪兴祖引用《隋书·经籍志·楚辞类序》中的话时将"至今传《楚辞》者,皆祖骞公之音"②改作了"至唐,传楚辞者,皆祖骞公之音"。

洪兴祖提到的这些文献,学界多以为基本在宋初或更早的时代就已经亡佚,闻一多就曾说:"夫为楚辞学者,自汉王逸以下逮宋之洪、朱,约及千载,代有名家,而郭《注》、骞《音》之名,尤赫然在目耳。顾其书自唐中叶以还,似已荡然靡存,而史志所胪,空有其目,譬如丰碑载涂,徒足为欷嘘凭吊之资耳。"③所以洪兴祖在他的《楚辞补注》中就从未引用过上述文献。

至于洪兴祖引《隋志》改"至今"作"至唐",似乎也说明骞公的楚声之读并没有流传到洪兴祖的时代,他认为至多只传到唐代便已消亡。而在南宋初年或许也有人传播楚声,但洪兴祖本人却根本不知道楚声之读是什么样子,或者这种楚声的传播就根本不是在楚辞学中进行的。朱熹在《楚辞集注序》中也说道:"及隋、唐间为训解者尚五六家,又有僧道骞者,能为楚声之读,今亦漫不复存,无以考其说之得失。"④则似乎也表明《楚辞音》等文献在当时就散亡已久无从考释了。这也能为敦煌残卷《楚辞音》的原书写作时代在魏晋南北朝时期作一旁证。

总之,关于敦煌残卷《楚辞音》的作者到底是谁,确实很难考订清楚,它的抄写时间也存在着多种可能。不过,其原书产生的时代却可以得到确定。从它显示出的内容、语音系统、异文和避讳习惯等方面来看,其原书产生的时代应当在魏晋南北朝时期。确定了这个重要的前提,就为我们讨论楚辞音义文献的产生奠定了逻辑起点。

## 二、章句时代的楚辞与音义时代的楚辞

既然敦煌残卷《楚辞音》是现存最早的楚辞音义文献专书,又是唯一可见的魏晋南北朝楚辞音义文献,那么它在内容上有何特点呢?这就需要从《楚辞音》与《楚辞章句》的对比中来讨论。因为《楚辞章句》作为现存最早和最完整的楚辞学著作,在楚辞学史上占有重要地位,而将其与《楚辞音》残卷进行对比,便可以发现它们各自的特点、作用以及它们之间的区别。

第一,注释的形式不同。敦煌残卷《楚辞音》共注音305字,起自《离骚》"驷玉虬以

---

① 洪兴祖:《楚辞补注》,北京:中华书局,1983年,第1页。
② 魏征:《隋书》,北京:中华书局,1973年,第1056页。
③ 闻多:《敦煌旧抄本楚辞音残卷跋》,上海:开明书店,1948年,《闻一多全集》,第2册第497页。
④ 朱熹撰、黄灵庚点校:《楚辞集注》,上海:上海古籍出版社,2015年,第4页。

乘鹥兮",终于"杂瑶象以为车",从《离骚》正文与王逸《章句》中依次摘字注音,其中正文194字,注文111字①。如《离骚》"驷玉虬以椉鹥兮,溘埃风余上征",《楚辞音》残卷就依次摘取了"椉""鹥""溘""埃""上"五字为释。又如"朝发轫于苍梧兮,夕余至乎县圃",依次摘取了"朝""轫""县""圃"四字注释。注音方法包括反切、直音和如字或依文读三种方式,如"上,时壤反"②,"结,计音"③,"上下,二字依文读"④等。经笔者统计,在三种注音方式中,反切注音运用最多达236次,直音37次,如字或依文读5次。这些注音还体现出区别字词意义和用法的特征。如卷中"好"字凡六见,其中一处注为"呼老反"⑤,五处注为"耗音"⑥。"呼老反"一音,当为《离骚》"鸩告余以不好"一句之"好"字注音。此句,王逸注云:"言我使鸩鸟为媒,以求简狄,其性谗贼,不可信用,还诈告我言不好也。"⑦五臣云:"忠贤,谗佞所疾,故云不好。"⑧洪兴祖云:"好,读如好人提提之好。"⑨则此好字当作好坏之好讲,故音"呼老反"。而其余五处分别为《离骚》"好蔽美而嫉妒""好蔽美而称恶""民好恶其不同兮""苟中情其好修兮"和"莫好修之害也"之"好"字的注音。关于此五"好"字,王逸分别注云"好蔽美德"⑩"故群下好蔽忠正之士"⑪"言天下万民之所好恶,其性不同"⑫"言诚能中心常好善"⑬"以上不好用忠正之人"⑭。不难看出,这五个"好"字都是爱好、好恶之好,故读为"耗音"。而《楚辞章句》则是以句为单位进行解释,基本上是每句有训诂,然后每两句串讲一次大意。如《离骚》"摄提贞于孟陬兮,惟庚寅吾以降",王逸于第一句下注:"太岁在寅曰摄提格。孟,始也。贞,正也。于,于也。正月为陬。"⑮在第二句后注曰:"庚寅,日也。降,下也。《孝经》曰:故亲生之膝下。寅为阳正,故男始生而立于寅。庚为阴正,故女始生而立于庚。言己以太岁在寅,正月始春,

---

① 案:此为李大明先生《楚辞文献学史论考》中的观点,其中包含了注文下谓"下同",可视为注文之重出者11字。
② 智骞:《楚辞音》,黄永武主编:《敦煌丛刊初集》,台北:新文丰出版公司,1985年,第13册第515页。
③ 智骞:《楚辞音》,黄永武主编:《敦煌丛刊初集》,台北:新文丰出版公司,1985年,第13册第515页。
④ 智骞:《楚辞音》,黄永武主编:《敦煌丛刊初集》,台北:新文丰出版公司,1985年,第13册第519页。
⑤ 智骞:《楚辞音》,黄永武主编:《敦煌丛刊初集》,台北:新文丰出版公司,1985年,第13册第518页。
⑥ 智骞:《楚辞音》,黄永武主编:《敦煌丛刊初集》,台北:新文丰出版公司,1985年,第13册,第516、518、518、519、520页。
⑦ 洪兴祖:《楚辞补注》,北京:中华书局,1983年,第33页。
⑧ 萧统编、李善等注:《六臣注文选》,北京:中华书局,1987年,第612页。
⑨ 洪兴祖:《楚辞补注》,北京:中华书局,1983年,第33页。
⑩ 洪兴祖:《楚辞补注》,北京:中华书局,1983年,第30页。
⑪ 洪兴祖:《楚辞补注》,北京:中华书局,1983年,第34页。
⑫ 洪兴祖:《楚辞补注》,北京:中华书局,1983年,第36页。
⑬ 洪兴祖:《楚辞补注》,北京:中华书局,1983年,第38页。
⑭ 洪兴祖:《楚辞补注》,北京:中华书局,1983年,第40页。
⑮ 洪兴祖:《楚辞补注》,北京:中华书局,1983年,第3页。

庚寅之日，下母体而生，得阴阳之正中也。"① 其中，第一句和第二句"故女始生而立于庚"之前的内容都是字词的训诂，而"言己以太岁在寅"之后的内容为串讲这两句的大意。这是《楚辞章句》最常见的体例，但《天问》和《橘颂》中也有两句一训诂、四句串讲一次大意的情况。如《天问》"女歧无合，夫焉取九子？伯强何处，惠气安在"四句，王逸于前两句下注曰："女歧，神女，无夫而生九子也。"② 于后两句下注曰："伯强，大厉，疫鬼也，所至伤人。惠气，和气也。言阴阳调和则惠气行，不和调则厉鬼兴，二者当何所在乎？"③ 是其证也。《橘颂》则通篇都是这种方式。

第二，注释的内容有异。除注音以外，敦煌残卷《楚辞音》也有对字词的训诂和文义的疏通。如："淊，苦阁反。王逸云：'淊，犹掩也。'案：掩，盖也。《埤苍》云'淊，依也'。"④ 又如"圃，布音。《广疋》曰：'昆仑虚有三山，阆风、板桐、县圃，其高万一千里百一十四步一尺六寸。'案：捴曰昆仑，别则三山之殊，而县圃最在其上也。"⑤ 同时，对于各本之异同也有记录和订正。如"楷，注本作枝字。"⑥ 又如"须臾，本或作消摇二字，非也。"⑦ 但由于是摘字注释，所以并不包含对文章大义的解读。而《楚辞章句》的注释内容则包括字词训诂和文义串讲，如上文谈到《楚辞章句》注释体例时所举例证皆是如此。当然还有每篇的题解，这个题解通常又称之为序，位于每篇的题目之后正文之前。还有一点值得注意，即《楚辞章句》中并没有一处涉及注音。

第三，注释的对象有别。《楚辞音》残卷除了注释《楚辞》诗句中的文字外，还对王逸《章句》中的文字进行注释。如残卷第二行的"离，力智反"⑧ 就是《离骚》"淊埃风余上征"一句下王逸《章句》"去离世俗"⑨ 中的"离"字。据统计，敦煌残卷《楚辞音》共注音305字，其中出于王逸《章句》者111字，占到了总数的三分之一，看得出其依据的底本就是《楚辞章句》。而《楚辞章句》注释的对象则是刘向所辑的十六卷《楚辞》以及王逸自作的《九思》一卷，只涉及《楚辞》文句，不包含前人的注释。王逸在《离骚叙》中虽曾提到过在他之前研究《楚辞》的刘安、刘向、班固、贾逵诸家，但纵观《楚辞章句》似乎对这些著作均未称引，更不用说对他们的观点进行解释了。

---

① 洪兴祖：《楚辞补注》，北京：中华书局，1983年，第3页。
② 洪兴祖：《楚辞补注》，北京：中华书局，1983年，第89页。
③ 同洪兴祖：《楚辞补注》，北京：中华书局，1983年，第89页。
④ 洪兴祖：《楚辞补注》，北京：中华书局，1983年，第515页。
⑤ 洪兴祖：《楚辞补注》，北京：中华书局，1983年，第515页。
⑥ 智骞：《楚辞音》，黄永武主编：《敦煌丛刊初集》，台北：新文丰出版公司，1985年，第13册第515页。
⑦ 智骞：《楚辞音》，黄永武主编：《敦煌丛刊初集》，台北：新文丰出版公司，1985年，第13册，第515—516页。
⑧ 智骞：《楚辞音》，黄永武主编：《敦煌丛刊初集》，台北：新文丰出版公司，1985年，第13册，第515页。
⑨ 洪兴祖：《楚辞补注》，北京：中华书局，1983年，第26页。

上述这些存在于《楚辞章句》和《楚辞音》注释上的差异反映出的核心问题实际上是章句和音义文献在体例与作用上的区别,同时也表现出了楚辞音义从无到有的过程。

章句是一种注释儒家经典的文献,据说"始于子夏"①。李贤说:"章句谓离章辨句,委屈枝派。"②孙奭说:"章句者,章,文之成也;句者,辞之绝也。"③其实都指出了章句的体例和作用,即首先明确经典的句读,然后再给经典划分章节并概括大意,进而阐述义理。刘师培在《国学发微》中又将"章句"与"故""传"等经典注释的体例作了对比,他说:"故、传二体,乃疏通经文之字句者也;章句之体,乃分析经文之章节者也。"④也就是说分章解说应该是章句的一大内容特点和作用。

王逸的《楚辞章句》中虽然也有分章解说的地方,如《远游》"世莫知其所如"句下王逸《注》云:"自此以上,皆美仙人超世离俗,免脱患难。屈原想慕其道,以自慰缓,愁思复至,志意怅然,自伤放逐,恐命不延,顾念年时,因复吟叹也。"⑤但这样的例子毕竟是太少了。更多的都是如前文所总结的以句为单位进行解释,每句有训诂,然后两句串讲一次大意,或者是两句一训诂,四句串讲一次大意的情形。

另外,在人们的普遍认识中,章句都是冗长而繁琐的。所谓"说五字之文,至于二三万言"⑥,甚至"一经说至百万余言"⑦者比比皆是。但从王逸《楚辞章句》的内容来看,训解却比较简括,而且详于前而略于后。这应当与《汉书·儒林传·丁宽传》所载"训故举大谊而已"⑧的"小章句"更为接近。李大明先生甚至认为:"从体例来看,《楚辞章句》更类于'传'。"⑨这当然代表着王逸对"章句"这种文献体例的认识,正是基于这种认识才使得他将刘安的《离骚传》也称为了《离骚经章句》。

王逸对"章句"的这种认识与当时汉朝宫廷的导向不无关系。《后汉书·章帝纪》载:"中元元年诏书,《五经》章句烦多,议欲减省。"⑩《后汉书·桓荣传》附《桓郁传》载:"初,荣受朱普学章句四十万言,浮辞繁长,多过其实。及荣入授显宗,减为二十三万言。郁复删省定成十二万言。由是有《桓君大小太常章句》。"⑪这些记载都可看出当时汉朝宫廷对于减省章句的愿望和措施。同时,章句的繁琐冗长在一定程度上确实也会影响义理的

---

① 范晔:《后汉书》,北京:中华书局,1965年,第1500页。
② 范晔:《后汉书》,北京:中华书局,1965年,第955页。
③ 孙奭:《孟子注疏》,《十三经注疏》,北京:中华书局,1980年,第2665页。
④ 刘师培:《国学发微》,《刘申叔先生遗书》,宁武南氏刊本,1934年,第13册,第11页。
⑤ 洪兴祖:《楚辞补注》,北京:中华书局,1983年,第165页。
⑥ 班固:《汉书》,北京:中华书局,1962年,第1723页。
⑦ 班固:《汉书》,北京:中华书局,1962年,第3620页。
⑧ 班固:《汉书》,北京:中华书局,1962年,第3597—3598页。
⑨ 李大明:《汉楚辞学史(增订本)》,北京:中国社会科学出版社、华龄出版社,2004年,第378页。
⑩ 范晔:《后汉书》,北京:中华书局,1965年,第138页。
⑪ 范晔:《后汉书》,北京:中华书局,1965年,第1256页。

阐发，夏侯胜就曾批评其侄夏侯建是"所谓章句小儒，破碎大道"①。所以就经学传播和章句本身来讲，也有由冗繁走向简括的需要。《楚辞章句》虽不是经学注本，但它却"依托《五经》以立义"②，即运用了经学的思想和方法来解说《楚辞》，在这个过程中也必然会受到当时大环境的影响。

那么，章句与音义文献又有何联系呢？《晋书》卷九十一《儒林·徐邈传》云："(邈)年四十四，始补中书舍人，在西省侍帝。虽不口传章句，然开释文义，标明指趣，撰正《五经》音训，学者宗之。"③可以看出，徐邈正是通过"《五经》音训"这类音义文献来"开释文义，表明指趣"，虽然"不口传章句"，但最终还是起到了章句传授的效果，并且被学者所接受、所师法。因此，音义文献这种注音以明义且随文注释的特点，继承的就是汉代以来的经学师授传统，特别是章句这种口头传授的方式。

《汉书·儒林传》载："孝文时，求能治《尚书》者，天下亡有，闻伏生治之，欲召。时伏生年九十余，老不能行，于是诏太常，使掌故晁错往受之。"④颜师古《注》引卫宏《定古文尚书序》云："伏生年老，不能正言，言不可晓也，使其女传言教错。齐人语多与颍川异，错所不知者凡十二三，略以己意属读而已。"⑤这则记载颇能证实汉代的经学传授方式是经师口授，学生记录。不过也体现了这种口头传授的弊端，即如果接受者不能够充分清楚地理解传播者的语言，就容易出现晁错从伏生学《尚书》时的那种理解障碍。而音义文献中以注音来释义和区别字词用法的方式显然就是为接受者充分理解传播者所要表达的意思服务的。这也可以解释为什么在音义文献盛行的魏晋南北朝时期，各种经典的传播变得更为广泛了，就是因为音义文献本身的作用即为帮助学者理解和诵读文献。

另外我们可以看到，王逸的《楚辞章句》和赵岐的《孟子章句》作为现存完整的两种汉人章句，在内容中均没有注音，汉人的其他经学著作如《毛传》《郑笺》等也几乎都不涉及注音。这与章句这种注释方式重在阐发义理密切相关。王逸在《楚辞章句》中就说："今臣复以所识所知，稽之旧章，合之经传，作十六卷章句。虽未能究其微妙，然大指之趣，略可见矣。"⑥这体现的正是儒家经学思想的模式和规范，表现出的是以经学的方法解读《楚辞》，他关注的是"大指之趣"，希望能够"究其微妙"，所以其着眼点自然就在于《楚辞》的义理阐释，而非音义训诂了。但到了魏晋南北朝时期，文字、语音都发生了一定的变化，

---

① 班固：《汉书》，北京：中华书局，1962年，第3159页。
② 洪兴祖：《楚辞补注》，北京：中华书局，1983年，第49页。
③ 房玄龄：《晋书》，北京：中华书局，1974年，第2356页。
④ 班固：《汉书》，北京：中华书局，1962年，第3603页。
⑤ 班固：《汉书》，北京：中华书局，1962年，第3603页。
⑥ 洪兴祖：《楚辞补注》，北京：中华书局，1983年，第48页。

人们在阅读先秦两汉的文献时往往会出现困难。陆德明就曾说："先儒旧音,多不音注。然注既释经,经由注显,若读注不晓,则经义难明。"① 故而我们也可以把音义文献看作是对章句等经学文献的一种补充。《楚辞音》作为楚辞音义文献的代表即产生于这样的学术背景下,所以六朝人对音义的兴趣自然也表现在了对《楚辞》文本的研究中。

关于语音变化对阅读《楚辞》产生的影响,笔者另有专论,兹不赘言。但是在《楚辞音》与《楚辞章句》内容体例的比较中,对字词注音的从无到有最能表现出《楚辞音》作为楚辞音义文献的特殊性。无论敦煌残卷《楚辞音》中的字词注音采用了何种方式,它都是一种对楚辞研究的补充和推进。王逸在《楚辞章句》中解读《离骚》"驷玉虬以桀鹥兮,溘埃风余上征"两句时说:"鹥,凤皇别名也。《山海经》云:鹥身有五采,而文如凤。凤类也,以为车饰。……溘,犹掩也。埃,尘也。言我设往行游,将乘玉虬,驾凤车,掩尘埃而上征,去离世俗,远群小也。"② 王逸在这里解释了"鹥""溘""埃"等字的意思,还讲解了这两句的大意。而《楚辞音》残卷却为他补充了"桀""鹥""溘""埃"等字的读音,这是对《楚辞章句》所欠缺内容的补充。尤其是"上,时壤反;离,力智反;远,于愿反"③ 等为王逸注文中内容所作的注音更是表现出敦煌残卷《楚辞音》为《楚辞章句》服务的特点。也就是说,《楚辞音》的出现顺应的是当时的人们更好地理解《楚辞章句》的需求。而有了《楚辞音》的辅助,就降低了原本生僻字较多、字音又多有变化的《楚辞》的阅读难度,因此这也对《楚辞》在当时的传播推广提供了便利。在当时这样一种章句与音读的交互作用中,楚辞音义研究也随之出现并逐步发展起来了。

## 三、从零散注音到专书研究

虽然现存最早的楚辞音义文献专书是敦煌残卷《楚辞音》,但现存最早关于楚辞的音义训释却出自郭璞的《楚辞注》。《楚辞音》与《楚辞注》中的注音相比又有什么不同？说明了什么问题呢？

郭璞《楚辞注》一书自宋代以来久佚,现在只能从后世学者的辑佚中窥见一二。饶宗颐先生《晋郭璞〈楚辞〉遗说摭佚》据郭注《尔雅》《方言》《山海经》《穆天子传》辑出27条,胡小石先生《〈楚辞〉郭注义征》又博参群书,益以为244条。但在这两百多条中,并非每条都可证实能用于注释《楚辞》。由于郭璞在为其他文献作注时或曾明确提到过《楚辞》,故而我们可以判断这些内容均可用于《楚辞》的注释。从中发现可用于《楚辞》的注释32条,其中明确涉及注音者大约6条。现据胡小石先生《〈楚辞〉郭注义征》罗列如下:

---

① 陆德明撰,黄焯断句:《经典释文》,北京:中华书局,1983年,第1页。
② 洪兴祖:《楚辞补注》,北京:中华书局,1983年,第25、26页。
③ 智骞:《楚辞音》,黄永武主编《敦煌丛刊初集》,台北:新文丰出版公司,1985年,第13册,第515页。

(1)《离骚》"望崦嵫而勿迫"

《西山经》"西南三百里曰崦嵫之山"注:"日没所入也。《离骚》奄兹两音。"①

(2)《离骚》"岂珵美之能当"

敦煌本《楚辞音》"岂珵美之能当"注:"郭本止作程,取同音。"②

(3)《九歌·湘夫人》"遗余褋兮醴浦"

《方言》"禅衣江淮南楚之间谓之褋"注:"《楚辞》曰:'遗余褋兮澧浦。'音简牒。"③

(4)《大司命》"使涷雨兮洒尘"

《释天》"暴雨谓之涷"注:"今江东呼夏月暴雨谓涷雨。《离骚》云'令飘风兮先驱,使涷雨兮洒尘'是也。涷音东西之东。"④

(5)《九章·橘颂》曾枝剡棘

《方言》"凡草刺人,江浦之间谓之棘"注:"《楚辞》曰'曾枝剡棘',亦通语耳。音己力反。"⑤

(6)《九叹·思古》"纤阿不御"

《史记·司马相如传》《子虚赋》"纤阿为御",《索隐》引郭璞曰:"纤阿,古之善御者。"《文选》作纤阿。郭注:"纤阿,古御者。见《楚辞》。孅,音纤。"《汉书》作'孅',注引郭璞曰:"孅阿,古之善御者。孅,音纤。"⑥

---

① 胡小石:《〈楚辞〉郭注义征》,《胡小石论文集》,上海:上海古籍出版社,1982年,第37页。
② 胡小石:《〈楚辞〉郭注义征》,《胡小石论文集》,上海:上海古籍出版社,1982年,第40页。
③ 胡小石:《〈楚辞〉郭注义征》,《胡小石论文集》,上海:上海古籍出版社,1982年,第47页。
④ 胡小石:《〈楚辞〉郭注义征》,《胡小石论文集》,上海:上海古籍出版社,1982年,第48页。
⑤ 胡小石:《〈楚辞〉郭注义征》,《胡小石论文集》,上海:上海古籍出版社,1982年,第59页。
⑥ 胡小石:《〈楚辞〉郭注义征》,《胡小石论文集》,上海:上海古籍出版社,1982年,第72页。

首先可以看到，《楚辞注》中有注音的地方并不算多，更多的是诸如敦煌残卷《楚辞音》所引"郭云：'止日之行，勿近昧谷也'"①之类对于字词或诗句大意的解释，注音只是零散地存在于注解之中。而且有注音的字多为并不常见的生僻字，如"崦""埋""孎"等。而《楚辞音》却是几乎所有字都有注音，其中既有诸如"朏""繻""筳"之类的生僻字，也有如"上""下""少""女"等最一般的常见字。

一方面，二书的这种不同固然与它们的体例密切相关。关于"注"的含义，贾公彦解释道："注者，于经之下自注己意，使经义可申，故云注也。"②邢昺又说："注者著也，解释经指使义理著明也。"③段玉裁亦云："释经以明其义曰注。"④可知"注"也是一种解说经典的体例，其内容就是用自己对经典含义的理解来解读经典，使经典的义理得到充分明白的阐发。但对于具体如何解读，似乎并没有严格的要求。这就使得"注"这种体例的文献在内容上比较自由，只要是作者认为对理解经典义理有帮助的内容均可写入注中。所以，郭璞的《楚辞注》中既有对文章大意的讲解，也有字词的训诂，还出现了一些字词的注音，甚至是异文的校勘。这些内容全部都出现在了郭璞《楚辞注》之中，因为它们都是郭璞认为可以帮助阐发《楚辞》义理的内容。因此那些零散存在的对生僻字的注音就是郭璞注解《楚辞》的一种选择。与其不同的是，《楚辞音》作为魏晋南北朝时期音义文献的代表，它的主要关注点始终还是在于《楚辞》的读音问题。

另一方面，《楚辞注》和《楚辞音》所针对的读者群体不同可能也是造成这种内容差异的原因。正是因为《楚辞》中有一些字不常见或者比较难识读，所以郭璞才要为它们注音。而郭璞用直音注音的方式，无疑也是方便当时的读者能够迅速识读。或许郭璞的这个《楚辞》注本正是面向学识一般的社会大众。这些人已经有了一定的学问基础，只是对个别生僻字以及一些高深的义理理解起来会比较困难，《楚辞注》可能就是在这种需求之下产生的。然而，"书音之用，本示童蒙"⑤，《楚辞音》与《楚辞注》相比，其读者的范围可能还要更广一些。既然本来就是儿童的启蒙读物，则《楚辞音》除了有帮助读者理解《楚辞》的作用以外，当然还肩负着教授儿童识字明义的职责。所以一些最一般的常见字也进入了《楚辞音》之中。

其次，还可以看出主要运用的注音方法不同。在上文所举《楚辞注》的6处注音中，直音有5例，反切只有1例，所以郭璞所用注音方法是以直音为主。这与《楚辞音》残卷305字就有236字用反切形成了显著的差异。可见，在郭璞的时代反切注音虽然已经产

---

① 智骞：《楚辞音》，黄永武主编：《敦煌丛刊初集》，台北：新文丰出版公司，1985年，第13册，第515页。
② 贾公彦：《周礼注疏》，《十三经注疏》，北京：中华书局，1980年，第639页。
③ 邢昺：《孝经注疏》，《十三经注疏》，北京：中华书局，1980年，第2539页。
④ 段玉裁：《说文解字注》，上海：上海古籍出版社，1988年，第555页。
⑤ 陆德明：《经典释文》，上海：上海古籍出版社，2013年，第2页。

生,但直音的影响可能还是比较大。而到了敦煌残卷《楚辞音》的时代反切注音已经得到了极大的推广,故而也就逐步取代了直音的地位。

直音注音固然出现的时代更早,但在注音的效果和实际的运用中反切注音却明显更为进步,也更能反映一个时代语音的具体状况和特点。因为直音多是用一个同音字来为另一个字注音,虽然看上去直观,却很难让人看出当时的语音系统。反切注音虽然更为复杂一些,却能保留完整的语音系统,为古音研究提供便利。如郭璞提到了《离骚》"崦嵫"二字当读为"奄兹两音"[①],但"奄兹两音"在当时究竟怎么读我们还是不知道。而敦煌残卷《楚辞音》恰好就有对"奄"字的反切注音,其云:"奄,宜作崦、二字,同于炎反。"[②] 这就清楚明白地告诉了读者"奄"字在当时的音切,只要熟悉反切规则的人,一看便知读音。由此也可以看出反切注音在古音学研究中的重要意义,即我们可以通过反切上字来确定该字的清浊、发音部位以及发音方式,通过反切下字可以明确其平上去入和开齐合撮。这就为汉魏六朝古音的全面研究提供了条件。

郭璞《楚辞注》与敦煌残卷《楚辞音》在注音等内容上的差异展现的是楚辞音义文献从零散注音向专门化研究的转变,而这一转变即标志着楚辞研究中"音义"这门学问的建立和完善。

综上所述,敦煌残卷《楚辞音》代表了魏晋南北朝时期楚辞音义文献的基本状态。在内容和体例上有着注音、释义,且通过注音来区别字义和用法以及异文校勘等方面的特点。在楚辞学中,从《楚辞章句》到《楚辞注》,再到《楚辞音》的过程表现出的正是楚辞音义文献从无到有、从细碎零散的注释再到专书研究的发展历史,注音方法也由直音这种简单的方式逐渐发展为了以反切为主的较为科学的注音。这一变化的意义是重大的,它标志着在语言、制度、学术等多种因素的共同作用下,楚辞的训解从单纯地追求义理逐步发展出以音义训诂辅助义理阐释的新形式。而对于《楚辞》读音的研究也从单纯的诵读需求开始逐步发展成为一项专门的知识系统,进而成为以语言文字为中心研究楚辞音韵的学问。

---

① 胡小石:《〈楚辞〉郭注义征》,《胡小石论文集》,上海:上海古籍出版社,1982 年,第 37 页。
② 智骞:《楚辞音》,黄永武主编:《敦煌丛刊初集》,台北:新文丰出版公司,1985 年,第 13 册,第 515 页。

## 宋元楚辞学研究

# 《楚辞集注》《楚辞补注》注释方法之比较

淮阴师范学院 张 强　　西安工程大学 任 刚

## 一、求通俗

从今天的大众化眼光看,通俗化无疑是《楚辞集注》重要特点。比较一下《楚辞》古注,《集注》的通俗化特点十分明显,总体上看,《集注》是一个雅俗共赏、老少咸宜的《楚辞》读本。最明显表现在将古注通俗化。

比较《章句》《补注》等,朱注首先不同于诸注逐句为注者,朱熹之注以诗句的意思为单位,意思为一体者为一注释单位。这也是有鉴于《章句》《补注》以句(偶尔有两句)为单位,而在一定程度上隔断了诗意的注法而发的。如《离骚》,每四句为注释一单位。注释之次序,或者先音注,或先言版本之异。之后概括或"赋"、或"比兴"、或"比而赋"等艺术手法特点。之后简单解释字词义,之后或简述有关史实,或简述有关典章制度。最后综合,疏通四句文义以及与全诗的关系。疏通文意是其主旨所在。所有这些,都以《楚辞章句》《楚辞补注》等为基础而进行,或补充之,或引申之,或另起炉灶重新解释、疏通之。下面就朱注《离骚》首四句为例,与《章句》《补注》比较,进行说明。

帝高阳之苗裔兮。朕皇考曰伯庸。摄提贞于孟陬兮。惟庚寅吾以降。

下面先列王注、洪注:
"帝高阳之苗裔兮",《章句》如下:

德合天地称帝。苗,胤也。裔,末也。高阳,颛顼有天下之号也。《帝系》曰:颛顼娶于腾隍氏女而生老僮,是为楚先。其后熊绎事周成王,封为楚子,居于丹阳。周幽王时,生若敖,奄征南海,北至江、汉。其孙武王求尊爵于周,周不与,遂僭号称王。始都于郢,是时生子瑕,受屈为客卿,因以为氏。屈原自道本与君共祖,俱出颛顼胤末之子孙,是恩深而义厚也。

王注先解释"帝",次解释"苗裔",最后解释"高阳",引《帝系》解释楚之先祖"高阳"

及楚先传承、屈原之祖瑕,最后概括本句旨意,"与君共祖""恩深义厚",对《离骚》开头又极其准确的把握。其次序为先字义后史料。解释字义,简单明了,无多余之言。

《补注》对王注未及的"高阳之都"予以补充,引了皇甫谧、张晏两家之说。之后概括了《史通·序传》关于《离骚》开启"自叙传"形式及其影响:

> 皇甫谧曰:高阳都帝丘,今东郡濮阳是也。张晏曰:高阳,所兴之地名也。刘子玄《史通》云:作者自序,其流出于中古。《离骚经》首章,上陈氏族,下列祖考,先述厥生,次显名字,自叙发迹,实基于此。降及司马相如,始以自叙为传。至马迁、扬雄、班固,自叙之篇,实烦于代。

"朕皇考曰伯庸":

> 朕,我也。皇,美也。父死称考也。《诗》曰:"既右烈考。"伯庸,字也。屈原言我父伯庸,体有美德,以忠辅楚,世有令名,以及于己。

《章句》先解释字义,次引申本句意思,极为恰当。洪注只释"朕"字,重在引蔡邕、唐五臣注《文选》之言补充"朕"的古今用法。其次,又针对王注以"伯庸"为屈原父的说法,列出不同观点,不下论断,让读者自己去判断:

> 蔡邕云:"朕,我也。古者上下共之,咎繇与帝舜言称朕,屈原曰:'朕皇考'。至秦独以为尊称,汉遂因之。唐五臣注《文选》云:古人质,与君同称朕。又以伯庸为屈原父名,皆非也。屈原人子,忍斥其父名乎?"

"摄提贞于孟陬兮"《章句》先释楚历法,次释字意:

> 太岁在寅曰摄提。孟,始也。贞,正也。于,于也。正月为陬。

《补注》:《补注》指出《章句》相关内容的出处,标出"陬"的反切:

> 并出《尔雅》。陬,侧鸠切。

"惟庚寅吾以降。"《章句》释字意,而重在解释"庚寅"。

惟，辞也。庚寅，日也。降，下也。《孝经》曰：故亲生之膝下。寅为阳正，故男始生而立于寅。庚为阴正，故女始生而立于庚。言己以太岁在寅正月始春之日下母之体而生，得阴阳之正中也。

《补注》着重二点：首先，引《天问》《九叹》相关诗句解释"降"字。一为"天降嘉种"之"降"，一为身处激流旋涡而下之"降"。显然比"故亲生之膝下"，更富有诗意，更触发联想，但也有过度解读的嫌疑。其次，依据《说文解字》对《章句》"寅为阳正""庚为阴正""故女始生而立于庚"，做了不同的说明，并用《淮南子》注做了印证：

《天问》云：皆归躲鞠，而无害厥躬。何后益作革，而禹播降？《九叹》云：赴江湘之湍流兮，顺波凑而下降。徐徘徊于山阿兮，飘风来之汹汹。降，平攻切，下也。见《集韵》。《说文》曰：元气起于子。男左行三十，女右行二十，俱立于巳，为夫妇。裹妊于巳，巳为子，十月而生。男起巳至寅。女起巳至申。故男年始寅，女年始申也。《淮南子》注同。

朱注把以上四句作为一个注释单位，其注如下：

前四句：陬，侧鸠反，又子侯反。降，叶乎攻反。此章赋也。德合天地称帝。"高阳"，颛顼有天下之号也。颛顼之后有熊绎者，事周成王，封为楚子，居于丹阳。传国至熊通，始僭称王，徙都于郢，是为武王。生子瑕，受屈为卿，因以为氏。苗裔，远孙也。苗者，草之茎叶，根所生也。裔者，衣之末，衣之余也。故以为远末子孙之称也。朕，我也，古者上下统称之。皇，美也。父死，称考。伯庸，字也。屈原自道，本与君共祖，世有令名，以至于己，是恩深而义厚也。"摄提"，星名，随斗柄以指十二辰者也。贞，正也。孟，始也。陬，隅也。正月为陬，盖是月孟春昏时，斗柄指寅，在东北隅，故以为名也。降，下也。原又自言此月庚寅之日，己始下母体而生也。

比较以上四句可知，很明显朱注是在王注、洪注的基础上，重新注释《楚辞》自身的特点也十分明显。第一，用极通俗的语言，化繁为简，化难为易。首先：直接标出读音、释出字意，一律略去《章句》《补注》的典章制度、典故等的引文、出处；其次，对史料进行简单复述，对不同的说法或者择善而录，或者直出己意，就事论事，毫无枝蔓。第二，在注释中，主要复述《章句》，而采用《补注》者少。如这四句中，只采用了《补注》三条："陬，侧鸠切""朕，我也，古者上下统称之""降，平攻切，下也。"对于洪注所引皇甫谧、张晏、《史通序传》，关于"伯庸"不同的说法、《天问》《九叹》《说文》等材料一概不用。第三，注释的顺序：先读音，或依王音，或出新音；接着概括写法。之后才按着《章句》的方式注释。注音,历来为注《楚辞》者所重。王注、洪注先意后音,朱注先音后意。诵读《楚辞》是一门学问,自汉至唐,皆有名者。《离骚》这样感情极其浓郁的作品,尤其是要以楚方言诵读的。力图《楚辞》"能为楚声之读"(《楚辞集注·序》)是朱熹先音后意的原因所在。整个注释语言平实,条理井然。

从上面的简单对比可以看出洪兴祖《补注》、朱子《集注》都与《楚辞章句》有密切的联系。同时,就上引文而言,《集注》又有不少针对《补注》之处。

首先,洪兴祖之《补注》,对《章句》已经说得充分、明白的,不多加一字。对《章句》不足之处进行补充。补充和纠正事无巨细,非常细致,也非常充分,也更加准确,名为《补注》确实是实至名归。《补注》言必有据,以引他人之说,出自己之意。言之凿凿,有说服力。

《补注》列举出一系列相关文献,固厥功甚伟,但在通俗方面反倒受阻。第一,洪兴祖对所引文献不作任何解释,只是罗列出来,难免有个别艰深难懂之处;第二,罗列的范围大大扩展,则阅读的范围扩大,虽有利于拓宽眼界,但易于迷失本旨,不利于读者把握主旨。第三,洪兴祖不做判断,让读者去判断,读者一时也难断出是非,对于初学者尤其是负担。这些在一定意义上说,增加了读者的负担。这些都是通俗化受阻的因素。而朱熹的注释,通俗易懂,明白晓畅,即使今天读者阅读,也毫无障碍。

朱熹对历代《楚辞》著作了如指掌。他在《楚辞集注·序》中列举了种种对《楚辞》理解的问题,以为汉时"说者已失其趣",特别指出:"近世洪兴祖《补注》",朱子肯定其"训诂名物"之功,同时也指出《补注》"取谕立说,旁引曲证,以强附于其事之已然。是以或以迂滞而远于性情,或以迫切而害于义理"的过度解读的毛病。这也确实抓住了《补注》的短板。《集注》在注释方法上有针对性,力图化繁为简,通俗明白,不再"晦昧"。他做到了。

当然,洪注也有通俗易懂的。如《离骚》:"兰芷变而不芳兮,荃蕙化而为茅。"洪注:

> 上云谓幽兰其不可佩,以幽兰之别于艾也。谓申椒其不芳,以申椒其别于粪壤也。今日兰芷不芳,荃蕙为茅,则更与之俱化矣。当是时,守死而不变者,楚国一人而已,屈子是也。

这段话全为《集注》采用。但是这种注释并不是其主调。主调还在文物制度、草木鱼虫之类。因此,比较之下,与朱熹一贯的以平实浅易的文风开示来学一样,《集注》的雅俗共赏,非常有利于《楚辞》的普及与提高。朱熹一生志在弘扬圣人之道。圣人之道深奥,他生怕后人不能明白,就用极其平实浅易的语言阐发之,《楚辞》亦然。

## 二、求大旨

　　求屈原作品大旨所在,是《集注》的目的。朱注名为"集注",严格地说,朱注更像是我们今天教学中常用的串讲。"集注"要集各家之说,然后或择善而从,或出新解。《集注》是朱熹去世前四年才完成,去世前一年才刻印的,可谓少而好之,晚而成书。他非常注意收集各家之说,研究其是非得失。如:"近又看《楚辞》,抄得数卷,大抵世间文字,无不错误,可叹也。"(朱熹《与方伯谟》)又如:"亦便有无限合整理处。但恐犯忌。不敢形纸墨耳。因思古人,是费多少心思做下此文字,只隔一手,便无人理会得,深刻叹息也。"(朱熹《答郑子上》)有鉴于此,便有注《楚辞》之志。他全面研究自汉以来的相关《楚辞》注本,反复咀嚼《楚辞》文本,对历代的是非得失,了然于心:"然自原著此词,至汉未久,而说者已失其趣,如太史公盖未能免,而刘安、班固、贾逵之书,世不复传。及隋唐间为训解者尚五六家,又有僧道骞者,能为楚声之读,今亦漫不复存,无以考其说之得失。而独东京王逸《章句》与近世洪兴祖《补注》并行于世。其于训诂名物之间,则已详矣。顾王书之所取舍,与其题号离合之间,多可议者,而洪皆不能有所是正。至其大意,则又皆未尝沉潜反复,嗟叹咏歌,以寻其文辞指意之所出,而遽欲取谕立说,旁引曲证,以强附于其事之已然。是以或以迂滞而远于性情,或以迫切而害于义理,使原之所为壹郁而不得申于当年者,又晦昧而不得见白于后世。予于是益有感焉,疾病呻吟之暇,聊据旧编,粗加櫽栝,定为《集注》八卷。庶几读者得以见古人于千载之上,而死者可作;又足以知千载之下有知我者,而不恨于来者之不闻也。"(《楚辞集注·序》)这段话有如下几层意思:第一,"顾王书之所取舍,与其题号离合之间,多可议者,而洪皆不能有所是正"。《楚辞章句》的小序在朱熹看来,有许多"可议"之处,但是《楚辞补注》没有"是正"。第二,洪兴祖注本对于《楚辞》大旨,"皆未尝沉潜反复,嗟叹咏歌,以寻其文辞指意之所出",显得有些草草,以致"或以迂滞而远于性情,或以迫切而害于义理,使原之所为壹郁而不得申于当年者,又晦昧而不得见白于后世"。这可以看作《楚辞集注》的针对性,有的问题说得很严重。朱子所以这样说,也确实有他的道理。以《离骚》为例。《离骚》"奇文郁起",是屈原之"自铸伟词",是"惊才风逸,壮采云高。山川无极,情理实劳"的抒情大作(《文心雕龙·辨骚》)。篇幅长、忧愁深广,感情浓郁;加上楚之古风俗难晓,自古难读。朱熹是好学、会学之人。他一生好《楚辞》,他有一套与众不同的读《楚辞》的方法:"沉潜反复,嗟叹咏歌,以寻其文辞指意之所出",这是朱熹读"四书"的方式。此外,朱熹还十分注意作品的层次分析。他在《离骚辩证》中批评王逸之注混乱:"今王逸为《骚》解,乃与上半句下便入训诂,而下半句下又通上半句文义而再释之,则其重复而繁碎甚矣。""大率前人读书,不先寻其纲领,故一出一入,得失不常,类多如此。"《九歌辩证》中又批评王逸:"全然不见其语意之偷络次第。至其卒章,犹以'遗玦''捐袂'为求贤,而'采杜若'为好贤之无已,皆无复有文理也。"此外,《集注·九辩》也有类似的话。这里的"纲领""愉络次第""文理"都是作品的段落层次,而王逸没有搞清楚,分不清段落层次,就搞不懂作品的大旨。表现在注文中没有统一的线索和体系而混乱零碎。自然,作为《补注》也是如此。总之,解决了字词、典故的问题,其实是读《离骚》的第一步,而且大旨不明,字词、典故也有所偏离。所以,这第一步也是有问题的。

有鉴于此,朱熹在"沉潜反复,嗟叹咏歌,以寻其文辞指意之所出"的基础上,十分注意《楚辞》作品段落层次的把握。《集注》每篇皆有解题,篇内又分章节。在《离骚集注》中,常能看到如下的表述:"自'汩余'至此三章,同用一韵,意亦相承。""自'怨灵修'以下至此,五章一意,为下章'回车复路'起。""自'悔向道'至此五章,又承上文'清白以死直'之意,而下为'女媭詈予'起也。"这些都是他对作品分层次的做法。在注文过程中,每篇正文分节而注,对于相关的文物考据,易予极其简易的说明。这样,由节而段,由段而全文,由文义到文法,非常有利于读者对整篇诗意及其写法的把握。因为文意贯通了,理解也就透彻了。这就是朱熹集注《楚辞》不同于前人的方法。方法不一样,结论就有创见。

如《山鬼解题》:

> 今按:此篇文义最为明白,而说者自汩之。今既章解而句释之矣,又以其托意君臣之间者而言之。则言其被服之芳者,自明其志行之洁也。言其容色之美者,自见其才能之高也。"子慕予之善窈窕"者,言怀王之始珍己也。"折芳馨而遗所思"者,言持善道而效之君也。"处幽篁而不见天""路险难"而又"昼晦"者,言见弃远而遭障蔽也。欲留灵修而卒不至者,言未有以致君之寤而俗之改也。知公子之思我而然作疑者,又知君之初未忘我而卒困于谗也。至于"思公子而徒离忧",则穷极愁怨而终不能忘君之义也。以是读之,则其他之碎义曲说,无足言矣。

又如《离骚》:"余以兰为何恃兮,羌无实而容长。委厥美以从俗兮,苟得列乎众芳。椒专佞以慢慆兮,樧又欲充夫佩帏。既干进而务入兮,又何芳之能祗。固时俗之流从兮,又孰能无变化。览椒兰其若兹兮,又况揭车与江离。"

这一段,洪注据《屈原列传》,"兰"为怀王子"子兰"之"兰";又依《汉书·古今人表》有令尹"子椒"立说,解释"兰""椒"。朱注驳之曰:

> 此即上章"兰芷变而不芳"之意。
> 此辞之例,以香草比君子,王逸之言是矣。然屈子以世乱俗衰,人多变节,故自前章兰芷不芳之后,乃更叹其化为恶物。至于此章,遂深责椒兰之不可恃,可为诛首,而揭车、江离,亦以次而书罪焉。盖其所感,亦已深矣。初非以为实有其人,而以椒

兰为名字者也。而史迁作《屈原传》,乃有令尹子兰之说,班氏《古今人表》又有令尹子椒之名。既因此章之语而失之,使此词首尾横断,意思不活;王逸因之,又讹以为司马子兰,大夫子椒,而不复记其香草臭物之论,流误千载,遂无一人觉其非者,甚可叹也。使其果然,则有当有子车、子离、子檖之侪,盖不知其几人矣。

诸如此类者从前后联系,整体把握,以系统考察的例子,《集注》中比比皆是。

朱熹在《楚辞》研究上超过前贤的地方,集中在两个方面:一个是屈原"忠君、爱国之诚心";一个是《楚辞》"增夫三纲五典之重"。

《楚辞集注》:"原之为人,其志行虽或过于中庸而不可以为法,然皆出于忠君、爱国之诚心。"

汉代是研究屈原《楚辞》的高峰。大约可以分为两派。一派是淮南王刘安、司马迁、王逸等为代表。其观点以《屈原列传》引刘安的话为代表,评价很高。主要集中于三点:一是《离骚》是屈原身处绝境的作品,"盖自怨生也",二是屈原"死而不容自疏"的斗争精神,三是与这种精神相应的,其作品"与日月争光"的价值。肯定屈原的斗争精神,认为"怨"得有理,争得应该,死得其所。一般而言,自此而下,肯定屈原者,多未出这三点。

一派为纯儒家。屈原其人其事,纯儒是有保留意见的。比如班固,他盛赞屈原作品"文辞丽雅,为词赋之宗,虽非明哲,可谓妙才"。但批评其不能明哲保身、作品不合"经"义:"且君子道穷,命也。故潜龙不见,是而无闷。《关雎》哀周道而不伤,蘧瑗持可怀之志,宁武保如愚之性,咸以全命避害,不受世患。故《大雅》曰:'既明且哲,以保其身'斯为贵矣。今若屈原露才扬己,竞乎危国穷小之间,以离谗贼,然责数怀王,怨恶椒、兰,愁神苦思,强非其人,忿怼不容,沉江而死,亦贬絜狂狷景行之士。多称昆仑冥婚宓妃,虚无之语,皆非法度之政,经义所载。谓之兼《诗》《风》《雅》而与日月争光,过矣。"(《离骚序》)这一派认为屈原应采取明哲保身的态度,避免那样的遭遇。屈原的遭遇是他"露才扬己"的结果。细思虽也有其合理的成分,但是,否定屈原不妥协的斗争精神,消解了屈原其人其作的力量和价值。宋儒继承发扬了这种观点。宋朝心性理学勃兴,周敦颐、二程、张载等硕学醇儒,对屈原皆避而不谈。偶或提及,亦毁誉参半,不以为然。如程颢评价《离骚》,以为"忧君之心则至,然谓之不合道者"(朱熹《二程外书·朱公掞录拾遗》)。不合道,就是以为《楚辞》生于怨,有怨气,有私欲,不合理学家中正平和的天理之说。比较汉儒,宋儒实际上更加偏狭。

作为纯儒,朱熹评价屈原:"原之为人,其志行虽或过于中庸而不可以为法,然皆出于忠君、爱国之诚心。"(《楚辞集注·序》)朱熹承认屈原有违"中庸而不可以为法",但他用了"虽或"一词,程度明显比其他理学家减弱了。他认为即使有违"中庸而不可以为法",

屈原"忠君、爱国之诚心"也是值得肯定的。"忠君爱国"不是私欲,是公心,是"诚心"。在理学盛行的宋代,"诚"被赋予新的意义,"诚心"成为理学家重视的心性,是进阶"天理"的基础。屈原的"忠君"是被普遍承认的;而"爱国",从历史上看,是朱子第一次提出的。在南宋偏安的历史背景下,把屈原精神概括为"爱国",是大大值得肯定的。今天看起来,"爱国"精神,仍然是屈原作品的灵魂所在。朱子是有眼力的。这在《楚辞》研究史上有重要意义,是对屈原及其作品最高的评价。宋朝而后,朱熹"忠君爱国"得到普遍的认可,遂成定论,沿用至今。肯定屈原"爱国",说明朱熹突破了理学家思想的藩篱。《楚辞补注》没有这个高度,这是《楚辞集注》超过《楚辞补注》之处。

这里应当指出的是,司马迁是对屈原理解最深刻的人之一。《屈原列传》的后半部分,司马迁又一次评价屈原:"其存君兴国而欲反复之,一篇之中三致志焉。"如何看待"存君兴国"?"兴国"与"爱国"不一样。商鞅变法,可谓之"兴国",但不能说"爱国"。但是结合楚怀王时代楚国的实际,"存君兴国",就和"爱国"有些接近了。"爱国"主要表现为人们在国家危亡时对国家的一种不离不弃的情怀。即荀子和司马迁讲的"社稷之臣"(《臣道》《张释之冯唐列传》)。司马迁的"存君兴国"确实抓住了屈原及其作品的本质特征。战国时朝秦暮楚的说客,其普遍的价值观是张扬自我,"所在国重,所去国轻"(刘向《战国策序》)。其时士人"国"的意识非常淡漠,无"爱国"之说,更谈不上"爱国",也无国可爱。他们只是在列国之间自由来往,谁对他们好,他们就给谁出谋划策。屈原宁死不离故国,只是极其少有、甚至独一无二的特例。司马迁正是看到了这一点,才用"存君兴国"这样的表述。"存君兴国",既是屈原革除楚国弊政的政治理想,也是其人的精神支柱,也确实道出了其作品的真髓。因此之故,屈原之悲非为个人情怀,而是家国之悲。但后来这种提法就不见了,屈原之悲似乎也成了个人得失之小悲。直到朱熹,又一次提到了这种精神,而给予更加精准概括。出于此"皆出于忠君、爱国之诚心。"成为朱熹分析《楚辞》的基本思路。在朱熹看来,在"态臣""篡臣"(荀子《臣道》:"内不足使一民,外不足使距难,百姓不亲,诸侯不信,而巧敏佞说,善取宠乎上,是态臣者也。上不忠乎君,下善取誉民,不恤公道通义,朋党比周以环主,图私为务是篡臣也。")充斥的南宋朝廷,缺少的也正是这份"忠君、爱国之诚心"。

二程是朱熹的前辈,也是他膺服的学者,对他影响很大。作为醇儒,朱熹对屈原"爱国"的评价克服了理学家的偏狭,在一定程度上倾向于司马迁等,这也是难能可贵的。今天看来,朱熹认为屈原"其志行虽或过于中庸而不可以为法",对屈原的斗争精神持否定态度,但与"忠君爱国"的主调相比,毕竟是其次的。

第二,《楚辞》是"增夫三纲五典之重"的经典。

在肯定屈原"爱国"的前提下,朱熹对《楚辞》的评价也比当时的理学家要高。他认为《楚辞》是使人们能遵守"三纲五常"的作品。

《楚辞集注序》：

> 原之为书，其词旨虽或流于跌宕怪神，怨怼激发而不可为训，然皆生于缱绻恻怛、不能自已之至意。虽其不知学于北方以求周公、仲尼之道，而独驰骋于变风变雅之末流，故以醇儒、庄士或羞称之，然使世之放臣、屏子、怨妻、弃妇抆涕讴吟于下，而所天者幸而听之，则于彼此之间，天性民彝之善，岂不足以交有所发，而增夫三纲五典之重？此予之所以每有味于其旨，而不敢以"词人之赋"视之也。

这段话对《楚辞》的表达方式和"怨"的情感的批评，还是汉儒的老调。但这不是朱熹表达的主要意思。朱熹主要表达的意思在后面。首先他以为《楚辞》是"变风""变雅"，即《楚辞》是《诗经》之变。"变风""变雅"，虽不如"风""雅"那样纯正，但也是仅次于"风""雅"的。其次，又一次强调了《楚辞》的感人"至意"，能够"交有所发"，会引起共鸣，激发出人性之善。即孔子论《诗》所说的"兴、观、群、怨"，是合乎诗教的。正因为如此，所以，《楚辞》虽不是"经"，但也是"变风""变雅"，是使人们更遵守"三纲五常"的作品。与宋儒评价相比，这个评价其实是不低的。儒家贬低《楚辞》的原因，就是《楚辞》的"怨"，他们认为屈原更应该反思自己，修正自己的行为，不应该抱怨，更不应该"怨怼沉江"，发泄一己私愤。这就把屈原之怨愤，看作一己之得失，这是对屈原最大的误解。屈原的悲愤是万古悲愤，是正义不屈的悲愤。朱熹毕生以弘道为己任，从"格物致知"的途径，看到了《楚辞》的合乎道义之处。

朱熹善读书，又喜欢吟诵《楚辞》，生病时也以《楚辞》遮目，一生手不释卷。《楚辞集注》成于晚年（庆元元年前后，1195年前后），始刊于庆元四年，即去世前一年。因此《楚辞集注》可谓他一生研读《楚辞》的结晶。他对《楚辞》之旨的理解有较常人不及之处，再正常不过。他不敢把屈原的作品当作"词人之赋"，而把它定位在"增夫三纲五典之重"的经典的层次上，也绝非私心的偏好。朱熹确实是求到了《楚辞》的真意所在。据载，朱熹《楚辞集注》一出，一时《楚辞章句》《楚辞补注》几废，大概也不是虚谈。

汉人力图把《离骚》视为"经"，称为《离骚经》。而其根据，多为附会之说，如王逸"依《诗》取兴"之类的表象之说。而朱熹一生好《楚辞》，又看到了屈原作品从一开始就广受众贤悲悼、吟诵，历代不绝，认为屈原作品包含着极为深广的社会政治内容，也饱含着极为丰富的人情人性，饱含着正义力量。人们读到《楚辞》，就会被感动，一种正义感就会油然而生。虽然朱熹只把《楚辞》看作"变风""变雅"，而实际上真正看到了《楚辞》"经"之性质所在。

其实，朱熹对屈原及《楚辞》的评价，一直是矛盾的。一方面，他深深被屈原的精神、《楚辞》的真情打动，一方面又深受"存天理窒人欲"的理学思想的困扰。《楚辞集注·序》

就是这种矛盾心理的产物。这从其行文就可以明显看出:"原之为书,其词旨虽……然皆……虽……而……然使……而……岂不足……而……而"一段之中,反复辗转承接,为骚辩护之心溢于言表。《楚辞集注》在一定意义上说,就是在理学范围内对《楚辞》的正名。

## 三、《楚辞集注》的社会背景

朱熹自幼酷爱《楚辞》,尝于稠人广众"独歌《离骚经》一章,吐音洪畅,座客竦然"(《朱熹年谱长编》)。这种热情至老未衰。由于这个原因,他对《楚辞》颇多感叹,也颇多心得,对其各种注本及其得失都了然于心。这是《楚辞集注》成书的主观因素。

《楚辞集注》的成因,也与他所处南宋以偏安为国策、朝廷权臣与士大夫多为自家计的客观历史背景有关。下面就以几件具体事情为例,做大致的剖析。

直接的起因,当与赵汝愚被陷害有关。《四库提要·楚辞集注提要》云:"周密《齐东野语》记绍熙内禅事,曰:'赵汝愚永州安置,至衡州而卒。朱熹为之注《离骚》以寄意焉。'然则是书大旨在以灵均寄放逐宗臣之感,以宋玉《招魂》抒故旧之悲耳,固不必于笺释音叶之间规规争其得失矣。"(《楚辞集注提要》)在馆臣看来,朱熹之作《集注》,与赵汝愚贬斥永州、死于荒野有直接关系。《宋史·赵汝愚传》:"汝愚学务有用,常以司马光、富弼、韩琦、范仲淹自期。凡平昔所闻于师友,如张栻、朱熹、吕祖谦、王应辰、王十朋、胡铨、李焘、林光朝之言,欲次第行之。"赵汝愚,宋宗室名臣,是赵光义的八世孙,汉恭献王的七世孙。二十六岁状元及第,历任要职,官至吏部尚书。宋孝宗死后,赵汝愚策划实施"绍熙内禅",奉宁宗即位,升任右相,与留正同心辅政。庆元元年(1195)为佞臣韩侂胄等谗构,见放永州暴卒(一作服药而死,时在庆元二年,1196)。赵汝愚与朱熹为知己,关系至密,朱熹因此也受牵连。明薛文清《读书录》亦云:"朱子《楚辞集注》成于晚年,所感为深矣。"赵汝愚与屈原的"竭忠尽智以事其君而谗人间之"的经历有相似之处。南宋中后期也是"黄钟毁弃,瓦釜雷鸣""鸾鸟凤凰,日以远兮;燕雀乌鹊,巢堂坛兮"的时代。赵汝愚面对的现实和屈原面对的现实,何其相似乃尔!这对于一个以"格物致知"为探求真理的方法论者,不正是一个以文知世、以世知文的绝好模式吗?朱子与屈原,异代而同声。朱子以乱世而成为深知屈原者,深知《楚辞》者。

深远的原因是朱熹一生的落拓。早年,朱熹父亲朱松贤能,历任司勋、吏部郎。因极力反对秦桧与金国议和,得罪秦桧,秦桧示意御史恶意弹劾朱松自以为是贤才,与朝廷有异心。被贬出朝廷,"出知饶州",抑郁愁苦,还未上任,就病死了。朱子一生落拓,郁郁不得志。"登第五十年,仕于外者仅九考(古代官吏三年一考绩,九考,就是二十七年),立朝才四十日。家故贫,少依父友刘子羽,寓建之崇安,后徙建阳之考亭,箪瓢屡空,晏如也。"(《朱熹传》)朱熹晚年,触怒权奸韩侂胄,被贬出朝廷,流落于楚,尤贫病交叠,落寞之至,较之屈子之穷戚,有以过之。而每至其时,愈思父训,尝曰:"建隆庚申,距今己未,二百四十年矣。尝记十岁时,先君慨然顾语熹曰:'太祖受命,至今百八十年矣。'叹息久之。铭佩先训,于今甲子又复一周,而衰病零落,终无以少塞臣子之责。"云(朱熹《蒙恩喜遂休致中远丈以诗见贺已答之复赋一首附记》)。天之苍苍,大地茫茫,国在何处?父母在何处?身在何处?也更加深切地体会到屈子呼天呼父母之痛。

  朱熹一生所求在理。"其为学,大抵穷理以致其知,反躬以践其实。尝谓圣贤道统之传散在方册,圣经之旨不明,而道统之传始晦。于是竭其精力,以研究圣贤之经训。所著书皆行于世。"(《宋史》本传)就《楚辞》而言,何尝不如是!朱熹之于《楚辞》时时诵读不辍,穷其理,致其知;目睹朝廷的苟安与小人得志,亲历赵汝愚事与其父子二人报国无门,落拓不得志,使得他反躬以践《楚辞》之实、屈子之悲,其事其言感同身受。随时随地随事随人,考之书,核之时,方知《楚辞》所言不虚;其事如同亲受,其言如出胸臆,方知屈子所感深远。《楚辞集注》非一时一地之兴发,而是其一生遭遇的结晶。也正因为有这样,才使得他突破理学思想的束缚,对《楚辞》有了比较客观的理解。

  尽管《楚辞集注》的种种不足,但与《楚辞集注》的成就相比较,也就瑕不掩瑜了。

# 朱熹《楚辞后语》中的作家论*

中国人民公安大学 谢 君

朱熹晚年集中研究楚辞，与其说是为了做文学研究，不如说是为了道德教化。《楚辞后语》虽然是朱熹的未完稿，但相对于《楚辞集注》，却更直接更鲜明地体现了朱熹这一研究目的。笔者选取了荀卿论、贾谊论和扬雄论作为《楚辞后语》作家论的考察重点，试图通过考察《楚辞后语》中的这些作家论，来探讨朱熹楚辞研究的目的与研究思路，进一步了解朱熹楚辞学思想。当然这些作家论并非朱熹对于这些作家的全部评价，但为了突出他的价值批判，在《楚辞后语》中，朱熹只强调某些方面。所以，须结合其他文献，才能尽可能全面地展现朱熹对这些作家的整体评价。

## 一、荀卿论

《楚辞后语》中只选录了荀卿的《成相》与《佹诗》两篇作品，但朱熹对荀卿的评判却远不止于这两篇作品的范围，而是对荀卿的品行与学问来了一个整体评判。朱熹对荀卿的评价总的说来是有褒有贬，具体而论，可从以下几点来论述：

首先，朱熹认为荀卿赋作高古，有补于治道。朱熹对荀卿的赋作评价还是很高的，《楚辞后语》开头两篇选的就是荀卿的《成相》与《佹诗》。朱熹认为荀卿虽然非屈原之徒，但却认为："荀卿子诸赋皆高古"①，《成相》与《佹诗》"其词亦托于楚而作，又颇有补于治道"。他在《成相》前的小序中曰：

《成相》者，楚兰陵令荀卿子之所作也。荀卿，赵人，名况。学于孔氏门人馯臂子弓者，尤邃于《礼》，著书数万言。少游学于齐，历威、宣，至襄王时，三为稷下祭酒。后以避谗适楚，春申君以为兰陵令。春申君死，荀卿亦废，遂家兰陵而终焉。此篇在《汉志》号《成相杂辞》，凡三章，杂陈古今治乱兴亡之效，托声诗以风时君，若将以为工师之诵，旅贲之规者，其尊主爱民之意，亦深切矣。相者，助也，举重劝力之歌，史所谓五羖大夫死而舂者不相杵是也。卿非屈原之徒，故刘向、王逸不录其篇。今以其词亦托于楚而作，又颇有补于治道，故录以附焉。②

---

\* 本文系中国人民公安大学 2019 年度基本科研业务费项目阶段成果（项目编号：校 20190116）。
① 朱熹撰，李庆甲校点：《楚辞集注·楚辞辩证下》，上海：上海古籍出版社，1979 年，第 206 页。
② 朱熹撰，李庆甲校点：《楚辞集注·楚辞后语》，上海：上海古籍出版社，1979 年，第 209—210 页。

朱熹认为《成相》篇"杂陈古今治乱兴亡之效,托声诗以风时君,若将以为工师之诵,旅贲之规者,其尊主爱民之意,亦深切矣"。在《楚辞辩证》中,朱熹也说:"《成相》之篇,本拟《惜诵》箴谏之词,其言奸臣蔽主擅权,驯致移国之祸,千古一辙,可为流涕。"朱熹推崇的是荀子赋中的讽谏与道德教化作用。朱熹在《楚辞后语序》中道:"首篇所著荀卿子之言,指意深切,词调铿锵,君人者诚能使人朝夕讽诵,不离于其侧,如卫武公之抑戒,则所以入耳而著心者,岂但广厦细旃,明师劝诵之益而已哉!此固余之所为眷眷而不能忘者。"①《成相》《佹诗》两篇都是讲治乱之道、用正反对比的方法来指导为君为臣者应该学先圣先贤之道来治理国家。这正是朱熹想借来对宋王朝的统治者说的,他希望君人者能朝夕讽诵,不离左右。在朱熹看来,天下治乱取决于帝王之心正与否,要解决天下病困,首先要正帝王之心,要正帝王之心就得讲帝王之学,帝王之学主要就是学圣贤之道。正是因为荀子赋作有补治道,所以虽然跟楚辞关系不大,但朱熹仍是以之为《后语》之开篇。

其次,朱熹认为荀子为学不醇粹,近于黄老而出入申商。荀子在宋明理学家眼里地位普遍不高,远低于孟子的地位。自中唐的韩愈首建儒家道统以来,荀子就被排除在道统之外。在理学家的朱熹看来,荀子倡性恶,重礼法,与圣人之意相反,不是道统的传承者。他认为道传从孟子后就断了,直到二程才接续起来。朱熹曾说:"自孟子后,圣学不传,所谓'轲之死不得其传'。如荀卿说得头绪多了,都不纯一。"②在《成相》篇前的小序中评荀子其人其学:

> 黄歇乱人,卿乃以为托身行道之所,则已误矣。卿学要为不醇粹,其言精神相反为圣人,意乃近于黄老,而复后王、君论五者,或颇出入申、商间,此其所以传不一再,而为督责坑焚之祸也。差之毫厘,谬以千里,可不谨哉!可不谨哉!③

朱熹认为春申君黄歇乃楚国之乱人,而荀子乃以之为托身行道之所,显然是不明智的表现。又批判其学问不醇粹,认为"其言精神相反为圣人,意乃近于黄老,而复后王、君论五者,或颇出入申、商间",其学传至弟子李斯就导致了秦世的焚书坑儒之祸,因其学"差之毫厘",所以才导致这"谬以千里"的灾难。朱熹当然知道荀子并没教人焚书坑儒。他曾说:"世人说坑焚之祸起于荀卿,荀卿著书立说,何尝教人焚书坑儒?只是观它无所顾藉,敢为异论,则其末流便有坑焚之理。"④荀子的毫厘之差,为其后学末流走上邪道埋

---

① 朱熹撰,李庆甲校点:《楚辞集注·楚辞后语序》,上海:上海古籍出版社,1979年,第9页。
② 朱熹:《朱子语类》卷一百二十二,《朱子全书》第十八册,上海:上海古籍出版社;合肥:安徽教育出版社,2002年,第3854页。
③ 朱熹撰,李庆甲校点:《楚辞集注·楚辞后语》,上海:上海古籍出版社,1979年,第209—210页。
④ 朱熹:《朱子语类》卷一百三十七,《朱子全书》第十八册,上海:上海古籍出版社;合肥:安徽教育出版社,2002年,第4238—4239页。

下了隐患,所以荀子虽未教人焚书坑儒,却也难辞其咎。

朱熹将荀子对礼法的重视归因于申、商法家思想的影响,他说:"荀卿则全是申韩。观《成相》一篇,可见他见当时庸君暗主战斗不息,愤闷恻怛深,欲提耳而诲之,故作此篇。然其要卒依归于明法制,执赏罚而已。"① 荀子将孟子作为批判对象,针对孟子的性善论,提出相反的性恶论。因为人性本恶的设定,否定了天赋的道德观念,所以荀子注重后天的礼乐教化对人的培养,强调人后天修身之重要性。荀子对人性的设定与法家是相通的,但法家只单方面地讲以严刑峻法来控制民众的恶,而不讲以教化来培养人的善,更不讲自我的修身。荀子性恶论却是为了让人警惕人性恶的方面,注重后天的学习修养,重视礼乐教化对善的培养,这正是荀子有别于法家而终归于儒家的关键点。荀子作为有别于思孟学派的儒家学派,是对思孟学派的很好补充。朱熹直接把荀子说成全是申韩,这批评不能不说太过。

朱熹对荀子为学的批判也是有现实功用目的的。朱熹道学在当时最有力的挑战者就是陆九渊的心学。心学与道学有着同样精深的理论体系,均吸引了一大批学子,陆、朱门下弟子相互转投。心学与道学的核心概念都是"理",两者的目标也都是为了认识"理",二者只在如何认识"理"上存在分歧,即在为学工夫上有不同。心学认为心即是理,理无须外求,只须"发明本心"即可。而朱熹主张通过读书应事,即格事致知来启发对心中之理的认识。心学成为朱熹弘扬道学的最大阻碍,双方论争十分激烈。在"鹅湖之会"上朱、陆二人不欢而散,体现出两学派之间不可调和的矛盾。所以朱熹对心学的批判是不遗余力的,他认为其他邪派容易驳斥,就是这种同样以儒家正统自居,同样讲"理",且同样有一套精深的理论体系,但却路径错误、容易导人走向异端的学说危害最大。朱熹批荀子曰:"差之毫厘,谬以千里,可不谨哉!可不谨哉!"其实也是对心学说的。朱熹曾对其弟子说:

> 子静旧年也不如此,后来弄得直恁地差异。如今都教坏了后生,个个不肯去读书,一味颠蹶没理会处,可惜!可惜!正如荀子不睹是,逞快胡骂乱骂,教得个李斯出来,遂至焚书坑儒。若使荀卿不死,见斯所为如此,必须自悔。使子静今犹在,见后生辈如此颠蹶,亦须自悔其前日之非。②

朱熹将陆九渊与荀子联系起来,认为荀子、陆九渊当初离正道其实并不远,后学却越走越远,误入歧途,陆九渊弟子不肯读书,一味颠蹶,就像荀子弟子李斯焚书坑儒一样,都

---

① 朱熹:《朱子语类》卷一百三十七,《朱子全书》第十八册,上海:上海古籍出版社;合肥:安徽教育出版社,2002年,第4237页。
② 朱熹:《朱子语类》卷一百四,《朱子全书》第十七册,上海:上海古籍出版社;合肥:安徽教育出版社,2002年,第3437页。

是对师学的误传。但追溯最终原因,还在于萌芽处的"差之毫厘"。所以,朱熹认为荀子如若知道李斯所为,必自悔为学之不醇;陆九渊如若知道"后生辈如此颠蹶,亦须自悔其前日之非"。朱熹将陆九渊后学不肯读书与荀子弟子李斯焚书坑儒作比,其批评不可谓不严厉。以儒学正统自居的朱熹认为心学在为学工夫上的"毫厘之差"终将酿成大患。可见,在此朱熹就是将荀子作为一个警示牌,警醒世人为学一定要谨慎,否则遗患无穷。

当然,在其他地方,朱熹对荀子之学并不是一无所取,尤其是认为与扬雄等人相比,荀子还是有"好处"的。他曾说:"荀子尽有好处,胜似扬子,然亦难看。""不要看扬子,他说话无好处,议论亦无的实处。荀子虽然是有错,到说得处也自实,不如他说得恁地虚胖。"①"荀子言语亦多病,但就彼时亦难得一人如此。"②"凡人有罪合用五刑,如何不用?荀子有一篇专论此意,说得甚好。荀子固有不好处,然此篇却说得尽好。"③可知,朱熹对荀子并非一味抹杀,对他可取之处也是充分肯定的,只是在《楚辞后语》中没有体现出来。

## 二、贾谊论

《楚辞后语》选录有贾谊的《吊屈原赋》与《鵩鸟赋》两篇,但由于这两篇在《楚辞集注》中也曾出现过,所以朱熹之孙朱鉴在刊刻《楚辞后语》时,将两篇正文删去,只存其目。今《集注》中关于贾谊的评价也代表《后语》的评价。朱熹的贾谊论可以从以下几个方面来论述:

首先,朱熹认为贾谊有经世之才,文章乃其余事。朱熹在《鵩赋》前的小序中曰:"谊有经世之才,文章盖其余事。"这不是说贾谊的文章不好,而是突出肯定他的经世之才。朱熹看重的是贾谊提出的具有建设性的政见,其中很多的观点都与朱熹的政治思想相一致。朱熹在上封事中多次引用贾谊的话来讽谏皇帝。比如,在《己酉拟上封事》中说:"贾谊之言曰:'习与正人居之,不能无正,犹生长于齐之地,不能不齐言也。习与不正人居之,不能无不正,犹生长于楚之地,不能不楚言也。'是以古之圣贤欲修身以治人者,必远便嬖以近忠直,盖君子小人如冰炭之不相容,薰莸之不相入。"又:"臣闻贾谊作《保傅》传,其言有曰:'天下之命系于太子,太子之善在于早谕教与选左右。教得而左右正,则太子正,太子正而天下定矣。'此天下之至言,万世不可易之定论也。"④朱熹对贾谊有关君王应近

---

① 朱熹:《朱子语类》卷一百三十七,《朱子全书》第十八册,上海:上海古籍出版社;合肥:安徽教育出版社,2002年,第4235页。
② 朱熹:《朱子语类》卷一百三十七,《朱子全书》第十八册,上海:上海古籍出版社;合肥:安徽教育出版社,2002年,第4244页。
③ 朱熹:《朱子语类》卷七十八,《朱子全书》第十六册,上海:上海古籍出版社;合肥:安徽教育出版社,2002年,第2654页。
④ 朱熹:《己酉拟上封事》,《晦庵先生朱文公文集(一)》卷十二,《朱子全书》第二十册,上海:上海古籍出版社;合肥:安徽教育出版社,2002年,第620、622页。

忠直而远便嬖、正太子以固国本的主张心有戚戚焉。朱熹盛赞贾谊是"卓然命世英杰之材"①，对他的怀才不遇也抱有深切的同情。

其次，朱熹认为贾谊文章奇伟卓绝，非相如、扬雄辈可比。朱熹对贾谊文章的评价具有颠覆性质。从汉至宋，贾谊在文学史上的地位原本远在司马相如、扬雄等人之下。扬雄将相如置于贾谊之上，韩愈、晁补之等人也均将贾谊放在相如、扬雄之下。朱熹批判了这些人的做法，慧眼独具，将贾谊推到汉文学的前列。他说：

> 谊有经世之才，文章盖其余事，其奇伟卓绝，亦非司马相如辈所能仿佛。而扬雄之论，常高彼而下此，韩愈亦以马、扬厕于孟子、屈原之列，而无一言以及谊，余皆不能识其何说也。②

虽然文章只是贾谊之余事，但有经世之才的贾谊，文章的见识远在相如、扬雄之上。朱熹论文重质轻文，注重文章的义理与教化意义，对以司马相如为代表的铺采扬厉、劝百讽一的汉大赋评价并不高。朱熹在《哀二世赋》前的小序中批判司马相如曰：

> 盖相如之文能侈而不能约，能谄而不能谅。其《上林》《子虚》之作，既以夸丽而不得入于楚词；《大人》之于《远游》，其渔猎又泰甚，然亦终归于谀也。特此二篇，为有讽谏之意，而此篇所为作者，正当时之商监，尤当倾意极言以寤主听。顾乃低佪局促，而不敢尽其词焉，亦足以知其阿意取容之可贱也。不然岂其将死而犹以《封禅》为言哉！③

朱熹认为相如之文"能侈而不能约，能谄而不能谅"，即形式上文辞繁复侈糜，不简约，内容上不敢彻底讽谏，有谄媚歌谀之态。即便这篇入选《楚辞后语》的《哀二世赋》，虽有讽谏之意，但也是低佪局促，不敢尽其词，畏畏缩缩，没有凛然之气。朱熹尤其对相如死时上《封禅》书一事耿耿于怀，认为是谄媚汉武帝的表现，将之认作为司马相如一生最大的污点，是无行文人的标志。朱熹对扬雄的品行更是看不起，认为他投靠新莽，是为二臣，丧失了文人的基本节操；加之扬雄出入黄老，文章中多道家思想。所以朱熹将扬雄的文章也贬得很低。

在朱熹看来，贾谊不但没有相如、扬雄等人的毛病，而且表现出极高的见识。朱熹在《楚辞辩证》中评价贾谊的文赋时说：

---

① 朱熹撰，李庆甲校点：《楚辞集注·楚辞辩证下》，上海：上海古籍出版社，1979年，第206页。
② 朱熹撰，李庆甲校点：《楚辞集注》，上海：上海古籍出版社，1979年，第159—160页。
③ 朱熹撰，李庆甲校点：《楚辞集注·楚辞后语》，上海：上海古籍出版社，1979年，第233页。

> 独贾太傅以卓然命世英杰之材,俯就骚律,所出三篇,皆非一时诸人所及,而《惜誓》所谓"黄鹄之一举兮,见山川之纡曲。再举兮,睹天地之圜方"者,又于其间超然拔出言意之表,未易以笔墨蹊径论其高下浅深也。①

朱熹认为有命世英杰之才的贾谊,所作《惜誓》《吊屈原赋》《鵩鸟赋》三篇,均高出时人。朱熹认为评价贾谊之文不应以"笔墨蹊径论其高下浅深",即不应该看外在的文辞与形式,而应看内在的境界与见识。朱熹对贾谊文章的总体评价是"奇伟卓绝"。在辨别《惜誓》是否为贾谊所作时,朱熹曰:

> 《史》《汉》于《谊传》独载《吊屈原》《鵩鸟》二赋,而无此篇,故王逸虽谓"或云谊作,而疑不能明",独洪兴祖以为其间数语与《吊屈赋》词指略同,意为谊作亡疑者。今玩其辞,实亦瑰异奇伟,计非谊莫能及,故特据洪说,而并录《传》中二赋,以备一家之言云。②

"今玩其辞,实亦瑰异奇伟,计非谊莫能及",代表了朱熹对贾谊文章特点的认识及对贾谊在汉代文学中地位推崇。"奇伟"是朱熹对贾谊文章气势的评价,且这种"奇伟"气象不是通过文辞体现出来的。事实上贾谊文普遍较为质朴。朱熹曾对汉初以来的各代文章作了一个评判,他说:

> 汉初贾谊之文质实。晁错说利害处好,答制策便乱道。董仲舒之文缓弱,其《答贤良策》不答所问切处,至无紧要处又累数百言。东汉文章尤更不如,渐渐趋于对偶。如杨震辈皆尚谶纬,张平子非之。然平子之意又却理会风角鸟占,何愈于谶纬。陵夷至于三国、两晋,则文气日卑矣。古人作文作诗多是模仿前人而作之,盖学之既久,自然纯熟。如相如《封禅书》模仿极多,柳子厚见其如此,却作《贞符》以反之,然其文体亦不免乎蹈袭也。③

在所举历代文人文章中,朱熹唯一没有指责的就是贾谊之文。朱熹认为:"贾谊之文质实",之后如晁错、董仲舒的文章都有大的弊病,而东汉文章更是不如,渐趋对偶,三国两晋文章文气日卑,不复有汉初贾谊文章之气势。相如、柳子厚辈陷于蹈袭,也无法与贾

---

① 朱熹撰,李庆甲校点:《楚辞集注·楚辞辩证下》,上海:上海古籍出版社,1979年,第206页。
② 朱熹撰,李庆甲校点:《楚辞集注》,上海:上海古籍出版社,1979年,第153页。
③ 朱熹:《朱子语类》卷一百三十九,《朱子全书》第十八册,上海:上海古籍出版社;合肥:安徽教育出版社,2002年,第4291页。

谊之文相比。可见朱熹对贾谊文章的推崇，俨然有以之为汉代文章之首的意思。

贾谊时处汉初文风朴实时期，文章又主要以讲修齐治平事为内容，属汉初过秦兴汉的文化架构期的作品。朱熹处于重建文化理想与价值体系的宋代，身为道学之宗，欲为社会重建秩序。贾、朱面临着相似的文化任务，所处的时代及其所关心的问题都有着很大的相似性，他们的政治主张也有相通之处。这是朱熹重视贾谊及其文章的重要原因。且朱熹持文学复古主义，轻文辞而重内容，重天然反雕琢，主简约而反繁复，喜散体而厌骈俪。贾谊的文赋处于汉大赋成型之前，铺排骈俪之风未炽，有文势而无浮华，正好符合朱熹的审美取向。另外，贾谊文章讲治乱之道，且敢于讽谏，具有现实指导意义与现实批判作用，也正好是朱熹最为看重的地方。所以，在重编《楚辞》时，新录贾谊的《吊屈原赋》《鵩鸟赋》，并称作者向来存在争议的《惜誓》"非谊莫能及"，且《吊屈原赋》《鵩鸟赋》二赋在《楚辞后语》中再次出现，充分体现出朱熹对贾谊的重视。

再次，朱熹认为贾谊志高而量狭，学杂而多纵横之气。朱熹对贾谊并不是一味地肯定，也有客观的批评。朱熹在《吊屈原赋》的小序中曰：

> 《吊屈原》者，汉长沙王太傅贾谊之所作也。谊以谪去，意不自得，及过湘水，时屈原沈汨罗已百余年矣。谊追伤之，投书以吊，而因以自喻。后之君子，盖亦高其志，惜其才，而狭其量云。①

所谓"后之君子，盖亦高其志，惜其才，而狭其量"者，其实也代表着朱熹对贾谊的态度。贾谊志高才大而量狭，与屈原有着相似的性格特点。朱熹得出这一结论并非仅从《吊屈原赋》中得出，而是从贾谊的整个人生经历来判断的：

> 谊，洛阳人。汉文帝闻其名，召为博士，超迁至太中大夫，纳用其言，议以任公卿之位。绛、灌之属，毁谊"年少初学，颛欲擅权，纷乱诸事"，于是天子亦疏之，以谊为长沙王太傅。三年复召，以为梁太傅，数问以得失，多欲有所匡建。数年，梁王骑，堕马死。谊自伤为傅无状，哭泣岁余亦死。死时年三十三矣。②

谊最终自伤而终，年仅三十三岁，如此"命世英杰之材"却英年早逝，能不令人可惜吗！贾谊志向远大，有经世之才，但遭受挫折时抗打击的能力不强，最终抑郁而亡，可见气量过狭，远不能与朱熹理想中的圣人境界相比。

---

① 朱熹撰，李庆甲校点：《楚辞集注》，上海：上海古籍出版社，1979年，第157页。
② 朱熹撰，李庆甲校点：《楚辞集注》，上海：上海古籍出版社，1979年，第153页。

朱熹虽然认为贾谊的才高,但他同样也批判贾谊为学之不纯,多权谋,有纵横之习。《朱子语类》中多次记录有朱熹对贾谊之学的批判:

> 贾谊、司马迁皆驳杂,大意是说权谋功利。说得深了,觉见不是,又说一两句仁义。然权谋已多了,救不转。①
> 史以陆宣公比贾谊,谊才高似宣公,宣公谙练多学,更纯粹。大抵汉去战国近,故人才多是不粹。②
> 贾谊之学杂,他本是战国纵横之学,只是较近道理,不至如仪、秦、蔡、范之甚尔。他于这边道理见得分数稍多,所以说得较好,然终是有纵横之习,缘他根脚只是从战国中来故也。③

朱熹认为,汉代去战国不远,所以遗风所及,汉人才多而不粹。贾谊就是代表之一,本战国纵横之学,权谋功利之说多;但贾谊于儒学道理见得也多,终不至于如张仪、苏秦辈。但在《后语》中,对贾谊为学的批评不是重点。

## 三、扬雄论

朱熹在《楚辞后语》中批判最严厉的就是扬雄。对扬雄的评价历来就存在争议,对扬雄事新尤其是作《剧秦美新》一节,有指责者,有维护者。朱熹直接称扬雄为"莽大夫"④,将之钉在了无行失节文人的耻辱柱上,是历来批判扬雄之最严厉者之一。朱熹在《楚辞后语》中的扬雄论大致可以从以下两个方面来论述:

第一,朱熹认为扬雄失节而不知愧,是礼法之罪人、屈原之罪人。《楚辞后语》中选录有扬雄的《反离骚》,《楚辞集注》中也将该篇作为最后的附录。《反离骚》针对屈原《离骚》而作,本是楚辞史上一篇重要的作品。但朱熹并非将之作为优秀的楚辞作品来对待,而是将《反离骚》及扬雄本人作为反面教材来看待的。朱熹选录扬雄作品就是要清算扬雄之罪,以之为天下之大戒。他说:

---

① 朱熹:《朱子语类》卷一百三十五,《朱子全书》第十八册,上海:上海古籍出版社;合肥:安徽教育出版社,2002年,第4202页。
② 朱熹:《朱子语类》卷一百三十六,《朱子全书》第十八册,上海:上海古籍出版社;合肥:安徽教育出版社,2002年,第4228页。
③ 朱熹:《朱子语类》卷一百三十七,《朱子全书》第十八册,上海:上海古籍出版社;合肥:安徽教育出版社,2002年,第4239—4240页。
④ 朱熹:《资治通鉴纲目》卷八,《朱子全书》第八册,上海:上海古籍出版社;合肥:安徽教育出版社,2002年,第508页。

> 至于扬雄,则未有议其罪者,而余独以为是其失节,亦蔡琰之俦耳。然琰犹知愧而自讼,若雄则反讪前哲以自文,宜又不得与琰比矣。今皆取之,岂不以夫琰之母子无绝道,而于雄则欲因《反骚》而著苏氏、洪氏之贬词,以明天下之大戒也。①

扬雄之罪为何?朱熹认为是"失节"而不知愧,"反讪前哲以自文"。朱熹认为,蔡琰也是失节,但琰尤知耻以自省,而扬雄非但不知耻,还写文章为自己的行为文饰,反以屈原的行为为不可取,真是可恶到了极点。而历来对扬雄之罪却未有完全清算者,所以,朱熹在《反离骚》的小序中要彻底地揭露和批判扬雄的罪行,他说:

> 《反离骚》者,汉给事黄门郎、新莽诸吏中散大夫扬雄之所作也。雄少好词赋,慕司马相如之作以为式。又怪屈原文过相如,至不容,作《离骚》,自投江而死,悲其文,读之未尝不流涕也。以为君子得时则大行,不得则龙蛇,遇不遇命也,何必湛身哉!乃作书,往往摭《离骚》文而反之,自岷山投诸江流以吊屈原云。始雄好学博览,恬于势利,仕汉三世不徙官。然王莽为安汉公时,雄作《法言》,已称其美,比于伊尹、周公。及莽篡汉,窃帝号,雄遂臣之。以耆老久次转为大夫。又放相如《封禅文》,献《剧秦美新》以媚莽意,得校书天禄阁上。会刘棻等以作符命为莽所诛,辞连及雄,使者来,欲收之。雄恐惧,从阁上自投下,几死。先是雄作《解嘲》,有"爰清爰静,游神之廷;惟寂惟寞,守德之宅"之语,至是京师为之语曰:"爰清静,作符命。唯寂寞,自投阁。"雄因病免,既复召为大夫,竟死莽朝。其出处大致本末如此,岂其所谓龙蛇者邪!然则雄固为屈原之罪人,而此文乃《离骚》之谗贼矣,它尚何说哉!②

朱熹称扬雄为"汉给事黄门郎、新莽诸吏中散大夫扬雄",是要故意凸显其一身事二主的失节,并说扬雄作《法言》时已称王莽之美,后又为王莽政权之大夫,仿司马相如《封禅文》作《剧秦美新》,向王莽献媚,为无节操的堕落文人,根本没法与忠君爱国的屈原相提并论,只能是屈原之罪人。其人为屈原之罪人,其反屈原《离骚》之意而作的《反离骚》自然也是《离骚》的谗贼了。朱熹批了这么一大通,似乎觉得还意犹未尽,于是在《反离骚》之后,破体例地又引用洪兴祖对屈原的颂扬和对扬雄的批判,并加以自己关于屈原的评价,来进一步讨伐扬雄之罪。

> 丹阳洪兴祖曰:扬雄所以议屈原者如此,而班固亦讥其露才扬己,颜之推又病其显暴君过。愚尝折衷而论之曰:或问古人有言:"杀其身有益于君,则为之。"屈原虽

---

① 朱熹撰,李庆甲校点:《楚辞集注·楚辞后语序》,上海:上海古籍出版社,1979年,第9页。
② 朱熹撰,李庆甲校点:《楚辞集注·楚辞后语》,上海:上海古籍出版社,1979年,第236—237页。

死,何益于怀、襄?曰:忠臣之用心,自尽其爱君之诚耳!死生毁誉,所不顾也。故比干以谏见戮,屈原以放自沉。比干,纣诸父也。屈原,楚同姓也。为人臣者,三谏不从,则去之。同姓无可去之义,有死而已。《离骚》曰:"阽余身而危死兮,览余初其犹未悔。"则原之自处审矣!或又曰:"宁武子邦无道则愚,而仲山甫明哲以保其身。今原乃用智于无道之邦,以亏明哲保身之义,亦何足为贤乎?"曰:愚如武子,全身远害可也;有官守言责,斯用智矣。山甫明哲,固保身之道;然不曰"夙夜匪解,以事一人"乎?士见危致命,况同姓兼恩与义,而可以不死乎?且比干之死,微子之去,皆是也。屈原其可去乎?有比干以任责,微子去之可也,楚无人焉,原去则国从而亡。故虽身被放逐,犹徘徊而不忍去,生不得力争而强谏死,犹冀其感发以改行,使百世之下闻其风者,虽流放废斥,犹知爱其君,眷眷而不忘,臣子之义尽矣。非死为难,处死为难。屈原虽死,犹不死也。后之读其文,知其人,如贾生者,亦鲜矣。然为赋以吊之,不过哀其不遇而已。余观自古忠臣义士,慨然发愤,不顾其死,特立独行,自信而不回者,其英烈之气,岂与身俱亡哉?"仍羽人于丹丘,留不死之旧乡。""超无为以至清,与太初而为邻。"此《远游》之所以作,而难为浅见寡闻者道也。仲尼曰:"乐天知命,故不忧。"又曰:"乐天知命,有忧之大者。"屈原之忧,忧国也。其乐,乐天也。《离骚》二十五篇,多忧世之语。独《远游》曰:"道可受兮,不可传。其小无内兮,其大无垠。无滑而魂兮,彼将自然。一气孔神兮,于中夜存。虚以待之兮,无为之先。"此老、庄、孟子所以大过人者,而原独知之。司马相如作《大人赋》,宏放高妙,读者有凌云之意。然其语多出于此,至其妙处,相如莫能识也。太史公作传,以为"其文约,其辞微,其志洁,其行廉,其称文小而其指极大,举类迩而见义远。其志洁,故其称物芳。其行廉,故死而不容自疏。濯淖污泥之中,以浮游尘埃之外。推此志也,虽与日月争光,可也。"斯可谓深知己者。扬子云作《反离骚》,以为君子得时则大行,不得时则龙蛇,遇不遇命也,何必沉身哉!屈子之事,盖圣贤之变者,使遇孔子,当与三仁同称,雄未足以与此。班孟坚、颜之推所云,无异妾妇儿童之见,余故具论之。

呜呼!余观洪氏之论,其所以发屈原之心者至矣。然屈原之心,其为忠清洁白,固无待于辩论而自显,若其为行之不能无过,则亦非区区辩说所能全也。故君子之于人也,取其大节之纯全,而略其细行之不能无弊。则虽三人同行,犹必有可师者,况如屈子,乃千载而一人哉!孔子曰:"人之过也,各于其党。观过,斯知仁矣。"此观人之法也。夫屈原之忠,忠而过者也。屈原之过,过于忠者也。故论原者,论其大节,则其它可以一切置之而不问。论其细行,而必其合乎圣贤之矩度,则吾固已言其不能皆合于中庸矣,尚何说哉!且凡洪氏所以为辩者三:其一,以为忠臣之行,发其心之所不得已者,而不暇顾世俗之毁誉,则几矣;其一,引仲山甫、宁武子事,而不论其所遭之时、所处之位有不同者,则疏矣;其一,欲以原比于三仁,则夫父师、少师者,皆以谏而见杀、见囚耳,非故捐生以赴死,如原之所为也。盖原之所为虽过,而其忠终非世间偷生幸死者所可及。洪之所言,虽有未至,而其正终非雄、固、之推之徒所可比,余是以取而附之《反骚》之篇。①

洪兴祖只将扬雄与班固、颜之推放在一起,批评他们对屈原行为的非议,认为扬雄反对屈原投水而死,是没有理解屈原自杀的良苦用心及其重大意义的表现,屈原可与三仁同称,扬雄却无法与此。但洪氏并没有将扬雄批成失节文人或是屈原之罪人。朱熹认为屈原之所为虽然有过,但"其忠终非世间偷生幸死者所可及"。即便屈原有过,也是过于忠而已,其忠君爱国之诚心足以为世人之典范,是那些偷生幸死者所应自愧的。此处之"偷生幸死者"就是指扬雄及其同类。与洪氏相比,朱熹对扬雄的批判显然更为尖锐。

朱熹对扬雄的批判显然有失实之处。扬雄写《反离骚》同样是出于对屈原的同情,而并非"反讪"屈原。而作《剧秦美新》也不能完全作为扬雄之污点,反而是其进步思想的体现。王莽是扬雄政治理想的实践者,扬雄拥戴王莽是对儒家政治理想的拥护,不是为了偷生或献媚。扬雄只是跟大多数人一样,没有在起初识破王莽的阴谋而已。②

历来对扬雄的评价虽偶有讥评,但还是肯定者居多。朱熹为何如此不肯放过扬雄,连他的弟子邹应龙起初都感到困惑。邹应龙在《楚辞后语·跋》中说:

> 其(按指《楚辞集注》)微词奥义,不一而足。独论汉扬雄则反复屡致其意,其序《反骚》也,则以为"屈原之罪人,《离骚》之逸贼";其序《胡笳》也,则以为"非恕琰,亦以甚雄之恶"。夫扬雄以好深沉之思,作为雅丽之文,后世读之,未有以为非者,而先生待之不少恕如此。抑应龙尝就监簿君(按指朱熹之子朱在,曾任通守监簿)借先生所作《资治通鉴纲目》之书读之,见其所书雄之死曰"莽大夫扬雄卒",则知先生之所以贬雄者,其意盖有在也。呜呼严哉!后之揽者,傥知先生所以去取之意,而明三纲五常之义,如读《春秋》而乱臣贼子惧者,则庶乎其不蹈骚人之失,而先生此书为不苟作矣。③

邹应龙起初不明白为何朱熹对扬雄如此"不少恕",后来看到朱熹的《资治通鉴纲目》称扬雄之死为"莽大夫扬雄卒",便明白朱熹如此贬斥扬雄的用意了。在《资治通鉴纲目》中朱熹微言大义,将扬雄定位为"莽大夫",而不言"汉给事黄门郎",是对其投靠王莽的尖锐责难。

朱熹之所以如此不依不饶地批判扬雄,是有其现实目的的。在晚年党禁下,朱熹没法直白地批判现实中的奸佞,只能拉出几个古人来作为批判的靶子,以此来为现实树立道德

---

① 朱熹撰,李庆甲校点:《楚辞集注·楚辞后语》,上海:上海古籍出版社,1979年,第241—243页。
② 参考方铭先生:《〈剧秦美新〉及扬雄与王莽的关系》,《中国文学研究》,1993年第2期。
③ 朱熹撰,李庆甲校点:《楚辞集注·楚辞后语》,上海:上海古籍出版社,1979年,第307页。

标准。朱熹晚年,韩侂胄外戚专权,把持朝政,发动反道学的党禁,一大批道学中人受到排挤迫害。王莽当年也是以外戚身份得势,最终取代西汉政权而自立新朝。王、韩存在很大的相似性。对韩侂胄深恶痛绝的朱熹是不可能放过投靠王莽的扬雄的,他痛批扬雄就是要借此斥责那些投靠韩侂胄为虎作伥的小人,尽管扬雄并非如他所批判的那样。

第二,朱熹认为扬雄为学近于黄老,有悖于圣人。朱熹认为扬雄的学问受老庄思想影响很大,所论多虚而不实。他曾批扬雄说:

> 扬雄则全是黄、老。某尝说:扬雄最无用,真是一腐儒。他到急处只是投黄、老。如《反离骚》并"老子道德"之言,可见这人更无足说。自身命也奈何不下,如何理会得别事?如《法言》一卷,议论不明快、不了决,如其为人。他见识全低,语言极呆,甚好笑。①

扬雄早年师从严君平,出入老庄多年,确实受道家思想影响很大。朱熹认为《反离骚》中有老子《道德经》思想的反映,这是认识到位的。朱熹批扬雄"一到急处只是投黄老",意思就是说他解决问题的最终理论依据就是道家思想。早年出入过佛老后又回归儒学而批判佛老之虚空不实的朱熹,自然不会放过扬雄思想中明显的道家色彩的。朱熹曾教育弟子曰:

> 不要看扬子,他说话无好处,议论亦无的实处。荀子虽然是有错,到说得处也自实,不如他说得恁地虚胖。②

朱熹认为佛、道都太虚,不如儒家之实。这里说扬雄说得太虚胖,就是说扬雄的思想中体现出了太多的空玄的老庄思想。朱熹是站在理学学派的立场来批判扬雄之道家思想的。在与佛道的论争中,朱熹十分谨慎异端之学对儒学的冲击。所以朱熹对思想不是纯儒学的人批评都十分严厉。荀子虽然有错,但总归是儒家阵营内的,说错了总比走上异端的要好。所以朱熹认为荀子比扬雄要实,好处要多。当然,朱熹虽然批判扬雄之道家色彩太重,但有时他也能认识到扬雄在汉末时期已是难得的人才了。朱熹曾说:"子云所见处多得之老氏,在汉末年难得人似它。"③可惜,这样的认识在《楚辞后语》中见不到。

---

① 朱熹:《朱子语类》卷一百三十七,《朱子全书》第十八册,上海:上海古籍出版社;合肥:安徽教育出版社,2002年,第4237页。
② 朱熹:《朱子语类》卷一百三十七,《朱子全书》第十八册,上海:上海古籍出版社;合肥:安徽教育出版社,2002年,第4235页。
③ 朱熹:《朱子语类》卷一百三十七,《朱子全书》第十八册,上海:上海古籍出版社;合肥:安徽教育出版社,2002年,第4244页。

## 结语

　　《楚辞后语》虽是未完稿,但仍是朱熹的一部重要的楚辞学著作。《楚辞后语》的主要研究特点是重视作品的义理与教化意义,道德批评高于文学批评,作家评判重于作品评判。作家论是《楚辞后语》的主要研究成果,也是朱熹研究思想与目的的主要承担者。朱熹认为荀卿的赋作高古,有补于治道,但为学不醇粹,近于黄老而出入申商。朱熹对荀卿为学的批判是为了批判当时的心学,指明为学不醇的巨大危害。朱熹对贾谊文学成就的评价具有颠覆性质,体现了朱熹独特的文学观。他赞许贾谊的高才硕抱,肯定其文章的质实和奇伟,将他推到汉代文学的前列,高置于相如、扬雄之上,评价之高前所未有;同时朱熹从理学立场出发,批判贾谊为学驳杂,有纵横之习,多权谋之说,且性格气量过狭等,又都戳到了贾谊的痛处。朱熹对贾谊的重视深远影响到了后世对贾谊的评价,贾谊在汉代文学史上的地位较之前有了很大的提升。朱熹认为扬雄失节无耻,是屈原之罪人,其《反离骚》是《离骚》之馋贼;扬雄为学近于黄老,所论多虚胖。朱熹对扬雄的批判,显然有些言过其实。他之所以如此做法,是其楚辞研究的现实功用目的决定的。朱熹是以批判扬雄来批判现实。

　　总之,朱熹对荀子、贾谊、扬雄等人的批判,有中肯的地方,也有言过其实的地方,是朱熹思想的重要反映。出于强烈的价值批判与道德教化目的,朱熹在《楚辞后语》中评价这些作家时,有所侧重,有所取舍,并非是他全部观点的反映。

# 宋代楚辞学者的《天问》宇宙观
## ——以洪兴祖、杨万里、朱熹为例

南通大学　李国荣

古人仰观天象,推算节候,逐渐形成了较为完备的历法体系及与之相匹配的丰富的宇宙理论。宋代是我国古代宇宙理论发展的重要中间环节,学者们立足前人成果,采撷英华,酿制新实,在古代天文学理论与实践上取得了令人瞩目的成就,并通过天文学专著、哲学著作与经典阐释等方式表达与流传下来。宋代楚辞学者对屈原《天问》的注释成果中便涉及诸多宇宙理论。"《天问》所问,重在天文"[1],屈原《天问》深宏广博,旁及天文地理、历史人事,开篇针对宇宙本原与演化所提出的一系列问题,反映出屈原及时人对宇宙问题的探索与思考。屈原总结并质疑了我国古代宇宙理论形成时期留下的种种疑问,《天问》有问无答的特殊形式,使其成为后世学者发挥思想的载体,同时亦为后人了解各家之言留下了侧面切入口。宋代致力于注解《天问》的楚辞学者主要有洪兴祖、杨万里、朱熹三人,他们通过《天问》注疏侧面论述了自己的宇宙观念,其中所涉天学问题的注解,可视为三人不同宇宙论体系在《天问》文本注释中的运用与实践。

## 一、宇宙本原与生成演化

宇宙问题的论争往往回溯到"遂古之初",即未有天地之时的宇宙状态,围绕这一问题又衍生出"何本何化",即宇宙本原与宇宙创生、演化问题。我国古代宇宙本原理论根据其属性大致可划分为精神本原论与物质本原论,前者以"道本论"为代表,后者以"气本论"为代表。然而具体到宇宙生成过程,"道"与"气"之间的理论关系便显得扑朔驳杂,历来宇宙论者对二者皆有取舍,难以做出界线分明的区分。由于宋学"致广大尽精微"的集大成属性,这一特点在宋代宇宙理论中表现得尤为明显。

老子在《道德经》中构建起"道"本论的宇宙生成模式,具体表述为"道生一,一生二,二生三,三生万物"[2],核心即有生于无。"有物混成,先天地生"[3],道是先于天地万物生成的绝对存在,"惟恍惟惚",无象无形,不可捉摸。而天地万物"负阴而抱阳,冲气以为

---

[1]　陈子展:《楚辞直解》,江苏:江苏古籍出版社,1988年,第159页。
[2]　王弼注,楼宇烈校释:《老子道德经注校释》,北京:中华书局,2008年,第117页。
[3]　王弼注,楼宇烈校释:《老子道德经注校释》,北京:中华书局,2008年,第62页。

和",由阴阳二气交会产生。《列子》继承了这一理论,并将其与《周易》相结合,提出"道—气生物"的宇宙生成演化体系,其演变流程具体可分为"太易、太初、太始、太素"四个阶段。① 洪兴祖与朱熹在注解《天问》时对其观点均有引用。宋代解《易》之风盛行,《易》学中的宇宙论对宋代学者同样影响颇深。《易·系辞》中提出"易有太极,是生两仪,两仪生四象,四象生八卦"的生成模式,有关"太极"观念后人解释纷纭,宋代理学大家周敦颐作《太极图说》,从虚无本体论出发,将其解释为"有必始于无",他还将"太极"与"道"相联系,创造性地综合道、《易》二家哲学来构筑自己的宇宙体系。"无极而太极"的观念同样脱胎于道家有生于无的模式,"太极"指的是既无外在形态,亦无内在规定性的非物质性宇宙本体。这一理念成为理学宇宙观之肇始,并为朱熹所吸收衍化。老子所构筑的宇宙生成模式中已然蕴含道、气关系的讨论,而其"万物生于有"的理念中又内在包含了阴阳二气化生天地万物的思想,为汉代元气说的提出与流行做了充分准备。《淮南子·天文训》中已显露出道气同生并行的趋向,王符在《潜夫论》中充分论述了元气本体论主导下的宇宙演化过程,提出"上古之世,太素之时,元气窈冥,未有形兆,万精合并,混而为一,莫制莫御,若斯久之,翻然自化,清浊分别,变成阴阳"②。元气本体论在唐代得到发展,柳宗元《天对》中有多处关于元气的论述,"惟元气存","一以统同"③,他认为天地之间惟有元气存在,元气分阴阳,交错流动,上者为天,下者为地。柳宗元还强调宇宙生成"无功无作",将天地诞生完全看作自然界本身变化发展的结果,从而对天地的物质性做出了明确规定。宋代元气论的代表人物为张载,他在晚年创作的《正蒙》篇中完整阐述了气本论的思想,提出"太虚无形,气之本体""虚空即气"等观点,对朱熹与杨万里均有影响。

对宇宙本原与宇宙生成演化问题的探讨是宋代学者自然哲学体系的有机构成部分,他们吸收了古代朴素辩证法思想,糅合当下自然科学新材料,运用形而上的方式建立宇宙论体系,或延续前人"道"本论,或从于"气"本论,或综合二者,创设"理"本论。洪兴祖、杨万里、朱熹的宇宙观分别代表了宋代宇宙本原理论中的这三种主要趋向,并在《天问》注解中有所体现。洪兴祖作《楚辞补注》,以补王逸《楚辞章句》未尽之说为主要目的,他在注解《天问》时多方援引,力求材料翔实。在解释宇宙形成过程时,洪兴祖基本采纳了《列子》的"道-气生物"宇宙演化体系,以抽象本体之"道"作为宇宙本原,"有形者生于无形",即气生于道。宇宙最早时只有不生不化的"道"存在,"气"为连接形而上之"道"与形而下之万物的纽带,宇宙万物经历了太易、太初、太始、太素四个阶段的演变后,从"气形质具而未相离"的浑沌状态变化而来,由此分清浊、阴阳、晦明。在注解《天问》

---

① 杨伯峻:《列子集释》,北京:中华书局,1979年,第8页。
② 王符著,王继培笺,彭铎校正:《潜夫论笺校正》,北京:中华书局,1985年,第365页。
③ 柳宗元:《柳宗元集》,北京:中华书局,1979年,第365页。

"阴阳三合,何本何化"时,洪兴祖将"三合"释为"阴、阳、天","天"即是"道",仍处于不生不化的冥极阶段,其特质是"会二气之和,极发挥之美者,"不"以柔刚滞其用",亦不"以阴阳分其名"。其后道生二气,气分阴阳,万物生类"禀灵知于天,资形于二气"①,这样一来便将宇宙乃至万物生成过程一分为二,精神性的本原由"道"赋予,物质性的形体则由"气"组成,由此见出道为本、气为化。洪兴祖以"道"为宇宙本原的思想代表了由道家传承而来的传统宇宙演化体系,具体表现为道—气—万物的完整演变环节。不过,洪兴祖同样受到气本论思想的影响,他并不否认天地万物的物质性,他认可《列子》提出的"天为积气"说,并赞同"日月星宿,亦积气中之有光耀者"的观点。

朱熹广泛吸收了前人理论,同时受"中庸"思想指引,显示出调和众说的趋向。在宇宙本原问题上,朱熹主要受到周敦颐与张载的影响,如钱穆所说,朱熹论"理气","主要根据为濂溪之太极图说,而以横渠正蒙为副"②,他首先是坚定的"理"本论者,明确"所谓太极亦曰理而已矣"③,朱熹借助对周敦颐"太极"学说的重新阐释,结合张载气生万物的观点,构筑了以绝对概念"理"统摄全局的"理－气生物"体系。朱熹对"理"与"气"的关系曾作出过明确定位:

> 天地之间,有理有气。理也者,形而上之道也,先物之本也;气也者,形而下之器也,生物之具也。④

朱子所构建的宇宙体系中,理为气之主宰,理先于气,是无可辩驳的结论,但他同时对"理"与"气"之间的关系作出了更为辩证的探讨。"理"首先是亘古存在的,在回答屈子"孰传道之"的询问时,朱熹提出"开辟之初,其事虽不可知,其理则具于吾心"⑤,正因"理"是高于物质存在的固有抽象本原,"未有天地之先,毕竟也只是理",理之本体先于宇宙天地而生,因而可以"反求而默识"。而"气"作为"理"的附属,是生成万物的基本材料,二者之间"分际甚明,不可乱也"。同时,朱熹提出"理""气"浑然一体,不可分割,"天下未有无理之气,亦未有无气之理"⑥。他同样以"阴、阳、天"注解"阴阳三合",此处"天"即"天理"——"言天而不以地对,则所谓天者,理而已矣"⑦,在朱熹的宇宙体系中,理为阴阳之本,阴阳之气经由不停地循环运动,化生为万物,宇宙生成过程中

---

① 洪兴祖:《楚辞补注》,北京:中华书局,1983 年,第 86 页。
② 钱穆:《朱子新学案》,北京:九州出版社,2011 年,第 1 册,第 35—36 页。
③ 朱熹撰,黄灵庚点校:《楚辞集注》,上海:上海古籍出版社,2015 年,第 65 页。
④ 朱熹:《朱子全书》,上海:上海古籍出版社,2010 年,第 23 册,第 2755 页。
⑤ 朱熹撰,黄灵庚点校:《楚辞集注》,上海:上海古籍出版社,2015 年,第 64 页。
⑥ 朱熹:《朱子全书》,上海:上海古籍出版社,2010 年,第 14 册,第 114 页。
⑦ 朱熹撰,黄灵庚点校:《楚辞集注》,上海:上海古籍出版社,2015 年,第 65 页。

理气相互配合,理为本,气为化,二者缺一不可。此外,朱熹还提出"理"有常变之不同,"气"有顺逆之变化,"天下之理,一而已,而有常变之不同。天下之气,亦一而已,而有逆顺之或异"①,虽同为抽象本体论,朱子所标榜之"理"与洪兴祖所认可的不生不化不变之"道"有着本质上的不同。

杨万里在研读柳宗元《天对》后,出于"以易其难"的目的作成《天问天对解》,他在注疏柳子原文的基础上采纳其观点并进一步加以阐发,认为"天之圜体者,一气辅轮而浑茫者尔",以物质性的"气"作为宇宙本原。杨万里对"理"与"太极"做出了基于元气论之上的全新阐释,"元气浑沦,阴阳未分,是为太极","阴阳,神而无名,是以无极。阴阳浑而为一气,是以有太极"。②可见"太极"并非高于物质的至理至神,而是由物质性的阴阳之气构成,宇宙万物则由太极元气分化。杨万里还提出宇宙有"自","二仪之盛满者,自盛满尔。万形之众多者,自众多尔。人物之明明者,自明明尔。鬼神之暗暗者,自暗暗尔"。③充分肯定了宇宙生成及演化均出于自身运动,宇宙万物生于自然,运行自有规律。杨万里将宇宙变化归结于自然规律,从而直接否定天地间有所谓主宰生成之力。在其著作《庸言》中,杨万里还提出"天地有易"的说法:

> 天地不能作《易》,而能有易,有易者具是理,作《易》者书是理,犹绘事焉。物必有其生,绘乃肖其生,世无日星,何从而绘日星?世无山龙,何从而绘山龙?是故天地者,易之生也。易者,天地之肖也。④

此处提及的"易"或"理"与洪兴祖之"道"及朱熹之"理"迥然不同,指的是天地间的自然规律,杨万里认为先有自然界及万物生成,后有人们总结出的规律与法则,由此可见"理"出于宇宙万物,而非先于宇宙万物。

以"气生万物"为核心观点的气化论在宋代得到普遍认可,二程提出"万物之始,皆气化"⑤,并认为"日月星辰,皆气也"⑥,张载提出"太虚不能无气,气不能不聚而为万物,万物不能不散而为太虚"⑦,其过程由周敦颐具体阐释为阴阳"二气交感,化生万物",气又分清、浊等不同性质。由于对宇宙本原的认知不同,不同学者观念中"气"的本质与作用亦有所不同,天地万物构成过程亦有区分。洪兴祖、杨万里、朱熹三人均认可"清者为

---

① 朱熹撰,黄灵庚点校:《楚辞集注》,上海:上海古籍出版社,2015年,第68页。
② 杨万里著,辛更儒笺校:《杨万里集笺校》,北京:中华书局,2007年,第3615页。
③ 朱熹撰,黄灵庚点校:《楚辞集注》,上海:上海古籍出版社,2015年,第3638页。
④ 杨万里:《杨万里集笺校》,北京:中华书局,2007年,第3630页。
⑤ 程颢、程颐著,王孝鱼点校:《二程集》,北京:中华书局,1981年,第79页。
⑥ 程颢、程颐著,王孝鱼点校:《二程集》,北京:中华书局,1981年,第122页。
⑦ 黄宗羲原著,全祖望补修:《宋元学案》,北京:中华书局,1986年,第1册,第670页。

天,浊者为地"的说法,洪兴祖引《列子》中"清轻者上为天,浊重者下为地,冲和气者为人"解释天地生成,至于天地关系则引用张衡"天体于阳,故圆以动。地体于阴,故平以静。动以行施,静以合化,堙郁构精,时育庶类,斯谓天元"的说法①。认为阴阳之气动静不同,汇合流转形成天地,万物就在这种气之汇合运动的过程中产生。杨万里认为"阴阳之合以三,而元气统之以一。炎者,元气之吁也,冷者,元气之吹也,吁而吹,吹而吁,炎而寒,寒而炎,交错而自尔功者也"②。在解释"伯强"与"惠气"时他同样提出二者皆由于气之伸缩运动产生。他明确气有冷暖之分,由于温差不同而导致气体交错运动,万物由此运动生成。朱熹对天地生成的看法或经过转化与发展的过程,他曾以水火属性比附天地生成:

  天地始初混沌未分时,想只有水、火二者。水之滓脚便成地。今登高而望,群山皆为波浪之状,便是水泛如此。只不知因甚么时候凝了,初间极软,后来方凝得硬。③

他还认为"水之极浊,便成地,火之极清,便成风霆雷电日星之属"④。此时他还未脱离传统的阴阳比附观念,亦未接触到沈括关于海退为陆的科学看法,仅从日常经验角度对天地生成加以揣测。或许在接受气本论之后,他又提出另一种假设:

  天地初间只是阴阳之气。这一个气运行,磨来磨去,磨得急了,便拶许多渣滓,里面无处出,便结成个地在中央。气之清者便为天,为日月,为星辰,只在外常周环运转。地便只在中央不动,不是在下。⑤

朱熹认可气运成物的观点,对天地生成提出猜想,在以"气"化论解释万物生成时,与杨万里纯粹立足于唯物立场不同,他利用周敦颐"无极而太极,太极动而生阳,动极而静,静而生阳"的理论阐发其理本论的观点,"所谓太极亦曰理而已",阴阳之气源于理,天地万物生成亦源于理,因此他的宇宙演化论受限于理本论中,未能取得更多进展。

## 二、天地形质与天地构造

  屈原《天问》所营构的天地图式中,天体纵向可分九重,昼夜旋转,最高处为天极。

---

① 洪兴祖:《楚辞补注》,北京:中华书局,1983年,第88页。
② 杨万里:《天问天对解》,南昌退庐刻本,收入《楚辞文献丛刊》,北京:国家图书馆出版社,2014年,第30册,第401页。为节省篇幅,后简写。
③ 朱熹《朱子全书》,上海:上海古籍出版社,2010年,第14册,第130页。
④ 朱熹《朱子全书》,上海:上海古籍出版社,2010年,第14册。
⑤ 朱熹:《朱子全书》,上海:上海古籍出版社,2010年,第14册,第119页。

九天横向分野,对应地方九则。天与地边缘相接,覆盖在上,中由八柱支撑,地中有昆仑山连接天地,地形西北高东南低。屈原并非仅仅是对当时天地结构论进行总结,而是对其加以质疑,后人在解读他的疑问时,亦不免受到时代通行宇宙观的影响。古之言天者大致可分为盖天、浑天与宣夜三家,主要分歧在于天地形质与天地构造,在流传过程中后人对三家理论互有取舍,形成不同的分支与流派。宋代楚辞学者较为明显地受到浑天说影响,同时亦有宣夜说的观点掺杂交错,他们既认可"天是太虚,本无形体",又同时赞成"天如弹丸"的说法,朱熹更是提出"气运说",认为天由阳气旋转生成弹丸状,分为九重,越靠近外层,旋转越急,体现出明显调和二说的倾向。随着宋代天文观测实践的进步,前人注解中的不合理之处亦得到了进一步修正。

"天有九重"是战国时期乃至汉代较为通行的对天之结构的看法,对这一问题的解释牵涉到天体形质与天地结构理论,以致后人注解纷纭。立足盖天说者认为天只有一层天壳,因此将"九重"解释为"九天",并按照分野之说来阐释九重。如王逸释"九重"为"中央八方也",将天壳分九块,包括"东方皞天,东南方阳天,南方赤天,西南方朱天,西方成天,西北方幽天,北方玄天,东北方变天,中央钧天"①。此处"天"指的是以人眼视力所及范围为半径而形成的假想单层球面,即天壳。这种观点在浑天说兴起以后便受到质疑,浑天说的主要观点可以归纳为:天形圆如弹丸,运转不息;天大地小,天包地外;天载于气,地载于水。这些观点为宋代学者部分采纳,同时他们受到气化论的影响,将天体浑圆与天由气生成相结合,形成了新的天地结构阐释体系,如张载认为"地纯阴,凝聚于中,天浮阳,运旋于外,此天地之常体也"②,二程认为"今所谓地者,特于天中一物尔,如云气之聚,以其久而不散也,故为对"③。邵雍提出天地"自相依附,天依形,地附气,其形也有涯,其气也无涯"④。洪兴祖注解《天问》时引用唐孔颖达的观点,指出"先儒说云:天是太虚,本无形体,但指诸星运转以为天耳。天如弹丸,围圆三百六十五度四分度之一"⑤,均可见出是综合浑天说与气化说的结果。朱熹《天问》注中这一趋向表现得更为明显,他首先立足浑天说,否定了前人将天横向划分为九块区域的说法,认为九天之说为注家妄解,"云有九天,据某观之,只是九重。盖天运行有许多重数。(以手画图晕,自内绕出至外,其数九)里面重数较软,至外面则渐硬"⑥。由此肯定了九重说为对天体进行纵向划分的结果,接着朱熹通过阐释"九重天"而勾勒出一个由内到外层层递进的假想天体:

---

① 王逸注,黄灵庚点校:《楚辞章句》,上海:上海古籍出版社,2017年,第68页。
② 黄宗羲原著,全祖望补修:《宋元学案》,北京:中华书局,1986年,第1册,第674页。
③ 程颢、程颐著,王孝鱼点校:《二程集》,北京:中华书局,1981年,第55页。
④ 黄宗羲原著,全祖望补修:《宋元学案》,北京:中华书局,1986年,第1册,第383页。
⑤ 洪兴祖:《楚辞补注》,北京:中华书局,1983年,第87页。
⑥ 朱熹《朱子全书》,上海:上海古籍出版社,2010年,第14册,第141页。

天之形,圆如弹丸,朝夜运转,其南北两端,后高前下,乃其枢纽不动之处。其运转者,亦无形质,但如劲风之旋。当昼则自左旋而向右,向夕则自前降而归后,当夜则自右转而复左,将旦则自后升而驱前,旋转无穷,升降不息,是为天体,而实非有体也。①

　　由此朱熹便在综合采纳前人观点的基础上,构成完整的天之结构假说,即天形如九层弹丸,由阳气旋转升降运动生成,层层推进,其质愈往外层愈硬,最后达到至清至刚的境界。"上有刚气"的说法或源于道家,晋代葛洪《抱朴子》中提及:"上升四十里,名为太清。太清之中,其气甚刚,能胜人也"②。杨泉《物理论》指出"天者,旋也,均也,积阳纯刚,其体回旋,群生之所大仰"③。朱熹受此说影响,他指出"道家有高处有万里刚风之说,便是那里气清紧"④,他还认为天"只是个旋风,下软上坚"。在注解《离骚》"指九天以为正兮"时,朱熹释"九天"为"天有九重";注《天问》"九天之际,安放安属"时,与"圜则九重"相对照,具体指出"九重"概念:"自地之外,气之旋转益远益大,益清益刚,究阳之数而至于九,则极清极刚,而无复有涯矣。"⑤认为天最外层极清极刚,表面看似乎是单层天壳说的重复,但是他强调天无体、天外无涯际,亦受宣夜说影响,较之前人有其进步之处。

　　"天了无质"是宣夜说的核心观点,天无体、无形、无质、无色,是充满气的虚空之所。宣夜说虽"绝无师法",但其观点与气化论结合后,在后世宇宙理论中占据一定地位。在注解"九天"时,柳宗元《天对》明确天并非实体,亦无区域与边界,而是"无青无黄,无赤无黑,无中无旁"⑥,由此否定了盖天说中单层天壳的说法以及后世天分九野的观点。在解释"九重"概念时,柳宗元提出"无营以成,沓阳而九"⑦,天之形成是阳气自然运行的结果,并没有所谓"营度"之人,而"九重"是形容阳气堆积之厚,并非真有九重天。这一注解为洪、杨、朱三人所采纳,洪兴祖注曰"积阳为天。九,老阳数也"⑧。杨万里注曰"九重者,阳数之合沓而积者尔"⑨,朱熹曰"究阳之数而至于九"⑩。后世注家对于"九重"之"九"的概念仍有纷争。"九"究竟为实数还是虚指,亦牵涉注家宇宙观。若将"天"视为

---

① 朱熹《朱子全书》,上海:上海古籍出版社,2010年,第14册,第66页。
② 王明撰:《抱朴子内篇校释》,北京:中华书局,1985年,第275页。
③ 杨泉:《物理论》,清平津馆丛书本,收于鼎秀古籍全文检索平台,第2页。
④ 朱熹:《朱子全书》,上海:上海古籍出版社,2010年,第14册,第141页。
⑤ 朱熹:《楚辞集注》,上海:上海古籍出版社,2015年,第66页。
⑥ 柳宗元:《柳宗元集》,北京:中华书局,1979年,第366页。
⑦ 柳宗元:《柳宗元集》,北京:中华书局,1979年,第365页。
⑧ 洪兴祖:《楚辞补注》,北京:中华书局,1983年,第86页。
⑨ 杨万里:《天问天对解》,第30册,第401页。
⑩ 朱熹:《楚辞集注》,上海:上海古籍出版社,2015年,第66页。

实体,便以"九"为实指,具体划分九重,明清之际西方传教士引入西方古典天文学说中的"九重"说之后,楚辞学者对"九重"划分更为详细。而认为天纯粹由阳气构成者,便秉持"九为阳数之极"的看法,认为天体并非真有九重,而是由于阳气运旋至刚至极,故有"九重"之说。杨万里作为宋代楚辞学者中气本论的代表,受柳宗元影响颇深,他直接否定了九天之说,指出"天无色而亦无方,岂有九天之涯际哉?"①。杨万里认识到传统宇宙论的局限性,指出天形并非目力所见的有限区域,而是无边无际,由于"人不见其际而见其圜,故加之以圜之名而已"②。其观点是融合了宣夜说与气化论的结果。

《天问》中天覆地上,与地边缘相接,中有八柱支撑的说法,是《周髀》盖天说"天似盖笠,地法覆盘"的具象化表达,古人以日常经验思维来解读天地稳定性的问题,认为天不塌陷是由于有高山支撑。屈原对这一天地结构的假设已然提出质疑,后世浑天说中彻底否定了这一天地结构模式,提出天如球体,地浮在中的模型,并针对这一模型的稳定性,提出了气举之说和水载之说,张衡"天地各乘气而立,载水而浮"的说法是对这一稳定机制的总结,在较长时间内成为通行的看法。关于这一问题宋代学者亦有讨论,但取舍不同。邵雍认为"天圆而地方。天南高而北下,是以望之如倚盖焉。地东南下西北高,是以东南多水,西北多山"③。其观点仍取自盖天说。朱熹《天问》注中有"日月出水,乃升于天,及其西下,又入于水"的说法,是受到浑天说"天表裹有水,天地各乘气而立,载水而行"的观点影响④,他在注解"出自汤谷,次于蒙汜"时,虽否定了汤谷与蒙汜的存在,将其当作神话传说,但是却并未否认太阳出入有处所的观点,只是未必是传说中的汤谷、蒙汜。这也侧面反映出朱熹秉持"地为中心"说,认为太阳随天球绕地运转,始终处于运动之中,"未旦,则固已行于地中,特未出地面之上耳"⑤。涉及天地稳定性时,朱熹结合浑天说与气化论的观点,从力学角度提出"气旋转得紧",因此大地"束于劲风之中"不得下坠的观点,上文已有论述,此不赘。杨万里在注解《天问》时直接否定了盖天说中"天有承载"的观点,提出:

  天有系以维,则羁縻其体与位矣,天无待于系者也。天有极以加,则有形而不大矣。天,无极而大者也。皇熙者,天大而广者也。天广大而亹亹不息,不栋不宇,全然离物而无所连属,岂有八山为柱之恃哉?⑥

---

① 杨万里:《天问天对解》,第30册,第403页。
② 杨万里:《天问天对解》,第30册,第401—402页。
③ 黄宗羲原著,全祖望补修:《宋元学案》,北京:中华书局,1986年,第1册,第377页。
④ 房玄龄等撰:《晋书》,北京:中华书局,1974年,第2册,第281页。
⑤ 朱熹:《楚辞集注》,上海:上海古籍出版社,2015年,第69页。
⑥ 杨万里:《天问天对解》,第30册,第402页。

也就是说天无形无质,无限广大,与地不相连属,更加不存在八柱之说。但在其著作《庸言》中,杨万里针对天地关系提出了另一种解读:

> 天地之间其犹炊欤?实物于甑而覆其上,实水于鬵而炀其下,判乎其不比也。然水火之情协而气升焉,则覆其上者潸然而零矣。覆其上者彼其初燥如也,潸然者奚自而来哉?气也。天地之为雨也亦然。①

在这段话中,杨万里将天地比作炊具,类似蒸笼,天覆于上,地承于下,且地下有水。虽是为说明天地间水气运行关系而做出的具象化比喻,但不难看出该观点受到盖天说与浑天说的共同影响。在注解"汤谷""蒙汜"时,杨万里则赞成柳宗元"孰彼有出次,惟汝方之侧!平施旁运,恶有谷、汜"的观点②,彻底否定太阳出入有固定处所之说,他认为"日之行,溯天而旋以成昼者也"③,颇能见出盖天说中"日丽天而平转"的影子,他指出古人所见到的日月东升西落现象,是相对于人所处的方位来说,并非真的有汤谷、蒙汜这样的具体地点。

总体来说,宋代楚辞学者关于天地结构及形质的观点大致遵循浑天说,同时在气化论基础上有所演进,最明显的表现在于天地稳定机制由地载于水到地束于气的变化。具体到《天问》注解中,洪兴祖、杨万里、朱熹均受到前人宇宙观影响,其注解中观点掺杂而各有倾斜。洪兴祖受汉代浑天说影响较大,杨万里遵循宣夜说与气化论,朱熹则更为集大成,其注解中既有对浑天说的承接,又有气化论的痕迹。

## 三、日月形质与天象理论

日、月、五星作为古人肉眼能够观测到的重要天体,其运转情况与形态变化受到人们密切关注。屈原《天问》中有"日月安属,列星安陈"一问,体现出当时人们对天体与天象的重视,对日月形质、日月运转等问题的探讨伴随古代宇宙理论的发展而进行。宋代学者对日月五星等主要天体形质及运转问题的探讨受到传统阴阳五行思想的影响,而涉及具体天象理论,则伴随该时期天文观测实践与理论的进步而具有了一定理性意义。

我国传统的阴阳五行思想延续到宋代已然体系化与完善化,"阴阳之义配日月"的思想在宋代学者的自然哲学体系中得到了更为全面的系统阐释与运用。邵雍提出"在天成象,日也;在地成形,火也。阳燧取于日而得火,火与日本乎一体也。在天成象,月也;在

---

① 杨万里:《杨万里集笺校》,北京:中华书局,2007年,第3605页。
② 柳宗元:《柳宗元集》,北京:中华书局,1979年,第367页。
③ 杨万里:《天问天对解》,第30册,第406页。

地成形,水也。方诸取于月而得水,水与月本乎一体也"①,是对这种思想的完整论述。洪兴祖、杨万里与朱熹三人均受其影响,以此来解释《天问》中提出的诸多问题。关于日月形质,张载提出"日质本阴,月质本阳",杨万里在《庸言》中将其具体阐释为:"日火也,火者天地之中女。月水也,水者天地之中男。"②他在解释《天对》中"规毁"与"魄渊"概念时,指出"日者火之精,故曰毁。日无缺,故曰规毁也。月者水之精,故曰渊月。至望后生魄则缺,故曰魄渊也"③。杨万里还以"月之阴也,以缺为体"④来解释月之圆缺变化。阴阳五行思想还用来解释日月升降与运行轨迹的问题,邵雍认为"日行阳度则盈,行阴度则缩,宾主之道也。月去日则明生而迟,近日则魄生而疾,君臣之义也。阳消则生阴,故日下而月西出也"⑤。将日月交替出现且运转疾速不同与阴阳乃至宾主、君臣之道相比附。朱熹注解《天问》"何阖而晦,何开而明"时,认为"晦明之问,前屡发之,其实亦阴阳消息之所为耳。阳息而辟,则日出而明。阴消而阖,则日入而暗"⑥。洪兴祖注《天问》"自明及晦,所行几里"时引《论衡》"行太阴则无光,行太阳则能照"及《物理论》"极南为太阳,极北为太阴"以释日之升降与昼夜明晦,同样是对阴阳思想的采纳与运用。⑦宋代楚辞学者们对日月天体等的认知还与气化论相结合,《列子》中提出的日、月、星为"积气中之有光耀者"的观点为洪兴祖与朱熹等人所采纳,日月星辰出于"气之盛处,精神光耀,自然发越"⑧。杨万里还指出"光辉者,日月之散也;日月者,光辉之聚也。散故其辉无不充,聚故其象有可指"⑨。以日月为光辉聚集而成象,隐含有日月为气本无形体的观点。

月之盈亏晦朔是一种最为常见的自然现象,古人对月相变化的解读经历了由经验性到理性的历程。《天问》所问"夜光何德,死则又育",反映出当时人们将月之晦朔与生死现象相联系,以直观日常经验解释看到的自然现象,是一种较为朴素的认知。随着人们对天体形质及日月位置关系认知的进展,对月之晦朔圆缺的认知也得到了进一步的发展。"月本无光,受日之光"的观点在宋代得到广泛接受,司马光曰"日光旁烛,月借以明"⑩,邵雍曰"月本无光,借日光以为光。及其盛也,遂与阳敌"⑪,程颢曰"月受日光,而日不

---

① 黄宗羲原著,全祖望补修:《宋元学案》,北京:中华书局,1986年,第1册,第369页。
② 杨万里:《杨万里集笺校》,北京:中华书局,2007年,第3626页。
③ 杨万里:《天问天对解》,第30册,第404页。
④ 杨万里:《天问天对解》,第30册,第407页。
⑤ 黄宗羲原著,全祖望补修:《宋元学案》,北京:中华书局,1986年,第1册,第377页。
⑥ 朱熹:《楚辞集注》,上海:上海古籍出版社,2015年,第69页。
⑦ 洪兴祖:《楚辞补注》,北京:中华书局,1983年,第88页。
⑧ 朱熹:《楚辞集注》,上海:上海古籍出版社,2015年,第67页。
⑨ 杨万里:《杨万里集笺校》,北京:中华书局,2007年,第3575页。
⑩ 黄宗羲原著,全祖望补修:《宋元学案》,北京:中华书局,1986年,第1册,第319页。
⑪ 黄宗羲原著,全祖望补修:《宋元学案》,北京:中华书局,1986年,第1册,第377页。

为之亏,然月之光乃日之光也"①。张载曰:"月于人为近,日远在外,故月受日光常在于外,人视其终初,如钩之曲;及其中天也,如半璧然。此亏盈之验也。"② 这种观点亦影响到对《天问》的注释,杨万里认为:"日之炎也,可违而不可并也。月迫而并焉,则月之光不胜日,是以魄而缺焉,乌有所谓死;月违而远焉,则月之光得以专,是以明而盈,乌有所谓育。"③ 他借助生活经验,提出日月两种光线强弱不同,其位置远近影响光之强度,从物理角度说明月光盈亏原因,不失为一种可贵的尝试。而对这一问题进行集中探讨的当属朱熹,他首先否定了旧说关于月"魄死明生"的说法,朱熹曾对传统月魄概念做出详尽解释:

> 动者魂也,静者魄也。动静二字,括尽魂魄。凡能运用作为皆魂也,魄则不能也。今人之所以能运用,都是魂使之尔。魂若去,魄则不能也。月之黑晕便是魄,其光者,乃日加之光尔,他本无光也,所以说"哉生魄""旁死魄"。④

他对月之形质有着更为清醒的见解,所谓月魄即月本来形体,月无光则为黑晕,月魂为日光加之。在《天问》注中,朱熹引天文学家沈括的说法补充说明月之盈亏与日月位置之间的关系:

> 月本无光,犹一银丸,日耀之乃光耳。光之初生,日在其傍,故光侧而所见才如钩。日渐远则斜照而光稍满,大抵如一弹丸,以粉涂其半,侧视之,则粉处如钩;对视之,则正圆也。⑤

之后朱熹又进一步引王普的说法,对日、月、人(地球)之间的位置做出解释,最后提出"月光常满,但自人所立处视之,有偏有正,故见其光,有盈有亏,非既死而复生"⑥的猜想。对于月之盈亏问题朱熹曾多次进行探索,包含着理性思辨意味,如:

> 月常光,但初二三日照只照得那一边,过几日渐渐移得正,到十五日,月与日正相望。到得月中天时节,日光在地下,迸从四边出,与月相照,地在中间,自遮不过。⑦

---

① 黄宗羲原著,全祖望补修:《宋元学案》,北京:中华书局,1986年,第1册,第550页。
② 黄宗羲原著,全祖望补修:《宋元学案》,北京:中华书局,1986年,第1册,第677页。
③ 杨万里:《天问天对解》,第30册,第407页。
④ 朱熹:《朱子全书》,上海:上海古籍出版社,2010年,第14册,页164。
⑤ 朱熹:《楚辞集注》,上海:上海古籍出版社,2015年,第68页。
⑥ 朱熹:《楚辞集注》,上海:上海古籍出版社,2015年,第68页。
⑦ 朱熹:《朱子全书》,上海:上海古籍出版社,2010年,第14册,第131页。

月只是受日光。月质常圆,不曾缺,如圆球,只有一面受日光。望日日在酉,月在卯,正相对,受光为盛。……望以后,日与月行便差背向一畔,相去渐渐远,其受光面不正,至朔行又相遇,日与月正紧相合,日便蚀,无光。①

较之前人以阴阳关系比附日月形质的看法,朱熹的观点明显结合了当时天文学家观测的结果与认知,因而更具有理性意义。

《天问》有"顾兔在腹"一说,月中有兔与蟾蜍是古人对月中阴影的经验性解释,后与阴阳五行思想结合,形成较为完整的阐释体系。洪兴祖采纳了流传较广的几种观点来解释月中之兔的来源,如月与兔均为阴属,月之阴精化为兔形,月圆时处卯位因而属兔,兔望月而孕等,可以说是对传统说法较为全面的总结。杨万里同样采用阴阳比附的说法来解释月中兔形,他将月之形体与属性与兔相匹配,认为月为阴属,兔亦为阴属,"以阴感阴,兔者,阴之类也;以缺感缺,兔者,缺之形也"②。朱熹受沈括等科学家影响,从理性角度出发,将"月中有桂树、蛙、兔"的传统迷信说法一概否定,认为"其惑久矣",同时结合各家观点,对月中阴影之形成缘由作出多种猜想与假设:一为月中地形说,"今月中有影,云是沙罗树,乃是地形,未可知"③。二为地影投射说:"盖日以其光加月之魄,中间地是一块实底物事,故光照不透而有此黑晕也。……今人剪纸人贴镜中,以火光照之,则壁上圆光中有一人。月为地所碍,其黑晕亦犹是耳"④,认为月中阴影是因为地球挡住了太阳光线。朱熹在注解《天问》时形象地指出"日月在天,如两镜相照,而地居其中,四旁皆空水也。故月中微黑之处,乃镜中大地之影,略有形似,而非真有物也"⑤。尽管朱熹将《天问》神话学意义全然否定的行为有其局限所在,然作为楚辞学者,他能够立足自然知识,以纯然理性的态度探研天文事件,以期推翻传统迷信观点,其历史进步意义不言而喻。

要之,宋代天文事业在天象观测、星图绘制乃至天文仪器制造方面都成绩斐然,实用天文学的优秀成果为该时期宇宙理论的发展提供了良好基础⑥,天象观测的逐渐深入拓宽了人们的宇宙视野,促成宋人对天象认知的科学化与天文观念的变迁。杨万里、朱熹等人对日月等主要天体的形质与有关天象的认知具有理性思辨的色彩,他们立足于气化论,以阴阳之气运转来解释日月升降、晦明变换等自然现象,同时否定月有生死说,结

---

① 朱熹:《朱子全书》,上海:上海古籍出版社,2010年,第14册,第134页。
② 杨万里:《天问天对解》,第30册,第407页。
③ 朱熹:《朱子全书》,上海:上海古籍出版社,2010年,第14册,第131页。
④ 朱熹:《朱子全书》,上海:上海古籍出版社,2010年,第14册,第138页。
⑤ 朱熹:《楚辞集注》,上海:上海古籍出版社,2015年,第68页。
⑥ 陈遵妫《中国天文学史》中指出"北宋在天文仪器上的制作发明,无论在数量上或质量上,都大大超过以往任何一个时代",这一时期天象观测水平的进步无疑推动了宋代天文学的发展,并对当时宇宙理论的进步起到了积极作用。

合当时天文观测结果以做出符合当时学术背景的阐释,这种精神是值得肯定的。然而他们未能跳出传统天人感应思想中以阴阳比附人事的范畴,且由于缺乏更为先进的观测仪器,其观点与理论仍难免有局限之处。

## 四、小结

宋代学者的宇宙理论具有集大成性与思辨性,其宇宙理论往往作为哲学体系的自然哲学部分纳入体系之中。宋代楚辞学者对宇宙相关问题的思考与探究较之前代注家明显更为深入与系统,洪兴祖、杨万里与朱熹作为宋代楚辞研究时间轴上最具代表性的学者,分别通过注解《天问》及相关哲学著作中的论述表达出自身对于宇宙问题的关注与探研,他们积极参与进当时宇宙问题大讨论中,立足自身哲学与自然科学知识基础,尝试构建符合自身经验与价值趋向的完整宇宙体系。在宇宙本原问题上,洪兴祖传承汉学,在对材料多方援引的基础上选择传统道家宇宙体系作为支点,围绕"道"本论展开对宇宙相关问题的讨论;朱熹作为理学大家,在理性思考的基础上,以形而上的方法建立"理"本论的宇宙体系。杨万里则立足于"气"本论,解读宇宙本原及演化问题。在涉及具体天地形质与结构、天体运转与天象变化等问题时,三人思想既有对前人经典理论的采撷,亦有对宋代学者研究成果的综合,其观点往往立足自身宇宙体系,各有优长与取舍,共同构成宋代宇宙问题大讨论的有机组成部分。

宋代学者的宇宙观是我国古代宇宙论发展历史中不可缺失亦不容忽视的重要组成部分。以洪、朱、杨三人为代表的宋代楚辞学者对宇宙本体乃至万物生成规则的探究、对天文地理等自然知识的追寻,较之前代已进入更为理性和系统的阶段,其成果亦十分丰硕,值得研究与借鉴。

# 晚宋方澄孙的《诗》《骚》正变论推源

南通大学文学院　张祝平

宋淳祐七年进士方澄孙在考《〈庄〉〈骚〉太史所录》题"论"文时,从文体演变和文章风格的变异角度提出了"《诗》《骚》正变论"。这篇论文在晚宋福建人魏天应、林子长编注的《论学绳尺》中完整保存下来。但它并没有引起文体学及《诗经》《楚辞》学界的关注和研究。本文尝试就"《诗》《骚》正变论"的渊源做些探讨。

方澄孙,《淳熙三山志》卷三二言:"淳祐七年张渊微榜方澄孙,甲科,字蒙中。官人。寄居兴化,寀之曾孙。大东之子。"后调邵武军教授。由国子监出任泉州通判摄郡守篆兼司舶,他剔除贪官及徇私舞弊者。最终被授秘书丞。不附贾似道,景定初出知邵武军(明嘉靖《邵武府志》卷四)。二年卒,年四十八。有《绹锦小板》,已佚。事见《后村大全集》卷一六《方秘书蒙仲墓志铭》、清·李清馥《闽中理学渊源考》卷九《秘书方蒙仲先生澄孙》。"澄孙高才能文,有气节。一时诸贤如方大琮、王迈、刘克庄皆与为友。初以文字为贾似道所知,及似道相,澄孙独求补外。终其身所著有《通鉴表微》《洞斋集》。子,公权。"(《闽中理学渊源考》卷九)此外"尝著《女教》一书"(《福建通志》卷三十二)。《文渊阁书目》卷二有"方澄孙《乌山小稿》一部一册"的著录。

关于其父方大东,《弘治八闽通志》卷五十四选举:"科第端平二年吴叔告榜:方大东,符之从弟。宣义郎泉州永春簿。"①《历代名人生卒录》卷五:"方大东,端平三年二月卒。年五十二。"②《弘治大明兴化府志》:"端平二年乙未吴叔告榜:方大东,符之从弟。附见《方大壮传》。"③ 可见方大东登进士第次年即死于泉州永春簿任上。

关于其祖方大壮,《闽书莆阳文献列传》史部"方履之先生大壮"条言:

方大壮,字履之。莆田人。少颖悟,操笔成章。艾轩、二刘咸推重之。年长不事场屋,专心求道。朱子至莆,大壮举所学就正,日与同志讲明,自号"履斋"。性至孝,执父丧三年不出户。临没戒衣冠束带而逝。学者称"履斋先生"。子东叔。孙澄孙。曾孙公权。④

《莆阳文献列传》亦云:"方大壮,子东。叔侄符。孙蒙仲。曾孙公权。"⑤

---

① 陈道撰:《弘治八闽通志》卷五十四《选举》,明弘治刻本。
② 钱保塘:《历代名人生卒录》,民国海宁钱氏清风室刊本。
③ 陈效修,黄仲昭纂:《弘治大明兴化府志》,清同治十年重刻本。
④ 李清馥:《闽中理学渊源考》,文渊阁四库全书本。
⑤ 郑岳撰《闽书莆阳文献列传》,明万历四十四年黄起龙刻本。

关于其叔方符,《闽书莆阳文献列传》"通判方子约先生符"条言:

> 方符字子约。大壮兄子。少授学于叔父,以乡试上春官道考亭拜朱文公于精舍。留语,累夕为作《字说》。第庆元己未进士。文公以书贺大壮云"符清苦自励,穷达得丧,惟命之安。"历润、衢二州教授,知浏阳县,通判徽州,未上卒。①

关于其子方公权,《闽中理学渊源考》卷九"主簿方立道先生公权"条言:

> 方公权,字立道。学有渊源,尤粹于理。以父澄孙荫补将仕郎,擢咸淳元年第。历广州教授,太常主簿以归。有气节,宋亡不仕。人称石巖先生。著《古易义》《尚书审是》。②

由此可见,方澄孙的祖父与叔父都是朱熹亲炙弟子,其父其本人其子也应都是朱学一脉。因此我们考察其"《诗》《骚》正变论"之渊源应从朱熹《诗经》学之"《风》《雅》正变论"言起。

## 一、朱熹《风》《雅》正变论渊源

### (一)汉人《风》《雅》正变之说

《毛诗大序》以"美刺"释诗,故其于《风》《雅》《颂》之分也以"美刺"释之。其释《风》曰:"上以风化下,下以风刺上;主文而谲谏,言之者无罪,闻之者足以戒,故曰《风》。"其释《雅》曰:"《雅》者,正也。言王政之所废兴也。政有小大,故有《小雅》焉,有《大雅》焉。"其释《颂》曰:"《颂》者,美盛德之形容,以其成功,告于神明者。"《雅》与《风》相同,都是反映了政治事的治乱;《雅》是"言天下之事,形四方之风"是言天下政事的兴衰。《风》"是以一国之事,系一人之本,谓之风"《雅》与《风》只是地域的大小不同而已。

与"美刺"政治相适应,《毛诗大序》还提出了"《风》《雅》正变"说,明确治世乱世的区别,将美刺与正变一一对举。"治世之音安以乐,其政和;乱世之音怨以怒,其其政乖;亡国之音哀以思,其民困。"正《风》《雅》是治世之作,"其政和"故其音"安以乐",是美诗;变《风》《雅》是乱世之作,"其政乖""其民困",故其音"怨以怒""哀以思",是刺诗。"至于王道衰,礼义废,政教失,国异政,家殊俗,而变风变雅作矣。"《小序》从"正变"原则出发进一步敷衍,将"诗三百"的排列说成是按周王或诸侯世次排列,尽量依据周代历史发展的盛衰来解释诗义。

---

① 郑岳撰《闽书莆阳文献列传》,明万历四十四年黄起龙刻本。
② 郑岳撰《闽书莆阳文献列传》,明万历四十四年黄起龙刻本。

东汉郑玄不仅在释"六义"时强调美刺与政治的关系,还进一步作《诗谱》对"《风》《雅》正变"说补漏填阙加工完善,形成了一个自圆其说的解说系统。他确定"孔子录懿王、夷王时诗,讫于陈灵公淫乱之事,谓之变《风》《雅》"(《诗谱序》)。唐代陆德明《经典释文》更进一步确定《邶》以下十三《国风》,皆属"变《风》";《小雅》自《六月》至《何草不黄》五十八篇为"变《小雅》",《大雅》自《民劳》至《召旻》十三篇为"变《大雅》"。

必须指出的是:汉儒《风》《雅》之分只是地域的大小国家大事与邦国之事之分,并无重《雅》轻《风》的倾向。"正变"的概念与"正邪"的概念完全不同。"正变"之分,只是作者所处的时代政治的好与坏,诗人处境的顺与逆的不同,而诗歌本身的思想内容却都是"思无邪"的,无论居庙堂之高还是处江河之远,无论在政通人和之盛世,还是在政乖民困之乱世,诗人都是贤人君子,他们或礼赞颂声或闵时疾俗,皆"发乎情,止乎礼义",皆所谓"变而不失其正"。

汉人之说的主要精神在于说明诗歌反映了时代政治的治乱兴衰的变化,这种看法是有现实意义的。但它没有揭示出《风》《雅》《颂》在艺术形式上的区别,没有看到一些诗歌的民歌特点,而且局于"正变"之例还造成了对许多诗篇的曲解。

顾颉刚先生曾批评说:"凡诗篇之在先者,其时代必早,其道德必优,其政治必盛。反之,则一切皆反。在善人之朝,不许有一夫之愁苦,在恶人之世,亦不容有一人之欢乐。善与恶之界画,若是乎明且清也。"①

(二)唐韩愈、白居易的六艺流变说

时至中唐,韩愈、白居易汲取了汉人《风》《雅》正变论及"治世之音安以乐,其政和;乱世之音怨以怒,其其政乖;亡国之音哀以思,其民困"的精神,并将之改造成六艺流变论:

韩愈《进学解》:

> 沉浸醲郁,含英咀华,作为文章,其书满家。上规姚、姒,浑浑无涯;周《诰》、殷《盘》,佶屈聱牙;《春秋》谨严,《左氏》浮夸;《易》奇而法,《诗》正而葩;下逮《庄》《骚》,太史所录;子云、相如,同工异曲。先生之于文,可谓闳其中而肆其外矣。

韩愈《送孟东野序》:

> 大凡物不得其平则鸣。人之于言也亦然。有不得已者而后言,其歌也有思,其哭也有怀。凡出乎口而为声者,其皆有弗平者乎!乐也者,郁于中而泄于外者也,择其善鸣者而假之鸣。……其于人也亦然。人声之精者为言,文辞之于言,又其精也,

---

① 顾颉刚:《古史辨》,上海:上海古籍出版社,1982年,第三册《毛诗序之背景与旨趣》。

尤择其善鸣者而假之鸣。……凡载于《诗》《书》六艺,皆鸣之善者也。周之衰,孔子之徒鸣之,其声大而远。传曰:"天将以夫子为木铎。"其弗信矣乎?其末也,庄周以其荒唐之辞鸣。楚,大国也,其亡也,以屈原鸣。臧孙辰、孟轲、荀卿,以道鸣者也。……汉之时,司马迁、相如、扬雄,最其善鸣者也。……就其善者,其声清以浮,其节数以急,其辞淫以哀,其志弛以肆。其为言也,乱杂而无章。将天丑其德莫之顾邪?何为乎不鸣其善鸣者也?

白居易《与元九书》:

泊周衰秦兴,采诗官废,上不以诗补察时政,下不以歌泄导人情。用至于谄成之风动,救失之道缺。于时六义始刓矣。《国风》变为《骚辞》,五言始于苏、李。《诗》《骚》皆不遇者,各系其志,发而为文。故河梁之句,止于伤别;泽畔之吟,归于怨思。彷徨抑郁,不暇及他耳。然去《诗》未远,梗概尚存。故兴离别则引双凫一雁为喻,讽君子小人则引香草恶鸟为比。虽义类不具,犹得风人之什二三焉。于时六义始缺矣。

韩、白之论,坚持了《毛诗大序》的时代政治与文体流变密切关联的说法,并由诗文单一反映政治说引向了文体本身的流变与诗文艺术风格、作家创作态度与写作技法的变异,并明确提出了《诗》《骚》间风格的变异。南宋洪迈《容斋随笔》卷七"韩柳为文之旨"条言:"韩退之自言:作为文章上规姚、姒、《盘》《诰》《春秋》《易》《诗》《左氏》《庄》《骚》太史、子云、相如,闳其中而肆其外。柳子厚自言:每为文章,本之《书》《诗》《礼》《春秋》《易》,参之《穀梁氏》以厉其气,参之孟、荀以畅其支,参之庄、老以肆其端,参之《国语》以博其趣,参之《离骚》以致其幽,参之太史公以著其洁。此韩、柳为文之旨要。学者宜思之。"① 充分揭示了韩、柳本之六经,参之众说的写作实践。

(三)朱熹的《风》《雅》正变论

朱熹将汉人与唐人说法结合为一体,为我所用。他不取汉人释《风》《雅》《颂》之说,但却用其"《风》《雅》正变"说,他进一步确定正《风》《雅》为"经",变《风》《雅》为"传",并将之引入《楚辞》。他在《楚辞辨证上》中云:

吕伯恭《读诗记》引郑氏《诗谱》曰:"《小雅》十六篇,《大雅》十八篇为正经。"孔颖达曰:"凡书非正经者谓之传,未知此传在何书也?"按《楚辞》,屈原《离骚》谓之经,自宋玉《九辨》以下皆谓之传。以此例考之,则《六月》以下,《小雅》之传也;《民劳》以下,《大雅》之传也,孔氏谓凡非正经者谓之传,善矣;又谓未知此传在何书,则非也。

---

① 洪迈:《容斋随笔》,长沙:岳麓出版社,1994年,第54页。

他对《风》的正变十分强调,对《雅》的正变并不十分强调,对两者的态度不同,与汉人之说又有区别。他对变《风》尤为痛恨,从声音和作者两方面论变《风》之不正,将韩愈之说作为佐证:

> 林子武问"诗者,中声之所止。"曰:"这只是正《风》《雅》《颂》是中声,那变《风》不是。……今但去读看,便自有那轻薄底意思在了。如韩愈数句,'其声浮且淫'之类,这正是如此。"(《语类》卷八十)

> 如正《风》《雅》《颂》等诗,可以起人善心,如变《风》等诗,极有不好者,可以使人知戒惧不敢做。大段好诗者,大夫作,那一等不好诗,只是闾巷小人作。(《语类》卷二十三)

他认为变《雅》皆是正诗,露出不经意的姿态,表示正变之分,无关宏旨,不必分得那么严切。

1. 他先从音乐上说明,变《雅》只是变音调,非意不正。

> 问:变《雅》。曰:"亦是变用他腔调尔。"(《语类》卷八十)

2. 再从内容上看,无须分变《雅》。

> 看变《雅》中亦自煞有好诗,不消分变《雅》,亦得。(《诗传遗说》卷二)

汉人"《风》《雅》正变"是与"美刺"相配合的,主要是说明时代政治的好坏与诗歌创作的关系,诗的思想内容都是纯正的。朱熹的"《风》《雅》正变"是与"邪正"相配合的。政和,则诗正;政乖,则民风不正,而《雅》是士大夫所作,无不正,充分暴露了他维护封建纲常、歧视庶人民谣的面目,也说明了他重《雅》轻《风》的原因。汉人与朱熹之说的关系对比如下:

|  | 正《风》(政和) | 变《风》(政乖) | 正《雅》(政和) | 变《雅》(政乖) |
| --- | --- | --- | --- | --- |
| 汉人 | 美(正诗) | 刺(正诗) | 美(正诗) | 刺(正诗) |
| 朱熹 | 美(正诗) | 刺及其他(正诗)淫(邪诗) | 美(正诗) | 刺及其他(正诗) |

朱熹之所以要采用"《风》《雅》正变"者,一是看到了《诗》中的一些诗与时代政治确有联系,二是为了说明政衰失教,民风日下,人情日疏,确立《诗》中的正反面教材。朱

熹的"《风》《雅》《颂》之分"说以及"《风》《雅》正变"说显然是与其《国风》中有"淫诗"的"淫诗说"等相配合的,用天理人欲之辨把"诗三百"分成正善与邪恶两类:前者《二南》《雅》《颂》是天理之诗,是正面教材,后者是变《风》中的一些诗,是人欲之诗,是反面教材,圣人存之,让人"善者师之而恶者改焉"。

## 二、方澄孙的《诗》《骚》正变说

方澄孙《诗》《骚》正变说,是在淳祐七年科试"论"体文考试中阐述的,他的文章收在晚宋福建人魏天应、林子长编注的《论学绳尺》的卷七,为了展现其原貌和完整性,在此将其试卷全录于下,文中括号内部分为林子长的注释:

卷七  因古思今格  与老庄管孟立意论同意
《庄》《骚》太史所录
方澄孙
出处:韩文《进学解》"周《诰》、殷《盘》,屈曲聱牙。《春秋》谨严,左氏浮夸。《易》奇而法,《诗》正而葩。下逮《庄》、《骚》、太史所录。"
立说:谓文体之工,自文法之变始。《庄子》之文,《易》之变也;屈原《离骚》之文,《诗》之变也;司马迁《史记》所录,《尚书》、《春秋》之变也。然文以变而工,其去道已远,古者之文正,不贵其变也。
批云:议论出自胸臆,笔力雄健,前无古人,老作也。

论曰:文体之工,自文法之变始(《庄》者,《易》之变;《骚》者《诗》之变;太史所录乃《尚书》《春秋》之变。)愈变而愈工,知道者于是乎有所感焉。("知道",指韩愈。谓《庄》《骚》太史所录之文,愈变而愈工。去圣经之道愈远。故韩愈有感而言之。)夫文之正者,无奇。无奇,则难工。(正与变相反,无奇与工相反。正则无奇,变则愈工。)世之君子争为一家之奇言。(暗指《庄》《骚》太史所录。)则其法不容以不变。(欲奇则必变。)变益多,正益远,工亦益甚。(变则不正,而愈工,已寓咨嗟叹惜之意。)盖自《六经》而下惟《庄》《骚》太史为最工。(先拈出三家之文工。)有志于文者类喜言之。(暗指韩愈有志于文,而称其工。)虽然《庄》者,理义之变也。(《庄子》之文,《易》之变也。"理义"字,只是替"易"字冒,未敢便用《易》字恐太暴。)《骚》者,《风》《雅》之变也。(《离骚》之文,《诗》之变也。《诗》有《国风》《大雅》《小雅》。)《史记》者,《尚书》《春秋》之变也。(《尚书》,古史也;《春秋》,鲁史也;而《史记》者二史之变也。)不变则不工矣。(反应破语)噫!文以变为工,于其道奈何哉?(三家变《六经》之文,虽谓之工,其去圣人之道愈远矣。)然则尚论三家之文者,喜其工而悲其变可也。(缴结小讲意。)

韩愈氏号为知道者,独不有感于此乎?(应破语。)"《庄》《骚》太史所录",请言其旨。且夫世之议三家者吾尝闻之矣。(且开说起。)曰:漆园之文伟,其失也诞。(庄周尝为漆园吏。谢灵运诗:"漆园有傲吏"。又《庄子·天道篇》:"于是庄周闻其风而悦之以谬悠之说,荒唐之言。"此便是诞。)灵均之文深,其失也怨。(《史屈平传》:"屈平作《离骚》,盖自怨生也。"此便是怨。)司马父子之文浩博闳肆,其失也豪。(司马谈、司马迁。又《进学解》:"可谓闳其中而肆其外矣。"《本赞》:"又其是非颇缪于圣人:序游侠则退处士而进奸雄"。 此便是"豪"。以上三句,学《穀梁子序文》:"《左氏》艳而富,其失也诬;《穀梁》清而婉,其失也短;《公羊》辨而裁,其失也俗。")噫!(叹惜归正)亦孰知其不诞则不伟,不怨则不深,而不豪则不足以发其浩博闳肆也哉。(应冒"愈变则愈工"意。)夫太羹、玄酒,味之正也。(《唐骆宾王传》:"韩休之文如太羹玄酒,有典则,薄滋味。")云门、咸韶,音之正也。(云门、大咸、大韶,皆古乐名。以上二句比古人之文如此。)三家者负其诡异杰特之才,不安乎正,而必出乎变。(谓庄子、屈平、司马父子三家变古文之正体。)力扫世俗之尘腐,而为千百世言语文字之宗祖。(变则愈工。)其用志亦良苦,而自成一家,亦良可喜矣。(应冒"喜"字。文字有抑扬,有起伏。)然昔者吾孔氏非其无三家之才也。(以孔氏之文,言其正而不变形,三家之文变。)《六经》之文不敢出一毫意见于法度之外,端简严重如老成人,而万世之能言者莫加焉。(正而不变。)然则文之工者政,不必变乎正而后工也。(应冒子承题。文之正者无奇。)若三家乃必欲变之何耶?(设难)彼诚见夫理义者,圣贤之正论也,文少本乎理义,则淡薄无味,根据不浮,不足以搜奇而猎异矣。(文如《易》之正,论则无奇。)《风》《雅》者,《诗》之正声也。文少类乎《风》《雅》,则寂寥希音,简朴无华,不足以夸多而斗靡矣。(文如《诗》之正,声则无奇。)《尚书》《春秋》者,史之正例也。文必法乎《尚书》《春秋》,则谨严太过,绳尺甚苛,不足以骋才而肆志矣。(文如《尚书》《春秋》之正,例则无奇。以上三股推原三家变文体之意。)今观庄氏之文,架虚行危,凌高厉空。《逍遥》《齐物》等篇,广譬博喻,而杂诙谐戏谑之辞,使人心广神驰,如从至人而游六合之外也。(《逍遥游》《齐物论》并《庄子》篇名,此所谓漆园之文伟。)屈子之文,孤芳独洁,含讥隐刺。《卜居》《渔父》等作,凄切感婉,而文以忠爱恻怛之旨,使人志销意沮,如行墟墓而闻秋虫之鸣也。(《卜居》《渔父》并楚骚篇名,此所谓灵均之文深。)子长之文,浩浩乎,洋洋乎,自本纪至列传,采撷攟摭,而驾以雄浑雅健之笔,使人气踈才涌,如入太庙而观礼乐器也。(司马迁,字子长。《史记》自本纪至列传,凡百三十卷。此所谓司马之文浩博闳肆。以上三股形容三家之文。)可谓工矣。(一句总结上三股,且说三家之文工。)然使质诸知道君子之前,则谓此变也,而非正也。(转归主意。应破语。)荒忽虚幻,理义之所讳也。(应上"《庄》者理义之变",

"其失也诞"。)嫛嫚简傲,《风》《雅》之所弃也。(应"《骚》者诗之变","其失也怨"。)诡怪奇特,《尚书》《春秋》之所不取也。(应"《史记》者,《尚书》《春秋》之变","其失也豪"。)夫《六经》无文法也。(陈止斋文:"三代无文人,六经无文法"。文之正者无奇。)今也,文体之工乃出于文法之变。(应破题。)则是学不足以知圣人之用心,而终身自列于言语文字之流。工于文者,果三家之福哉。(说尽三家之失,谓其文不近圣经之道,虽工何益。)故曰知道者于是乎有所感矣。(应破语。)韩愈氏固自许以知道者。(照冒子语。《进学》之作平生用力浅深次第历历可见。(就题出处说来。《盘》《诰》也,《诗》《易》也,《春秋》也。(引本文"《商盘》《周诰》屈曲聱牙。《春秋》谨严。《左氏》浮夸。《易》奇而法。《诗》正而葩。"主意本出处上文有此语。)皆尝含其英而咀其华,趋向正矣。(出处下文沉浸醲郁,含英咀华。)而必下逮于三家何欤?(设难。)岂因《易》而有感于《庄》之变。(《庄》者,《易》之变。《易》,理义之书。冒用理义字,至此方说出"易"字。)因《诗》而有感于《骚》之变。(《骚》者,《诗》之变。)因《盘》《诰》《春秋》而有感于史之变欤?(《史记》者,《尚书》《春秋》之变。 以上三句发尽主意,又有委折。)抑方喜其体之工,而忘其正之已变欤?(应破语。)愈之为学,识者固尝议其失端绪矣。(抑韩愈。)观其所作怪怪奇奇,(韩《送穷文》。)大率《南华》之步骤。(谓愈《送穷》之文仿庄子之《南华经》。)而《罗池》一碑,《毛颖》一传,(《罗池庙碑》,又《毛颖传》皆韩文之奇者。)视楚江之"些",序赞之笔,必欲极力而模仿之。(谓愈碑传之文学,《离骚》之"些"辞,《史记》之记录。"些",音"噪"。哀辞也。《骚辞》每句以一"些"字叹于句终。)盖其文仅足以变王、杨之陋,而不足以正《庄》《骚》太史之变。(《唐文艺序》:"唐文章三变,始沿江左余风,王杨为之伯。玄宗稍厌雕琢,崇雅黜浮,燕、许擅其宗。大历、元和间,韩愈唱之,排逐百家,法度森严。"唐文三变,变为王、杨,再变而为燕、许,三变而为韩、柳。 王勃、杨炎。)又况子云、相如之可喜可慕者,日陈乎前,有以诱夺之欤?(出处下文:子云、相如同工异曲。以上缴尽讲中意,谓韩愈之文亦出于变,而不得其正。)异时因文以见道,《原道》中数语君子许焉。(韩愈作《原道》,伊川谓:"《原道》中数语见道分明。")然后世终不以为得《六经》、孔、孟之正传者。(先扬愈之知道,后却又抑愈之不能传道。)盖愈之学虽正,而其文终出于变,则亦秦汉而下之文杂于其心,足为之累者多耳。(不出于正,而出于变,故其文如此,说尽韩愈平生。)噫!学至韩愈,文至《庄》、《骚》、太史,而终不足以近道。(交合缴结。应主意"道"字。)则有志圣贤之事者,安得不重有感于斯?(应破语。有一倡三叹之音。自首至尾,无一语蹈袭,可贵也哉。)谨论。

方澄孙的《诗》《骚》正变论是包含于其《六经》与后世诗文正变论中。与汉人朱熹偏重强调诗文思想政治内容正变不同,他更受韩愈之说影响和束缚,偏重文体与诗文风格以及写作句式语言形式语言技巧的流变。只不过是借用《风》《雅》正变说的"正变"之辞而已。从本文的立意而言"谓文体之工,自文法之变始。《庄子》之文,《易》之变也;屈原《离骚》之文,《诗》之变也;司马迁《史记》所录,《尚书》《春秋》之变也。然文以变而工,其去道已远,古者之文正,不贵其变也。"作者是主张文以正,而不主张去道已远的变以工的,但作者自己的行文却充满变和工,其守道的主张与其写作实践是不一致的。而不仅限于作者,而与林子长注赞赏的变文也有矛盾。而且他也看出了韩愈其实是非常喜欢《骚》体的文辞的"视楚江之'些',序赞之笔,必欲极力而模仿之",但自己行文却相当变而工。其当考官后对萧易《李仲元貌言行如何》卷批语云:"言语出入经、传,有抑扬,有变态。不肯道有此人,又不肯道无此人,如驱龙蛇缚虎豹,更无捉摸处也。"(《论学绳尺》卷八)表示了赞赏,暴露出他真实的喜好。

# 论元代科举与《楚辞》

中共济南市委党校  陈 静

《楚辞》在中国文学史上有着重要的地位,历代的楚辞学都非常兴盛,而元代楚辞学相对于其他朝代来说较为薄弱。很多学者认为元代的楚辞学极不发达,如易重廉先生在《中国楚辞学史》中指出元代的楚辞学是从宋到明的历史过渡。① 周建忠先生也曾说:"元代的楚辞学极不发达,在宋代与明代两个高峰中间出现'低谷',乃至'断裂'。"② 元代楚辞学的不发达直接表现为元代的楚辞研究资料不充足:元代楚辞研究专著少,且大多失佚;元人对楚辞的评论和研究都不成体系,他们对楚辞及屈原的相关评论散见于其文章、文序、诗、词或曲中,资料零散纷乱,难以搜集……这些在一定程度上造成了今人对元代楚辞学研究的忽视,但元代楚辞学有着区别于其他朝代的独特性与重要性,其不仅对宋、明二代的楚辞学有承前启后的作用,还产生了诸如"屈陶比较"、元代散曲"嘲讽屈原"、元人喜爱《九歌》等独特的楚辞学现象,《楚辞》在元代也依然为士人重视。《楚辞》在元代为士人重视很大程度上与元代科举的一些规定有关。元代科举的相关这些规定可以简单地概括为两点:第一为以程朱等理学家的注解为考试内容,而这其中又以朱熹的解经著作为重,朱熹的官方地位得到了前所未有的提高;第二是将古赋规定为科举考试的内容。

## 一

科举在元朝一度废弛,元代科举成为定制之前,经历了戊戌选试、延祐复科、至元废科三个阶段。太宗丁酉九年,中书令耶律楚材与郭海德等人一起请求设科取士,太宗窝阔台于八月二十五日下诏,宣布举行"选士"。考试在次年"戊戌"举行,所以称为"戊戌选试"。"戊戌选试"之后,元代的科举并没有马上就恢复,而是直到皇庆二年十一月,元仁宗颁布诏书,曰:"其以皇庆三年八月,天下郡县,兴其贤者能者,充赋有司,次年二月会试京师,中选者朕将亲策焉。"下令重开科举,并最终在延祐年间复行,元朝中断了长达75年的科举考试才继续得以进行。元仁宗在诏书中对"延祐复科"的基本程式进行了规定:

蒙古、色目人,第一场经问五条,《大学》《论语》《孟子》《中庸》内设问,用朱氏

---

① 易重廉:《中国楚辞学史》,长沙:湖南出版社,1991年,第345页。
② 周建忠:《元代楚辞学论纲》,见《楚辞论稿》,郑州:中州古籍出版社,1994年,第190页。

章句集注。其义理精明,文辞典雅者为中选。第二场策一道,以时务出题,限五百字以上。汉人、南人,第一场明经经疑二问,《大学》《论语》《孟子》《中庸》内出题,并用朱氏章句集注,复以己意结之,限三百字以上;经义一道,各治一经,《诗》以朱氏为主,《尚书》以蔡氏为主,《周易》以程氏、朱氏为主,已上三经,兼用古注疏,《春秋》许用《三传》及胡氏《传》,《礼记》用古注疏,限五百字以上,不拘格律。第二场古赋诏诰章表内科一道,古赋诏诰用古体,章表四六,参用古体。第三场策一道,经史时务内出题,不矜浮藻,惟务直述,限一千字以上成。蒙古、色目人,愿试汉人、南人科目,中选者加一等注授。蒙古、色目人作一榜,汉人、南人作一榜。①

延祐复科的规定显示了经义考试开始以程朱等理学家的注解为准绳,而这其中又以朱熹为重。在延祐复科的规定中,蒙古人、色目人与汉人、南人分榜而试,考试内容并不相同。蒙古人、色目人第一场的经问五条,汉人、南人第一场的明经经疑二问,都从《四书》中出题,所依据的都不是经书白文,而都是朱熹的《四书章句集注》。汉人、南人第一场除了"明经经疑",还要考"经义"一道,从《五经》中出题,所依据的同样是注疏之作,"《诗》以朱氏为主,《尚书》以蔡氏为主,《周易》以程氏、朱氏为主,已上三经,兼用古注疏,《春秋》许用《三传》及胡氏《传》,《礼记》用古注疏",这其中《诗》《易》二经与朱熹直接有关,"《诗》以朱氏为主"即《诗》要依据朱熹的《诗集传》,"《易》以程氏、朱氏为主",即《易》要依据程颐的《程氏易传》、朱熹的《周易本义》。此外,"《书》以蔡氏为主",即《书》依据的是蔡沈的《书集传》,而蔡沈为朱熹弟子蔡元定的次子,也曾亲从朱熹问学,可以说是与朱熹间接相关。由此可见,朱熹的注疏之作是元朝科举考试所依据的重要内容,在元朝,若要参加科举考试,无论是蒙古人、色目人,还是汉人、南人,都要熟悉朱熹的《四书章句集注》,此外,汉人、南人还需要熟悉朱子《书集传》《周易本义》等书。

南宋朝廷对程朱理学非常重视。宋宁宗将《论语集注》《孟子集注》作为官学教学,在这基础上,宋理宗、宋度宗又将朱熹的《大学章句》《中庸章句》《通鉴纲目》《仪礼经传通解》等指定为官学教材。但南宋朝廷也并未以程朱理学家对儒家经典的阐释著作作为科举考试的标准,而元朝却在延祐复科时明确要求以程朱理学对儒家经典的阐释作为考试标准,这不仅是理学在元代官学化的表现,也凸显了朱熹在元朝的地位。

元代统治者对儒学并不是一开始就接受,刚开始也经历了排斥、对抗的过程。朱熹作为宋代儒学的代表人物,在元朝的地位也有一个上升的过程。直到忽必烈掌权,才在一定程度上改变了儒学在元朝的地位。忽必烈喜爱汉文化,推崇儒学,他在尚未登基为王之前就积极网罗人才。在金莲川设立幕府之后,忽必烈派董文用、赵璧等人礼聘四方

---

① 宋濂等撰:《元史》卷八十一《选举志》,北京:中华书局,1976年,第2018—2019页。

名流学者,姚枢、窦默、赵复、许衡等人纷纷来归,这些人都非常推崇朱熹,为儒学在元朝的传播做出了极大的贡献。江汉先生赵复北渡,尽录程朱所著经传注,又于太极书院讲学,程朱之学开始传入北方。许衡学具性理和致用两方面,"凡伊洛性理之书及程子易传,朱子《语》《孟》集注,《中庸》《大学》或问,小学等书,言与心会"①。他教授蒙古子弟,数十年间有名的卿士大夫,皆出其门,使朱子之书大行于元朝。白云先生许谦曾谓学者曰:"学以圣人为准的,然必得圣人之心,而后可学圣人之事,圣贤之心具在《四书》,而《四书》之义,备于朱子。"② 随着朱子之学大行于元朝,程朱理学的官学化,对于那些想以科举入仕的士人来说,朱熹的学说与著作的重要性不言而喻。

## 二

受到这种风气的影响,朱熹《楚辞集注》在《楚辞》学领域有着绝对的权威地位。当时人对朱熹的《楚辞集注》也极力推崇,他们认为朱熹对《楚辞》的注释非常贴切,如虞集《跋子昂所画陶渊明像》说:"《楚辞》得朱子而发明之。"③ 吴澄《陶渊明集补注序》说:"屈子之辞,非藉朱子之注,人亦未能洞识其心。"④

元代的《楚辞》刊刻,只刊刻了朱熹的《楚辞集注》。《楚辞》流传到元代,除了朱熹的《楚辞集注》,王逸的《楚辞章句》、洪兴祖的《楚辞补注》这些对后世影响深远的注本都已经出现。但元代只刊刻了朱熹的《楚辞集注》,并不刊刻王逸和洪兴祖的著作,造成这一现象的根源,主要在于朱熹在元代受到的尊崇。根据姜亮夫先生的《楚辞书目五种》、崔富章先生《楚辞书目五种续编》、国家图书馆特藏组编《国家图书馆善本书志初稿集部》(一)、吴哲夫先生的《善本书志》以及藏书志《经籍访古志所著本》《铁琴铜剑楼藏书目录》《傅书堂善本数目》的记载,元代刊刻的《楚辞集注》有十八种,这其中并不将重刻和覆刻计算在内。除了记载于藏书志的三种不确定是否可见外,其余十五种皆见于今,收藏于北京图书馆、上海图书馆、西南师院、南开大学、南京图书馆、北京大学、台湾故宫博物院、台湾图书馆等地。

在这十八种《楚辞集注》刻本中,仅有四种可以确定具体刊刻时间,分别是:元至元二年建安傅子安宅刻本,其在《楚辞后语》目录后有牌记曰:"建安傅子安宅重刊至元丙子孟春印行",藏于北京图书馆;山东图书馆所藏的元至治元年建安虞信亨宅刻本,有牌记

---

① 欧阳玄:《元中书左承集贤大学士国子祭酒赠正学垂宪佐理功臣太傅开府仪同三司上柱国追封魏国公谥文正许先生神道碑》,《圭斋文集》卷九,《四部丛刊初编》本。
② 宋濂等撰:《元史》卷一八九《儒学》,北京:中华书局,1976年,第4318—4319页。
③ 北京大学、北京师范大学中文系:《陶渊明资料汇编(上册)》,北京:中华书局,2004年,第129页。亦见于李修生主编:《全元文》第26册,南京:凤凰出版社,2004年,第72页。
④ 吴澄:《吴文正集》,文渊阁《四库全书》本,亦见于李修生主编:《全元文》第14册,南京:江苏古籍出版社,1999年,第562页。

曰:"建安虞信亨宅重刊至治辛酉腊月印行";台湾图书馆所藏元天历庚午陈忠甫宅刻本,其在《楚辞后语》目录后有牌记曰:"天历庚午孟夏/陈忠甫宅新刊";元至正二十三年癸卯高日新刊本,《后语》目录有牌记曰:"岁在癸卯孟春高日新宅新刊",此原本不知藏于何处,后黎庶昌《古逸丛书》据其覆刻。元代官私刻书十分盛行,正如后世藏书家叶德辉所言:"世愈近则传本多,利愈后则业者众,理固然也。"①"厚利""业众"可知当时受众广,书籍销量大。《楚辞集注》在元代有多种刻本,而且被翻刻、重印,也说明其有利可图,即其有不小的受众。

元代科举,在顺帝至元元年,曾经历过短暂的中断,于至元六年重又恢复。至于明初洪武年间,科举考试的规定基本沿袭元朝,《明史·选举志》载:

> 初设科举时,初场试经义二道,《四书》义一道;二场,论一道;三场,策一道。中式后十日,复以骑、射、书、算、律五事试之。后颁科举定式,初场试《四书》义三道,经义四道。《四书》主朱子《集注》,《易》主程《传》、朱子《本义》,《书》主蔡氏《传》及古注疏,《诗》主朱子《集传》,《春秋》主左氏、公羊、谷梁三传及胡安国、张洽《传》,《礼记》主古注疏。②

所以,在明朝,朱熹的《楚辞集注》仍然是刊刻得最多的《楚辞》刻本。据姜亮夫先生《楚辞书目五种》、崔富章先生《楚辞书目五种续编》两书著录情况看,整个明代所刊刻的《楚辞集注》的不同版本达二十五种,这其中还没有将重印、复刻的情况计算在内。而这期间《楚辞章句》《楚辞补注》的不同版本数量则分别为十四种和两种。

## 三

除了程朱理学对经典的注解,元代科举还将"古赋"作为科举考试的内容。这对《楚辞》在元代的传播产生了一定的影响。科举考赋自唐朝开始便成为定制,但唐朝科举所考者为律赋。律赋是唐代形成的一种新辞赋体式,其对格律、韵字等有一定的讲究。其成为科举考试内容之后,考官往往因为试卷内容难以把握,仅从声韵等外在形式方面来决定考卷的黜落,这更加使得士人在创作律赋时重形式技巧,轻内容意蕴。宋代延续了唐代科考律赋的制度,士人们对律赋声韵、格律等外在技巧的重视更是变本加厉,到宋朝末年甚至形成了"作赋者不以破碎纤靡为异,而以缀缉新巧为得"③的局面。

---

① 叶德辉:《书林清话》,沈阳:辽宁教育出版社,1998年,第87页。
② 张廷玉:《明史》,北京:中华书局,1974年,第1693—1694页。
③ 赵孟頫:《第一山人文集序》,《雪松斋集》卷六,见《景印文渊阁四库全书》。台北:商务印书馆,第1196册,第673页。

宋末元初，士人们纷纷指出科举考律赋所带来的弊端，如吴澄说："愚尝爱致堂先生之言曰：'词赋本于《离骚》而不逮骚远矣，声韵四六本于词赋而不逮赋又远矣。'后世方以之设科取士，于是读书者不复讲求义理，惟务采摘对偶，一韵争奇，一字竞巧，缉缀成文，去本愈远。父兄诏子弟、师长训生徒皆汲汲孜孜焉，不为此则不足以壮声名、跻仕路。一旦得官，回视曩昔，刍狗之不如也。所用非所学，所学非所用，人才大坏，其害岂小哉？"① 针对律赋带来的弊端，士人们提倡以古赋复古振衰救弊。如朱夏在《答程伯大论文》中言："宋之季年，文章败坏极矣；遗风余习，入人之深，若黑之不可以白。当此之时，非返之则不足追乎古。"② 且元代士人认为唯有科举不考律赋，士人们才会愿意学习古赋，从而扫除时文之弊。如元人祝尧曾说："雕虫道丧，颓波横流，光铓气焰，埋铲晦蚀，风俗不古，风骚不今。后生务进干名，声律大盛。句中拘对偶以趋时好，字中揣声病以避时忌，孰肯学古哉？"③ 在士人们的推动下，元代中叶复议科制时，中书省臣以"自隋、唐以来，取人专尚词赋，故士习浮华"为由，向元仁宗建议科举去除律赋与省题诗，元仁宗同意了，并规定汉人、南人的第二场考"古赋"，自此，元代科举考赋"变律为古"。

元代科举改考律赋为古赋之后，便有士子对什么是古赋，应该以什么为标准来创作古赋产生了疑问，便发问："古赋当祖何赋？其体制理趣何由高古？"对此，曾于延祐五年担任过会试读卷官的袁桷说："屈原为骚，汉儒为赋。赋者，实叙其事，体物多而情思少。登高能赋，皆指物喻意。汉赋如扬、马、枚、邹，皆实赋体，至后汉杂骚词而为赋，若左太冲、班孟坚《两都赋》皆直赋体，如《幽通》诸赋，又近楚辞矣。……私谓赋有三变：自后汉之变为初，柳子厚之赋为第二，苏黄为第三。今欲稍近古，观屈原《橘赋》、贾生《鵩赋》为正体。又如《驯象》《鹦鹉》诸赋，犹不失古。曹植诸小赋尤雅润，但差萎弱耳。"④ 于延祐元年乡试中选的陈栎也说："《离骚》，赋之祖，降是舍汉何适也？"⑤ 延祐五年进士及第的祝尧说："古今言赋，自《骚》之外，咸以两汉为古，已非魏晋以还所及。心乎古赋者，诚当祖骚而宗汉，去其所以淫而取其所以则可也。"⑥ 由此我们可以看到，元人普遍认为唯有"祖骚宗汉"才能写好古赋。

元人提出古赋须"祖骚宗汉"的一个重要原因是其将《楚辞》看作古赋中非常重要的一部分。《楚辞》由汉代刘向所辑而成，书中所包含的内容，王逸说得非常清楚，《楚辞章句·九辩序》曰："宋玉者，屈原弟子也，闵惜其师忠而放逐，故作《九辩》以述其志。至

---

① 吴澄：《杂识》十五，见四库全书本《吴文正集》。
② 《明文海》卷一五一，文渊阁四库全书本。
③ 祝尧：《古赋辨体》，文渊阁四库全书本，卷188，集部总集类。
④ 袁桷：《清容居士集》卷四二《策问》，四部丛刊本，亦见于李修生主编：《全元文》第23册，南京：江苏古籍出版社，2001年，第406页。
⑤ 陈栎：《两都赋纂释序》，见《定宇集》卷一。
⑥ 祝尧：《古赋辨体》，文渊阁四库全书本，卷188，集部总集类。

于汉兴,刘向、王褒之徒,咸悲其文,依而作词,故号为楚辞。"①即《楚辞》包括屈原自己所写,以及假托屈原所写的作品。自汉代开始,不乏将"楚辞"认为是赋者。在汉代,贾谊是第一位明确把屈原作品称为赋的人,他在《吊屈原赋》序言中说:"屈原,楚贤臣也。被谗放逐,作《离骚》赋。"司马迁也将屈原的作品称为赋,他在《史记·屈原列传》中说:"乃作《怀沙》之赋",又说:"屈原既死之后,楚有宋玉、唐勒、景差之徒,皆好辞而以赋见称,然皆祖屈原之从容辞令,终莫敢直谏。"②扬雄在《法言》中云:"或问:屈原、相如之赋孰愈?曰:原也过于浮,如也过于虚",《汉书·扬雄传》说:"赋莫深如《离骚》。"③由此看来,扬雄也把屈原作品看作赋。班固也将屈原的作品看作赋。在《汉书·艺文志·诗赋略》将赋分为屈原之赋、陆贾之赋、孙卿之赋和杂赋四类,并直接把屈原的作品称为赋,称其为"屈原赋二十五篇"。班固的《汉书·艺文志》是依照刘歆的《七略》删减而成,刘歆的《七略》又是在其父刘向的《别录》的基础上写成,所以有学者认为将屈原的作品载入"诗赋略"可能是向、歆父子之意④,班固只是延续了向、歆父子的做法。《别录》和《七略》皆已亡佚,无法考证。但除了《汉书·艺文志》所记载,还有其他例子可以证明班固将屈原的作品看作赋,如其在《离骚赞序》中说:"至于襄王,复用谗言,逐屈原。在野又作《九章》赋以讽谏,卒不见纳。"王逸直言"骚为赋祖"。

汉代之后,对屈原的作品的文体,也有人产生过不同观点,如萧统《文选》将屈原的作品归入"骚"类,和赋相区别。刘勰《文心雕龙》有《辨骚》一篇,同时也有《诠赋》一篇,表明刘勰认为屈原的作品并不属于赋类。但仍然有人认为屈原的作品是赋,如魏晋时期的挚虞也认为屈原的作品是赋,他在《文章流别论》中说:"赋者,敷陈之称,古诗之流也。前世为赋者,有孙卿、屈原,尚颇有古诗之以,至宋玉则多淫浮之病矣。《楚辞》之赋,赋之善者也,故杨子称赋,莫深于《离骚》,贾谊之作,则屈原俦也。"

元人大多数都认为《楚辞》为赋,如郝经言"至屈原作《离骚》,谓之赋",有些元代士人认为"楚辞"不仅是赋,而且是"赋"的源头。如刘因《叙学》言:"三百篇之流,降而为辞赋,离骚楚词,其至者也。"⑤祝尧《古赋辨体》言:"自汉以来,赋家体制大抵皆祖原意。"⑥李继本《跋学生于征刘素赋稿》言:"夫自声诗出而始有赋,屈子之骚,三百篇以还,崛为词赋之祖。"⑦因为有着这样的观念,元代士人自然将《楚辞》作为科举考试的一项主

---

① 洪兴祖:《楚辞补注》,北京:中华书局,1983年,第182页。
② 司马迁:《史记》,北京:中华书局,1959年,第2491页。
③ 班固:《汉书》,北京:中华书局,1962年,第3583页。
④ 张世磊:《屈原辞文体研究》,山东大学博士学位论文,2017年。
⑤ 刘因:《叙学》,《静修集》卷一,文渊阁四库全书本。
⑥ 祝尧:《古赋辨体》,文渊阁四库全书本,卷188,集部总集类。
⑦ 李继本:《跋学生于征刘素赋稿》,见曾永义编辑《元代文学批评资料汇编》,台北:成文出版社有限公司,1978年,第641页。

要内容来对待。

尽管延祐复科刚开始时规定,汉人、南人应试第二场时,允许在古赋、诏诰、章表内任科一道,但由于"作为传统文学样式的古赋比作为应用问题的诏诰、章表高雅有趣,还由于古赋可骈可散,可为诏诰、章表的写作奠定基础",所以"场屋之士无不学古赋,甚至出现了'寒窗读赋万山中'的盛况。"① 更不用说后来元顺帝于至正六年十二月下诏"稍变程式",对汉人、南人"增第二场古赋外,于诏诰、章表内又科一道"②,使古赋由选试科目变为必考科目。延祐复科的诏令颁行之后,各级学校、书院也很快将古赋列为汉人、南人的必修课,各种指导试子的"教学大纲"也应运而生,其中较有代表性的是程端礼的《程氏家塾读书分年日程》(以下简称《读书分年日程》)、陈绎曾的《文筌》与《文说》以及祝尧的《古赋辨体》。这些教学大纲对《楚辞》都非常重视。

程端礼《读书分年日程》的内容是对"朱子读书法"的细化,其将学习分为四个阶段:一、读背《小学书》、四书五经等诸经正文(至于15岁);二、读背四书五经等诸经传注;三、读文史诸书(至20—21岁);四、学文(以二三年专力学文,才二十二三岁或二十四五岁)。其中,程端礼认为在第三个阶段要读《楚辞》,其曰:"读《通鉴》……《通鉴》毕,次读韩文……韩文毕,次读《楚辞》。读《楚辞》,正以朱子《集注》,详其音读训义,须令成诵,缘靠此作古赋骨子故也。自此他赋止看不必读也。"③ 程端礼认为读"文"要读《楚辞》,而且应该以朱熹的《楚辞集注》为教科书,详细地阅读书中的"音读训义",进而背诵,而其他赋看看即可。程端礼也强调了《楚辞》在第四阶段的重要性,其曰:"欲学古赋,读《离骚》已见前,更看读《楚辞后语》,并韩、柳所作句法韵度,则已得之。"④ 认为学古赋,还要看朱熹的《楚辞后语》,学习韩愈、柳宗元的写作技巧。在诸书看完之后,进行温习的阶段,程端礼也着重强调要温习《楚辞》,认为只有如此,才能作文。

陈绎曾的《文筌》为"童习之要",即为孩童学习的教材,其中列有"楚赋谱",分为"楚赋法""楚赋体""楚赋制""楚赋式""楚赋格"五部分,以《楚辞》为教材,分析《楚辞》的写作方法、句式、风格等,不仅教人们以《楚辞》,也教人们写作《楚辞》式文章的方法。《文说》为陈绎曾答陈俨(元翰林学士)之问而作,其对为文之法、为学之法以及读经读史读文均有具体指点。在指导人们读古赋时,其曰:"古赋有楚赋,当熟读朱子《楚辞》中《九章》《离骚》《远游》《九歌》等篇,宋玉以下未可轻读。"⑤ 在陈绎曾的观念中,学习古赋应以《楚辞》为主,特别是屈原的作品,宋玉之下的作品都不应该读。

---

① 黄仁生:《杨维桢与元末明初文学思潮》,上海:东方出版中心,2005年,第88页。
② 宋濂等撰:《元史》卷八一《选举一》,北京:中华书局,1976年,第2026页。
③ 程端礼:《程氏家塾读书分年日程》(附纲领)卷二,北京:中华书局,1985年,第15—18页。
④ 程端礼:《程氏家塾读书分年日程》(附纲领)卷二,北京:中华书局,1985年,第21—22页。
⑤ 陈绎曾:《文说》,文渊阁四库全书本。

祝尧的《古赋辨体》亦为应试之作,其卷一至卷二专列"楚辞体",共收录屈原作品22篇,宋玉作品1篇,荀子作品5篇。祝尧明确指出"心乎古赋者,诚当祖骚而宗汉,去其所以淫而取其所以则可也"①。言明学习古赋应该"祖骚宗汉",而其又言"自汉以来,赋家体制大抵皆祖原意"②,所以实际上,祝尧强调人们最应该学习的还是屈、宋的作品。

这些教学大纲在元朝举人试子中影响颇大。《读书分年日程》板行后,被国子监颁示校官,学校以此教学子,而天下学者莫不以此为学习范式,被认为是元代关于科举教育流传最广、影响最大,具有"指南"性质的著作。《吴兴续志》言陈绎曾的《文筌》"使学者知所向方。人争传录"③。钱溥在《古赋辨体序》称《古赋辨体》:"矧当其时,以词赋取士,得是集而辨其体,未为无助于世。"④ 在这些"教学大纲"的指引下,很多致力于科举的元朝试子对《楚辞》进行了学习与熟读,很多士子更以骚体赋应举,并中举。元代科举程文《青云梯》共收录了元代102位赋作者111篇作品,其中骚体赋为40首,占总数的36%。而从考官们的批语也可以看出他们对骚体赋非常欣赏,如陈泰以《天马赋》中延祐元年湖广乡试,考官批云:"气骨苍古,音节悠然,是熟于楚辞者,然不免悲叹意,疑必山林淹滞之士。天门洞开,天马可以自见矣。"此外,考官还在正文中有"便奇崛""笔气飘飘""读之怅然""奇气可掬""有司虽非伯乐,能不为子刮目邪""可谓才骏"等批语。⑤

## 四

元代科举考古赋,使得骚体赋备受青睐,从而数量大增。以延祐为界限,延祐之后文人创作骚体赋数量明显增多。据学者统计,在延祐之前,骚体作家有39名,作品130篇,其中袁桷15篇、王旭13篇、王恽12篇、吴澄9篇、方回8篇等共有10位作家超过5篇以上,而作为北方名儒的郝经只有3篇,刘因只有2篇;尤其是姚燧除去3篇碑记中偶尔用到。后期骚体作家59位,骚体作品达330余篇,其中骚体作品超出5篇的作家有24位,超出10篇的作家有7位,尤其是王逢一人就多达39篇,主要集中在骚体诗的创作;杨维桢达38篇,其中骚体诗和骚体赋的创作几乎各占一半;李孝光22篇,也主要是骚体诗的创作;吴莱21篇,其中骚体赋占10篇;另外骚体创作较多的还有汪克宽10篇、吴师道10篇、陈泰10篇、傅若金9篇、谢应芳8篇、周权7篇等。⑥ 从以上统计数字明显感觉到元代后期的骚体创作要盛于前期,不论是作家的数量还是作品的数量,后期明显多于前期,

---

① 祝尧:《古赋辨体》,文渊阁四库全书,卷188,集部总集类。
② 祝尧:《古赋辨体》,文渊阁四库全书,卷188,集部总集类。
③ 纪昀总纂:《四库全书总目提要》,石家庄:河北人民出版社,2000年,第5396页。
④ 钱溥:《古赋辨体序》,见于祝尧《古赋辨体》,明成化二年刻本。
⑤ 刘贞辑:《新刊类编历举三场文选庚集》,转引自李超:《元代科考文献考官批语辑录及其价值》,《中国典籍与文化》,2010年第3期。
⑥ 杨立琴:《元代骚体文学研究》,河北大学,2006年。

尤其是骚体作品后期超出前期达两百篇之多。

延祐复科后,元代科举考试的实施并不顺利。至元元年,科举被废除,直至至正元年,科举才再次被恢复,并成为定制。科举自隋唐以来,是儒生士人进仕的主要途径,元朝时,科举在士人心中的地位与作用已经根深蒂固。所以元代的科举虽然时废时行,被学者称为是"中国科举史上最低落的一代",但当时的士人们认为"盖自古忠臣烈士,名卿贤大夫,未有不由此(科举)乎出"①。所以,当贡举议行时,"南北士子无不喜"②。学者李新宇曾统计出元代以辞赋中举的有 160 人,其中仕至显位或充任学官的赋家约有 75 人,约占一半。③ 这些以古赋,特别是以骚体赋成功入仕的例子,不仅会对元代的士人产生影响,从而刺激其学习《楚辞》以及创作骚体赋的欲望,也会在一定程度上刺激元代文人阅读《楚辞》、创作和研究骚体赋甚至是骚体作品的兴趣,尤其是一些由科举出身的文人和担任过学官、考官的文人,所以元代的骚体作品也较为兴盛,据不完全统计,有元一代,大约有 700 余篇骚体作品。

在科举考古赋的刺激下,在"祖骚宗汉"赋学观的引领下,不仅骚体赋数量激增,元人对《楚辞》也进行了各方面的模仿。有的从题目中就可以看出其是对《楚辞》的模仿,如吴澄的《约离骚》、王旭《拟远游赋》,吴海《拟招》等;有的在序言中直接说明该作品是模仿《楚辞》而作,如袁桷《广招》序曰:"门人袁桷,窃取宋玉《招魂》,述《广招》以反其义。"④ 朱右《九规》序言:"拟《离骚》九篇,以规己诲友教。"⑤ 更多的是从字词、句式、意象等方面进行模仿。

另一方面,也正是由于科举考古赋,元代骚体赋中的悲怨被弱化了。元仁宗在诏令中明确表示:"试艺则以经术为先,词章次之,浮华过实,朕所不取。"要求用于应试的古赋既要"祖拟楚辞",又要"宗法朱子",最后以"六义"定优劣。这就意味着这些应试的骚体赋不但不能一味地抒发骚怨情怀,而且要融织经义,以古雅为尚,淡退其个人情感。屈原的作品中暗含了十分强烈的悲怨愤懑之情,《史记·屈原贾生列传》记载:

> 屈平疾王听之不聪也,谗谄之蔽明也,邪曲之害公也,方正之不容也,故忧愁幽思而作《离骚》。《离骚》者,犹离忧也。夫天者,人之始也;父母者;人之本也。人穷则反本,故劳苦倦极,未尝不呼天也;疾痛惨怛,未尝不呼父母也。屈平正道直行,竭忠尽智以事其君,谗人间之,可谓穷矣。信而见疑,忠而被谤,能无怨乎?屈平之作

---

① 张之翰:《议科举》,《西岩集》卷十三,文渊阁四库全书本。
② 张之翰:《贡举堂记》,《西岩集》卷十六,文渊阁四库全书本。
③ 李新宇:《元代辞赋研究》,中国社会科学出版社,2008 年。
④ 李修生主编:《全元文》第 23 册,南京:江苏古籍出版社,2001 年,第 24 页。
⑤ 李修生主编:《全元文》第 50 册,南京:凤凰出版社,2004 年,第 502 页。

《离骚》,盖自怨生也。①

屈原痛恨君王昏聩不明,亲近奸佞,疏远贤臣,所以作《离骚》。屈原正直有操守,事君竭智尽忠,但却"信而见疑,忠而被谤",自然"有所郁结",心中充满怨愤,唯有"发愤以抒情","述往事,思来者",将自己一腔怨愤通过作品发泄出来。王逸《楚辞章句》曰:"屈原履忠被谮,忧悲愁思,独依诗人之义,而作《离骚》,上以讽谏,下以自慰。遭时暗乱,不见省纳,不胜愤懑,遂复作《九歌》以下,凡二十五篇。"屈原作品二十五篇,除了《九歌》之外,都是"发愤以抒情"之作。在屈原的作品中,我们不仅可以看到他美好的政治理想,对楚国命运的关怀,更可以看到他对昏庸君王、奸佞小人,以及那个君王不明,小人当道的污浊世道的强烈憎恨,以及即使"众人皆醉"也要保持"独醒"的绝不与奸佞小人同流合污,誓死以报的决心。屈原的作品中不仅包含了强烈的批判精神,也包含了极强的讽谏之意,而且不仅仅止于讽谏和批判,"还有离忧别愁、自伤悼、自慰藉、自证明诸作用,其动力则是'怨'、'忧'、'愤懑'等"②。

若不能理解屈原作品中的精神,而只是从言词、句式上进行模仿,是行不通的。虞集曾言:

《离骚》之作,盖于忠爱之至,反复忧怨,以致拳拳无穷之心,无一语之外至者也。后之有才而能名者,爱而效之,音节之似,语言之妙,固何愧焉。然而不有其实,则其为言也,岂复可信哉?故识者讥之曰:"世有无病而呻吟者,伪也。"是以君子耻之。③

元代统治者分人而治,在制度上存在极大的不公;且其并不重视汉族文化,儒生士人失去了一直以来的优越地位,而科举时废时行,士人进仕无路,报国无门……在这样的背景下,元代的骚体作品中含有士人不遇的悲哀,对社会不满后生出的归隐之情,抒发的还是或哀伤或烦怨的情感。但其"偏于消极逃退,少有屈骚那样的疾邪抗恶、殉身守志、捍卫崇高理想的斗争精神,因而缺乏崇高壮烈、催人奋起的人格力量"④。它们相较于楚辞,斗争的力度大大地减弱了,有的甚至以骚体赞颂元代社会与国家,作品不仅没有《楚辞》所蕴含的悲怨,甚至在一定程度上阿谀统治者。正如郝经所言:"秦汉之际,骚赋始盛,大抵怨讟烦冤,从谀侈靡之文,性情之作衰矣。"⑤ 这影响到文人赋,也使元代骚赋较少怨怼

---

① 司马迁:《史记》,北京:中华书局,1959年,第2482页。
② 方铭:《战国文学史论》,北京:商务印书馆,2008年,第438页。
③ 虞集《跋铅山吕万户作永感九思九哀等篇》,见于李修生主编:《全元文》26册,南京:凤凰出版社,2004年,第370页。
④ 康金声:《元赋"祖骚宗汉"论》,《山西大学学报》,2000年第1期。
⑤ 郝经:《与撒彦举论诗》,《陵川集》卷二十四,四库全书本。

与抗争精神,更多地渗透着一种隐遁意识。

虽然元代骚体赋淡化了骚怨,但元赋的"复古"运动也在"祖骚宗汉"这一理论的领导下向赋的源头回归,直接影响到当时赋风的转变。"自延祐以降五十余年,俳赋、律赋皆被荡涤无遗,举国唯古赋是崇;骚体赋因备受青睐而再度兴盛,四言诗体赋、问答体赋等抒情咏物短赋也因被人所重而异彩纷呈。"[①] 明人徐师曾叹曰:"呜呼,极矣,数代之习,乃令元人洗之,岂不痛哉!"[②] 表达了明人无缘纠正历代留下来的辞赋创作缺误的惋惜之情,从另一个角度也说明了元人在赋体文学上的贡献。

---

① 黄仁生:《元代科举与辞赋》,《文学评论》,1995年第3期。
② 徐师曾:《文体明辨序说·赋》,北京:人民文学出版社,1962年,第101页。

明清楚辞学研究

# 明人何乔远《释骚·离骚解》简介与评析

福建师大文学院　郭　丹

何乔远(1558—1631),字稚孝,号匪莪,明代著名学者,福建泉州府晋江人,生活在明嘉靖至崇祯年间。其父何炯曾编撰《清源文献》十二卷(《四库全书总目》著录),乃是有学问有识之士。何乔远少年颖异,十九岁时与兄乔迁同登乡榜,二十八岁中进士,进入仕途;授刑部主事,迁礼部仪制郎中;光宗时期,召为光禄少卿,后又进光禄卿,以户部右侍郎致仕。何乔远从政十年,因正直敢言得罪权贵,被迫家居三十多年,以授徒著书为乐,晚年屏居泉州城外镜山,曾在镜山之下建立"休山书院",学者称为镜山先生。何乔远一生经历万历至崇祯四朝,阅历丰富,著述宏赡。有《闽书》(154卷)、《明文征》(74卷)、《名山藏》(109卷)等著作。何乔远的著作,国内目前能查询到的,除上述三种外,只有故宫博物院藏的《何氏万历集》、南京图书馆藏的清抄本《何氏镜山集》和福建图书馆藏《冠悔堂丛书》中的《释骚》抄本(残卷)。①

## 一、《释骚·离骚解》版本与异文

### (一)版本

何乔远平生所撰奏疏、诗文、书信、序跋、墓志铭等被收入其门人所编的《镜山集》。然《镜山集》《四库全书》未收,《四库禁毁书目》也不见著录。"四库"系列收录了何乔远的《名山藏》《闽书》《明文征》等,皆未收《镜山集》,更无《释骚·离骚解》了。②2002年福建文史馆于日本访书时得知日本内阁文库藏有明崇祯刻本《镜山先生全集》(全集150多万字),于是购回。此集中保存了何乔远友人黄居中作于崇祯十四年的《镜山全集序》,可知《镜山集》在何乔远生前已经刊行。何乔远去世后约十年,其后人、门生在《镜山集》的基础上,重新整理、编排后付梓,时间大概在崇祯十四年间。③

《释骚·离骚解》是何乔远对《离骚》的释解。福建省图书馆藏《冠悔堂丛书》中有

---

① 参见《镜山全集》陈节所作《何乔远及其〈镜山先生全集〉(代序)》,福建人民出版社,2015年,第1页。
② 可查阅复旦大学图书馆古籍部编《四库系列丛书目录·索引》上海古籍出版社,2007年。
③ 参见《镜山全集》陈节所作"何乔远及其《镜山先生全集》(代序)"。

何乔远《释骚》抄本,是为残卷。① 日本内阁文库本《镜山先生全集》保存了何乔远《释骚·离骚解》(一卷),可窥全帙。今福建人民出版社出版陈节、张家壮点校的《镜山全集》收录《释骚·离骚解》②(以下称《释骚》),可供阅读。

(二)文本异文

将《镜山全集》所收《释骚》与中华书局版《楚辞补注》之《离骚》对校,何乔远《释骚》有版本异文,共计如下 22 处。

1. "荃不察于之中情兮"句,"察",《章句》注曰:一作"揆"。《释骚》即作"揆"。③
2. "冀枝叶之峻茂兮",《章句》注曰:《文选》"峻"作"荄"。④《释骚》作"荄",未知何据。
3. "宁溘死以流亡兮",《章句》注曰:以,一作而。《释骚》作"而"。
4. "岂余心之可惩",《章句》注曰:岂,一作非。《释骚》作"非"。
5. "夫何茕独而不予听",《释骚》"茕"作"惸"。
6. "纵欲而不忍",《章句》注:一本"欲"下有"杀"字。《释骚》加"杀"字。
7. "日康娱而自忘兮",《章句》注:而,一作"以"。《释骚》作"以"。
8. "后辛之菹醢兮",《章句》注:菹,一作葅。《释骚》作"葅"。
9. "殷宗用而不长",《章句》注:而,一作之。《释骚》作"之"。
10. "举贤而授能兮",《章句》注:一云举贤才。《释骚》作"贤才"。
11. "贴余身而危死兮",《章句》注:一本"死"下有"节"字。《释骚》加一"节"字。
12. "固前修以菹醢",《章句》注:菹,一作葅。《释骚》作"葅"。
13. "曾歔欷余郁邑兮",《章句》注:邑,一作悒。《释骚》作"郁悒"。
14. "路曼曼其修远兮",《章句》注:《释文》曼作漫。《释骚》作"漫漫"。
15. "结幽兰而延伫",《章句》注:而,一作以。《释骚》作"以"。
16. "溘吾游此春宫兮",《章句》注:溘,淹也。一作"壒"。《释骚》作"壒"。"壒",尘埃也。
17. "保厥美以骄傲兮",《章句》注:傲,一作敖。《释骚》作"敖"。
18. "恖九州之博大兮,岂唯是其有女",《章句》注:恖,古文思,亦作思。唯,一作惟。《释骚》"恖"即作"思","唯"作"惟"。
19. "谓幽兰其不可佩",《章句》注:其,一作兮,一作之。《释骚》作"兮"。
20. "苏粪壤目充帏兮",《章句》注:目,一作以。《释骚》作"以"。

---

① 黄灵庚教授编辑《楚辞文献汇刊》时,笔者曾查询过何乔远的《释骚》,得知福建省图藏有《释骚》抄本,但保藏单位不愿提供此抄本,遂使黄先生编《汇刊》时未能收录。
② 《镜山全集》即以日本内阁文库本为底本整理,以下称今本。
③ 《章句》指中华书局《楚辞补注》本,1983 年。以下引《章句》皆用此。《释骚》依《镜山全集》,福建人民出版社版。以下引《释骚》皆用此。另,黄灵庚《楚辞集校》文字校勘甚详,为免繁复,不一一引述。
④ 今中华书局影印李善注《文选》作"峻"。

21. "时缤纷其变易兮",《章句》注:其,一作以。《释骚》作"以"。
22. "固时俗之流从兮",《章句》注:一作从流。《释骚》作"从流"。

今本《镜山全集》《释骚》后面附《考异》:

"日月忽",古文作"忽",又一本作"曶"。"曰黄昏以为期兮,羌中道而改路"二句,王逸不解。洪氏疑为后人所增。看其文势,以六句为一段,亦可。且以"路"叶"故",应前起后,自不必拘。"冀枝叶之峻茂兮","峻"原本作"峻"。"勉远游而无狐疑兮",一本无"狐"字。"尔何怀乎故宇",一本"宇"作"宅"。"谓幽兰兮不可佩","兮"朱本作"其"。

以上所列异文,有两点可加以明之。

一是上列异文仅是与中华书局本《楚辞补注》对照,中华本用的是汲古阁刊本排印。如果《镜山全集》在何乔远去世后十年刊印,即在1641年左右。而《楚辞补注》毛晋(1599—1659)汲古阁刊本的时间可能与《镜山全集》同时甚至略后。说明崇祯刻本与汲古阁刊本有些许差异,这应是所据不同的版本。二是《考异》是否为何乔远亲自所作还是门人所作,尚未可知。末句说"朱本",或指朱熹《楚辞集注》。今本《楚辞集注》"谓幽兰兮不可佩","兮"即作"其"。证明何乔远作《释骚》,已经注意到版本的差异。

## 二、何乔远对《离骚》的讲疏

《镜山全集》载有"里中后学苏琰"所撰的《离骚解序》,其中说:"故千古贞人志士,无不咏《骚》惜《骚》;千古通人博人,无不玩《骚》解《骚》,皆有会也。晦翁(朱熹)之说行于世者久,其分节之详祖王逸,而其旁引繁称兼欲以资多识近温陵(李贽)。何稚孝先生又从而为之,径约其指归,平易其援引,总其分节之段络,拈惝恍弥漫之说,于忠厚恻怛之途。盖虽无殊乎晦翁之旨,而使读者不阻于艰深复蔓,是则稚孝之为《骚》,亦其一生初志之所寓也。"① 此可以帮助我们理解何乔远作《释骚》的初衷与体例。从《释骚》内容看,此篇应是何乔远授徒讲解《离骚》时的讲稿(底本)。何乔远自己在《仲绍读我解〈离骚〉有作,和之》诗中说:"吾昔读离骚,其文如羊羵。"② 说明初读《离骚》的人,都不容易理解。因此他要作《离骚解》。因为是对《离骚》一篇的解释,所以篇幅并不长。何乔远把《离骚》全篇分为十四个段落,每一段落后面加以阐释(以福建人民出版社《镜山全集》为据)。可以设想,大概是作为先生的何乔远读《离骚》原文一段,讲解一段。所以从体例上看,

---

① 何乔远著,陈节、张家壮点校:《镜山全集》,福州:福建人民出版社,2015年,第34页。
② 何乔远著,陈节、张家壮点校:《镜山全集》,福州:福建人民出版社,2015年,第440页。

何乔远也是采取注评结合的方式。讲解的内容,包括几个部分。

(一)词语解释

何乔远释解《离骚》,一边阐释内容,一边解释词语。他自己说:"理不求串合,义但取多闻。"(《仲绍读我解〈离骚〉有作,和之》诗)① 因此,在解释词语时,何乔远颇有一些与传统陈说相异者。以下特拈出何注与传统旧注有所不同之处,以作解说。

1. "扈江离与辟芷兮",何注:扈,如扈从之扈,拥也。王逸《章句》:扈,被也。楚人名被为扈。朱熹《集注》:扈,被也。按:此句历代注家皆不厌其烦地讨论"江离"为何物,于"扈"字无多歧义。何注"扈"为"拥",有"围裹"之意,于文意未差。

又,此句中"辟",王逸注:"辟,幽也。芷幽而香。"何注:辟,《礼记》:"素带终辟。"注:"辟",读如"裨冕"之"裨",谓以缯采饰其侧。按:何注用《礼记·玉藻》典,《礼记·玉藻》"而素带终辟",郑《注》:"辟,读如裨冕之裨。裨,谓以缯采饰其侧。"《仪礼·觐礼》有"侯氏裨冕",郑玄注:"裨冕者,衣裨衣而冠冕也。裨之为言埤也。"埤,有增益之意。则是为动词。王夫之训辟为辟绩,作动词。游国恩以为非。游国恩认为:"《离骚》文例,凡句中用一动词者,则用'与'为连词;用两动词者,则用'以'为连词。"② 反过来说,此句用"与"字,则只有一个动词"扈"。所以"辟"不应是动词。应如游国恩所说:"此处扈江离与辟芷,正属前一类例句,故知辟为形容词而非动词,辟芷之构词法与幽兰同。"③ 因此何注并不合文意。

2. "昔三后之纯粹兮",何注:三后,高阳也,楚之先王及吾父伯庸也。王逸《章句》朱熹《集注》皆谓:"三后"指禹、汤、文王。按:何注"高阳",则径指颛顼,认为"三后"指屈原之祖先,非指禹、汤、文王。对"三后",黄灵庚《楚辞章句疏证》辨之甚详,谓:"屈赋言三后指楚熊渠始封三王,后世所称三户也。"

3. "荃不察余之中情兮",何注:荃,谓怀王斋疾也。王逸、朱熹皆注"荃"为"香草,以喻君也"。按:何注将"荃"释为动词,斋疾,即疾怒。或许何注是将"荃不察余之中情兮,反信谗而齌怒"二句一起释解了。

4. "曰黄昏以为期兮",何注:黄昏,相期繇闇而将趋于明也。按:"黄昏"二句多以为乃后人窜入,故不加解释。黄灵庚《疏证》以唐初欧阳询书帖《离骚》亦由此二句,认为隋唐之世已窜乱之矣。由是,可知何乔远时所用之本有此二句。是否真伪,何的释解未加辨证,只对"黄昏"加以解释。"繇",通"由"。"闇",昏时,指黄昏。《礼记·祭义》:"周人祭日,以朝及闇。"注:"闇,昏时也。"何注"相期繇闇而将趋于明",说明等待时间之长久。

5. "羌内恕己以量人兮",何注:量,如较量之量。《章句》:量,度也。朱熹《集注》同《章

---

① 何乔远著,陈节、张家壮点校:《镜山全集》,福州:福建人民出版社,2015年,第440页。
② 游国恩:《离骚纂义》,北京:中华书局,1980,第30页。
③ 游国恩:《离骚纂义》,北京:中华书局,1980,第30页。

句》。按:较量之量,即互相争斗和算计。"各兴心而嫉妒",就屈原所处的环境来说,何注似更惬当。

6."长顑颔亦何伤","顑颔"何注:人瘦削则颔领长,旧以为饥色面黄,恐未必然。何注所谓"旧以为",指《章句》与朱熹《集注》,后二者皆释"顑颔"为"不饱貌","饥而不饱";"食不饱而面黄"。按:王、朱是从自然面貌上解释,何注后面有"盖其忧君愤俗之意非一日矣"之语,可知何注重在精神的忧思。

又,何注"胡绳":旧解"香草",鄙意谓即古人之带索而歌尔。按:王逸《章句》注:"胡绳,香草。"《补注》释为"索"。何注之前之后,释"胡绳"为"绳索"者多有,然如何注曰"带索而歌","而歌"二字,则未知何据,何氏亦未加以深解。

7."启《九辩》与《九歌》兮",何注:《九辩》《九歌》出《山海经》,其文曰:"夏后开,开后三嫔于天,得《九辩》与《九歌》以下,开焉始得歌《九招》。"《竹书》曰"夏后开,舞《九招》"是也。按:《九辩》《九歌》,旧注多指禹乐。何注引《山海经》,用洪兴祖《补注》、《竹书》,古本《竹书纪年》《夏后氏》有"九年,舞九韶",《路史后纪》十三注引"启登后九年舞九韶"。《大荒西经》注引"夏后开舞九招也"。招,音同韶。① 何注更详尽。

8."览民德焉错辅",何注:错,如"错枉"之错,舍置之也。辅,辅相之也。所谓"皇天无亲,惟德是辅"。《章句》:错,置也。辅,佐也。按:何注如"错枉"之错,这是从语源上加以补充。《论语·为政》有"举直错诸枉","错"同"措",指将正直之人放置于邪曲人之上。

9."户服艾以盈要兮",何注:盈要,盈满;要,带也。按:要,同腰。王逸《章句》此二句谓"言楚国户服白蒿,满其腰带,以为芬芳,反谓幽兰臭恶,为不可佩也"。何注依王逸而来。盈要,即满腰。"满其要带",似不必多此一解,反而费辞,亦有增字解经之嫌。

10."苏粪壤以充帏兮",何注:苏,如"樵苏"之"苏",取也。按:王逸注:苏,取也。《补注》:《史记》:樵苏后爨。苏,取草也。意思已明。"樵苏",本指打柴割草,语出《史记·淮阴侯列传》:"臣闻千里馈粮,士有饥色,樵苏后爨,师不宿饱。"《集解》引《汉书音义》:"樵,取薪也;苏,取草也。"还是用其"取"义。何注沿用《补注》之用《史记》典,却未加说明,反而不明白。

(二)释《骚》举隅

依照《镜山全集》所本,何乔远分十四段落讲解《离骚》,下面且将何释各段的主要内容加以列述。

1.《离骚》开头"帝高阳"至"纫秋兰以为佩",何乔远释曰:"原父生原,名而字之矣。而又以'修能''内美'祝之,如父冠子而醮(施行礼仪)者。然名之以正,则欲其心无

---

① 参见《古本竹书纪年辑校》,朱右曾辑,王国维校补,新世纪万有文库,辽宁教育出版社,第2页。

一不于正,而纷然内美也。字之以灵均,欲其慧无所不通于物,而加之修能也。""盖父名原之初,已望其有美有能,扈离辟芷,纫兰为佩矣。"

2."汩余若终不及兮"至"来吾导夫先路",何释曰:"原承吾父命名之意,其敢不勉乎!吾虑吾之汩没而年岁之不吾与。""吾勇猛进修之切,且欲逐骐骥而先之矣。"

3."昔三后之纯粹"至"伤灵修之数化",何释曰:"吾鉴尧、舜、桀、纣兴亡之迹,以此修身,即欲以此自靖自献于吾君,而党人导之幽昧险隘之路,吾一身殃灾不足恤,而深虑吾君之败绩于皇舆也。""吾守皇考命名之意,字我灵均,望我修能,其心果可以无愧也。"

4."余既滋兰之九畹"至"愿依彭咸之遗则",何释曰:"吾将持众芳而效之。""吾身萎绝,吾亦无伤,而众芳芜秽,则群贤屏迹,群邪得志,世道一大伤也。""擘木根,贯落蕊,矫菌桂,带胡绳,如游方道士、乞食山僧,纍纍垂垂,历历落落,无复人世衣冠结束之态。""屈原死于顷、襄之世,而作此篇,当怀王之时,盖其忧君愤俗之意非一日矣。"

5."长太息"至"虽九死其犹未悔",何释曰:"民生多艰,如《诗》'鲜民之生',皆自谓也。""而吾謇谔之言,朝夕被人诤替,其所替我者,又非谓我竞进贪婪,不过谓我违众自异,纕蕙揽茝而已。然余心偏由此昌歜羊枣之嗜,虽九死亦奚悔乎。"

6."怨灵修之浩荡兮"至"固前圣之所厚",何释曰:"吾自怨自艾,吾以灵修为善而自好。其恍洋漭瀁,无所底止,而实不涉世解事,不能察夫人之心。夫人心非我心也,如峨眉本贞女,而以淫加之。一时气习,徒有工巧、周容,改规矩背绳墨而不恤。吾坐此穷困,而不能为此状貌。"

7."悔相道之不察兮"至"非余心之可惩",何释曰:"吾以死自盟,求无愧前圣,而吾亦寻悔之矣。虑吾不审察知相导,吾将反而求迷复之归矣。吾步兰皋止椒丘,吾念今进而入朝不与邪人相忤,以离愆尤,第返而自修。世不我知,吾姑置之,吾自求吾心之不愧而已。""盖忠耿之人,性习不移。如韩愈初贬阳山,入朝之后又贬潮州;苏轼初贬黄州,入朝之后又安置惠州。皆所谓佩繁饰而芳弥章者也。"

8."女媭之婵媛兮"至"夫何惸独而不予听",何释曰:"女媭未必屈原姊,即室谪家人亦可耳,自婞直亡身至惸独,不听女媭之语也。"

9."依前圣以节中兮"至"好蔽美而嫉妒"一段,何释曰:"吾闻女媭之言,将取衷前圣而叹,前日所为者,皆师心自用而至于此。自古圣人莫过虞、舜,而苍梧之野,舜迹在焉。吾就而陈词,庶开予心哉。""吾敢陈之虞、舜者,自恃吾得中正之道也。"

10."朝吾将济于白水兮"至"余焉能忍与此终古",何释曰:"古之昏主逸夫昌,而皆由于女谒盛。妲己亡商,褒姒亡周。显明之君则有永巷之妃,鸡鸣之女。太姒佐文,邑姜佐武。楚怀外欺张仪内悦郑袖,屈原不得于君,而尚望于其君夫人。托言于高丘,要求两美之一合。""呜呼,嫉贤蔽善,楚之诸臣既皆如此,吾欲求之宓妃、有娀、虞氏二姚,则中闱远矣。诉之虞帝,则哲王不我悟对矣。吾情无所发舒,此千古沉痛也。"

11."索藑茅以筳篿兮"至"谓申椒其不芳",何释曰:"吾求女不得,托揲蓍而占之。而灵氛告我两美有必合之理。而信修相慕者,无人也。然九州亦大矣,岂直此宓妃、有娀、虞氏二姚之三女?但远游不疑,彼求美者将不汝释,何待济白水、等阆风……求之无何有之乡哉!贾谊所谓'历九州而相其君,何必怀此故都'者也!"

12."欲从灵氛之吉占兮"至"周流观乎上下",何阐释巫咸之言曰:"如灵氛之言,可以求福矣。而吾心有疑,将从巫咸而求之。而巫咸告我以求福之道,但择君而事之。""世俗如此,毁方瓦合,比比而是。昔为百炼钢,化作绕指柔,可叹也。""大直若诎,道固委蛇也。不然,日月逝矣,岁不我与,饰之方壮可常恃耶?"

13."灵氛既告余以吉占兮"至"蜷局顾而不行",何释曰:"从灵氛之言,则欲博求贤君而事之,不则变节以趋时。然变节趋时,吾所不可从。惟灵氛求君而事,庶几获福,或可从乎。""若从巫咸之言,则使吾与离心之人相同,吾断不能也。吾其远逝而自疏于吾君矣。皇路缅邈,贤君难遇,吾将历昆仑至西极。""昇高日出,旧乡在望,仆为我悲,马为我怀。仆本下贱之役,马仅有情之物,尚如此悲怀瞻顾,则吾虽被放逐,能一日忘吾君哉!"

14."乱曰"至结束,何释曰:"吾向感仆马之悲怀,有旧乡之思,奈国无人,莫我知何!吾虽为故都之怀,复何益哉!吾君之不足与有为,吾固知之。吾从彭咸也决矣!"

(三)评析

对于历代楚辞注释,《四库全书总目》曰:"注家由东汉至宋,递相补苴,无大异辞。迨于近世,始多别解。割裂补缀,言人人殊。错简说经之术,蔓延及于词赋矣。"(《集部一·楚辞类序》)认为东汉至宋的注家补苴罅漏,见解基本一致。清代以来,则别解层出,众说纷纭。综观前面所介绍,何乔远对《离骚》的解释,还是基本上沿袭旧说。如关于《离骚》创作年代,何氏认为:"屈原死于顷、襄之世,而作此篇,当怀王之时,盖其忧君愤俗之意非一日矣。"既肯定作于楚怀王时期,又认同司马迁所说的"盖自怨生也",此"怨"即"忧君愤俗之意"。在"悔相道之不察兮"这一段中,屈原坦露自己矛盾、彷徨、苦闷与追求的思想斗争,何氏的解释亦能深暗屈原的心情,指出屈原欲"以死自盟,求无愧前圣",却又于心不甘。即使"世不我知,吾姑置之",还是"吾自求吾心之不愧而已"。为了说明屈原是"忠耿之人,性习不移",何氏特举了韩愈和苏轼被贬之事,说明即使遭受贬斥,屈原仍"虽体解犹未变"的决心。举韩愈、苏轼之例,也说明屈原的精神,后世代不乏人。这对于生徒理解屈原之精神,是很有好处的。对于女媭的劝告,何氏释解认为,女媭以为屈原就重华陈辞、朝发苍梧、饮马咸池、令帝阍开关,不过是屈原"师心自用",即自以为是、固执己见而已。但是,屈原仍然坚持"不悔吾初不量吾凿",坚持"陈之虞、舜",坚信"自恃吾得中正之道也"。何氏对屈原的原意,理解是正确的。

再如,灵氛占卜,劝屈原远游。对此,何乔远进一步解释说,九州之大,何处无佚女?并引用贾谊《吊屈原赋》的句子,说明不必留念故都,到哪里都能辅佐君王。巫咸劝屈原留下,以求遇合。何乔远的释解,便指出了屈原在去留问题上的矛盾心理:"如灵氛之言,可以求福",但心有疑虑。听了巫咸的劝告,对照楚国的现实,何氏阐释说:"世俗如此,毁方瓦合,比比而是。"于是进一步借用刘琨"何意百炼钢,化为绕指柔"的诗句,揭示屈原此时矛盾、犹豫且无奈的心态。最后下定决心,"不必怀故都",要远逝高飞:"若从巫咸之言,则使吾与离心之人相同,吾断不能也。吾其远逝而自疏于吾君矣。"何氏这些阐释,虽认同旧说,但对于《离骚》与屈原心理的揭示,应该说是更加通达且明晰。

何氏的释解,也有比前人更深刻者,如"朝吾将济于白水兮"一段,本是屈原以求女喻思君与求明君。何氏以"永巷之妃(指嫔妃),鸡鸣之女(指妻妾)、太姒、邑姜、郑袖等加以发挥,并归结到"嫉贤蔽善,楚之诸臣既皆如此"政治现实,深感"此千古沉痛也"。这里,何氏把屈原的"求女"坐实了,且不免"女人祸水"论之嫌,但在总结历史教训方面,还是更深刻了。

释"女嬃",谓"未必屈原姊,即室谪家人亦可耳"。王逸《章句》释"女嬃"为"屈原姊也";《补注》曰:"《说文》云:'嬃,女字也。音须。贾侍中说,楚人为女曰嬃。'"后人多认为释"女嬃"为屈原姊不知何据。但也有释为家人或侍妾者。何氏所谓"室谪家人",应是指家人或侍妾。游国恩《离骚纂义》指出:"女嬃为楚人妇女之通称。"又说:"此处必以女嬃为言者,因屈子尝托美人以自喻,故假设有人责劝之亦当托为女性,此亦犹上文嫉余蛾眉者之必为众女者。"又说:"其人身份盖女伴中之长者,故可以直言训斥而又深有关切之情也。"① 相比之下,游国恩的解释更为惬当。

也有异于旧注者,如释"三后",谓"三后,高阳也"(见前词语解释部分)。有一些词语的解释,虽有异说,但何氏并未细考而加以申说。大概作为为生徒讲解的底本,首先是要把文本内容讲清楚。

古人注《楚辞》,常有"借他人之酒杯,浇胸中之垒块"的现象。汉代以后,包括洪兴祖、朱熹、吴仁杰、黄文焕、钱澄之、周拱辰、王夫之、林云铭等人,他们或是"借屈原以寓感",或是"以《离骚》寓其幽愤",都把注释楚辞作为释放自家胸中愤懑的一个工具。② 但是,在《释骚》中,似没有看到古人通常的在注释或研究《离骚》时所常见的"以他人之酒杯,浇胸中之垒块"的不平之气。苏琰《离骚解序》中说:"稚孝之于兹日,似非当食不食之候,尚在可更可仰之时,岂其禹迹茫茫,尽作汨罗浩渺,不得已而但以《骚》见者乎?彭咸之居,一楚大夫从之足矣。"③ 何乔远本是耿直之人,被迫辞官居家,胸中垒块难免。或许居家日久,不平之气已经平息,不再借《离骚》之酒杯罢了。或许如苏琰所说,有一楚大夫足矣,何乔远不会像屈原那样"从彭咸之所居了"。

---

① 游国恩:《离骚纂义》,北京:中华书局,1980年,第189页。
② 参看郭丹《〈四库全书总目〉中的楚辞批评》,《漳州师范学院学报》,2007年第3期,第67页。
③ 何乔远著,陈节、张家壮点校:《镜山全集》,福州:福建人民出版社,2015年,第34页。

总体来看,何乔远对《离骚》的释解,自己还是满意的,所以他说:"虽未如郭象,远勒漆园勋。犹胜注尔雅,但与虫鱼群。"(《仲绍读我解〈离骚〉有作,和之》诗)① 认为虽不如郭象注《庄子》,但与郭璞注《尔雅》的繁琐考订还是略胜一筹的。这个自我评价还是恰如其分的吧。

附:《镜山全集》录有何乔远《仲绍读我解〈离骚〉有作,和之》诗一首,今录如下,以供参考:

吾昔读离骚,其文如羊羴。解者非一家,紫阳亦已勤。灵修比怀王,又以荃为君,又以美人譬,又以神女云。理不求串合,义但取多闻。所注诸众芳,本草同纷纭。感节寡所谐,意专旁湘濆。丛委如积薪,重锤若千斤。春窗寂无人,持斧开髀筋。慈父伯庸意,楚国甚恶氛。上官狭獝列,郑袖潇湘裙。一一为比况,行伍归三军。吾友来读之,喜如揭秋云。慰此千古悲,解其中心焚。予一取次读,对酒亦欢欣。虽未如郭象,远勒漆园勋。犹胜注尔雅,但与虫鱼群。

---

① 何乔远著,陈节、张家壮点校:《镜山全集》,福建人民出版社2015年,第440页。虫鱼:韩愈《读皇甫湜公安园池诗书其后》诗:"《尔雅》注虫鱼,定非磊落人。"后比喻繁琐考订。

# 《楚词笺注》所依底本杂说

金陵科技学院　刘树胜

李陈玉的《楚词笺注》，虽明标"笺注"，而具体操作却大有径庭：《离骚》有笺有注，《天问》则有注无笺，《九歌》至《九辩》笺详注略，"二《招》"则笺略注详。《楚词笺注》作意以疏通作品大意、疏解作者情思为主。在笺的安排上，每篇先为小序，之后分段疏解，而段首说明本段旨意；在注的处理上，既有段后评述中对某些句意的理解，更多的则是段中语句之后的点评。《楚词笺注》语言非常简洁，绝不冗长拖沓，往往寥寥数语，直透主题。所以，虽然《楚词笺注》并非楚辞学史上里程碑式的巨著，但也不失为一部"别有会于屈子之意"的"体验实有过人之处"的好书（姜亮夫先生语），值得研究。

关于《楚词笺注》所依底本，学界似乎意见不一。此书除据明人习惯，删掉汉以后的拟作外，其篇次与刘向汇集的《楚辞》、王逸《楚辞章句》、洪兴祖《楚辞补注》、朱熹《楚辞集注》诸书大致相同，唯将《九歌》与《天问》颠倒了一下次序，其理由是"又提《天问》于《九歌》之上，与《离骚》并比。世本序次稍为更置者，以俱为屈子集中大篇，若鸟双翼，若车二轮，使读者先观其大，则屈子之至性与屈子之奇情，触目如有见，触耳如有闻。《九歌》《九章》等篇，特其一端耳"。从这一点上，似乎看不出其所据底本为何，李氏也没有确切说明。要探求这一问题，须从其自身入手。据个人私臆，《楚词笺注》所依底本为朱熹《楚辞集注》。

## 一、从各篇的解题看，《楚词笺注》依从的是《楚辞集注》

《楚词笺注·离骚序》称："乃若'离'之为解，有隔离、别离、与时乖离三义。"随之分别结合屈原的遭际予以疏解，间接地指出了屈原赋《骚》的原因。这与《楚辞集注·离骚经序》所云"屈原被谗，忧心烦乱，不知所愬，乃作《离骚》"的话语殊途同归，均是着眼于屈原因信而见疑、忠而被谤而作词抒怀这一主旨；而其所谓"《离骚》大意，只为'好修'二字，与人异趣，为人所忌……一篇之中，反反复复，三致其意，只为此两字"，其中"只为'好修'二字"，与《楚辞集注·离骚经叙》之"冀君觉悟，反于正道而还己"，及所引淮南王安"推此志也，虽与日月争光可也"的话，也是一脉相承的；至于"骚乃文章之名"的论述，似乎是对汉以来尤其是《楚辞集注》《离骚》称"经"行为的一种反动，但又与《楚辞集注·离骚经叙》所引宋景文公"《离骚》为辞赋之祖"的说法有一定的联系。

《楚词笺注·天问序》称："天道多不可解。善未必蒙福，恶未必获罪；忠未必见赏，邪未必见诛。冥漠主宰,政有难诘,故著《天问》以自解。此屈子思君之至,所以发愤而为此也。"认为《天问》就是屈原在遭遇了不公平的待遇后,就善恶不分、忠奸颠倒的黑暗现实向苍天提出的发问,目的是"自解"和"发愤";这与《楚辞集注·天问叙》"屈原放逐,彷徨山泽……因书其壁,呵而问之,以泄愤懑"的看法也是相同的。屈原通过对天、地、人三界事物进行的发问,反映了他对人生的怀疑,因此,将其视为"发愤""泄愤"乃至"自解"之作大致不差。

《楚词笺注·九歌序》称:"旧《序》称:楚俗尚鬼,每当祀时,使巫觋作乐,歌舞以娱神。俗陋词俚,'不无亵慢淫荒之杂。屈原放逐,见而感之,颇为更定其词。又因彼事神之心,寄吾忠君爱国眷恋不忘之意。'"这段话基本上就是对《楚辞集注·九歌叙》"昔楚南郢之邑,沅湘之间,其俗信鬼而好祀。其祀,必使巫觋作乐,歌舞以娱神。蛮荆陋俗,词既鄙俚,而其阴阳人鬼之间,又或不能无亵慢淫荒之杂。原既放逐,见而感之,故颇为更定其词,去其泰甚,而又因彼事神之心,以寄吾爱国眷恋不忘之意"的复写和沿用;至于其"朱熹则谓:'诸篇皆以事神不答而不能忘其敬爱,比事君不合。不能忘其忠赤,尤足以见其恳切之意。'两俱颇有发明"的说法,也是对《楚辞集注·九歌序》"是以其言虽若不能无嫌于燕昵,而君子反有取焉"的白话疏解。从全书来看,《楚词笺注》对《楚辞集注》题解继承得最全面的内容就是这一部分。在《九歌》各篇的题解中,《楚辞集注》多次重复了这一话题:如《东皇太一》描述了竭诚尽礼以事神之态,表述了愿神之欣悦安宁的愿望,寄托了人臣尽忠竭力、爱君无已的意愿;《云中君》描写了神既降临而久留与人亲近,既去而又思之、不能遽忘的情态,表现了臣子慕君的深意;《湘君》大抵以男主事阴神,所以情意曲折缠绵,为曲折寄寓忠爱于君之意之作;而《山鬼》则句剖字析,将其间明志、见才、始信、效力、见弃、遭障、卒困、穷愁、不忘君臣之义的寓托对号入座,坐实了其深层的寄托。虽然《楚词笺注》没有在各篇的题解中落实组诗题解的意趣,但把这一思想融化在了在各篇的注中:如于《湘君》"心不同兮媒劳,恩不甚兮轻绝",注曰"候久不至,反似怨望,所以激神也。却是屈子借他人酒杯,浇自己垒块处";于"交不忠兮怨长,期不信兮告余以不闲",注云"此是《离骚》'成言悔遁''中道改路'脚注";于《大司命》"老冉冉兮既极,不浸近兮愈疏",注曰"此又屈原自浇垒块处。不近愈疏,吾与吾君用此老矣,神又何敢";于"固人命兮有当,孰离合兮可为",注曰"既有大司命在,吾与君离合皆有命在,岂合怨人";于《山鬼》"君思我兮然疑作",注曰"'然疑作'三字妙!楚国之君,难道不思屈子?到底疑作,以为鬼耳"。显然,李陈玉用这种隐微的方式,尊崇着朱熹的说法,回避着"篇篇都有寄托"的非议。

《楚词笺注·九章序》没有单列组诗题解,而是附着在《九歌》之后:"历代简册,退《九章》于《天问》之后,不与《九歌》相连,亦序书者之传疑也。"认为《九章》应与《九歌》"相连"。这个"相连",据个人私臆,不只是形式上的,更应是意蕴上的。也就是说,《九歌》

所曲折表达的忠爱之情延展到了《九章》当中,因而又说:"及细读之,烦冤苦恨,非屈子不能自道,今取而连之。"这种独特的"烦冤苦恨",只有屈子才有。这显然也是对《楚辞集注·九章叙》所云"屈原既放,思君念国,随事感触,辄形于声……今考其词,大抵多直致无润色,而《惜往日》《悲回风》又其临绝之音,以故颠倒重复,倔强疏卤,尤愤懑而极悲哀"的简要概括,以为《九章》多是被放后所作,思君念国之情随事而发,感情真挚而率真,有动人心魄的力量。《楚词笺注》在各篇具体释读中,把浓缩在《九章序》里的"烦冤苦恨"四字,进行了有针对性的阐释:如,认为《惜诵》是一篇叙述自己孤忠为君却遭到党人逸毁,而君王糊涂难明,自己欲图远祸却无所从出,故而呼天自明的创作。这与《楚辞集注》所谓"其言作忠造怨、遭逸畏讥之意,曲尽彼此之情状,为君臣者,皆不可以不察"的描述基本一致;认为《涉江》是一篇展示了屈子端直怀信、俯仰自得、无乐不豫而发舒其乐的行程记;认为《哀郢》是一篇凝心积虑,冀幸君之一悟、身之一返的申述之作;以为《抽思》是托之乎男女情款而意在告君之作;《怀沙》是寓怀于长沙,抱石沉渊的死志之词;以为《思美人》是一篇"虽是思君,然较诸篇用意又别。诸篇尚有愤懑处,此篇全是自信自娱,不用向人怨尤……全篇都说个凭心全化道理"的作品;认为《惜往日》是屈子将死之时的深悲之言,保留下来以等待楚王清醒时予以体察;而《橘颂》则是屈子借"独立不迁""秉德无私"的橘树进行的自赞;《悲回风》是屈子将沉渊的绝笔,亦是一篇自祭文。虽然有些看法,如《涉江》之俯仰自得、无乐不豫,《思美人》之全篇表述凭心全化等,失之偏颇肤浅,但组诗题解总体上紧紧围绕"烦冤苦恨"的主题而展开,是对《楚辞集注》"思君念国,随时感触""颠倒重复,倔强疏卤,尤愤懑而极悲哀"的具体阐释。

在《楚辞笺注·九歌序》的末尾,李氏附论了《九辩》:"宋玉为屈原弟子,怜师以忠直被祸,明拟《九辩》以配师《九歌》,今取而附之。"在《九辩》正文前的按语中,李氏又说了类似的话:"《九辩》即前《离骚》中所云夏乐章名。宋玉,屈原弟子,痛师流放,非其罪而为逸人所害,补此《九辩》以配《九歌》。"这种莫名其妙的主观搭配原则并不可取,但"怜师以忠直被祸"的看法,与《楚辞集注》所云基本一致:"《九辩》者,屈原弟子、楚大夫宋玉之所作也。闵惜其师忠而放逐,故作《九辩》以述其志云。"他们都认为,宋玉是屈原的弟子,为了表达对老师忠而被放的怜悯与同情,创作了这篇为其述志的作品。不惟如此,于《九辩》的分节,《楚词笺注》则完全接受了《楚辞集注》的划分方法,分为九节。这种崇朱仿朱的痕迹非常明显。

《楚辞集注·招魂叙》对招魂古俗做了详细的描述,指出荆楚地区将这一古俗施于生人的习惯,并称:"宋玉哀悯屈原无罪放逐,恐其魂魄离散而不复还,遂因国俗,托帝命,假巫语以招之。"《楚词笺注·招魂笺》对此作了进一步的发挥:"古有招魂之文,疑皆死后为之。若《楚辞》所云,则生前忧郁,魂魄离散,故为文以招,即古人所云'收召魂魄,复得为人'之谓也。……宋子或遂为此以代巫言,亦如屈子之为《九歌》,托意发愤,以写其不平也。"两相比对,其相似处昭然若揭。

综上,通过对两书各篇解题的比较发现,《楚词笺注》对《楚辞集注》在精神实质上的延续和继承,是非常密集而深入的,由此可以断定,《楚词笺注》在精神上是将《楚辞集注》作为工作底本的。

## 二、从笺注文字看,《楚词笺注》以《楚辞集注》定取舍

朱熹《楚辞集注》最大的贡献,就是把屈原的思想升华为"忠君爱国"。朱熹生活在民族矛盾尖锐复杂的南宋时代,统治集团内部在对待抗金恢复的问题上,分为主战派和主和派。朱熹主张抗战,反对投降,于是注释《楚辞》,称颂屈原的"忠君爱国之诚心",斥扬雄《反离骚》为《离骚》之"谗贼",借此颂扬爱国志士,鞭挞奸佞,反对投降。其《自序》称:"《离骚》深远矣! 窃尝论之,原之为人,其志行虽或过于中庸而不可以为训,然皆出于忠君爱国之诚心。"并指责《楚辞章句》和《楚辞补注》,于其"大义","皆未尝沉潜反复,嗟叹咏歌,以寻其文词指意之所出","或以迂滞而远于性情,或以迫切而害于义理"。而其自著的目的,就是要"使原之所为壹郁而不得申于当年""晦昧不见白于后世"的君国大义大白于天下! 而《楚词笺注》所推崇的"忠君爱国",就是从《楚辞集注》那里继承的。

李氏的笺注文字,直接称述朱熹或《楚辞集注》的并不是很多。直接称述的实例仅有一处,即《九歌总笺》:"旧《序》称:楚俗尚鬼,每当祀时,使巫觋作乐,歌舞以娱神。俗陋词俚,'不无亵慢淫荒之杂。屈原放逐,见而感之,颇为更定其词。又因彼事神之心,寄吾忠君爱国眷恋不忘之意。'朱熹则谓:'诸篇皆以事神不答而不能忘其敬爱,比事君不合,不能忘其忠赤,尤足以见其恳切之意。'"前引"不无亵慢淫荒之杂"与下引"诸篇皆以事神不答而不能忘其敬爱"数语,皆出于《楚辞集注·九歌叙》,李氏以为"两俱颇有发明",实际上就是对《楚辞集注·九歌叙》和《楚辞集注·九歌》的高度认同。而笺注《九歌》的实践,也证明了这一点:

《东皇太一》于"穆将愉兮上皇"下注曰:"'穆将愉'三字,俨有一笑河清之意。"于"君欣欣兮乐康"下注曰:"'乐康'二字,属民物上;'君欣欣',则天下太平矣。"这种带有强烈感情色彩的话,既是对屈原明君盛世政治理想的肯定,也是李氏个人社会愿望的表达;《湘君》于"心不同兮媒劳,恩不甚兮轻绝"下注曰:"却是屈子借他人酒杯,浇自己垒块处。"于"交不忠兮怨长,期不信兮告余以不闲"下注曰:"此是《离骚》'成言悔遁''中道改路'脚注。"则是看穿了屈原借神的恋爱悲剧,申说自己君臣遇合之难的忠爱之诚;《大司命》于"老冉冉兮既极,不浸近兮愈疏"下注曰:"此又屈原自浇垒块处。不近愈疏,吾与吾君用此老矣,神又何敢?"则把握住了屈原借神对人的离合悲欢态度指责君王的用心;而《山鬼》于"君思我兮然疑作"下注曰:"'然疑作'三字妙! 楚国之君,难道不思屈子? 到底疑作,以为鬼耳!"指出了屈原与君王之间微妙的人际关系。

在笺注文字中,除上述《九歌》外,李氏称述能代表屈子忠爱品质的"忠"字共出现了五十六次。这其中,首先肯定屈子"忠"的品质的,是提纲挈领式的《自叙》:

  癸巳,复过云阳,门人执《楚词》为问,因取而观之,为注家涂污极矣。《天问》一篇,云雾尤甚!乃拊几叹曰:"屈子千古奇才,加以纯忠至孝之言,出于性情者,非寻常可及,而以训诂之见地通之,宜其蔽也。"

所谓"涂污极矣",是就旧注概而言之;而所谓"云雾尤甚",是就《天问》特别言之。这两句话,把以往包括《楚辞章句》和《楚辞补注》在内的那些只注重训诂而忽略阐释文意、忽略抒情主人公形象的学究式解读,一概予以了否定。

在笺注屈原自叙性质的代表作《离骚》的过程中,这种情况非常普遍。《离骚总笺》云:"千古忠臣,悲痛未有如《离骚》者也。每读一过,可以立身,可以事君,可以解忧,可以忘年。"称屈原为"千古忠臣",谓《离骚》为悲情文学之最;谓其感召力之强大,可以立身、事君、解忧、忘年!情词恳切,语重心长。其分段所笺,基本上也是沿着《楚辞集注》的思路,有条不紊地阐释着"忠君爱国之诚心"这一主题:第一段言"其为同姓亲臣,恩深义重,本非可离之人",第二段言"其才行自负,一味修洁,焉有可离之端",第三段言"欲乘时效用,赞助吾君,早建大业",第四段言"其谏君之诚,不畏人妒,乃衅所繇起""上但诉自己欲乘时建功,此下乃望君乘时建功,较自己为急",第五段言"君不见信。始则暂听,终则回惑",第六段言"为君树芳去秽,作许多事,而为众妒所夺,然我所自信法前修而无悔",第七段言"众妒已起,衅已成,忠臣受困矣,然明知而生性不能改",第八段言"妒衅既深,便有抽身引退之思,然犹徘徊踌躇不忍去。尚冀觉悟",第九段"托女婆之詈,见众妒之必不容",第十段"历举前世善败,非好为侪直以犯人之情,直是事君之道当然",第十一段言"既不为众所容,则因往叩重华,将游于四表上下,求索一遇",第十二段言"求女如此其难。人事全不可问,请决之神。灵纷既告以远逝,心尚狐疑;又决之巫咸、百神,确然告余不可淹留,一如灵氛所言,则吉。自此,决意与世长别",第十三段言"从此便割绝矣。人间不可住,且以天游自疏,党人必不见妒,我从此逝矣。然而天路虽阔,周流虽适,从云霄之上回见故乡,又不胜仆悲马怀,言念及此,安能恝然舍此长往邪?写到此,满肚皮忠君爱国之怀,无处可挥泪",第十四段"从彭咸所居,盖将誓以一死自明"。这一脉络,提纲挈领,使得一篇悲欢、满纸忠愤一览无余。在《离骚》具体诗句词语的诠释上,李氏也时时用"忠良""忠厚""忠直""忠君爱国"一类词语,广泛地运用于对奸佞的对立面和屈原性格的写照上。如第四段释"党人",谓之"朝廷结党之人,是其所是,非其所非,以摈害忠良",将"忠良"与"党人"对立;第十一段释"凤皇既受诒",谓"君子中亦无可托,鸩太奸恶,凤皇又太忠厚",将"忠厚"与"奸恶"对举;释"凤皇既受诒",谓"凤皇又太忠厚,恐受高辛之诒而先我",把"忠厚"与"欺诈"相提;第十二段释"檄又欲充夫佩帏",谓之"假气节,假忠直",将"忠直"与"奸佞"对照。

在《天问》的笺注中,也不乏对屈原"忠爱"情怀的生发与笺释,这与《楚辞集注》的注释思想也是一脉相传的。《楚辞集注·天问叙》谓是篇为"屈原放逐,彷徨山泽……因书其壁,呵而问之,以泄愤懑"之作,而《笺注·天问总笺》谓"善未必蒙福,恶未必获罪,忠未必见赏,邪未必见诛。冥漠主宰,政有难诘,故著《天问》以自解。此屈子思君之至,所以发愤而为此",不难发现,后者是对前者的进一步阐释。李氏认为,此篇虽满纸近乎荒唐,而"不离忠孝之旨",情调缠绵悱恻,令人唏嘘。"吴光争国"一节,借楚国令尹子文忠直自任、言无不尽、虽身后零落但忠名弥彰的史实,以为《天问》结末至此,是屈原"自托于楚国之先贤,但求无憾于'忠'之一字"的载体,这显然也是个中人语。

作为屈原在不同时段、不同地域创作的一组纪实之作,《九章》与自叙性的《离骚》正可以相互印证、互为表里。因而,《九章》中反映屈原"忠君"思想之处也非常之多,《楚词笺注》对"忠"的评价也相对较多。李氏于《惜诵》"思君其莫我忠"下注曰:"若在君不吾忠,忽忘身之贱贫。"于"惩于羹者而吹齑兮,何不变此志"下注曰:"全变忠为邪,方可以同世好。"申述自己孤忠为君而遭党人谗害,熟思远祸之道而无所出;于《涉江》"哀南夷之莫吾知"下注曰:"不斥言中国党人,借言渡江以南边地夷人,是立言忠厚处。"明明是谴责朝中党人却借口说南夷之人不懂得自己,李氏以为是立言忠厚的表现。于"忠不必用,贤不必以"下注曰:"自古皆如此,何劳人用心?"认为人间是非曲直,历来如此;于《哀郢》"忠湛湛而愿进兮,妒被离而障之"则注曰:"此章千思万想,总只冀君一悟、身之一反也。"把忠臣之心概括为"冀君悟"和"冀身返"的君臣遇合;于《抽思》"数惟荪之多怒"下注曰:"满肚皮忠愤,托之情欤。"以为君王易怒是造成屈原满腔忠愤的根源;于《惜往日》"独鄣雍而蔽隐兮,使贞臣而无由"下注曰:"尚望楚君一察,亦是痴忠处。"把屈原对国君的希冀视为"痴忠",明显带有强烈的个人感情色彩。于"介子忠而立枯兮,文君寤而追求"下注曰:"胪列前世贞臣死后一段相思,激切动人。"揭示了古代忠臣死后方得哀荣的悲惨命运;《橘颂》注"受命不迁,生南国兮"曰:"橘不逾淮,忠臣孝子之行也。"一句话就揭示了《橘颂》的象征意义;《悲回风》注"何彭咸之造思"曰:"'造思'妙。时穷事极,忠臣烈士另有一种开辟。"忠臣烈士的这种开辟就是追随先贤以死明志,把屈原之"忠"描述得激扬壮烈。以上种种表现都在说明,李氏对《楚辞集注》首唱的屈原忠君思想是高度认同的。

屈原所处的时代,是家国同构的时代,兼之他与楚王同为高阳苗裔,容易理解,在他忠君与爱国是并行不悖的。除上述所论的"忠"之外,《楚词笺注》对屈原的家国情愫也多有涉及,这也是受到了《楚辞集注》的影响。

在《离骚总笺》里,李氏认为,屈原一生命运的结穴在"好修"二字,而"好修"的终极目的则是故国之怀:"殆至九死不悔,登天入地,终惟故国之怀。"屈原为之上天入地、九死不悔的,只有"故国";在谈及己身与国家命运的关系时,李氏认为:"误身事小,误国事大。"身家性命在国家利益面前轻似鸿毛;在论及个人建功立业与国家前途时,李氏认为,屈原把"自己欲乘时建功"置于"望君乘时建功"之后,是先国家之急为急;而不惧"余身殚殃"的原因乃在于"恐皇舆之败绩",李氏认为:"予之不从,岂惮殃哉?正恐殃及君国耳!"李氏认为,那些偷乐者,明知国事潜伏着祸端,却不惜偷一时安乐,一味为其富贵受享。而轮到了国家之事上,却没有人敢于担当,以至于战守俱废,互相遮瞒。而假如有人出头来做,有一定会互相排挤。这已成为千古公患,不独灵均之楚事为然。在阐释"苟余情其信姱以练要兮,长顑颔亦何伤"时,李氏发挥说:"'练要'二字,应上'急'字。理身理国,紧要处着功夫,一切驰骛追逐,皆末事也。要处不练,而贪婪是竞,此楚国之所以败也。"实为精辟之论。在谈到"方圆难周""异道难安"这一人性原则时,李氏又将其提到了国家层面:"既为国家执法之臣,安得与人苟同哉?方则必不能圆,岂是生性与人异道?不如此则国事大坏,彼此俱不相安。"即使是掩涕之泣,非为一身泣也,而为国事泣;在屈原选择离开的途中,李氏评价说:"天路虽阔,周流虽适,从云霄之上回见故乡,又不胜仆悲马怀,言念及此,安能恝然舍此长往?写到此,满肚皮忠君爱国之怀,无处可挥泪矣。"确是切中肯綮之语。

其余如《国殇》末段"写其死后卫国之诚",《哀郢》"在国为忧,在身为愁"对"忧愁"二字的解释,《思美人》对"臣之许国,亦复如是"不可变节易志情操的肯定,《橘颂》对"橘不逾淮"乃"忠臣孝子之行"的颂扬,《远游》对"纵是仙成"而"终不易吾楚国之思"的认定,都无一例外地证明了李氏对屈原爱国情怀的高度认同,或者说是对《楚辞集注》注释思想的认同和继承。

## 三、从《楚词笺注》的校勘结果看,体现了李氏对《楚辞集注》的信从与采纳

《楚词笺注》全书共出校1150余条,其中还不包括一条中有两处以上的出校条目。如"沼荒忽其焉极"句,因版本不同,有两处有争议,一是"沼"字:《楚辞补注》无"沼"字,又云句首一有"沼"字;《楚辞集注》有此字,又云一无"沼"字。一是"其"字:《楚辞补注》《楚辞集注》皆云,一作"之";《楚辞集注》又云一无"其"字,等等。出校内容与《楚辞集注》有关、需要校勘的情况,大致可以分为以下几种:

《楚词笺注》与《楚辞集注》《楚辞补注》一致,而存在争议的校勘文字共637处。一是指出《楚辞补注》《楚辞集注》皆云一作"某"字,《楚词笺注》正文依照《楚辞补注》《楚辞集注》而不作"某"字的,有461处,如"夕餐秋菊之落英"句中的"餐"字,《楚辞补注》《楚辞集注》皆云一作"飡"字,而《楚词笺注》依从二本。这种原有争议的地方,《楚词笺注》则完全遵从了《楚辞集注》的选择。

二是《楚辞补注》《楚辞集注》皆作"某"字,又云一作"某"字,而《楚词笺注》从之

的,如"反信谗以齌怒"句中的"齌"字,《楚辞补注》《楚辞集注》皆作"齌",又云一作"齐"或作"齎",因为"齌"更接近情实,《楚词笺注》选择了《楚辞补注》《楚辞集注》给出的另一版本的字。这一情况的,共有94处。此种虽不从《楚辞集注》,而择取其所校之一本,亦可当作从《楚辞集注》之一体。

三是《楚词笺注》原文作"某"字,依据《楚辞补注》《楚辞集注》"径改"的,如"吾令蹇修以为理"句中的"蹇"字,原文作"謇",《楚辞补注》《楚辞集注》皆作"蹇"的,有75处。这种处理,基本上遵从作者以《楚辞集注》为蓝本的习惯。

四是当《楚辞补注》与《楚辞集注》在某一字词上产生不同时,《楚词笺注》多选择《楚辞集注》所取字。如"惩违改忿兮"句中的"违"字,《楚辞补注》作"连"字,而《楚辞集注》作"违"字,《楚词笺注》选择了《楚辞集注》。这种情况,共有127处;按常理,《楚词笺注》会依照《楚辞集注》,如"何桀纣之昌披兮"中的"昌"字,《楚辞补注》作"猖",《楚辞集注》作"昌"且云一作"昌"的,《楚词笺注》选择了《楚辞集注》。这种情况,全书144处。以上两者相加,共有271处,足见其崇朱倾向。

《楚词笺注》兼采《楚辞补注》或有时只采纳《楚辞补注》的意见,这种情况虽然远远不及采纳《楚辞集注》之多,却也有一定规模。以《楚辞章句》为底本的《楚辞补注》,有些地方可能还兼采别本,提出了更接近情实的看法。

当然,《楚词笺注》有时既不从《楚辞集注》,也不从《楚辞补注》,而是选择另一本子,甚至有自己的判断取舍。这种不同于《楚辞集注》和《楚辞补注》而别有选择的地方,全书共有77处;如"扶"字,《说文》作"榑"等;有时也会择善而从,不专从朱。如《天问》"下土四方"句:《楚辞补注》云一无"四方"二字;《楚辞集注》作"下土方",又云"土"下或有"四"字。若无"四方"二字,则此句失韵,所以,《楚词笺注》此句为"下土四方",这体现了《楚词笺注》更相信真理的一面。

由以上分析可以断定,《楚词笺注》所用底本应是《楚辞集注》。

## 四、从《楚辞集注》的著述特色看,它得到明人的广泛认同和继承切合情理

《楚词笺注》所依底本为《楚辞集注》,这与宋以来朱熹在儒学界的地位有一定关系。元代以来,不惟朱熹所编《四书五经》成为士子进身释褐的教材,就是《楚辞集注》也跻身为楚辞研究史上的里程碑。《宋史》称:"其为学,大抵穷理以致其知,反躬以践其实,而以居敬为主。"朱熹死后,其《诗集传》《周易本义》及所注《论语》《孟子》《大学》《中庸》均立于学官,后又作为封建统治阶级的意识形态,悬为令甲,成为科举取士的教材,从而被法典化、原典化,朱熹也就成了封建社会后期统治阶级推崇的"圣人"。

朱熹解经有自己的特点,这也是其经学深受推崇的重要原因。他解经,反对仅凭文字望文生义生搬硬套,反对脱离经书原意离经衍说和私删圣经,也反对死守师说泥于训

诂不通流变,而主张博采众家之长摒弃诸家之短,重视考辨,强调就经义文字翔实考证,重视训诂功夫。他这种博洽义理、考辨文字又不迷信旧说的学术风格和学术习惯,对其《楚辞集注》的著述自然也有影响,这一点从前面的描述中可以得到印证。

  宋代以后,包括清代,世所推重的《楚辞》注本,有王逸、洪兴祖、朱熹三家。王、洪两家又往往相辅相成,以一种书的面目出现,所以,言楚辞者多以洪、朱并称。而自元代以来,《楚辞集注》在学界的影响日渐强大,这与朱熹在经学界的无可替代的地位有关,与科举制度把朱熹神圣化有关,当然也与《楚辞集注》所显示出的无可旁贷的优长有关。而《楚词笺注》以《楚辞集注》为工作底本,与《楚辞》研究崇朱的这一风气有直接关系。

  通过对《楚辞章句》《楚辞补注》和《楚辞集注》在元、明两代和清初(康熙时代)版本刊行情况的比较,可以得出对三书影响的表层认知:先看《楚辞章句》的版本刊行情况。元本有许维遹《楚辞考异补》所引元刊本和黎文景刻至正本,共两种;明本有正德十三年戊寅黄省曾校高第刊本、嘉靖中覆宋本十七卷、隆庆五年辛未豫章王孙用晦夫容馆覆宋本十七卷、万历十四年丙戌冯绍祖刊本、万历十四年俞初校本十四卷、万历二十五年武林郁文瑞尚友轩刊巾箱本楚辞八卷、万历二十八年庚子凌毓枏校陈深批点二色套印本、万历二十九年朱燮元朱一龙重刊夫容馆本、万历四十七年刘广刻本、蔡文范无章句本、高棅编《诗苑诗流》一百二十种本、杨鹤刊本八卷、隆庆重刊宋本和一部不明庙号的明刊本,共十四种;两朝相加共十六种;再看《楚辞补注》的版本刊行情况。当今所能见到的明代版本,唯有一种明代翻刻的宋本,清初也只有一种康熙间汲古阁毛表重刊宋本;最后再来看《楚辞集注》的刊行情况。《楚辞集注》自诞生之日起,即引起了刻书家的强烈关注。现存的宋本即有庆元四年戊午刻本、嘉定六年癸酉章贡郡斋刊本、端平二年乙未朱鉴刊本和淳熙三年丁卯施南向文龙刊本,共四种;现存元本有至正二年丙子建安傅氏刊本、至正二十三年癸卯高日新刊本和四种元刊年月不可考刊本,计六种;现存明本有成化十一年吴原明刊本、弘治十七年甲子建宁魏氏仁宝堂刊本、正德十四年己卯休宁沈圻刊本、嘉靖十四年乙未吴县吴裴仿宋刊本、嘉靖十七年戊戌山阳杨士林刊本、隆庆五年辛未豫章夫容馆重刊宋本、万历二十六年丁酉吉审府承奉司常山旸谷魏椿刊本、万历南京柏芝挺刊本、万历朱吾弼重编朱崇沐刊本、天启六年丙寅樵李忠雅堂蒋之翘楚辞评校本、崇祯十年丁酉鹿城沈云翔千仞楚辞集注评林本、崇祯十一年戊寅陈洪绶序刻本、张凤翼合纂本、蒋之奇重刻咸淳三年向文龙刊本、汲古阁校刊本、吴讷刊本和具体年代不明的明翻宋本一部、明翻元本一部,再加上清康熙三十年重刊明王瞿校定陈洪绶绘画本,共计十八种。而宋、元、明三朝相加共二十九种。显而易见,《楚辞集注》的刊行次数之多,已大大超过《楚辞章句》和《楚辞补注》,并超过了二者之和。从这一点上看,足见《楚辞集注》的影响之大、权威之重。昌彼得《中央图书馆善本丛刊·叙录》评价《楚辞集注》谓其"入明后,自成化以迄明末,翻刻者众,今俱有刊本存世"。

通过对元、明时代楚辞著述者对《楚辞集注》的评价,也可以发现其影响之深。平心而论,《楚辞集注》,所以被后人推崇,与朱熹在经学研究领域形成的学术习惯密不可分。他博洽义理,重视对作品内在思想的发掘。朱熹《楚辞集注·小序》称:"余既集王、洪《骚注》,顾其训诂文意之外,犹有不可不知者。"这个"不可不知"的内容,就是屈原的忠君爱国情怀,这是王、洪诸人不曾留意过的问题。其《自序》云:"庶几读者可以见古人于千载之上,而死者可作,又足以知千载之下有知我者,而不恨于来者之不闻也。呜呼!希矣!是岂易与俗人言哉!"据其弟子杨辑《楚辞集注·跋》交代,朱熹一生著述主要集中在儒家经典,"至于秦汉以后词章,特余论及之耳。乃独为《楚辞》解释,其意何也?然先生终不言,楫辈亦不敢窃有请焉","庆元乙卯,治党人方急,赵公谪死于道。先生忧时之意,屡形于色"。这则文献,介绍了朱熹著书的背景,透露了朱熹创作《楚辞集注》、阐释屈原微言大义、彰显其忠君爱国之情的动机。《宋史》本传载,朱熹忠君爱国,而命途多舛,晚年流放潭州时,好友赵汝愚谪死流放永州途中,随即又被诬判十重罪责,几遭杀身之祸;而又遭伪学之禁,罢职免官。在此背景下,朱熹发愤著书,注释《楚辞》以自况。陈振孙《直斋书录解题》认为:"以王氏、洪氏注,或迂滞而远于事情,或迫切而害于义理,遂别为之注。其训诂文意之外,有当考订者,则见于《辨证》,所以去前注之谬陋,而明屈子之微意于千载之下,忠魂义魄,顿有生气。"准确地指出了《集注》在考订与发明义理、阐明作者微言大义、彰显屈原忠君爱国精神的优长。明人何乔新成化吴原明刊本《序》,叶向高万历朱崇沐刻本《序》、杨上林嘉靖戊戌本《刻楚辞后》,均对屈原楚辞创作的主旨作了简要概括,谓之"要其词意所托,宛乎爱国忧君",至于朱熹为何注释楚辞,他们认为是朱熹"有屈子之志"。

朱熹重视考辨文字,又不迷信旧说,在训诂上往往别有会通。明王鏊正德本《楚辞章句·序》认为:"朱熹始疏以诗之六义,援据博,义理精,诚有非逸之所及者。"指出了《集注》旁譬博喻的特点;万历丙戌吴管《重梓楚辞序》也认为:"朱氏之说,由隐以之显,其说易入,其入也浅。王氏之说,由显以之隐,其说难入,其入也深。故读《骚》者,先王氏而不入,则以朱氏证之,入则深矣。"明确地点明了朱熹旁譬博喻的优长。

嘉靖戊戌顾应祥《刻朱熹注楚辞序》,对《楚辞集注》的特点或优长作了客观的分析:"兹编也,所以明学也……虽然,方时文肆浸,不探其之不能已者。诸家所注,未尝深潜反复,以寻其旨趣之所归,而只于文义间求之,故未免于迂滞迫切之病,而使屈子之志抑郁于当时者,不得伸于后也。此朱熹《楚辞集注》之所为作也。"指出了王、洪诸家在理解上不能知人论世、以意逆志的局限,从而暴露了他们注释的缺陷;继而又云:"朱熹于《六经》皆有训传,而于是书复惓惓焉,盖将以昭君臣大义,而激发夫忠臣烈士之心于千载之下云尔。"进一步把《楚辞集注》上升到昭示君臣大义、激发烈士之心的高度,显然是对《楚辞集注》得以广泛流行原因的揭示;"然则《楚辞》固不当以词人之赋视之,而朱熹为之注,又岂训诂文意者可例观哉？学者欲留心游艺，则是书宜不可少，而司风教者，固当知所务矣。"甚至把《楚辞集注》的地位提升到有关"风教"的高度，显然也是有一定的意义的。但顾氏又说："朱熹尝曰：'《楚辞》未尝怨君。'斯言也，可谓深得屈子之心矣。"则又回归到愚忠愚孝的老路；蒋之翘忠雅堂刻本《楚辞集注·序》亦云："王逸、洪兴祖二家训诂仅详，会意处不无遗讥，唯紫阳朱熹注甚得所解。原其始意，似亦欲与《六经》诸书并垂不朽。"首次把《楚辞集注》提高到与《六经》并行不朽的地位，即《楚辞集注》与《六经》一样，不惟是楚辞的圭臬，也是儒者立身为人的经典；《四库提要》称："（朱熹）以后汉王逸《楚辞章句》及洪兴祖《楚辞补注》二书详于训诂、未得意旨，乃櫽栝旧编，定为此本……然则是书大旨，在以灵均放逐寓忠臣之贬，以宋玉招魂抒故旧之悲耳，故不必于笺释音叶之间，规规争其得失矣。"通过比较，概括了朱注与王、洪注释的优劣，肯定了《楚辞集注》在以内容阐释屈原的贡献，否定了那些寻章摘句而忽略内涵的做法。郑振铎《影印宋端平本跋》评价《楚辞集注》说："王逸的注解，多牵强附会之处，未脱汉儒说经的习气。朱熹的注释是比他进了一步的。"

通过对明代楚辞著述用《楚辞集注》的实践的考察，也可见出明人的态度。有明一代的《楚辞》研究，著述如林。而这些著述往往以注疏为主，其现存的20余种辑注类著作中，就有林兆珂《楚辞述注》、汪瑗《楚辞集解》、来钦之《楚辞述注》、张京元《删注楚辞》、钱澄之《屈诂》、毛奇龄《天问补注》、周拱辰《天问别注》、林云铭《楚辞灯》、潘三槐《屈子六卷》、冯惟讷《楚辞旁注》、张凤翼《楚辞合纂》、俞王言《辞赋标义》、陆时雍《楚辞疏》、贺宽《离骚笺释》等十余家，它们多引用朱熹语，与《楚辞集注》存在种种联系。如张凤翼《楚辞合纂》综合王逸、洪兴祖、朱熹诸家之说而断以己意；汪瑗《楚辞集解》在肯定了《楚辞章句》和《楚辞集注》的不二地位后，将自己的创作视为对二者的"述作"。书末附刻《楚辞大序》，录朱熹等人序论十二篇。《楚辞小序》录朱熹等人序屈子二十五篇之文。汪文英则在刊刻其父汪瑗《楚辞集解》时，因原书缺少《天问》解，取汪瑗手批《楚辞集注》的《天问》予以补充；来钦之《楚辞述注》，也以朱熹《楚辞集注》为据，认为它对屈原的志趣、语言体会得最为翔实深透，而朱熹对其作品的去取评价最为准确，因此其书只是对《楚辞集注》的说法稍加删节，增益很少而汇集较多；钱澄之《屈诂》"以朱熹《楚辞集注》为主，而以己意论断于后"，本书先列朱熹《楚辞集注》，次标"诂曰"，实际上只是对《楚辞集注》的演绎；徐师曾《文体明辨·楚辞》，宗法朱熹《楚辞集注》，每篇篇首均有解题，篇末皆有总评，文中双行加注，简明扼要；贺宽《离骚笺释》，《音》《释》多从朱熹；冯惟讷《楚辞旁注》，其目录与《楚辞集注》相同；而张京元《删注楚辞》目录后有"朱熹勘定楚辞目录"，实为以明人习惯删定的朱熹目录。

尤其是林兆珂《楚辞述注》这部服务于明人举业之书，大抵是为了订正王、朱两家之说，而说以时文义例。在其凡例中，通过《楚辞章句》与《楚辞集注》的对比，凸显了《楚辞集注》的优长。《分章》条谓:"叔师句解,似太离析;元晦韵分,旨稍可寻。"这种以韵划分意义段的做法无疑是科学有据的;《诠故》谓:"惟是叔师之《楚辞章句》、庆善之《楚辞补注》,元晦之《楚辞集注》鼎具。王宏深魁伟,援据精博;朱拟议正,义理明。笙簧叠美,总神钧天。"肯定并吸纳了《楚辞集注》训诂上重义理、立论精研的优长;《译响》:"《诗》人综韵,率多清切;《楚辞》辞楚,讹韵实繁。兹音释叶韵,一以朱氏为主。"以朱熹《楚辞集注》的音释注音作为金科玉律完全接受。《订伪》:"《九歌·少司命》章'与女游兮九河'二句,元晦以为《河伯》章误入……如《九辩》诸章,旧本分段未明,已经元晦点定,今从之。"指出了《楚辞集注》在审定、校勘方面的贡献。

由此可以看出,《楚辞集注》在明代楚辞学史上具有举足轻重的地位,这对《楚词笺注》底本的选择具有决定性的意义。

## 五、《楚辞集注》在明代的社会效应,是《楚词笺注》以其为底本的重要支撑

在明代,《楚辞集注》的流布之广,超过了此前和其后的任何一代,前述事实已露出冰山一角,而现存的明代文献也有力地证明了这一点。毛表在《楚辞补注·跋》中说:"所行《楚辞》,率皆紫阳注本,而洪氏《楚辞补注》,绝不复见。紫阳原本六义,比事属辞,如堂观庭,如掌见指,固已探古人之珠囊,为来学之金镜矣。"虽是为《楚辞补注》作跋,却概括了《楚辞集注》在明代的流行盛况,并指出了它高屋建瓴、以诗学"六义"注《楚辞》及比物属辞的优长;同样,柳美启在为《楚辞补注》所作的跋里也说:"《楚辞》十七卷,朱熹全注,梓行有年,流布极广。独若王逸古注,则资诸华版,而稍稍散乏,既垂泯灭。往自伊洛余波,浸淫海东,而吾邦缝掖,专以程朱为准的,不肯些转其视。当时书肆,亦为一切阿顺,以射贾利,遂至此忽略耳。"虽是解释《楚辞补注》不得流行的原因,有为《楚辞补注》的遭遇抱不平之意,但还是客观地描述了《楚辞集注》广为流传的两大原因:一是程朱理学成为当时唯一的官方哲学,朱熹在经学界的影响也扩大到《楚辞》学领域。二是书商为了趋利而随波逐流;庄天合万历戊戌本《重锓楚辞序》谓"自《楚辞集注》出,而宋儒陈氏以为发屈子之微于千载之下,故学者宗之,迄于今不废",对《楚辞集注》的地位及其成因予以评价,并肯定了《楚辞集注》"教忠教文"的风教作用;而黄侣凤《楚辞述注序》对其影响有如是之评:"今无论其正宗别闻、取义断章,当令叔师、元晦不获前擅之美,而朱车之烛已增三千,犹介介然星如岁如。"通过对那些以"断章取义、正宗别闻"为口实攻伐朱熹,欲以削弱《楚辞集注》影响的言论的批评,高度赞美了《楚辞集注》不可替代的地位。

尤其重要的是,李陈玉弟子陈靓在《楚词笺注·后序》中说的一段话,把以上几个方面的意思似乎都包容其中了:"至于诠释,汉有不能尽得之、王,宋有不能尽得之朱、洪者,何以故?岂其学识才之尔殊也哉?虽然,紫阳氏则伟矣。《集说辨证序》云:'先生当庆元退居之时,六经皆有训传,其殚见洽闻、发露不尽者,萃见于此。'呜呼!伟矣!以先生之

敬心质言,凡其所注,如临六经之严。"这是对朱熹由注经而形成的著述习惯和《楚辞集注》以注经为标准的经典意义予以的高度评价,谓《楚辞集注》是如临六经、萃见其博洽见闻和邃深思想的集大成之作。而对于身处崇朱遵晦之时的老师李陈玉,同样也予以了高度称扬:"今先生值遵晦之际,笃不息之贞,《易》《诗》《书》三《传》久行于世,有以廓千古之秘而夺百家之气者,而发露于是书,业又如此渊核幻逸,绝贯孤迥,辟讹沦室,快无遗蕴。靓手是编于颠沛造次之中,屡阅月而深求之,而叹服乎紫阳于先生所同、与先生于紫阳所独者,又岂其学识才之尔殊哉!"指出了李氏与朱熹的"同",即对朱熹观点的继承;也点明了李氏的"独",即对朱熹的发展创新。

# 明代赋论中的《楚辞》评论*

长江大学 李征宇

自西汉以来,历代学者对《楚辞》做了大量的研究工作,形成了一门专门的学问——楚辞学,《楚辞》在不断被阐述的过程中,凝结成了它永恒的生命。在历代的楚辞学研究中,明代的楚辞学研究处于宋、清两个高峰时期的中间环节,具有独特的研究价值。明代的楚辞学研究是继元代低迷期之后的一个蓄势待兴期,无论是其成就,还是在楚辞学史上的地位,明代楚辞学研究都具有其独特探索价值。研究明代赋论中的《楚辞》评论,有助于深入研究楚辞在明代的接受与传播,同时也有助于充分认识明代辞赋学的成就。本文以孙福轩、韩权欣所编《历代赋论汇编》(人民文学出版社,2014年)这一赋学资料汇编为文献基础,结合明代楚辞学研究与明代赋论研究,整理明代赋论中有关《楚辞》的评论,以期加深对《楚辞》与明代辞赋学的理解。

## 一、明代赋论之演进

明代辞赋是中国古代文学研究中的一个薄弱环节,在明代文学中,成就最突出的是小说、传奇、民歌、时文,辞赋相对来说就比较逊色,加之辞赋在该时期本身成就不高,这使得辞赋始终处于文学研究的边缘地带。但是明代的赋学,出于对唐宋以来辞赋创作浮靡风气的反省,以及对元代赋论家重情说理论的继承,使得复古重情成为当时的理论倾向,这种理论观点在赋学批评史自有其承上启下的历史功绩与赋史价值。有明一代,明代赋论表现出鲜明的阶段性:"即明初重儒思想下的复古赋论,以前后七子等为代表的明代中期的复古赋论,后期复古派与反复古派的赋学论争以及对汉魏六朝赋的归依。"[①] 而这种阶段性正是以其代表人物的鲜明观点表现出来的。

"祖骚宗汉"的赋学崇古论是明初百余年间的一致要求,该观点的代表人物有林弼、刘基等人。他们推尊楚骚,以《离骚》为辞赋之宗,同时在言志抒怀、舒忧泄愤时,以主情为主,对于汉代以下魏晋至隋的辞赋,大多论者以为其流丽淫靡,甚至对于成就为前世所公认的以司马相如为主的汉代赋风,有些学者也持批评意见,认为其铺陈太过。一方面,元末明初的赋论呈现出浓烈的崇骚重情的色彩;另一方面,由于朱元璋统定中原、尊崇理

---

\* 本文系湖北省教育厅2017年度人文社会科学研究重点项目《楚辞文图关系研究》(项目编号:17D027)。

① 孙福轩:《论明代赋学批评之演进》,《湖北大学学报》(哲学社会科学版),2013年第2期。

学的影响,又使赋风处在理学思潮引导下的复古风尚之中,并由此形成了追求典雅丽则、鄙弃萎靡浅陋之词的风尚。吴讷谈论元赋时说:"元主百年,国初文学,不过循习金源之故步。……延祐设科,以古赋命题,律赋之体,由是而变。然多浮靡华巧,抑扬归美。至末年而格调亦弱矣。"① 所论大体符合其时的思想倾向。明中期的复古赋论思想以前后七子为主体。由前七子领袖人物李梦阳提出"唐无赋""汉无骚"说为发端,何景明、蒋之翘、王世贞以及后七子之一的谢榛作为后继者,相继提出理论,皆以屈骚汉赋为尊,肯定屈原的辞赋之祖地位。徐师曾在《文体明辨序说》中阐述的赋学理论,亦与复古派的言说暗合,徐氏将赋分为古赋、文赋、俳赋、律赋,认为古赋比兴之义未泯,"故虽词人之赋,君子犹有取焉"。古赋之后,则"俳赋尚辞;而失于情,无兴起之妙趣,不可以言则矣";"文赋尚理,而失于辞,故读之者无歌咏之遗音,不可以言丽矣";"至于律赋,其变愈下,……但以音律谐协对偶精切为工,而情与辞皆置弗论"② 体现出明显的复古倾向。此外,胡应麟的诗赋理论也多承复古派遗风,以高古为尚,其云:"骚盛于楚,衰于汉,而亡于魏。赋盛于汉,衰于魏,而亡于唐。"③ 对楚骚汉赋极尽推尊揄扬,而对唐宋以来的律体赋与文体赋则不以为意。

晚明时期,自后七子相继谢世,赋学风尚转向对汉魏六朝(尤其是六朝)赋风的推崇,其中最具有代表性的是张溥在《汉魏百三家集》的题辞中对诸家的评说以及陈子龙的有关赋论。其主要内容可分为三个方面:首先是重视赋作中的情感,以情为重。张溥评论贾谊的赋曰:"骚赋词清而理哀,其宋玉、景差之徒乎!西汉文字,莫大乎是,非贾生其谁哉!"④ 对贾谊的作品许以极高的评价,其主要原因是对贾谊悲凄困蹇的身世认同及其与屈原相类似的坎坷际遇。其次是提倡汉赋的铺张纵横、大气包举。张溥论司马相如赋说:"琴心善感,好女夜亡,史迁形状,安能及此?他人之赋,赋才也,长卿,赋心也。"⑤ 张溥之所以推崇司马相如的赋,在于其赋心的"苞括宇宙,总览人物",文章得之于心,而不是仅仅拘执于外在的形迹。最后,主张辞赋情韵而反对骈词俪句、毫无生气之作。张溥齐梁文学情势发出议论说:"江南文胜,古学日微,方轨词苑,代有名人。大抵采死翟之毛,抉焚象之齿,生意尽矣。居今之世,为今之言,违时抗往,则声华不立。投俗取妍,则尔雅中绝。求其俪体行文,无伤逸气者,江文通、任彦升庶几近之。然后知僧孺所言,非尽谬也。"由此可见其对生气都绝、尔雅尽失之文的贬斥之意。通过张溥对前人的评价,大约可窥得晚明时期学者的文学倾向。

---

① 吴讷:《文章辨体序题疏证》,北京:人民文学出版社,2016年。
② 徐师曾:《文体明辨》,北京:人民文学出版社,1962年。
③ 胡应麟:《诗薮》,上海:上海古籍出版社,1979年。
④ 张溥:《汉魏六朝百三家集题辞注》,北京:人民文学出版社,1963年。
⑤ 张溥:《汉魏六朝百三家集题辞注》,北京:人民文学出版社,1963年。

## 二、明代的楚辞学研究

"终明一代,人们对楚辞的评论与研究皆与政治环境关系密切。"因此,受到明代政治的影响,这一时期的《楚辞》研究在前后不同时期呈现出不同的风貌,存在着巨大的差异。明代前期,皇权膨胀,理学独大;明中叶以后,学术思想渐趋自由,楚辞学日益兴盛。

明代前期,朝廷对思想文化的控制十分严厉,由于这种文化专制的影响,在文学领域,文风萎靡,学术禁锢,因此复古思潮盛行不衰,而《楚辞》作为产生在秦汉之前的作品,成就为举世所公认,故此在明代受到特别的尊崇。在思想上加强禁锢,同时又极力推崇孔孟之道以及被尊奉为儒学正统的程朱理学;选拔制度上则采取八股取士制度,科举考试多从"四书""五经"中选题,批阅则以朱熹的注释为标准,贬斥个人的独立见解;政治上对文人采取高压政策,迫使文人为政权服务。基于这种情况,在文坛领域,出现了以歌功颂德为主的台阁体,在楚辞学研究上,朱熹《楚辞集注》则成为通行的《楚辞》注本。其中,何乔新作为明代前期正统儒者楚辞观的代表,承续了朱熹的观点,其作品《楚辞集注序》即是该时期最具代表性的作品。在对屈原的评价上,何乔新作为一名正统儒者,仍囿于成说,评价屈原其人:"屈子为人,其志洁,其行廉"[①];在对《楚辞》的研究上,则评曰"盖《三百篇》后,有屈子之辞最为近古",将屈骚置于文学史中,概而言之其地位,具体来讲,"论其韵律则时而'铿锵',时而哀婉,音律和谐;论其格调则'高古'、畅达;察其情感则'缱绻恻怛'、不能自抑";在对朱熹及其《楚辞集注》的评价上,则将朱熹删定《楚辞》的功劳等同于孔子删《诗经》,大力迎合其时的风尚,推崇朱注。从总体上来看,何乔新对屈原及《楚辞》的评论多追捧朱熹之说,代表着明代前期大部分官方文人的普遍心态,而缺乏新见。

明代中后期,在思想界新的思潮开始涌现,王阳明的"心学"打破了程朱理学的桎梏,在楚辞学领域,也打破了长期以来据守旧说、因袭停滞的局面,从独尊朱注转为对朱注的怀疑与批评,由此突破了以朱注为尊的藩篱,使楚辞学的研究有了新的进展。此后的人物以焦竑、汪瑗最具代表性,焦竑站在新时代学者的角度,他首先对朱熹《集注》在楚辞学上的地位发出质疑,又反对何乔新由于对朱熹的过于追捧而将朱熹定骚与孔子删诗并称的观点,同时对楚辞的相关篇章进行了考证,由此进一步指出朱熹理论的矛盾之处。汪瑗在其著作《楚辞集解》拂去旧见、创立新说,强调言情趣与写己意,并对《楚辞》中的神话进行了分析,他首先承认了神话传说的口头文学的创作特点,随后进一步指出《楚辞》中的神话是作为"寓言"而存在的,最后他主张用"以意逆志"的方法去理解屈赋中的神话。焦、汪二人对朱子《楚辞集注》以及《楚辞》的评论一定程度上清除了因循守旧,迷信官方学说的风气,推进了楚辞学的发展。

---

① 何乔新:《椒丘文集》,明人文集丛刊,台北:文海出版社,1970年。

## 三、明代赋论中的《楚辞》评论

赋体文学肇始于战国，兴盛于两汉，由先秦至明清，成果颇丰，在赋文学创作兴盛发展的同时，赋论也随之发展。尽管基于上文所述明代辞赋与楚辞学发展的背景，相较于宋、清两代，明代辞赋学与楚辞学研究呈现出低迷的态势，但其内在仍然显示出作为两大高峰期之间的中间环节所具备的特点，即承上启下、蓄势待兴的特质。在明代赋论中，明代学者以时代发展为经，以赋体文学的特点为纬，去研究赋文学的承袭与因革，在此过程中，以追溯赋体文学的发端为指归，对有关楚辞的论题进行了阐述，其中主要涉及楚辞研究的三个方面：楚辞起源论，楚辞流变论以及楚辞艺术特色论。若以楚辞为基点，继续向文学演变史的发端挖掘，是为楚辞起源论；沿着文学发展的方向阐述楚辞对其后文学的影响，则为楚辞流变论；探讨楚辞自产生至成熟过程中的特色，即为楚辞艺术论。

### （一）楚辞起源论

"大凡一种文学的发生，必有许多原因，而且必须经过许久的酝酿。"[①] 由追述赋体文学的源头出发，明代学者探讨了楚辞的起源问题。在明代的赋论中存在着大量有关楚辞起源问题的观点，总体来看主要分为两种：楚辞源于《诗经》与楚辞起源于楚国文化。

#### 1. 楚辞源于《诗经》

"《诗》为《离骚》之宗"[②]，是明赋中所提最为广泛的观点，如李继本《跋学生于徵刘素稿赋》："夫自声诗出而始有赋"、徐师曾《文体明辨序说》："按《楚辞》者，《诗》之变也"，以及胡应麟《诗薮》："四言变而《离骚》"，皆言《楚辞》出于《诗经》。《楚辞》出于《诗经》，在精神内核上表现为承接风雅精神，在外在形式上表现为赋、比、兴手法的运用[③]。

从文本内容上看，"然至今而观，《楚辞》亦发乎情，而用以为讽，实兼'六义'而实出之"，《楚辞》首先是继承了《诗经》的风雅之义，体现出怨刺和忧患的主旨，以《离骚》"依托五经以立意"，将《诗经》的黍离之悲上升到离骚之愤，其间夹杂着浓厚的家国之情，这便使屈原在《离骚》中自我内心的抒发与个人遭遇的申述有着变风变雅的意味，因此吴讷在《文章辨体》中引晦庵先生之言曰："凡其寓情草木、托意男女，以极游观之适者，变风之流也；叙事陈情、感古怀今、不忘君臣之义者，变雅之类也；其语祀神歌舞之盛，则几乎颂矣。"充分重视到屈原在《离骚》中所表现出的种种愤激之情：关心民生疾苦，如"长太息以掩涕兮，哀民生之多艰"；忧心国家发展，如"岂余身之殚殃兮，恐皇舆之败绩"[④]；抨击黑暗政治，如"黄钟毁弃、瓦釜雷鸣""阴阳易位，时不当兮"；以及痛恨奸佞小人祸国，如"惟

---

① 游恩国：《楚辞概论》，北京：商务印书馆，1969 年。
② 孙福轩：《历代赋论汇编》，北京：人民文学出版社，2014 年。
③ 杨燕珍：《〈诗经〉忠怨诗主旨考》，兰州大学，2018 年。
④ 王逸：《楚辞章句》，上海：上海古籍出版社，2017 年。

夫党人之偷乐兮,路幽昧以险隘",并将其与《诗经》中的讽谏之作比较,将之归为变风变雅一类,指出《楚辞》在鞭挞黑暗,歌颂真善美的主题上,乃是与《诗经》一脉相承的。

在行文章句之上,《楚辞》继承了《诗经》赋、比、兴的手法,并在句式上表现出明显的节奏感。《毛诗序》将《诗经》中的表现手法归纳概括为赋、比、兴,明代学者亦将该角度作为切入点,认为《楚辞》的表现手法同样继承了《诗经》。明代学者在赋论中指出,"楚辞"继承了《诗经》中引类连譬、比兴寄托的手法,以《骚经》首章为赋,以香草恶物为比,以初不起义、托物兴词为兴。在《离骚》中,比、兴的手法贯穿首尾,它以婚约比君臣之义,以众女嫉美来刻画奸佞,以规矩绳墨比国家法度,诸如此类不胜枚举,这种手法的运用,使全诗显得生动形象,丰富多彩。而在句式的安排上,正如明代学者所言:"但其辞稍变诗之本体,而以'兮'字为读(音豆),则夫楚声固已萌蘖于此矣。"《楚辞》继承了《诗经》以四言体为主的特点,同时又有所发展,以"兮"字为句读,使得词句参差错落、更为灵活。在《天问》《橘颂》诸篇中,还保留着明显与《诗经》相类的句式,并未脱离《诗经》以四言为体所形成的节奏感,而更能够代表"楚辞体"的作品《九歌》《离骚》等全面体现出了《楚辞》作为一种新诗体的特点,尽管它突破了"四言诗"的格调,融入了民间艺术,但仍然同四言诗体一样,具有明显的节奏感。这种节赋比兴手法的广泛应用与节奏感的保留展现出楚辞从《诗经》发展而来的轨迹。

2. 楚辞起源于楚国文化

"按屈原为骚,江汉皆楚地。尽自王化行乎南国,《汉广》《江有汜》诸诗已列于《二南》、十五国风之先。"在楚国的长期发展中,楚国继承了远古楚部落的部落文化,但与此同时,在与北方文化的交流中,它又充分地吸收了北方文化,并以此来滋养壮大了楚国文化①。相较于中原各国,楚国的国家组织和社会形态更为特殊,在中原诸国纷纷改革的时期,楚国的社会还保留着远古氏族社会的影子,在图腾与宗教方面别具一格:"当理性精神在北中国节节胜利,从孔子到荀子,从名家到法家,都逐渐摆脱巫术宗教的束缚,突破礼仪旧制的时候,南中国由于原始氏族结构有更多的保留和残存,便依旧强有力的保持发展着绚烂鲜丽的远古传统……在意识形态各领域,仍然弥漫在一片奇异现象和炽烈情感的图腾——神话世界之中。"②两种文化的撞击与交融最终形成了奇特灿烂的楚文化,正是这种奇异的楚文化孕育出了忠贞高洁之士——屈原,并铸造了宏伟瑰丽的著名诗篇《离骚》。

楚国环境的影响,首先在于巫文化风气的影响,这种在宗教信仰上留存的相当浓厚的巫风习气③,对《楚辞》的风格基调产生了巨大的影响,基于此种环境下生长起来的《楚辞》,正如方孝孺在《与郑叔度八首》中所言:"夫屈原之《离骚》,忧世愤戚,呼天目鬼神自

---

① 董运庭:《楚辞与楚国社会文化》,《重庆师范大学学报》(哲学社会科学版),2004 年第 5 期。
② 李泽厚:《美的历程》,上海:生活·读书·新知三联书店,2017 年。
③ 王志:《屈原与巫文化关系研究》,吉林大学博士论文,2006 年。

列之辞。"《楚辞》中大量的神话故事与历史传说以及《楚辞》所祭祀的诸神共同建构出一个有别于现实的异彩世界,在这个世界里,包含了屈原的愤懑嫉恶之情。同时,遍布的兰芷芳草,以芰荷为衣、着芙蓉为裳并与神相交的士人形象,乃至那九死不悔的求索精神,又展露出《楚辞》瑰丽浪漫的一面。

其次,楚国独特的民族艺术同样对《楚辞》影响极深,楚国丰富活泼的民间文化,为《楚辞》提供了充分的艺术养料。流传于南方的"楚歌"与楚辞有着最为直接的联系,楚国的音乐文化既继承了远古时期楚部落的音乐艺术,同时又体现出对中原文化的继承,在融合古老艺术与中原文化的基础上,呈现出强烈的楚地特色。楚国民间歌舞之风的盛行使得楚国文人有机会充分汲取音乐艺术中的养料。以上两种文化交汇下的精粹,融汇在楚辞里,见于行文章句之上,即孕育出以"兮"字为代表的楚辞体。

在楚文化的影响之下,《楚辞》完成了对《诗经》的革新,形成了《楚辞》作为一种新诗体所独有的特点,从这种意义上来说,《楚辞》既是《诗经》与楚文化影响下的产物,同时也是对《诗经》继承与发展的结果。但《楚辞》绝不仅仅是风雅之义与楚文化的代言体,它是作者屈原自身人格的彰显,是屈原个性气质和遭遇经历共同作用下的化合物,因而,《楚辞》是在楚文化的熏陶之下,经屈原个体创作的,对《诗经》进行传承与革新的一种新体裁。

(二)楚辞流变论

以梳理赋体文学的起源流变为目的,明代学者同时探讨了其他文体流变的特点,胡应麟在《诗薮》中论文体流变:"四言变而《离骚》,《离骚》变而五言,五言变而七言,七言变而律诗,律诗变而绝句,诗之体以代变也。《三百篇》降而《骚》,《骚》降而汉,汉降而魏,魏降而六朝,六朝降而三唐,诗之格以代降也。上下千年,虽气运推移,文质迭尚,而异曲同工,咸臻厥美。《国风》《雅》《颂》,温厚和平;《离骚》、《九章》怆恻浓至;东西二京,神奇浑璞;建安诸子,雄瞻高华;……《离骚》之致,深永为宗……"[①] 在指出文体迭代的同时注意到不同体裁之间内在的连续性,并简述了各种文体的基本特点,指出《诗经》《楚辞》乃至赋之间的连续性。以《离骚》为赋之宗为大前提,明代学者在赋体文学的溯源中向上追溯至《诗经》,即楚辞起源论,而向下论述"屈赋"之流变,实为阐述赋体文学之起源,由此,对楚辞的起源流变做出了完整的论述。

1. 上承《诗经》

明代学者李鸿在《赋苑·蔡绍襄序》中指出:"夫赋所自,始祖风骚"[②],故如上文所述,明代学者向上追溯到《诗经》与楚国文化,去探讨楚辞的起源。它继承了诗经的精神内核,融忠君爱国之旨、怨刺讽谏之义于篇中;在形式上,继承《诗经》的赋比兴手法,以大量的

---

① 胡应麟:《诗薮》,上海:上海古籍出版社,1979年。
② 孙福轩:《历代赋论汇编》,北京:人民文学出版社,2014年。

草木入辞,寄寓身世之感、愤世之意。同时,在楚国文化的浸润之下,《楚辞》又带有神秘的巫文化色彩,运用大量的神话传说,并受到了楚国的民间艺术形式的影响,汲取了民间文化的精华,使《楚辞》呈现出有别于《诗经》的浪漫色彩,而在句式上加以"兮"字,突破四言句式的同时又保留了音乐感。因上文对此已展开详细的论述,故在此不做赘述。

2. 为后世之垂范

"屈子之《骚》,三百篇以还,崛为辞赋之祖,得乎风雅之意也"。在"《诗》为《离骚》之宗"的基础上,明代学者进一步从《离骚》为辞赋之宗"的角度阐述了《楚辞》对后世的演变与影响,这种影响主要表现为在形式上模拟"屈赋",在内涵上抒发忠君爱国之情。

"屈宋之辞,家藏人诵。两汉而下,祖袭者多。"在形式上模拟"屈赋",主要是后世作者对《离骚》的拟作,俞王言在《辞赋标义》中将后世作家对屈原作品的承接关系阐述为:"故侪马卿与屈平,兄弟也;宋、景、杨、贾,父子也;班、张、潘、左、曹、陆辈,祖孙也;其余皆曾、玄耳。"在这些作品中,最具有代表性的作品又以汉代的拟骚作品为主。汉代拟骚作品的数量相当可观,可分为《楚辞》中的汉代拟骚作品,以及未被收录的其他汉代拟骚作品,《楚辞》的汉代拟骚作品主要是其中除"屈赋"之外由汉代作者创作的作品,未被收录的其他作品主要是指那些虽以"赋"命名,但仍然以"屈赋"的形式,保留"屈赋""兮"字体的写作模式进行创作的一部分作品。这些拟骚作品在外在形式上表现出对"屈赋"形式模拟的同时又表现出对屈原及"屈赋"情感的内心认同。其次是对《离骚》精神内核的接受与继承,在内在情感上,《楚辞》中汉代拟骚作品同样也表现出对"屈赋"中的抒情形式的模拟,这种模拟一是沿袭了"屈赋"的感伤基调①,二是运用"屈赋"中的辞藻以及模拟借鉴了"屈赋"中的遨游想象,另外在重视文采方面亦与"屈赋"一脉相承。

《楚辞》中的汉代拟骚作品表现出对屈原与"屈赋"的认同,是模拟习气的推波助澜,更是在"屈赋"真挚情感的感染之下,创作主体受时代情感影响对屈原及"屈赋"的认同与共鸣②。由于汉代统治者出生于"丰沛",尤喜"楚声",并大力提倡,因此在"大一统"专制下知识分子对统治者的迎合使其主动与《楚辞》产生联系,这种联系不仅仅是在创作上模拟"屈赋",在文学上还表现为对《楚辞》作经学阐释,例如王逸在《离骚经章句序》中讲:"言己放逐离别,中心愁思,犹依道径,以讽谏君也",又指出:"《离骚》之文,依《诗》取兴,引类譬喻……"继而在《离骚经章句后叙》中同样提道:"夫《离骚》之文,依托《五经》以立义焉",将"屈赋"等同为《诗经》的讽谏之作,又认为《离骚》是依托《诗经》而作,这就拉近了《楚辞》与经的距离。在大一统的政治高压下,汉代的知识分子对屈原的境遇与独立人格以及"屈赋"表现出的对国家、人民以及对作者自身的感伤之情产生了强

---

① 王怀平:《在诗意的逻辑中歌奏感伤而悲愤的旋律——论屈原精神及其对后世文化的影响》,《阜阳师范学院学报》(社会科学版),2004年第6期。

② 姜芳:《〈楚辞〉中汉代拟骚作品研究》,重庆师范大学硕士论文,2010年。

烈的共鸣,"最突出的是通过悯伤屈原曲折地反映汉初士人对现实的不满,以及他们安身立命的艰难,怀才不遇的痛苦,虽打着悯屈的旗号,实则在一定程度上抒发他们自己的感情。他们以屈原的命运观照自身",而盛世不遇的时代情感更促使创作者对"屈赋"采取了独特的关注视角,从而在拟作中寻找情感的寄托之处。然而,并非拟骚之作尽皆出于真情实感,其中不乏为文造情者,因此即便是拟骚作品中的代表,在明代学者看来,也是无法超越屈、宋的,如谢榛《四溟诗话》:"扬雄作《反骚》《广骚》,班彪作《悼骚》,梁竦亦作《悼骚》,挚虞作《愍骚》,应奉作《感骚》:汉魏以来,作者缤纷,无出屈、宋之外","《离骚》虽语重复,高古浑然,汉人因之,便觉费力","屈、宋为辞赋之祖"。"荀卿六赋、自创机轴,不可例论"。如此可见"屈赋"在明代学者心中的地位并非后世拟作可轻易超越的。

西汉的拟骚之作对屈原作品的传播具有重要的作用,汉代作家在拟骚之作中述屈原之情志,使其加深了对屈原个体情感的认识,基于对这种情感的认识和理解,又促使了作者自身情感的抒发。而在外在形式上沿袭"屈赋"的形式,则加深了拟骚作者对屈原作品中华丽的辞采以及其独特的表达方式的认知,这对汉赋的形成和发展有重要作用。

（三）楚辞艺术特色论

楚辞的艺术特色研究成果硕果累累,但在明代赋论中有其特殊之处,明代学者探讨楚辞的艺术特色是为其证明楚辞源于《诗》及楚地文化这一观点服务的,因而在明代赋论中有关楚辞的艺术特点具有明显的渊源（即出于《诗》与楚文化）,吴讷在《文章辨体·两汉》中所论最具代表性:"二十五篇之《骚》,无非发于情者,故其辞也丽,其理也则,而有赋、比、兴、风、雅、颂诸义",情、辞、理即是明代赋论中学者所论楚辞艺术特色论的出发点,"《骚》出于情""其理也则""其辞也丽"这三点概括了明代学者最为广泛的观点。同时,由于明代政治的高压政策,明代学者多囿于成说,对楚辞的艺术特色之论并无新见,甚至有些观点偏于陈腐。

1. "《骚》出于情"

《楚辞》被鲁迅称为"逸响伟辞,卓绝一世"[①],这种惊艳卓绝同样被明代学者捕捉到,在明代学者那里,他们首先被《离骚》之情震撼:"咏《离骚》而涕涟,身非游泽畔也;诵《天问》而心激,目非亲图画也,情感之也。"

《离骚》的情感内蕴可分为三种:怨悔之情、愤懑之情与爱国之情。怨悔之情又可分为两个层面:首先于作者自己,这种情感源于理想与现实之间的差距,一展抱负的理想与在政治环境中被排挤的现实遭遇构成了一组情感张力,在此过程中,作者对自己的处境感到悲伤哀痛,对品格的坚守经历了"不悔——后悔——不悔"的心路历程,因而常发出"余虽好修姱以鞿羁兮,謇朝谇而夕替""忳郁邑余侘傺兮,吾独穷困乎此时也"的喟叹

---

① 鲁迅:《汉文学史纲要》,湖南:岳麓书社,2013年。

之语;其次是对于国君的怨恨之情,屈原坚持正直之行,尽忠于君,但遭到小人离间,对于君王远贤臣、亲小人之举,诗人的失望怨恨之情溢于言表:"怨灵修之浩荡兮,终不察夫民心"。诗人正道直行,履职尽忠,却遭遇流放,以至最终身赴汨罗而死,导致他悲剧命运的直接根源就是朝中奸佞的蓄意陷害,因此诗人内心对他们充满了愤懑之情,以众女妒美来讥刺其丑恶嘴脸:"众女嫉余之蛾眉兮,谣诼谓余以善淫"。这些情感最终都指向爱国之情,作者因理想之美政不能实现而痛苦,对破坏美政的佞臣痛恨不已,并始终保持着高洁品行,不与小人同流合污,为了实现目标而上下求索、九死不悔,朱熹评曰:"原之为人其志行虽或过于中庸而不可以为法,然皆出于忠君爱国之诚心",其中对屈原其人忠君爱国之情的断定实为恰当之言。

同《楚辞》中的悲怨之情相似,《诗经》中也有许多抒发悲怨之情的诗篇,就抒情来说,《诗经》表现的情感较平和含蓄,正合中庸之道,而《楚辞》则较为激烈。如上文所述,明初的楚辞学研究独尊朱注,朱熹"原之为人其志行过于中庸而不可以为法"[①]的观点受到追捧,因此明代学者将其情感表达与《诗经》相比,则显得过于激烈,而不符儒家经义,但同时又注意到这种情感出于"眷恋宗国,九死不忘",情感之真挚,非一般造情之文可比:"《骚》览之,须令人裴回循咀,且感且疑;再反之,沉吟唏嘘;又三复之,涕泪俱下,情事欲绝"。

2. "其理也则"

言《离骚》其理也则,实质上是指在意旨上,《离骚》所继承的是《诗经》的风雅精神,其中包含的美政理想与忠君爱国的主题符合儒家经义。以《诗经·黍离》和《楚辞·离骚》为例,《离骚》继承发展了《黍离》的爱国情怀。创作于东周初期的《黍离》反映的是在宗周国运衰败之时关心家国命运的士大夫们的精神状态,即对国家前途忧心如焚却又因积重难返而深感无奈。故国曾经繁华的宫殿犹在,如今却荒芜一片,长满黍稷。东周王室衰微,诸侯崛起,而士大夫只能发出"悠悠苍天,此何人哉"的感叹,这种"黍离之悲"集中体现了作者对国家命运的深情关注。而在《离骚》中,屈原三上昆仑山即是屈原对楚国深情眷恋的明证。《离骚》中大量浓厚的昆仑情结,暗含的是存君兴国的强烈愿望,屈原第一次登上昆仑是由于在现实中"信而见疑,忠而被谤",面对理想在现实中的破碎,诗人登上昆仑山追寻理想,尽管未能得偿所愿,却仍未放弃,再登昆仑山,"朝吾将济于白水兮,登阆风而绁马",第三次是在他下界三求佚女失败后,又一次登上昆仑,这一次他"陟升皇之赫戏兮",登临到一个光明浩渺的地方,却在猛然回首间瞥见了楚都故乡,瞬间寸步难行,是对故国深深的眷念让他止步不前。由此来看,《黍离》中的爱国情怀在《离骚》中发挥到了极致。其次是《诗经》中的怨刺与忧患精神,《诗经》中对昏暗政治的深刻批判、对国运昔兴今衰的幽怨,在《楚辞》中得到了回应。钱澄之论《惜往日》说:"《惜往日》

---

① 朱熹:《楚辞集注》,上海:上海古籍出版社,2015年。

者,思往日之王之见任而使造为宪令也,始曰'明法度嫌疑',终曰'背法度而心治',原一生学术在此,楚能卒用之,必且大治;而为上官所谗,中废其事,为可惜也,原之惜,非惜己身不见用,惜己功之不成也",在《惜往日》中,作者想起当年被怀王重用,任命其为宪令,正是修明法度、兴国强民的好时机,然而却被小人所谗,使王对其怒而疏远之。事竟不成,是奸佞当道、君王背弃法度任性妄为的结果,在这种情况下,屈原叹息的不是自己未功成名就,而是国家危矣。在忧患意识上,《楚辞》和《诗经》本质上一样的,但总体上来看《诗经》所体现的忧患是群体性质的,表现的是下以刺上的风雅精神,在语词上多半使用短小紧促的单音节词"哀""忧"等;《楚辞》则是具有明显的个性化色彩,是以个体的形式来抒发情感的,体现的是上层贵族忧国忧民兼济天下的精神,表现手法上多用香草美人的比兴象征和铺叙来表现忧患意识,同时在怨刺方面《楚辞》比《诗经》更进一步,敢于直接讽谏君王,但两者殊途同归,都体现了关注家国的情怀[①]。

3. "其辞也丽"

明代学者在肯定《离骚》之情、理的基础上指出"其辞也丽",但却并非是从艺术审美角度肯定以《离骚》为代表的《楚辞》言词优美,而是将其视为《离骚》的缺憾,李鸿称《离骚》"语多徵而若靡"、徐师曾评论其"辞虽太丽,而义尚可则,故朱子不敢直以词人之赋目之;而雄之言如此,则已过矣"。显然明代学者在行文章句之间,对于《楚辞》是颇有微词的。郝敬又在《艺圃伧谈》中对《离骚》之辞做出议论,代表了有明一代大部分学者的观点:"诗道性情,为其温柔敦厚,如《三百篇》,理精而事核,辞近而指远。深浅适宜,详略有体,故可观可兴,是为性情。变而为辞,如屈平之《离骚》,事辞虽繁,本忠臣义士之心,为比物托兴之辞。当艰难坎坷之时,抒愤惋不平之气,虽驰骋汗漫,而真情实境,论其世,知其人,故足风也",仍然是将《离骚》与《诗经》作比,体现出推崇"理精事核、辞近旨远"的风尚,而反对《楚辞》语辞华丽的风格,但在明代学者看来,在意旨上,以《离骚》为代表的《楚辞》是足以和《诗经》相提并论的,于是"其辞也丽"便作为"瑕不掩瑜"的缺憾存在。《离骚》之"丽"是继承《诗经》影响和受楚文化滋养的共同结果,关于楚文化对《楚辞》浪漫风格的影响,在"楚辞起源论"中已有论述,此处不再另作阐释,而主要论述《诗经》对《楚辞》言辞的影响。《楚辞》在继承《诗经》艺术手法和文学精神的基础上,极大地拓展了《诗经》的表现艺术,创立了自《诗经》之后中国诗歌史上的又一个高峰。鲁迅在《汉文学史纲要》中评论《离骚》道:"较之于《诗》则其言甚长,其思甚幻,其文甚丽,其旨甚明……其影响于后来之文章,乃或在三百篇之上",即指出《离骚》之辞出于《诗》而又高于《诗》,明代学者论《诗经》对《楚辞》的影响,主要着眼于"六义"对《楚辞》的影响,在言辞方面,主要是四言体和赋比兴手法对"楚辞"的影响。

---

[①] 王承斌:《〈诗经〉与〈楚辞〉怨情之比较》,《新疆职业大学学报》,2010年第1期。

如前文所提,《楚辞》作品中,《橘颂》《天问》诸篇在语言运用上,与《诗经》极为相似,如《橘颂》:"后皇嘉树,桔徕服兮。受命不迁,生南国兮。深固难徙,更一志兮。绿叶素荣,纷其可喜兮。曾枝剡棘,圆果抟兮。青黄杂糅,文章烂兮。精色内白,类任道兮。纷缊宜修,姱而不丑兮",从体式上看,仍未脱离《诗经》那种以四言体为主的特点。而在更能代表"楚辞体"(如《离骚》《九歌》)的一类作品,则为屈原的全新创造,更能突出"楚辞"的特点,这类作品在形式,突破了四言诗的格调,吸收以"楚声"为主的民间形式,创造出一种句法参差的新体裁。除此之外,"楚辞"的语言散文化倾向十分明显,这是散文对其产生作用的结果,散文化的倾向表现在句式得到扩充,辞藻更为华丽,以及广泛的使用虚字等方面。这种在语言上对《诗经》的突破,使"楚辞"通篇更显丰富,对口语的运用和句式的扩充又更能表现诗人强烈的情感。

《诗经》中的表现手法,《毛诗序》将其归纳为赋、比、兴三种,南宋朱熹在《诗集传》中对其加以解释:"赋者,敷陈其事而直言之也;比者,以彼物比此物也;兴者,先言他物以引起所咏之词也"[①],赋即铺陈叙述,比即譬喻,兴是借助其他事物作为发端,以此引起所要歌咏的内容,《诗经》中这样的手法运用很广泛,如《氓》《魏风·硕鼠》等,但在《诗经》中对这些手法的运用比较单纯,多是以单独的个体作为起兴或者譬喻的对象,而《离骚》不仅继承了诗经中的赋比兴手法,还将其进一步发展,甚至将其运用到谋篇布局上。首先在《离骚》中,作者将比兴与作品内容结合在一起,如作者用芰荷芙蓉来代表自己高洁的品行,以香草来喻忠贞之士,以恶草比小人;其次,《离骚》中意象不是单独使用,而是可以整合起来成为一个系统,诗人是以美人自比,以此为出发点,以男女关系代君臣关系,以众女嫉羡比群小妒贤,又以驾车马比治理国家,规矩绳墨比国家法度,这些意象构成一个整体,将作者的苦闷、失望、愤怒以及痛苦的心路历程全部刻画出来,而最终又回归到忠君爱国的中心点上,使全文意旨突出,并富有魅力,奇异多彩。

综上所述,在赋学演进与楚辞学发展的历程中,明代处于蓄势待兴的中间环节,明代学者以研究赋体文学为出发点,对楚辞进行了全面的研究:在起源论上,明代学者追溯到《诗经》与楚文化的影响;对于后世的流变,则集中在汉代拟骚作品与对后世文人情感的影响两个方面;最后以儒家经义为标准,对其艺术特色进行了阐述与评论。由此可见,明代的词赋学研究和楚辞学研究,与前代的研究一脉相承,又内在地影响了清代的学术研究,为清代的"集学术之大成"做出了巨大的贡献。

---

① 朱熹:《诗集传》,北京:中华书局,2017年。

# 略析毛奇龄《天问补注》的训诂特色

东华理工大学 黄建荣

自西汉刘向、扬雄为《天问》作注以来直至清末民初,在《楚辞》训诂史上形成了关于《天问》的专题注释和研究,其中较有代表性的著述如宋代杨万里的《天问天对解》、清代毛奇龄的《天问补注》[①]、屈复的《天问校正》(附于《楚辞新注》后)和丁晏的《天问笺》等。由于毛奇龄的主要贡献是在于诗词、经学研究等方面,因而很少有人专门论述其在《楚辞》训诂方面的成就。本文拟从训诂学的原则和方法出发,在简述《天问补注》成书动因的基础上,对其训诂体例和训诂特色作一粗略分析,以明确该书在《楚辞》训诂史上的地位和价值。

## 一、毛奇龄和他的《天问补注》

### (一)《天问补注》的成书动因

毛奇龄(1623—1716),浙江萧山人,清初著名的经学家和文学家。一名甡,又名初晴,字于一、僧开、大可、齐于等,号秋晴,因曾号西河而被学者尊称为"西河先生"。明末清初之际,毛奇龄积极参与抗清活动,之后颠沛流离多年。清康熙己未,被举荐为博学鸿词科,曾任检讨,为明史馆纂修官,不久托病辞官归隐。他通晓音律,工于经学,与毛先舒、毛际可齐名,时称"浙中三毛,文中三豪"。毛奇龄博览群书,著述颇丰,后人将其著作合编为《西河合集》共493卷。《天问补注》完成于清顺治戊戌春,是毛氏研究《楚辞》的唯一专著。

在毛奇龄之前,学者在《楚辞》或《天问》专题的注释、研究中,已较多关注了《天问》。那么,毛奇龄为何要对《天问》作补注呢?愚以为其缘由主要有三方面。兹分别简述如下。

其一,认为以往《天问》注释、研究有不足而需加以补说。毛氏在《天问补注》的"总论"中,开篇即云:"汉王逸注《楚辞》,唯《天问》一篇不经。据宋洪兴祖补之,又庞浅,无所取正,此朱子《集注》之所为作也。"这段话指出了王逸《楚辞章句》、洪兴祖《楚辞补注》中所注《天问》的不足,点明了朱熹作《楚辞集注》的原因。接下来,毛氏又专门针对朱注予以批评:"特屈子哀懑,呵诘无伦,故往多难明,而朱子缜慎拘检,必不敢以迟回犹豫之胸冈所未信,一篇之中,三疑阙焉。……予思朱子何所不学,且过于缄慎,似乎《山海》、'岳

---

① 毛奇龄:《天问补注》,萧山陆凝瑞堂刊《西河合集》本,见《续修四库全书》编纂委员会:《续修四库全书·集部·楚辞类》,上海:上海古籍出版社,2002年,第289—299页。本书引文皆出于此。

渎'诸书未尝一见。即见之,亦且宁弃勿取,其必以为其说之后起,而无所与于商周之旧文也。"毛奇龄正是看到前人注本尤其是朱熹注本的不足,才得出自己为《天问》作注的必要性:"予不揣猥陋,取凡朱子之所为未详者,概依文索义,求所解会,且从而证据之,因为补注凡三十四则,附朱注后。"

其二,讲究实证、反叛以朱熹为代表的宋儒以"义理"说经的需要。明末清初之际,尽管出现了黄宗羲、顾炎武、王夫之三大思想家兼学者,但他们高举的"经世致用"大旗所产生的影响仍无法与清初又取得儒学正统地位的程朱理学相抗衡。因此,朱熹的学说及著述在绝大多数文人心目中仍享有很高的地位,其中楚辞学领域也是多以朱熹《楚辞集注》为尊。如来钦之的《楚辞述注》所附的来逢春《后序》,认为"迄今学士家咸奉朱子《集注》"①。如钱澄之的《屈诂》,认为"朱子之《集注》更加详绎"②而多取朱子之说。笔者以为,表面上看,毛奇龄作《天问补注》主要是针对朱子"缜慎拘检"而使得"一篇之中,三疑阙焉"的弊端,然究其内在原因,则是毛氏受当时实证学风的影响,不满以朱熹为代表的宋儒以"义理"说经,故首挑朱熹《楚辞集注》中有关《天问》的"未详"词句加以驳正。可以认为,毛奇龄于青年时代(35岁)所撰的《天问补注》一书,只不过是他讲求实证、大胆攻驳朱子以治学的小试牛刀。之后,毛奇龄沿着这一治学路径奋力前行,其成效在他老年时期(85岁)专门针对朱熹《四书集注》所撰的《四书改错》一书中,则得到淋漓尽致地呈现。

其三,由自己青年时代的坎坷生活而对屈原不幸遭遇产生共鸣与同情。这一原因,毛奇龄在《天问补注》中并没有直接提到,然而通过略析作者本身的人生经历可见一斑。1644年清朝建立之后,毛奇龄作为明朝遗民,不仅与诸多文人士子一样不愿出仕清王朝,还跟随其族叔毛有伦参加抗清活动,后又被迫无奈亡走山寺。直到康熙十七年,毛奇龄年过半百,因才华横溢被荐举参加博学鸿儒科考试。毛氏曾总结自己前半生的生活,在其诗词中发出了"廿年歧路今方息,又是徵书急"(《虞美人·其四·早行口占》)"可怜此地,曾经流浪,一十五年前"(《少年游·其二·过淮城口占,有序》)和"谁料衰年,徵车北去,羞见市中人"(《少年游·其三·过淮城口占》)③等感慨。屈原两度被贬,在放逐之时,痛君不明,怨天地不公,心中愤懑不平而作《天问》。由此推测,毛奇龄结合自己青年时代的坎坷不平经历作《天问补注》,应该是对屈原不幸遭遇产生的同情与共鸣。从《楚辞》训诂史来看,将国家的沦亡之痛与对屈原的同情与共鸣联系在一起,实际上也是明末清初一些学者为《楚辞》作注的重要出发点之一,如周拱辰作《离骚草木史》、李陈玉作《楚辞笺注》、贺宽作《离骚笺释》(又名《饮骚》)、王夫之作《楚辞通释》和钱澄之作《屈诂》等,

---

① 姜亮夫:《楚辞书目五种》,上海:上海古籍出版社,1993年,第79页。
② 钱澄之:《庄屈合诂》(殷呈祥校点),合肥:黄山书社,1998年,第139页。
③ 转引自:毛庆:《〈天问〉研究四百年综论》,《文艺研究》,2004年第3期,第145页。

（二）《天问补注》的训诂体例及补注条目

训诂体例，一般有狭义与广义之分。广义是指注本的大体安排，狭义是指具体作注时的格式。从广义范畴看，《天问补注》十分简单，即"总论"和"条目"两部分；从狭义的范畴看，其具体作注的格式也较简明。正如《四库全书总目提要》所言：《天问补注》"前为'总论'，后凡三十四条，皆先列《天问》原文，次列《集注》，而后以补注继之，亦间有所疏证"①。这明确指出了《天问补注》的体例安排。

《天问补注》"总论"约400字，大致包括三方面内容：一是简述由汉至宋的《天问》注释、研究情况，二是批评朱熹注本之失，三是点明自己作注的原则。其中，毛奇龄所提及的补注原则是：保持一定的谨慎度，以免闹出"《尔雅》本注《毛诗》，而后之注《毛诗》者更引据《尔雅》，且谓《尔雅》一书为《毛诗》辞所从出"之笑话。《天问补注》"条目"三十四则如下：

顾菟／鸱龟曳衔／石林／龙虬负熊／麋萍九衢／皋华安居／玄趾／胡为（维）嗜不同味，而快朝饱／射鞠／阻穷西征，岩何越焉／咸播秬黍，莆蓳是营／释舟陵行／登立为帝／厥身不危败／吴获迄古，南岳是止／胡终弊于有扈／平胁曼肤／击床先出／焉得夫朴牛／何繁鸟萃棘／负子肆情／其位安施／逢彼白雉／妖夫曳衔／何冯弓挟矢／伯林雉经／载尸／彭铿斟雉，帝何飨／中央共牧，后何怒／惊女采薇／鹿何佑／薄暮雷电／荆勋作师／悟过改更／何环穿自闾社丘陵，爰出子文／吾告堵敖以不长／何试上自予

这些条目，朱熹大多未作出确切的解释，或言"未详""阙之"，或持怀疑的态度。毛奇龄按目次在原文中出现的顺序一一作答，或补充说明，或给予驳斥，有时还以"按"的形式申说。不过，每则条目补注的字数多寡不一，少者几十字，多则三四百字，这在一定程度上反映出毛奇龄补注的较明显针对性和"有话则长，无话则短"的较谨慎态度。

从具体作注体例来看，《天问补注》基本上如《四库提要》所言。例如：

黑水玄趾，三危安在？

【注】趾，一作沚。黑水、三危，皆见《禹贡》。玄趾未详。

【补注】玄趾，玄沚也，即黑水。张衡《西京赋》云："乃若昆明灵池，黑水玄沚。"因黑水所渚，原名玄沚，故记载有其名，汉宫亦拟其形也。若陆机《赴洛》诗云"南望泣玄渚"，则正指其地。渚、沚，字之通耳。三危，山名，黑水所经地。黑水、三危，从来

---

① 四库全书研究所：《钦定四库全书总目》（整理本），北京：中华书局，1997年，第1978页。

并举。如《广博物志》云："黑河之藻,可以千岁;三危之露,可以轻举。"亦是一例。①

在此例中,毛氏先列"玄趾"条目出自的"黑水玄趾,三危安在"原句,次【注】是列朱子《楚辞集注》注语,最后【补注】主要是针对"未详"的"玄趾"引用文献加以疏证。

## 二、继承传统训诂的字词训释特点

毛奇龄承袭了经学训诂的传统,其字词训释也以义训比重最大,声训比重较小,形训并未出现。经初步统计,《天问补注》中的字词训诂共有 67 组,其中义训共有 55 组,约占总数的 82%;声训共有 12 组,约占总数的 18%。不过,毛氏在《天问补注》中虽无直接的形训,然有时却以字形相似为出发点进行异文析义。

(一)《天问补注》的义训特点

一般说来,义训主要包括同义词训释、反义相训、标明义界、说明描写以及推因等类。《天问补注》中,主要运用的有同义词训释和标明义界两种。除此之外,毛氏有时还对同义词作简要辨析。

1. 以直训为主的同义词训释

同义词训释包括同训、递训、互训、直训、反训等几个小类。《天问补注》中的字词训释,主要是用直训,其他小类未见之。例如:

> 越,过也。("阻穷西征,岩何越焉"句注)
> 曳,牵援也。("妖夫曳衔,何号于市"句注)
> 雉经,缢也。("伯林雉经,维其何故"句注)
> 修盈,长盛也。("何由并投,而鲧疾修盈"句注)

这里所列举的 4 个例子,基本上继承了自汉代王逸《楚辞章句》以来《楚辞》训诂采用直训的四种类型:以单音节词注释单音节词、以双音节词注释单音节词、以双音节词注释单音节词、以双单音节词注释双音节词。通过对全文所释字词的统计,毛氏直训采用最多的当属以单音节词注释单音节词,占总数的一半多;其次,是采用双音节词注释双音节词。

其实,《天问补注》的字词注释格式、术语并不是单一化,而是与经书训诂一样呈现多样性。例如:

> 顺欲,犹书云,俾予从欲也。("顺欲成功,帝何刑焉"句注)

---

① 本文所引用的《天问补注》原文,均出自《续修四库全书》本,以下不再说明。

迄古,即《离骚》所谓终古也。("吴获迄古,南岳是止"句注)
　　作师,犹兴师。("昏微遵迹,有狄不宁。何繁鸟萃棘,负子肆情"句注)
　　终弊,即离蛮之意。("胡终弊于有扈,牧夫牛羊"句注)
　　往营即出营,言外求也。("何往营班禄,不但还来"句注)

在这几个例子中,第1例是用俚语释词,第2例是用"内证"法释词。另外,各例中还运用了"犹""即""言"等多种训诂术语。

《天问补注》在注释同义词时,有时还注意对其加以辨析,以加强补说或修正讹误。如:

　　衔……亦作卖。或谓与"鸱龟曳衔"衔字相近,以为字形误,非也。曳衔者,曳而衔之;曳衙者,曳而卖之。所谓号市者,正谓呼卖于市耳。("妖夫曳衙,何号于市"句注)
　　楚人以不成君与无谥号者皆谓之敖。……如麇被弑称郏敖,以无谥号;子干被弑称訾敖,以未成君。两义不同,则堵敖之敖亦只以无谥号耳,非未成君也。("吾告堵敖以不长"句注)

第1例,主要是辨析"衙"与"衔"二字的不同,由此补充了洪兴祖之说,驳正了王逸、朱熹将"曳衙"当作"曳衔"之误。第2例,主要是说明古时楚人称有身份者之死为"敖"的不同说法,以修正朱熹"楚人谓不成君而死者谓之敖"之注语。

### 2. 以标明义界为主的词组训释

标明义界,也称"界说释义",相当于对被释字词直接下定义。《天问补注》也常采用这一方法训释词或词组。例如:

　　登,女登也,亦名安登,炎帝之母也。("登立为帝,孰道尚之"句注)
　　顾菟,月中之兔。("厥利维何,而顾菟在腹"句注)
　　枲华,则枲为麻之有子者。("靡萍九衢,枲华安居"句注)
　　回水,河水回曲处也。("北至回水,萃何喜"句注)
　　曳犹踵曳,以尾相掸援也;衔犹辔衔,以口相结衔也。("鸱龟曳衔,鲧何听焉"句注)

由此5例,可知毛氏的标明义界对象一般为名词、动词或相关词组。需要说明的是,毛氏有时还会用标明义界的方法点明某词组的隐含义或引申义。如:

　　播降,播其德而降于民。("何后益作革,而禹播降"句注)
　　逢长,是立国久长义。("既惊帝切激,何逢长之"句注)

此 2 例中,毛氏分别指出"播""降"的隐含对象,解释了"逢长"的引申含义是"立国久长"。

(二)《天问补注》的声训特点和异文析义

1. 说明通假字和同源字的声训

古代《楚辞》训诂中的声训释词,最早见于东汉王逸的《楚辞章句》,之后诸多注本或多或少有所沿用。经大致考察,《天问补注》虽有声训,然例子总共不足 10 例。如:

  负、妇,古通字。如许妇,《史记》作许负是也。("何繁鸟萃棘,负子肆情"句注)
  渚、沚,字之通耳。("黑水玄趾,三危安在"句注)
  惊,警也。("既惊帝切激,何逢长之"句注)
  革,更也,言更背也。("何后益作革,而禹播降"句注)

这些例子,如果从现代划分字类的原则来看,又可分为以通假字和同源字为训两种情况。其中,第 1 例是以通假字为训,第 2、3、4 例是以同源字为训。简析如下。

第 1 例"负"与"妇"为通假字,两者音同义别。高亨先生的《古字通假会典》"妇与负"条指出:"《尔雅·释虫》:'妇,鼠负。'《释文》:'负又作妇。'《说文·虫部》鼠负作鼠妇。"① 可见,负、妇二字通假至少在汉代文献中就已出现应用实例。第 2 例"渚""沚"二字为照母双声,鱼之旁转,在"小洲"的意义上相通。王力先生《同源字典》引证曰:"《诗·大雅·凫鹥》:'凫鹥在渚。'传:'渚,沚也。'疏:'《释水》云:"小洲曰渚,小渚曰沚,小沚曰坻。"……言小渚者,渚沚皆水中之地,小大异也。'"② 第 3 例"惊""警"二字为见母双声,叠韵,在"警惕"的意义上相通,王力先生指出:"惊则引起警惕,警惕自己不犯错误就是敬,故'惊''警''敬'同源。"③ 第 4 例"革""更"二字虽无直接的同源关系,但由于它们都与"改"字有同源关系,故形成间接同源。"改""革"为见母双声,之职对转;"改""更"为见母双声,之阳旁对转。两者在"改变"的意义上相通,王力先生为此引用多部典籍所云"改,更也""革,改也""革,更也""更,改也""更,革也"④ 等互训的例子加以证明。

2. 基于形误的异文析义

考察现存历代《楚辞》文献,其异文说明最早见于晋代郭璞的《楚辞注》。在宋代洪兴祖、朱熹将之发扬光大之后,《楚辞》的异文校勘或辨析一直延续于整个《楚辞》训诂史。作为经学家的毛奇龄,也注意了依据异文来解析字词在句中的含义,其术语包括"当

---

①  高亨:《古字通假会典》(董治安整理),济南:齐鲁书社,1989 年,第 437 页。
②  王力:《同源字典》,北京:商务印书馆,1982 年,第 154 页。
③  王力:《同源字典》,北京:商务印书馆,1982 年,第 320 页。
④  王力:《同源字典》,北京:商务印书馆,1982 年,第 82 页。

作""作""某某(字)同""古某字即某字"等。例如：

> 繁当作鷩。《广雅》云："鴞,鷩鸟也。"《陈风·墓门》诗曰："墓门有棘,有鴞萃止。"此萃棘字同,而鴞鷩字又正同。此当以《陈风·墓门》诗为问也。("何繁鸟萃棘,负子肆情"句注)

> 并,进同,省文,即逐也。言逐而投之羽山也。("何鯀并投,而鲧疾修盈"句注)

> 阻当作鉏,地名。穷,即有穷国也。岩,险也。越,过也。……按《左传》魏庄子曰："昔有夏之衰也,后羿自鉏迁于穷石,因夏人而代夏政。"……羿居穷,后代夏政,然即为浞灭,故曰其险何似。古险字即岩字,如傅岩,史作傅险。("阻穷西征,岩何越焉"句注)

在第1例中,毛氏认为"繁"是"鷩"的形误字。据《集韵》,鷩是"鴞别名"。既"萃棘字同,而鴞鷩字又正同",所以毛氏得出了屈原是"当以《陈风·墓门》诗为问"的结论,从而疏通了朱子注此句"亦无所据"之说。在第2例中,毛氏认为"并"是"进"字的省形。进,《说文》云"散走也"。由于"进"的本义为"奔散,走散",与"逐"的含义相通,故毛氏释"并"为"逐"。此说虽有可商榷之处,但不失为一家之言。在第3例中,毛氏对两个异文加以了辨析。其一,认为"阻"应为"鉏",与"穷"一样作地(国)名解,并引《左传》为证。其二,认为"岩"是古时的"险"字。毛氏认为"古险字即岩字",是基于二字在"险要"意义上相通,正如"傅岩,史作傅险"。

顺便提及的是,《天问补注》中还有一个因版本不同造成异文而疏通句意的例子。毛氏在"平胁曼肤,何以肥之"句下,先列旧注："平胁,一作受平。……下句未详。旧说云：平胁曼肤,肥泽之貌。……"然后补注曰："旧本'平胁'上原有'受'字。言受之平其胁而曼其肤者,何故也？犹《陈平传》云'平何食而肥'也。"(笔者按：《汉书》原文为"贫何食而肥若是")依毛氏之说,"平胁"或"受平"皆有误,如按旧本作"受平胁"则句意可通。

### 三、《天问补注》的句意分析特点

《天问补注》目次中,虽只列举原文某句中的字词或某一句子,但具体注释时却均以列出原文句子为条目。既如此,因而对句意的串讲、归纳或考证必不可少。而且,毛氏在进行句意串讲或驳正时,有时也牵涉到句中蕴含的一些语法现象；其常用的术语有"言",有时也不用术语。大致说来,《天问补注》的句意分析有如下一些特点。

(一)侧重串讲字面义与兼说隐含义的句意分析

一般认为,训诂学家在句意串讲时或是直接串讲字面义,或是在串讲字面义的同时兼说隐含义(或内在义),只不过这两种方法有时也会融合运用,毛奇龄的《天问补注》也

不例外。此为叙述的方便,分别作一简介。直接串讲句意的例子,如:

感天抑地,言感激天地也。("何感天抑地,夫谁畏惧"句注)
释舟陵行,解舟而陆是行也。("释舟陵行,何之迁之"句注)
言穆子尝秉末德,何为得此朴牛也。("恒秉季德,焉得夫朴牛"句注)

兼说句意的例子,如:

不同味,言与所嗜者味不同也。急于治水缓于立嗣,是治水与立嗣其所嗜有殊味也。("胡为嗜不同味,而快朝饱"句注)
天既授殷以天下,则必择贤王而立之,其位何所施而与纣也。("授殷天下,其位安施"句注)
悟过改更,犹言冀幸君之一悟俗之一改也。久余是胜,言楚祚将衰,为人所胜久矣,料楚之必灭于秦也。("悟过改更,我又何言?吴光争国,久余是胜"句注)

这3个例子,第1例是明确指出了句子中"嗜不同味"的原因是"急于治水缓于立嗣";第2例是点明了本句的深层意蕴,即殷商治理天下本应"必择贤王",但后来由于昏君纣即位以致被亡;第3例,是解读"悟过改更"和"久余是胜"两句的言外之意。

(二)疏证与驳正相融合的句意分析

浏览《天问补注》全文,可知其句意分析的另一较明显的特点,就是常以"按"的形式(有时也不用"按")引用古籍加以疏证或驳正。例如:

越裳献雉在周公时,昭王安得而迎有之。按《竹书纪年》:"昭王之季,荆人卑词致于王,曰愿献白雉。昭王信之,而南巡,遂遇害。"是昭之南游,本利而迎之也。而卒以遇害,故曰何所利也。献白雉,正南巡事。("昭后成游,南土爱底。厥利惟何,逢彼白雉"句注)
言吴之得以终古者,以泰伯、仲雍采药南岳,故得来荆蛮,而以荆蛮为勾吴耳。……按《史记》《吴越春秋》皆云:泰伯至荆蛮,自号勾吴。又《史记索隐》云:吴名起于泰伯,前此未有吴也。又《吴都赋》云:夫有吴之开国也,肇自泰伯。则吴之得为吴,实自泰伯始。旧注以吴获为吴得泰伯,迄古为至古公时,皆非也。("吴获迄古,南岳是止。孰期去斯,得两男子"句注)
靡萍,蔓蓱也,其叶九出,为九衢。《吕览》曰:"菜之美者,昆仑之蘋。"蘋,即蓱也。又释氏说,昆仑山下有蓱沙国,其地产蓱,即靡蓱。王巾《头陀寺碑文》有云"九衢之草千计"是也。若《山海经》有建木在弱水西,青叶紫花,而赤实,百仞无枝,上有九欘,下有九枸。则此九枸,又似与麋萍不同,此是木类,非草类。然其曰百仞无枝,又曰下有九枸,则木枝无九枸可知。其云下有者,或即在弱水中所云麋萍者。……("麋萍九衢,枲华安在"句注)

这3个例子,首例是引用《竹书纪年》之语,补说昭王听信荆人献白雉之说而南巡遇害的史实。第2例是引用《史记》《吴越春秋》和《吴都赋》等文献,在补说句意的同时兼驳旧注之误。第3例是引用古代文献,以补说王逸未注"萍"、朱子注"未详何物"、洪兴祖注不全等情况。

(三)涉及语法现象的句意分析

《天问补注》在句意分析时,有时也涉及一些语法现象。如"胡终弊于有扈,牧夫牛羊"句,注云:"牧夫牛羊,犹云牛羊牧夫,倒句也。"这是指出该句语序是倒装句。如"咸播秬黍,莆雚是营"句,注云:"'咸播'至'是营'八字作句。……莆雚亦云播者,犹《逸周书》所云'润湿不穀,树之竹苇莞蒲'是也。"这是认为首句中动词"播"的宾语除'秬黍'外应兼带下句的'莆雚'。如"何感天抑地,夫谁畏惧"句,注云:"夫谁畏惧,言谁使之见畏惧于晋也。"这是点明"夫谁畏惧"句采用了使动用法,并补充了使动词"使"和被省略的宾语"之"和介词宾语"晋"。如"惊女采薇,鹿何佑"句,注云:"惊女采薇,夷齐初不知采薇之非,闻女言而后警焉,故曰惊女,犹言惊于是女也。"其中"惊于是女"中的"于"字表被动,说明夷齐是为此女所惊。

## 结语

除上述训诂特点之外,《天问补注》的一些疏证还具有一定的学术价值和史料价值。例如,王逸《楚辞章句》解读"顾菟"之"顾"为"顾望",其说沿袭一千余年,而毛奇龄直解"顾菟"为"月中兔名"并加以疏证。闻一多先生于《天问释天》一文中,认为此论"朱熹以下诸家皆无异说,其妄不足辩,惟毛奇龄以顾菟为月中兔名,庶几无阂于文义"[1]。又如,上文提到的在"逢彼白雉"条所引的《竹书纪年》之说,现存版本缺之,故此段文字可能是毛奇龄当时看到的版本,因而具有相应的史料价值。

然而,我们也不否认《天问补注》存在一些缺憾。该书的不足之处,主要有三方面:其一,一些补注的条目内容并非出自朱子,而是出自王逸、洪兴祖等人的注本,但毛氏未加说明;其二,一些条目,如"恒秉季德,焉得夫朴牛""惊女采薇、鹿何佑""薄暮雷电,归何忧"等条目的补说,存在一些曲解或臆测之处;其三,引用的文献有时出现讹脱。《天问

---

[1] 闻一多:《闻一多全集》,北京:生活·读书·新知三联书店,1982年,第328页。

补注》虽然有一些不足,但仍瑕不掩瑜。该书运用治经重实据的方法加以稽考疏证,能够自成一家之言,一些说法也为先儒所未及,故对后世的《天问》研究有较大的参考价值,在《楚辞》训诂史上尤其是在《天问》注释和研究方面具有较高的地位。而《四库全书总目提要》评之曰:"奇龄喜摭朱子之失,故为之补注。……亦间有疏证,然语本恍惚,事尤奇诡,终属臆测之辞,不能一一确证也。"① 这段评语,显然在一定程度上低估了《天问补注》的价值。

---

① 四库全书研究所:《钦定四库全书总目》(整理本),北京:中华书局,1997年,第1978页。

# 郭焯莹楚辞学平议*
## ——以湖南师范大学图书馆藏郭著稿抄本为中心

湖南师范大学文学院 陈松青

## 一、郭焯莹的生平与著述

郭焯莹(1872—1928),派名立煇,学名焯莹,字子燮,号炎生,晚改名大痴,号耘桂先生,湖南湘阴人,晚清著名思想家、学者郭嵩焘(1818—1891)之子。其生平事迹,见李肖聃《星庐文录·书〈玉池学略〉后》①,杨树达《读骚大例跋》②,黄光焘《光焘脞录》③,王啸苏《郭焯莹传》(有两种)④、《屈赋章句古微序》等。

关于郭焯莹的生卒,据杨锡贵《郭嵩焘年表》记载,同治十一年壬申"二月十八日,三子立煇生,学名焯莹"⑤,《四库大辞典》定郭焯莹生年为1877年⑥,误。郭焯莹卒年当是1928年,杨树达《读骚大例跋》云:"余于十七年夏,南归省亲,屡访先生,日相游处。……别后不一月,而先生以病逝,年五十有七。"可证。

郭焯莹是郭嵩焘第三子。郭嵩焘长子名刚基,派名立篪;次子名幼巘。因为刚基早卒,而幼巘的出生与成长又鲜为外人所知⑦,故时人述郭氏兄弟伯仲多误。任凯南《史记

---

\* 本文系湖南省哲学社会科学基金项目《晚清湖南文学楚辞接受研究》(项目编号:16YBA286)。

① 李肖聃撰,喻岳衡点校:《李肖聃集》,长沙:岳麓书社,2008年,第153页。

② 一见于《读骚大例》民国二十年北平文字同盟社铅印本;一见于杨树达著《积微居小学金石论丛》,北京:科学出版社,1955年,第254页。

③ 黄光焘:《光焘脞录》,《国专月刊》,1936年第4卷第1期,第61页。

④ 王啸苏所撰有两篇《郭焯莹传》,分别见于1949年5月湖南文献委员会编纂出版的《湖南文献汇编》第2辑和郭焯莹《屈赋章句古微》抄本卷前。本文以新、旧称之。附:王啸苏(1882—1960),原名王兢,字啸苏,以字行,号疏安、疏盦,湖南长沙人。早年曾在清华学校研究院学习和从事研究,师从梁启超、王国维、陈寅恪,一度与杨树达为同事。返湘后长期在湖南大学、湖南师范学院任教授,再与杨树达共事。1958年调湖南省文史研究馆任馆员,著有《校勘学》《苏盦近稿》等。(吕芳文、周亚平:《梁启超、王国维对弟子王啸苏的论学复函》,《中国国家博物馆馆刊》,2011年第10期。)

⑤ 熊治祁主编:《湖南人物年谱》第3册,长沙:湖南出版社,2013年,第656页。

⑥ 李学勤、吕文郁主编:《四库大辞典》(下册),长春:吉林大学出版社,1996年,第2368页。

⑦ 杨锡贵《郭嵩焘年表》同治三年:"次子幼巘生于江苏太仓,钱氏出,配长沙刘氏。"(熊治祁编:《湖南人物年谱》第3册,长沙:湖南人民出版社,2013年,第637页。)钱氏在与郭嵩焘结婚后一个月,归太仓,幼巘一支后来与本家失去联系,鲜为外人所知。郭道西主编,郭道晖编审《湖南省湘阴郭氏家族史全书》有详细描述。

札记序》①，龚笃清、寻霖《湘人著述表》②，寻霖、刘志盛《湖南刻书史略》③，皆以郭焯莹为"仲子"，杨树达《读骚大例跋》称郭焯莹为"玉池老人之冢子"，此文后来收入《积微居小学金石论丛》时改称"仲子"。

　　郭焯莹晚年改名大痴。杨树达《积微居小学金石论丛》所收《郭桂耘先生读骚大例跋》云："先生初名焯莹，字子燮，号炎生，晚乃改名大痴，自号耘桂先生云。"④《学衡》1926年第49期有《管子校释叙录》一文，署"郭大痴"；此文又载于《船山学报》1934年第5期，署"湘阴郭大痴遗稿"。任凯南《史记札记序》云："民国十七年以事偶晤耘桂先生长子继痴世兄。"郭焯莹之长子号"继痴"，则其本人名"大痴"，自在情理之中。《郭嵩焘全集》第十五册《本册说明》称"郭氏后人郭大痴"⑤，没有说明郭大痴的名字，可据补。

　　郭焯莹为郭嵩焘继室冯氏所出，出生时，郭嵩焘已五十五岁。郭嵩焘于光绪初出使英法，之后便废退家居，直至去世。此时郭焯莹正值少年时代。郭焯莹于光绪十七年入邑庠，以诸生与长沙王先谦等游，但在学业上受父亲影响更大。此外，与湘潭孙文昺（凡民）、孙文昱（季虞）兄弟等交契。曾主讲湖南高等学堂⑥、中路师范、湘阴驻省中学，终生奉母居省城六堆子养知书屋⑦。娶贵州布政使平江李元度女为妻⑧。

　　兹录王啸苏《郭焯莹传》以觇其学业与志趣：

　　　　君讳焯莹，字子燮，号耘桂，湘阴郭氏。父嵩焘，清道光翰林，累官至兵部左侍郎，尝出使英法诸国，究心世务，晚归治王船山之学，多所发抒。殁后，《清史稿》有传。嵩焘既卒，长沙王先谦铭墓谓："文章满家，鸾凤其仪。"时君年尚少，为诸生，并从其游也。为文深折奥衍，于湖南诸文家中，能崭然自树立。然驰骛高远，不以文士自局，凡《说文》、经史、百家之编，恣意纵览，复有深沈之思，于学能识流别、通幽眇。尝于湖南高等学堂授诸子学，编讲义三钜册，识者服其精到，而己则以为不足观。平生不轻著书，因屈原被放，终于汨罗，高其志节文辞，乃为《读骚大例》，发厥要旨，继成《屈子纪年》，暨《屈赋章句古微》与内、外《传》，广搜众家，务为赅博，又时下己意，以资

---

① 任凯南《史记札记序》称其"从公仲子耘桂先生学古文词"。郭嵩焘撰，梁小进主编：《郭嵩焘全集》第5册，长沙：岳麓书社，2012年，第3页。公，指郭嵩焘。
② 龚笃清、寻霖：《湘人著述表》（下册），长沙：岳麓书社，2010年，第858页。
③ 寻霖、刘志盛：《湖南刻书史略》，长沙：岳麓书社，2013年，第476页。
④ 杨树达：《积微居小学金石论丛》，北京：科学出版社，1955年，第254页。
⑤ 郭嵩焘撰、梁小进主编：《郭嵩焘全集》第15册，长沙：岳麓书社，2012年，《本册说明》第2页。
⑥ 王啸苏《屈赋章句古微序》："曾都讲湖南高等学堂。"湖南高等学堂于1903年由岳麓书院改制而成。
⑦ 寻霖、刘志盛：《湖南刻书史略》，长沙：岳麓书社，2013年，第476页。
⑧ 王先谦《诰授光禄大夫贵州布政使李公神道碑》："女七：适黄锡绶、彭树森、沈莹庆、曾广铨、郭焯莹、欧阳钧、张寿威。"王先谦著，梅季校点：《王先谦诗文集》，长沙：岳麓书社，2008年，第203页。

匡补,卷帙颇富,盖自清季历民国,经时廿余年,颛治不懈,有如此者。迨其殁后,门人任凯南为整辑之。君生长宦门,赋性淡泊,日手一卷,行以自随,家故有赀产,因不善治生,至于尽耗。晚益穷困,至寄于歌者家。年五十余,呕血卒。生时躯干短小,神光湛然,而一朝猝殒,知者谓为勤学积悴之所致云。(《屈赋章句古微》卷前)

黄光焘《光焘胜录》,寥寥数语,也可概其风神:

> 湘阴郭桂耘先生,早承家学,以古文名湖外,奇辞奥句,俗儒至不能句读,平生尤为楚骚,笺注稿凡数易,可传也。然不拘细行,溺于声伎,人亦以此少之,所著栖流略,尤为名教之玷,闻其遗稿已为日人购去,想不胫而走矣。先生之卒也,丛残著述,半付飘零,未闻有去而董理之者,可慨也夫。杜坦庵(本崇)挽以联曰:"本屈原宋玉之遗,猎艳寻芳,风雅不惭名父子;自桐城阳湖而外,纂言述事,品题争说古文家。"

郭焯莹的学术活动,除治《骚》、治诸子、参与东池印社等活动之外,主要是整理、刊行父亲的遗著,如《郭氏佚书六种》(光绪二十四年养知书屋刻本,包括《周易释例》《毛诗余义》《绥边征实》《慎忠录》《思旧录》《嘉言录》)。再如,郭嵩焘著有《读管笔记》,生前未刊行,而郭焯莹同样嗜好《管子》,于《管子》一书"批注甚多,并录其先德养知先生《读管笔记》于书眉,几全采用,称'郭云'、'小郭云'以别之"[1]。颜昌峣著《管子校释》,又吸纳郭氏父子之说,予以刊行,而郭焯莹复为之作《管子校释叙录》。此外,郭焯莹的楚辞学著作,频引"先说"。这些都说明郭氏父子学脉相承。

郭焯莹著述今多散佚。据查,除楚辞学著作之外,湖南图书馆藏有《辩孔小识》一卷、《易俟堂待定稿》一卷、《栖流七略十篇》一卷、《郭焯莹遗著稿》(稿本)、《耘桂先生尺牍》不分卷(稿本)、《鹃啼集》一卷等。

郭氏所著的一些单篇文章,也略可考见,如《先考玉池府君事述》[2]《湖南东池印社缘起》[3]《刘月皋征君墓碣》[4]《管子校释叙录》[5] 等。

本文摘引郭著,凡原稿自注的双行小字,用圆括号标示;原文疑缺,酌情补出,用方括号标示;原稿文字错误,或字义需要说明的,则予注释。郭氏喜用古字、异体字,如"居"

---

[1] 颜昌峣《管子校释·例言》。郭嵩焘撰,梁小进主编:《郭嵩焘全集》第15册,长沙:岳麓书社,2012年,《本册说明》第1—2页。
[2] 郭焯莹:《先考玉池府君事述》,《玉池老人自叙》附录,清刊本。
[3] 郭焯莹:《湖南东池印社缘起》,《艺观》,1926年第1期,第48页。
[4] 郭焯莹:《刘月皋征君墓碣》,《交通丛报》,1925年,第115、116期,第2—3页。
[5] 郭焯莹:《管子校释叙录》,《学衡》1926年第49期;《船山学报》1934年第5期。

## 二、郭焯莹楚辞学著作的存佚及稿抄本的概貌

（一）郭焯莹楚辞学著作之存佚

郭氏楚辞学著作，分类叙述如下：

1. 《屈赋章句古微》《屈赋内传》《屈赋外传》和《屈子纪年》，此四种均有稿本和抄本两种形式，藏湖南师范大学图书馆。

2. 《屈赋注商》《屈赋解故》《屈赋异文笺》，藏于湖南图书馆。

郭氏在已刊《读骚大例》中列其楚辞学著述六种：《屈赋注商》《屈赋章句古微》《屈赋解故》《屈赋异文笺》《屈赋内传》《屈赋外传》。上述六种著作中，《屈赋章句古微》《屈赋内传》《屈赋外传》三种，已如前述，藏湖南师大图书馆。《楚辞书目五种续编》："湖南省图书馆亦收藏郭氏研究《楚辞》的手稿二十八册，题《郭焯莹遗著稿》。"①《四库大辞典·集部·楚辞类》②《屈原学集成》皆承此说③，均未列细目。《湖南省古籍善本书目》《湘人著述表》虽有著录，但不仅未说明细目，连册数也未说明④。之所以如此，是因为这个稿本破损严重，一直未加修复，未允读者查阅。今馆方破例提供的照片显示，书名签记载："书名：郭焯莹遗著稿；册：28；版本：稿本；编号：437/321。"没有封皮，没有卷端页，看不到具体的著作名称，但从裸页所写内容可以看出与楚辞有关。据此推断，郭著《屈赋注商》《屈赋解故》《屈赋异文笺》应当在这个稿本中。

3. 《读骚大例》。

此种有两个版本：一是易俟堂郭氏印本。《湖南省古籍善本书目》称："《读骚大例》一卷 清郭焯莹撰 清光绪郭氏易俟堂印本 叶德辉跋。"⑤湖南图书馆官网书名检索结果为："清光绪郭氏易俟堂铅印本，叶德辉题记。"又《湖南刻书史略》："《读骚大例》一卷，民国郭氏易俟堂印本。"⑥笔者实地查阅是书，未见叶德辉题记或跋，扉页有"读骚大例 长沙粟掞署检""易俟堂郭氏聚珍本"字样，未署年月。书尾有购书记录："庚寅(1950)九月十九日访购于长沙 谢启明识。"书内"离骚"之"離"、"卜居"之"居"，皆为通行字，与郭氏稿抄本作"羅""凥"者不同，可知是书印行不会太早，以民国间印行为确。

---

① 崔富章：《楚辞书目五种续编》，上海：上海古籍出版社，1993年，第162页。
② 李学勤、吕文郁主编：《四库大辞典》下册，长春：吉林大学出版社，1916年，第2368页。
③ 戴锡琦、钟兴永主编：《屈原学集成》所收周建忠"郭焯莹屈原学研究综述"，北京：中央编译出版社，2007年，第548—549页。
④ 常书智、李龙如：《湖南省古籍善本书目》，长沙：岳麓书社，1998年，第513页；龚笃清、寻霖：《湘人著述表》，长沙：岳麓书社，2010年，第856页。
⑤ 常书智、李龙如：《湖南省古籍善本书目》，长沙：岳麓书社，1998年，第405页。
⑥ 寻霖、刘志盛：《湖南刻书史略》，长沙：岳麓书社，2013年，第476页。

一是北京文字同盟社民国二十年铅印本,有杨树达跋(以下称"杨跋本")。杨跋称:"日本友人桥川子雍,尝闻先生之学于吾同门友松崎柔甫,又喜究屈原书,读先生是篇服其精诣,将为印行,而乞言于余。"松崎柔甫,是叶德辉的日本弟子,与杨树达为同门。

以上两个版本,版式不同,内容相同,文字小异。崔富章《楚辞书目五种续编》《楚辞书录解题》只著录后者。《楚辞文献集成》亦据后者影印,其中双行小字多模糊,远不及前者清晰。

还要说明的是,郭焯莹研治楚辞,历清末至民国,是没有疑问的,但其著作撰出的次第,尚可细究。杨树达《读骚大例跋》云:"二十年来,自以身丁家国之变,发愤注骚,精思力索,凡三易草乃成,多前人所未发也。""家国之变"当指辛亥之变。王啸苏的旧《郭焯莹传》也说:"平生不轻著书,因父为清大臣,已复身遘国变,有慕屈平之志,为《读骚大例》发其要旨,继成《楚词集解》。"①1954年王氏再作《郭焯莹传》,修改为:"平生不轻著书,因屈原被放,终于汨罗,高其志节文辞,乃为《读骚大例》,发厥要旨,继成《屈子纪年》,暨《屈赋章句古微》与内、外《传》。""盖自清季历民国,经时廿余年,颛治不懈,有如此者。"(《屈赋章句古微》书前)列出撰纂次第,而以《读骚大例》为最早。但是从《读骚大例》"余定箸《屈赋注商》""余定箸《屈赋解故》""余定箸《屈赋章句古微》""余定著《屈赋解故》""余定箸《屈赋异文笺》""余定箸《屈赋内传》""余定著《屈赋外传》"等措辞看,则所列六种著作皆已写定,或大致写定②。所谓"大例"实际是其研治楚辞的总结。就笔者所能看到的郭氏楚辞著作,虽然卷帙繁多,但其观点、考据彼此照应,若合符契,可以想象,郭氏治楚辞二十多年,定稿之前,已有反复的修改与通盘的考虑,杨树达所谓"凡三易草乃成",当系事实。因此诸书的写定,虽有先后,但皆日积月累所得,唯《读骚大例》不应最早撰成,只因篇幅较短,且集中反映其楚辞研究的思路、方法与结论,因而得以先期出版。

郭氏楚辞学著作撰成时间可以确考者,唯《屈赋章句古微》。该著卷前《离骚叙录》录有郭氏与友人湘潭孙文昺(凡民)、孙文昱(季虞)兄弟探讨屈赋创作的历史背景与韵读的往返文字四则,有"癸亥孟秋凡民奉读并笺""癸亥九月再读耘桂先生《屈赋章句古微》,……文昱谨识"等语。癸亥,为1923年,可见此时《屈赋章句古微》已撰成。

某些文献记载郭氏楚辞学著作,名称随意,需要厘清。如王啸苏的旧《郭焯莹传》:"为《读骚大例》发其要旨,继成'楚词集解'。"文末自注:"据拙撰《感旧录》。"而其新《郭焯莹传》则修改为:"为《读骚大例》,发厥要旨,继成《屈子纪年》,暨《屈赋章句古微》与内、

---

① 王啸苏:《郭焯莹传》,见(民国)湖南文献委员会编:《湖南文献汇编》第2辑,长沙:湖南人民出版社,2008年,第203页。

② 定著,是指已写定的书稿。郭著频频使用此词指称王逸、洪兴祖等许多人物的著作。从郭著稿抄本看,《屈赋章句古微》《屈子纪年》是已完成的著作,唯《屈赋内传》《屈赋外传》稍有缺失。

外《传》。"可见前文所言"继成'楚词集解'",仅是一个模糊的说法,并非实有其书。李肖聃《湖南省志征集材料办法草案》《书〈玉池学略〉后》分别记为《楚辞补注》《楚词补注》①,亦同此例。郭群《湘阴郭氏遗著提要(续)》称"别有《离骚注解》一书"②,似指《屈赋章句古微》中注解《离骚》的部分。

此外,需要说明的是,郭氏著作并没有"毁于火"。"毁于火"的说法起于"杨跋本"的杨树达《读骚大例跋》:"余颇闻去岁长沙之变,先生所为骚注稿,不幸毁于火。"杨跋署作时"民国二十年一月十二日"。可知,"长沙之变"是指 1930 年 7 月,中国工农红军攻入长沙,成立长沙市苏维埃政府一事。杨先生所记只是传闻而已,后来其《积微居小学金石论丛》收录此文,称《郭桂耘先生读骚大例跋》,内容与前文相同,且在文末补缀数语:"先生初名焯莹……顷闻稿毁之说不实,乃大幸也。"③ 今学者不察,仍称:"郭焯莹所著《楚辞集解》不幸毁于战火。"④ 书名及结局皆误。

(二)郭氏楚辞学著作任抄本概貌

崔富章《楚辞书目五种续编》《楚辞书录解题》著录藏于湖南师范学院(今湖南师范大学)图书馆的郭焯莹所著楚辞学著作者共三种,均有稿本和抄本两种形式。郭著原稿皆未题"卷",仅标数字,崔著以卷论,本文仍之。兹将笔者所见与崔著比较,列表缕述同异:

1. 郭著存缺

| 崔 著 | | | 说 明 |
|---|---|---|---|
| 第 1 种 | 稿本 | 《屈赋章句古微》二十六卷《叙录》一卷。七册。 | 任抄本卡片:"《屈赋章句古微》,任抄本六册。"崔著亦作"六册"。按,前两册不属于任抄本系统,系 1954 年补抄(见下文"版式等")。崔著所言稿本之《叙录》当为《离骚叙录》,补抄本有此篇。 |
| | 任抄本 | 《屈赋章句古微》二十六卷。六册。 | |
| 第 2 种 | 稿本 | 《屈赋内传》五卷《内传杂篇》三卷。十册。存卷一至三、五,卷四存上、中。 | 崔著所记任抄本,与笔者所见同。 |
| | 任抄本 | 同上。 | |

---

① 李肖聃:《湖南省志征集材料办法草案》,湖南文献委员会编《湖南文献汇编》第 1 辑,长沙:湖南人民出版社,2008 年,第 4 页;李肖聃撰、喻岳衡点校:《李肖聃集》,长沙:岳麓书社,2008 年,第 153 页。

② 郭群:《湘阴郭氏遗著提要(续)》,湖南文献委员会编《湖南文献汇编》第 2 辑,长沙:湖南人民出版社,2008 年,第 180 页。

③ 杨树达:《积微居小学金石论丛》,北京:科学出版社,1955 年,第 254 页。

④ 郭建勋、陈聪灵:《论郭焯莹〈读骚大例〉的研究方法》,《云梦学刊》,2016 年第 2 期。

|  | 崔 著 | 说 明 |
|---|---|---|
| 第3种 稿本 | 《屈赋外传》二十七卷附《屈赋勘记》一卷《屈子纪年》一卷。七册。存十七卷（卷五至十五、二十四至二十七，附二卷全）。 | 崔著未言任抄本册数，笔者所见为七册。抄本中未见《屈赋校勘记》，只见《屈子纪年》，故崔著所言"附一卷"，当指《屈子纪年》一卷。《屈赋校勘记》一卷，或未抄，或抄而后佚。 |
| 任抄本 | 亦存十七卷（卷五至十五、二十九至三十三，附一卷）。 | 此外，崔著所言稿本、抄本卷次有同有异，实未经核对。今详除《屈赋校勘记》一卷存疑外，其余十六卷全同（见下文"按语"）。 |

按，《屈赋章句古微》抄本第一册内有夹纸二页，题为"湘阴郭氏楚辞学任氏抄本目录　湘阴郭焯莹耘桂箸"，是今湖南师大图书馆所藏郭著楚辞学著作任抄本的总目，应是1954年前后为整理出版郭著，经比对郭氏稿本和任抄本之后所作。兹列这个目录的主干如下，并略作说明：

(1) 屈赋章句古微

内云"离骚缺"。按即缺第一、二册，可见其时此二册尚有待补抄。

(2) 屈赋内传

按，与笔者所见相同。

(3) 屈赋外传

内云"卷一、二、三、四不见""卷十六—二十三不见"，而于"息夫躬绝命辞　屈赋朱子外传二十九"下注："原稿卷二十四。"于"张衡思玄赋　屈赋朱子外传三十"下注："原稿卷二十五。"于"蔡琰悲愤诗　屈赋朱子外传三十一"下注："原稿卷二十六。"于"董生为蔡琰作胡葭（笳）十八拍　屈赋朱子外传三十二"下注："原稿卷二十七。"可见稿本、任抄本的卷次虽然不同，但内容完全相同，只是抄写者将稿本的卷次改动了，抄本的卷三十、三十一、卷三十二，就是原稿的卷二十五、二十六、二十七，也可推定崔著所言《屈赋外传》任抄本卷"三十三"，误，当作"三十二"。

(4) 屈子纪年

按，《湘阴郭氏楚辞学任氏抄本目录》没有著录崔著所言《屈赋校勘记》，可见其编目时，相应的稿本或已缺失，或崔著所言另有所据。另外，这个目录将《屈子纪年》单列出来，是合理的，因为其内容性质、用字习惯以及手书风格与其他三种著作不同。

2. 版式等

抄本共二十三册，其中《屈赋章句古微》的第一、二册，据书内一浮签所言，为"一九五四年补抄"。1954年王啸苏所作《屈赋章句古微序》称"副本之缺者，别为补抄"，也应是指这二册。此二册，红色单边，每半页十行，版框左下印有"长沙市中山东路汉新和纸铺供应"红色楷体铅字。每行字数不一,字迹系多人所为,且不似他册老练。崔著未与他册区别,可补正。《屈赋章句古微》的第一、二册,是疏解《离骚》的,其重要性自不待言,今存任抄本却缺了这两册,原因不详。

其余二十一册,每半页十行,行二十字,白口,左右双边,版框左下镌"戆父抄书用纸"。字体通为正楷,但字迹不一,有的端方,有的扁平,有的略带隶意,当为三四人分册抄写。其中《屈子纪年》一册颇有不同,纸张虽与他册相同,但系二人轮番抄写,合装成册,字迹也不同于他册,每行字数比较随意。所有二十一册首页有"湖南大学图书馆藏书""湘阴任凯南藏书"楷体阳文红印。个别册另有"戆父藏书"篆体阳文红印。任凯南(1884—1949),初字拱辰,后改字戆忱,是郭焯莹的学生[①]。李肖聃《书〈玉池学略〉后》说:"(郭焯莹)死后其门人湘阴任凯南,假得手稿,属宁乡余生震华,钞写一通,积数巨册。今凯南以忧时发狂,饮鸩自杀,其家举其藏书,赠之岳麓湖南大学。"[②] 可知郭著是由任凯南嘱托宁乡余震华等人抄写的。

整个二十三册中,第一、二册没有封皮,其他二十一册的封皮上写有书名,但字迹、墨色不一致,均有"湖南师范学院图书馆藏书"蓝印。中华人民共和国成立之初,国立师范学院并入湖南大学。1953年8月全国院系调整,湖南大学撤销,建立湖南师范学院和中南土木建筑学院,原湖南大学图书馆所藏古籍悉数划归湖南师范学院图书馆,郭著经过不止一次封皮装订,系在这之后所为。

简言之,今藏湖南师大图书馆的郭焯莹楚辞学著作的基本情况是:

(1)二十三册抄本中,《屈赋章句古微》第一、二册系1954年补抄,其他各册为任氏抄本。

(2)除《屈赋校勘记》存疑外,郭氏楚辞学著作共四种:《屈赋章句古微》《屈赋内传》《屈赋外传》和《屈子纪年》,均有稿本和抄本两种形式。

## 三、郭焯莹楚辞学的体系结构

郭焯莹《读骚大例》所列六条,揭示了其楚辞学的体系结构。兹摘抄如下:第一条:"事据史传取勘。""余定著《屈赋注商》,依循史迁,为加勘校,发正班、王之谬妄,祛除洪、朱之蔽滞,庶今古纷纭之说有所取定也。"第二条:"意由声音证入。""余定著《屈赋章句古微》,谨守先说,以涵泳辞气于屈子渊情,恍若有会,推致之二十五篇,颇详究其章

---

[①] 《湖南省志》记载:任凯南,初字拱辰,后改字戆忱,1884年(清光绪十年)8月生于湘阴县塾塘乡(今属汨罗市)。少时以学行优异补廪生,选拔贡,又在湖南高等实业学堂毕业。先后留学日本、英国。1922年,任湖南省立商业专门学校校长、湖南省立图书馆馆长。1926年之后,在湖南大学、武汉大学任教,一度担任湖南大学校长。治学严谨,时在经济学界有"南任北马(寅初)"之称。抗日战争期间,曾出任湖南省参议员。1949年农历六月辞世。(湖南省地方志编纂委员会编:《湖南省志》下册,长沙:湖南出版社,1995年,第117—118页。)

[②] 李肖聃撰、喻岳衡点校:《李肖聃集》,长沙:岳麓书社,2008年,第153页。

分之指。"第三条:"谊本故训求通。""余定著《屈赋解故》疏证名物之类别,综合词言之条贯,凡通古读,兹事尤为先务,不可得略也。"第四条:"辞采众本是正。""余定箸《屈赋异文笺》,主洪校,亦参取《集注》,疏发辞中失之指,别析词正假之由,虽未必悉当,庶犹贤于执中无权者夫。"第五条:"论依经训节中。""余定箸《屈赋内传》,墨守史录,针班固之膏肓,起王逸之废疾,而推阐洪兴祖之渊情,绅绎朱子之大谊,以羽翼史氏,钩较刘勰、黄伯思、晁补之之歧说,以曲尽端末,屈赋指趣用益昭揭,兹抑千古得失之林也。"第六条:"说参异家互发。""余定著《屈赋外传》,尽班所录异家,引赋就骚,各附其章,其有溢出,或别次屈赋旁篇,兼及《补注》所甄引,《后语》所采摭,下逮《通释》所新入,咸无遗焉。"

崔富章评云:"是六条,实郭氏《楚辞》著述之总纲也。"① 读者感到疑惑的是,对屈赋的研究为什么分《内传》《外传》? 二者区别又在哪里? 而这正是构成郭氏楚辞学体系的重要环节。先不妨将湖南师大馆藏的郭氏稿抄本详目抄录于下:

1. 屈赋章句古微

《离骚》叙录

附郭焯莹传　王啸苏

序　王啸苏

离骚上　屈赋章句古微一之上

离骚下　屈赋章句古微一之下

九歌一　东皇太一　屈赋章句古微二

九歌二　云中君　屈赋章句古微三

九歌三　湘君　屈赋章句古微四

九歌四　湘夫人　屈赋章句古微五

九歌五　大司命　屈赋章句古微六

九歌六　少司命　屈赋章句古微七

九歌七　东君　屈赋章句古微八

九歌八　河伯　屈赋章句古微九

九歌九　山鬼　屈赋章句古微十

九歌十　国殇　屈赋章句古微十一

九歌十一　礼魂　屈赋章句古微十二

天问　屈赋章句古微十三

九章一　惜诵　屈赋章句古微十四

---

① 崔富章:《楚辞书目五种续编》,上海:上海古籍出版社,1993年,第163页。

九章二　涉江　　屈赋章句古微十五
九章三　哀郢　　屈赋章句古微十六
九章四　抽思　　屈赋章句古微十七
九章五　怀沙　　屈赋章句古微十八
九章六　思美人　屈赋章句古微十九
九章七　惜往日　屈赋章句古微二十
九章八　橘颂　　屈赋章句古微二十一
九章九　悲回风　屈赋章句古微二十二
远游　　屈赋章句古微二十三
卜居　　屈赋章句古微二十四
渔父　　屈赋章句古微二十五
招魂　　屈赋逸篇章句古微二十六

2. 屈赋内传

| | |
|---|---|
| 司马迁太史公列传第二十四 | 屈赋司马氏内传一之上 |
| 司马迁太史公书家世家第十 | 屈赋司马氏内传一之中 |
| 淮南王刘安离骚说钩沈 | 屈赋司马氏内传附录一之下 |
| 班固楚辞序录 | 屈赋班氏内传二之上 |
| 刘勰文心雕龙辨骚第五 | 屈赋班氏内传附录二之中 |
| 王夫之楚辞通释叙例 | 屈赋班氏内传附录二下之上 |
| 王夫之楚辞通释卷末九昭 | 屈赋班氏内传附录二下之下 |
| 王逸楚辞章句叙卷第十七上 | 屈赋王逸内传三上之上 |
| 王逸楚辞章句叙卷第十七下 | 屈赋王逸内传三上之下 |
| 刘向新序节士第七 | 屈赋王逸内传附录三之中 |
| 沈亚之所造屈原外传 | 屈赋王逸内传附录三之下 |
| 洪兴祖楚辞补注目录 | 屈赋内传四之上 |
| 黄伯思新校楚辞叙 | 屈赋内传四之中 |
| 朱子楚辞集注目录 | 屈赋朱子内传五上之一 |
| 朱子楚辞后语目录 | 屈赋朱子内传五上之二 |
| 晁补之重编楚辞离骚新叙 | 屈赋朱子内传附录五之中 |
| 晁补之新叙录 | 屈赋朱子内传附录五之下 |
| 周拱辰离骚草木史叙目 | 屈赋内传杂篇之一 |
| 何乔新楚辞叙 | 屈赋内传杂篇之二 |
| 王世贞楚辞叙 | 屈赋内传杂篇之三 |

3. 屈赋外传

| | |
|---|---|
| 淮南小山招隐士 | 屈赋班氏外传五 |
| 王褒九怀 | 屈赋班氏外传六 |
| 东方朔七谏 | 屈赋班氏外传七 |
| 刘向九叹 | 屈赋班氏外传八 |
| 严忌哀时命 | 屈赋班氏外传九 |
| 不知作者惜誓 | 屈赋班氏外传十 |
| 皮日休九讽系述 | 屈赋洪氏外传十一 |
| 扬雄反离骚 | 屈赋洪氏外传十二 |
| 梁竦悼骚赋 | 屈赋洪氏外传十三 |
| 司马相如大人赋 | 屈赋洪氏外传十四 |
| 柳宗元天对 | 屈赋洪氏外传十五 |
| 息夫躬绝命辞 | 屈赋朱子外传二十九 |
| 张衡思玄赋 | 屈赋朱子外传三十 |
| 蔡琰悲愤诗 | 屈赋朱子外传三十一 |
| 董生为蔡琰作胡笳十八拍 | 屈赋朱子外传三十二 |

4. 屈子纪年

屈子纪年叙

屈子纪年

从上述目录可知，《屈赋章句古微》疏解的是被郭氏认定为屈原所写的作品，共二十六篇：《离骚》《九歌》（十一篇）、《天问》《九章》（九篇）、《远游》《卜居》《渔父》《招魂》。《读骚大例》第二条说"推致之二十五篇"，《招魂》在二十五篇之外，郭氏认为是屈赋的逸篇（详下文）。

以此为基点，郭氏将《史记·屈原列传》《楚世家》以下，凡涉及屈原生平、著作，如班固《楚辞序》等①、王逸《楚辞章句》大小叙、《九思》②、洪兴祖《楚辞补注目录》③、黄伯思《新校楚辞叙》、朱熹《楚辞集注目录》《楚辞后语目录》均入列为"内传"，将淮南王刘

---

① 《汉书志·地理志》叙吴俗云："始，楚贤臣屈原被谗放流，作《离骚》诸赋，以自伤悼。后有宋玉、唐勒之属，慕而述之，皆以显名。汉兴，高祖王兄子濞于吴，招致天下之娱游子弟，枚乘、邹阳、严夫子之徒，兴于汉、景之际。而淮南王安亦都寿春，招宾客著书。而吴有严助、朱买臣，贵显汉朝，文辞并发，故世传《楚辞》。"《志》中文字，《楚辞补注》"楚辞目录"下录作"班固云"。郭氏视为"楚辞序录"一类文字。

② 郭氏《王逸楚辞章句叙》第十七分上、下卷，上卷疏解《楚辞章句》的大序和各篇小序，下卷疏解王逸所作《九思》。郭氏云："《九思》虽别勒专篇，寔缀附叙末。"

③ 洪兴祖《楚辞补注》，于王逸注后，或加"余按"、或加"按"、或加"补"、或不加，郭氏刺取洪氏注语疏释之，篇次仍依洪本。

安《淮南子》中与楚辞相关或与楚辞语意相合的遗说、刘勰《文心雕龙·辨骚篇》、王夫之《楚辞通释》中的《叙例》《九昭》、刘向《新序·节士篇》、沈亚之《屈原外传》、晁补之《重编楚辞》的《离骚叙》等作为"内传附录",周拱辰《离骚草木史叙目》、何乔新《楚辞叙》、王世贞《楚辞叙》等作为"内传杂篇"杂厕其间。此《读骚大例》第五条所谓"余定箸《屈赋内传》,墨守史录,针班固之膏肓,起王逸之废疾,而推阐洪兴祖之渊情,绅绎朱子之大谊,以羽翼史氏,钩较刘勰、黄伯思、晁补之之歧说"云云,大抵都在《屈赋内传》中得到体现。

相较而言,《屈赋外传》比较复杂:

(1)淮南小山《招隐士》、王褒《九怀》、东方朔《七谏》、刘向《九叹》、严忌《哀时命》、不知作者《惜誓》等数家出于《楚辞章句》,而郭氏认为《楚辞》最初由班固编定,故题为"屈赋班氏外传",即郭氏《读骚大例》第六条所谓"尽班所录异家",实即《楚辞章句》中屈作之外的作品,两者对比,《屈赋外传》所缺为《九辩》和《大招》两篇,但所题卷次却缺一至四,共四卷,未审何故。

(2)皮日休《九讽系述》、扬雄《反离骚》、梁竦《悼骚赋》、司马相如《大人赋》、柳宗元《天对》等数家为洪兴祖《楚辞补注》所甄引。《楚辞补注》于王逸《九思叙》后言及皮日休《九讽叙》、梁竦《悼骚》:"皮日休《九讽叙》云:屈平既放,作《离骚经》。正诡俗而为《九歌》,辨穷愁而为《九章》。是后词人摭而为之,若宋玉之《九辩》,王褒之《九怀》,刘向之《九叹》,王逸之《九思》,其为清怨素艳,幽抉古秀,皆得芝兰之芬芳,鸾凤之毛羽也。扬雄有《广骚》,梁竦有《悼骚》,不知王逸奚罪其文,不以二家之述为《离骚》之两派也。"①《楚辞补注》于王逸《楚辞章句叙》后言及司马相如《大人赋》、杨子云《反离骚》:"司马相如作《大人赋》,宏放高妙,读者有凌云之意。然其语多出于此。至其妙处,相如莫能识也。太史公作传,以为其文约,其辞微,其志絜,其行廉,其称文小而其指极大,举类迩而见义远。其志絜,故其称物芳。其行廉,故死而不容自疏。濯淖污泥之中,以浮游尘埃之外,推此志也,虽与日月争光可也。斯可谓深知己者。杨子云作《反离骚》,以为君子得时则大行,不得时则龙蛇。遇不遇,命也,何必沉身哉!屈子之事,盖圣贤之变者。使遇孔子,当与三仁同称雄,未足以与此。班孟坚、颜之推所云,无异姜妇儿童之见。余故具论之。"②《楚辞补注》于王逸《天问章句叙》后云:"柳宗元作《天对》,失其旨矣。"③以上数家郭氏题为"屈赋洪氏外传",此郭氏《读骚大例》第六条所谓"《补注》所甄引"。

(3)息夫躬《绝命辞》、张衡《思玄赋》、蔡琰《悲愤诗》(骚体)、董生《为蔡琰作胡笳》入录朱熹《楚辞后语》,以上数家,郭氏题为"屈赋朱子外传",此郭氏《读骚大例》第六条所

---

① 洪兴祖:《楚辞补注》,北京:中华书局,1983年,第314页。
② 洪兴祖:《楚辞补注》,北京:中华书局,1983年,第50—51页。
③ 洪兴祖:《楚辞补注》,北京:中华书局,1983年,第85页。

谓"《后语》所采摭"。

(4)《楚辞通释》除收传统篇目外,新入江淹(文通)《山中楚辞》(四篇)、《爱远山》及王夫之自撰的《九昭》。依内、外之例,《九昭》已列入《屈赋内传》,所以不再列入《屈赋外传》,但其他自"《通释》所新入"(《读骚大例》第六条)的江淹《山中楚辞》诸篇,也不见于现存《屈赋外传》,可能是郭稿未完,或已佚失。

尽管《屈赋内传》《外传》各有所缺,《外传》又相对严重些,但绝大多数的篇章还在,可以判定《内传》《外传》之别在于:《内传》所研究的是,记载屈原事迹之史传、屈作之叙录,还包括历史上治《骚》名家的骚体"叙传",如王逸的《九思》、王夫之的《九昭》,这些文献与屈原的关系较为直接;《外传》则选录和疏释屈作之外的骚体作品,是骚体作品的选本,目的在于说明屈赋的影响。

由此可见,《读骚大例》是郭氏楚辞学的总纲;《屈赋章句古微》是对屈原作品的直接解读,是郭氏楚辞学研究中最重要的部分;《屈子纪年》是编年传记,是屈赋的系年;《屈赋内传》《屈赋外传》是《屈赋章句古微》的延伸,涉及《楚辞章句》《重编楚辞》《楚辞补注》《楚辞集注》《楚辞后语》《楚辞通释》等重要的楚辞学著作。再加上《屈赋注商》《屈赋解故》《屈赋异文笺》等文字训诂、名物考证一类著作作支撑,郭氏楚辞学自成体系,规模宏大,超过前代及同时代治骚诸家。

## 四、郭焯莹楚辞学的主要观点

这里就屈原作品篇数及系年、《离骚》《天问》《招魂》的主旨及结构、《楚辞》的纂辑等问题,介绍郭焯莹的看法。

(一)屈原作品及系年

《汉书·艺文志》著录"屈原赋二十五篇",王逸《楚辞章句叙》也称屈原所作"凡二十五篇",而郭焯莹认为屈原作品二十六篇,《屈赋章句古微》即是针对二十六篇作品加以疏解的。这二十六篇是:《离骚》《九歌》(11篇)、《天问》《九章》(9篇)、《远游》《卜居》《渔父》《招魂》。《招魂》一篇在二十五篇之外,郭氏认为《史记·屈贾列传》已明言为屈原所作,不应怀疑,而《楚辞章句》归之于宋玉,郭氏的推测是:"刘向第录屈原赋,未厕列二十五篇之末,班固定著《楚辞》,复标举作者为宋玉。疑屈子夙疾恶秦,为子兰所怒,适方赋《招》,宋玉惧重时忌,持狱益急,隐其言而不宣。私录藏之,及编玉赋,遂竟寄在宋篇,史公尚及详主名,至班固时已失考正。"(《屈赋章句古微》二十六《招魂》即说,屈原作《招魂》,宋玉出于保护屈原的目的,私录藏之,班固编《楚辞》时,已失考;之后,王逸遂以为宋玉所作。因为此篇在《汉书·艺文志》"屈赋二十五篇"之外,故郭氏称之为"逸篇"。按,郭氏认为《楚辞》是由班固编定的,所以有"至班固时已失考正"等语。

屈原的生年,郭氏《屈子纪年》从曹耀湘说,定于楚宣王良夫十五年正月庚寅,其卒年则定于顷襄王九年。

其作品系年是(以下未说明出处者,均出自《屈子纪年》):

1.《远游》作于怀王十五年。郭氏定楚怀王十年,屈原为楚怀王左徒;十五年,草宪令,因上官大夫进谗,为怀王怒而疏之,屈原"感时俗的阨,愿轻举远游,于是赋《远游》以自广",具体而言,是"始疏夺官,忧谗畏讥,身不自适,因托求仙,以祛尘累、息群谤,未暇计及令绌之兆祸也"。《远游》是屈原最早的作品,《离骚》结尾辞旨多同,是对《远游》的阐发。

2.《九歌》作于怀王十七年。时,秦发兵击楚,大破楚师于丹、淅,遂取楚汉中地,《汉书·郊祀志》有载:"楚怀王隆祭祀,事鬼神,欲以获福助,却秦师。"故屈原作《九歌》十一篇以托讽:《东皇太一》"托诸皇穆将愉、欣欣乐康,祝愿楚君以道自豫";《云中君》"托诸览冀州、横四海,祝愿楚君之能安天下";《湘君》"托诸交不忠、期不信,祝愿臣之能致身";《湘夫人》"托诸沅茝澧兰,思未敢言,祝愿贤妃之无干政";《大司命》"托诸乘清气、御阴阳,祝愿宪令之修举";《少司命》"托诸拥幼艾、为民正,祝愿楚民之熙皞";《东君》"托诸举长矢、操余弧,祝愿田齐之同仇","北斗平旦,建者魁。魁,海岱以东北……是北斗之援寓齐①";《河伯》"托诸送美人南浦,来迎媵予,祝愿三晋之争助","今楚有事于秦,傥三晋并坚守从约,楚亦得少息肩,有隣隣媵予之象,殆托讽焉";《山鬼》"托诸含睇且笑、岁晏孰华,微警群小之诡谀";《国殇》"托诸凌阵躐行、左殪右伤,致悼将卒之凋丧";《礼魂》"托诸春兰秋菊、无绝终古,祝愿楚祚之绵长"。

3.《卜居》作于怀王十八年屈原出使齐国之前。此时,"屈原既放三年,不得已,往见太卜郑詹尹,于是赋《卜居》以自靖"。郭氏云:"'放'谓不居其位,即十五年怒疏事也。绎其辞指,辩析吉凶之故、去从之谊,则为使齐之前,怀王召平议,初闻命,自审所处之宜,因赋《卜居》,怒疏至是,适三年也。"

4.《离骚》作于怀王十八年,屈原使齐归来之后。屈原使齐归来,而怀王已释去张仪,屈原知宪令尽废,有亡国之危,"感退修初服,反顾游目,体解未变,于是赋《离骚》以痛君"。司马迁将屈原赋《骚》之指叙述于怀王十五六年怒疏之后,有"虽与日月争光可也"等语。郭氏认为:"推本《骚》之由作,非即赋于是时也。平见疏而致疾,以宪令之废为病耳,安危之系在令,令废,斯国有危亡之惧。"故定《离骚》作于怀王十八年。这是郭氏唯一不从史公的地方②。

---

① 援寓齐,当作"寓齐援",寄寓引外援于齐国的意思。
② 刘永济《史记屈原列传发疑》引郭焯莹《屈子纪年》"推本《骚》之由作"等语,又说:"近人郭焯莹《屈子纪年》,主十六年作《骚》。"(褚斌杰编:《屈原研究》,武汉:湖北教育出版社,2003年,第109、116页。)"九一八"事变后,湖南大学西迁至湘西辰溪,刘永济先生于此处短期任教。其读郭稿,当在此时,但于《屈子纪年》上述文字,似未细读。

5.《天问》作于怀王三十年。是年,秦昭王与楚婚,欲与怀王会武关,屈原谏毋行,怀王不听,遂客死于秦。顷襄王立。屈原"感时不寤改过,更告以不长,于是赋《天问》以儆众"。郭氏赞成曹耀湘之说:"篇末赋楚昭复国,以讽顷襄;赋子西定乱,以讽昭睢,允已。"但又认为:"楚怀客秦,鬻失政以兆祸,故援天问之,当作于迎立顷襄之始,目睹国变,因发摅悲愤。耀湘定作于元年,时犹放居汉北,究嫌未安。"故定于作于怀王三十年。

6.《招魂》作于顷襄王三年。怀王死于秦,而归葬。屈原"目极千里,重伤春心,于是赋《招魂》以写哀"。郭氏又说:"怀王入秦在三十年春,今客死又值春初,故心益感春,而伤哀江南,则默揣怀王眷怀故国,求归不得,死后犹当痛心楚之臣漠视秦仇,故魂归大江以南,引为大哀也。"

7.《渔父》作于顷襄王三年,"又作《渔父》以明志"。

8.《九章》之前四篇《惜诵》《涉江》《哀郢》《抽思》,作于顷襄王八年。

9.《九章》之后五篇《怀沙》《思美人》《惜往日》《橘颂》《悲回风》,作于顷襄王九年(前290)。

之所以定《九章》作于顷襄王八年、九年,郭氏的依据是:"《哀郢》陈怀王客死之祸,而云'九年不复',是作《九章》时,上距武关之会九载也,是必有感于七年秦楚之平,益决国事无可为,既赋《九章》明俗之宜改,复以一死求寤于君焉。观《抽思》感于'秋风之动容',自前四篇作于顷襄八年之秋;《怀沙》兴于'滔滔孟夏',自后五篇作于九年之夏。"郭氏定《悲回风》为屈原绝命之辞:"终之以绝命之辞,盖痛心回风摇蕙,怨往悼来,以哀伤世变,赋《悲回风》","于是怀石,遂自投汨罗以死"。

(二)《离骚》的题旨与结构

《屈赋章句古微》一之上《离骚》上说明《离骚》的题意与缘由:

> 罗(离),《楚语》伍举谓"德谊(义)不行,则迩者骚罗(离),远者距(距)违也"。罗即《诗·兔爰》"逢此百罗(俗罹)",附箸(著)牵缚意。扰曰骚。楚怀十六年,武信诈欺楚连岁伐秦,再败于丹阳蓝田,举国扰动,至十八年未挽(脱)焉,少释,复约连秦,自重缚牵,命篇本意,殆指此也。史迁定次《屈传》,释之曰:"犹罗(离)忧也。"

郭氏以"罹"释"罗(离)",以"扰动""骚动"释"骚",又引司马迁"离骚,犹离忧也"相牵合。郭氏强调屈原所有作品与其所草宪令的行废有关。当时楚国骚扰离乱不堪,屈原草宪令,遭谗被疏,怀王十八年,屈原出使齐国,重与齐国修好。郭氏《屈子纪年》说:"遭秦困挫,齐交绝,孤莫助却,而党人外比武信,齐所疾视,无敢往游说,乃起屈,疏废北使。"但使齐归来,怀王已释张仪,知宪令尽废,有亡国之危,故"赋《离骚》以寤君"。

《屈赋章句古微》将《离骚》分为上下两篇,上篇三章,下篇四章,全文共七章。

上篇:从开篇至"固前圣之所厚"。

大意:阐发宪令之造为,当患未形,先深规兴存,得绝"骚罗(离)"乎君国。大抵以正则为立言之纲,反覆讼君国之则。微纪秩其臣民,罔自拨之使正也。屈当日所正之者,视宪令定上下之位,致力为甚易而已。屈属草,本诸自任之重,内身体以植其本,外规时以尽其宜。下乃以危误其国,楚绌令大悖择谊之审。按验本事,则得失之相倚伏,两无一爽;徵考党人,则凶害之从酝酿,岂能为掩?循省尽己,则道德之所依准,灼无可比。疑凡此皆正则之指矣。

第一章:从开篇至"恐皇舆之败绩"。

大意:明自任之重。首揭宪令所以造为大指,内度诸身,则内美修能,所学图足任天下之钜①;外度诸世,则抚壮弃秽,所务灼见为切要之规。《史》称"觊幸君瘳",瘳所属草,固已忧骚动于未形焉。

第二章:从"忽奔走以先后兮"至"愿依彭咸之遗则"。

大意:明涉世之艰。次揭宪令所由绌罢本事。上官以党魁构谗,上愚弄其君,则谗谮以倾覆宪令,竟致君与离别。下武伤其国,则贪婪以悖宪令,无恤国之芜秽。《史》称"觊幸俗改",改此邪曲,勿重兆骚动于难遏焉。时殷孟子"苟不志仁,终身忧辱,以陷死亡"之深惧。

第三章:自"长太息以掩涕兮"至"固前圣之所厚"。

大意:明择谊之审。程诸事情,情自内得,据绌罢宪令,瞻前可谶民艰所从以多,顾后可推所善尚犹足用,酌诸人利害不殄。据上官谗谮,始图遂其流亡,能乃见害。终仅坐取穷困,宠复何争?衡诸己,从违不诬。据愿依遗则,徵咸所明之天,德赋岂有间于人禽?徵彭所信之古,达道岂有殊乎今昔?《史》称"不忘欲反",反此惑误,庶得快骚动于遄已焉。雅负孟子"枉己者未有能直人"之夙志。

下篇:"悔相道之不察"至篇末。

---

① 钜:当作"矩",据下文"规"可知。

大意：推极宪令之绌罢，致乱益棘，因深觊寤改，庶免君国于骚罗。大抵以灵均为立言之纲，反覆讼君国之灵，微乞假诸臣民，固罔自剂之使均也。屈当日所均之者，视宪令系存亡之几，收效为独钜而已。屈矢谏自陈勘过之密，身舍造宪令即莫可效忠，事舍行宪令亦不足为善。上官谗毁，罔顾贬道之诬，推彼挟妾妇之道相骄，岂能曲徇，自反耿中正之谊求尽，奚敢有亏。审度形势，内筮致身之宜，俗业一成不改，决难与迕。君自蔽谗且寤，可徐与图。思惟患害，外竭匡时之志，值人亡政熄，尚及从补救。观释囚亲秦，将自速危亡，斯存君兴国，殆非可他诿。凡此皆灵均之指矣。楚怀信鬼，故屈赋托诸筵占巫告；顷襄好色，故宋玉托诸神女，意各有所感发也。而宓妃、娀女、二姚之譬，则以婹女斥①上官为材识无异妾妇，比类推致而已。

第四章："悔相道之不察"至"岂余心之可惩"。

大意：明勘过之密，溯往则造令，求及行迷，在位不入罗（离）尤见疏，系心信芳，存诸身，殆无贰操也；顾后则糅泽于秦欺，昭质赖保芳于造令以不亏；缤纷于伐秦，繁佩待弥彰于造令以成饰；为民使齐，好修恃有常于造令以同乐。规诸事，殆无异趣也。

第五章："女媭之婵媛兮"至"余焉能忍而与此终古"。所写为媭詈及反辞。

大意：斥贬道之诬。宪令所属草，始造其节中于用谊服善，固遏夏浞、浇之乱萌，以力矫桀侮天、辛毁古，成汤、禹、周之治理，以取天错辅民计极者也。宪令所定稿出布，其求索于上君下国，固上大昭君如日之明，光得耿及后王，成为望舒，下普被国扶桑之照，化得追踵先功，振于飞廉而已。宪令初行，缘上官同列为屯离之飙（飘）风，用兴谗成帅云霓之御，致楚怀王诸执政为倚望之帝阍，卒绌令遏凤日夜之腾者也。宪令绌后，近于子兰，以宓妃而敢无礼，彼田齐为高丘远峙，宜两绝无女；亲于郑袖，以娀女而忍鸩媒，彼处在为二妃疏属，有导恐不固而已。……然则设为婹詈，固取发上官之衺曲，谊难少有迁就焉耳。

第六章："索琼茅以筵篿兮"至"使夫百草为之不芳"。包括"筵占""巫告"之辞。

大意：规致身之宜。盖抉发赋《卜居》大意而冒言之。筵占，则矢其畏天之斐忱，篿（簿）以撙象数之昭垂。……巫告，则摅其怀古之蓄念，神降以体休嘉所由钟

---

① 斥：指；比况。

集。……其系心怀王,亦得徵之巫告,而不忘欲反,则所修存诸宪令。……一篇之中,三致志焉。不特筳占,巫告之讬谊然也。要一篇之中,类可据此以推见。

第七章:自"何琼佩之偃蹇兮,众薆然而蔽之"至篇末。分上、中、下三部分,分别为"告反"("巫告"之反辞)、"占反"("筳占"之反辞)、乱辞。

大意:矢匡身之志。盖阐绎《远游》微情而推言之。告反,则悼君未寤阶乱于秽政污流,已因欲为调度以求。……占反,则深痛俗不改,重祸于释囚连秦,已致困为蜷局以顾。……乱辞,则自反身如退,孰复已乱忠君,已遂决从彭、咸所居。

按郭氏对于彭咸的理解,不赞同王逸"殷贤大夫,谏其君不听,自投水而死"之说,而从王闿运"老彭、巫咸"之说:"彭咸,王闿运释老彭、巫咸。遗则,张惠言《赋抄》指其道之存。"《大戴·虞德记》:"昔商老彭政之教之大夫,官之教士,技之教庶人,扬则抑,抑则扬,缀以德行,不任以言。《论语》又窃比其述而不作、信而好古,为彭遗则。屈原造令,来导先路,教政教官;媮乐之扬,畦襮抑诸在臣;零落之抑,纫佩扬诸在民;缀以纯粹之德、练要之行。……之法古道、能立人,即所依则于彭。《书·君奭》:在太戊,时则巫咸乂王家。《史·天官书》:殷商时传天数,为咸遗则。屈造宪令,指九天为正,上律天时,妙闢阖之用,酌消息之几,唯灵修之故,志存俾乂,忧图弭内伏,患谋绝外作,宪令之敬天德、能阜物,即依则于咸,而己不避人嫉妒,所愿存焉耳。"认为"既莫足与为美政兮,吾将从彭咸之所居","言身自宅以老彭信古,巫咸明天,成政之美耳"。屈赋"彭咸"凡七见,均以此解之。

(三)《天问》主旨

郭氏《屈赋章句古微》十三《天问》:

周拱辰曰:民方今殆视天梦梦,屈原藉天大其问,亦藉问大其天。凛凛乎衮钺指也。称天以问,犹称天以治,选于物知所贵,而帝以临之,于以奉厥严也。王夫之曰:杂举天地,次及人事,追述往古,终以楚先,所合缀成章,未尝无次叙。屈以造化变迁,人事得失,莫非天理昭著,举问憯不畏明,使问古以自问,原本权舆亭毒之枢机,以尽人事纲维之实用,规瑱备矣。曹耀湘曰:癸①《问》当在楚怀留秦初,大臣议立王子在国者,盖立子兰也。昭睢争之,迎立顷襄于齐,最为知大计。末隐托子西讽亟复楚怀尔。史公读而"悲其志",悲兴国之志。丁乱已大甚,犹振奋不懈,为图兴焉。

---

① 癸:揆度。

郭氏《屈赋洪氏外传》十五《柳宗元天对》：

> 屈子发《天问》之目，寓敬畏于援天以治人者也。王逸定《章句》，壹程以"问天"之说相奖，导为恣人以怨天者也。逸叙《天问》旧为解说者，刘向、扬雄多连蹇濛澒，谊不昭晢。度二家之说，仅粗诠其词训，发挥其事证，至于辞义所未暇详。王逸章决句断，乃推天之问，以问之天。自后屈子本《问》之指遂隐，而王逸释《问》之说大昌，柳宗元《天对》，对王逸之问而已。宗元著《天说》果蔑视天，癃痔元气，视人不知天，并不知人，则抑且果蔑王逸之问，而自以所对为元气癃痔欤？洪兴祖谓《天对》屈问本指，《天问》诚无所可置对也，持论特为精允。

郭氏《屈子纪年》：

> 楚怀客秦，鹝失政以兆祸，故援天问之，当作于迎立顷襄之始，目睹国变，因发摅悲愤。

可见郭氏不赞成王逸"导为恣人以怨天"的"问天"之说，而从周拱辰、王夫之、曹耀湘之说，认为"藉天大其问，亦藉问大其天"，"称天以问，犹称天以治"，即敬天畏天，以尽人事纲维之说。《天问》作于楚怀留秦之初，当此倾危之际，王子王臣，不图规复怀王，兴复楚国，屈原有感而作。郭氏揭示屈原的思想境界，显然高于常人。

(四)《招魂》主旨

《招魂》的作者是谁？招的是谁的魂？众家解说不一。郭氏认为，楚怀王客死于秦，屈原作此招之。此与"招怀王亡魂"说无异，但他依据《史记·楚世家》"二年，楚怀王亡逃归，秦觉之，遮楚道，怀王恐，乃从间道走赵以求归。赵主父在代，其子惠王初立，行王事，恐，不敢入楚王。楚王欲走魏，秦追至，遂与秦使复之秦。怀王遂发病"的记载，认为《招魂》一篇反映了怀王身在西秦，心系故国，逃亡被执，发病客死的全过程，批评楚国君臣不记秦仇，不图进取，贪图淫泆，则发人所未发。

郭氏《屈赋逸篇章句古微》二十六《招魂》说：

> 今详赋外陈四方凶害，述楚怀之逃归未得也；内崇楚国康娱，讥子兰淫泆无礼也。其曰"像设君室"，即令尹似君之谓；其推极"六博""五白"，为娱荒费日之尤。曲终奏雅，乃云"趋梦亲发"，意在秦仇得复而已。盖丁秦归楚丧之初，怜哀楚怀，横遭秦暴，幽死咸阳，修怨未能，赍恨长逝，情怀遽故，谊自无暇他及，度非屈子不能为之言。

《招魂》开篇说："朕幼清以廉洁兮，身服义而未沫。主此盛德兮，牵于俗而芜秽。上无所考此盛德兮,长离殃而愁苦。帝告巫阳曰:'有人在下,我欲辅之。魂魄离散,汝筮予之。'巫阳对曰:'掌梦上帝其难从。若必筮予之,恐后之谢,不能复用。"此为第一章。大意为:"首设巫绥魂,伤矢心效忠之已无从也,既莫尽力得攀留,奚取致身以从亡邪?"朕为屈原自指,追述怀王留秦的根本缘由在于不行宪令,以致国弱君辱。其谓:"盛德谓出宪令,惠利斯民","牵俗者,障蔽于谗","上无考"二句谓:"考,成也。……遭疏未得就功于宪令。长者,起楚怀十六年讫三十年,历时久远。离殃,谓未少释秦之凶祸。……""巫阳,虚构名族。""有人",从马其昶《屈赋微》之说"谓楚怀王","我欲辅之",谓帝欲"规度曲从相导"。

第二章从"巫阳焉乃下招曰"至"恐自遗灾些"。大意:"次命招戒之魂,哀楚怀求归之讫未得也,既四方糜逞,难得谋归计,抑上下局踏,归奚可乐邪?"

第三章从"魂兮归来,入修门些"至"魂兮归来,反故居些"。大意:"又次设招诱魂,刺子兰安忍之忘君亲也。既居游、食饮、声色,僭窃自侈,岂兴国存君大谊无暇兼营邪?"郭氏揭示描写居游、食饮、声色的用意说:"较量客秦孤羁,岂有此娱奉邪?""较量亡归未得,岂有此静适邪?"

第四章:乱辞。大意:"末正论勉图继述,讽顷襄亟谋能复秦仇也。既嗣有国尊位,得谋合从,岂忘先君悲忿,不求雪耻邪?"其解"献岁发春","取譬太子承先君既薨,初即位,国人视听为一振也"。"汩吾南征","汩,治也。""南征","至是迎其丧以归"。"本篇'南征',为归葬之路,而'江南'则举全楚言之。"庐江、长薄等,皆南归之路径。"青骊结驷"等语,是"寓齐方欲为纵长,与秦争帝","君王亲发兮,惮青兕"是"取譬东从之赵、魏,绝怀[王]归路,宜所声讨,俾服其罪","伤春心,谓痛悼楚怀以襄王季春死秦之遗恨","哀江南,谓楚怀在天之灵,反顾故国,固当哀其未能复兹仇也。"

通过这样的疏释,作品"悲愤惨怛"的现实情感得到凸显。郭氏于《屈赋章句古微》十四《九章》一《惜诵》说:"疏后[之]《天问》,及别出二十五篇外之《招魂》,已悲愤惨怛,何减《九章》?"郭解与《史记·屈原贾生列传》所言"余读《离骚》《天问》《招魂》《哀郢》,悲其志"相呼应。

(五)班固纂辑《楚辞》

郭焯莹研治楚辞,特别推重班固,《屈赋内传》中的《班固楚辞序录》是专门研究班固楚辞学成就的,认为《楚辞补注》目录所标"汉护左都水使者光禄大夫臣刘向集",不是《章句》原本所有,《楚辞》不是刘向所集,而是班固所集,并对班固编定的《楚辞》体系、具体篇目、篇次进行复原。

王逸《楚辞章句叙》(郭氏称"大叙")说:"屈……二十五篇,楚人……以相教传……后世……缵述其辞。逮至刘向,典校经书,分为十六卷。"郭氏认为,王氏此处"不云'集',而谓之'分',显第录之非",洪兴祖《补注》据"陈说之改定本,横幖'汉护左都水使者光

禄大夫臣刘向集'于目录前,变'分'言'集',已谬"。郭氏列了多个理由证明《楚辞》非刘向所集:

1. 刘向对东方朔颇有微词,其《七谏》来源颇可疑,《楚辞》若是刘向所集,则不可能入录其中。《汉书·东方朔传》赞曰:"刘向言少时数问长老贤人通于事及朔时者,皆曰朔口谐倡辩,不能持论,喜为庸人诵说,故令后世多传闻者。"又云:"朔之文辞,此二篇①最善。其余《封泰山》《责和氏璧》及《皇太子生禖》《屏风》《殿上柏柱》《平乐观赋猎》,八言、七言上下,《从公孙弘借车》,凡刘向所录朔书具是矣。世所传他事皆非也。"可见刘向并不认为《七谏》是东方朔所作。故郭氏《屈赋内传》二《班固楚辞序录》云:"《朔传》、朔辞,甚见诋于向,焉得过取《七谏》而珍录之?"《屈赋外传》七《东方朔七谏》云:"今详《七谏》依切屈子立论,《自悲》云'隐三年',是赋《卜居》之岁,逆推始见怒疏时日也。兹《谬谏》为谬屈子赋《离骚》当谏书,未能观察颜色而已。盖朔以'口谐倡辩'见诋于长老,短为'不能持论',因假托屈子设论,明已进对澹辞,诚为有以伤焉。刘向录朔书,独阙其目,殆班固得轶篇于他书邪?"东方朔《七谏》是依屈原立意的,但其中的《谬谏》一章明显违背屈原赋骚的本意。因此,《七谏》入录于《楚辞》,是班固得之于他书而辑入的,与刘向无关。

2. 《汉书·艺文志》著录"屈原赋二十五篇",而《楚辞》有《大招》,实已超过二十五篇之数。郭氏《屈赋内传》二《班固楚辞序录》云:(刘向)"校第一种赋,定二十五篇,不阑入《大招》,定贾谊七篇,不傍撼《惜誓》,焉得别参异论而疑言之?复乖向例。"按王逸《楚辞章句·大招叙》:"《大招》者,屈原之所作也。或曰景差,疑不能明也。"《汉书·艺文志》又有"贾谊赋七篇",《楚辞》有《惜誓》,王逸云:"《惜誓》者,不知谁所作也。或曰贾谊,疑不能明也。"郭氏认为,王逸《楚辞章句》本于班固所集《楚辞》,而认定作者及屈原二十五篇之数多有游移,与《汉书·艺文志》相出入,这是因《楚辞》并非刘向纂辑所致。郭氏且断然说:"自洪沿陈谬②,咸以为向撰集,皆缘误。读《章句·大叙》③之辞,《大叙》绝未云然,决难徵信。"今按,王逸《楚辞章句叙》的确没有说刘向纂集《楚辞》。

3. 王逸《楚辞章句·九怀叙》云:"史官录第,遂列于篇。"郭氏认为,解说过《离骚》的贾逵,解说过《天问》的刘向、扬雄,"皆不领史职,则'史官'自指班固"无疑。班固尝为兰台令史,将王褒所作《九怀》入列《楚辞》,自在情理之中。

郭氏还认为,班固是以经、传相附的体系编次《楚辞》的,《离骚》为经,他篇为传。班固所编《楚辞》的篇次,是《楚辞释文》(晁公武《郡斋读书志》、陈振孙《直斋书录解题》有著录,未详撰人)本的篇次,而《补注》本的篇次,是依陈说之改定的;今本《楚辞章句》"九歌""九章"等下原有"传"字,为陈说之所删,洪兴祖《补注》承之。王逸《楚辞章句叙》

---

① 指《答客难》《非有先生论》二篇。
② 洪:指洪兴祖。陈:指陈说之。
③ 《章句·大叙》,即通常所称之《楚辞章句叙》。

后原来就有"班孟坚序云"一段文字,是班固针对全部《楚辞》作品而作,可称《楚辞序》。此外,今本《楚辞章句·离骚》之后,又有班固《离骚赞序》一文。郭氏认为,上述班固二文,是班固编定《楚辞》时所为。王逸作《楚辞章句》时,未加废削。班固的《离骚赞序》揭示《离骚》"命篇之旨",而《楚辞序》则是其"第录《楚辞》",揭示其"要删之趣"的,也即针对所编《楚辞》全部作品而言的,其最初的位置是在全书之末,是班氏详明其纂辑《楚辞》的义例而作。而洪兴祖作《楚辞补注》时,将班固《楚辞序》("班孟坚序云")与颜之推等人之语,混杂在一起,成为洪氏评述的材料,又采择刘勰《文心雕龙·辨骚》,与班固《离骚赞序》并列,遂使班固所编《楚辞》的原貌,模糊起来。

总之,郭氏认为,班固所纂辑《楚辞》的原貌是:共十六卷,篇目次序与《楚辞释文》相同,唯王逸晚于班固,其所作《九思》不得入录。在所有入录作品中,《离骚》为经,余者为传;传又分内、外、杂三种:以《九辩》《九歌》《天问》《九章》《远游》《卜居》《渔父》七目为《楚辞内传》;以《招隐士》《招魂》《九怀》《七谏》《九叹》《哀时命》《惜誓》七目为《楚辞外传》;以《大招》一目为《楚辞杂传》。内、外、杂之别在于:《内传》"发本经之谊醖",《外传》"广本经之指趣",《杂传》"备传内外之参取"。

《楚辞》文本的结集与流传,一直是楚辞学界争论的一个问题。汤炳正先生认为,自宋玉以后,《楚辞》经过多次编辑,刘向集为十六卷,最后王逸集为十七卷,《楚辞释文》的篇目看似纷乱,实则保留了《楚辞》原始的篇次,是《楚辞》经过多次编辑的体现[①]。郭焯莹虽然不认为刘向集《楚辞》,但他以内、外、杂三传理解《离骚》之外的作品,在如何理解《楚辞释文》篇目何以"凌乱"的问题上,表现出新的视角,显然与汤先生的看法相仿佛。黄灵庚、郭建勋也不赞同刘向集《楚辞》之说[②]。他们提到王逸《楚辞章句叙》所说的"分",不同于所谓的"集",此点郭焯莹已发之于先。黄、郭二先生若能读到郭氏稿本,他们的讨论肯定会更丰满一些。

## 五、郭焯莹楚辞学的核心理念

虽然郭焯莹《读骚大例》所列六条,揭示其楚辞学的体系结构,可视为其研治楚辞的"总纲",但其核心理念,则是《屈赋章句古微》里所说的:"千古精读《离骚》者,唯史迁能明其谊,唯先公能明其辞。学人舍此奚从得导师哉?"

所谓"谊",指行谊,也即史迹。郭氏《屈子纪年》严格以《史记》的《楚世家》《屈贾列传》为准衡,对屈作予以系年。《古微》《内传》《外传》也都以《史记》为依据。所谓"辞",指

---

[①] 汤炳正:《〈楚辞〉编纂者及其成书年代探索》,《江汉学报》,1963年第10期。后改为题为《〈楚辞〉成书之探索》,收入其《屈赋新探》,济南:齐鲁书社,1984年,第85—109页。

[②] 黄灵庚:《〈楚辞〉十七卷成书考辨》,《复旦学报》(社科版),2008年第3期。郭建勋:《汉人对楚辞的整理和编纂》,《中国文学研究》,1989年第2期。

文辞,包括声音、文采,其关键是披辞入情,即《读骚大例》第二条所谓"意由声音证入""以涵泳辞气于屈子渊情"。

在郭氏看来,屈原所有作品均蕴含两个层面:一个是由史实构成的现实层面("谊"),一个是由语辞、意象构成的比兴层面("辞"),《远游》《离骚》《天问》《九歌》《九章》《招魂》莫不如此。这是读者感觉其太过穿凿的原因所在,而郭氏却视为当然。

郭氏认为,所有屈赋作品的现实背景是:屈原身丁艰危,草创宪令以图振兴,而君王昏庸不明,不思悟过改俗,臣子贪婪竞进,不思国之将亡。孙文昺读郭著,作《笺》云:"屈子尝造宪令,又使自齐返,见《史记》。自来注说,皆未一证取,经明眼揭出,乃觉布宪亲齐,存君兴国,为屈赋之本旨,楚政当务之急者。"(《屈赋章句古微》卷前《离骚叙录》)深得郭氏治骚的旨趣。如其对《离骚》"女嬃詈予"等的描写,有这样的阐释:

> 嬃詈反辞,探究治要;巫告反辞,感悼内忧;筳占反辞,忿激外患。或为法语,或为寓言。比物比事,咸使属连,以见大本不离,能行德而后君得缀民成佩,[能行]谊而后君得臂臣以为纕①。宪令所节中,属草造为者也。大谊昭著,炳于日星矣。君毋谓内可无忧其臣民德谊不行,殆于修远,非其国也,亦毋吒患作于外,四荒之阔绝。……"詈反",怀情发寤;"告反",求女周流;"占反",卷局反顾:皆反覆挟此与争。《传》谓"觊俗改";不改,斯难一日淹留,乌得已于争耶?是时楚骚然,秦祸外棘,自屈视之,未足为骚,反顾德谊不行,兹乃骚之尤矣。是故武信虽毒于鸩,冯秦沦楚,虽横于蛟,非靳尚诱郑袖媒通楚怀,弛备诸内,麋进楚庭,裂防诸外,无自张其横。党人贪婪,饵于秦赂,先莫致弋取其毒,而贪婪日恣,坐先路无宪令为整饬于来导而已。循辞索谊,隐得揭其要归。《传》发屈返谏之言曰:"'何不杀武信?'怀王悔,追武信不及。"《世家》亦云,变"杀"言"追",变"追"言"使人追"。史公则岂不知楚怀之许武信而卒连秦,其事彰彻共见,乃诡辞诬实欤?此据"詈反",徵其来相,有泥贪羿家之情;又揭诈欺,有鸩显告余有毒不好之迹。"占反",直举释去,有蛟龙梁津之势,吒诘楚怀不考罪,加诛责,不顾害,致杀绝祸于萌,深悖事理也。推论此言,未能发寤之蔽,坐令楚怀自取留秦之辱,不及近救于当身。

所谓"反辞",即反复叙说之辞。屈原的思想、情感、意绪,借助于嬃詈、巫告、筳占等反辞(此属事象)加以表达,或以花草佩纕等(此属物象)来寓托。如果屈原用"反辞"表达意思,便成为"法语",但《离骚》更多是借寓之言,这正是其难解之处。郭氏结合《屈原

---

① 德谊:承《国语·楚语》"德谊(义)不行,则迩者骚罗(离)"而来,郭氏"义"作"谊","离"作"罗"。郭氏又认为"德谊"相当于屈原所说的"美政"。

列传》,认为屈原用"浞贪羿家"比况张仪来相楚国,用"鸩之有毒"揭露张仪欺诈怀王的真实面目,用"麈蛟龙使梁津"寓指怀王释去张仪,欺诈得逞,最终造成怀王留秦辱死的悲剧。通观具体语境,尚能自圆其说。又如对女媭的理解:"女媭,盖托寓上官大夫。女,读同《孟子》书'人能充无[受]尔女之实'之'女',言人所贱简也。媭,《淮南·天文》省叚云:'北方星须女,光微小,为贱女之象,异贵者织女之明大。'先说:斥其妇人之见。……先说:诫其贬道而从俗。……先说:盈室皆菉葹,舍此无可服者矣,女媭之詈也,乃所以为悲也。《史》称'《离骚》之作,盖自怨生',时尽宗媭詈之术,悍焉罔顾君国之为骚动,能无怨结乎?"认为女媭是假托之名,与屈姊无关,女媭告诫屈原随从流俗的言语,无异妇人之见,大约是借指上官大夫。郭氏父子之见,亦可备一说。

再如《九章·哀郢》,一般认为是作者抒情之作,但郭氏却发掘出许多历史信息。他将全篇分四章。第一章,从开篇至"心絓结而不解兮,思蹇产而不释",认为是"追述楚怀客秦本情,岂能忞视宗社"?第二章,从"将运舟而下浮兮,上洞庭而下江"至"惨郁郁而不通兮,蹇侘傺而含戚",是"推论连秦而患西起,显为楚怀遗恨"。其中释"当陵阳之焉至兮,淼南渡之焉如?曾不知夏之为丘兮,孰两东门之可芜?"云:"当,谓值楚怀之客秦,陵阳即前'陵阳侯'之省辞。先说:上云遵江夏、过夏首、背夏浦,由江南以望郢都,必涉夏水而西。夏为丘,则郢都无复望矣。哀夏之为丘,乃以哀郢也。……夏亦郢之东门也。……两,谓夏水耦并都城以内。东门,即上所顾龙门,可芜者,大夫奉顷襄冯陵城阙,内监其国,试较量客外之坐听其荒秽不治,固无以殊邪,是为君既难与图存,岂复尚能以[兴]国?"释"忽若去不信兮,至今九年而不复。惨郁郁而不通兮,蹇侘傺而含戚"云:"至今者,溯始楚怀客秦,下讫赋《哀郢》之时。九年,则顺循怀三十年推得当在顷襄七年、秦楚复平之逾岁。……不复,言无有以此入告顷襄者也。"第三章,从"外承欢之汋约兮,谌荏弱而难持"至"众踥蹀而日进兮,美超远而逾迈",是"推论背齐而援北绝,坐令秦虐得恣"。第四章乱辞"曼余自以流观兮,冀壹反之何时?鸟飞反故乡兮,狐死必首丘。信非吾罪而弃逐兮,何日夜而忘之"?郭氏释云:"综论楚臣复仇大谊,岂得叛弃故君?"

郭氏认为,《哀郢》还暗含怀王客死归丧的史实:"方仲春而东迁",是说怀王三十年仲春,被"秦昭遗书劫持在东",以致留秦不返;"百姓震愆"是说"惊变于丧君"。以下皆写楚怀王出国流亡之事,"甲之朝吾以行"的"吾"系屈原代拟怀王。"哀见君而不再得",是追述怀王入秦,"民倚间目送楚怀"。"将运舟而下浮兮,上洞庭而下江;去终古之所居兮,今逍遥而来东"四句,是说楚怀王之丧自秦而归,"下浮者,发江横东循夏水;上洞庭者,当其南;下江者,当其北,则溯北出,而又折而西"。"登大坟以远望兮,聊以舒吾忧心"句中之"吾",则为屈原自指,"登者,屈自设言陟跻之"。

也就是说,《哀郢》一篇,体现出两条线索:一种是作者抒情的线索(辞),也即"放后追怀故乡,不得存先君,有余怆焉";一种述史的线索(谊),即楚怀王西入武关、逃亡不得、客死归丧的过程。

　　同样地,《天问》所涉及神话、传说等事象(辞),无不与真实的历史、现实相关。《天问》云:"该秉季德,厥父是臧。胡终弊于有扈(曹耀湘校定为户假),牧夫牛羊?……有扈(曹耀湘校定为户假)牧竖,云何而逢?击床先出,其命何从?恒秉季德,焉得夫朴(曹耀湘校定仆假)牛?何往营班禄,不但还来?"郭氏云:"该,曹耀湘注:……即《骚》齐桓以宁戚咳俌。秉季德,谓握持微弱运命。父臧者,齐父老以戚咳秉为善。弊户,谓顿仆编户之中……骇愕戚于生长之卫,难自甘老死,故云'胡终'。牧,谓刍牧贱役。戚商齐东门外饭牛。……曹注:……宁戚列卫编户之中,亲执饭牛之贱,陈述穷居,奚承知遇。何从者,戚之毁所栖息而击床。不介走齐而先出,委听时运,奚由推挽?……曹注:恒秉,谓保持景命不倾,[焉如往日]穷饿不能饭牛致仆踏也。……往营者,谓走齐干进。班禄,列诸仕养。……谓旋自齐归卫,求有益于卫,无虚一行,是谓'不但'。"以上以宁戚饭牛走仕于齐解之,是探史之本事,多依曹注。曹注一反以"有扈氏"解"有扈"的成说,认为"扈"通"户"①,宁戚最初只是编户之民,如此使宁戚饭牛的故事通贯前后十数句,不再有支离之感。郭氏在曹氏注解的基础上,进一步揭示史事背后的用意,认为屈原是以宁戚比照向寿。向寿,楚人,秦昭王母宣太后外族。少与昭王相善,昭王即位,遂得重用,任左丞相。曾使楚,楚闻其贵,厚事之。欲联楚攻韩,为苏代所阻。事见《史记·甘茂传》。郭解"该秉"以下四句:"楚请秦相宣太后外族向寿,寿夙为父老严敬,奚眷系初长困于楚?名不通朝箸,业无效尺寸者欤?"解"干时"以下四句:"向寿如楚,楚闻为秦所贵,始厚事之,结怀于楚,非视秦深至。秦昭素亲寿,少同衣,长同车,资肥于楚,非能秦加隆。"解"有扈"以下四句:"向寿,卑贱细人,称说在楚,奚宠眷得比同乎秦?唾弃宗国,贵显在秦,奚系援尝藉赖乎楚?"解"恒秉"以下四句:"向寿久用事于秦,始困楚,几于仆踏,焉所意得?奚为贫仕秦,缘秦事如楚,必楚厚报,不但还来?"据考,向寿如楚的时间应该是在秦武王四年秦拔韩国宜阳之当年,这一年相当于楚怀王二十二年,即公元前307年②。向寿虽为楚人,但既仕于秦,便是"唾弃宗国",其所作所为,不会顾及楚国利益,故其初欲联楚攻韩,但在苏代的游说下,转而仇楚亲韩,而屈原向来以秦、楚为势不两立之国,所以认为楚国不应对向寿以及秦国抱有幻想。郭氏的理解,并非全无道理。

　　从郭莹焯频频称引"先说"来看,郭嵩焘可能有《楚辞》的批注本,就像其《韩文札记》《性理精义札记》《正学编札记》《史记札记》《庄子札记》《管子札记》那样,"皆笔其意于简端",只是他的《楚辞札记》,迄未面世。郭焯莹称引"先说",主要集中在屈原的作品上,尤其《离骚》一篇,从主题到结构,悉遵父亲的遗说,而《屈赋内传》《屈赋外传》,只偶

---

① 胡承珙《小尔雅义证·广诂》:"扈与户通。"古有"扈簿"一词可证。
② 参见董珊:《向寿戈考》,《考古》,2006年第3期。

尔称引。又,郭嵩焘札《屈原贾生列传》首云:"案屈贾同传,正以《吊屈原》一赋相牵合,亦是史公一种抑塞之气,随处发见,谓士不极其才力之所至,则皆不遇也。"此数语为郭焯莹《屈赋司马氏内传》一之上《司马迁太史公书列传第二十四·前言》所引用,并称:"先公读《太史公书》先后不仅十数,每读各随所触引,加之发正,记注书眉,亦无达训。具条列援列传言①,下意疏别,以待质正。"前一句说的是,郭嵩焘批注《史记》的情形。大概此处的叙述仅限于《史记·屈贾列传》,所以没有提及郭嵩焘是否批注过《楚辞》,但从其楚辞学遗著中大量称引"先说"来看,如果不是郭嵩焘批注过《楚辞》,便只能是郭焯莹面承过庭之训所得了。

郭嵩焘是晚清著名思想家,也是著名的学者。其可贵之处,在于身为传统士大夫,却能够自觉吸纳西方文化,目光远大,迥拔流俗之上。李鸿章称其"病归后,每与臣书,言及中外交涉各端,反复周详,深虑长言,若忧在己。迄今展阅,敬其忠爱之诚,老而弥笃,且深叹不竟其用为可惜也"②。郭嵩焘这种际遇与情感,自然影响到对屈原与楚辞的理解。其《史记札记》云:"怀王之贪愚亦云极矣,史公反复沉吟,推咎其不知人。君昏国危,而犹有人焉枝拄于其间,则其国可不至于亡。《诗》云:'邦国殄瘁。'是以君德又莫大于知人。"③按,此就《史记·屈贾列传》怀王"兵挫地削,亡其六郡,身客死于秦,为天下笑,此不知人之祸也"所作的推阐。再如解"巧匠不斫兮,孰察其揆正"云:"此言楚至今日衰弱极矣,而其时固犹可为也;苟假乎贤者,拨而反之正,而其功效立见,特世人愦愦不自知耳。"解"同糅玉石兮,一概而相量"云:"案同糅玉石,说尽衰世气象。好恶不分,贤否糅杂,终乃以成乎大乱,而莫之救也。"④都围绕"君德又莫大于知人"一意展开。抱才不遇,异代一揆,不难理解郭氏父子在屈原及其作品上寄予强烈的政治情怀。

当然,在一些细节上,郭焯莹对父亲的说法,并非绝对盲从。如《屈赋章句古微》二十一《橘颂》引"先说"云:"此忽自况其持身之正,江南嘉橘为盛,今犹名之洞庭橘。盖始迁江南,见橘作颂以自慰也。橘树不易长,洞庭橘卑枝成林,结实尤盛,故有年岁虽少之言,原于此但托以自广。"郭焯莹说:"今详幼志以溯性赋于生初,年少以综阅世于沮逝。先公循旧说释少为弱稚,因援卑枝结实为谊。卑枝结实,是处微贱而德益邵、业益崇之象,似本辞尚无此意。谓赋作于始迁,亦承《通释》'原偶值之,因比物类志'为说。疑《颂》次章之八,当广谊类推言之,时久谪洞庭以南,橘为所习见,不得云偶值。"又《屈赋章句古微》十五《涉江》引"先说":"屈原放逐江南,渡江越湘而已。沅、溆、辰阳皆非所经,盖并意拟之辞,以明所居之荒远也。"郭焯莹只取备一说而未从。至于郭焯莹治骚之广博,

---

① 具条列援列传言,似当作"具条援引传言"。两"列"字,一衍一误。
② 李鸿章撰,顾廷龙、戴逸主编:《李鸿章全集》第14册,安徽教育出版社,2008年,第136页。
③ 郭嵩焘著,梁小进主编:《郭嵩焘全集》第5册,长沙:岳麓书社,2012年,第208页。
④ 郭嵩焘撰,梁小进主编:《郭嵩焘全集》第5册,长沙:岳麓书社,2012年,第209页。

已远非乃父所及。

民国时期,学界对郭焯莹的楚辞学,已有批评。杨树达《读骚大例跋》称其"多前人所未发也"。郭群说:"公于楚词独具只眼,发凡起例,不剿陈言,不张异说,精奥详赡,启人深省。"①应属公允之论。傅熊湘作《离骚章义》,自序曰:"近世湘贤,若曹镜初、王壬父、郭耘桂诸家,于《楚辞》各有论释,然曹意专主论世,王、郭仍多强附。"②郭焯莹治骚讲求究史实、训诂,思路与曹耀湘《读骚论世》接近,著作中也较多吸纳曹说,而王闿运《楚辞释》则多不顾史实,郭著仅偶有采纳而已,但郭氏深凿事实,难免强附,也是事实。郭著之弊,当在窄化屈原的思想情感,过分将"谊"与"辞"捆绑在一起,背离文学表达的丰富性。但是,如果从"作者之用心未必然,而读者之用心何必不然"(谭献语)的角度来看,郭氏治《骚》,另开新境,仍是值得肯定的。

需要指出的是,郭氏的楚辞研究,虽然是考史、训诂的传统方法,但视野广阔,体系宏大,在楚辞学史上,实属罕见。材料的运用上,经史百家之外,也旁及民俗,如《屈赋内传》五《朱子楚辞集注目录》认为,《楚辞·招魂》既不同于"复礼",也不同于民间的"收惊"之术,而王逸解《招魂》实际是以"收惊"之术解之,朱熹《楚辞辨证》引杜甫《彭衙行》、高抑崇《送终正礼》,"径同'复'于'收惊',尤失《礼》之本意",且按验《招魂》本文,"亦绝未睹必为招生而决非招死之证"。这种说法也是妥帖的。

郭氏楚辞学的影响不大,原因在于除《读骚大例》公开出版之外,其他著作未及流播,而且《读骚大例》相较于稿本,语言风貌虽有改进,但篇幅不大,学术梳理、考辨论证,均展开不够,且又条块分割,未能集中地就篇论篇,不能给读者以完整的印象。对屈原、楚辞这样问题多多的作家作品,只有不惮词费,充分论说,才能有效,而《读骚大例》只是一个总结,多结论的述说,少事理的论证。所以读者看到的只是一些令人讶异的说法,如"宓妃者,子兰""有娀者,郑袖""二姚者,宋玉、唐勒、景差",等等,而不予深究。只有不惮于古字古义、古文笔法,仔细阅读他的稿本,在其细致的梳理与考辨中,尤其在对屈赋篇章结构的绵密分析中,才能体会到他的用心,给予同情的理解。其"发前人所未发"者,并非全然奇谈怪论。

## 六、郭焯莹楚辞学稿本的校理

前文已述,在所有郭焯莹的楚辞学著作中,《读骚大例》是唯一一部已出版的著作。而其他楚辞学著作则经过两次整理,却均未出版。

关于郭氏楚辞学著作的两次整理,王啸苏《屈赋章句古微序》对此有明晰的述说,兹

---

① 郭群:《湘阴郭氏遗著提要(续)》,湖南文献委员会编《湖南文献汇编》(第2辑),长沙:湖南人民出版社,2008年,第180页。

② 傅熊湘著,颜建华点校:《傅熊湘集》,长沙:湖南人民出版社,2010年,第316页。

录于下:

  吾国自人民政府成立以来,锐意昌明学术,即与古典文学有关之箸作,亦可送科学院审查付刊,其事甚盛。今湖南师范学院图书馆藏有湘阴郭耔桂先生所箸《屈赋章句古微》及内、外《传》,全书卷帙颇多,拟先择《古微》送审。其为之介绍者,则吾友杨积微翁。积微以《楚辞》之名由来已久,欲将所箸名为《湘阴郭氏楚辞学》。余因以为允也。惟其书有正副二本,副本之缺者,别为补抄,并嘱啸苏雠校,凡所疑仍就积微翁是正。既毕役,乃略书其后曰:

  自灵均箸《骚》,扬芬百代,后之治此学者,以王叔师、洪庆善、朱晦庵为著。吾湘前辈,当明清间船山王子箸《楚辞通释》,清季复有王湘绮、曹镜初二家,抒为论箸。及后而耔桂先生治之益久而勤,用字多准《说文》,通谊务贯群籍,尤致意于当时贤奸之辨、治乱之原,独抱孤芳,上符千载,庶乎《骚》经之钜制、左徒之功臣已。先生又尝称其父养知老人深于楚辞,至与太史公并举,然则源流所衍,洵有继往之功也。先生家世仕宦,淡泊自安,殚精述造,遂以①长毕中年,曾都讲湖南高等学堂②,成材甚众,湘阴任凯南赣忱尤所器许。任君后留学英伦,归国任湖南、武汉两大学教授,其任③湖大校长④时曾聘先生之⑤湘潭孙文昱季虞分教,先生既逝,其家人⑥以遗箸属任君,君乃乞季翁为之厘定。越数年,倭寇入犯,季翁归老于乡,仍以郭书还之任君。及君弥留,遗言将所置书数万卷捐入湖南大学,郭氏稿本附焉,即今湖南师范学院所藏者也。啸苏昔见耔桂先生,获闻读《骚》之例,复与季翁、任君同教湖大有年,知君于师门箸述,勤勤⑦护持,并已先钞副本,欲于校补后付之剞劂,又见季翁衰年授业,有暇辄手抚兹⑧书,寒暑靡间,凡所识补,今载卷中。师友风义,有可纪者。而追畴昔,时近卅年。郭、孙、任诸君子皆已物化。是书中经兵乱,仍得藏之名山,宿草虽悲,遗编重对,握槧已竣,乃为纪之,至于扬屈赋之深微、举郭书之中失,当俟大雅论列,不具述焉。

  公元一九五四年甲午仲冬长沙啸苏谨识。

**序作者王啸苏(1883—1960)生前与郭焯莹有交往,又与任凯南、孙文昱同时任教于**

---

① "以"字涂没。
② 此句旁增"优级师范□□",旁增之字复又涂没,但字迹可辨。
③ "任"字旁改为"长"。
④ "校长"二字涂没。
⑤ "之"改作"挚友"。
⑥ "人"字旁添"因"。
⑦ 后"勤"字改为"恳"。
⑧ "兹"改为"此"。

湖南大学多年。该序记载郭氏遗稿所经过的两次整理：第一次是任凯南任湖南大学校长时(1928年4月—1929年7月)，聘请孙文昱校理郭氏遗稿，后因日寇犯境(1939年9月—10月，史称"长沙会战")，孙文昱归老于湘潭而中辍。第二次整理，是杨树达(1885—1956)、王啸苏(1883—1960)一同执教于湖南师范学院的1954年前后。

需要补充说明的，有以下几点：

作为郭焯莹的学生，任凯南酷好乡邦文献，特别有功于湘阴郭氏父子。兹略举数端：(1)郭嵩焘遗著《史记札记》，经任氏整理，于民国间由武汉大学刊行。(2)任氏还将郭嵩焘读《管子》的札记集聚汇编，发表于武汉大学《文史季刊》(1930年第2、3、4期和1931年第1、2期)①。(3)1928年郭焯莹去世，其遗稿由其家人交付任凯南，任氏组织人员抄录副本。(4)任氏是1946年由民国湖南省政府成立的湖南文献委员会的重要成员，负责新省志中的"生计志"的编纂。同时参与省志编纂的李肖聃作《湖南省志征集材料办法草案》，点名征集"郭焯莹之楚辞补注"②。任氏参与湖南文献委员会，对于揄扬郭氏楚辞学成就、保护郭氏稿本无疑起到积极的作用。

据张舜徽《湘贤亲炙录》记载，孙文昱"自清季讲授于湖南高等学堂文科后，又任湖南大学教授，皆以小学为教"，其兄孙文昺"清季尝讲学于京师大学堂"③，民国后任教于湖南大学④。可知郭焯莹曾与孙文昱为湖南高等学堂同事。郭氏与孙氏兄弟讨论楚辞的文字，收入郭氏《屈赋章句古微·离骚叙录》中，郭氏称二人为"大孙君""小孙君"。以郭焯莹与孙氏兄弟的情谊，以及湖南高等学堂与湖南大学之间的渊源，任氏请孙文昱校理郭氏遗著，是最合适的选择。据王序所说"先钞副本，欲于校补后付之剞劂"，"又见季翁衰年授业，有暇辄手抚兹书，寒暑靡间，凡所识补，今载卷中"，则孙氏所校笔录于任氏抄本上。笔者所见任抄本，《屈子纪年》有少量眉批和校改，或系孙氏所为。《屈赋内传》《屈赋外传》则几无校改。《屈赋章句古微》第一、二册系1954年补抄，不可能有孙文昱的校理痕迹，而其他四册改动较多，其中当有孙氏校理的文字，尤其添补了个别整行漏抄的字，当系孙氏最初与原稿对校时所为。

郭焯莹生前与杨树达交好，彼此推重；郭氏去世后，《读骚大例》再版时，杨氏作跋，所以于1954年，由杨氏牵头，将其所在学校馆藏的郭氏著作，择出《屈赋章句古微》，先期整理出版，也是最合适的。其拟将书名改为《湘阴郭氏楚辞学》，可知前述"湘阴郭氏楚辞学任氏抄本目录"系同时所为。而之所以由杨氏将郭著介绍给中国科学院出版，除基于杨氏的学术声望外，还在于杨氏与中国科学院及其后来成立的科学出版社之间所具有的

---

① 郭嵩焘撰、梁小进主编《郭嵩焘全集》第15册，岳麓书社，2012年，《本册说明》第2页。
② 《湖南文献汇编》第1辑，湖南文献委员会编，湖南人民出版社，2008年，第4页。
③ 周国林编：《张舜徽学术文化随笔》，北京：中国青年出版社，2001年，第346页。
④ 寻霖、龚笃清编著：《湘人著述表》，长沙：岳麓书社，2010年，第318页。

良好学术关系。杨氏著作由中国科学院、科学出版社出版的甚多;杨氏还于1955年当选为中国科学院哲学社会科学学部委员,均可佐证。

1954年,郭氏遗稿的校雠,具体由王啸苏负责,最后由杨树达定疑。此次整理,除按当时排印出版的要求,加句号、逗号,人名、地名加直线,书名加波浪线之外,最主要的是文字上的校改。由于郭氏"用字多准《说文》",遵循古字古义,如"離骚"之"離"作"羅","卜居"的"居"作"凥","憂愁"的"憂"作"𢝊"等等(抄本《屈子纪年》、印本《读骚大例》未尽遵此例),皆改为当时的通行字。此次参与校雠的,实际上不止杨树达、王啸苏,《屈赋章句古微·九歌》三《湘君》篇后有批语称:"以上三卷长沙王启湘① 代斠,一九五五年二月,时年七十又七。"("以上三卷"是指《九歌》前三篇《东皇太一》《云中君》《湘君》。)此外,为应出版之需,书前还加了王啸苏的一《传》一《序》。但是,此次出版策划没有成功。此后,随着杨树达等人的离世,以及60年代以后风气的丕变,郭著《屈赋章句古微》等的出版便一直搁置了下来。需要说明的是,在已出版的《积微翁回忆录》《积微居诗文钞》等文献里找不到杨、王商校出版郭著之事的记载,《回忆录》摘录自杨氏《日记》,此事或漏记,或漏录,只有查核杨氏《日记》原稿才能清楚。但杨、王商校出版郭著,是客观事实,不用怀疑。

20世纪80年代以来,楚辞文献的整理取得不俗的成绩。吴平、回达强主编的《楚辞文献集成》(广陵书社,2008年)、黄灵庚主编的《楚辞文献丛刊》(国家图书馆出版社,2014年)堪称代表。尤其后者,规模宏富,其中收录了一些民国时期的重要稿本。但此二编于郭著皆仅收《读骚大例》,而未收其稿本,未免遗憾。值得庆幸的是,郭氏遗稿,因为托付得人,加以图书馆的科学管理,笔者所见稿抄本,保存完好,字迹如新。倘能早日出版面世,则无疑为楚辞学界的一件幸事。

---

① 据李肖聃:《王启湘商君书发微序》,王启湘,长沙人,曾供职山东、湖南法院、湖南大学(辰溪),《商君书发微》之外,另撰有《邓析尹文公孙龙三子校录》《鬼谷子校录》。李肖聃撰、喻岳衡点校《李肖聃集》,长沙:岳麓书社,2008年,第139—140页。

# 《楚辞串解》作者陈大文里籍考辨

贵州师范学院 陈 欣

  陈大文《楚辞串解》是清代稀见的楚辞学著作。到目前为止,各种楚辞书目类文献著录的都是日本大阪大学藏西村时彦手抄本(辑入《读骚庐丛书》乾集),国内还未发现藏本,且据周建忠《大阪大学藏"楚辞百种"考论——关于西村时彦·读骚庐·怀德堂》一文可知,此书之日本藏本"仅有线装书的 20 页"。[①] 而且,一些书目类文献著录的陈大文的另外两种著作,即《周易浅解》和《经义质疑》也极为罕见。与陈大文生平相关的文献记载稀少,学术界对他知之甚少,且存在混淆同名者的情况。以下是笔者考证过程的实录。

## 一、梳理现有的观点和论据

  关于陈大文的里籍,到目前为止,学界主要有三种说法:一是康熙年间陈大文,陈瑚之孙,太仓人;二是乾隆年间人陈大文,字简亭,号研斋,河南杞县人,原籍浙江会稽;三是光绪年间人陈大文,字海帆,广东石城人。

  支持第一种说法的是《江苏艺文志·苏州卷》:"陈大文,太仓人,瑚孙。"名下著录"《楚辞串解》一卷,见《清史稿艺文志补编》"。《清史稿艺文志补编》"集部楚辞类"确实著录此书:"《楚辞串解》一卷,陈大文撰。"[②] 但是,《清史稿艺文志补编》并未提及陈大文的里籍,《江苏艺文志》如此不加考索直接著录在太仓陈大文名下是不够审慎的。

  支持第二种说法的有饶宗颐和姜亮夫。饶宗颐《楚辞书录》:"《楚辞串解》,清陈大文简亭撰。光绪间刻本,西村收入《读骚庐丛书》乾集中。"[③] 又,姜亮夫《楚辞书目五种》:"《楚辞串解》,清陈大文撰。大文,字简亭。见饶《录》引西村时彦辑《读骚庐丛书》本。"[④] 姜亮夫《楚辞通故》第二辑"史部第四":"陈大文,浙江会稽人,原河南杞县籍。乾隆三十七年进士,官至兵部尚书,后因病回籍。嘉庆二十年卒,著有《楚辞串解》。"[⑤] 周建忠曾指出饶宗颐《楚辞书录》中所录日本各藏本"只是根据京都大学吉川幸次郎教授藏

---

  ① 据周建忠:《大阪大学藏"楚辞百种"考论——关于西村时彦·读骚庐·怀德堂》,《职大学报》,2008 年第 1 期,第 23 页。
  ② 武作成:《清史稿艺文志补编》,北京:中华书局,1982 年,第 581 页。
  ③ 饶宗颐:《楚辞书录》,香港:香港东南出版社,1956 年,第 37 页。
  ④ 姜亮夫:《楚辞书目五种》,北京:中华书局,1961 年,第 245 页。
  ⑤ 姜亮夫:《楚辞通故》第二辑,昆明:云南人民出版社,2002 年,第 268 页。

目录入,姜亮夫的《楚辞书目五种》则过录饶氏之说"①。可见,饶宗颐和姜亮夫所据的都不是一手材料,这种说法也值得商榷。

支持第三种说法的有崔富章和杜泽逊。崔富章《楚辞书录解题》:"《楚辞串解》,清陈大文撰。陈大文,字海帆,号简亭,广东石城人。著作有《周易浅解》三卷,《经义质疑》不分卷(《续修四库全书总目提要》称"其书多创解")等。"②崔富章根据《续修四库全书总目提要》,又融汇第二种说法,加了"号简亭"。又,杜泽逊在《古籍目录编纂例说——清人著述总目编纂札记》一文中考证《楚辞串解》的作者陈大文不是太仓人,而是广东石城人。杜泽逊先生考证的主要思路如下:《故宫普通书目》卷一著录:"《经义质疑》一卷,清陈大文撰,附《楚辞串解》一卷,光绪年刊本,一册。"③阳海清《中国丛书广录》著录:"《经义质疑楚辞串解》合订,清陈大元撰,清光绪十八年(1892)刻本。《经义质疑》一卷《楚辞串解》一卷。"④"陈大元"当为"陈大文"之误。《续修四库全书总目提要》(稿本)著录:"《经义质疑》不分卷,光绪壬辰自刻本。清陈大文撰。大文,字海帆,广东石城人。"⑤"光绪壬辰"即光绪十八年(1892)。既然是"自刻本",陈大文当然是光绪年间人。撰此《提要》的专家亲见原书,其说法应是确实可信的。又,《故宫普通书目》卷一著录:"《周易浅解》三卷,清陈大文撰。光绪十八年刊本,三册。"此书既然同样刻于光绪十八年,应该也是活动于光绪年间广东石城陈大文的著作。⑥

## 二、质疑并分析存在的问题

杜泽逊先生考证的思路到这里都是没有问题的,根据陈大文的另外两种著作,即《经义质疑》和《周易浅解》的版本和刊刻年代,来考证《楚辞串解》的作者陈大文,不是康熙年间的太仓人陈大文,而是光绪年间的广东石城人陈大文。然而,笔者大量查考广东地方志和书目文献类著作,如光绪《高州府志》、民国《广东通志未成稿》《广东历代地方志集成》,以及《广东文献综录》等,均未找到陈大文的踪迹。到底是哪里出了问题,反复思量,发现上述材料中提到"石城"是广东石城的始终仅有一种,即《续修四库全书总目提要》。支持陈大文是广东石城人说法的两位学者,即崔富章和杜泽逊所依据的证据都是《续修四库全书总目提要》。那么,这个"石城"究竟是不是广东石城呢?

---

① 周建忠:《大阪大学藏"楚辞百种"考论——关于西村时彦·读骚庐·怀德堂》,《职大学报》,2008年第1期,第18页。
② 崔富章:《楚辞书录解题》,北京:高等教育出版社,2010年,第185页。
③ 江瀚:《故宫普通书目》,1934年,故宫博物院图书馆排印本,第47页。
④ 阳海清:《中国丛书广录》,武汉:湖北人民出版社,1999年4月第1版,上册第206页。
⑤ 中国科学院图书馆整理:《续修四库全书总目提要》(稿本),济南:齐鲁书社,1996年,第1册第237页。
⑥ 杜泽逊:《古籍目录编纂例说——清人著述总目编纂札记》,《文献》,2009年第3期,第101—102页。

笔者接着考索，潘雨廷《读易提要》一书有"陈大文《解易》提要"云："《解易》三卷，清陈大文著。大文，石城人。自《序》撰于光绪十八年(1892)。谓于光绪三年丁丑任赣州府长宁县教谕，日以经义与诸生相切磋，积十五年成此书。"① 此《解易》三卷与前所述《周易浅解》三卷当为同一书，潘雨廷先生应该亲见此书。然而，潘先生也只是说陈大文是"石城人"，并未说明"石城"到底是哪里的石城。潘先生提到，陈大文于光绪三年曾任江西赣州府长宁县教谕。笔者猜想，陈大文既然曾经在江西长宁县任教谕，这个石城会不会不是广东石城，而是江西省的石城县呢？

## 三、在地方志中找到关键证据

笔者带着这个疑问查考光绪《江西通志》，终于在卷三十六《选举表》中找到了陈大文的相关信息，证实了此前的猜想。在光绪《江西通志》卷三十六《选举表》"同治元年壬戌并补行戊午乡试"中，"宁都州"有三人入列，依次是"陈梦祥，宁都人；陈大文，石城人；熊佩芬，石城人"。"同治元年壬戌"，即公元1862年。"宁都州"，全称为"宁都直隶州"，乾隆十九年升为直隶州，与府同级。宁都州之州治在宁都城，下辖有瑞金和石城二县。石城县在明代属赣州府，乾隆十九年起改属宁都直隶州。既然陈大文举乡试在宁都州，那"石城"应该是宁都州之石城县，而不是广东高州府之石城县。

而且，光绪《江西通志》卷三十六《选举表》十七自"道光二十年庚子乡试"至"光绪五年己卯乡试"止，宁都州有25人中举，其中"宁都人"有13人，"石城人"有8人，"瑞金人"有4人。除上引与陈大文同年中举的"熊佩芬"是"石城人"，又如"道光二十四年甲辰乡试"录有"黄兆蓉，石城人"，"咸丰元年辛亥乡试"录有"郑春融，石城人，知县"，这些"石城"指的都是宁都州石城县。

可见，这个误会是由《续修四库全书总目提要》中《经义质疑》提要的撰者江瀚(1857—1935)开始的。笔者推测，江瀚所见之《经义质疑》与《楚辞串解》合刊，二书应该著录一致，即只著录云"石城陈大文"，并未说明是哪里的"石城"，而江瀚就把此"石城"当作是广东石城县了。至此，陈大文的里籍虽已经有了眉目，然还没有确凿的证据能够证明光绪《江西通志》中载录的"陈大文"就是《楚辞串解》的作者陈大文。

## 四、从其他著作中找到内证

笔者又考虑从陈大文的著作寻找内证，他的三部著作均极为罕见，笔者仅查考到一种，据《清史稿艺文志拾遗》"经部 易类"著录："《周易浅解》二卷，陈大文撰。光绪十八年一得斋刻本。山大。"② 此处著录《周易浅解》只有两卷，"山大"是山东大学图书馆编《山

---

① 潘雨廷：《潘雨廷著作集》，上海：上海古籍出版社2016年，第496页。
② 王绍曾主编：《清史稿艺文志拾遗》上册，北京：中华书局，2000年，第32页。

东大学图书馆馆藏线装书目》(1956年油印本)之简称。笔者在"山东大学图书馆书目检索系统"中找到了此书,系统中著录的是:"《周易浅解》二卷首一卷,刻本,(清)陈大文撰。一得斋,清光绪十八年(1892)。"可见,此书应该还是三卷。为此,笔者赴山东大学图书馆亲验此书确为三卷,卷首有陈大文《自序》,摘录其中可考证的部分如下:

> 文自幼粗读《诗》《书》《春秋》,年二十五始嗜《易》,既无师友,又少书籍,一字一句有思之至数十日者,因读"参伍以变"、"错综其数"二语,始悟羲图变数,圣言俱在,固有无俟他求者。后粤逆寇石城,为保聚计,此事遂废。壬戌秋中江西本省乡榜,公车六上奔走,又十余年,丁丑春由大挑二等选赣州府长宁县教谕,到任以后课士之余,官闲无事,复得以经义与诸生相切磋,如《诗》《书》《春秋》《离骚》之有疑于心者,既与诸生共析其一二。……盖积四十年之一知半解,而说始略备。诸生以为便于童蒙,固请付梓,于是名之为《周易浅解》而自序之。时光绪十八年十一月穀旦 石城陈大文自序。①

根据《自序》中"粤逆寇石城"和"壬戌秋中江西本省乡榜",笔者终于可以确定陈大文确实是江西省石城县人,而不是广东省石城县人。

虽然据此《自序》还不能确知陈大文的具体生卒年,但可以大致推知陈大文生活的时代和经历。文中的"粤逆"即太平天国之太平军,太平军于咸丰三年(1853)六月攻下江西九江等地。根据《自序》中"年二十五始嗜《易》"和"后粤逆寇石城",可知咸丰三年(1853)陈大文至少已经有二十五岁,故而其生年当在道光九年(1829)之前。"壬戌秋中江西本省乡榜",壬戌即同治元年(1862),这一年陈大文举乡试。根据《自序》中"又十余年,丁丑春由大挑二等选赣州府长宁县教谕",丁丑即光绪三年(1877),陈大文任赣州府长宁县教谕。"盖积四十年之一知半解",由此书刊行时间即光绪十八年(1892)向前推四十年,正好是咸丰三年(1853)左右,与陈大文"年二十五始嗜《易》"的时间差不多。因此,可以确定陈大文的生年是在道光九年(1829)之前,卒年在光绪十八年(1892)之后,其生活的时代包括道光、咸丰、同治、光绪四朝。又,光绪《江西通志》卷六十八《建置略二》"廨宇二"中"吉安府安福县"有:"国朝康熙十一年知县张召南移建县署东,咸丰五年毁,同治元年典史陈大文捐建。"可知,陈大文于同治元年(1862)中举后曾任江西省吉安府安福县典史。

以上就是笔者考证《楚辞串解》的作者陈大文里籍的全过程。首先,笔者梳理目前学界的三种说法和各自的论据,并找到了其中症结之所在,即《续修四库全书总目提要》中《经义质疑》提要的撰者江瀚所云"广东石城人"。其次,根据潘雨廷《读易提要》中"陈

---

① 陈大文:《周易浅解》,光绪十八年一得斋刻本,山东大学图书馆藏。

大文《解易》提要"得知,陈大文于光绪三年(1877)曾任江西赣州府长宁县教谕,笔者开始怀疑"石城"并非广东石城,而是江西省石城县。第三,查考光绪《江西通志》,终于找到了陈大文的相关信息。最后,在山东大学图书馆找到陈大文《周易浅解》一书,根据《自序》进一步分析考证,陈大文是江西宁都州石城县人,生年在道光九年(1829)之前,卒年在光绪十八年(1892)之后,主要生活在道光、咸丰、同治、光绪年间。同治元年(1862)于江西宁都州举乡试,任吉安府安福县典史,光绪三年(1877)任赣州府长宁县教谕,三部著作都是在光绪年间任长宁县教谕时完成的,光绪十八年(1892)三部著作刊行时尚在世。

# 论刘梦鹏《屈子章句》注释对《楚辞》的阐释

山东大学文学院 胡 彦

楚辞作为中华民族优秀传统文化的重要组成部分,影响与激励着一代代的中国文人。王逸《楚辞章句》曰:"屈原之词,诚博远矣。自终没以来,名儒博达之士著造词赋,莫不拟则其仪表,祖式其模范,取其要妙,窃其华藻,所谓金相玉质,百世无匹,名垂罔极,永不刊灭者矣。"[①] 刘勰《文心雕龙·辨骚》云:"自《九怀》以下,遽蹑其迹,而屈宋逸步,莫之能追。故其叙情怨,则郁伊而易感;述离居,则怆怏而难怀;论山水,则循声而得貌;言节侯,则披文而见时。是以枚贾追风以入丽,马扬沿波而得奇,其衣披词人,非一代也。"[②] 所以诵读、注释楚辞者代有学人。楚辞作为一个开放性的文本,在不同时期不同读者前呈现出了不同的风貌,体现出不同读者的阅读经验。这些读者阅读、理解楚辞,对楚辞既有强化、增殖的一面,也有消解、变异的一面,而这些动态变化以不同的形式表现在不同读者对楚辞的鉴赏、阐释与创作中。有清一代,注疏之风大盛,注《楚辞》者亦甚多,不同学者对《楚辞》的阐释集中体现在了各自的注本中。刘梦鹏对《楚辞》的阐释便体现在其注释《楚辞》的《屈子章句》中,既有思想情感、内容气韵层面的相通相融,也有注释形式层面的吸收与创见。

一

刘梦鹏,字云翼,号海亭,清蕲水(今属湖北)人。"乾隆十六年辛未科进士,官直隶深州饶阳县知县。饶故多奸猾,梦鹏缉之力,案无留牍。缓徭役,免浮税,兴学赈饥,造士抚民,循声卓著。后以丁艰归,留心著述,寻卒。"[③] 由此可知,刘梦鹏是一位造福百姓的好官,是一位孝顺父母的孝子,是一位专心著述的文人。这在《屈子章句》谢锡位《序》"庆潘君之作宰,香满花城,念召伯之仁民,萌留堂树。系去思者三载,歌来暮者万民。行役馀间,清吟不辍"[④],章学诚《序》"云翼以名孝廉官饶阳知县,有政声,所学具有本末"[⑤] 中

---

① 洪兴祖:《楚辞补注》,北京:中华书局,1983年,第49页。
② 刘勰著,范文澜注:《文心雕龙注》,北京:人民文学出版社,1962年,第47页。
③ 王钟翰点校:《清史列传》,北京:中华书局,1987年,第5289页。
④ 刘梦鹏:《屈子章句》,吴平、回达强主编:《楚辞文献集成》第二十七册,扬州:广陵书社,2008年,下引《屈子章句》内容均出自此书。
⑤ 章学诚:《章氏遗书》,北京:文物出版社,1982年,卷八。

均有体现。关于刘梦鹏的著述情况,既有对经典的阐释:"著有《春秋义解》十二卷,大旨推本《公》《谷》,谓《公》《谷》比事属辞,义不诡于儒者。又著有《屈子章句》。"① 也有其个人的创作:《屈子章句》谢锡位《序》曰:"壮年濡毫,善题鹦鹉……英年献赋,早飘桂殿之香。"这表明刘梦鹏具有深厚丰富的古典文化涵养,既作研究,又有创作,既是学者又是文人②,受儒家影响深,对楚辞颇有一番研究。

刘梦鹏喜好《楚辞》,熟读《楚辞》,对屈原与《楚辞》怀有深厚的感情,与屈原心灵相通之感。他在《屈子章句序》言作于直隶深州饶阳任上,并讲创作缘由:"予于是书,反复紬绎,晦明风雨,性情相深,歌泣与俱,匪一朝一夕之故",可谓用情至深。刘梦鹏自小受儒家影响的思想,为官一任造福一方的理念与现实中自身成长、为官的经历必定令其感受颇多,所以他才能更多地感知屈原、理解屈原。"夫人之不同,岂无居同处,习同业,日夕言语相酬对,尚有未尽得其隐微者乎",然"亦有相知莫逆,间阻关山,十数年不得晤,而道路忽闻其人近所行事,可以直断其有无,不拘牵于时俗之讹诬,以曲合其人之本志者,则苟求其志,又安必其觌面也"。显然,刘梦鹏之于屈子,当属后者。跨越千年,二人虽不能觌面,却已神交,屈子"翛然洁耶,荧然才耶,佩玉玦行蹩躠耶,貌癯然若枯朽,神朗然其秀澈耶"的风貌早已深入刘心,所以刘梦鹏不禁自诘、慨叹:"屈子乎?屈子乎!吾得而遇之。"既与屈子深相契合,心有戚戚,"夫屈子以深仁万挚之性,抒其幽忧蹇产呼号不应之情,孝子仁人之所以用心,千载下犹得见之……其遇《小弁》之遇,其志《小弁》之志,又何间然乎贾生痛哭激己!"然又有感于"是书各本异同颇多,而序次亦复凌乱无纪",所以"考其沿误,订其编次,务求其安",刘梦鹏毅然为之作注,"虽于屈子之志,未敢自信吻合,亦庶几令后之读者明于所遇之不齐,不复怀'忿怼沉江,露才扬己'之疑,则于屈子亦未必无一当也。"《屈子章句》的问世饱含了刘梦鹏对《楚辞》的一往情深与深刻理解,也体现了他与屈原的精神交合。

## 二

刘梦鹏对《楚辞》的阐释体现在对屈原"志"的理解中。

章学诚《文史通义·知难》指出"知其言"是非常难的:"为之难乎哉?知之难乎哉?夫人之所以谓知者,非知其姓与名也,亦非知其声容之与笑貌也。读其书,知其言,知其所以为言而已矣。读其书者,天下比比矣。知其言者,千不得百焉。知其言者,天下寥寥矣。知其所以为言者,百不得一焉。然而天下皆曰:'我能读其书,知其所以为言矣。'此

---

① 王钟翰点校:《清史列传》,北京:中华书局,1987年,第5289页。
② 傅璇琮、蒋寅曰:"但只有到了清代,一个人同时兼有文人与学者的身份才具有普遍的可能性。换句话说,文人与学者身份的一体化是在清代完成的。"傅璇琮、蒋寅《中国古代文学通论·清代卷》,沈阳:辽宁人民出版社,2005年,第285页。

知之难也。人知《易》为卜筮之书矣,夫子读之,而知作者有忧患,是圣人之知圣人也。人知《离骚》为辞赋之祖矣,司马迁读之,而知悲其志,是贤人之知贤人也。夫不具司马迁之志,而欲知屈原之志,不具夫子之忧,而欲知文王之忧,则几乎罔矣。然则古之人有其忧与志者,不得后之人有能忧其忧、志其志,而因以湮没不彰者,盖不少矣。"①但刘梦鹏确是读出了屈子之志。《屈子章句》谢锡位《序》曰:"簿书稍暇,披订偏增。自出性情,绝不规摹博士。天然风韵,何须依傍词坛。沉芷湘兰,传闻不朽,锦心绣口,采撷非虚。诚屈子之津梁,实骚人之宝筏。"指其上通屈子,深得屈子之旨。章学诚曰:"余观云翼自序,以屈子之志,比于《小弁》之仁。以顷襄之忘仇结昏,同于平王之遣戍申许。《骚》《雅》同源,一言得其梗概。可谓读古人书,能知古人之意者矣。他若定其二十五篇以从汉志,章剖句析,不必斤斤求合,而自能以意逆志,可以一空前人之支离附会,与余夙所疑者,不啻冰释而节解也。云翼之于斯文,不已深欤……余故表而出之,以俟天下之善知古人之意者。"②则道出刘梦鹏深谙"屈子之志"。

刘梦鹏自小受儒家思想影响,为官清廉,在饶阳知县任上,更是对社会奸猾之徒、百姓生活之苦有着深切的体会,所以大刀阔斧地整治社会,以造福百姓为己任。这些成长经历、为官经历都让刘梦鹏对屈原信而见疑、忠而被谤、有志不得施、有力不得出,被疏远、流放的遭遇有力深切体悟,所以刘梦鹏认为"屈子之志苦矣",在《屈子章句》中赋予了"了解之同情"②,注释常常采取全局观照的办法来体察屈子之"志"。

如刘梦鹏对屈原自沉汨罗的解读。《屈子章句序》曰:"虽于屈子之志,未敢自信吻合,亦庶几令后之读者明于所遇之不齐,不复怀'忿怼沉江,露才扬己'之疑。""忿怼沉江,露才扬己"最早由东汉班固提出,后世对此讨论甚多。刘梦鹏在《离骚》"虽不周于今之人兮,愿依彭咸之遗则"下注曰:

> 彭咸,古贤人。遗则,谓志行可法。灵修虽伤数化,遗则实可师承,不周于今,则惟古是依而已。按,王逸称"彭咸,商贤大夫,谏纣不用,投渊而死",语简而本末不详。考之他书,彭咸谏纣不用出奔耳,投渊之计,乃亡后不得已者之所为,其殆有臣仆之忧者与?咸之为人,虽不可详,然即是二说,微亡箕辱,夷齐得死所,盖兼之矣。夫有咸之志,可死可不死;无咸之志,死亦愈疏。忿怼者乌足法乎?屈子前后称彭咸者凡六,志行之符,非小谅之效。子政"水游"之云,亦泥于湛身之说,而非所以为则矣。吾观屈子骤谏不听,任石无益之语,且若有不满于申徒、伍胥者,而于彭咸独惓

---

① 章学诚:《文史通义》,北京:中华书局,1985年,第105页。
② 陈寅恪说:"凡著中国古代哲学史者,其对于古人之学说,应具了解之同情,方可下笔。盖古人著书立说皆有所为而发;故其所受之环境,所受之背景,非完全明了,则其学说不易评论。"陈寅恪:《金明馆丛稿二编》,上海:上海古籍出版社,1980年,第247页。

倦焉,宁无谓耶?且此篇作于楚怀疏绌之日,未应便欲水游,可知依则自有在也。

在乱辞"已矣哉,国无人兮,莫我知兮,又何怀乎故都?既莫与为美政兮,吾将从彭咸之所居。"下注曰:"言虽临睨旧乡,蜷顾不行,而国既无人,又莫知己,悲怀无益,惟有遂初练要,求仁得仁,以从彭咸之所处而已。孔云'窃比',孟称'愿学',志趣依归,各有私淑。彭咸所居,岂赴清冷之谓哉。"

刘梦鹏认为屈原自投汨罗是效法彭咸,志在殉国。彭咸忠谏而不被采纳,于是投渊而死。屈原则经历见疑、被谤、疏远、流放,目睹了楚国倾危(《哀郢九章序》曰:"甲朝始行九年不复,白起一烽。南郡焦土时,原已老矣。痛国故之禾黍,念龙关之遗楸。死者何辜生者已愈,于是哀郢而作《九章》,以叙忧思,玩其辞,逆其志,考其山川道里,所阅历要皆反复自明,次第相申烦而不杀而郁纡之情。"),生灵涂炭等一系列事情,再无希望所系后,绝然赴国难而自沉殉国。游国恩对此持赞同观点:"朱冀、刘梦鹏以从彭咸之居为从其'处死之道',非必'赴清冷之谓',固亦可通,唯无实据以证其说耳。"①

又如释《招魂》"魂兮归来!东方不可以托些。长人千仞,惟魂是索些。十日代出,流金铄石些。彼皆习之,魂往必释些。归来归来,不可以托些",曰:"屈子之书所称或有不经,人每讥其谲幻荒诞,盖未深观屈子者也。"并举《离骚》例:"《离骚》诸篇所云阆风悬圃之类,盖寓言见意。"言"《招魂》所称乃大荒之域,四极之表,奇形怪状,虽非接于听睹间,亦载在《山经》,原不过借是极言上下四方不详耳,其有无固不及辨,亦不必辨也"。刘梦鹏没有拘泥于字词本身的解释,而是在对屈子通体进行观照的解读中来进行注释。这在考据学甚盛的乾嘉时代独树一帜。"观乎乾嘉诸子,注书多重训诂考据,而忽视义理阐发,刘氏则无此病"。②

再如刘梦鹏在阐释过程中,注重《楚辞》的整体性,篇章释义前后呼应,如释《思美人》"情与志信可保兮,羌居蔽而闻章",联系《离骚》"芬至今犹未沫",更能凸显屈原情志。章学诚《序》曰:"然《春秋》而后,继以'左图',而传者遂多。'变雅'以后,继以屈辞,而知者愈少。何哉?史体犹直,而诗旨更婉也。太史公曰:'余读《离骚》,悲其志。'夫读屈子之文而知悲其志,可谓知屈子矣。然未明言其志,而后人悬揣其意而为之说者,则纷如。"认为解释屈作不必拘泥于一字一句,"与词章之士言之,则徒溺于文藻;与理义之士言之,则又过于胶执","夫人即清如伯夷,未有一咳唾间即寓怀高饿。钟乳比干,未有一便旋间亦留意格君。大意不明,而铢铢作解,此治书者之不如无书也"。《屈子章句》恰好符合其意,故章氏感慨曰:"与余夙所疑者,不啻冰释而节解也。"

---

① 游国恩:《游国恩楚辞论著集》第一卷,北京:中华书局,2008 年,第 506 页。
② 张崇琛:《一个值得重视的〈楚辞〉注本——读刘梦鹏〈屈子章句〉》,《文献》,1982 年第 2 期。

## 三

刘梦鹏对《楚辞》的阐释体现在注释方式与阐释方面。

第一，运用内证，以骚解骚。刘梦鹏在注释中，以《楚辞》释《楚辞》，内里相连，情感相融，正如汤炳正《渊研楼屈学存稿》所说的"以屈证屈"①，用《楚辞》内证释读，更具说服力。举例如下：

引用《楚辞》它篇释读，如《离骚》"余既不难夫离别兮"之"离别"，释曰："犹《九章》所谓'离异'。"乃用《九章》语解《离骚》语。"何离心之可同兮，吾将远逝以自疏"，释曰："犹《九歌》所谓'心不同兮媒劳'也。"乃用《九歌》语解《离骚》语。又如《大司命》"折疏麻兮瑶华"，释曰："疏麻，神麻。瑶华，玉英，即《离骚》'纫兰蕙'，'折琼枝'之意。"乃用《离骚》语解《大司命》语。再如《天问》"薄暮雷电，归何忧？厥严不奉，帝何求"，释曰："屈子洞鉴千古，慨息时衰，因以自讯而悲也。薄暮雷电，犹《山鬼》歌所谓'雷填雨冥'，指其景为言者也。严，严谴也。言己重遭严谴，不能善承王意，放斥在此，皆己之咎，于天又何问乎？"乃用《山鬼》语解《天问》语。②

引用同篇释读，如《离骚》"何不改乎此度也"之"此度"，释曰"即指'不弃秽'者而言"，乃句内释。又如《抽思》"夫何极而不至兮，故远闻而难亏"，释曰："像仪，并法则，意亏缺也。此承上句'愿荪美可完'之意而言也。"释曰"承上句"，即"何毒药之謇謇兮，愿荪美之可完"，乃承接上句所释。

第二，转换视角，代拟抒情。《屈子序》中，刘梦鹏认为以屈子之材游诸侯，"何国不容"，但屈子"卒不为此，死而不以自悔"，是有所不忍。感叹"人生有命，各有所错"，屈子乃"定心广志"者。"周之季世，四维既解，大道衰息"，"希荣名利禄者"不可胜数，众皆"竞报复之私情，鲜忠孝之至性"，独屈子"惓惓君国，与存与亡，至死不变"，"壁立万仞，何卓卓也"！"屈子以深仁万挚之性，抒其幽忧塞产呼号不应之情，孝子仁人之所以用心，千载下犹得见之"。然屈子"遇《小弁》之遇"，"志《小弁》之志"，"盖万不得已于中聊寄托以起兴，每反复而抒情"，读者必"脱然于尘氛垢污，营逐腥膻之外，澄怀洗虑，平情和气以相遇于昭旷之原"，既得其志，又得其人，"德行茂而性情符"，才有可能"邃观其深"。刘梦鹏注书时正在直隶饶阳官署，为官清正贤明。也正因如此，当其得遇屈子之后，才可以倾

---

① 汤炳正曰："所谓'以屈证屈'，即在众说纷纭之中，如果能以屈赋本身断之，则是非立定，异说自息。"见汤炳正《渊研楼屈学存稿》，北京：华龄出版社、中国社会科学出版社，2004年，第68页。

② 其他如：《东皇太一》"灵偃蹇兮姣服，芳菲菲兮满堂。"释曰："偃蹇姣服，犹《离骚》所谓'琼佩'。偃蹇，此则指神而言，菲菲芳气浮动之貌。偃蹇姣服，以剑珥璆锵言也。"乃用《离骚》语解《东皇太一》语。《少司命》："荷衣兮蕙带，倏而来兮忽而逝。夕宿兮帝郊，君谁须兮云之际？"释曰："带，叶音帝。荷衣蕙带，指秋兰之属言也。倏来忽逝，言此辈高洁自尚，致之甚难，一不得当即去之矣。与《湘君》'歌石濑浅浅'数句同意。夕宿帝郊，谓司命日夕在帝所也。君，指司命。谁须云者，问之之词。言君日夕帝郊，正可及时牖悟开晓，乃不言不辞。长此回翔意，欲何待乎？"乃用《湘君》语解《少司命》语。

注真情,既入乎屈子之情,又出乎屈子之身,时常会有第一人称"予""己""余""我辈""此辈"与第三人称"原""屈子"视角交替解读的现象,这便使得注释具有了"代拟体"性质。所谓"代拟",是指模拟历史人物、真实作者以及已有作品中的主人公,为之设言,代为表达,因所代言者已为世人所熟知,已有作品传世,所以受到其人其事其作的限定,需要"拟"似其人,"拟"似其作。① 所以刘梦鹏化身屈原,在《屈子章句》的注释中既以屈原口吻叙述屈原处境,又以《楚辞》之词抒发屈原情感。

如《离骚》解题中,先以第三人称叙述屈原遭遇,点明其忧愁之因:"屈子之忧,不关屈子也。楚怀疏屈子而不用有年矣。欺于秦,困于魏韩,怒于齐,屈子盖早卜夏圻芜矣。孤臣孽子,心危虑深,宜其多忧也。"然后曰:"夫楚怀不知忧而屈子独忧之,屈子忧之而楚怀复不信之,于是幽愁忧思,白志行之洁清,伤谗妒之不意,陈已往之明验,将来之反,予不悲此身之废辱,犹望改求之得女,周流上下,淹留不可,远逝不可,蜷局悲睨而怅怀无益,其见于反复曲折之中,悲酸恻悱之言,温柔敦厚之意,盖兼之矣。"一连串动词:"白""伤""陈",将屈原之委屈,不得志等情状一一描述出来,饱含感情。一个"予"字,刘梦鹏已将自己当作屈原,不悲自身之荣辱,而是上下求索,惆怅矛盾,继而评曰"悲酸恻悱之言,温柔敦厚之意,盖兼之矣"。此时,刘梦鹏自己对此的感悟是:"情发而能止,则信乎怨诽不乱者也。"

又如"惟党人之偷乐兮,路幽昧以险隘。岂余身之惮殃兮,恐皇舆之败绩",释曰:"言党人误国,己虽明知,独不胜众,然宗社攸关,不敢畏祸而不为也。"言"己",即刘梦鹏化作屈子。而在第二节小节中,刘梦鹏又跳出屈子身份,以第三人称作评:"屈子与同休戚,敢惮殃乎哉!"第三节小节亦如此,先小结道:"己有灵修,己则念之。众有灵修,愿共守之。方俟时其将刈,忽悔遁而有他,时俗流从,伊于胡底。岁寒知松柏。"然后再次跳出屈子之身,以第三人称评曰:"原盖深为芜秽者惜哉。"②

再如言"我辈""此辈":《少司命》"人不言兮出不辞",释曰:"出入无语,司命亦何视我辈落寞乎。""儵而来兮忽而逝",释曰:"儵来忽逝,言此辈高洁自尚,致之甚难,一不得当即去之矣。"

单以第三人称视角解读屈子,如称"原":《离骚》"众不可户说兮,孰云察余之中情?世并举而好朋兮,夫何茕独而不予听",释曰:"原因女媭之言而叹己之有怀莫诉也。"又如《远游》"形穆穆以浸远兮,离人群而遁逸",释曰:"原言己思化去,未必幻妄。传说、韩终

---

① 廖群:《"代拟体"与"述"屈原——以代拟琴歌为参照,兼及"兮字歌"新考》,《中国文学研究》,2018年第3期。
② 其他如:"初既与余成言兮,后悔遁而有他。余既不难夫离别兮,伤灵修之数化",刘梦鹏化身屈子,释曰:"己与兰芷荃蕙同志相约,厥后变节委美,悔遁有他,在余不难与彼离异,但时俗流从善修不力为可伤耳。"又如"跪敷衽陈辞兮,耿吾既得此中正。驷玉虬以椉鹥兮,溘埃风余上征",释曰:"言己既陈辞,即欲上征。必陈辞而后上者,先通言而后进。虽欲进之切,仍守难进之义也。"将屈子"上征"之心诠释得很到位,将"进退"之情状反复言说,情通屈子。

已有先我得之者矣。"称"屈子":如《怀沙赋》"明以告君子兮,吾将以为类兮",释曰:"屈子以彼其材游诸侯,何国不容,而自令若是。读此语,可以思屈子矣。以非大雅明哲讥之者,无乃不谅已甚乎!"

可以看出,刘梦鹏注释中的代拟,其中既有以第一人称抒发、完全属于出自"屈原"之口的部分,又有跳出代拟、以第三人称的角度陈述评说的语句。所以刘梦鹏为屈原设言的同时,还有他自己的声音,在代拟抒情中,通过揣摩屈原心境等进行释义。

如《离骚》"心犹豫而狐疑兮,欲自适而不可",释曰:"言鸩既不可为媒,鸠又不肯为媒,狐疑无策,欲自往为佚女作合,而自分言不见信,终于义不可也。""不可""不肯",非常细致、精准。释"凤皇既受诒兮,恐高辛之先我"之"先我",曰:"言有此佚女,而我令鸩鸠人诒凤皇,窃恐佚女不为我有矣,讽王不及时用贤,贤将早为他人用也,不敢斥言王,故曰'先我'。"对屈子心境的揣摩惟妙惟肖。"仆夫悲余马怀兮,蜷局顾而不行",释曰:"不曰己悲而曰'仆夫悲',不曰己怀而曰'马怀',仆犹如此,何况于己;马犹如此,何况于人。"有酣畅之感。又如《山鬼》"雷填填兮雨冥冥,猨啾啾兮狖夜鸣。风飒飒兮木萧萧,思公子兮徒离忧",释曰:"言山中风风雨雨,啾啾猨哀,萧萧木落,祇增忉怛。纵君之思我,或不敢必,而已则无日不思公子,岂真怨公子哉。亦徒益离忧而已矣。"将山中之萧瑟之景与屈原悲怆之心境生动地刻画出来。刘梦鹏言:"此章缠绵悱恻屈曲盘旋更为婉挚,读者尤宜深玩。"非体会深者,不能有此言。①

第三,提出新说,填补空白。刘梦鹏读《楚辞》的心得体会常常是发人所未发。

如《离骚》"不抚壮而弃秽兮,何不改乎此度也? 乘骐骥以驰骋兮,来吾道夫先路也",校曰:"度、路二韵下,《集注》无二'也'字。"又如释"壮":"'壮'则犹未零落者,即下'余饰方壮'之'壮'"。闻一多《离骚解诂甲》:"壮有美盛诸义……下文曰'佩缤纷其繁饰兮',又曰'纷独有此姱饰',又曰'及余饰之方壮兮',壮饰即繁饰,姱饰,皆谓美盛之饰也。"②《离骚解诂乙》:"本书壮多训美。此以抚壮与弃秽对文,壮犹美也,秽犹恶也。下文曰'及余饰之方壮兮',壮饰即美饰,犹上言姱饰也,辨'壮'字之义便本乎此。'余固知謇謇之为患兮,忍而不能舍也。指九天以为正兮,夫惟灵修之故也'"。又"释曰:'舍','故'下无二'也'字。一'故','也'下有'曰黄昏以为期兮,羌中道而改路'十三字,非是。"③认为造

---

① 又如释《湘君》"扬灵兮未极",释曰:"扬灵未极而忽生悲慨者,盖必有不合而思去,如下文所谓'心不同恩不甚'者也。"释"横流涕兮潺湲,隐思君兮陫侧"释曰:"沦落之感,彼此同之者也"。"湘君不自悲而悲我思君""己不自悲而悲湘君",屈原感湘君之悲而悲及自身,刘氏亦感屈原之悲,而与之同悲。释《招魂》"与王趋梦兮,课后先。君王亲发兮,惮青兕"释曰:"楚宣王游于云梦,有狂兕趚车而至,王引弓射之,一发而殪,王抽旃旄抑兕首仰天而笑,即其事也。原少事宣王,曾从猎处,今遥望之余念及已事,盖不胜今昔之感矣。"回忆楚王游云梦之事,而揣度原之深意。

② 闻一多:《闻一多全集·楚辞编·乐府诗编》,武汉:湖北人民出版社,1993年,第260页。

③ 闻一多:《闻一多全集·楚辞编·乐府诗编》,武汉:湖北人民出版社,1993年,第286页。

成此原因是"因《九章》之语重出在此而'改路'二字偶异耳。

又如对史证的发掘、补充,尤其是考证《天问》史实,具有开山之功。如《天问》"简狄在台,喾何宜?玄鸟致贻,女何喜",释曰:"自此至'后嗣逢长'以商先世问也。'该秉'以下二十四句旧注所指多误。"此说甚确。又,"该秉季德,厥父是臧。胡终弊于有扈,牧夫牛羊",刘氏依据《左传》《竹书纪年》《山海经》考之:"'该'乃'亥'字之误,'有扈'当作'有易',有易、有扈,并夏时诸侯……弊,败也。牧夫牛羊者,有易拘留子亥,困辱之,使为牧竖也。"百年之后,王国维《殷卜辞中所见先王先公考》引《山海经》《竹书纪年》证成其说,后人始得确解。① 但刘梦鹏仅据地上文献,便得出了确解,更显可贵。又如《天问》释"汤谋易旅,何以厚之?覆舟斟寻,何道取之?"曰:"此事本未俱与《左氏》合,旧注:浇在户淫嫂之说不知何据。沈约《竹书》注谓浞娶纯狐,有子,早死,其妇曰'女歧',寡居。浇淫之。汝艾夜使人袭断其首。今考纯狐即羿室。《左氏》载'浞因羿室生浇及豷',未闻浇有兄也。沈约盖本此注。《竹书》不考其谬,遂相沿讹耳。"再如释"昭后成游,南土爰底。厥利维何,逢彼白雉?"曰:"据此则昭王必有征越裳之事而史失之。"刘梦鹏之说均可圈可点。

第四,文艺扩充,延伸抒情。刘梦鹏的注释常常对《楚辞》有所增益,并伴有文艺点评,而且抒情性也有了延展。

如《天问》:"东西南北,其修孰多?"释曰:"禹所治四海内地,东西二万八千里,南北二万六千里;出水者八千里,受水者八千里。禹迹所履,无远弗届,内别四方之山,外分八方之水,鼎象百物经志神奸。原故于此总诘之,下文又历举而问焉。"将大禹所治辖地加以数字释之,扩充了屈作,形象又立体,同时也传达出刘梦鹏对禹功的肯定之情。

又如《招魂》"旋入雷渊"之"雷渊",释曰:"天气清朗时沙常鸣,殷殷如雷,遇陷处,人马驼车应时皆没,去西海才二日程,所谓范河淖沙也,以其沙鸣如雷而多淖陷,故曰'雷渊'。有以雷夏泽当雷渊者,谬。雷夏泽在济阴郡耳。"对雷渊得名情形的描绘非常细腻、生动,"天气清朗时沙常鸣,殷殷如雷",既有画面又有声音,令人遐思。

再如《悲回风》"伴张驰之信期",释曰:"秋冬阴风严肃,张也;春夏氧气宽舒,弛也。寒暑往来,按候不爽,故曰'信期'。伴信期者,言己在放,几阅寒暑也。"用秋冬春夏的节气作比,联系屈原一己之身的遭遇,寒暑往来,甚是悲怆。

综上所述,刘梦鹏对《楚辞》十分熟稔,对屈原与《楚辞》有着深厚的感情,《屈子章句》注释体现出刘梦鹏对《楚辞》的阐释不仅仅是形式与内容层面上的以骚解骚、代拟抒情、填补空白、文艺点评等,而且在思想情感和内在精神层面有着共通之处,正因如此,刘梦鹏才能够体悟屈原之志,更深入地理解屈原、解读《楚辞》。

---

① 王国维:《观堂集林》,北京:中华书局,1991年,第209—224页。

# 吴汝纶楚辞评点及其价值*

安庆师范大学　谢模楷

吴汝纶作为清代重要的评点大家,一生读书、写作与评点,所涉猎范围颇为广泛,留存下来的评点著作甚多,在当时和后世都有深刻的影响。据广陵书社影印《桐城吴先生全集》,收录吴闿生辑录《桐城吴先生群书点勘》,吴汝纶点勘的书籍包括《左传》《史记》《汉书》《老子》《管子》《墨子》《庄子》《荀子》《韩非子》《太玄》《唐诗鼓吹》《韩翰林集》《汉魏六朝百三家集》《古文辞类纂校勘记》等。以上所列,并没有囊括吴汝纶全部评点著作,如《诗经点勘》《古文辞类纂评点》即不在其中。吴汝纶楚辞评点就在其《古文辞类纂评点》中。吴汝纶楚辞评点流布甚广,楚辞学界多有提及,但对吴汝纶楚辞评点的专题研究,目前尚属空白。故笔者不揣谫陋,试从以下三个方面论述之。

## 一、吴汝纶楚辞评点的流变

姚鼐编《古文辞类纂》①共七十四卷,收录各类文章七百多篇。其中第六十一卷"辞赋类一"录《离骚》《九章》。第六十二卷"辞赋类二"录《远游》《卜居》《渔父》。第六十三卷"辞赋类三"录《招魂》(宋玉)、《大招》(景差)、《九辨》(宋玉)。第六十四卷"辞赋类四"录《惜誓》(贾谊)、《招隐士》(淮南小山)。第七十二卷"哀祭类"录《九歌》。以屈骚为中心的楚辞,除《天问》一首外,基本收录其中。考察吴汝纶评点楚辞的流变情况,就要从吴汝纶《古文辞类纂评点》②入手。

吴汝纶评点《古文辞类纂》的源头,应为其手批吴启昌刻本。安庆市图书馆藏有吴汝纶朱笔手批《古文辞类纂》,笔者去安庆市图书馆查得此书。吴汝纶手批本是以吴刻本为底本,前有吴启昌作序,知吴启昌于清道光五年刻成此书,全书共16册。吴汝纶以朱笔批点,于眉间点评,地角校注,题目加圈,圈下评注,文中圈点。书法极为美观。最后一篇文末空白处,吴汝纶朱笔题写了一段说明的文字,其中有"丙子正月汝纶校"。丙子年为光绪二年,公元1876年,此时吴汝纶37岁,正在壮年时期。笔者将吴汝纶手批本与民国三年刊行吴汝纶《古文辞类纂评点》本做了对比,如《九歌》十一篇,吴汝纶在其篇名之下,都做了圈点和评语,除了《大司命》一篇空白。评点皆引用张皋文语,《山鬼》眉

---

\* 本文系国家社科基金一般项目:15BZW058;安徽省质量工程重点教研项目:2018jyxm0970。
① 姚鼐编:《古文辞类纂》(全三册),北京:中国书店,1986年。
② 吴汝纶:《古文辞类纂评点》,1914年京师国群铸一社铅印本。

间引用了梅伯言的评语。所有这些评语,皆原文收录在《古文辞类纂评点》附录《诸家评识》里。《大司命》一篇,吴汝纶手批本空白,《诸家评识》里曰:"张皋文云,惜往日之曾信也。"《离骚》的情况有不同,吴汝纶手批本里,引用了梅伯言张皋文、曾文公以及自己的两条批语,而《诸家评识》里还有朱骏声、戴东原、王伯申的评语。《评点》正文里有不下十条吴汝纶"评云"文字,吴汝纶手批本里只有两条,即刊本大部分吴汝纶评点《离骚》的文字,是手批本里没有的。这就是说,从吴汝纶光绪二年手批《古文辞类纂》,到民国三年吴汝纶《古文辞类纂评点》刊行,这期间吴汝纶有不断增补的过程。《古文辞类纂评点校勘记》云:"姚选《古文辞》,旧有康吴二刻,而吴本特胜。惜元板久毁,好是书者将谋付石印。余既为是正讹夺,遂遍考古今文史同异,记其荦荦大者,间复兼纠康本违失,俾览者慎择焉。"① 据吴闿生《文集笺证》②注释,《校勘记》作于光绪二十五年,可见吴汝纶二十多年里,不断做《古文辞类纂评点》的增补工作,到光绪二十五年才完工,但却没有刊行。吴汝纶在壬寅年三月二十六日日记叙述:"《古文辞类纂》校毕,此书吾久欲再刻,曾集资买纸,校勘康、吴二本误字,拟于上海石印。庚子之乱,集资尽失。"③ 因为八国联军入侵,吴汝纶刊刻计划没能实现,直到民国三年,才由其子吴闿生及门人高步瀛整理刊行。从手批到刊本印行,其间相隔竟然三十七年,此时吴汝纶已经去世十年。

值得一提的是,在此期间的光绪三十年,吴汝纶去世的第二年,上海光明书局曾刊行《桐城吴氏古文读本》(共四册)。此本为吴汝纶学生常堉章编校,书前有常堉章序曰:"古文二百九十余首,桐城先生评选,尝持以受及们诸子。诸子传习互有异同,今更取先生手定之本编校而印行之。"④ 此读本为吴汝纶选取姚鼐《古文辞类纂》篇目,加上自己的点评辑录而成,仍依姚氏分为十三类,选取各类文章共二百九十余篇,用以教授学生。其中楚辞选录较多,包括《离骚》《九章》(选五)、《卜居》《渔父》《招魂》《大招》《九辩》《招隐士》《九歌》等。和《古文辞类纂》相比,只在《九章》中去掉了《惜往日》《思美人》《悲回风》《橘颂》等四篇,以及《远游》《惜誓》两篇。所选篇目皆有圈点和评语,文中圈点,眉间点评。《读本》点评内容与《古文辞类纂评点》相比,其差异主要在于引诸家评点较少。如《离骚》篇,《读本》只引用了梅伯言一人的四条评语,其他如张皋文、朱骏声、戴东原、王伯申皆无。吴汝纶自己的评点内容,《评点》本里有两条《读本》里没有,其他评语基本一致。再如《九歌》篇,《读本》只引用了梅伯言的一条评语,张皋文于《九歌》几乎每篇都有点评,《读本》一条未取。所以《桐城吴氏读本》无论是所选楚辞篇目还是评点内容,都没有《古文辞类纂评点》丰富而全面。《桐城吴氏古文读本》在光绪三十年初版,于上海、北京、汉

---

① 吴汝纶:《古文辞纂评点校勘记》,1914年京师国群铸一社铅印本。
② 吴汝纶:《吴汝纶全集》(第1册),合肥:黄山书社,2014年。
③ 吴汝纶:《吴汝纶全集》(第4册),合肥:黄山书社,2014年。
④ 吴汝纶:《桐城吴氏古文读本》(全四册),光绪三十年上海文明书局铅印本。

口同时印刷发行,三十一年、三十二年连续再版、三版,可见发行量之大,发行范围之广。在吴汝纶《古文辞类纂评点》没有刊行之前,吴汝纶楚辞评点的主要内容,已通过《桐城吴氏古文读本》而广泛传播。

民国三年吴汝纶《古文辞类纂评点》刊行,附录《古文辞类纂诸家评识》及《张廉卿论文语》。另同时印行有《古文辞类纂校勘记》上下篇,附录《吴先生尺牍》四篇。其中《古文辞类纂评点》,主要内容包括圈点和评语。先摘出所评点句子,然后在文中作点评。如《离骚》摘录"夕揽洲之宿莽",双排小字曰:横截。揽校改擥。单排大字曰:评云以上自修。《古文辞类纂校勘记》主要包括校勘和点评,没有圈点。但《评点》校改不注出处,《校勘记》注明出处,如《离骚》"日月忽其不淹兮",双排小字曰:《楚辞释文》忽作曶。再以"汝纶按"作出评语。《评点》的"评云",与《校勘记》的"汝纶按",都是吴汝纶所作点评,《校勘记》的评点基本不超出《评点》本的范围,而补《评点》本之不足,如《离骚》"鲧婞直以亡身兮,终然夭乎羽之野。"《评点》曰:"依五臣盖读身为命,《盘庚》'汝悔身何及',汉石经身作命。下言夭乎羽野,此不应先言亡身也。"《校勘记》除引录《评点》本原文外,又加上王逸注,作了更为丰富的解释。所以《校勘记》在校勘上注明了出处,在评点上丰富了内容,所附录四篇《吴先生尺牍》,对了解吴汝纶的评点有直接作用。但其评点内容没有超出《古文辞类纂评点》的范围,有的甚至原文照录,浪费读者时间和精力。当然《评点》本也有不足,如"评云"字体与正文相同,容易混淆。《评点》附录诸家评识,有的已经在正文中出现了,如梅伯言、曾文公等,这就造成重复,形成评点体例上的缺陷。

民国初年,徐树铮编辑《诸家评点古文辞类纂》(全五册),吴汝纶评点悉被录入。徐树铮《钞古文辞类纂批点记》云:"辛丑岁梁君式堂同官保定,出示吴至父先生批点康本,许余借抄"①。辛丑年(1901)吴汝纶评点本尚未刊印,徐树铮所见为吴汝纶朱笔批点本,当时并未在意,直至乙卯秋补抄吴汝纶评点,此时吴汝纶评点本已经刊行。"吴先生批点尤详尽,已有刊本并附诸家评识,他日当并录之,以便省览焉。"②徐树铮所见即为刊行才两年的《古文辞类纂评点》本,附录有《古文辞类纂诸家评识》。徐树铮《校印诸家评点古文辞类纂云后记》云:"乙卯秋补抄吴至父先生《古文辞类纂》批点,旁考诸家评识,并前所抄,都十五六万余言。"③徐树铮全部录入吴汝纶评点,最终方成此书。

徐树铮本《九歌》原只录九篇,缺《国殇》《礼魂》,依吴汝纶意见补录,但只有白文。徐本正文包括圈点和校注,校改双行小字,曰"吴氏校"或"吴氏改",即吴汝纶校改。注文为姚鼐原注,亦以双行小字。眉间引诸家评语。文后还有"诸家圈点"和"诸家评识"。

---

① 徐树铮辑:《诸家评点古文辞类纂》(第1册),北京:国家图书馆出版社,2012年。
② 徐树铮辑:《诸家评点古文辞类纂》(第1册),北京:国家图书馆出版社,2012年。
③ 同上。

周远致曰:"徐本之集评是在吴汝纶点勘本的基础上增益而成,故更为丰赡。"① 徐树铮全文抄录了吴汝纶《古文辞类纂评点》的内容,分别为眉间点评、文末圈点及诸家评识几部分,每一部分吴汝纶都占有显著的位置和重要的分量,尤其对吴汝纶圈点的部分,包括楚辞原文,皆详细抄录,列入文后"诸家圈点"部分,显示徐树铮对圈点的看重。其评点抄录出自《古文辞类纂评点》,而非《古文辞类纂校勘记》。所以徐本较好地保留了吴汝纶评点楚辞的内容,对吴汝纶评点楚辞的流布具有很大作用。

清末桐城派"殿军"马其昶作《屈赋微》二卷,有清光绪《集虚草堂丛书》刻本,前有马其昶光绪三十一年夏五月自序。马其昶博采前人之说,所引皖籍尤其是桐城派学者很多,包括姚鼐、戴震、马瑞辰、梅曾亮、钱澄之、方绩、方东树、吴汝纶、张裕钊、姚永朴等。所引吴汝纶说 21 条,仅次于钱澄之。所选内容主要为吴汝纶评点《离骚》《九章》与《招魂》等篇。此时吴汝纶《古文辞类纂评点》尚未刊行,马其昶所据正是光绪三十年刊行的《桐城吴氏古文读本》。马其昶《屈赋微》对近代安徽楚辞学影响深远。近代安徽楚辞学者卫仲璠先生,受《屈赋微》之启发,著《离骚集释》一书,1936 年由商务印书馆出版,编入"国学小丛书",作为国学普及读物而广泛流传。现代楚辞学者马茂元为马其昶孙,著有《楚辞选》一书,书中多引《屈赋微》内容,为中华人民共和国成立后影响最为广泛的楚辞注本之一。现代楚辞学者吴孟复,为马其昶孙婿,受《屈赋微》启发,著成《屈原九章新笺》一书,注重对《九章》各篇写作时间的考证,这一点与吴汝纶颇为相似。吴汝纶评点楚辞,随着《屈赋微》影响所及而流布更广。

## 二、吴汝纶楚辞评点的古文语境

吴汝纶楚辞评点是在《古文辞类纂评点》中,分析这个问题就需要从古文的编纂及评点说起。桐城姚永概《诸家评点古文辞类纂》序曰:"古文辞评点自宋已有之,真西山、毛鹿门以后,方望溪、刘海峰为著。惜抱先生《古文辞类纂》有两本,康刻全载评点,吴刻存先生意存评语去圈点,而世顾多以康刻为便。"古文作为文类名称起源于唐代,在南宋确立了其崇高的地位,以唐宋八大家为古文作家的代表。姚永概序中所言古文辞评点,即南宋真德秀《文章正宗》、明代茅坤《唐宋八大家文钞》、方苞《古文约选》、刘大櫆《唐宋八家古文约选》。真德秀《文章正宗》虽然录选了大量古文,但同时也录选了诗歌,不是纯粹的古文选本,方苞《古文约选》主要选取两汉及唐宋八大家文章。如同唐诗选本一样,通过一代代的古文选本及评点,优秀的古文得以选出并经典化。

姚鼐的《古文辞类纂》是影响最大、最富有特色的古文选本。姚鼐《古文辞类纂》序目:"鼐少闻古文法于伯父置坞先生,及同乡刘耕南先生,少究其义,未之深学也。其后游

---

① 周致远:《〈古文辞类纂版本述略〉》,《古典文学知识》,2003 年第 5 期。

宦数十年，益不得暇，独以幼所闻者置之胸臆而已。乾隆四十年以疾请归，伯父前卒不得见矣，刘先生年八十犹善谈说，见则必论古文。后二年，余来扬州，少年或从问古文法……于是以所闻习者编次论说，为《古文辞类纂》。"姚鼐编选《古文辞类纂》，是基于"古文辞评点"的学术背景而为少年编选一本古文教材，传授桐城派的古文法，则是其直接动因。康绍镛《古文辞类纂后序》曰："余尝受学于先生，凡语弟子未尝不以此书，非有疾病未尝不定此书。盖先生之于是亦勤矣。"① 大量录入辞赋是姚鼐选文的重要特色，"姚氏以辞章合于义理，选录古赋，效赋法，法赋辞，重屈宋、司马相如之赋，重在以古赋为古文。"② 以古赋为古文，又以骚为赋祖，由此以屈宋为中心的楚辞评点，不可避免地笼罩在古文评点的语境之中。

桐城派晚期学者，包括曾国藩、吴汝纶等，对姚鼐《古文辞类纂》都特别推崇，吴闿生《诸家评点古文辞类纂》序曰："先大夫生平自读之书，经、史、子以下，及各家专集论文，凡数百种，皆有评点，而于此书尤兢。"③ 民国三年吴汝纶《古文辞类纂评点》刊行，其后专题附录《张廉卿论文语》，张氏主要论述了以唐宋八大家为中心的古文创作，显示了吴汝纶评点此书的古文立场。吴汝纶对姚鼐将辞赋编入古文，尤其持赞赏态度，其《古文辞类纂校勘记》后记云："姚选特入辞赋门，最得韩公论文尊马扬本意，而楚词至为难读，因颇发其旨趣著于篇，用质后君子学问之途博矣。独沾沾为此，殆《尔雅》注虫鱼者类也。虽然，欲治文事者，倘亦有取于斯。"吴汝纶认为，姚鼐编录辞赋入古文选，真正领会了韩愈倡导古文运动的精神。笔者全文阅读了吴汝纶《古文辞类纂评点》，相较于其他文体，吴汝纶对"辞赋类"评点较多，尤其是以屈骚为中心的楚辞，几乎每篇都有评点，非屈原创作楚辞作品，如《招隐士》《惜誓》等，吴汝纶都于题下注明"楚词"。所以，吴汝纶对楚辞的评点用力尤多，其楚辞评点也无疑沾溉了古文评点的特色。

《古文辞类纂》自康刻本以来，就附录各家点评，康刻本书中有姚鼐评语，书后又辑录吕祖谦、茅坤、方苞等九家评注，他们基本上都是古文选家或作家，其中南宋吕祖谦编选的《古文关键》，选取了唐宋著名古文大家韩愈、柳宗元、欧阳修、曾巩、三苏、张耒之文共六十余篇，首次确立了唐宋古文的经典。其在点评时对文章布局谋篇的精辟见解，对散文创作方法的强调，在文章学上具有重要的意义。由此古文选本附录诸家评点，也成了一种惯例。所选诸家往往是古文大家，这就形成了一种特别的古文评点氛围。选录的诸家及其评点，又从另一个侧面体现出选评者的学识和观点。吴汝纶录《古文辞类纂诸家评识》，不仅原有九家评语数量大大增加，而且还增加了不少人的评语。吴闿生《诸家评

---

① 吴孟夏、蒋立甫：《古文辞类纂评注》，合肥：安徽教育出版社，2004年。
② 王思豪：《论桐城派古文选本中的古赋思想——以〈古文辞类纂〉等主要古文选本为例》，《安徽大学学报》，2011年第6期。
③ 徐树铮辑：《诸家评点古文辞类纂》（第1册），北京：国家图书馆出版社，2012年。

点古文辞类纂》序曰:"既精选而评定之,又汇归、方以来,及梅伯言、曾文正公、张廉卿先生之说,时取而参校之。盖姚氏此书集文章之大成,而先君又集诸家评点之大成。"① 所增诸家主要为桐城古文家,如张裕钊、张惠言、梅曾亮、曾国藩、方东树等。以楚辞作品而言,选录评点最多的作家,依次为张惠言、张裕钊、梅曾亮。张惠言受桐城古文家刘大櫆影响,与恽敬共治唐宋古文,开创阳湖文派,张裕钊推尊桐城义法,强调古文之道。梅曾亮编辑《古文词略》,坚守传承桐城师法。吴汝纶大量选录他们对楚辞的评语,也就使得吴汝纶的楚辞评点,蒙上了一层古文评点的色彩。

  《古文辞类纂》的文中圈点,主要是一种古文评点的习惯,文章圈点起源于南宋时期,如叶德辉《书林清话》卷二:"刻本书之有圈点,始于宋中叶以后,岳珂《九经三传沿革例》有圈点必校之语,此其明证也。《孙记》宋版《西山先生真文忠公文章正宗》二十四卷,旁有句读圈点。"② 南宋岳珂《九经三传沿革例》,是一部著名的校刊学著作,书中总结了一些有价值的校刊原则,其中提到了"圈点必校"。真德秀《文章正宗》所选虽然有诗歌,但毕竟"重文章、轻诗赋",对后世文选、文风乃至文学流派,都产生过深远影响。而文章圈点发展到明清时代,成为八股文章最常见的评点方式,虽然其弊端一直饱受诟病,但其作为评点古文的一种习惯而留存下来。桐城派作家以骚为赋祖,以赋为古文,以古文为时文。明清以来以评点八股文章为典型的圈点方法,也运用到了楚辞的点评中。

  《古文辞类纂》的文中圈点,经过了不少周折,吴汝纶《与裴伯谦书》:"康刻有圈点,吴刻为其近俗,复刊去之。敝处藏有晚年圈点,与康本又复不同。今拟附刻圈点,起止于后,又遍考诸书文字异同,为吴刻校勘记,亦附于后,俾便于学者之参考,于是姚氏一家之学,可以复存于世。后之学者必当有赖于是书。"吴刻刊去圈点,本是承姚鼐之意;吴如纶所藏"晚年圈点",也是姚鼐本人所为。可见姚鼐对文章圈点也有一个认识变化的过程。吴汝纶评点《古文辞类纂》,参考姚鼐晚年圈点,又在文中增加了自己的圈点,其体例主要为:某句至某句,圈;某句至某句,点,某句,横截。到徐树铮辑《诸家评点古文辞类纂》,在文后详细了附录了诸家圈点。以《离骚》为例,辑录了姚鼐晚年圈点,梅伯言圈点,张廉卿圈点,吴至父圈点。其中姚鼐圈点最为简略,只有三处。而吴汝纶圈点最为详细,占了一页还多的篇幅。圈点在清代虽然有时候也运用到诗歌,如刘大櫆《历朝诗约选》、梅曾亮《古文词略》等,也使用了圈点,但这只是古文圈点的习惯延续到了诗歌,而且只是在诗题下加圈,诗歌内容少见圈点。圈点从其起源到盛行,都是因文章而起而兴,可以说属于古文评点的标志性方法。吴汝纶的楚辞评点中的圈点系统,正是基于这样的背景。

  自汉代开始,对以屈骚为中心的楚辞,就有一种经学化的阐释,如依经立义、说经话

---

① 徐树铮辑:《诸家评点古文辞类纂》(第1册),北京:国家图书馆出版社,2012年。
② 叶德辉:《书林清话》,长沙:岳麓书社,1999年。

语、经传体例、诗教阐说等,它是一种与文学阐释相对立的阐释方式。楚辞的经学化阐释自清代而大盛。清代古皖大地尤其是桐城地区,受地域文化的影响,楚辞的经学化阐释比较显著,如钱澄之《屈诂》具有明显的经学化倾向,方苞的《离骚正义》、梅冲的《离骚经解》等更以经学化阐释为主,他们之间具有明显的前后传承关系。其他如望江鲁笔《楚辞达》、贵池吴世尚《楚辞疏》、桐城马其昶《屈赋微》等,也能清楚看到经学化阐释的痕迹。但吴汝纶的楚辞评点,完全不受影响,看不到一点经学化的影子。尤其是吴汝纶在引用诸家楚辞评点中,对上述皖籍先贤只字不提。钱澄之被誉为桐城文派的先驱,其《庄屈合诂》对清代安徽楚辞学影响很大,但吴汝纶楚辞评点未及片语。方苞是名扬天下的古文大家,桐城文派始祖,吴汝纶《古文辞类纂评点》在其他文类中,重点引用方苞评点,但唯独于楚辞评点中,对方苞《离骚正义》充耳不闻。梅冲为梅曾亮父亲,吴汝纶评点楚辞,较多引用了梅曾亮的观点,但对其父梅冲的《离骚经解》也是不闻不问。吴汝纶所引楚辞评点诸家,在楚辞学的成就与影响上,皆不及上述诸贤。这就从侧面说明,吴汝纶的楚辞评点,确是在古文语境中展开,因而拒绝经学化阐释。

## 三、吴汝纶楚辞评点及其价值

吴汝纶评点以屈骚为中心的楚辞,除《卜居》《渔父》两篇只有文字校注无点评外,其他篇目基本都有吴汝纶自己的点评语。就其内容来看,大致可分为以下几类:

其一,对于楚辞句段语意及篇章意旨的揭示。首先看吴汝纶对楚辞句段的点评,主要集中在《离骚》篇。如"哀众芳之芜秽",吴汝纶评曰:"旧谓众芳为众贤,姚以众芳为道德。某谓'扈离'、'辟芷'为道德之众芳,后之'结兰'、'矫桂',凡言服佩者是也。'树蕙'、'滋兰'为贤人之众芳,后之'兰可为恃'、'椒樧干进'是也。此'众芳芜秽',即芳草为萧艾也。故曰'众皆竞进'。此不宜分画章段,至失本旨。"① 又如"户服艾以盈要兮",吴汝纶曰:"'世幽昧'四句言不必去,'户服艾'六句又言不可留,所谓狐疑也。"对于《离骚》篇中"灵氛占卜""巫咸夕降"两段,吴汝纶更做了详细的点评。如"尔何怀乎故宇",吴汝纶曰:"灵氛言止'故宇'句。以下答言人情相同,犹吾大夫不必去也。"又如"勉升降以上下",吴汝纶曰:"梅氏谓灵氛劝其去而之他,巫咸则欲其留以求合,'勉升降'二句是求合大旨。某谓'勉升降'犹言与世浮沉。"再如"和调度以自娱",吴汝纶曰:"'和调度'四句,仍将从灵氛也。至于'远游自疏',则天上海外之幻想,非灵氛所称九州相君之旨矣。非真从其占也。"关于灵氛、巫咸劝走劝留的问题,吴汝纶认为问题不在走或留之间,而在于"与世浮沉",为《离骚》主人公第二次飞行反传统"求女"的说法,提供了支撑的理由。

吴汝纶解释楚辞句意与段意,往往与屈原的现实生活联系起来,主要在《九章》和《招

---

① 徐树铮辑:《诸家评点古文辞类纂》(第5册),北京:国家图书出版社,2012年。

魂》篇中。如《哀郢》"忧与忧其相接",吴汝纶曰:"怀王不返,已复被放,故曰'忧与忧相接'。"《抽思》"望南山而流涕兮",吴汝纶曰:"望南山,言怀王在秦,望楚山也。"《抽思》"敖朕辞而不听",吴汝纶曰:"以上劝顷襄王复仇耳,而不见听。以下哀怀王之不返也。"《悲回风》"更统世而自贶",吴汝纶曰:"言屈子终古无绝之美,而继嗣彭咸,而以咸自况也。"又如《招魂》首段,吴汝纶曰:"'有人在下',谓怀王也;'魂魄离散',盖入秦不返,惊惧忧郁而致然也。屈子不能复见君身而为文以招,既失之魂,以寄其哀思,是时怀王未死也,故曰'有人在下'。"《招魂》"幸而得脱,其外旷宇些",吴汝纶曰:"'幸而得脱',殆怀王走赵,复为秦得之后所为欤?"《九歌》中也有少数例子,如《东君》"举长矢兮射天狼",吴汝纶曰:"梅伯言谓,天狼,秦之分野。屈子时谈天家或未必然,要此文则望顷襄之振国威也。"以"知人论世"的方法解读作家作品,是学习古诗文的必要途径。楚辞虽然因其特殊性而难于把握,吴汝纶的解释亦可备一家之说。

  吴汝纶对楚辞篇章意旨的阐释只有数篇,他可能更为看重对楚辞篇章进行辩伪和考证。篇章意旨揭示如《云中君》,吴汝纶曰:"此喻始合终离也。日月齐光,龙驾出游,有隆盛之望矣。忽复远去,不测其所之,所以太息劳心也。"其点评亦有隐射屈原现实之意。又如《招魂》,吴汝纶曰:"怀王为秦所虏,魂亡魄失,屈子恋君而招之,盛言归来之乐,以深痛惜其在秦之愁苦。今解者并失之。或云讽顷襄荒淫,亦非本旨。"此篇作者归宿争议已久,吴汝纶自己也有考辨,故其阐释虽非新说,却语气比较肯定。再如《哀郢》,吴汝纶曰:"向疑此篇为顷襄王徙陈时作。徙陈在襄王二十一年,屈原迁逐盖在襄王初年,不能至徙陈时尚在也。然篇内'百姓震愆'、'离散相失'及'两东门之可芜',皆非一身放逐之感,且必皆实事,非空言。殆怀王失国之恨欤?"吴汝纶对楚辞篇章意旨揭示多着眼于怀王而立言,这种情况在吴汝纶全部楚辞评点中都存在。

  其二,对楚辞创作方法与行文脉络进行阐说。吴汝纶对楚辞创作方法进行阐说,汲取了评点时文的方法。这种方法在清代《诗经》阐释中常常见到,在楚辞评点中并不多见,这可能是吴汝纶被视为楚辞"辞章派"的原因。首先看吴汝纶点评楚辞创作中的"据托""虚设"之法,如《离骚》评识曰:"魏文帝《典论》云:'悠游案衍,屈原尚之。穷侈极妙,相如之长也。'然原据托譬喻,其意周旋,绰有余度,长卿子云不能及。"《抽思》"望孟夏之短夜兮",吴汝纶评曰:"遭夜方长、秋风动容,屈子作此篇之时令也。孟夏短夜,则代设怀王梦归之幻境也。"《涉江》"哀南夷之莫吾知",吴汝纶曰:"'南夷'谓贬所也。'济江湘'、'登鄂渚',还楚国也。以秋冬绪风止而不进,于是又乘船上沅,又不进,则又南至僻远也。此言虚设之词,非实事。说者以南夷为楚国,大谬。"《离骚》"沾余襟之浪浪"句,吴汝纶评曰:"以上因女婆言就正于舜,言得道则兴,失道则亡,从古如此,故不敢阿谀以绊身。陈辞重华,明己之不能改为不善耳,乃历引君国善败为喻。此实者虚之法。若移此文于'三后纯粹'一段,则文法平实,无可观矣。"以上评点大多可信。楚辞被称为后世浪漫主义文学的源头,与楚辞上述创作方法有直接关系。

值得一提的是,吴汝纶楚辞评点还提到了楚辞创作的"用笔之法",如《离骚》"余焉能忍此终古",吴汝纶曰:"自'欲少留灵琐'至'结兰延伫',言多方以救楚国之将亡,而为小人所隔。自'朝济白水'至'导言不固',言广求群贤,卒无一得,而各一'溷浊''妒蔽'束之,然后以'闺中邃远'结众贤,以'哲王不悟'结危亡之无救,总束二事。'跪敷衽'四句是苍梧特起之笔,'闺中'四句迷离,总束'兴起'四句,自为一段之首尾。"吴汝纶评点"束""结""总束""特起之笔"等语,是一种典型的古文评点语言。其他还有如用"承""目"等字眼,如《东皇太一》"灵偃蹇兮姣服",吴汝纶曰:"'姣服'承'抚长剑'二句为文,'芳菲'承'瑶席'四句,'五音'承'扬枹'三句。"又如《东君》"羌声色兮娱人",吴汝纶曰:"以上言东君安驱,夜已明矣。徒以声色娱人尔,而不适,遂至众神蔽之。声色,目下事也。"清代楚辞阐释,常常有对楚辞艺术创作技巧进行总结,如直觉感悟、创作心理等,但分析楚辞创作的"用笔之法"尚不多见。

此外,吴汝纶评点楚辞还有一些对行文脉络的关注,如《离骚》"莫好修之害也",吴汝纶评曰:"巫咸言止'好修之害'句,以下答辞。巫咸劝其诡遇以避害,引他贤变易者以为证也。'兰为可恃'以下答'缤纷变易'意,'兹佩可贵'以下答'升降求合'意。言他人虽变,我则不能改也。"又如《少司命》"乐莫乐兮新相知",吴汝纶曰:"此上相知,此下别离,入不言,出不辞,无苛礼也。乘风载云,来相亲也。皆言新知时事,倏来忽逝,乃言生别离。此二句为枢纽。"再如《湘夫人》"君迴翔兮以下",吴汝纶曰:"君、女,亦司命也,为祭者之词也。下二句问神也。予者,祭者代司命自予,亲之之词也。'吾与君'祭者,与司命也。齐速即斋速也。导,迎也。迎天帝而适九冈,将质之于帝也。余所为,司命所为也。以上余、吾、君、女拉杂并下,而神气驱使,肌理分明。"清代楚辞阐释,已有不少对于楚辞行文脉络的关注,吴汝纶用的点评语言"枢纽""肌理""神气驱使"等,体现出古文评点的特色。

吴汝纶点评楚辞最具价值和启发意义的,是对楚辞创作时间及楚辞作品归宿进行辩证。关于屈原作品的创作时间,一直是颇具争议的问题,如《惜诵》"初若是而逢殆",吴汝纶曰:"谓怀王时疏诎也。《史记》:《离骚》作于怀王时。而《离骚序》谓:《九章》顷襄王时迁江南时所作。姚谓此与《离骚》同时,难信。"姚鼐在《九章》题下评曰:"鼐疑此篇与《离骚》同时作,故有'重著'之语。"吴汝纶根据司马迁和王逸的记载,认为姚鼐之说不可信。又如《哀郢》"当陵阳之焉至兮",吴汝纶曰:"《史记》迁屈原乃襄王事,怀王但疏之耳,故犹为楚使齐,谏释张仪,谏入秦,未尝被放也。姚谓怀王放之郢东,襄王放入郢南,殆不足据。"姚鼐于文中评曰:"鼐疑怀王时放屈子于江南,在今江西饶信地也,处郢之东,盖作《哀郢》是也。顷襄王再迁之,乃在辰、湘之间,处郢之南,作《涉江》时也。"吴汝纶关于这两篇创作时间的辩证,都是针对姚鼐的观点而发,可见吴汝纶虽然崇敬这位先贤,但也并不盲从。再如《惜往日》"遂自忍而沉流",吴汝纶曰:"《怀沙》乃投汨罗时绝笔也。若此篇已自明言沉渊,则《怀沙》可不作矣。彼又云,'舒忧娱哀,限之以大故',下文'不举辞而赴渊',则似更作于《怀沙》后者。史公何为弃此录彼邪?"由此吴汝纶认为《惜往日》非屈原作品,其评识曰:"曾文正公谓此篇不类屈子之辞,而识别其浅句。今更推衍文正之旨。他篇皆奇奥,此则平衍而寡蕴,其隶字亦不能深醇,文正之识别卓矣。"吴汝纶此评点可谓识见,屈原的作品虽不能轻易否定,但基本能认定《惜往日》是屈原的绝笔。

　　关于楚辞作品的作者归宿问题,争议较多的主要包括《九章》《远游》《招魂》等,吴汝纶对它们都作了点评。如《九章·悲回风》,"从子胥而自适",吴汝纶曰:"所引子胥入江、申徒狄赴河二事为比,明是屈子沉汨罗后引彼二证。若屈子自言,则期于必死可也,安能自必其死于水哉?"又如"任重石之何益?"吴汝纶曰:"洪引《文选》注,任石即怀沙也。通篇皆叙屈子之愤懑自沉,此二句乃叹其死亡之无益,终前'眇志所惑'之说,此岂屈子所自为哉?"自宋代魏了翁提出《悲回风》《惜往日》非屈原作品,明代许学夷在《诗源辨体》中又发扬其说,认为可能是宋玉、景差所作,误入屈原赋中,《悲回风》等作品就成了聚讼纷纭的历史遗留问题,吴汝纶对此发表了很有价值和启发意义的观点。其《悲回风》篇后评识曰:"《九章》自《怀沙》以下,不似屈子之辞,子云《畔牢愁》所仿。自《惜诵》至《怀沙》而止。盖《怀沙》乃投汨罗时绝笔,以后不得有作。《橘颂》或屈子少作,以篇末有年岁虽少之语。《悲回风》文字奇纵,而少沉郁谲变之致,疑亦非屈子所作。谓佳人乃屈子也。'眇志所惑',则作者自言,盖谏君不听,任石何益,即'眇志所惑'也。然则此殆吊屈子者之所为哉?"吴汝纶提出《九章》等作品为"子云《畔牢愁》所仿",引起学界广泛关注。从《悲回风》描写的川地山水来看,扬雄的确最具备这个条件。这就跳出"宋玉、景差作"的窠臼,开辟了新的视野。

　　《远游》的作者问题,也是聚讼纷纭,主要分为"拥屈"和"非屈"两派。吴汝纶认为不是屈原所作。如《远游》"忽临睨夫旧乡"句,吴汝纶曰:"此《离骚》归宿之言也。他句或可自用此数语,屈子必不袭矣。'边马'二字亦不伦。"《远游》篇评曰:"此篇殆后人仿《大人赋》托为之,其文体格平缓,不类屈子。世乃谓相如袭此为之,非也。辞赋家展转沿袭,盖始于子云、孟坚,若太史公所录,相如数篇,皆其所创为。武帝读《大人赋》,飘飘有凌云之意。若屈子已有其词,则武帝闻之熟矣。此篇多取《老庄》《吕览》以为材,而词亦涉于《离骚》《九章》者。屈子所见书博矣。《天问》《九歌》所称神怪,虽闳识不能究知。若夫神仙修炼之说,服丹度世之旨,起于燕齐方士,而盛于汉武之代,屈子何由预闻之?虽《庄子》所载广成告黄帝之言,吾亦以为后人羼入也。"《远游》与司马相如《大人赋》的关系,是探讨《远游》作者的重要途径。宋人陈郁说:"李白《大鹏赋》,本于司马相如《大人赋》,而相如《大人赋》,又本于屈原之《远游》。"① 后世论者多认同。吴汝纶意见相反,认为是

---

① 陈郁:《藏一话腴》,影印文渊阁四库全书本。

后人模仿《大人赋》所作,并提出一条有力的证据,即司马迁记载汉武帝读《大人赋》的"凌云之意",说明《大人赋》才是最早的原创。这条证据很有说服力,现代学者陆侃如在《屈原评传》中认同这个观点,认为《远游》抄袭了《大人赋》。

　　吴汝纶还分析了《九辩》和《招魂》的作者。如《九辩》评识曰:"《楚辞释文》本《离骚》第一,《九辩》第二,王逸注《九章》云'皆解于《九辩》中',知仲师目次与《释文》略同,是旧本次此篇于《离骚》之后,《九章》之前。吾疑固屈子之文,尝以语张廉卿,廉卿颇然吾说。《九辩》《九歌》两见《离骚》《天问》,皆取古乐章为题,明是一人之作。"这是根据明代著名学者焦竑《焦氏笔乘》里的说法,但吴汝纶自己又补充了一条证据曰:"曹子建《陈审举表》引屈平曰'国有骥'云云,洪《补注》亦载此语,则子建固以《九辩》为屈子之作,不用王氏'宋玉闵师'之说。词为宋玉说则固,宋玉之自悲,乃又以为闵屈,其说进退失据,宜用曹子建说,定为屈子之词。"自焦竑提出屈原作《九辩》说,在当时就有人赞同,也有人反对。吴汝纶补充的这条证据,具有一定的说服力,当代楚辞学者刘永济《屈赋通笺》、谭戒甫《屈赋新编》,就采用了这个观点,把《九辩》直接列入屈赋中。关于《招魂》的作者,吴汝纶评曰:"太史公云,读《离骚》《天问》《招魂》《哀郢》,是《招魂》为屈子作甚明,其旨则哀怀王之入秦不返,盛称故居之乐,以深痛在秦之愁苦也。刘勰《辩骚》摘'士女杂坐'、'娱酒不废'等句,以为屈子'异乎经典'之据,则固不谓此篇为宋玉作矣。误虽始于王逸,沿之者昭明也。后则无复异词矣。"吴汝纶的点评虽不能解决《招魂》的作者问题,但其所列证据也堪为一家之证,马其昶作《屈赋微》,就把吴汝纶的这条举证单独列入其中而广为人知。

　　就以上吴汝纶评点楚辞的内容来看,其所涉猎是广泛的,而且每个方面的评点,都有其价值和意义。将古文评点的方法运用到楚辞中,无疑突出了楚辞文学性的特征。对楚辞创作时间及作者归宿的辩证,虽然并不能从根本上解决问题,但吴汝纶在前人研究的基础上,或使用新的方法,或举出新的证据,或开辟新的思路。吴汝纶虽然没有做专门的楚辞学术研究,而其楚辞评点却广为流布,其举证或观点也常常被后人采纳,促进了楚辞学逐步向前发展。这对于清代楚辞学乃至楚辞学史,都有其价值和意义。

### 现当代楚辞学研究

# 蒋天枢《楚辞论文集》提要及简评

陕西师范大学文学院　刘生良

　　蒋天枢(1903—1989),字秉南,江苏丰县人。1930年毕业于清华大学,后一直在大学任教,逝世前为复旦大学中文系教授。长期从事中国古典文学、中国古典文献学的教学与研究工作。著述除《楚辞文集》外,还有《楚辞校释》《陈寅恪先生编年事辑》等。

　　本书是蒋氏研究楚辞的力作。蒋氏早年服膺屈原,喜读楚辞,爱之不能释,曾作《拟屈原橘颂》。中年经"殚精劳思"之后,终于理清有关屈原诸问题。《论文集·引言》云:"五十年代后期,余授专业课楚辞,成《楚辞新注》。1960年撰《楚辞新注导论》,1964年又撰《楚辞新注导论二》,后又撰《汉人论述屈原事迹中的一些问题》及《后汉书王逸传考释》等文。"因诸文皆较"冗长","尝思将来如取以附之《新注》,则篇章过繁,乃别为一编。友人怂恿付刊,因题曰《楚辞论文集》",于1982年7月由陕西人民出版社出版。

　　全书除"弁语""引言"外,共收论文6篇,其目次为:《楚辞新注》导论;《楚辞新注》导论二;汉人论述屈原事迹中的一些问题;屈原年表初稿,《后汉书·王逸传》考释;论《楚辞章句》,计14.7万字。

　　本书最重要也最引人注目的是前四篇论文。作者运用屈文互证、以诗补史等方法,并师承陈寅恪"以史证诗""古典今典"之法,阐微发覆,对屈原生平及有关作品提出了一系列非常新奇的见解。

　　蒋氏认为:"作者时世、与作品写出之时期,为注释者解说作品最为重要之依据,亦作'篇义'者所不容忽视之问题。苟时代有紊,时间有出入,将见作者'徒托空言',既丧失其表现生活之实际意义,复湮没作者生动深刻之思想感情。"而《屈原传》和《新序·节士篇》所叙述屈原在怀王时代较可信的部分事迹,都是屈原早一时期的生活经过,而现存屈原文中所反映的一些后期情况,则并未涉及。因此要比较深入和全面地理解屈原生平,就不应仅仅依据《屈原传》和《新序·节士篇》的记载,而需要"于历史零残断阙处、屈子笔触涉及处,互相参证,以屈文来证明屈文",从而"对马迁、刘向之说进行若干补充和纠正"。他以《哀郢》《卜居》等与《离骚》互相参证,来推考《离骚》之写作年代,并由此入手,藉以探求屈原后期活动、各篇作期及有关辞意。

　　蒋氏承王夫之说而加以阐发,谓《哀郢》之"东迁","既非史迁所常用迁谪之迁,尤非个人平常迁徙之迁,而为春秋间邢迁夷仪、卫迁帝丘、许迁白羽之迁",正所谓"发其旧都"之义。下文"来东"明就其已至而言,"则此'东'应非方向之义,而为地名",谓楚之"东国",那么"'来东'实即暗言迁陈,与上文言'东迁'均非泛设之辞也"。屈原"身预其役",可能"曾起重要作用"。《离骚》《哀郢》所谓"故都",显"对新迁之陈而言"。《哀郢》篇末几节所言,"皆足证明在迁陈后,屈原实有遭谗、被诬、弃逐之一段经过。其间并有楚与秦构和之一段史实。其事与《屈原传》所叙少相似处,而与《离骚》篇所陈者皆可密合"。可见《离骚》"作于迁陈后"。又《离骚》有"老冉冉其将至"之语,王逸注"七十曰老",蒋氏以为有据。"世推定屈原生年在公元前 340、前 339 年间,至顷襄王二十七八年间应届满七十岁"。蒋氏假定屈原被顷襄信任至二十七八年,盖因楚与秦构和而"朝谇夕替","小人之力谋倒原与谤诬其身,当皆是时情事"。此后即"闺中邃远、哲王不寤",亦即《卜居》所谓"既放三年不得复见"之时期,屈原"在郁抑岁月中因产生远行动机,迨其事决定,乃有《离骚》之作",故《离骚》作期"当在顷襄三十年,或稍后",《哀郢》"至今九年而不复"之"今",亦即在是时,"其时屈原已届七十一二岁"。

  蒋氏接着对"屈原放逐"事件作了分析,提出屈原之放逐出于自请之说。他认为"怀王时无放逐屈原事","顷襄放屈原与屈原作《离骚》,有其不可分割之内在关系"。"考'放'与后人所谓'放逐'之义实不尽同"。所谓"放",就局部而言,乃"弃置不用""待罪黜职"及"宥罪黜免"之义;就其发展结果言,乃放逐远迁之义。《哀郢》之"弃逐",《惜往日》"远迁",《悲回风》之"放子逐而不还","皆括举'放'之最终过程言之";序《楚辞》者所谓"放逐""皆放之后一函义,而不包括放之局部意义也"。"今论放逐当以屈原所自言者为最可信,而以后人所言者参证以释之。"《离骚》篇不见放或放逐语,而放逐之先后经过实具其中",其"朝谇夕替"之突然罢免,"实际上即所谓'放'"。在"既放三年不得复见"之后,屈原"既无可藉乎以报国,世变日亟之形势又迫己不得不作别图",乃"托言占卜以决定南行"。《卜居》所言问卜情况,可与《离骚》托言灵氛巫咸之语互相阐发,可知其远行出于自愿。《骚》言"理弱媒拙"及所谓"行媒",参以《惜诵》《抽思》可知,"盖原欲南至沅湘,事先须获得顷襄同意,予以适当名义,既藉之免除顷襄对己猜疑,亦为南行后作周密准备",这就"必有人转陈己意于王,始可望王之见己"。"其后屈原当由此媒介之通意,获得一见顷襄"。后之"行媒","则己行后通达己意于王之媒使",又据篇中"远逝自疏",复证以《九辩》"愿赐不肖之躯而别离兮,放游志乎云中";《渔父》"何故深思高举,自令放为",益知屈原放逐之事"出于自请"。屈原何故而自请流放?盖"图秦事业所需之兵力,在东则淮水流域之楚东国,在南则沅湘南之所谓'南国'也。顾此时沅湘南实已为楚鞭长莫及之弃地,无人肯往,亦无人敢往。屈原毅然以此自任,期己为救国之彭咸,且期己为建立大业之吕望、伊尹也。故甘负流放之名,以实现其黜职前未竟之志","借为他日大举,别辟新途"。蒋氏指出:"屈原在迁陈后之被放,与顷襄之改计和秦,不特屈原生平大事,尤楚国兴亡所系。凡此时楚政局变化,《离骚》中皆有隐约陈述,可以补史事之缺略,亦可藉以探索片断史迹之意义。就上论屈原放逐经过观之,屈原被放三年后乃有远行之意,远行计划落实后乃有《离骚》之作。殆作骚后未几旋即南行"。关于放逐之地域、行程、次数,蒋氏认为:"屈原此次南行,实先至汉北。在汉北历时约一年,后始离去,由鄂渚渡江,以往江南。屈原生平实仅此一次放逐,汉北与江南,乃南行后之两阶段,初无所谓'初放再放'事也。此虽无正面史料可资佐证,然不如是则《抽思》《涉江》两文固不易读也。"屈原之往汉北,殆通过是时楚所保有之西南屏障的所谓"冥阸之塞",亦即"随水右壤"之区,"展转以至旧楚汉北地"。其出冥阸之塞后,"殆循汉水之东屈折北行","如是,始可理解'有鸟自南,来集汉北'语意"。这些说法,皆十分奇创,前人从无道及者。

　　蒋氏又用屈文互证、以史证诗之法,探求屈原南行之前与涉江以后之经历及沉江之故。他据《秦本纪》昭襄王三十一年"楚人反我江南"及张守节正义"黔中郡反归楚",说明《思美人》"南人之变态"即谓黔中郡之反秦,"令薜荔以为理"云云即以兴托之辞叙屈原闻知其事后欲遣使而未能之经过。据《涉江》、二《湘》《山鬼》诸篇,屈原涉江后盖为安全计,舍舟循陆以至洞庭,其时洞庭湖地区"已经历若干风波",故"'嫋嫋兮秋风,洞庭波兮木叶下',固千古最美之绝唱,亦具有甚悲之含意者也"。随后溯沅西上至原楚黔中郡郡治辰阳,"当有若干时期之停留"。再"由湘西深入,以南至于苍梧地区,颇疑九嶷山一带为屈原驻留最久之区也"。"屈原既入山高林密之蛮区,如何使已行动不骇俗,必与蛮人有共同之生活习惯而后可,所以使用'髡首''裸行'之故典,殆即此意"。《山鬼》所言,亦"隐喻自托"也。关于屈原之沉江,"世多推论屈原卒年,鲜言其所以死之故"。蒋氏否定司马迁"被谗放逐"、班固"莫我知"之说,认为"屈原致死之因,《怀沙》中实自言之,《怀沙》正文末以'限之以大故'句作结,为全篇主要意旨所在"。"大故,谓非常之难"。他取《史记·楚世家》"考烈王元年,纳州于秦以平"之记载,论证"限之以大故"之意旨,"犹言已以道阻之重大事变,限阻而不得北归也"。《思美人》之"媒绝路阻"亦即谓此。盖"州"即州陵县,在今湖北监利县东,乃湖江交汇之交通咽喉。屈原"于夏初循水北行,殆欲归陈亲与颂襄晤商,不谓行至洞庭湖南,突闻此意外噩耗",致北归不能。"秦何以于此时突然攻占楚州,殆屈原在江南之行动已为秦诇知","或更有捕捉屈原之意",此盖即屈原沉江之直接原因。而"屈原之死因与其卒年有不可分割之关系",楚"纳州于秦"之"大故"既发生于考烈王元年,则屈原沉江"尤以考烈王元年之可能为大"。"屈原殆多方寻求无复脱身北反之望,终乃于考烈王元年自沉汨罗江以死"。蒋氏进而推论"《怀沙》《思美人》《惜往日》《橘颂》《悲回风》《天问》《卜居》《渔父》等篇,皆作于此约一年之时期内,《招魂》则少早于以上各篇"。

　　蒋氏又以《荀子·成相》《韩非子·奸劫弑臣》《国策、楚策四》《韩诗外传四》等有关材料互相参证,认为"荀卿稔知楚国内部政情及屈原行事,特以有所禁忌,不敢公言屈原名"。《成相》以'世之殃,愚闇!愚闇!堕贤良'为全篇主要精神所在,疑佹诗及《成相》

皆有感于屈原事而作"，此即所谓荀卿"为歌赋以遗春申君，春申君恨"一事之所由来。并谓"《离骚》中所痛斥之政敌"子兰，"盖即《史记》所载春申君黄歇"。春申君乃顷襄王弟（见《韩非子·奸劫弑臣》），盖"为屈原官三闾大夫时所培养王族之一，其人'巧宦'之流，迁陈后遂露其'驰骛追逐'之本来面目。《史记》叙春申事，言其以和秦发迹，其事可能即迁陈后政策上最大转变，而春申君即此和秦事件中有力人物，因亦变为倒屈原者"。"考烈王元年，春申君实为令尹"，"其赞助考烈王'纳州于秦以平'，无异楚人自置屈原死地"，"实一用心甚为毒辣之举"，故屈原实死于春申君借刀杀人之"巧计"。

蒋氏又云："屈原死后，其从者殆经历艰困得以北反"，所挈归之屈文"殆由宋玉等为之编次，以为《屈原赋》"。其后由于"春申君声威显赫"，"宋玉等欲传屈文，殆有所讳，因谬托为《离骚》作于怀王世之说，以晦其迹"，"淆乱颠倒其事，以期屈文之获传"。故司马迁等据以立说者，乃"传《屈原赋》者的苦心'厪言'"。蒋氏肯定《九辩序》之旧说，进一步阐明"宋玉是屈原弟子"，《九辩》"显为屈原而作"，"篇中所陈义，亦环绕《离骚》篇意旨，间或补其所未及"，可与《离骚》及《九章》互相发明。《九辩》盖作于屈原赋骚且南行之后，"故即附刊离骚》后而题之曰'传'"。《释文》本此处"篇第混并"，当即此故。又谓《九辩》所悲之"秋"，与《抽思》"悲秋风之动容"之"秋风"，《河伯》之"冲风"，《悲回风》之"回风"，皆所以"托喻西方之秦"；"窃独悲此廪秋"则"托喻郢都之沦亡也"。蒋氏以此作为《九辩》中"最隐晦之点"，并进而阐明了宋玉悲秋之深刻寓意。

以"古典"与"今典"相发明，尤重"今典"之阐发，此为陈寅恪《读哀江南赋》之研究方法。蒋氏承其传统，遂以此义求解素以"奇特难解"著称的《天问》。如"该秉季德"四句，其"古典"谓殷王亥、王冥事，王国维已发之。蒋氏则进而阐明其"今典"，是"以王亥托言顷襄、王冥喻怀王"，"牧，臣也。牛羊，谓秦。'有易'事而谓为'有扈'者，有扈在西也"，则"'终毙于有扈'谓秦亡郢事，'牧夫牛羊'痛今之复以和秦为策也"。其下言"干协时舞"二句，"则用舜服有苗事托喻己之南行"；"有扈牧竖"句，"其意则谓白起"；"吴光争国"所托言者"实为秦昭襄王"，而用子文事乃以"自喻"。又如屈原曾遭毁谤，但"毁谤屈原者果何语与何事乎？"蒋氏以为"荆勋作师，夫何长先？悔过改更，我又何言"四句，"当有极关重要之'今典'存于其间"，遂以此四句为线索，以"古典今典"法，提出一崭新假说："疑屈原在免职前，有人劝原以兵谏阻和秦事，屈原考虑顷襄之为人，与其条件之不具，谢绝而不之从，事或稍露，其后倒原者乃诬原欲以所握兵力夺取顷襄之位，从而制造类似'公将不利于孺子'之流言欤？"再如《天问》篇末云："吾告堵敖以不长，何试上自予，忠名弥彰？"蒋氏谓其"古典"为堵敖与楚成王故事，其"今典"盖谓顷襄与春申君，"试上自予"者即春申君。唯此三句所含之"沉痛意旨"与"深隐幽恨"，方能被确切解释与明白理解。而篇中"王恒之'今典'何托，亦可知矣"。

蒋氏云："中国文学中用典之风盖托始战国末季，而屈原为能表现用典之特色者。由是以观,《天问》者,融合'古典今典'以达情之文;而《离骚》者,创千古之奇葩奥采,兴托以言事之文也。""兴托"虽不同于"用典",但一借"古典"以言今事,为"托事于事";一托物类以喻现实,为"托事于物",其内涵有一致处。"屈原承用古诗'兴'之体制,用以抒难言之意,难显之情,难托之事,几欲无物不可托事,无事不可托物。其所托事类之繁赜,物态之纷纭,于以构成屈文'绚采'之主要成分"。因此蒋氏"欲于此推求其兴托之意,阐明其所寄托之'境界'"。本此精神,他就"屈文中使用最多、说最纷歧之草木"及"昆仑阆风"神话等的兴托意义作了诠释。他认为《离骚》所言之草木与《思美人》相通,皆"兴托楚民中优异之士"及屈原"政治生活之实际经历"。"扈江离与薜芷"云,盖兴托屈原在"顷襄即位后若干年以迄于迁陈之初"任三闾大夫期间为国殷勤育才之事;滋兰九畹以下,"则感慨于迁陈后人事错综复杂情况也";"擥木根以结茝"数句所托,"要为屈原在见信初对政治极重要之具体措施",其中"胡绳之兴托,岂即《庄子·天地》篇所谓'横目之民'欤?"女婴所责之"薋菉葹以盈室"二句,"当就屈原远行后事言之",谓汉北江南之优异人才在隔绝离异情况下"无服行屈原之教之可能也"。释《天问》"登立(位)为帝,孰道尚(导上)之"为"登昆仑帝庭,以成就一世之帝业,其事谁能导上之乎?"据此推知屈原用"昆仑阆风"神话,乃寓托"使楚成就其一世帝业之理想",亦即"统一大业的理想"。他还进一步阐释了屈原运用昆仑神话的一些具体问题,谓《离骚》第二部分运用昆仑神话,是"在神话外衣的装饰之下","叙述他在事业中追求理想愿望的经过"。第三部分"遭吾道夫昆仑"以下,"则屈原对此后事业开展中之理想远景也"。"道为登昆仑帝庭之理想鹄的,路则所循具体行程也"。"指西海以为期"即《思美人》"指嶓冢之西隈兮,与纁黄以为期","其闳阔意界,较秦'囊括四海并吞八荒',实具同等规模。由是亦知《涉江》'与天地兮同寿,与日月兮同光',为楚国事业之远景,非就个人言也"。

蒋氏又谓《离骚》中"灵修""修名""好修"亦皆昆仑帝业意义之"隐语"。"灵,就其变化万端言,修,就其高远言",故"灵修"这一创造语"是作者用以暗示'理想事业'的代称"。同理,"前修,谓前人有此远大志业者"。"信修,信奉'灵修'之理想事业"。而屈原字曰灵均,盖亦"与昆仑帝庭之义有关"。由于"灵修"是"事的代称而不是人的代称",故"指九天以为正兮",谓"登昆仑帝庭之业,其鹄的若九天之高,'正',鹄中之的也"。"'灵修之数化',事业发生急促的变化了"。"怨灵修之浩荡",谓"顷襄恚恨'灵修'的浩荡难于就功"。《山鬼》之"留灵修",乃"推迟灵修的实现"也。蒋氏又据以推论《离骚》"曰黄昏以为期兮"二句,"殆有极隐翳之'今典',而为他人所弗知者",盖屈原在为顷襄倚任之时,曾与主密计,欲效田单之一举复齐,收复楚国失地,进而大举伐秦,成就统一大业。《招魂》乱辞所言,即暗示其商定之进军时间和地区。"其未渡汉之际当在黄昏后,此'日黄昏以为期'之隐语所由著欤?""及付诸实施,顷襄犹疑变计","悔遁有他",仅收取"江旁十五邑",故痛言"羌中道而改路"。由此看来,"迁陈后屈原所赞画者实兼政治军事两重意义"。观《国殇》等篇中"声容赫奕之传绘",屈原"隐然以统帅自许";参以《悲回风》"孤子""放子"之言,"则屈子父岂以殉国战死,屈原殆'将门世族'欤"?

关于王逸及其《楚辞章句》的研究,蒋氏也有不少新见解。如以汉世惯例,推定王逸为上计吏之前,"必已在南郡诸曹中任职",年岁"至少应在三十岁以上","其先当有游学京师之一阶段",其时"可能在班、贾两人犹在世前";又辨明其著《楚辞章句》"为官校书郎任内事",疑其成书"即在元初二年至建光元年七年之间"等。又专文详论《楚辞章句》,以为"章句"之体"兼取'故''传'之长",以"兼备众说""具载经文"为特点。《楚辞章句》"既具'兼备众说'之体,复要括不繁,则汉人所谓'小章句'者是也。然其缺点亦正在此,书中列举众说,一切不著其名及其说之所由来,即所引古书,抑或不著所出。凡此,在作者固出于简约之义,后世欲有所考核者每引以为憾也"。又指出《屈原赋》成书后之流传,盖有两大系统:一为"世相教传"之民间流传系统,二为上层社会间流传之系统。后者如"淮南王安之《离骚经章句》、马迁之口说《天问》、刘向扬雄之援引传记以解《天问》、班固贾逵各作《离骚经章句》"等皆是。而"王逸之学,本出民间流传系统,而又得'左右采获'于各家之书,以为《楚辞章句》"。汉代注屈赋之书既多佚亡,"其存者要莫尚于《楚辞章句》","《章句》之可尚,由其不托空言,说有所本"。关于"王逸序",蒋氏以为"王逸本东观旧书而作注,《楚辞》并非逸所集",故除《离骚叙》外,其他各叙盖非王逸所作。"当《屈原赋》成书之际,疑已有简约之说明,其初或仅口说相传,历久恐忘,遂著于各篇之首。王逸所见'世相教传'之本、与其本以作注之《楚辞》,其书盖均有所谓'序'者。其作《章句》时,或就一本为主,或糅合两本,复更以己意有所增益。序文中时见文意不甚融贯及丛脞处,殆以此故"。凡此论说,均颇有发明,可见蒋氏治楚辞欲"脱落枝叶,正本寻源"特色之一斑。

综观此书,蒋氏认为屈赋皆迁陈后作,隐含史实,在诸如屈原后期活动、放逐经过及沉江原因,《离骚》等篇的作期、内容与体制,《天问》所言及《离骚》等篇中草木、神话之隐义,屈原与春申君之关系,宋玉与屈赋的早期流传,《九辩》主旨及其悲秋之意义,汉代所传屈原事迹的异同是非等一系列问题上,均提出了与众不同之新说。其立说之奇,独创之巨,在楚辞研究史上颇不多见。学界对此书的评论褒贬不一。崇之者誉为"破千古之谜","发千年之覆"①;抑之者谓其多出史料之外,与"自来研究《楚辞》者皆不同",虽"特多新义","唯惜无地下材料或新文献佐证,'颇意'之处似乎稍多。譬如筑楼台于沙上,砖石非不坚固,而础柱无以立"②。盖蒋氏所论,虽新奇多创,但依据不足,多想象附会之辞,故至今难为大多研究者所接受。

---

① 邵毅平:《蒋天枢先生的〈楚辞论文集〉》,《复旦学报》,1987年第1期。
② 谭优:《〈楚辞新注导论〉质疑》,《中华文史论丛》,1979年第2辑。

# 鲁迅《汉文学史纲要》的楚辞书写

洛阳师范学院　柯混瀚

鲁迅作为中国近代史上的文化巨人，不仅是伟大的文学家、思想家、革命家，在学术研究方面，也取得了相当的成就。如其所著《中国小说史略》，系统地论述了中国小说发展的历史，一改"中国之小说自来无史"的局面，开中国小说史研究的先河，并与王国维的《宋元戏曲史》同被誉为"中国文艺史研究上的双璧"。至于中国文学史研究，鲁迅编写了《汉文学史纲要》，此书虽未完稿，仅有十篇，只谈至西汉武帝时期，其中却不乏真知灼见的史识与品评精准的论断，直至今日仍值得仔细品读。

《汉文学史纲要》源自1926年鲁迅在厦门大学讲授中国文学史课程时，为授课需要所编写的讲义，共10篇，从第1篇《自文字至文章》至第10篇《司马相如与司马迁》，以时代为经，以作家为纬，言简意赅地讲述了从先秦至西汉武帝时期的文学发展概要。今存厦门大学油印本讲义，乃据手稿本刻写而成，每页中缝刻有题名，第1篇题为"中国文学史略"，第2、3篇题为"文学史"，第4至第10篇题为"汉文学史纲要"。1927年3月1日至4月中旬，鲁迅于中山大学再次开设此课（后来因故中断），曾改题为《古代汉文学史纲要》，而题名的变动性，更引发关于书名涵义之争的学术公案。[①] 该书在鲁迅生前并未正式出版，1938年鲁迅先生纪念委员会编《鲁迅全集》时，加以收录，采用《汉文学史纲要》的题名，并沿用至今。对于鲁迅与"楚辞"（或屈宋）的关系，已有不少研究成果，主要从学术著作或诗文，探究其楚辞观或文学上的屈原影响[②]，

---

①　大致而言，关于《汉文学史纲要》的命名，主要沿着鲁歌、顾农二人的讨论展开，鲁歌认为通行书名违背作者原意，主张恢复为《古代汉文学史纲要》，顾实则表示《汉文学史纲要》已是约定俗成之名，不必改易。后有陈福康、陈漱瑜、王勇等赞同将《汉文学史纲要》易名为《古代汉文学史纲要》，前两位认可"古代汉"三字意指"从古代到汉代"，后者推断："汉文学"之"汉"，等同于"中国"，绝没有"汉代"的意思，也不局限于"汉民族"，鲁迅在讲义上添加"古代"两字，意即限于"上古至隋"；而朱文通、骆玉明、胡旭等或同意改作《中国文学史略》，或支持原名不变。详参宋声泉：《鲁迅〈汉文学史纲要〉命名新解》，《首都师范大学学报》（社科版），2018年第3期。

②　学界大抵以鲁迅的诗文或《汉文学史纲要》《摩罗诗力说》等论著为材料，进行研究。如探析鲁迅对《楚辞》的观点与屈宋的评论，有王永生：《鲁迅论屈原与宋玉》，《河北学刊》，1985年第1期；胡亚元：《鲁迅论屈原》，《岳阳师专学报》，1985年第3期；殷光熹：《鲁迅论〈楚辞〉》，《上海鲁迅研究》，1991年第1期；潘德延：《鲁迅论〈楚辞〉》，《鲁迅研究月刊》，1999年第3期；陈桐生：《鲁迅楚辞观的学术渊源》，《理论月刊》，2000年第4期。另考察他的屈原情结或《楚辞》影响，有王维棪：《屈赋与鲁迅诗歌》，《福建师大学报》（哲社版），1984年第2期；叶肇增：《鲁迅旧体诗与楚辞关系浅探》，《温州师专学报》（社科版），1984年第2期；高旭东：《论鲁迅与屈原的深层精神联系》，《鲁迅研究月刊》，2004年第6期；王吉鹏：《鲁迅与楚辞》，《山东师范大学学报》（人社版），2007年第52卷第6期；谭家斌：《逸响伟辞　卓绝一世——鲁迅与屈原》，中国屈原学会编：《中国楚辞学．第13辑》，北京：学苑出版社，2009年；胡旭：《鲁迅的屈原情结》，中国屈原学会编：《中国楚辞学．第19辑》，北京：学苑出版社，2013年。

因而在现有基础上拟从文学史家的角度,将《汉文学史纲要》置于20世纪初中国文学史学、楚辞学的时代背景下,探究其楚辞书写的建构及相关问题。

## 一、屈原作品考述

鲁迅《汉文学史纲要》编写于1926年,距离1910年京师大学堂印行林传甲的《中国文学史》才过了16年,而此时还是中国文学史学的草创期,相关著作并不多见,也未见成熟。鲁迅身为文学史家,编写之际必然参考各类文献,除了古籍之外,也包括当代学人的论著。据《汉文学史纲要》各篇篇末所附"参考书"(除第一篇《自文字至文章》带有导论性质未列外),可知列举的中国文学史著作为谢无量(1884—1964)《中国大文学史》(七次)与儿岛献吉郎(1866—1931)《中国文学史纲》(四次)。至于第四篇《屈原与宋玉》,罗列的今人论著是范文澜(1893—1969)《文心雕龙讲疏》、铃木虎雄(1878—1963)《中国文学之研究》、谢无量《楚辞新论》、游国恩(1899—1978)《楚辞概论》等四种。试将《屈原与宋玉》与上述著作进行比较,即可看出鲁迅与当代学人的异同,并更加理解他是如何参酌时人见解,建构具有个人特色的文学史书写。

如《楚辞》中究竟哪些是屈原所作?对《汉志》所载:"屈原赋二十五篇"的态度为何?究竟是依循《章句》之旧?或是有所删除、合并以求符合"二十五篇"之数?还是打破旧说,径自判定屈骚之作?历来学者的见解不一,诸说纷纭,更是文学史家不得不面对的难题。对此,将鲁迅叙及的屈原作品及重要评论,以表格呈现如下:

| 作品 | 创作背景或内容 | 相关评论 |
| --- | --- | --- |
| 《天问》 | 王怒而疏屈原。原彷徨山泽,见先王之庙及公卿祠堂,图画天地山川神灵,琦玮僪佹,及古贤圣怪物行事。因书其壁,呵而问之,以抒愤懑,曰《天问》。 | 辞句大率四言;以所图故事今多失传,故往往难得其解 |
| 《离骚》 | 原在湘沅之间九年,行吟泽畔,颜色憔悴,作《离骚》,终怀石自投汨罗以死,时盖顷襄王十四五年也。 | 其辞述己之始生,以至壮大,迄于将终,虽怀内美,重以修能,正道直行,而罹谗贼,于是放言遐想,称古帝,怀神山,呼龙虬,思姝女,申纾其心,自明无罪,因以讽谏 |
| 《九章》 | 无 | 今所传《楚辞》中有《九章》,亦屈原作。 |
| 《卜居》《渔父》 | 又有《卜居》,《渔父》,述屈原既放,与卜者及渔人问答之辞,亦云自制,然或后人取故事仿作之。 | 而其设为问难,履韵偶句之法,则颇为词人则效,近如宋玉之《风赋》,远如相如之《子虚》,《上林》,班固之《两都》皆是也。 |
| 《九歌》 | 《楚辞》中有《九歌》,谓"楚南郢之邑,沅湘之间,其俗信鬼而好祀……屈原放逐……愁思怫郁,出见俗人祭祀之礼,歌舞之乐,其词鄙俚,因为作《九歌》之曲"。 | 而绮靡杳渺,与原他文颇不同,虽曰"为作",固当有本。俗歌俚句,非不可沾溉词人,句不拘于四言,圣不限于尧舜,盖荆楚之常习,其所由来者远矣。 |

从上表可知,鲁迅明确陈述的屈原作品是《天问》《离骚》《九章》《九歌》(《屈原与宋玉》中唯独未曾提及《远游》),而对《卜居》《渔父》旧传为屈原"自制"之说,有所存疑,似较倾向于后人"取故事仿作之"。只是在具体评论其"设为问难,履韵偶句之法,则颇为词人则效"的艺术地位时,认为影响了宋玉《风赋》与汉人赋作。循此,若这两篇非屈原所作,又如何影响时代接近的宋玉? 其中有些模糊之处。

细加考究,如鲁迅依循王逸之说,视《天问》为"题壁"之作,缘自"王怒而疏屈原","彷徨山泽","以抒愤懑",与游国恩《楚辞概论》主张《天问》带有愤懑和失意的情态,大概是屈原首次被谗去职,放于汉北以前所作的见解一致。① 针对屈原的代表作《离骚》,他并未采用作于初次被谗见疏的旧说(即据《屈原列传》所载),而是定于"在湘沅之间九年",这也与游国恩主张《离骚》是屈原第二次被放的悲歌,作于顷襄王三年或三年以后的见解相近。② 差别仅在于鲁迅并未提及屈原于顷襄王时被放的具体时间,以"在湘沅之间九年"保留了一定的弹性。至于《九章》,历来偶有学者怀疑其中几篇非屈原所作,如魏了翁、许学夷、吴汝纶、陆侃如、冯沅君等人,而谢无量言:"《九章》诸篇,很像屈原自述的口吻,断为流放以后所作……或疑其中亦有系后人拟作的。总之于考求屈原的思想及历史,此篇最有关系,即系偶有拟作,也是出于与屈原时代最近的人"③;游国恩以为"《九章》尚不免有赝鼎羼入,但没有什么证据可以证明它,故也暂时不妨承认"④,态度较为谨慎;鲁迅则是直接定为屈原所作,并未涉及此争论。此外,《九歌》与屈原的关系,王逸曰:"《九歌》者,屈原之所作也……出见俗人祭祀之礼,歌舞之乐,其词鄙陋。因为作《九歌》之曲",后有朱熹补充云:"原既放逐,见而感之,故颇为更定其词,去其泰甚"⑤,如此《九歌》究竟是屈原的独立创作,还是仅加工润色? 此事引发后人讨论,如胡适(1891—1962)《读楚辞》即主张《九歌》是当时湘江民族的宗教歌舞,与屈原的传说无关。对此,谢无量倾向于《九歌》是屈原略加改定而戴名以传⑥,而游国恩是赞同胡适之见,进一步论证《九歌》是屈原以前的民众文学。⑦ 至鲁迅笔下,先征引王逸《九歌序》,以为《九歌》"绮靡杳渺,与原他文颇不同,虽曰'为作',固当有本",寥寥数语,点出《九歌》的风格独特,但仍尊重王逸旧说

---

① 游国恩:《楚辞概论》,台北:商务印书馆,1999年,第91页。
② 游国恩:《楚辞概论》,台北:商务印书馆,1999年,第108页。
③ 谢无量:《楚词新论》,见陈引驰、周兴陆主编:《民国诗歌史著集成》(第13册),天津:南开大学出版社,2015年,第42—43页。
④ 游国恩:《楚辞概论》,台北:商务印书馆,1999年,第86页。
⑤ (宋)朱熹:《楚辞集注》,上海:上海古籍出版社,2001年,第31页。
⑥ 原文为:"案王逸据古来的传说,以《九歌》是南国祀神的乐章,是屈原所自作。朱子格外细心,以为既是祀神乐章,从前必有古词,不过屈原略加改定。凡是文字受他人改定,就往往戴了他人的名字以传,这种事实,确是有的。……我们研究《楚词》的人,祇应该把《九歌》当一种祀神的曲子看待。"谢无量:《楚词新论》,见陈引驰、周兴陆主编:《民国诗歌史著集成》(第13册),第40页。
⑦ 游国恩:《楚辞概论》,台北:商务印书馆,1999年,第56—62页。

的可信度,未将《九歌》与屈原切割。从鲁迅的文学史叙述中,可见他参阅、统整了传统文献史料与当代研究成果,并未认同当时的"屈原否定论",也展现出个人的取舍与辨别。

## 二、宋玉等人作品考述

文学史上"屈宋并称"由来已久,但宋玉作品的真伪问题,即《汉志》所载"宋玉赋十六篇"的具体篇目为何?见于《文选》《古文苑》等作是否可信?可说是中国文学史研究中的一大公案。尤其,20世纪初疑古思潮的影响下,宋玉之作几乎都被认定为伪作,甚至仅承认《九辩》一篇。如此时代趋势下,鲁迅的态度是:

宋玉作品

| 作品 | 创作背景或内容 | 相关评论 |
| --- | --- | --- |
| 《九辩》 | 所作本十六篇,今存十一篇,殆多后人拟作,可信者有《九辩》。《九辩》本古辞,玉取其名,创为新制。 | 虽驰神遐想,不如《离骚》,而凄怨之情,实为独绝。 |
| 《招魂》 | 外陈四方之恶,内崇楚国之美,欲召魂魄,来归修门。 | 司马迁以为屈原作,然辞气殊不类。其文华靡,长于铺陈,言险难则天地间皆不可居,述逸乐则饮食声色必极其致,后人作赋,颇学其夸。句末俱用"些"字,亦为创格,宋沈存中云:"今夔峡湖湘及南北江獠人,凡禁咒句尾皆称些,乃楚人旧俗"也。 |
| 传世赋作九篇 | 其称为赋者则九篇(《文选》四篇;《古文苑》六篇,然《舞赋》实傅毅作),大率言玉与唐勒景差同侍楚王,即事兴情,因而成赋。 | 然文辞繁缛填委,时涉神仙,与玉之《九辩》《招魂》及当时情景颇违异,疑亦犹屈原之《卜居》《渔父》,皆后人依托为之。 |
| 《对楚王问》 | 自辩所以不见誉于士民众庶之故,先征歌曲,次引鲲凤,以明俗士之不能知圣人。 | 其辞甚繁,殆如游说之士所谈辩,或亦依托也。然与赋当并出汉初。 |

所谓"今存十一篇",即指《楚辞》中的《九辩》《招魂》,《文选》中的《风赋》《高唐赋》《神女赋》《登徒子好色赋》,《古文苑》中的《大言赋》《小言赋》《钓赋》《笛赋》《讽赋》,作者怀疑"殆多后人拟作","可信者有《九辩》",应是借鉴了游国恩《楚辞概论》之见①(且谢无量《楚词新论》也未专门论及宋玉),却又有所修正。鲁迅未如游国恩将《招魂》判给屈原,以为"辞气殊不类",因而才在陈述宋玉时论及《招魂》。至于,对《九辩》《招魂》的艺术评价,如评《九辩》"本古辞,玉取其名,创为新制"、"凄怨之情,实为独绝",指出宋玉

---

① "这十二篇中《招魂》本为屈原所作(说详第三篇),《舞赋》是后人误认傅毅《舞赋》的序文,把它节抄而成的。《风赋》以下又都有伪托的嫌疑,所以他可靠的作品,现在只有《九辩》一篇。"游国恩:《楚辞概论》,第178页。

在艺术表现上的特点,实为精到之语。或论《招魂》是"其文华靡""长于铺陈""后人作赋,颇学其夸",甚至引沈括(1031—1095)《梦溪笔谈》语以证"句末俱用'些'字,亦为创格"等四个要点,极可能是吸收了游国恩的研究心得①,但以简洁扼要的文句叙述,而非满篇考证文字,这自然也因文学史书写有别于《楚辞概论》的著作性质所致。

值得一提的是鲁迅身处于近代倡行西方科学实证研究的时代浪潮中,在未见到《唐勒赋》出土的有力证据前,虽然怀疑多数传世宋玉作品为后人伪作,但诚如刘刚指出在具体的处理上,仍进行了全面的述评,并未略而不论,且依序介绍辞、赋、对问体散文,结构井然,展现了"全篇""全人"的文学史观。②

另《屈原与宋玉》的题名虽标举了最具文学影响力的屈、宋二人,但也兼顾其他楚地的辞赋作家,只是比重有别。即:

**其他作家作品**

| 作者 | 作品 | 创作背景或内容 | 相关评论 |
| --- | --- | --- | --- |
| 荀卿 | 赋作五篇 | 亦作赋,《汉书》云十篇,今有五篇在《荀子》中,曰《礼》,曰《知》,曰《云》,曰《蚕》,曰《箴》,臣以隐语设问,而王以隐语解之。 | 文亦朴质,概为四言,与楚声不类。 |
| | 佹诗 | 又有佹诗,实亦赋。言天下不治之意,即以遗春申君者。 | 则词甚切激,殆不下于屈原,岂身临楚邦,居移其气,终亦生牢愁之思乎? |
| 景差 | 《大招》 | 唐勒、景差之文,今所传尤少。《楚辞》中有《大招》,欲效《招魂》而甚不逮,王逸云:"屈原之作也;或曰景差。" | 审其文辞,谓差为近。 |

上文叙及荀卿的五篇赋作,因其作为中国文学史上首次以"赋"名篇者,往往被视为赋体的源头。其次,指出《荀子·赋》所附《佹诗》之作,"实亦赋",认为其"词甚切激,殆不下于屈原",与荀卿被谗适楚后,受楚地风土之气影响有关,进而隐然将屈原、荀子、宋玉三人列入"不遇"文学的系谱中。最末,提及《大招》的作者问题,因早在王逸时即疑不能明,鲁迅谓"审其文辞,谓差为近",推断为景差之作,其根据应是源自朱熹所云:"然今以宋玉《大》《小言赋》考之,则凡差语皆平淡醇古,意亦深靖闲退,不为词人墨客浮夸艳逸之态,然后乃知此篇决为差作无疑也。"③ 在此,鲁迅并未采纳游国恩主张《大招》"既

---

① 因游国恩指出《招魂》最奇怪的是在语尾用"些"字,而这体裁在文学史上是空前绝后的,并谓《招魂》的真正价值是:(一)结构的整齐(二)铺叙的丰富(三)辞句的清丽(四)思想的新奇。游国恩:《楚辞概论》,第147—150页。
② 刘刚:《鲁迅的宋玉批评实践及其文学史学的思考》,《鲁迅研究月刊》,2006年第12期。
③ 朱熹:《楚辞集注》,上海:上海古籍出版社,1979年,第140页。

非楚产,又非秦以前人所作,那么它至早总是西汉初年一个无名氏的作品"①的考订,而其见解与谢无量相同②。

总的来说,《屈原与宋玉》中关于楚地辞赋作家生平作品的叙述,相当程度参酌了学术新锐游国恩《楚辞概论》的研究成果(此书于1926年由北京北新书局初版)。此外,上文提及鲁迅《汉文学史纲要》主要借鉴了谢无量《中国大文学史》、儿岛献吉郎《中国文学史纲》,但《屈原与宋玉》中却未见列出,原因可能在于此二部文学史对"楚辞"的书写,或史观有别,或过于简略,以致于参考性不足。如儿岛献吉郎《中国文学史纲》第二篇《上古文学》第七章《春秋战国文学三》虽叙及"楚辞",但因"春秋战国为言论最发达之世也。文章极隆盛之秋也。而诗歌不振之时代也"③,所以并未独立一节陈述,仅以"独荀卿赋十篇及屈原《九歌》《九章》等二十五篇俱为南方文学之精粹,为后世骚赋之祖。尤屈原之歌章,庶几于剑戟时代发《雅》《颂》之洪音,于处士横议之际发挥诗人敦厚之旨者"④带过,后引荀卿《礼赋》、屈原《涉江》原文作结,显然不足为鲁迅所参考。相较之下,谢无量《中国大文学史》卷二第二编《上古文学史》第七章《战国文学》第七节"骚赋之兴起",以四页余的篇幅对"楚辞"有所陈述,内容较为充实。不过,由于《中国大文学史》的书写体例在于条列古籍原典,并略加叙述之语,虽言必有据,但少见评论,较接近于鲁迅所批评的"资料长编"⑤,想必不是他所满意的文学史著作。如谢无量《楚词新论》、游国恩《楚辞概论》般专门性的学术新著,焦点突出,考究广泛,自然更具有参考价值,且足以显示鲁迅对当代学术前沿的关注与掌握。

## 三、文学演进的源流与比较

文学史著作的编写,作者的"史识"向来是学界关注的焦点,更是影响著作观点、体例、内容的关键所在。鲁迅《汉文学史纲要》虽为未竟之作,但对文学演进内在逻辑的掌握与描述,确实有独到之处;对相关作家、作品艺术特色与文学地位的评价,也展现出身

---

① 游国恩:《楚辞概论》,台北:商务印书馆,1999年,第155页。
② 谢无量言:"朱子以为是景差作,因考宋玉《大》《小言赋》,差语皆平淡醇古,意亦深靖闲退,此篇与之相近。"谢无量:《楚词新论》,见陈引驰、周兴陆主编:《民国诗歌史著集成》(第13册),第45页。
③ 儿岛献吉郎:《中国文学史纲》,东京:富山房,1912年,第49页。
④ 儿岛献吉郎:《中国文学史纲》,东京:富山房,1912年,第50页。
⑤ 鲁迅曾对郑振铎《中国文学史》中的小说部分,进行评价:"郑君所作《中国文学史》,顷已在上海豫约出版,我曾于《小说月报》上见其关于小说者数章,诚哉滔滔不已,然此乃文学史资料长编,非'史'也。但倘有具史识者,资以为史,亦可用耳。"鲁迅:《320815致台静农》,见《鲁迅全集》(第12卷),北京:人民文学出版社,2005年,第322页。话虽如此,《中国大文学史》对《汉文学史纲要》还是有影响的。据学者研究,《汉文学史纲要》对《中国大文学史》不仅仅是一般的借鉴,而是相当程度地吸收。虽然《汉文学史纲要》未如《中国大文学史》完备,但文学观念却颇有差别,即鲁迅倾向于狭义的文学观念,而谢无量是采取广义的文学观念。见胡旭:《〈汉文学史纲要〉之成因及其文学史意义》,《福州大学学报》(哲社版),2010年第2期。

为文学家的精准的艺术眼光。对此,学界相关论述甚多,如刘俊指出:"鲁迅总是力求将每一个时代或阶段最具有文学价值,并且对中国文学的发展也最具有影响作用的因素(包括作品典籍和帝王文士等),置于最重要和最醒目的地位。他总是最注意文学的独特质量和因素对整个文学发展的影响,并以这种文学的独特质量和因素作为一个时代或阶段的文学核心的标志。"① 因此,鲁迅对于先秦南方诗歌文学代表——"楚辞"的时代背景、发展源流的考究、梳理,以及对不同作家间的比较、定位,显得相当简明精要。如开篇写道:

> 战国之世,言道术既有庄周之蔑诗礼,贵虚无,尤以文辞,陵轹诸子。在韵言则有屈原起于楚,被谗放逐,乃作《离骚》。逸响伟辞,卓绝一世。后人惊其文采,相率仿效,以原楚产,故称《楚辞》。②

在此,标举战国文学中散文、诗歌两大文类的高峰——《庄子》与《楚辞》,赞扬由屈原创立的"楚辞","逸响伟辞,卓绝一世",进而引发后人的拟骚之作。当然,"楚辞"作为我国古典诗歌的重要源头,历代品评者不乏其人,而上述之言,大抵不出《文心·辨骚》所论的范围。

其次,鲁迅提及楚辞学史上对屈骚评价的一大现象,并由此导出"楚辞"之于《诗经》的演进及其成因。即:

> 《离骚》之出,其沾溉文林,既极广远,评骘之语,遂亦纷繁,扬之者谓可与日月争光,抑之者且不许与狂狷比迹,盖一则达观于文章,一乃局蹐于诗教,故其裁决,区以别矣。实则《离骚》之异于《诗》者,特在形式藻采之间耳,时与俗异,故声调不同;地异,故山川神灵动植皆不同;惟欲婚简狄,留二姚,或为北方人所不敢道,若其怨愤责数之言,则三百篇中之甚于此者多矣。③

作者以为历来对屈骚评价的分歧,或扬或抑的关键在于"一则达观于文章,一乃局蹐于诗教"。尤其,受限于传统儒家文化的影响,不少学者皆以"诗教观"品评屈骚。虽说屈骚有"怨愤责数之言",继承了《诗经》的"规讽之旨""忠怨之辞",但或许如谢无量所说:"《诗经》和《楚词》是不同的,南方文学的思想,和北方文学的思想是不同的。他们各有他们的历史,各有他们的环境,是不能并为一谈的。后来批评注释《楚词》的人,或者用

---

① 吴俊:《形似断代短制 实为专史长编——关于鲁迅的〈汉文学史纲要〉》,《学术研究》,1992年第5期。
② 鲁迅:《插图本汉文学史纲要(外一种)》,上海:上海古籍出版社,2005年,第20页。
③ 鲁迅:《插图本汉文学史纲要(外一种)》,上海:上海古籍出版社,2005年,第22页。

北方的思想来解释他。或者用《诗经》的精神来范围他,岂不错了?"① 想必鲁迅也认为传统从"诗教""北方文化"来解释"楚辞"并非允当,所以一再地在篇中强调"楚辞"兴起的时代、地理因素,正因时代风俗与地理环境的差异,即有"楚语""楚声""楚地""楚物"之别,进而造就作品艺术形式的不同。

尤其,鲁迅不仅突出"楚辞"在"形式藻采"方面的新变,也注意到"楚辞"之于《诗经》的沿革,并尝试从社会历史、文化地理的角度进行阐释:"楚虽蛮夷,久为大国,春秋之世,已能赋诗,风雅之教,宁所未习,幸其固有文化,尚未沦亡,交错为文,遂生壮采。"② 鲁迅认为屈骚是在吸收北方《诗经》风雅之教并结合南方楚地固有文化所产生的"壮采",不过必须指出的是作者能从南北文化交融的视角来说明"楚辞"产生的文化土壤,实与20世纪初"西学东渐"及中国文学史研究的时代趋势有所关联。众所皆知,早在清末我国学者编撰首部中国文学史前,日本学者较早地进行了这项工作,如末松谦澄的《中国古文学略史》(1882)、古城贞吉的《中国文学史》(1897)、笹川种郎的《中国文学史》(1898)、儿岛献吉郎《中国文学史纲》(1912)等等,这批书对本土中国文学史著作产生了一定的影响。③ 其中,如西方实证史学中的地理环境论、丹纳(1828—1893)"种族、环境、时代"的文艺三要素说以及勃兰兑斯(1842—1927)的文学史著作,在明治前后传入日本,对日本中国学造成深远的影响,且经由日本的"中介",这批借鉴西学的日本中国文学史著作,又影响了20世纪初本土的中国文学史写作。④ 因而不仅限于《汉文学史纲要》,翻开当时中、日两国的中国文学史著作,都颇为留意地理环境对风土民情、文学文化的影响,并开展了中国文学的地域性研究,而鲁迅自然也抓紧了这个时代热点。此外,鲁迅从狭义文学的角度推崇"楚辞"在"形式词藻"上的创新与影响,就有别于上文儿岛献吉郎仍是从儒学角度述评"楚辞"(即"尤屈原之歌章,庶几于剑戟时代发《雅》《颂》之洪音,于处士横议之际发挥诗人敦厚之旨者"之言);而在叙述内容的广度与深度上,也明显优于谢无量《中国大文学史》,可见作者的"后出转精"。

另对屈原之后的楚地辞赋作家及其对屈骚的承衍,也有所交代:"稍后,楚又有宋玉唐勒景差之徒,皆好辞,而以赋见称。然虽学屈原之文辞,终莫敢直谏,盖掇其哀愁,猎其

---

① 谢无量:《楚词新论》,见陈引驰、周兴陆主编:《民国诗歌史著集成》(第13册),第17页。
② 鲁迅:《插图本汉文学史纲要(外一种)》,上海:上海古籍出版社,2005年,第22页。
③ 相关研究成果可参黄霖:《日本早期的中国文学史著作》,《古典文学知识》,1999年第5期;[日]川合康三著,朱秋而译:《中国文学史的诞生:二十世纪日本的中国文学研究之一面》,叶国良、陈明姿编:《日本汉学研究续探:文学篇》,台北:台大出版中心,2005年,第237—248页;李群:《早期中国文学史写作中的日本影响因素》,《苏州科技学院学报》(社科版),第26卷第2期(2009年5月);段江丽:《明治年间日本学人所撰"中国文学史"述论》,《中国文化研究》,2014年第4期;赵苗:《日本中国文学史观的建构:1882—1912》,《华文文学》,2017年第2期。
④ 详参李群:《近代中国文学史观的发生与日本影响》,长沙:湖南大学出版社,2016年,第197—223页。

华艳,而'九死未悔'之概失矣。"① 即以《屈原列传》的相关记载,说明宋玉之辈虽对屈骚有所继承,发展的却是个人情感的哀愁与形式词藻的华艳,失落了可贵的"九死未悔之慨"与"直谏"精神。或是借用《文心·诠赋》《文心·杂文》的部分文句,陈述这些作家对后世文学的影响,梳理出"楚辞"的流变:"刘勰谓赋萌于《骚》,荀卿宋玉,乃锡专名,与诗划境,蔚成大国;又谓'宋玉含才,始造对问',于是枚乘《七发》,扬雄《连珠》,抒愤之文,郁然盛起。然骚者,固亦受三百篇之泽,而特由其时游说之风而恢宏,因荆楚之俗而奇伟;赋与对问,又其长流之漫于后代者也。"②

特别的是,相较于通行的文学史著作中,分别将《诗经》、"楚辞"视为中国文学现实主义、浪漫主义传统的渊源,鲁迅是比较推崇"楚辞"的:

> 较之于《诗》,则其言甚长,其思甚幻,其文甚丽,其旨甚明,凭心而言,不遵矩度。故后儒之服膺诗教者,或訾而绌之,然其影响于后来之文章,乃甚或在三百篇以上。③

可知鲁迅不仅赞扬屈骚在形式词藻上的高度成就,更看重所谓"凭心而言,不遵矩度"的抒情精神与创新特点,虽然因此招来后世儒者的"訾而绌之",却也独树一帜,成就其在后世文学的影响。顾农曾评《汉文学史纲要》:"从撰写的体例看,本书叙述史料多于评论,征引甚博,作者议论无多,他的意见大抵即寓于材料的取舍安排之中。凡有断语,都简明精当,无可移易。"④ 如上文"其言甚长,其思甚幻,其文甚丽,其旨甚明"短短的十六个字,即点出屈骚在篇幅、句式、想象、语言、修辞、意旨上的特点,内涵极为丰富,正是"简明精当,无可移易"的范例。

综上所述,鲁迅《汉文学史纲要》的楚辞书写,在文学史观与研究方法上,是受到"西学东渐"的时代影响,并参考中、日两国的中国文学史著作;在史料甄别与具体叙述上,是援引《战国策》《屈原列传》、王逸《楚辞章句》《文心雕龙》、沈括《梦溪笔谈》、朱熹《楚辞集注》等古籍文献,又吸收游国恩《楚辞概论》、谢无量《楚辞新论》的考订与分析,进行取舍、镕裁,适时以作品为证,并略加精当的断语,笔法上夹叙夹议,语言上精练简饬。虽然《汉文学史纲要》为未竟之作,并如陈桐生所言:"鲁迅的楚辞观继承大于创新,综合多于立说"⑤,但与前人的中国文学史相比,其楚辞书写的内容与面向显得精要而广泛,既吸收当代学人的最新成果,也展现个人独到的史识与评价,可谓"后出转精",确实是部不可多得的中国文学史著作。

---

① 鲁迅:《插图本汉文学史纲要(外一种)》,上海:上海古籍出版社,2005年,第24页。
② 鲁迅:《插图本汉文学史纲要(外一种)》,上海:上海古籍出版社,2005年,第26页。
③ 鲁迅:《插图本汉文学史纲要(外一种)》,上海:上海古籍出版社,2005年,第20页。
④ 顾农:《鲁迅及其〈汉文学史纲要〉》,《古典文学知识》,2009年第5期。
⑤ 陈桐生:《鲁迅楚辞观的学术渊源》,《理论月刊》,2000年第4期。

# 何天行《〈楚辞〉作于汉代考》综评

湖南理工学院　钟兴永

民国时期,关于屈原与《楚辞》的历史存在,便有不同声音。五四运动前,四川学者廖季平便质疑屈原的真实性。1922年,胡适发表《读楚辞》,认为屈原是"箭垛式"人物。屈原只是民间流传的神话故事和英雄传说,这是箭。《楚辞》属于集体创作,后人却将其著作权归于"箭垛"屈原。然而,以一部专著的形式,系统地进行文献考证,否定屈原其人,否定屈原是《楚辞》的作者,要算何天行了。何天行,字摩什,杭州人。1947年4月,中华书局出版了他的《〈楚辞〉作于汉代考》,并得到了蔡元培、顾颉刚"二先生勖勉之"。梁启超看了此著后,认为"畴昔不认为史迹者,今则认之,畴昔认为史迹者,今或不认。举从前弃置散佚之迹,钩稽而比观之,其夙所因袭者,则重加鉴别,以估定其价值,如此则史学立于真的基础之上,而推论之功,乃不致枉施也。"① 在该书中,何天行列出了14个证据,证明《楚辞》的作者是淮南王刘安,后经刘向、刘歆)父子篡改,托名屈原。何天行的结论是:《楚辞》实为汉代学者托伪之作,同时也否定《史记·屈原贾生列传》的真实性,否定贾谊《吊屈原赋》的真实性,否定屈原存在的真实性。

## 一、关于《楚辞》的起源

何天行认为,对于《楚辞》意义的阐释,以宋人黄伯思说得最好:"屈宋诸骚,皆书楚语,作楚声,纪楚地,名楚物,故可谓之楚辞。若'些''只''羌''謇''纷''侘傺'者,楚语也;悲壮、顿挫或韵或否者楚声也;沅、湘江、澧、修门、夏首者,楚地也;'兰茝''荃荪''蕙若''芷蘅'者,楚物也。"可见,"《楚辞》无疑是以楚语、楚声所构成的一种文学作品。""楚辞"的产生和《楚辞》编定成书是两回事,即《楚辞》并非成书以后的专称。"楚辞"这个名词,在班固以前便已成立了。

"楚辞"是秦汉时代楚地一带的诗歌。当西历纪元前5世纪时,南方的楚人逐渐扩张,开拓了中国南部的疆域,并伸展其势力于早就由殷人开拓出的长江北部。北方周人的地位,几乎全被楚人所替代了。至楚人的汉高祖平定中国时,不但长江流域全入楚人的版图,而且一直扩展到黄河流域。这时期所产生的以楚人的语言文字所写的诗歌辞赋,就是"楚辞"的起源。《楚辞》,其实是汉代辞赋的总称,绝不是春秋战国时的作品。

---

① 引文均来自何天行:《〈楚辞〉作于汉代考·自序》,中华书局,1948年。

何天行认为,西汉是楚声风靡的时期。从秦末项羽作《垓下歌》,士兵亦好为"楚声",已开"楚声"风靡之先。汉初刘邦还沛时所作《大风歌》以及一般卿相的模拟之作,"楚调歌诗"差不多成为这时期文学的唯一特点。由于代表楚人的政治势力的扩张和帝王及贵族的嗜好,源于江淮流域的楚声,就随着流行于黄河流域。不但汉初的诗歌大都属于楚声,便是较后的乐府诗歌,亦多属"楚声""楚辞"的范围。《汉志》中有"言楚辞征九江,被公诵读"。《王褒传》所载的《甘泉赋》和《洞箫颂》,亦可令后宫诵读。由此可见,"楚辞"和赋,显然是一物的异名,并不是指着哪一部编写的专书。这种在西汉时被"好楚声"的帝王所"俳优畜之"的辞赋家,也便是《汉志》所称"登高能赋,可以为大夫"的人。

那么,用"楚辞"作为专书的名称者,似乎始于刘向。王逸《楚辞章句》(约成书于安帝元初四年,117年许)叙云:"逮至刘向,典校经书,分《楚辞》为十六卷。"陈振孙《直斋书录解题》说:"余按《楚辞》,刘向所集,王逸所注。"纪昀《四库题要》:"屈宋诸赋,定名《楚辞》,自刘向始也。"

## 二、关于《楚辞》的传说

何天行认为,从战国末年到汉代,凡是这时期的文献中,既没有关于"楚辞"的传说,也没有提到《离骚》或《九歌》等篇的记载。至于《招魂》《九辩》以下几篇,尤都是汉人所作。至东汉时,发现刘向《新序》和他所集的《楚辞》,又发现《史记·屈原贾生列传》,于是传说中的"楚辞"的作者与作品,方才有了系统的连贯。

贾谊《吊屈原赋》,最早见于《史记·屈原贾生列传》及《前汉书》本传。《惜誓》,最早见于王逸《楚辞章句》。它们之间语句有很多雷同或模拟之处。如均有"所贵圣人之神德兮,远浊世而自藏书";"使麒麟可系而羁兮,岂去异夫牛羊?"两篇中既有全同或雷同的地方,而且又都用"已矣哉"一"谇语"收尾,说明其中有一篇属蹈袭。

对于《惜誓》,王逸认为作者"或曰贾谊",又说"疑不能用"。《惜誓》中有一句"惜余年老而日衰兮,岁忽忽而不返",实际上贾谊死时尚不到32岁,是断不会说"余年老"的,而且通篇也与屈原的事迹无涉。《惜誓》或许是西汉末年的伪托,这也是楚辞体的《吊屈原赋》中不见有《惜誓》之因。又及,《史记·秦始皇本纪》和《陈涉世家》,都采取贾谊《过秦论》原文。《过秦论》见于《贾谊新书》首篇,是书中并没有屈原故事,但对怀王入秦一事却记述甚详,这也正是东汉以前尚无屈原之明证,说明《吊屈原赋》一定是与《史记·屈原贾生列传》同时发现的。

《史记·屈原贾生列传》系屈原传说最重要的资料,何天行认为有许多疑点。胡适《读楚辞》说:"史记不很可靠,而《史记·屈原贾生列传》尤其不可靠。传末有'及孝文崩,孝武皇帝立,举贾生之孙二人至郡守,而贾嘉最好学,世其家,与余通书,至孝昭时,列为九卿。'司马迁死于汉武帝征和三年,怎么能知道孝昭的谥法?一可疑也;孝文之后为景帝,如何说及孝文崩,孝武皇帝立?二可疑。"说明作者当系孝昭后之人,有后人撰续的可能。如果说是增补的,那么增补者不会不知太史公卒于什么年代。《史记·屈原贾生列传》中为什么还对已死的作者(太史公)说"而贾嘉最好学……的话了,"并且这段话并无增补的必要。刘知几《史通·正史篇》说:"《史记》所书年止,汉武太初以后,缺而不录。其后刘向、向子歆……等(十六人)相继撰续,迄于哀平间,犹名《史记》。"

何天行认为《史记·屈原贾生列传》不是太史公所作。

第一,所载楚怀王时事与《楚世家》多有不合。而且,既然在《史记·屈原贾生列传》中记载屈原有这么显赫的家世和功业地位,为什么在《史记·楚世家》中避而不谈屈原?

第二,《史记·屈原贾生列传》中:"王使屈平为令……每一令出,平伐其功曰,以为'非我莫能为也'。王怒而疏屈平。"这里,"曰""以为"意重复了。《史记》用字极严,不至于将二者的对话混而为一,互相矛盾。

第三,梁玉绳《史记志疑》道:"太史公言《离骚》作于怀王之时也,(屈)原始见疏而作。《离骚》之文,斥刺子兰,宜在怀王末年,顷襄王世。按'虽流放'至'岂足福哉',似疑在顷襄王怒而迁之后。"

第四,根据刘知几《史通·采撰篇》云"马迁《史记》采《世本》《国语》《战国策》《楚汉春秋》,至班固《汉书》则全同太史,自太初以后,又杂引刘氏《新序》《说苑·七略》之辞。"据核对,《史记·屈原贾生列传》自"屈平既绌"以下,其后秦欲伐齐,"复释去张仪"一大段,完全采取《战国策》《秦策》与《楚策》的原文,而且词句上有不少还一字未改。虽然,《战国策》《楚策》所载秦楚的交涉很详细,说到了张仪、楚王、陈轸、靳尚,甚至怀王的宠姬郑袖,但是,从头到尾却没有提及屈原。在这些书中,甚至连屈原的影子都没有。因此,《史记·屈原贾生列传》不是太史公的手笔。屈原传说以及西汉时凡有关于屈原传说的楚辞体的作品,大都是在刘向裒集《楚辞》才发生的。

## 三、关于《离骚》的作者

何天行认为,《离骚》的真正作者是西汉淮南王刘安,他是汉高祖刘邦之孙。他一生好读书,好作文,才思敏捷,作《离骚赋》奉献汉武帝。《前汉书》《史记》本传载"武帝建元二年,淮南王入朝"。这时刘安已四十二三岁了,故他在《离骚赋》中说"老冉冉之将至兮,恐修名之不立"。可以认为,《离骚》就是这时候的作品。文献记载主要有:

第一,荀悦《前汉纪·孝武皇帝纪》载:元狩元年"十一月,淮南王安,衡山王赐谋反,诛之。安好读书,招致宾客方术之士数千人,作《内书》二十一篇,外书甚众,又有中书八卷,言神仙黄白之事,上以安属诸父,甚尊重之。初,安朝,上使作《离骚赋》,且受诏,食时毕上。"刘安当廷而作《离骚赋》，可见其才识确有过人之处，亦足见离骚体在当时确系文化主流。荀悦系东汉末汉献帝时期人士，是当时著名的政论家和史学家。

第二，《太平御览》一百五十《皇亲部》："初，安入朝，献所作《内篇》，新出，上爱秘之，使为《离骚赋》，且受诏，食时上。"

第三，高诱《淮南子叙目》："淮南王名安，厉王长子也……初，安为辩达，善属文，皇帝为从父，数上书，召见，孝武皇帝甚重之，诏使为《离骚赋》，自旦受诏，日早食已，上爱秘之。天下方术之士，多往归焉。"实际上，同样的古籍记载还有很多，如《前汉书·淮南王刘安传》等。这些信息反映出一个基本事实，刘安创作了《离骚赋》。司马光《资治通鉴》之所以不载入屈原的传说，也不载入《离骚》，说明司马光亦有所怀疑其真实性。

第四，《淮南子》是西汉非常重要的散文著作，其中诸如"推其志，非能贪富贵之位，不便侈靡之乐""与日月争光""博闻强志，口辩辞给，人智之美也""被发优游"等名句，均被《史记·屈原贾生列传》揽入，令屈原显示出臆造的痕迹。可以说，一部《淮南子》中的历史和故事神话，正是创作《离骚》的素料。

那么是谁将《离骚赋》的作者替换为屈原的呢？就是刘向抑或刘歆。他为什么要这样做？

第一，刘向系汉朝宗室，一生屡次"谏忠被谗"，与传说中楚国的宗室屈原处境相似。《汉书》说："宣帝时，向拜为郎中，迁散骑谏大夫，元帝时，更生（即刘向）与萧望之、周堪等'患外戚许、史在位放纵，议欲罢之，遂为许、史等所譖愬免官'，其年，上复诏徵更生等，更生使其外亲上变事，请退弘恭、石显等，以章蔽善之罪，恭、显疑为更生所为，遂逮于狱。是时周堪及张猛大见信用，更生几已得复进，乃上书直谏，而为恭、显等所怨忌……乃著《疾谗》《摘要》《救危》及《世颂》凡八篇，依与古事，悼己及同类也，遂废十余年。"此亦与屈平相似。"其后成帝即位，显等伏辜，更生乃复进用，更名为向，是时外戚专权，向复上书直谏，书奏，上甚感其言，而不能纵其计……前后三十余年……卒后十三岁而王氏代汉。"等等记载，均与《史记·屈原贾生列传》大体相仿。

第二，汉成帝时，刘向校书于天禄阁，内藏一切文献，他均有批改之便，而且当时书籍的传播，多在士大夫与贵族之间。刘向则借机以忠臣屈原作为"赞贤以辅志"的寄托。不过刘向本传中有"卒后十三岁而王氏代汉"之句，他不可能预料自己死后的变迁，说明也有刘歆改编的可能。

在刘向所作《说苑》中，有关于屈原事迹较翔实的记载，在《史记·屈原贾生列传》中，大都采用《说苑》中的消息。或者说，"其实并没有屈原这个人，从刘向纂集《说苑》以后，《史记》中才有这一篇《史记·屈原贾生列传》。"刘歆则"乘父向既没，独任校书，无人知秘府之籍，而得借秘书而行其伪。"康有为《新学伪经考》卷二说："《离骚》……盖战国多杂说，史迁所谓言不雅驯者，歆入之于《左传》，并纂之于《史记》耳……但恐歆校诗赋，并

《离骚》,亦歆所纂入。"

第三,何天行认为,《九叹》第十三,实为刘向的作品,《哀时命》第十四、《惜誓》第十五、《大招》第十六、《九思》第十七等作品,"大约是王逸加上的。""刘向在西汉末已死,因疑《楚辞》的汇集成书,亦未必出于刘向之手。"再说,"依王逸的系统而论,将《离骚》列前,《九章》列后,那么,《怀沙》之后,不应再《思美人》;《橘颂》之前,亦不应先《惜往日》。王逸章句的颠倒错乱,不但肆逞臆断,简直是将《楚辞》的本来面目也抹杀了。"

笔者认为,既然离骚体系西汉主流文体,离骚赋自然不止一个版本,刘安所作《离骚赋》与战国时期屈原所作《离骚》多异。而且,刘安之所以能在一顿饭的功夫创作出《离骚赋》,除了他的博闻强记外,或许对早已存在的屈原版《离骚》烂熟于心,略加加工,信手拈来。刘知几说"《离骚》为自序之祖";朱可亭、王逊直《楚辞评注》亦说:"《离骚》……先叙世家,遂为千古纪传之祖。"从意境上考量,刘安所作《离骚赋》,实为最早的对屈原及其《离骚》作高度评价的著作。他也赞誉《离骚》"与日月争光可也"。故班固《后汉书·艺文志》说:"孝武恢廓道训,使淮南王(刘)安作《离骚经章句》。"又说:"原死之后,秦果灭楚,其辞为众贤所悼悲,故传于后。"南北朝时期梁代文史学家刘勰《文心雕龙辨·骚篇》说:"不有屈原,岂见《离骚》?"

## 四、关于《离骚》的内容

何天行认为,从《离骚》的内容考察,并非屈原所作。

第一,从《离骚》首段中"惟庚寅吾以降"句可推论,屈原系楚臣,历法应该用殷正,不应该用夏正,这与屈原所处时代不合。相反,淮南王所用的历法,正好是夏正。"汉按秦建亥为正,皆以夏正言之。"

第二,《离骚》中有"纷吾既有此内美兮,又重之以修能"等句,"篇中曰好修;曰前修;曰修初服;曰信修。修字凡十一见,首尾照应,眉目了然。"为什么在《离骚》中出现这么多次"修"字?高诱《淮南子·叙目》云:"安以父讳长,故其所著,诸长字皆曰修。"仅有四处只能用"长"字,否则词不达意,亦不顺口。

笔者认为,《离骚》中,"修"字共出现十八次。其中,"修能""修姱""修女夸""复修""信修""謇修"各一次,"前修"二次,"灵修"三次,"修远"三次,"好修"四次。说"修"字为讳"长"而更改,甚为牵强。一则,讳字应是全篇讳,《离骚》中也有"长"字,"长太息以掩涕兮,哀民生之多艰",若为避讳,不用"修",可用其他字替代啊。二则,篇中许多辞句若用"长"字还原,则更加词不达意,更加不顺口。如"老冉冉其将至兮,恐修名之不立","謇吾法夫前修兮,非世俗之所服"等等,若"还原"为"长名之不立","前长兮",便觉不妥。三则,《离骚》中用"修"字,各有意韵,有的可理解为修饰;有的可理解为美好、美善;有的可理解为培植、增进;有的可理解为贤人、圣人,"灵修",便是专指楚地神界的圣者。

当然也有的可理解为长。

第三，《离骚》中多香草，是因为淮南王好神仙黄白之术，故凡可制药成仙的草木如菊、芝、兰荪荃、芷茞、杜蘅等，在《离骚》中频频出现，当然亦非限于香草。这些，是"道家多用来香浴"的。可以说，《离骚》中的香草与美人，并不是指怀王和忠臣，而是对于神仙的憧憬。故魏文帝《与钟繇书》说："九月律中无射，言群本百草，无有射地而生，惟芳菊纷然独荣，非含乾坤之纯和，体芳芬之淑气，孰能如此？故屈平悲冉冉之将老思餐秋菊之落英，辅体延年，莫斯之贵，谨奉一束，以助彭祖之术。"显然，一面求长生，一面决意投水自沉，放在屈原身上，很是矛盾。《离骚》中的神仙观，自有背景。即若从淮南王的背景去考量，便顺理成章了。因为对于神仙的思想，战国时期还只有邹衍阴阳家的世界观，即中国之外还有"九州"。战国以后，经过道家方士的渲染，便有了海上神山一类神话。到汉武帝时代则完全变成迷信了。"淮南王，好长生，服食炼气读仙经……"，便可坐证。再从这些香草的来源考察，郭璞《穆天子传》卷二有"汉武帝取外国香草美菜，种之中国"之注，(晋)谯国、嵇含《南国草木状》："桂出合浦……交趾置桂园……南越交趾，植物有四裔，最为奇。周秦以前无称焉。自汉武帝开拓封疆，搜救珍异，取其尤者充贡，中州之人，或味其状。"从交通史考察，合浦、交趾等，至秦汉后始有交通，百粤于秦时被征服，汉武帝时才平定西南夷，印度东岸诸国，至汉时才有往来。桂及茵桂等，正是斯时传入才"或味其状"。《离骚》中描写的桂、茵桂与诸多香草，战国时期是不会有这些称谓的。

第四，《离骚》"既莫足与为美政兮，吾将从彭咸之所居"，旧注认为彭咸即彭祖，殷之贤大夫矣，投水而死，故屈原效仿之。但是，《论语》说："彭祖历虞夏至商，年七百岁。"《世本》说："彭铿在夏为守藏吏，在周为柱下吏，年八百岁。"所有的旧文献都没有彭祖投水的指向，这样就可以反证《离骚》的作者不是投水而死了。陈振孙引林渭起《龙冈楚辞说》道："其推屈子不死于汨罗……以为《离骚》一篇，辞虽哀痛，而意则宏放，与夫直情径行，勇于蹈河者，不可同日语。其兴寄高远……皆寓言也，世儒乃以为实者，何哉？"其实《离骚》中一再提及的"巫咸""彭咸"，只是理想人物，首见于《山海经》《淮南子》。如《淮南子·大荒西经》："大荒之中……有灵山，巫咸、巫即巫盼、巫彭、巫姑、巫真、巫体、巫抵、巫谢、巫罗，十巫从此升降"；《海外西经》："女子国在巫咸北，女子居，水周之。"这就说明，《离骚》中所谓的彭咸，原本就是两个巫神，也非殷代大夫。若站在"好神仙黄白之术"的淮南王的立场去品读《离骚》，就不难洞悉这种神游的思想境界了。

据统计，《离骚》中的传说与神话，见于《墨子》五条；见于《庄子》十一条；见于《荀子》八条；见于《老子》十一条；见于《管子》九条；见于《韩非子》九条；见于《吕氏春秋》十八条；见于《晏子春秋》二条；见于《山海经》二十条；见于《淮南子》三十条；见于《列子》五条；见于《穆天子传》八条。《离骚》中的神话和传说，大部分都见于秦代以后的文献。

## 五、《离骚》与《淮南子》内容切合表例

**《离骚》与《淮南子》雷同或相似处**

| 《离骚》 | 《淮南子》 |
| --- | --- |
| 何方圆之能周兮 | 规矩不能方圆 |
| 鸷鸟之不群兮 | 猛兽不群，鸷鸟不双 |
| 日月忽其不淹兮，春秋与其代序 | 象日月之运行，若春与秋有代序 |
| 步余马于兰皋兮 | 兰生幽谷，不为莫服而不芳 |
| 制芰荷以为衣兮，集夫容以为裳 | 乔枝菱阿，夫容芰荷 |
| 忽驰骛以追逐兮 | 骛况忽，历远弥高以禁往 |
| 乘骐骥以驰骋兮，来吾导夫先路 | 昔者冯夷大丙之御也，乘云车，入云霓…… |
| 惟草木之零落兮，恐美人之迟暮 | 虽有轻车良马，不能与之争先 |
| 指九天以为正兮，夫惟灵修之故也 | 申椒杜茝，美人之所怀服也 |
| | 上寻九天，横廓六合，撢贯万物，此圣人之游也…… |
| | 上通九天，下贯九野 |

从上表可知，因《淮南子》的总编是淮南王刘安。刘安又作了《离骚赋》，有雷同相似之处，也极有可能。只是因《离骚》是辞赋韵文体，《淮南子》是散文体，在辞句上并未完全吻合。

## 六、《〈楚辞〉作于汉代考》断想

何天行《〈楚辞〉作于汉代考》出版后，在学术界有一定影响。他列举的十四项证据，亦不无道理，说明屈原的故事和《楚辞》，包括《史记·屈原贾生列传》，确实存在加工或篡改的可能。刘安信鬼神，正合汉武帝胃口。是故，刘安作《离骚赋》，上炼丹术，帝秘藏书之。然而，仅凭此而坐实屈原不存在，屈原的《楚辞》不存在，贾谊《屈原赋》不存在，《史记·屈原贾生列传》不存在，尚不足以服众。

何天行自幼熟读古文，背诵诗词，曾就读于复旦大学中文系，有开阔的文学视野，他对考古有极大兴趣，曾发表了很有影响的考古学论文。但是，他在历史学领域并无大建树。所以，《〈楚辞〉作于汉代考》仅停留于文献思考和文学臆断。不见有考古成果，不见有历史分析。只是通过《楚辞》的字面比对，列出十四条理由，否定屈原的存在，否定《楚辞》属于屈原，确失偏颇。例如，他认为秦汉前对于神仙的思想，战国时期还只有邹衍阴阳家的世界观，即中国之外还有"九州"。殊不知800年楚国，对神的信仰，早已根深蒂固。古代绝大部分神话故事，实际上都产生于楚域。特别是对于巫术，早已在民间安家落户。秦统一后，曾上过方术士当的始皇帝，下令杀方士人，烧方士书，说明中国的神仙风俗由来已久，泛滥成灾，以致威胁国家，怎么能说春秋战国没有神仙思想呢？又如，何天行列

举的证据,是以《楚辞》非屈原所作为前提去搜寻的,而对于适合战国国情民俗的辞句,却避而不论。以称谓论,《楚辞》中的"朕"字,屈原可以自称,切合了战国的政治气候,而汉以后,却不行了,就是大逆不道。

要承认,在先秦典籍中,还没有发现屈原存在的蛛丝马迹,也没有发现《楚辞》的蛛丝马迹,确实还需要新的考古和文献发现。其原因,一是屈原其人,在楚国即将灭亡时期,是作为楚国政坛反面人物流放的,故不载于史。特别是在战乱中,像记载鲁国编年体《左传》的楚式"左传",流失殆尽,只留下了口耳相传的屈原和《楚辞》等碎片史料于民间。刘安虽长期生活在长安,却对楚史有极大兴趣,对"楚辞"有极大兴趣,也切合了汉代"尚楚"的文化心态,他能写出《离骚赋》,亦就顺理成章了。如果要有结论的话,那就是,刘安记忆了《楚辞》,加工流传了《楚辞》,专利是屈原的。二是,秦楚长期交恶,秦统一后,有"去楚化"的文化氛围,大量的方士书、文化典籍被焚烧,且楚书尤甚。屈原曾系坚定抗秦派。所以,秦"去屈原化",亦是顺理成章的。这就是秦汉后不见屈原痕迹的历史致因。

秦亡汉兴,痛恨暴秦和"去秦化"的文化氛围随之而起。汉人树抗秦英雄屈原为立楚代言人,系汉楚文化自信的体现。应该说,捡拾口耳相传的屈原故事,整理《楚辞》,都是在汉代完成的。所以,屈原故事和《楚辞》,有汉代文化痕迹,也就不足为奇了。

# 主题突破　笔意纵横
——读许瑞哲《屈原儒道思想探微》

**台湾成功大学　陈怡良**

　　瑞哲这本《楚辞》研究专著——《屈原儒道思想探微》,终于出炉了,问世了,可喜可贺!个人在未推介这本著作前,先将个人对与其主题相关的一些感想、浅见,略述于后。

## 一、屈原是爱国诗人,是大政治家,也是将哲理融入诗歌的大思想家

　　屈原是中国正史上第一位文学家、诗人,自古及今,一直为文人评家称颂不绝。古代学者,暂置不论,以近代而言,梁启超以为"屈原在文学史的地位,不特前无古人,截到今日止,仍是后无来者"(《屈原研究》),王国维以为"三代以下之诗人,无过于屈子、渊明、子美、子瞻者",是因此四子,既有"高尚伟大之人格",而又具有"高尚伟大之文学",可说是"旷世而不一遇"的诗人(《王观堂先生全集·文学小言》),钱穆也曾称扬说:"屈原实不仅是一大文学家,还是一抱有外交远识的大政治家,又是一忠君爱国大仁大义的道德实践者。这真不愧为战国时代中国一极大人物","屈原乃是孔子以后中国了不得的大人物,屈原就等于伯夷、叔齐,可谓乃是一圣之清者"(《正视历史,胸怀中国——告别七十五年教学生涯的一堂课》,载1986年6月28日《联合报·副刊》)。苏雪林师更赞颂屈原,说:"他可以算得我们中国第一个天才诗人,第一个宏博的学者;他又是个热情磅礴的爱国文人,一个极有眼光的政治家,一个酷爱真理,反抗强权的志士,他的芳洁热烈的性情和坚贞卓荦的人格,已替我们文学界树立了万古不磨的典型",因而应该尊称他为"中国文学之父"(《屈原》)。诸家研判良是,屈原既是一位爱国诗人,也是一位民族诗人,自他仕宦起,在内政的革新与外交的政策上种种,都可看出他确实是一位有远见、有睿智的政治家,而从道德的层面来看,他人品崇高,内外兼美,是一位有如伯夷那样的"圣之清者",无怪乎苏雪林师要尊称他为"中国文学之父"。试看所有编著中国文学家列传的,无不将屈原列为第一号人物介绍可知。

　　历来对屈原个人的研究,大多集中于他的生平与文学作品方面的考辨、辑佚、校笺、疏证、音训、评价等,却很少自其学术思想方面去探究,此未免局狭、偏颇。其实屈原的思想,多元而丰富,含蓄而精湛,正如一位学者所说,以为屈原的作品,"不仅是不朽的诗篇,也同时饱含着丰富的哲学、政治思想,但由于他所作《楚辞》的影响,故其思想反而为后

世所忽略"(魏昌《楚国史》),可谓一针见血。由于有些人或许对"思想""思想家"的意涵,有所困惑,在此实有必要先来解惑。何谓思想?何谓思想家?钱穆曾扼要精简、辞达意切地下一界定,是:"能专注一对象,一问题,连续想下,相续心便成了思想。有些人能对一事实一问题,穷年累月,不断注意思索,甚至有毕生竭精殚虑,在某一问题或某几问题上的,这些便成为思想家"(《中国思想史》),思想是生活的向导,有指导人生的作用与功能,人生不能没有思想,也不能不需要思想。

屈原自青少年时代起,受过贵族养成教育,注重品德修养,初入仕途,即以"博闻强志",展现才学,以得国君青睐,并以为辅佐,实现"美政"理想。虽中途受挫,然而终其一生,都有他不变的追求、理想、主张,后来立功不成,乃将其政治才干,移转到文学创作,突破旧有的窠臼,创建诗歌的新体裁,撰述了《离骚》《天问》等二十几篇作品,虽是文艺作品,却将平生接受的哲学理念,融入其中,学者研判,这些作品,蕴含着儒、道、法、阴阳、名等诸家思想,如是,则其被称为思想家,当是毫无疑问。

以学术思想方面言,近代学者游国恩,曾判定屈原作品中,因含有儒家、道家、阴阳家、法家思想,而判断屈原思想是属于"杂家"(《屈原》)。姜亮夫则以为"正因屈原有许许多多思想,不能用某一家或某几家来绳束。盖先秦诸'家''家''家数',皆不十分谨严,故用以比附屈子,皆不恰当"(《楚辞学论文集·屈子思想简述》),汤炳正也加以论定,以为屈原的思想是"融汇诸家,自成体系","根据自己的需要,而加以吸收,并非全盘接受对方的观点。吸收的结果,是自成一家之言,与兼容并蓄的杂家不同"(《渊研楼屈学存稿·五》)。

个人对上举姜、汤二氏之言,颇为赞同与肯定,屈原既生长于百家争鸣,纵横捭阖的战国时代,本身受过良好的贵族养成教育,既才华卓越,又学识渊博,其吸收诸家思想,披沙拣金,取精弃粕,是件自然不过的事,其作品中,蕴含的思想,可谓丰富无比,纷呈异彩,各家思想都有不同的反映,展现出屈原兼容并蓄、宽阔博大的胸襟。不论是自然观、人生观、政治历史观念、伦理道德意识还是美学主张理念,都借助其诗歌动人的艺术魅力,深刻地反映出来,郭维森截断众流,精审识断,判定"屈原是一位诗人,也是一位思想家","就通例而言,一个伟大的诗人,必然是一位伟大的思想家,伟大的诗人谱写的,必然是时代的主旋律,民族的心声,其中蕴含的思想,文化的内容,是十分丰厚的"(《屈原评传·前言》),所言切中肯綮。

由于屈原对先秦许多学派的思想,多多少少都有所吸收、汲取,也有一些则加摒弃,以屈原之思想,既有其深远之渊源,又有其真实之生命,章学诚将司马相如、屈原等辞赋家统计其篇目后,评定说:"皆成一家之言,与诸子未甚相远"(《文史通义》),既称得上"成一家之言,与诸子未甚相远",则后世文人作家尊称屈原为"屈子",岂非隐然肯定有其意涵在?

## 二、屈原吸收儒、道思想，经日积月累，精华内敛，虽零散却真力弥满

任何诗人作家若要拓展其作品之深度与广度，以提升意境，获致最高的成就，则必定要吸收高深的哲理，予以消化，而与其禀赋、意识，融为一体，始能提高其内在素养，刮垢磨光，而具有深厚的心灵之美，以至发展成为文学艺术之美，而屈原就是如此的一个杰出人物。

在屈原吸收的诸家思想中，最明确与最精粹的，莫过于儒、道两家思想。而这两家思想，正是吾国文化中最精深博大、最不可撼动的核心思想，也是吾国学术思想界的代表，其陶育吾国国民之民族性最深，于社会文化之进展，影响也最大。儒家学术思想，植本于"仁"，"仁者人也"（《中庸》），"仁"，亦谓"爱人"（《论语》），其所表现者，不出于"人治"与"治人"的范畴，"人治"之要，乃在知人知天，成己成物；"治人"之要，则为修身、齐家、治国、平天下。儒家的精神，就在明人伦，重实际，尚自强，崇正义。又所谓"孔曰成仁，孟曰取义"，"仁义"即成为儒家思想的重心。而儒家的政治思想，不外为"正名""德治"两项；以"正名"言，所谓"政者，正也"，若要"拨乱世，反之正"，则为政者，不可不先正其身，盖如不先正己，又如何正人？此即"其身正，不令而行，其身不正，虽令不从"（《论语·子路》）的义谛。而在"德治"上，孔子以尧舜为理想中的圣王，所以"祖述尧舜，宪章文武"（《中庸》），且力行"为政以德"。因"道之以德，齐之以礼，有耻且格"（《论语·为政》），所以孔子即主张德治主义。

屈原受教期间，其接受儒家思想殊深，服膺儒家思想，早就显现，如其在青少年时代的作品《橘颂》云："闭心自慎，终不失过兮。秉德无私，参天地兮"，可看出其对自己身心、言行、涵养的重视，宜其在《离骚》云："纷吾既有此内美兮，又重之以修能"，自我强调内外兼美，完全遵照孔子及其弟子子贡，所强调君子的修养，是内在与外在，须适当配合，不得有所偏废，如孔子说："质胜文则野，文胜质则史，文质彬彬，然后君子"（《论语·雍也》），子贡也说："文犹质也，质犹文也，虎豹之鞟，犹犬羊之鞟"（《论语·颜渊》），主张文质合一，才能成为"彬彬君子"。梁启超认为，君子向被儒家认为是能从事政治的人，而并非是表示地位的名词，易言之，"君子"者，正是表示人格完成的表称（《先秦政治思想史》）。

而《论语》全书讲"君子"处，约八十处，其义除二三处是指地位、阶级外，其义大多指的是才德兼具之士，而"君子"并非天生而成，而纯然是修养得来，如《论语》说："君子食无求饱，居无求安，敏于事而慎于言，就有道而正焉，可谓好学也已"（《学而》）、"君子道者三……仁者不忧，智者不惑，勇者不惧"（《宪问》），又君子的志，是不求安逸，不求饱暖，而是另有所向，以其较之安逸保暖，更有意义，更有价值的，如说："君子谋道不谋食。耕也，馁在其中矣；学也，禄在其中矣。君子忧道不忧贫"（《卫灵公》），说明志于道的君子看来，食何足谋？贫又何足忧？在屈原作品中，也有两处特别提到"君子"，如云："易初本迪兮，君子所鄙"、"明告君子，吾将以为类兮"（《九章·怀沙》），这也说明，"君子"在屈原

心中,是令人尊敬的人,而且与儒家的理念是一致的。

由于屈原处处表露其在"修身"方面的自信与坚毅,而"修"一字,就不断地出现在其作品中,成为他人格高尚的标志。而"修身"本来就是成德的工夫,单单在《离骚》一篇之中,出现的"修"字就达十八处,若加上其他屈原的作品计算,就出现有三十处之多。文字架构本就代表作品本身,更是代表作者所要表露的心绪与趋向。虽说"修"在《离骚》中的字义并不完全相同,如"前修",谓前贤,"修远",谓长远,"修名",谓修洁之名,"修能",谓卓越之才能,"修吾初服",谓修饰整理初始清洁之服。但诚如姜亮夫所说:"其义大抵不出修长、修美、修饰三义"(《楚辞通故》第二册),游国恩也说:"凡言修,皆有美义"(《离骚纂义》),旨哉斯言。而"修"一字,自然成为屈原在学问、德行、忠爱君国之心,与守死善道之志,自始至终,固执不移的坚贞意识。

儒家本身就有一套由近而远,以"内圣外王"作为终极目标的修养进程。因而儒家就在其典籍中,不断地强调"修身"的重要,如云:"自天子以至于庶人,一是皆以修身为本"(《礼记·大学》)、"君子……修己以敬……修己以安人……修己以安百姓"(《论语·宪问》)、"知所以修身,则知所以治人,知所以治人,则知所以治天下国家矣"(《中庸》)、"君子之守,修其身而天下平"(《孟子·尽心》)、"修身及家,平均天下"(《礼记·乐记》),修身就是儒家的命脉,却也是屈原使道德提升,让人格更真实更完美的法宝,以致"好修以为常"(《离骚》),就成了屈原人格至上的标志。

而在他出仕后,更处处显现忠君爱国的情操,如吟道:"岂余身之惮殃兮,恐皇舆之败绩"(《离骚》)、"指九天以为正兮,夫唯灵修之故也"(《离骚》)。其亦一如儒家重视道统,企盼楚国也能出现尧、舜、禹、汤、文、武之仁君圣王治国,而云:"昔三后之纯粹兮,固众芳之所在"、"汤禹俨而祗敬兮,周论道而莫差"(《离骚》),因为屈原强烈的追求,能辅佐国君,以造盛世,所以才在被逐放后念念不忘的还是君国,在《离骚》乱辞中吟咏的,是"既莫足与为美政兮,吾将从彭咸之所居","美政",一如"善政""仁政",指美好的理想政治,而这本来就是儒家追求的理想,却也是屈原一生追求,终究落空的美梦。

此外儒家的德目,如"仁""义""忠""信""礼""智"等,也间或在屈原的作品中出现,以"仁义"言,如云:"重仁袭义兮,谨厚以为丰"(《怀沙》),在此,孔孟的根本要道"仁""义"二字,居然就被屈原直接袭用在作品中。再者《诗》有益于人伦教化,因而《诗》就成了儒家的伦理教材,而奠定了"诗教"的基础。《礼记·经解》云:"温柔敦厚,诗教也"是矣。又孔子教弟子,言"诗可以兴,可以观,可以群,可以怨"(《论语·阳货》),句中"诗可以怨",朱熹注云:"怨而不怒"(《四书集注》),蒋伯潜续详解云:"《诗》所以写哀怨之情,亦用以讽刺政治,但怨而不怒,哀而不伤,不务言理而言情,不务胜人而感人,故曰'可以怨'"。(《广解四书》)

观之屈原所以作《离骚》,就是因"疾王听之不聪也,谗谄之蔽明也,邪曲之害公也,方正之不容也"、"信而见疑,忠而被谤",岂能无"怨"？因而"屈原作《离骚》,盖自怨生也"（《史记·屈原列传》）,既自怨生,一则抒发内心的愤懑不平,另则即是"用以讽刺政治",后世刘勰也如此解题云："三闾忠烈,依《诗》制《骚》,讽兼比兴"（《文心雕龙·比兴》）,不过虽说有所"怨",以为讽谏上政,企待国君醒悟,却不失性情之正,真正做到儒家的"温柔敦厚"之教,若屈原没接受儒家思想的旨意、教诲,则屈原岂只是在作品中发发哀怨之情,失意之痛,而可能是更激烈更不理性的抗争行动？

再者以道家而言,前述及儒家以人为中心,而道家则以自然为中心,并以"道"为其本体,以道为先天存在,且一成不变。其精神为贵天道,主虚无,返自然,守素朴,故老子云："人法地,地法天,天法道,道法自然"（《老子》）,道乃成宇宙之本体,亦是老子哲学之主干,此即其本体论,而其知识论,乃注重内在知识,其研究学问,亦有几种方法,如有"发展法",以历史事实从事发展探讨,由事实之繁简,推测发展之状况。另有"推知法",用于宇宙本体,以小推大,以一推万,运用此法,即可推知万事万物之生成变化,而其人生哲学,固然主张"摄生养神",而又主张"寡欲知足"。虽"欲"为七情之一,亦为天赋予人者,惟人欲常受诱惑,而无法满足,于是愈加受害,而罪恶由是而兴。故老子也言："大道废,有仁义;智慧出,有大伪;六亲不和,有孝慈;国家昏乱,有忠臣"（《老子》第十八章）,天下的大患,乃在有智慧的人,沉溺于私欲,扩张其无以厌足的物质生活,为挽救此弊,故道家主张"见素抱朴,少私寡欲"为教,哲学与政治的基础,即建立于此。

探讨屈原为何接受与吸收道家思想？此实与屈原生长的环境及其个人因素有关。老子为道家之宗主,本为楚苦县人,曾为周之守藏史,既博览典籍,又善能观察世变,遂熏染于道家思想之中,总其大成,而有《老子》一书。而继承与发展老子思想的,即与孟子略同时的庄子,为宋国蒙人,后来在公元前286年,即楚顷襄王十三年,齐灭宋后,齐与魏、楚三分其地,蒙地属楚,故庄子亦属楚人。《庄子》一书,也是道家的主要代表作,据《汉书·艺文志》言,此书有52篇,现存内篇7篇、外篇15篇、杂篇11篇,计33篇,一般以为内篇为庄子著,外篇、杂篇为庄子后学者所著。历史上一般将老庄并称,道家思想有时简化为老庄思想。庄子亦崇信"道",而归于自然。其观点属纯粹的乐天主义,任天而动,顺从自然。对于人世的荣辱得失,不足以扰其虑。独与天地精神往来,而不傲倪于万物,不谴是非,以与世俗处。上与造物者游,而下与外死生,无终始者为友。有人以为庄子之学,要比老子博大,而能自成一家。

由于老、庄均在楚地阐扬其思想,且据学者研究,老子回归故里后,就开始收徒授业的私学教育生涯,培养了不少很有成就的道家门徒,这些门徒自然会继续收徒授业、传道,而这些门徒就成为早期老子学派的中坚（徐文武《楚国思想与学术研究》）,楚国自然成为道家思想的发源地。道家思想,势必更为散布流传。屈原及国内一批知识分子、贵族子弟们,岂能不深受此思想之教化与熏陶？且屈原仕宦后,曾出使齐国两次,极有可能与齐国稷下的学者交流,而稷下派学说,大部承道家传统,本于黄、老,归到"名""法"(金受申《稷下派之研究》)。屈原接受道家的思想,除了上述外在因素外,其本人的受教与身受君王、佞臣的斥退,后来的逐放,有连带的关系。

屈原的作品中,可以看出深受道家的影响,如《远游》《天问》与《离骚》等篇,最为显著,其他如《卜居》《渔父》等,多少亦有一些受道家思想影响的影子。如老子以"道"作为思想中心,亦为产生万物之本源。庄子也认为"道"是本根,有此"道",世上万物才能生生不息。《远游》中,屈原引王子乔的话说:"道可受兮,不可传,其小无内兮,其大无垠,无滑而魂兮,彼将自然",这段话,完全是道家的口吻与哲理,尤其标出"自然"一词。而道家有时言道,又常以"一"称之,如老子云:"昔之得一者;天得一以清;地得一以宁;神得一以灵;谷得一以盈;万物得一以生;侯王得一以为天下贞(正)"(《老子》三十九章)。庄子也说:"一之所起,有一而未形"(《庄子·天地》),《远游》中也说:"羡韩众之得一""审一气之和德""一气孔神兮",句中的"一",就是指"道"。另《庄子》《列子》中,有时将"道"称为"太初"的,《远游》中也写道:"视倏忽而无见兮,听惝恍而无闻。超无为以至清兮,与泰初而为邻",而句中的"无为",也是道家的主张,老子云:"为学日益,为道日损。损之又损,以至于无为,无为而无不为"(《老子》四十八章),句中指出修道所要把握的要领和能取得的效果。而庄子也提出一样的意见,如云:"无为万物化"(《庄子·天地》)。

又道家的修养观,有一项非常明显的"出世观念",游国恩就说:"就是道家的导引、炼形、轻举、游仙的观念"(《屈原》),游氏举例,如"驾青虬兮骖白螭,吾与重华游兮瑶之圃。登昆仑兮食玉英,与天地兮同寿,与日月兮同光"(《九章·涉江》),透过饮食、行气,可以改变体质,让自己延年益寿,轻举远游,羽化成仙。饮食如《离骚》云:"朝饮木兰之坠露兮,夕餐秋菊之落英",《远游》也说:"吸飞泉之微液兮,怀琬琰之华英",饮的是甘露、神泉,吃的是可使人长寿的甘菊以及玉英,都是属于道家的养生之道,在饮食外,再配合行气,更可疏通人身的血脉关节,强化生机体魄,达到祛病延年的目的。《庄子·刻意》云:"吹呴呼吸,吐故纳新,熊经鸟申,为寿而已矣",就是说将污浊之气吐出,而后吸纳清纯之气,另再如熊攀树而自悬,如鸟飞空而伸脚,上述的导引之术,即道家的养生延年法,后世葛洪即在《抱朴子》云:"服药虽为长生之术,若能兼行气者,其益甚速"(《至理》)是矣。《远游》中亦提及餐气与行气之术,是"餐六气而饮沆瀣兮,漱正阳而含朝霞。保神明之清澄兮,精气入而粗秽除",意即常吞吸天地之英华,吐故纳新,使垢浊一扫而清,以保住神明,以求正气充实。文中除上举"自然""无为"为道家语外,另所谓的"虚静""恬愉""无为之先""此德之门"等,也都是道家语。

又庄子的人生哲学,仍以老子为归,以无为为教,以自然为宗,运用在人生,则导出其出世思想,在《逍遥游》中云:"(神人)乘云气,御飞龙,而游乎四海之外",另《齐物论》中也云:"(至人)乘云气,骑日月,而游乎四海之外",在《应帝王》上,也说:"(无名人)乘夫莽眇之鸟,以出六极之外,而游无何有之乡,以处圹埌之野",庄子运用幻想的方式,超越时空与物我的间隔,"乘云气""御飞龙",或"乘云气,骑日月",又或"乘莽眇之鸟",以离开尘世人寰,飞向天际,而逍遥于"四海之外""无何有之乡",身心是如何的自由舒畅,浪漫的手法,令人无限的遐想,颇引人入胜。而对比于《离骚》后半段,屈原有感于现实人世的受挫,身心的煎熬,乃驰其丰富的想象力,虚拟出一个奇幻诡秘、扑朔迷离的仙境之旅,并以凤凰为车,驾玉虹,率领日月风雨雷电诸神,欲前往昆仑,以谒天帝云云。

另《远游》也继承了《离骚》登天神游的浪漫想象。在《远游》中,也是具体描绘诗人,由于为时俗的迫阨而伤悲,于是轻举而远游。或循气的变化,而层层高飞,以访仙求道,进入天庭,造访太微神、太白星神,游览清都。又或聚集万乘车辆,驾着婉婉八龙,有飞廉、风伯启路、开道,另有雨师、雷公护卫,又有宓妃奏乐,娥皇女英吟唱《九韶》,湘水之神鼓瑟,海神、河神共舞助兴,一行人,神浩浩荡荡,气势雄壮无比,遍游上下四方。以上《离骚》《远游》二篇,主人公的幻游仙境,岂非与庄子身游寰中,心游天外的玄想雷同?可说庄子与屈原,均能将哲学的至上境界化为美妙的艺术境界,而屈原接受庄子的影响、启示,亦可见一斑。因而梁启超对《远游》一篇,才下了几句评语,是"《远游》一篇,是屈原宇宙观、人生观的全部表现,是当时南方哲学思想之现于文学者"(《屈原研究》),见地可谓独到。

除了上举道家的本体论、修养观、宇宙观、人生哲学等部分,使屈原的《离骚》《远游》,明显地受到启发与影响外,其实道家的宇宙观与历史观也影响到屈原另一篇作品,那就是《天问》。

《天问》是屈原所有作品中最奇特的一篇,全诗374句,1553字,完全以问句的形式写成,提出172个疑问,内容是包罗万象,纵贯古今,含括天文、地理、神话传说、历史人事等,明代孙鑛即评云:"或长言,或短言,或错综,或对偶,或一事而累累反复,或联数事而镕成片语。其文或峭险,或澹岩,或佶倔,或流利,诸法备尽,可谓极文之变态"(引自明代蒋之翘《七十二家评楚辞》),由于如此,"遂成千古万古至奇之作"(清代刘献廷《离骚经讲录·离骚总论》)。这一篇奇文,姜亮夫将其定位为"屈子的学术思想"(姜亮夫《楚辞今绎讲录·天问概说》)。

《天问》的体制渊源,虽有诸多说法,不过其中一项,不可否认,则是承袭《庄子·天运》形式与意识。《天运》篇的发端,连续的设十四问,如云:"天其运乎?地其处乎?日月其争于所乎?孰主张是?孰维纲是?孰居无事推而行是?意者其有机缄而不得已邪?意者其运转而不能自止邪?云者为雨乎?雨者为云乎?孰隆施是?孰居无事而劝是?风起北方,一西一东,有上彷徨,孰嘘吸是?孰居无是而披拂是?敢问何故?"一连串不间断地对天地与日月运行,云、雨、风之形成等提出了诸多问题,对照《天问》前面,也是对宇宙生成问题、阴阳变化之理,以及造化神功、八柱九天、日月星辰之位置等,连续地提出质疑云:"曰:遂古之初,谁传道之?上下未形,何由考之?冥昭瞢暗,谁能极之?冯翼惟像,何以识之? 明明暗暗,惟时何为? 阴阳三合,何本何化? 圜则九重,孰营度之? 惟兹何功,孰初作之? 斡维焉系,天极焉加? 八柱何当,东南何亏? 九天之际,安放安属? 隅隈多有,谁知其数? 天何所沓? 十二焉分? 日月安属? 列星安陈?"以体制与对宇宙生成、构成及其如何运行的思考,是否极为类似? 能不说这可能是屈原对道家思想有所承袭与受到启发,才产生的意识吗? 明代谢榛就说:"屈原《天问》,全学庄子《天运》"(《四溟诗话》),是矣。

当然,前面提及归属道家传统的齐国稷下学派,也是对屈原有所影响的,《史记·孟子荀卿列传》云:"驺衍……乃深观阴阳消息,而作怪迂之变,《终始》《大圣》之篇十余万言。其语闳大不经,必先验小物,推而大之,至于无垠",游国恩以为驺衍"这种由近而远的推法,乃是一种演绎的时空间推论法",并认为这是"阴阳家的学说的主要精神"(《屈原·屈原的学术思想》),若将此种意识,来与《天问》所质疑者相比较,会发现两者关系密切。驺衍学说这种"往古来今"的时间类推及属空间"上下四方"的类推,构造而成的宇宙观,与屈原《天问》中的质疑与思想,何以如是相似? 游氏认为这与屈原本为天文世家,其本身又曾使齐,故可能受有驺衍学派的影响。其实屈原的宇宙观,对宇宙的看法,本就与老子、庄子、列子所说的相同,姜亮夫就曾针对屈原的哲理意识追溯其源,评定说:"盖屈子所陈,乃齐楚所习闻,与《老》《庄》《山经》相近"(《屈原赋校注》),如此相近,则屈原之《天问》,与道家或驺衍学派的意识,当是渊源有自,有所承袭与吸收转化,此当是毋庸置疑才是。

谈到屈原的历史观,也是自有渊源。屈原先世,乃出自颛顼时重黎之后(《史记·楚世家》),是天文学的世家,再据而追踪,则古代史官,乃"历记成败存亡祸福古今之道",也包括天地、阴阳、人事、鬼神、占卜、灾祥等事。屈原既是重黎之后裔,应是会承袭先人的传统的。屈原又是"博闻强志,明于治乱"(《史记·屈原列传》),先当三闾大夫,又任左徒,则其对天地阴阳、历史兴亡的理念,必有相当的素养与认知,在《离骚》或其他某些篇章中,屈原曾经列举三代以来许多朝代成败存亡的事实,如曾列举暴君昏王者,即禹之儿子启、夏有穷之君后羿、寒浞之子浇、夏之桀、商之纣等人,由于倒行逆施,安于逸乐,导致后来身死国灭,罪有应得。

另再举证有道之古圣先王,如尧、舜、禹、汤、武丁、文王、武王等,及另举出一些辅佐国君治理成功者,如汤得伊尹,禹得皋陶,武丁得傅说,文王得吕尚,齐桓得宁戚等。不过也曾举出一些为君国事殉节之良臣,如绝食而死之伯夷,投水而死之彭咸,剖心而死之比干,受醢而死之梅伯,负石沉河之申徒,雉经而死之申生,焚烧而死之介之推,尚有溺水而死之阳侯,被尧处死之鲧等,可见屈原历史知识之丰富,也说明历史有善恶因果的报应问题,因之屈原在《离骚》中才会说:"皇天无私阿兮,览民德焉错辅。夫唯圣哲以茂行兮,苟得用此下土"、"孰非义而可用兮,孰非善而可服",游国恩对此评定说:"这岂非道家历

记成败祸福的主旨吗？"（《读骚论微初集·屈赋考源》）

其实单《天问》一篇中，也可看出道家思想的影响，在《天问》中，屈原以疑问句型历数启、羿、浞、浇、桀、纣等暴君失国之事，也提及比干、梅伯、箕子等贤者，受到暴君听信谗言，以致颠倒是非，伤害忠良的事，如云："比干何逆，而抑沉之？雷开何顺，而赐封之？何圣人之一德，卒其异方？梅伯受醢，箕子佯狂？"最后造成王国的灭亡。再以西周历史为例，屈原提出质疑云："皇天集命，惟何戒之？受礼天下，又使至代之？"意谓上天集禄命，将天下赐给一位君王，而君王应如何的常保持戒慎之心？君王既得上天庇佑，受礼天下，为何又会由于失德，失去天命，而为他姓来取代呢？这一提问、质疑，虽是针对西周几朝（按：如昭王、穆王、幽王等）成败的问题，实际也可作为对夏、商、周三代兴亡成败教训的一个针砭语，进一步说，更可将历代兴亡成败的范例，作为楚国君王要深以为戒的一面镜子。当然，这也是屈原坚持的"福善祸淫"的"天命"论。

进一步说，《天问》中，除了涉及天文、地理、神话、传说外，涉及的历史人物事件也极为丰富，其一系列的问题、质疑，俱见诗人持守的是以古为鉴、借古观今，要让后人自史书上的兴亡成败事迹中，得到教训，免得后人再重蹈覆辙，万劫不复。而其中的正面人物，受到褒扬，启示后代邦国君臣，能加以仿效。对反面人物，则加以问难与批判，意在警告后人，当知自我约束，自我省察，以免为春秋大笔，口诛笔伐，难以翻身。也因之有学者认为"（《天问》）是中国诗歌史上第一个用提问式的长诗形式，表达自己历史观的诗人"（殷光熹《从〈天问〉看屈原的历史观》），可谓卓识。

总之，拥有绝代才华的屈原，创造了《楚辞》这种不遵矩度，悖离传统，在体制、手法、韵律、主题、风格，均有所突破与创新的文体，被刘勰赞颂为"奇文郁起""文辞丽雅""气往铄古，辞来切今，惊采绝艳，难与并能"（《文心雕龙·辨骚》），其影响于后代的文学，甚至被认为"或在《三百篇》以上"（鲁迅《汉文学史纲》）。而屈原所以有如此的创造与成就，虽说有其本人及其外在的各种因素，但其中有一项是不可忽略的，是他在战国末期这个诸子百家争鸣，风起云涌的时代里，吸收了各家的精粹，融会贯通，长期累积与涵养，终使玄圃积玉而有吐辉之一日，那即是他以具体且感性的艺术形象去表达抽象而深邃的哲理。

因之梁启超就很称赞屈原说："他在哲学上有很高的见解，但他决不肯耽乐幻想，把现实的人生丢弃"（《屈原研究》），证之于后来屈原的人生历程，历经仕宦、受斥、放逐，一连不断的受挫，他仍然"好修为常""法夫前修"，以身殉道，这与他接受儒、道等诸家思想的教训、熏陶，有绝大的关系，而他所表现出来的道德勇气更是令人肃然起敬，如此，其人其文学，给他戴上"中国文学之父""大政治家""大思想家"的称号，能不说是实至名归，恰如其分吗？

### 三、瑞哲首部著作，主题开创，论证有法，耕耘《楚辞》园地，初见成果

瑞哲是一个诚恳笃实，好学深思的年轻人，经我平常的观察，他在上课时的认真笔记，参与讨论的积极表达，课后到总图书馆，或网络上，巨细靡遗地搜寻参考文献，期中期末缴交的读书报告内容、观点，以及私下向个人请教的许多研究专题的疑问等等，在在都让我对他印象深刻，刮目相看。而他奋励迈入学术研究园地，更属可贵，因为在今日科技文明、工商发达的时代，社会一般重视的，是功利，是物质；相对的，思想的、精神的，就抛弃在一旁，不加闻问了。不过从长远眼光来看，优秀的文化、思想，本来就是我们民族心灵的结晶，也是我们民族精神的慈母，当然更是我们中华优秀文化的支柱，是可"放诸四海而皆准，百世以俟圣人而不惑"的国宝。

瑞哲探讨的，是民族诗人、爱国诗人屈原的儒道思想，索幽探微，方足以发现这一位正史上第一个文学家，他在诗歌中含蕴的儒道哲理源远流长，是如何的博大精深，是可以继往开来的绝学，吾人若要充实我们的文化修养，提升我们的心灵质素，使吾人具有持身处世的德性，超凡越俗的智慧，就应该义无反顾地投入去研究探讨，如此才能发现它的"宗庙之美，百官之富"。哲学的原义，就是爱智，也就是追求智慧，而学问便是智慧的累积，也是滋养人生的原料，而智慧即是陶冶这原料的熔炉，所谓"学问深时意气平"，这岂不是在说明学问对修养影响的重要吗？岂不是也在表达清明在躬、洞烛万象的智慧吗？

个人常引用清代张潮的一句名言，是"有学问著述谓之福"（《幽梦影》），人们对于"福"的意涵解读，可以有千百种，但将自己的研究心得，变成语言文字、白纸黑字的著述出来，个人认为这才是最有意义、最有价值的论定，这是因为它能流传后世，嘉惠于后代的社会、文化、个人，张潮还斩钉截铁地断言："著得一部新书，便是千秋大业。注得一部古书，允为万世宏功"（《幽梦影》），真是千古不易。不过从事学术研究，虽极有意义，不可否认，却也是一条艰辛重重的路径，这是因为在研究过程中，必会遇到不少难以预料的困难。清代戴震说："仆闻事于经学，盖有三难：淹博难、识断难、精审难"（《与是仲明论学书》），旨哉斯言，对治学而言，"淹博"已不易，何况是"识断""精审"呢？戴氏的治经感受，虽是针对其在经学研究上遇到的困难而言，不过实际这句话，也可通用在任何领域、任何学问的研究上。

如前所述，瑞哲年纪轻轻，就以学术研究作为人生的目标与志业，诚属难得。而在其专心致志、勤勤恳恳的发锐研究下，完成其平生第一部《楚辞》研究专著，而在即将付梓，个人表示庆贺之余，除已在前面写些个人对与其主题相关的一得之见外，对其以一硕士生之身份，无畏艰难，勇猛精进，将其钻研心得，撰述成书，以其苦心孤诣，全力以赴所获致的成果，个人如何能加以忽视，加以埋没？以下试将其论著的特色，归纳成六项，胪列于后，以为鼓励与推荐，并就教于方家：

(一) 主题明确，内容丰富，有其突破性

瑞哲这本论著，是专论影响屈原最明显最主要的儒道两家，可说主题特别明确，而其主题即锁定儒道两家是如何影响屈原的思想、意识、生命及其作品的。而这方面的探讨已有少数学者撰述单篇论文，但不像瑞哲是以长篇大论，系统性地来写作，内容方面自然是尽可能求其博，求其深，虽其年龄尚轻，读书有限，功力有所不足，幸赖其信心坚定、毅力顽强，勇于创新、善于思考，而得能有如此的丰硕成果展现。

其在内容方面，以屈原接受儒家思想为例，包括其与儒家之关系，与儒家之渊源，屈原接受儒家思想之缘因，屈原接受儒家思想的表现，自修身、齐家、治国，以至平天下，层层推进，虽下笔千言，却非泛泛空论，只要翻阅前面几节，即可知晓。而其自"修身"切入，以迄"平天下"的论证，正是儒家思想，行之万古犹新的"内圣外王"之学。再以其接受道家思想而言，其先探讨道家思想在楚国之盛行，自楚族之族学讨论起，接着是周朝之官学、黄老思想入楚、楚国学者文人，其后则续讨论屈原在其生活环境中，所受之影响，屈原的道家思想等，特别在"神话观"方面，其思想特征上，举出具有时代性、地域性、宗教性、戏剧性、神圣性、浪漫性、现实性、理想性等八项，可谓思深虑远，铺叙繁富。以其限定在儒道两家议题上，翻陈出新，突破窠臼，个人以为即是此论著的一大突破处。

(二) 立论中肯，慎思明辨，表达客观性

学术论证绝不可心存成见、偏见，而立论更须中肯、客观，诚挚以对。依某些学者的治学经验谈，都认为一个学术论点的提出，须要依据资料，资料愈正确，所得结论也愈正确，如果资料是不可靠的，甚至是伪造的，则研究的结果便难得到正确的结果。而资料如果搜集得十分丰富，还是需要经过一番精审识断的工夫，要"去粗取精，去伪存真，由此及彼，由表及里"。

瑞哲的这本论著，在这方面是极为慎重的，譬如论著中，提及亲自教导屈原的老师究竟是哪一位，研判应是曾为楚威王之师的铎椒，而非曾到北方留学的陈良，据钱穆《先秦诸子系年》推断，因孟子于公元前324年待在宋国，与陈良的兄弟及学生见面，对他们说："师死遂倍(背)之"，可以推断陈良约卒于公元前324年前后，而屈原则生于公元前334年，由于陈良未有教导贵族的记载，因而瑞哲判断屈原的老师，以铎椒的可能性较大。

在与学者交流方面，瑞哲依据《史记·屈原列传》《新序·节士》记载，屈原出使齐国两次，一次在怀王十二年使齐，十六年回国，另又在怀王十七年使齐，十八年回国，总共屈原待在齐的时间六年左右，时间不可谓不长，而齐国稷下学者众多，学风鼎盛，在学术交流下，屈原与一批儒家学者人数较多的人士交流，以文会友，切磋所学，则屈原自是可能受到稷下学派的影响。以上瑞哲依据可靠的文献予以研判，其他如言及儒家德目，"孝"字，《离骚》没有"孝"字，然在《九章·惜诵》中有出现一"孝"字："晋申生之孝子兮，父信谗而不好"，以为屈原是楚国宗臣，尽忠即是尽孝，此显现屈原是服膺孝道的，若证诸

《孝经》引孔子说:"以孝事君则忠"(《士章第五》)、"君子之事亲孝,故忠可移于君"(《广扬名章第十四》),由此可见,屈原处于毫无祖国观念的时代里,所以始终如一忠君爱国,不像他人,不是"朝秦暮楚",就是"楚材晋用",而他其实也是在尽孝道而已。因而瑞哲的判断,是有其依据,亦是有其客观性的。

(三)文史互证,论辨翔实,显露科学性

吾人深知,文史本不分家,研究古典文学者,若未能将专业研究领域内的历史阶段多做了解熟知,则对其专业领域内的研究,必然极为不利,因为文人作家及其作品,其成长或创作,离不开当代的历史,任何的文人创作,必然与其当代历史、思潮、文风等息息相关,所谓"知人论世"是。如果仅对文学作品本身字面上了解,而对作家诗人之时代背景,或创作时的创作年代、创作意识浑然不知,则其研究必然无法深入,形成"孤陋寡闻""闭门造车",那研究结果必然是有许多缺失与盲点,其成果自然是经不起考验了。

瑞哲受过专业的学术训练,自然深知文史互证的重要,本来"文"可证"史","史"自然亦可证"文"。譬如屈原曾担任左徒一职,其地位仅次于令尹,其掌管之职务,颇为模糊笼统,而瑞哲则据《史记·楚世家》载:"(顷襄王二十七年)楚使左徒侍太子于秦。……考烈王以左徒为令尹,封以吴,号春申君",足见左徒职位之高,其职务除《史记·屈原列传》,对屈原之才干有所叙述外,瑞哲再自《史记·春申君列传》中,言"春申君,名歇,姓黄氏,游学博闻,事楚顷襄王。顷襄王以歇为辩,使于秦"云云,可知春申君与屈原均任过左徒,且均博学多闻,长于外交。为证明屈原"博闻强志",瑞哲乃以屈原的《橘颂》为例,发现其中的字词,均来自先秦典籍,如"受命不迁"一词,乃语出《国语·周语》:"受命不迁为敬,敬顺所安为孝"。"生南国兮"一句,句中有"南国"一词,则如《礼记·乐记》有"南国是疆"、《诗经·小雅·四月》有"南国之纪"、《国语·周语》有"南国之师"句等。"年岁虽少"句,"年岁"一词,语出《周礼·夏官司马·司士》云:"辨其年岁与贵贱"等,如此文史互证,或以史证史方式,论辨有据,显现其是具科学性与科学精神的。

(四)架构有序,层次井然,展现逻辑性。

写作文章,自有准式,一如作诗,注重起、承、转、合,古代学者如明代王文禄引宋潜溪说:"章法,布置谨严,总不越生、承、还三者而已"(《文脉》卷三);明代王世贞也说:"首尾开合,繁简奇正,各极其度,篇法也"(《艺苑卮言》卷一),古人所谓的章法、篇法,即形成今日我们所谓的结构方法论,而其基本要求是要严谨、完整、统一、和谐、匀称等,不过有法,有时亦难免流于板滞、单调,因之又有"文无定法""文成法立"之说,甚至古人还说:"法寓于无法之中",可见文章法式,实际并无定规程序可循。

瑞哲这本著作在组织架构上,是颇为严谨与井然的,以整体而言,其论著先各别探讨屈原与儒道两家思想之渊源,而后续各别讨论屈原生平及其作品中所呈现的儒道两家思想,接着再论述屈原吸收的儒道两家思想为何,并讨论屈原对儒道哲理的转化与屈原显现的文学精神内容等，颇见层次。

再进而论之，以著作的第三章"屈原与儒家之渊源"之架构而言，其第一节论"儒家思想流传至楚国"，其后再细分"一、南北文化的交流""二、儒家思想的南渐""三、楚国出身的儒者"，第二节则论"屈原接受儒家思想的缘因"，以下细分为"一、外缘""二、内因"，再另分几小节探讨，第三节则论"屈原任职仕宦的需要"，底下再依其任职经历，"一、三闾大夫""二、左徒"，并各别再细分为"职务与地位""授业的教材""具备的才干"等，分别讨论，由此足见瑞哲文思条理、组织能力有其规律。而其他各章，亦莫不尽然，可见其论著逻辑思路之井然。

（五）广搜文献，参互比照，强化精准性

陶渊明有诗云："历览千载书，时时见遗烈"（《癸卯岁十二月中作与从弟敬远》）、"得知千载外，正赖古人书"（《赠羊长史并序》），此二首诗，正足以显示阅读古书的重要。撰写学术论文，总要广引博征，以求事事有据，而非凭空妄言，《荀子·非十二子》中提的："持之有故"，自然"言之成理"，这说明从事学术工作，即须善于参照各种材料，加以比证，经过考辨，而后作出判断，以求理明义当，才能以理服人。

瑞哲研究学术，经我长时间的观察，发现他有一长处，即治学态度，极为庄重、认真，不会随便应付，敷衍了事，尤其他搜集资料的工夫，可说已近于"一网打尽""巨细靡遗"之地步。譬如其论著在论述"屈原的法律用语"时，以"中"而言，他就参照姜亮夫《楚辞通故》、林云铭《楚辞灯》、汤炳正等注《楚辞今注》，尚有赵逵夫的《屈骚探幽》等著作的诠释为证。以《离骚》《抽思》中的"陈辞"一词为例，他就参阅许慎撰、段玉裁注的《说文解字》，另有《尚书·周书·洪范》《孟子·公孙丑》、朱骏声《说文通训定声》、徐元诰《国语集解》、王天海《荀子校释》、近人汤炳正《楚辞类稿》、今人鲁瑞菁《楚辞文心论》等古今著作，加以比对参证，甚至还以屈原作品："愿陈志而无路"（《惜诵》）、"愿陈情以白行兮"（《惜往日》）来旁证，以使"陈辞"一词的词义更得确认，目的就是为了获得词义的精确性。

学界前辈常常强调，"刻苦读书，累积资料，是治学的基础"，而广搜文献，扩大眼界，在学术论文上，多所验证，必取之其博，目的即怕患上孤证自足之弊，这也就是前辈学者强调的，治学论证要求"博证"（梁启超《清代学术概论》引清代顾炎武之主张），如此，除了能加强论文的深度与广度外，也让所持的观点，更具说服力，而这本是治学者所服膺的不二法门。

（六）文从字顺，平稳通畅，颇具可读性

所谓"言为心声也，书，心画也"（扬雄《法言》语），语言文字，代表的是心意，是思想，诚如黄侃所说："盖人有思心，即有言语，既有言语，即有文章，言语以表思心，文章以代言语，惟圣人为能尽文之妙"（《文心雕龙札记》），著书立说，基本上是要靠文章，遣词造句，文从字顺，以表达作者的心意、看法，能够平稳通畅，让读者顺利阅读，不觉其生硬艰涩，是最起码的要求。而为文最忌镂刻雕琢,华而不实,虽说要略加润饰,但只要到"辞达"之旨,就可说是能达得心应手,明正事理,让人了解的程度了。

在写作上,凭着瑞哲辛勤的磨炼,功力日增,假以时日,必定是日进有功,日新又新,所谓"老和尚成佛,要千锤百炼"是矣。瑞哲的论著,是感性与理性的结合,以其诚恳真挚,渗入文章,可以见出朴实纯洁,不炫奇,不虚假,字字落实,自是颇具可读性。如在第四章第一节第二小节"(二)重视生活,珍惜生命"中,他写道:"(屈原)由于楚国的山川秀丽,风光明媚,屈原又善于观察生活环境,故能审视其中的美感,影响所及,即是在文学创作方面,处处表现美的内涵",另在第七章第一节第一小节"积极用世,神游天地"中写着:"屈原在政治上,遇到了楚国里的党人佞臣,他们结成朋党,贪婪求索,违背法律,嫉妒他人的贤能,遮蔽他人的美好,又在楚王面前挑拨离间,使屈原因此被疏远、放逐"云云,可以见出行文语意明确,思路清晰,不庸俗,不卖弄,意涵自然流露,其可读性高者在此。

以上个人将瑞哲的论著,归纳几点特色,虽然多所美言称赞,不过正所谓"金无足赤,人无完人",任何著作,本就难以完美,如曹植言:"世人著述,不能无病"(《与杨德祖书》),确为知言。瑞哲这部论著,有些部分,如属于哲学范畴的美学、儒、道两家,均有所影响于屈原。另儒家思想予屈原的一大昭示,是"温柔敦厚,诗教也"(《礼记·经解》),这本是可以大大申论的课题,再者,儒、道两家的会通化成,在屈原身上,以及作品中,理应产生极大的影响与表现,凡此,均有待瑞哲更加阐述与充实。

但在最后,个人还是要对瑞哲这部楚辞专著揄扬一番,因为已经可以从其论著略窥瑞哲治学的格局与视野,易言之,瑞哲做学问的气象,已在这部著作中有所表露,所谓"学无止境""学海无涯",趁着年轻,好学不倦,也正如古人提示说:"少而好学,如日出之阳"(刘向编《说苑·建本》),相信只要持之以恒,勿懈勿怠,积土成丘,积水成渊,未来前程,必定光明可期。但也要提醒,切不可自满,要始终谦抑自牧,保持对学术研究的虚心与热诚,继续投入这块园地耕耘,期诸未来能有更精湛、更有创意的著作面世,以奉献于学界!

# 中国屈原学会举办重要学术会议纪略

湖南理工学院期刊社　钟兴永

## 一、中国屈原学会的成立 ①

（一）中国屈原学会的筹备

1983年,在大连"辽宁省屈原研究学术讨论会暨文学学会屈原研究会成立大会"上,黄中模提议成立中国屈原学会,得到了与会者响应。会议结束后,便召开了中国屈原学会筹备会议。会议由张震泽主持,参加者有魏际昌、聂石樵、李世刚、陆永品、黄中模、龚建昌、王延海、林维纯、殷光熹等专家学者。会议商定,第一,以与会全体代表名义发起倡议,并征得10位教授签名;第二,成立筹备委员会;第三,以湖北省社会科学院文学所为筹备秘书处。接着,以黄中模的倡议书为基础,由王延海负责文本修饰,教授签名除到会者外,后来签名的有:姜亮夫、林庚、陈子展、蒋天枢、汤炳正、胡国瑞、刘禹昌、魏际昌、张震泽、陈思苓。经几次磋商后,确定了中国屈原学会筹备委员会名单:主任:姜亮夫、汤炳正;副主任:魏际昌、胡国瑞、姜书阁、张震泽、聂石樵、李世刚;秘书长:张啸虎;副秘书长:毛庆、龚建昌;常委:毛庆、黄中模、陆永品、张中一、王延海、林维纯、殷光熹;委员:戴志钧、丁冰、施承权、赵沛霖、郭维森、卢文晖、温广义、张宏红、赵逵夫、张怀容、黎安怀、刘操南、刘心予、傅正兴、冀凡。

1984年3月,在武汉东湖召开了第二次筹备会议,湖北省社科院文学所古代文学室的全体同志筹备并参加了会议,外地常委除卢文晖代表王延海外,全部到会。陆永品汇报了在北京活动的情况,黄中模带来了汤炳正先生的意见,龚建昌、张中一汇报了湖南方面的情况,毛庆将湖北方面所做的工作作了汇报。在会上,大家认为条件已经成熟,决定:第一,力争1984年成立中国屈原学会;第二,力争1985年端午节在湖北召开成立大会;第三,为迎接中国屈原学会成立,要求湖北、湖南成立屈原学会,四川遵照汤先生的意见开一个中型学术研讨会。

7月,中国社会科学院科研局同意报告备案。8月,国务院古籍整理出版小组《古籍整理出版情况简报》第126号,登载了"全国屈原研究学会将于明年在湖北成立"的信息。

（二）中国屈原学会成立暨第一次学术年会

1985年5月,四川师范学院召开了全国性屈原学术讨论会,6月初,湖北省屈原研究

---

① 根据毛庆在《回忆中国屈原学会的成立》——在中国屈原学会2015年年会上的发言整理。

会正式成立,参加四川会议的学者正好顺江而下参加了成立会;湖南也召开了省屈原学会成立筹备会议。

6月端午节,中国屈原学会成立大会暨第一次学术讨论会在湖北举行。来自全国有150多位学者参加了会议。参加过秭归和辽宁、四川会议的绝大多数学者都来了。年长的如屈守元、谭优学、冯明叔、张正明,中年的如肖兵、姚汉荣、蒋南华、董楚平、曹大中、曹方人、栗凤(女),青年的如常振国、周建中、刘毓庆、李诚、赵昌平、周文康、周东晖、曾亚兰(女)等都参加了会议。日本学者稻田耕一郎也被邀请与会。会议确定两个主题,一是屈原的爱国主义问题,二是"屈原否定论"。因为是成立大会,所以并不限于这两主题,学者们谈哪一方面都可以。关于屈原爱国主义问题,会上则展开了热烈争论。认为屈原不是爱国主义的,主要是曹大中,绝大多数学者不同意他的观点。会议最后选出了中国屈原学会理事会、常务理事会、会长、副会长等。顾问:陈子展、林庚、马茂元、石声淮、孙常叙;名誉会长:姜亮夫;会长:汤炳正;副会长:姜书阁、魏际昌、胡国瑞、张震泽、李世刚、聂石樵;秘书长:张啸虎;副秘书长:龚建昌、毛庆;常务理事除以上人员外,还有丁冰、林维纯、陆永品、赵逵夫、郝志达、曹方人、黄中模;理事除以上人员外,还有王延海、马达、卢文晖、邓光礼、汤漳平、牟怀川、肖兵、陈书良、张中一、张宏洪、张国光、张怀荣、杨慎之、顾易生、郭维森、殷光熹、常振国、温广义、褚斌杰、黎安怀、熊任望、冀凡、戴志钧。从此中国屈原学会开始了她曲折而辉煌的历程。

中国屈原学会(The Chinese Association of Quyuan)系国家一级学会。1992和2001年,又经中华人民共和国民政部审核重新登记,从2000年开始,由中国社会科学院改为中华人民共和国教育部主管,秘书处挂靠在北京语言大学。2002年,中国屈原学会进行了第四届理事会选举,褚斌杰担任会长,张正明、崔富章、毛庆、赵逵夫、蒋南华、潘啸龙、周建忠、李诚、徐志啸、方铭担任副会长,方铭兼秘书长。中国屈原学会楚辞研究资料中心设首都师范大学中国诗歌研究中心。2007年,中国屈原学会进行了第五届理事会选举,崔富章、毛庆、赵逵夫、章必功、蒋南华、殷光熹担任名誉会长,方铭担任常务副会长兼秘书长、法人代表,潘啸龙、周建忠、李诚、徐志啸、汤漳平、赵敏俐、姚小鸥、郭建勋、郭杰、黄灵庚、林家骊、周秉高、张崇琛等担任副会长。

## 二、中国屈原学会举办的学术年会

(一)第二届学术年会①

中国屈原学会第二届年会于1986年5月21日至26日在浙江省富阳县召开,来自全国各地的100多名专家、学者参加了会议。与会者们通过大会发言、小组讨论、论文交

---

① 参阅张帆:《中国屈原学会第二届年会学术讨论综述》,《喀什师范学院学报》,1987年第1期。

流等形式进行探讨,充分体现学术自由鸣放的良好氛围。

关于屈原的生平与思想,周文康《屈原忌辰和"端午"习俗考辨》将历法推算与民俗考证结合,认为端午习俗多沿袭古之夏至习俗;楚顷襄王二十一年(前278)夏正五月初五日,诗人屈原怀石自沉汨罗江,正好是夏至,于是竞渡之舟为"拯溺"而发,"食粽"亦含祭祀之意。自此,为纪念屈原,旧岁一带民间始于"五月五日"行"夏至"习俗,随岁月逐渐扩展到其他地区。李柞唐《试论以岁星纪年法推算屈子生年的时间坐标》对郭沫若、浦江清、汤炳正运用岁星纪年法推算时所确定的时间坐标进行了分析,指出差误,进而根据史书和出土文物中的天象实录资料,确定鲁襄公二十八年(前545)和汉元帝前元三年(前177)两个时间坐标进行顺推和逆推,得出屈原当生于公元前343年。

在屈原思想方面,周东晖《试论屈子的美政和孔子的德政》认为两者所要达到的目标是一致的,都是历史型的、托古改制性的,是理想化了的古代社会;两者在态度上都始终是积极的,都有建功立业的功名观。在对待国君的态度上,都主张既要忠敬又要能抗争直谏;对待人民,都奉行以民为本的思想,对官吏,都强调要注重修身、有错就改,任用应举贤授能。曲宗瑜、户义晖《屈原与荀况》考察了屈、荀在政治观、自然观、修身观的一致性和道德观上的不一致性,以及文学上屈对荀的影响。

关于屈原的作品,姚益心《屈原创作心理初探》认为屈原的创作心理结构是多层次的,其最深层是郁结怨愤的心理,其主轴是楚文化的特征,两侧是北方中原文化的理性构架和南方巫术文化的集体原型;丰富而鲜明是屈原的创作心理特色,具有丰富想象的心理特征;爱好追忆的心理特征;富有激情的心理特征。殷光熹《屈赋与辛词》通过辛弃疾效楚辞体词的考察体现了屈原的影响。赵逵夫《楚国抒情诗的传统和屈原的继承与创造》比较全面地考察了屈原以前的楚地民歌和韵文,在此基础上分"诗歌形式的继承与演变""蕴蓄着丰富社会内容和情感内容的象征比喻""委婉曲析哀怨深长的情调"三个层次。

关于楚辞文化背景,蔡靖泉《楚文学的武库与土壤——我国远古神话》在楚文学与北方中原文学的对比中阐述了楚文学中存录神话的详细、完整性,探讨了楚文学中神话的类别及其详细、完整的原因。王维堤《再论楚文化的渊源》考论了楚濮皆出自东方颛顼之族、楚文化中的氐羌因素、楚族熊氏的源流等问题,是继他在第一届年会探讨屈赋与楚文化渊源之后的新成果。高逸群《从楚文化的审美结构看浪漫主义文学的兴起》对楚文化和楚文学的审美结构及产生和繁荣的历史原因提出了自己的看法。

关于楚辞研究方法与楚辞研究史,陈思苓《楚辞研究的再认识与新方法》对自汉至近代的楚辞研究作了简要回顾和评价,认为当前楚辞研究应在汲取传统研究方法经验的基础上,汲取新方法为我所用,在系统性、开拓性、总结性三个方面进行新的探索。包景诚《开拓楚辞研究新局面之拙见》在归纳"五四"以来楚辞研究的主要成就的基础上,提出当前楚辞研究应注意维护屈原伟大诗人的形象;注意加强普及宣传,扩大研究面;注意克服以往研究中的缺陷,将新方法与传统方法结合起来,开拓新局面。何丹尼《论唐人评价屈原的复杂现象》通过分析唐人评价屈原褒贬互存的复杂现象,探讨了唐代文学观的特点。朱碧莲《梁启超论屈原》认为梁启超早在20世纪20年代初就全面系统地研究屈原所处时代、崇高人格以及文学成就,确定屈原在文学史上的地位,引进进化发展的观点和比较的方法,从文学角度研究屈赋,这些在学术史上应占一席之地。

(二) 第三届学术年会①

第五次全国屈原学术讨论会暨中国屈原学会第三届年会于1988年农历端午节在湖南汨罗召开,来自全国20多个省区市的120名屈学研究者与会。会议共收到论文60多篇。根据富阳会议提出从心理学角度研究楚辞的主张,不少学者从研究作家的灵魂入手,揭开其隐藏至深的奥秘。例如长诗《离骚》中主人公性别的变化和香草美人的描写,一向被当作诗人的比兴手法,这自然不无道理;但从心理学角度观照作品,就会探究出更深层的原因,这正是诗人在异常心理状态下进行创作时人我不分、物我同一的表现。有学者认为屈原人格结构中内在女性心象生来就非常活跃,具有强烈的外倾倾向,楚辞自我形象在性别上的矛盾,根本原因就是屈原内定女性心象外象化。有的代表借鉴自然科学的最新研究成果,从人体发生学的研究中得到启示,认为楚辞中浪漫主义的艺术表现是与战国时代人们在自身修炼上所达到的境界直接相关的。有学者从原始宗教对于人类生殖的崇拜来探讨楚文学的特点和本质,并以此为基础,从性文学的角度解释《离骚》和楚辞的一些重要篇目,认为屈原是私生子、是弃儿。有的学者从南北文化的不同特质和相互交融方面来论述楚文学的发生和发展,认为楚辞在艺术表现上具有鲜明的南方文化特色,但就其主要成分而论,其精神实质仍属于北方文化体系。

与会学者认为,目前楚辞学界在研究方法的更新上虽取得了某些进步,但从总体上说,仍处在摸索阶段,新方法的运用还不够成熟和自然,有时甚至陷入新的附会。例如有的用希腊神话证明《九歌》中某神即希腊某神,而名之曰比较研究;有的将楚辞中某一神话与美洲某一传说合二为一,名之为系统研究。这样的研究实际上并无科学性可言。有学者指出,在新方法、新角度的外衣下,有些研究实际上还是老调重弹。因此,近年发表的某些屈学论文,仍无法避免读后使人感到"似曾相识"的问题。在谈到楚辞研究的发展方向及出路时,有学者认为,应打破陈腐的框架,将楚辞学与文化史的研究、与国民性的研究、与现实的革命运动和未来新文化的建设结合起来。有学者认为广泛流传于两湖民间的许多屈原传说和故事,虽不能作为考订屈原生平事迹的依据,但搜集这些东西,从文学的角度研究屈原在民间的影响,是很有意义的。

---

① 参阅李家欣:《第五次全国屈原学术讨论会暨中国屈原学会第三届年会侧记》,《江汉论坛》,1988年第8期。

## (三) 第四届学术年会[①]

中国屈原学会第四届年会暨贵州古典文学学会首届学术讨论会,于1990年5月28日至6月1日在贵阳举行,来自全国的楚辞专家、学者、新闻出版单位代表及地方有关领导近200人参加了大会。会议共收到论文100多篇。大会以大会发言和分组讨论等形式进行了学术交流。会议还选出了以姜亮夫为名誉会长,汤炳正为会长,魏际昌、聂石樵、张啸虎、褚斌杰、郭维森为副会长,张啸虎兼秘书长的新的学会机构。

关于屈原生平,因对《离骚》"摄提贞于孟陬兮,惟庚寅吾以降"一句的理解有别,采用的推算方法不同,故结论也多异。有的文章综合运用太岁纪年法和《史记·历术甲子篇》提供的"四分历术"检验了古今诸家之说,认为屈原生于公元前343年戊寅夏历正月廿一日庚寅。有的文章证之以地下出土的秦简和楚简上关于历法的记载,认为《楚辞》用历当为夏正,屈原生年应在公元前339年,生日为夏正正月十四日。还有的文章论述,"摄提贞于孟陬"意为岁星摄提在孟陬正月出现在"正"位上。据岁星纪年法推算,"摄提贞于孟陬"年每83年出现一次。汉太初元年(前104)即为是年,由此上推,屈原生年为公元前353年。

关于屈原思想,有学者强调,屈原的爱国主义思想有其时代背景,并体现了时代的特征,集中表现为对故国和故乡的热爱、对人民的关切和同情、对祖国文化传统的热爱并推进其发展。因此可以说,秦始皇用武力从政治上统一了中国,而屈原则以其诗篇从思想上统一了中国。也有学者认为屈原具有变态心理的女性癖和恋君情结。但有学者认为这一观点否定了屈原的忠君爱国,也就否定了屈原的爱国主义,而屈原的爱国主义是否定不了的。有学者认为与其提屈原的爱国主义,不如提屈原的民族精神。还有学者阐述说,屈原之所以始终留在楚国,是由"卿违,从大夫之位,罪人以其罪降"(《左传·昭公七年》)和"凡诸大夫违,告于诸侯曰:某民之守臣某,失守宗庙,敢告"(《左传·宣公十年》)这两项制度所决定的,与"爱国"无关。

关于屈原历史地位,有学者提出,在屈学史上,班固是第一个从肯定和否定这两个不同角度对屈原作出评价的。他对屈原为人的评价虽反映了儒家人生观中较消极保守的一面,但他的评价方法却给后人有益的启迪。班固还第一个明确提出了"辞赋家"之说,从而确定了屈骚在文学史上的地位。有学者指出,屈原对中华民族的巨大影响,历史上恐怕只有孔子可比。究其原因,是屈原投影于历史以双重的精神:不向黑暗势力屈服的抗争精神和不为任何摧折而移易的忠贞精神。封建时代对屈原作了单向改塑,即从论其志行"怨怼""狂狷"到改塑成"忠君爱国"的典范。近代以来则对屈原作了重新发现,即从论其态度"帮忙""反抗"到发现为伟大的"殉国"者。总之,屈原之所以能对历史发生

---

[①] 参阅蔡靖泉:《中国屈原学会第四届年会学术观点综述》,《江汉论坛》,1990年第8期。

巨大影响,首先在于其精神的伟大。又由于他投影于历史的是双重精神,直接受到各个时代统治利益或民主思潮的制约,故出现了选择取向上的某种侧重或偏移。有学者认为屈原之所以能对中国文学产生无可比拟的深远影响,之所以能在中国士大夫中产生无可比拟的强烈共鸣,在于屈原有着复杂的人格:内部是政治家的精神和理想与文学家的灵魂和命运的纠结和互补、冲突和运动,外部则形成为八卦对立结构。内部与外部的相互作用,形成了奇异的文化现象,即屈原现象。它在民族文化心理、社会历史、生活实践和人生遭际这四个层次上发生效应,并使屈原人格不断得到升华,以至于今天"屈原变成了一种精神力量,鼓舞着人们的革命斗志,同时也像封建主义文化与马克思主义文化的象征物,影响着人们对新的人生模式的思考和探索"。这一结果是实用主义思维方式造成的,今天的屈原研究应摒弃以往那种"宗教虔诚式""情感寄托式"的方法,用科学方法对屈原作出冷静的观察和思考。

关于楚辞与南北文化关系,有学者指出,就屈骚描述的神话而言,若细致考察中国远古神话的构成和发展便可明了,在中土及东西南北的中国古老土地上,只存在一个神话体系,其主体部分是在黄河流域产生的,楚人的贡献仅仅在于保存并补充了它。屈骚中的神话构成实际上是南北文化交融的产物。有学者阐述了楚辞与苗族文化、黔中傩文化的关系,说明它们之间有许多相同的地方和血缘关系。多数学者认为,先秦各族文化在长期的互相交流和互相影响中,自然会出现一些共同的文化现象,不能仅仅根据某一民族文化与之有共同之处便断然下结论。从事学术研究的人不应带有狭隘的地方意识和民族意识。

关于楚辞影响,有学者指出,楚辞除了对中国文学的普遍影响之外,其嫡传还有自贾谊开始的承其余绪之作,流风所及,影响整个封建社会。过去将它们笼统地称为"骚体赋"是不科学的,应正名为"骚体诗",从而明确它们与楚辞的血缘关系和在文学史上的地位。有学者认为,楚辞诚为中国文章之祖,历代文人无不追风沿波。在中国诗歌的黄金时代产生的"三李"(李白、李贺、李商隐)诗,则代表了诗歌领域继承楚辞传统的最高成就。

会议期间,即5月31日,《云梦学刊》邀请了10位专家进行了座谈,征求对《云梦学刊》如何办出自己的特色及如何办好《屈原研究》和《学者研究》两个重点栏目的意见。殷光熹说《云梦学刊》办得有特色、有吸引力。特别是将"屈原研究""学者研究"作为固定栏目,又将"屈原研究"放在首栏,更突出了刊物的特色。希望《云梦学刊》成为学术界的知音。赵逵夫、徐志啸、潘敬龙、李大明、刘毓庆、罗漫、李诚、周建忠等均先后发言,既肯定了学刊的特色,又指出了不足,并提出了宝贵的建议。

(四)第五届学术年会①

1992年10月9日至13日,由中国屈原学会、山西师范大学联合举办的"国际屈原学术讨论会暨中国屈原学会第五届年会"在山西省临汾市召开。有8位外国来宾、90多位国内学者应邀与会。会议以大会发言为主要形式,小组讨论和论文交流为辅助形式进行学术探讨,共收到论文111篇。大会围绕"屈原与中华文化"这一中心议题,展开了广泛深入的讨论。

关于屈原思想和性格,李登伍《论屈原的天命观》认为在先秦宣传天命的热潮中,屈原也讲天命。但屈原的天命实际上讲的是民命,天命不是为所欲为不受任何限制的,而是受民命的制约和支配,是民命的神化。而屈原的民命的根本之点就是美政理想。卫文选《屈原与管仲的精气说》指出屈原的哲理思想见于楚辞的是精气说,它直接吸收了《管子》中《心术》上下、《白心》和《内业》这哲学四篇的精气学说——精气是万物之原的观点。周东晖《屈子忧患论》从论析忧患意识的源流入手,论述了"身处战国末季的楚人屈原,是具有强烈忧患意识的,这种忧患意识,表现于屈原的全部作品中",包括忧"皇舆之败绩"忧"民生之多艰"忧"灵修之浩荡"忧"众踥蹀而日进"忧"莫足与为美政"。其特点是盛国之忧、兴国之忧、不遇之忧、修名之忧。

关于屈原的性格特点,李广民《屈原及屈原现象浅析》认为,屈原个性中明显地表现出强烈的自负和严重的自卑,屈原在价值取向上与他所处的时代相脱节,他的政治理想与当时列国现实相矛盾。由于屈原个性的双重性,价值取向政治理想与现实冲突,屈原一步一步由积极入世走向出世,最后以死来摆脱困境,这是消极避世,不得已出世的一种表现。谢发平《宁溘死而流亡,不毕辞而赴渊——评屈原的性格悲剧》认为楚国社会是屈原悲剧的发生场。屈原的性格主要由四个因子构成:对美政理想的执着追求、对黑暗势力持激进的批判态度、对高尚人品的追求、性格中脆弱的一面。曲家源《屈原的人格精神及其历史的评价》认为屈原的人格精神可以概括为:耿直无私,正大光明;忠君爱国,矢志不移;疾恶如仇,苏世独立。其不足一是把自己的人格修养确定为"完美""纯粹"是脱离生活实际的,尤其是用自己的完美标准去衡量、要求他人,更不现实,二是以高洁的诗人之性却要承担起挽救国家的重任,一方面要保持"志洁行廉",另一方面却过分热衷于参与现实政治活动,这都是矛盾的。杨炳校《"屈原精神"及其文化背景》认为屈原精神蕴涵的基本内核,大要言之就是社稷至上的信仰、求索不止的表现、纯正不阿的人品及自创一格的方法。据实而论,屈原在忠君方面并不比历史上的许多这类贤臣特别高出多少,可是他对故土故国的热切关注与炽热眷恋,昔日及同时的贤臣罕有其匹。林宏跃《论屈

---

① 参阅张宏洪:《国际屈原学术讨论会暨中国屈原学会五届年会学术讨论述评》,《喀什师院学报》(哲学社会科学版),1993年第1期。

原的"内美"心态》论析了屈原"内美"心态的基本构成是血缘"内美"、资质"内美"、品格"内美",这三方面作为不可分割的整体存在着,体现出屈原与众不同的个体特质。

关于屈原作品,会议收到这方面的论文14篇、专著3部,涉及《离骚》《天问》《九章》《九歌》《招魂》。潘啸龙《论〈离骚〉的抒情结构及意象表现》认为,构成《离骚》沉郁忧愤又狂放俳恻的情感世界的,是充满希冀的追求破灭、遭受冤屈和不能容忍暗君谗臣误国的怨愤,以及终于只能埋葬美政理想的绝望,和绝望中唯一支撑自身宁为玉碎不为瓦全的自信。《离骚》中的"自我"具有双重性特征,他有时是诗人自身带有现实性品格,而在更多的场合,却是一个被幻化了的人物,带有与诗人自身远为不同的虚幻性。屈原之所以会采用这种奇特的方式,与他的情感蓄积之浓烈有关,也与他所置身的富于神话、巫风气息的楚文化古老氛围有关。刘石林《〈桔颂〉即楚颂说》提出了《桔颂》绝非屈原自颂,而是以桔树喻楚国、楚王,实际上是楚颂或楚王颂,是屈原为楚之祭典所写的乐歌,当作于他任三闾大夫之时,怀王被囚秦之后,自身流放江南之前。郝志达、胡学常《生命的困惑与意义的追问》认为屈原在遭逐到沉江的这段生命历程里,一直在困惑中追问生命的意义和价值。这种追问构成了一个地问、天问和人问三维结构的完整系列。屈原的一切困惑和追问都源于他生命意识里的一对永远无法调和的矛盾:远游与还乡。曹大中《说屈原自我形象的巡天漫游》对屈赋中自我艺术形象巡天漫游这一文学现象的产生原因进行了探索,认为主要是神话传说的影响、道家文化的影响、楚国巫文化的影响、梦境的影响、变态心理的影响。

关于楚辞的文化背景,汤炳正认为有傩文化形态,《国殇》当为楚国国家祭典中用于傩祭之歌。古今或谓《九歌》为楚祭歌之说不为无据,然释"国殇"为"死于国事者"则未为确解。

关于屈原及其作品在文化史上的地位与影响,廖化津《屈原,中华文化的杰出代表》认为,爱国主义、美政理想、斗争精神,是中华民族的意识形态的总体特征,也是中华文化的精华,这些都在屈原身上及其文学作品中集中、突出地体现出来。张兴武《屈赋文化精神的历史沉淀》从历史文化的角度考察屈赋文化精神在华夏历史中的沉淀问题,认为自汉代以后,屈赋文化精神或与儒、法、道、释等思想合流,共同形成华夏文化,或在不同时代受到不同的选择取舍,从而为特定的历史文化服务。在对屈赋文化精神的继承发扬上,不同的历史时期情形也不同:汉人摹其忧患与沉思,六朝人取其深沉与飘逸,唐人则效其浪漫与客观宏博。屈赋中的爱国精神,在唐宋以后与特定的历史条件和时代思潮相结合,从内涵和外延上进一步扩大。

关于屈原及其作品与诸文化的关系,戴锡琦《南楚古巫学与巫学家屈原》认为,屈原是南楚古巫学之集大成者,屈赋是屈原在南楚古巫学基础上进行的天才艺术再创造。蔡靖泉《巫风和楚辞》认为,楚辞的产生及其特色的形成,是由先秦时期楚国的历史文化背景和社会生活环境所决定的。楚国历史文化和社会生活的鲜明特征之一,就是有着源远流长的巫文化传统,盛行经久不衰的巫风。首先,大盛于江汉、沅湘流域的巫歌巫舞巫音巫调,直接催发了楚辞的产生,决定了楚辞的特征。其次,巫风盛行的社会环境,自然而然地激发楚人的艺术情思,增强楚人的审美意识,也导致了楚辞的产生及楚辞精美高丽、惊采绝艳之特色的形成。再次,楚辞熔铸神话、驰骋想象的浪漫特质,是受巫文化熏陶而成。楚辞浓重而强烈的抒情性,在很大程度上也是受巫风影响所致。范卫平《太阳之礼赞宗神之祭歌——南楚神巫文化系统中的〈离骚〉》认为《离骚》是南楚神巫文化的产物——楚民族祭祀其始祖太阳神的祀神乐。蔡守湘《屈〈骚〉与士人文化》指出:"当今有不少学者认为荆楚巫卜文化是产生屈原《楚辞》的文化土壤,我们不同意这种看法。"首先先秦文化的嬗变,是由原始文化一变而为巫卜文化,再变而为史官文化,三变而为士人文化。南北文化本是同根的两枝。南方文化虽曾向着地区性的方向发展,但在总体上没有脱离先秦文化嬗变之轨道。春秋时代,南方文化在大一统趋势的推动下,由地区性的发展方向回归到统一性的发展方向上来,到春秋末至战国时代,终于形成了士人文化;屈骚是士人文化的产物,屈骚是士人文化中竖立起来的一面光辉的旗帜。讨论屈骚的文化属性问题应该遵循的基本原则,首要的是要考察他所反映的是何种精神文化形态,而不能单从某些表面的外部特征下断语。

日本学者新田幸治《最近日本的屈原及楚辞研究管见》以举例评述和列目录两种形式介绍了1980年以来日本屈原及楚辞研究的有关论文,在一定程度上反映了1980年以来日本屈原及楚辞研究的基本状况与动向。他认为屈原及楚辞的研究,不仅是中日两国,即对世界规模的研究也拓展了。在今后,对《屈原贾生列传》以及楚辞于何时、何处、成于谁手的问题,还必须从多种角度研究和论证,也可通过汉字文化圈,从广大的视野、从他种语言文化与汉字文化之间所发生的距离,通过《楚辞的形成》,引出对屈原传能够理解清楚的线索,这具有提供解决问题视角的魅力。日本学者大宫真人先生《楚辞与日本公元前史》认为,屈原被放逐的地点,没有任何确切的记载和史料。他考证,屈原是放逐到了日本九州岛。他的主要论据是:屈原将他放逐中到过的村落和山川的地名音记入了诗中,这些地名音与日本九州的一些村落的地名音极其相似,有的则完全一致,这些村落联结起来还具有一定的方向性。

关于古代楚辞学史,日本学者谷口洋《〈史记·屈原列传〉与刘安〈离骚传〉——兼谈及围绕楚辞文学的汉初文化情况》认为《屈原传》是以刘安《离骚传》为主要材料而成的。《屈原传》关于屈原生平的记述很少,关于《离骚》的议论很多。它以儒家礼乐观为中心,还包含一些道家思想因素,与《淮南子》的思想倾向基本一致。关于当代楚辞学史,周建忠《1991年国内楚辞研究评议》以"著作出版""会议召开""论文发表""争鸣热烈""热点集中"五个方面对1991年国内楚辞学研究情况进行了较全面的评议。朱炳祥

《〈楚辞〉研究方法的历史发展》阐述了汉代至当代楚辞学研究方法论的发展脉络。认为在受经学影响的汉代至北宋，主要表现为章句训释的层面；在受理学影响的南宋至清代，主要表现为义理探求的层面；在受马克思主义为主导的现代哲学思想影响的"五四"时期至今，主要表现为整体研究的层面，三个不同层面分别对应着三种不同的研究方法。

（五）第六届学术年会 ①

1994年6月13日至16日，中国屈原学会第六届年会暨学会成立十周年纪念大会在江陵召开，中外楚辞学者80多人出席了大会。1985年端午节，中国屈原学会在江陵成立，第六届年会是对中国屈原学会成立10年来屈学研究成果的一次检阅，并探讨屈原与楚辞学研究的发展趋势。因时值湖北省屈原学会成立10周年，6月12日在江陵也召开了纪念湖北省屈原学会成立十周年暨第五次学术讨论会，13日即全部转入中国屈原学会学术年会暨学会成立10周年大会。

本次大会共收到论文50多篇，会议采取大会发言和分组讨论发言的形式，就中国屈原学会十年回顾、楚辞文化、楚辞文本、楚辞传播等进行了深入探讨。

中国屈原学会副会长、北京大学教授褚斌杰在发言中指出：中国屈原学会自成立以来，团结了全国的楚辞研究者，一直坚持了尊重科学、推崇创见和学术民主、继往开来的主旨和会风，出现了大批的优秀楚辞研究成果。更为可喜的是涌现了一大批中青年楚辞学家，把研究推向了一个前所未有的高潮，楚文化研究呈现出划时代的全面繁荣的局面，以至出现了当代楚辞学这样一门新的学科。

关于楚文化，张正明认为，屈学文化背景有近、中、远三个层次，近背景是屈原的家世和生平，中背景是楚国的历史和文化，远背景是周代列国的历史和文化。指出"近、中、远背景俱全方能获得一个全息图像"。他认为"楚文化的实际水平，比我们通常估计的要高些"。

关于楚辞文本，郝志达认为："在今后的楚辞研究中，应该对屈原精神、屈原人格做进一步深入的探讨……以便由此探讨中国传统士人人格的价值取向、人格悲剧的真正原因。"赵逵夫认为，《哀郢》作于顷襄五十年，地点不是在陵阳，而是在沅湘一带。潘啸龙认为"明清以来将《招魂》断为屈原所作的论据无一可靠"，该篇的"作者应是宋玉"，所招的对象是"射猎云梦惊失的楚襄王生魂"。张中一认为《招魂》的作者是屈原，主旨是以招魂的形式动员人民团结起来以抗击秦国。

关于楚辞传播，林家骊从沈约的行踪、仕宦、诗文创作诸方面进行研究，认为沈约是在中国楚辞学史上"做出了较大贡献的一位人物，他有理论，有创作，成就较大"。向一尊以王勃、刘知己等人为例展开论述，揭示了他们在"对屈骚传统的态度上所表现出来的才、学、识的差别"。

---

① 参阅何常生：《中国屈原学会十周年纪念暨第六次学术讨论会综述》，《江汉论坛》，1994年第11期。

会议期间,中国屈原学会对十年来的屈学研究成果进行了评奖,评出一等奖12人,二等奖16人,三等奖10人,并颁发了证书。

(六)第七届学术年会①

1998年5月,国际楚辞研讨会暨中国屈原学会第七届年会在深圳召开,会议由深圳大学和中国屈原学会共同主办。来自韩国和中国台湾、中国香港、内地的近百名屈学研究专家参加了这次大会并进行了广泛的学术交流,会议共收到学术论文或提要50多份。

褚斌杰先生在开幕致辞中说:"从时间上来看,这次大会的召开正届将要跨入21世纪,从屈学界来说,与其他领域一样,都有一个回顾历史展望未来的问题,这是历史赋予本次大会的任务,是本次大会的中心议题。"对楚辞学的回顾与总结,"实际上已是不断有人在做的。如近年出版的楚辞学史(包括断代的、专人专书的),以及对历代楚辞研究概述性质的论文,实际上就是对楚辞研究的历史反思,对历代研究成果的审视和评价。对现、当代楚辞学,也分别有以论纲'综述''述评''概观''鸟瞰''回顾与展望'等名义发表的著作或论文,对近些年来的楚辞研究不断做着回顾和评论。这些论著在总结成果,沟通信息,推动研究,瞻望未来方面,都起着良好的作用。我们这次世纪性的大会,更期望在群策群力,集思广益的条件下,对楚辞研究的历史,特别是近20年来的研究状况,做一次全面深入的总结,以期发扬成绩,明确方向,设计未来,做出新的开拓。"他认为,首先是通过众多学者对楚史楚文化史的研究,增加了资料,拓宽了眼光,打开了思路,对楚辞文化个性的形成,审美方面的特异性都取得了较为深层次的认识。其次是这些年来从不同角度、用不同方法(如联系到人类学、民族学、神话学、宗教学、美学、语言学、民俗学以至心理学等不同学科)对楚辞进行广泛的研究,这样拓宽和扩展了楚辞研究领域,使这门古老的学科,呈现出新面貌,令人有耳目一新之感。对于今后的楚辞研究,褚先生的看法是:"要注意边分析边综合的方法,既保持多视角,也不失总体观念,这样才能克服片面性,不至流而不返,对楚辞这一丰富而极有特色的文化现象,作出更全面、更深入的认识和较为正确和合理的解释。"

毛庆:《由历史看未来——近300年楚辞研究史的启示》的报告指出"前两百年的楚辞研究,实际已为其后研究的发展基本奠定了基础和指明了方向……清初就已开始了全方位、多角度的楚辞研究,甚至我们今天楚辞研究角度和方向,大多数也在那时就已确立。"他认为后来研究中"所谓'新途径'大多是'老途径',只不过在这个途径上我们采用了新方法、新知识而已"。他提出21世纪楚辞研究的走向:第一,楚辞将以鲜明的民族特色在全世界不断扩大影响,楚辞研究将对此起极大的推动作用;第二,全方位、多角度研究楚辞的格局和走向将不会改变,文学文献学的方法研究楚辞将重新盛行,甚至朴学

---

① 参阅念龙:《世纪之交的回顾与展望》,《荆州师专学报》,1998年第3期。

研究楚辞的方法也将重新崛起;第三,将更加注意从艺术、文学、诗歌本身来研究楚辞,注意其艺术特色、审美特质以及在文学史上的流变及影响的研究;第四,楚辞研究史、研究的研究将进一步发展。对于下一世纪的楚辞研究,他预感:"在上半世纪将面临两方面的压力,一是经济和金钱的压力,二是西方文化的压力。而21世纪是东西方文化碰撞交流交融的世纪,在这样的形势下,下世纪初楚辞学可能走入波谷","到下世纪中叶,相信楚辞学甚至整个中国古代文学将重现辉煌!"张亚新认为,中国文化具有承传性和中和性的特点。"五四"以来,中西文化交流在楚辞研究领域中影响巨大,但是任何一个有成就的研究者,总是建立在传统的学术思想与研究方法之上。未来的楚辞研究走向亦不可能越出此途。中国文化的传承性品格和中和性特点深刻影响着中国文化的未来发展。

陈中杰《楚辞研究的现在和未来》探寻了当代楚辞研究繁荣的原因,认为一是楚辞研究队伍大,人才多,尤其是后起之秀多。二是著述丰富,论文数量无法统计,楚辞学专著就达百部。三是不断改进研究方法。当代楚辞研究者所走的道路,大体上是从主要采取中国传统研究方法逐渐转向兼用或专用外国的研究方法,择善而从,兼收并蓄,进而推陈出新。四是学术论争的开展,对当代楚辞研究的发展起了推动作用。同时他还提出"从内涵看,当代楚辞研究的成绩最主要的标志是研究质量不断提高,对遗产的发掘不断深化;从外延看,当代楚辞研究的成绩最主要的标志是研究范围不断拓宽,和相邻学科的关系愈来愈密切。"面对即将到来的21世纪,当前楚辞学界的任务是总结清理研究成果,找出薄弱环节和空白;提倡实事求是、严肃认真、勤学创新的文风。龙光沛《楚辞研究的跨世纪现实意义》指出楚辞所表现的要求变革的进步倾向将有利于我国跨世纪的改革开放事业,楚辞中民主法治思想将有利于当今法制建设,楚辞中举贤授能的政治理想对中国跨世纪人事工作提供了典范,楚辞的道德观及爱国主义思想有利于精神文明建设,对未来的楚辞研究应提倡超越时代局限的批判精神。这里既有着对下世纪楚辞研究的要求,又鲜明地体现出楚辞研究的现实意义。

(七)第八届学术年会[①]

2000年8月21日至24日,由北京大学、北京语言文化大学、中国屈原学会、首都师范大学、北京圆明园学院主办的"2000年楚辞学国际学术研讨会暨中国屈原学会第八届年会"在北京召开。全国人民代表大会常务委员会副委员长许嘉璐给本次大会发来贺信。林庚、季羡林、褚斌杰、曲德林以及来自我国近30个省区市及台湾、香港、澳门的楚辞学者,日本、韩国的专家、学者共150多人出席了这次学术研讨会。会议的中心议题是探讨在过去一个世纪,特别是80年代以来屈原及楚辞研究的新成果,以及屈原与楚辞学

---

① 参阅许欣:《2000年楚辞学国际学术研讨会暨中国屈原学会第八届年会综述》,《中国文化研究》,2001年春之卷。

在未来的世纪中国文化建设和世界文化建设中的地位和作用。林庚在讲话中,着重强调了屈原在中国文学史及世界文化史上的地位,认为应该对屈原及其楚辞进行重点研究。季羡林对今天研究屈原及楚辞的新意义进行了阐述。他说,第一,研究楚辞应该和研究长江文化联系在一起,长江流域也是中国文化璀璨的组成部分,通过对屈原及楚辞的研究,可以帮助我们全面了解南方文化和长江流域的文化发展线索。第二,通过研究屈原和楚辞,有利于深入了解中外文化的交流史。

褚斌杰认为两千多年来屈原研究及楚辞学是中国文学研究的热点,是学术史上的"显学"。在20世纪中国文化发展的巨大转型期,屈原及楚辞学焕发出新的生命力,特别是在80年代以后,出现了前所未有的新气象、新高潮,其研究视野的开阔,角度的多样,已经大大超过了前人。所谓新,不仅仅局限于个别训诂结论上的新理解,更重要的是在学术界思想大解放的情势下,导入了新思维、新方法,从而形成了一门与相邻学科相交叉,视角新颖,不断拓展的开放型的新屈学。

有学者认为应该将楚辞放在文学史及文化史的历史背景下加以考察。如聂石樵认为把楚辞归结为楚文化,是不完全的。有的学者认为楚辞作为一种成熟的诗体并非一蹴而就,而是经历了一个漫长的演变过程。楚国本地古老歌谣为楚辞的孕育并逐渐成熟打下了坚实的基础。而以《诗经》为代表的北方中原诗歌,为楚辞的形成起了良好的催化作用。楚辞也经历了一个正统化的过程,而这个过程完成于汉代。楚辞在语言形式、精神实质上兼有楚文学及正统文学的成分,而汉代的楚辞体创作则呈现出这样一种明显的特征,即极力保留、光大楚辞的正统成分,淡化其楚国地方色彩。郭建勋认为我国古代的七言诗不是源于《诗经》《成相》或《柏梁联句》,而是源于"楚辞"。楚辞主要句型与七言句在形式上的同构性,使之具备了孕育七言诗的内在基因;而楚辞句中"兮"字所兼有的泛声性质与文法功能,则使之在后世朝逆向的两极演化,或被省略,或由实词所取代,从而渐次衍生出七言诗。楚辞句式的这种演变,不仅导致了早期七言诗在汉代的形成,而且还通过诗歌与辞赋两个领域,推动了七言诗的发展和普及。潘啸龙认为,华夏诸族是否真正经历过"图腾崇拜"阶段,考察"图腾"习俗应有什么样的途径、方法等问题是研究者首先应关注的。方铭关于游国恩先生与中国20世纪古典文学的研究,全面总结了游国恩先生作为20世纪楚辞大师,在新楚辞学形成、发展以及学风方面的贡献。

(八)第九届学术年会[①]

2002年6月12日至16日,由中国屈原学会、宁波大学、南通师范学院联合主办,宁

---

[①] 参阅李小平:《2002年楚辞学国际学术研讨会暨中国屈原学会第九届年会论文综述》,《中国文化研究》,2002年冬之卷。

波大学承办的"2002年宁波楚辞学国际学术研讨会暨中国屈原学会第九届年会"在宁波大学召开,中国屈原学会会长褚斌杰、傅璇琮、岗聪繁、张正明、陈怡良等著名教授及中国内地、中国香港、中国台湾、日本、韩国等100多位专家学者出席了这次盛会。与会学者提交了80多篇论文,从不同角度对楚辞及其相关问题进行了广泛研究。会议通过无记名投票方式,选举了新一届理事会:褚斌杰继续担任会长,张正明、崔富章、毛庆、赵逵夫、蒋南华、潘啸龙、周建忠、李诚、徐志啸、方铭等被选为副会长,秘书长由方铭兼任。

关于屈原爱国主义情怀,有学者认为从汉至今,每个时代都对屈骚精神做出了富于自己时代特色的阐释。究其本质,都是对其个性精神与爱国精神两个方面的争论与探讨,直到闻一多指出屈子身上兼有这两种精神,才开始给屈子的个体精神以相对于集体精神而存在的地位。周建忠《屈原"爱国主义"研究的历史审视》,从感情、责任感、献身精神三个角度来发掘屈原的"爱国主义",也考虑到阶级与特殊时代的因素,他认为,如果我们承认爱国主义是我们中华民族的优良传统的话,那我们就应该肯定产生于奴隶制时代的中华民族各氏族集团之间斗争中的爱国精神。屈原并非没有离楚他仕之念,但他至死不离开楚国,用自己的实际行动强化了"热爱父母之邦"这一美好情操,这一思想行动对我们民族最"深厚的感情"——"爱国主义"的形成,显然具有无法估量的实践意义与理论价值。何念龙《屈原"宗国情结"简论——对屈原"爱国主义"评价的再审视》认为,无论从"爱国主义"一词产生的语境和内涵看,还是从屈原"爱国"的实际内容进行考察,给屈原冠以"爱国主义"的桂冠是名实不符的。同时也认为,过去否定方的一个重大不足是没有提出一个恰当的足以替代屈原的"爱国主义"的词汇。我用"宗国情结"来表述屈原的爱国思想感情,触及了屈子的爱国之情的实质,并能反映其爱国的情感特征。不管是主张"爱国主义"还是主张"宗国情结",双方都肯定的一点是屈子的精神与正气。作为世界名人的屈原,不仅因为他给我们留下了不朽的诗篇,更重要的是诗人以其卓而不凡的高贵品质和忠肝义胆的人格魅力为我们后人注入了可以让华夏民族生生不息、百折不挠的文化内涵和精神力量,而这正是值得我们尤为珍惜的宝贵遗产和亟待开发的精神财富。

关于楚骚文化及其对后世的影响,学者们讨论了楚辞所代表的南方文化与北方文化的差异,屈原作品所涉及的地域问题及楚辞文化的归宿问题等。龙文玲在《论楚辞与礼乐文化》中对以屈原为主的楚辞作品与北方礼乐文化的关系进行考察,认为楚辞文化中,也蕴含着丰富的北方礼乐文化。张鸣华《屈原诗歌属于中原文化》认为屈原诗歌属于中原文化体系,并进一步说明中原文化与楚文化应该属于一个文化传承。黄瑞云《楚国论》则强调楚国对中国的统一大业做出的巨大贡献以及楚文化与中原文化的差异性。张玉声、张燕婴《关于屈原西域昆仑情结的对话》认为屈原思想中蕴含着一种炽热而深沉的西域情结。江立中《〈离骚〉奠定了我国迁谪文学的审美基调》认为屈原用他的理想、遭遇、痛苦、热情以至整个生命塑造了一个个性鲜明、光彩照人的叛逆者的形象，为我国迁谪文学奠定了积极健康的基调，其爱国激情、不屈的抗争和对险恶政治的批判深深影响后世迁谪作家。李倩《屈原发愤抒情理论的精神特色和历史影响》，论述了屈原的发愤抒情理论的精神特色主要表现为审美批判意识、审美悲剧意识、审美超越意识，这种情感美学观又经司马迁、韩愈、欧阳修等人加以不断发展和深化，从而产生了历史性的影响。周禾《屈原:〈楚辞〉一书的唯一主题——兼论汉代的楚辞观》认为汉人将《楚辞》中的作品分为三类:一类为屈原自作者，二类为后人为屈原所作者，三类为后人仿屈原而作者，由此可知，屈原就是以上三类作品的唯一主题。蒋方在《试论楚辞文体在魏晋六朝的传播与接受》认为以屈原《离骚》为代表的楚辞作品，在汉代已奠定了他的文学地位和传播基础。而楚辞作为一种文体的确认，则是在魏晋六朝时期。张宏洪《论屈原对王充的影响》，通过对屈原、王充的传世之作、生平经历、思想渊源、师承关系等方面的研究考察，证实屈原精神、思想对王充的影响，主要体现在对天、天道的看法上，对时弊的揭露、批判精神上，对人的德行评价上，以及博学兼容、主体自觉的精神上。周秉高《朱熹反王逸功过论》认为朱熹在楚辞集注中是竭力淡化甚至抹杀屈原作品的思想性、战斗性，功利主义太重，严重违背了文学批评原则，是一个大过错；只是其科学的层次分析方法在楚辞学史上是个创新。

关于屈学研究方法，毛庆《在民族文化复兴的蓝图上构建新楚辞学》认为新楚辞学的构建必须在民族文化复兴的大趋势、大背景下进行，以促使它对传统楚辞学的超越；新楚辞学则将以典籍、考古、民俗"三重证据法"建立起基础材料层面的三点结构，将在中华民族的民族精神、人格精神的建设中起重要作用，并将在成为世界性学问的过程中实现两个"互动"——与有中国特色的文学理论、"世界性文学理论"的建设"互动"。

（九）第十届学术年会[①]

2004年10月15日至18日，"楚辞学国际学术研讨会暨中国屈原学会第十届年会"在成都召开，由中国屈原学会和四川师范大学共同主办，包括中国、日本、韩国、德国等国家在内的100多位专家学者参加。会议共收辑论文70多篇。

从会议成果考察，楚辞学研究基本上可以划分为四大领域，而在每一大领域内又具体地分为若干细致研究方向。这四大领域大致可以概括为楚辞学的宏观研究、楚辞学的微观研究、楚辞学外延研究以及辞赋学研究。楚辞学的宏观研究指的是将《楚辞》作为个体进行全面研究，而其中又包括了文献学、文艺学、语言学、社会学和历史学等诸方面的内容。李大明《〈楚辞章句〉传本与校勘》将东汉王逸所著的《楚辞章句》进行了"成书考""六朝传本考略""唐五代传本考证""宋本《楚辞章句》考证""明清时期《楚辞章

---

① 参阅李大明等:《楚辞国际学术研讨会暨中国屈原学会第十届年会》，《文学遗产》，2005年第1期。

句》主要刻本"等全面研究。方铭在《楚辞文本研究对楚辞研究的重要性——以楚辞研究史为视点看周秉高先生〈楚辞解析〉》中指出:"2200多年的楚辞研究,粗线条地分类,可以分为三个阶段。第一个阶段是屈原事迹网罗及楚辞收集整理阶段,第二个阶段是楚辞文献诠释阶段,第三个阶段是以环境、时代、思想、内容、形式、影响为主要着眼点的楚辞的综合研究阶段。……对屈原事迹的网罗和对楚辞收集整理、对楚辞文献的诠释、对楚辞的综合研究……你中有我,我中有你,特殊性和普遍性的交织,是楚辞学研究历史广泛性和深刻性的重要体现。"方铭还介绍了在楚辞文献研究阶段产生的优秀研究著作,诸如《楚辞章句》《楚辞补注》《楚辞集注》等等。其中"谢无量1923年出版的《楚辞新论》,特别是游国恩1926年出版的《楚辞概论》,把对楚辞的综合研究提升到了一个新的高度",并且游国恩的再传弟子周秉高先生的《楚辞解析》之独特体例"是在长期的教学和研究实践中摸索出来的","包括了文字校订、逐句对译、层次分析、词语注释和专题论证几个部分,与前代的研究相比较,无疑具有上述中国楚辞学研究三个阶段的综合特点,同时,又是这三个阶段研究的新补充。"

在宏观楚辞文艺学研究范畴内,李中华具体讨论了《楚辞的文体界定与文体渗透》问题。他对楚辞的"歌""诗""赋""诵""辞""骚""文"等称谓分别作了溯源和具体语境分析。赵逵夫《〈楚辞〉文论举要》分析了屈原、宋玉和唐勒等楚辞作家作品的文学思想性,诸如《离骚》《惜诵》《抽思》《思美人》《大招》《招魂》等,各有侧重点地作了精要分析。

关于宏观楚辞社会学研究,周建忠《出土文献·传统文献·学术史——论楚辞研究与楚文化研究的关系与出路》,从"出土文献"与"传统文献"研究楚辞方面强调了"楚文化与楚辞双向互证,《楚辞》本身就是楚文化的重要内容"。周秉高《楚辞饮食文化研究》,揭示了"楚辞中记载的饮食文化相当发达,表明中国烹饪达到了又一高潮",而且"楚辞中的饮食文化也向我们暗示了当时森严的宗法制度"。白晓萍以风俗为切入角度论述了《清江招魂与楚辞招魂》,为深入研究楚辞招魂提供了宝贵的民俗素材。

关于宏观楚辞历史学研究,董运庭《论楚辞流传与"屈原一家之书"的〈楚辞〉结集》,认为楚辞是"通过三条线索得以汇编结集""实质上乃是'屈原一家之书',所收作品也似有经、传之分"。白崇《鲍照与楚辞》,"通过考察鲍照对楚辞的接受,将其诗歌风格源头归结于楚辞"。

《楚辞》微观领域的研究主要是指对楚辞中具体作品的具体分析研究和对楚辞具体作家的具体阐释。蔡靖泉《〈卜居〉、〈渔父〉的作者考辨》认为"从其文体和文风来看,两篇当不是屈原的作品。据战国后期的楚国历史文化背景和战国至汉初文学发展状况推断,两篇应作于楚考烈王时代,出自楚国具有道家思想的隐士之手"。金荣权《关于〈楚辞·大招〉的几个问题》中提出《大招》所招之人应是一位王侯,是西汉的淮南王刘安;所招之魂不是死魂,而是刘安的生魂;《大招》的作者是汉代人。周禾《论〈九辨〉在〈楚辞〉

一书中的地位——兼及汉代的拟骚之作》中提出:《九辨》是宋玉的自悯之辞,但从一开始就被汉人误读为以屈原口气所写的代屈之作,并由此引发了两汉一系列的拟骚之作,就是在这个意义上,可以将《九辨》看作是《楚辞》成书的关键。张正明《云中君为雷神说》,通过对相关史料的考察、《九歌》文本的分析和民俗唱词印证得出《九歌》中的云中君就是雷神的结论。

关于具体作品的文体研究,吴广平《到底是宋玉梦还是襄王梦——宋玉〈神女赋〉中一个千古学术公案的破解》,根据《神女赋》的文本实际、《神女赋》与《高唐赋》的内在联系、魏晋至隋唐大量诗人诗作的佐证以及文化人类学提供的圣婚仪式材料看,梦神女应当是襄王而非宋玉,在《神女赋》中作者宋玉代表襄王,用襄王的口气来叙事和抒情,实开汉代辞赋"代言体"之先河。潘啸龙《〈离骚〉结构研究论略》论析了"文章学"的《离骚》"两个主旋律"及"一个中心连接"结构说、"楚辞学"的《离骚》"二段式结构"说、"民俗学"的《离骚》"巫事活动形式"构成说、"审美形态"学的《离骚》"悲剧结构"说的成就得失,提出了适应文学作品的"多层次""复调"结构特点。

关于屈原的研究,第一是关于屈原的文学影响,赵敏俐《屈原艺术家身份、活动分期与诗歌作品分类问题》将屈原看作"一个专职的或者说接近于专职的艺术家",同时又是一个"'发奋而抒情'的自娱式的个体歌诗艺术生产者""第一位以诗而闻名的伟人",为"先秦时期中国最伟大的歌诗艺术生产者","为后世的文人歌诗艺术生产开辟了一个新的天地并树立了光辉的典范";张宏洪《论屈原对陆游的影响——屈原精神与浙东文化传统研究之二》认为"屈原在诗作中以真挚高尚的情感书写出'真我'、'真生活'的精神和淋漓尽致地揭露、抨击时弊的精神对陆游也有直接影响"。第二是屈原精神世界的探讨,毛庆《论屈原的悲剧意识与屈骚的悲慨之美》提出"屈原继承了上古神话的悲愤精神,为中华民族创构了于儒、道生死观之外的第三种最有价值的生死观,这种悲愤精神、悲愤意识和生死观,使屈原及其作品呈现出旷世无匹的孤独之美";周东晖《我们今天怎样评述屈原的爱国思想——三论屈原爱国思想》提出"无论是存国、忧国,还是爱国,最终都表现在兴国,这就是屈原的美政理想……美政理想是屈原爱国思想的核心……是美政理想把屈原置于无可动摇的伟大的爱国诗人的位置上"。第三是关于屈原的研究史评价。第四是屈原在语言学方面的贡献。第五是就屈原个体生命历程进行探究,其中黄崇浩先生在《屈原生辰及相关问题》中根据最新出版的《中国古代万年历》提出屈原生辰的公历日期应是公元前351年2月26日,并运用星座学说试图反证这一公历生辰的合理性。

(十)第十一届学术年会

2005年7月18日至21日,在中国屈原学会成立20周年之际,"楚辞国际学术研讨会暨中国屈原学会第十一届年会"在包头市召开。会议由中国屈原学会主办、包头市职工大学承办。来自欧美、日本、韩国和中国台湾及北京语言大学、复旦大学、浙江大学、山东大学、深圳大学、南通大学、华中师范大学、西北师范大学和湖北省社会科学院等境内外60多所大学或科研机构的110多位专家教授参加会议。会议总结中国屈原学会成立20年来的经验教训,百花齐放,百家争鸣,探讨楚辞作品的思想性和艺术性,探讨古老的楚辞如何同社会发展的要求和人民群众的需要紧密结合起来,表示要努力普及屈原作品,弘扬爱国主义,为建设社会主义精神文明作出贡献。

褚斌杰、周建忠在开幕词中说:楚辞是中国文化史上十分奇特的文化现象,所谓"莫不惊其文采""逸响伟辞,卓绝一世""衣被词人非一代也"。屈原的出现,在我国文化史上、文学史上具有划时代的意义。因为在文学发展的初始阶段,还没出现真正意义上的作家。屈原的出现,则结束了这样一个时代,他是中国文学史上最早出现的诗人、作家。从此,文学史上出现了作家林立、群星灿烂的局面。屈原正是远在众星之前,出现在中国诗坛上的一颗巨星。屈原是中国文学优良传统的开创者、缔造者。如中国文学中的伟大爱国主义传统,就是由屈原开其端的;又如在中国文学观念中,向来有人品与文品、道德与文章并重的观念,而屈原正是这方面的最早的典范。屈原的高尚人格,是他创作出伟大作品的基础;他的美文,是他"美政"理想和美的人格的体现。这种人品与文品的统一,一直成为中国文学批评的重要尺度,也是后世诗人、作家在人生与创作中所努力追求的。屈原是中国骚型艺术的创造者。中国文学中的所谓诗、骚传统,其后者正是由天才诗人屈原所开创和奠基的。屈原骚型艺术的出现,则为中国文学开创了另一种创作类型,即通过幻想和想象表达作者深邃思想和强烈感情的浪漫主义艺术。在中国众多的诗人作家中,屈原乃是影响最为深远、最具群众性的,他的伟大思想和人格,甚至影响到中国民俗,如端午节的吃粽子、划龙船,一直流传至今,在中外文学史上,还没有哪一个作家能享有这样持久、普遍的纪念。

屈原研究,或云屈学、楚辞学,是一门古老的学科,从汉代刘向、司马迁、扬雄、班固、王逸算起,延续至今已有两千多年的历史。中国学术发轫于先秦,汉代尊儒家著作为不刊之经典,通过解释学而建立起一门儒学。而诗人屈原及其楚辞作品,却几乎同样早地受到关注与推崇,获得"日月齐光"的美誉,经汉越宋至清,流布千年,一直是中国文学研究的热点,学术史上的显学。伟大诗人屈原之所以获得不朽生命力,一方面是由于他的博大精深的思想、他的崇高的品格,他的坚持理想和"九死不悔"的壮烈精神,而所有这些正是我们历久而不衰的民族精神的体现,他为历代人民、社会精英、仁人志士提供了精神营养和支柱。从另一方面,即从历代的屈学研究者来说,对屈学的热情和精研覃思的追求,往往也表现了对各自所处时代的忧患意识,以及在纷纭的世俗中,对人格自我完善的渴望。

屈学的发展与繁荣,具有持久生命力的原因是什么? 主要的乃是千百年来人们对屈原及其作品的研究和探索,是作为人格理想的追求和完善,是作为民族精神的发掘和发扬来对待的。正因为如此,屈学一直是一个开放性的学科,它不仅随着历代学术的发展而发展,更随着历史社会环境的变迁和需要而显示其日久弥新的生命力。

研究楚辞,无论运用哪种方法,何种角度,最终必须落实到楚辞创作的本身上来,即为读懂楚辞、理解楚辞服务。我们必须围绕着这样的问题,回答这样的问题,即伟大诗人屈原的不朽品格究竟表现在哪些地方?楚辞的永恒艺术魅力何在?它对于丰富、充实中华民族文化以及人类文化做出了哪些不可替代的贡献?这是我们作为楚辞研究者所要从事的最重要的工作和所要探讨的主要问题。

中国屈原学会成立于1985年端午节,在姜亮夫、汤炳正、魏际昌、姜书阁、张啸虎等老一辈学者的倡导与关怀下,20年来一直是国内十分活跃的学术团体。从成立至今,举行了11届年会,七次国际性学术研讨会。会刊《中国楚辞学》由学苑出版社公开出版,已出10辑,影响颇广。中国屈原学会一直有着优良的学风和会风,那就是在学术上严肃认真、勤奋谨严、笃实创新。我们的会员,是把屈原研究看作是自己的一项学术事业,是怀有严肃的学术使命感的。在会风上,我们学会一直是坚持学术民主和百家争鸣的方针,在学术观点上,既各抒己见,又彼此尊重;老中青互相学习,互相砥砺,在追求科学、真理上,一律平等。

有学者对楚辞文本的精析辩疑,提出确定楚辞的体例,不宜以颇有附会之辞的王逸序言为依据,而应考察各篇的实际情况,同时对《离骚》《九歌》《橘颂》《惜往日》《招魂》等篇作品发表了新的见解;有学者对屈原身世经历作了系统疏理,作出放逐考证的研究反思,并认为屈骚精神将亘古常新;也有学者利用出土文物和简帛文献对楚辞文本作校订考证,认为这确能为解决传统文献的不足提供有力佐证,是现今条件下研究楚辞的一条新途径,值得引起重视;对屈骚的影响及其在后代的传播,更是不少学者关注的对象,从两汉到北朝,从游仙文学到诗人杜甫,研究的视角已不仅仅停留于单向的被动影响,更注重了主动的接受与传播。

(十一)第十二届学术年会 ①

2007年9月23日至25日,"中国屈原学会第十二届年会暨2007年楚辞学国际学术研讨会"在杭州举行。会议由中国屈原学会与浙江大学共同主办,国内外150余位学者参加。会议以"21世纪楚辞学的拓展与创新"为主题,收到论文142篇,安排大会发表论文近40篇,分会场发表百多篇,涉及屈原及楚辞研究的各个方面。与会代表以屈原和楚辞为中心,就中国古代文学与传统文化发展的一些重要问题,进行了全方位的深入研讨,推出了一批富有价值的学术成果。

在20世纪的楚辞学研究中,出现了一批卓有成就的著名学者。中共浙江省委常委、

---

① 参阅王孝强、徐辉:《中国屈原学会第十二届年会暨2007年楚辞学国际学术研讨会会议综述》,《中国文化研究》,2007年冬之卷。

浙江大学党委书记张曦在致辞中说:姜亮夫的《屈原赋校注》《楚辞通故》《楚辞学论文集》《古史学论文集》等一系列著作,极大地拓展了楚辞研究视野,形成了独特的创新体系,被誉为"耸立南天的一代宗师"。潘啸龙《耸立南天的一代宗师——论姜亮夫先生对楚辞学研究的贡献》、李大明《建类归宗,体大虑周———〈楚辞书目五种〉与姜亮夫先生对楚辞文献研究体系的建构》以及江林昌关于姜亮夫学术成就的论文,对曾经在浙江大学工作的姜亮夫先生在楚辞学研究上的成就和贡献进行了比较全面的总结。姜先生从事楚辞研究60余年,先后有《屈原赋校注》《楚辞书目五种》《楚辞学论文集》《楚辞通故》《屈原赋今译》《屈原与楚辞》等著作问世。姜先生一是对楚文化、楚社会结构特点进行研究,从而为楚辞研究开拓了广阔的历史文化视野;二是从南北文化差异入手,对楚史传说、楚辞名物之义提出了诸多独到的新说,给后起的楚辞研究者以重要启迪;三是对屈原思想个性和屈赋一书的探讨,别开生面而且有相当深度;四是勇于探索,不断深入,不怕推翻自己提出的成说;五是在楚辞书目文献著录方面,承继"辨章学术,考镜源流"的优秀传统,开创性地建构起体现20世纪现代学术新气派的楚辞文献研究体系。

汤炳正是20世纪楚辞学研究的又一重要学者。李大明、李诚、熊良智的《汤炳正先生新时期的楚辞研究》,对汤先生的《屈原列传新探》《楚辞成书之探索》《屈赋新探》《楚辞类稿》《楚辞今注》《渊研楼屈学存稿》《楚辞讲座》等论文和著作进行了全面评价,认为汤先生强调学术研究要建立在对原始文献、根本材料的整理与研究的基础上,寻绎事物之间的相互联系,形成系统性的体系,抓住根本性的学术问题进行探讨,又善于利用出土文献材料,采用二重证据法,解决了楚辞中许多难以解决的问题。汤先生重视"博"与"约"之间的辨证关系,注意"微观"与"宏观"的结合,常常通过具体问题的研究去思考和揭示带有普遍性的问题。汤先生既有疑古的批判精神,又有在事实面前信古的求真态度,更有着随时代学术发展不断追求的科学信念。

徐志啸《林庚先生的楚辞研究》,对北京大学林庚教授的楚辞学成就给予了高度评价。认为林庚先生对楚辞学研究的贡献体现在他的两部代表性著作《诗人屈原及其作品研究》和《天问论笺》中,这两部著作凝结了林先生数十年的汗水和心血。

已故北京大学褚斌杰教授一生致力于中国古代文学与思想的教学与研究,对古代文学研究做出了重要贡献。方铭《褚斌杰先生的中国古代文学研究》,认为褚斌杰先生学术研究的重点是先秦两汉文学,而其中用力最多、最有创造性的,应该是有关《诗经》及《楚辞》的研究。在《楚辞》研究中,他先后发表了《屈原——热爱祖国的诗人》《伟大诗人屈原及其作品》《崇高、悲壮、奇丽——论屈原〈离骚〉》《〈离骚〉"正则""灵均"解》《屈原〈天问〉新探》《论〈楚辞·九歌〉的来源、构成和性质》《屈原〈九歌〉"东皇太一"新考》《论楚辞的文体特征》《百年屈学》等论文。他的专著《楚辞要论》是他众多《楚辞》研究著作中的代表作。

会议还对屈原及楚辞文献等进行了充分讨论。黄灵庚的《〈楚辞〉十七卷成书考辨》，认为在汉代本无《楚辞章句》十六卷本或十七卷本存在，六朝时期流传的王逸《楚辞章句》为十一卷本，《七谏章句》等五卷为王延寿所作，初唐始见《楚辞章句》十六卷本，五代、北宋初期始有《楚辞章句》十七卷本。周秉高《楚辞历数考》认为，楚辞中已经出现二十四节气中的两种名称，楚辞采用夏历之说可以定谳。刘树胜《〈屈原列传〉的两点疑难》，认为《史记·屈原列传》中存在两点疑问，即张仪欺楚和辞、辞令、赋的混乱现象，理出了张仪欺楚的线索，并分析了辞、辞令、赋的关系。黄震云《周代金文与屈原的家世》《楚辞的诗体类型与流变》，认为"朕皇考"是西周金文习见之词，用在祭祀场合，有特定含义。核之《离骚》开始的表达方式，可以看出屈原是大夫身份，其父亲担任过伯，名庸，所以叫伯庸。州下为间，所谓三闾大夫就是州长，采邑在洞庭湖一带，此是屈原家族世袭的职务。后来屈原入朝为左徒，放流时回到了采邑，所以渔夫仍称其为三闾大夫。又认为楚辞被当作诗体的一种，应是就整体风格而言。屈原的作品原有自己的诗体名称，具体来说一共有11种，出自传统的有九（歌）、颂、诵、辞、章、赋6种，这些诗体三代以来就已经形成。屈原自己创造的诗体有哀、骚、问、游、怀等5种，后代虽有述作，但未能广泛流行，因此楚辞的诗体有整体和具体之分，在文学发展史上成为一个很重要的诗学特征。

日本秋田大学石川三佐男在致辞中介绍，2005年9月，日本成立了"楚辞学会日本分会"。在因特网上开设了网页，公布了详细的活动记录。目前正筹划以分会为中心举办有关楚辞研究的国际项目。台湾成功大学陈怡良在致辞中说，台湾自1947年9月台静农先生在《台湾文化》第一卷第二期发表《屈原天问篇体制别解》后，就开启了台湾的楚辞研究，且在台湾大学讲授楚辞，栽培了不少素质优异的后进、学生。

这次会议还进行了中国屈原学会第五届理事会的换届选举，章必功当选为中国屈原学会名誉会长，方铭教授为常务副会长（会长暂缺），郭杰教授等为副会长。

（十二）第十三届学术年会[①]

2009年10月29日至11月1日，"2009年中国楚辞学国际学术讨论会暨中国屈原学会第十三届年会"在深圳召开。由深圳大学文学院和中国屈原学会主办。国内外专家学者100多人到会。共收到论文近百篇。大会由沈金浩教授主持，屈原学会名誉会长、深圳大学校长章必功代表承办方致欢迎辞。与会代表就屈原的思想精神、文学影响、文化意义等作了精辟论述和探讨，并就屈原、宋玉等相关话题和具体作品进行了广泛交流和争鸣。

关于屈原的思想精神，周秉高认为屈赋中的反中庸思想是构成中华民族精神最健美一面的重要组成部分，当代学者应该大力提倡。陈仲庚认为屈原精神的本质是求索，不

---

[①] 参阅杨华：《2009年中国楚辞学国际学术讨论会暨中国屈原学会第十三届年会综述》，《深圳大学学报》（人文社会科学版），2010年第2期。

是历史上所说的"忠贞""怨愤"或"在思想上存在两个屈原"等外在的表现特征,而求索的目标既是求"真",也是求"善"。舒新宇认为屈原并不是一个狭隘的爱国者,而是一个追求民主自由的伟大诗人。林训涛考察了屈赋中水及与水有关的事物并结合先秦时代盛行的"始卒若还"思想,从哲学、文化人类学、心理学等角度探求了屈原沉水的深层原因和屈赋中蕴含的永恒回归的文化意义。郑之问等组织的全国巡访屈原后裔的活动,从全国屈氏聚居处走访、考察、查阅屈氏谱牒及地方志书,发现了屈原有妻有子有名有氏的大量资料,并用这些材料进一步佐证屈原故乡乃秭归。这种田野工作为学界的深入研究提供了宝贵的信息和有益的帮助。

关于楚文化和楚辞,黄震云根据传世文献和出土汉简比较,认为"离骚"就是"扫庙陈词"。郭建勋针对赵敏俐2007年楚辞大会的论文《七言诗并非源于楚辞体之辨说——从〈相和歌·今有人〉与〈九歌·山鬼〉的比较说起》中的几个论据一一作了辩驳,认为七言诗源于楚辞体。黄崇浩认为"陵阳"就是岳阳。刘石林从农耕文化的角度追溯了历史上端午文化的起源、内涵和变迁及屈原之后端午文化的提升和发展。徐志啸认为《楚辞·渔父》很可能是仿《庄子·渔父》而别有寓意之作。

(十三)第十四届学术年会[①]

2011年6月4日至6日,中国屈原学会第14届年会暨楚辞国际学术研讨会在福建东山隆重举行。由中国屈原学会、漳州师范学院、东山县人民政府共同主办,漳州师范学院中文系、东山县委宣传部联合承办,福建师范大学闽南科技学院、福建省统一战线理论研究会两岸关系理论漳州研究基地协办。来自全国及日本、韩国等40多所高等院校及科研单位的130多位学者参加了会议,提交学术论文120多篇。与会专家就历代楚辞作家作品研究、地域文化与楚辞研究、楚辞传播与接受研究、新时期楚辞研究等专题展开了研讨。

关于历代楚辞作家作品研究,陈逸根认为屈赋中彭咸并非单指一个人,而是指"彭咸之道",也就是"彭咸之遗则"。彭咸所代表的乃是一种贞臣精神、烈士精神,这是屈原最终的人生追求,也是其留在后代文人心目中最鲜明的形象。施仲贞《回忆与想象论离骚的时间意识》认为屈原对时间具有异样的敏感和独特的体验,在《离骚》中往往把时间感受同人生感慨联系起来,将自然时间转化为心理时间,是屈原让"时间"成为一种自觉的诗学意识。梁奇《山海经与楚辞·离骚中草木意象比较》认为《山海经》中的草木多带有神性,《离骚》中的草木人性成分渐增,多为作者多佩戴的装饰品。这一遭变是人的自我意识不断加强在文学作品中的体现。宋小克在《屈原与昆仑山之变迁》中肯定了屈原之

---

① 参阅陈良武:《中国屈原学会第十四届年会暨楚辞国际学术研讨会综述》,《闽台文化交流》,2011年第2期。

于昆仑山风貌嬗变的关键性作用。认为在《离骚》中,屈原把县圃、咸池、春宫等物象整合进昆仑,并重构了若木和扶桑的方位,《淮南子》则吸取《离骚》神话因素,并根据屈原神游昆仑的描述,重建了一个三层九重,众神云集的新昆仑。刘石林认为屈原流放江南,曾担任民间丧葬仪典中的"大宾",丧葬仪典中"对花"的对花词,给《天问》创作提供了丰富的素材。《天问》的创作,如同借整理《九歌》以寄"忠君爱国,眷恋不忘之意"一样,是"将历年收集到的对花词整理成《天问》,以泄心中的忧愁愤懑"。李孝配认为《天问》是一篇长篇政治哲理诗,其目的是借总结历史教训,劝谏怀王励精图治,战胜强秦。许富宏《天问"伯强""惠气"考》认为应从中医学角度来理解"伯强""惠气",四时之气不和调就是病气,四时之气顺时而行就是"惠气"。因此,《天问》中"伯强何处惠气安在"主要是针对瘟疫问题发问,闻一多先生的"箕星"说是不能成立的。

(十四) 第十五届学术年会 ①

2013年8月16日至20日,由中国屈原学会、中共西峡县委、西峡县人民政府联合主办的"2013年西峡屈原及楚辞学国际学术研讨会暨中国屈原学会第十五届年会"在河南省南阳市西峡县蒴河宾馆举行。来自国内外160多位专家学者与会。收到学术论文140多篇。与会专家围绕屈原的生平与创作、人格与思想、文学成就与地位、楚辞的传播与接受、楚辞研究史、出土文献与楚辞和楚史研究等专题进行了广泛而深入的探讨,取得了丰硕的成果。

关于屈原的籍贯问题,是这次会议讨论的热点。1998年,黄崇浩发表《屈原生于南阳说》,首次提出屈原故里为河南南阳。后来他又发表《屈原生于南阳说新证》《"州屈"不在湖南而应在河南》两篇论文,进一步证明屈原的故里应是今河南省南阳市西峡县回车镇。此后,南阳学者杜全山发表《屈原、端午节与南阳》,郑先兴发表《屈原出生地究竟在哪里》,张怡雅发表《从〈抽思〉看屈原与南阳的渊源关系》,《光明日报》2012年6月11日第15版"国学"专栏发表段文汉、方铭、姚小鸥、黄震云四人的座谈《屈原故里:倾听学者的声音》,《光明日报》2013年2月18日第15版"国学"专栏又发表黄震云《屈原的故里与籍家》和姚小鸥先生《西峡、楚史与屈原》两篇论文,进一步引申发挥此种观点。不管屈原故里是否是南阳西峡,与会学者认为屈原与南阳西峡确实存在密切关系。

关于屈原的作品,潘啸龙考证了《离骚》的创作年代应为顷襄王八或九年之间。谭家斌认为《橘颂》是屈原管教"王族三姓"子弟时的训辞。来自台湾地区的廖国栋考证分析认为屈原《离骚》《卜居》和《渔父》中的"客"均是隐藏的屈原自我的化身。

宋玉的生平创作与文学思想,也是大会的议题之一。如金荣权认为宋玉主要作品完

---

① 参阅吴广平:《2013年西峡屈原及楚辞学国际学术研讨会暨中国屈原学会第十五届年会综述》,《云梦学刊》,2013年第5期。

成于楚国迁都淮阳之后等,均不无见地。

会议成功举行了中国屈原学会第六届理事会换届选举,129人当选为理事,51人当选为常务理事。饶宗颐、聂石樵、冈村繁、陈怡良等四位资深楚辞学家被推选为学会顾问;崔富章、毛庆、赵逵夫、章必功、蒋南华、殷光熹、潘啸龙、张崇琛等八位著名楚辞学家被推选为名誉会长;方铭当选中国屈原学会会长;周建忠、徐志啸、汤漳平、赵敏俐、姚小鸥、郭建勋、郭杰、黄灵庚、林家骊、周秉高、蔡靖泉、黄凤显、刘刚、黄震云、张强当选为副会长。方铭兼秘书长、法人代表。黄凤显、黄震云、刘刚、王德华、杜道明、吴广平、徐文武任副秘书长。大会还组织全体与会人员考察了西峡屈原岗、恐龙遗迹园、南阳汉画馆、卧龙岗、内乡县衙;观看了"2012年中国北京端午诗会《屈原颂》大型诗歌朗诵会";录像(《屈原颂》是由屈原后裔屈金星创作的长篇抒情诗);讨论了盛运昌为台湾海峡屈原岛纪实片创作的主题歌《两岸和平岛》征求意见稿。

(十五)第十六届学术年会

2015年7月25日至29日,在江苏淮安举办了"2015年中国淮阴屈原及楚辞学国际学术研讨会暨中国屈原学会第十六届年会",同时庆祝中国屈原学会成立30周年。由中国屈原学会、淮阴师范学院主办。淮阴师范学院运河与漕运文化研究中心、文学院、社科处承办,江苏春雨教育集团及今世缘酒业有限公司协办。方铭、周建忠、周秉高等在大会发言中回顾了中国屈原学会30年的发展历史和30年来取得的成就。

方铭在开幕词中说:根据《史记·楚世家》的记载,西周时,楚熊绎都丹阳;春秋时,楚武王僭越称王,其子楚文王元年建都郢;楚昭王十年吴人入郢,昭王亡命鄘、随,十一年归郢,十二年,吴复伐楚,楚恐,去郢,北徙都鄀;楚顷襄王二十一年白起拔郢,楚顷襄王兵散,北迁陈城,寿春。楚威烈王二十二年,楚与诸侯共伐秦,不利而去,东徙都寿春,改称寿春为郢。又楚昭王子楚惠王曾都鄀,仍称郢,后代称鄀郢。《商君书·弱民》曰:"秦师至,鄀郢举,若振槁。"《战国策·楚策一》和《史记·苏秦列传》记苏秦为赵说楚威王,曰:"秦必起两军,一军出武关,一军下黔中,则鄀郢动矣。"这些记载中,鄀郢俨然就是楚都的同义词。《资治通鉴》卷六载,秦昭襄王五十四年,"楚迁于巨阳"。秦昭襄王五十四年是楚威烈王十年。根据这些记载,楚国的都城逐渐东移,从今河南、湖北交界处到湖北襄阳、江陵一带,再到安徽。淮阴地区春秋时属吴,吴灭属越,大约在周定王时期,即公元前445年前后,即受楚的威胁,并最终归楚……淮阴地区也曾经是楚国的都城。西汉初年,淮阴人韩信也受封楚王,后贬为淮阴侯……屈原是中国文化中具有符号意义的代表,当然也是楚国文明的标志性人物。淮阴人与屈原的联系,当然也是割不断的。

本次会议共有来自海内外的148位专家学者参加。收到142篇参会论文。学者们围绕屈原和楚辞以及楚辞学的宏观理论、微观学术问题,海外屈原研究,楚辞学研究现状等展开了多方位的探讨。与会者认为,作为世界四大文化名人之一的屈原和中国古代文学经典的楚辞从多方面反映了中国文化精神和超时代的文学成就,对屈原生平、事迹、人格和楚辞经典作品的多方位全面深入研究,对建设当代社会主义精神文明具有积极意义。

(十六)第十七届学术年会

2017年11月10至11日,屈原及楚辞学国际学术研讨会暨中国屈原学会第十七届年会在云南大学举行,由中国屈原学会、云南大学文学院联合主办。国内外近200名专家参加。会议收到论文184篇,涉及八个方面,即:屈原作品研究、屈赋的文学影响与赋体文学研究、楚辞的域外传播与研究、屈原生平思想及其精神影响研究、楚辞与楚文化研究、民俗研究、宋玉研究和楚辞学研究。会务组先是印了上、中、下三册(1211页)论文集,装不下,后来又加了"补编"。

在开幕式上,中国屈原学会名誉会长毛庆,首先代表学会向各位学者的到来表示感谢,也为学会的年会能在向往已久的昆明召开表示欣慰。著名文艺理论学家、92岁高龄的云南大学教授张文勋在致辞中说:屈原精神影响了一代又一代知识分子,我们研究屈原,就是要研究和弘扬屈原不断求真求知的探索精神、不随流俗的人格精神。

在屈原及楚辞学领域,云南有深厚的学术传统。抗战中,闻一多先生任教西南联大和云南大学时,就在该领域取得重要成果。曾任云南大学文学院院长的国学大师姜亮夫先生,以毕生心血研究楚辞,继承前人,融汇新知,开创了楚辞研究的新局面。其后,刘尧民、殷光熹、赵浩如、冯良方等一批学者,以深厚的功力、独到的眼光,继续引领楚辞研究走向深入。

屈原与云南之间究竟有着怎样的关系?其实,屈原一生并未到过云南,中国屈原学会名誉会长、云南大学教授殷光熹试图以《庄蹻与屈原》这样一个特殊的角度,来对这一设想进行破题。他在主题学术报告中指出,屈原流放的部分足迹,似乎一路追随着庄蹻,作为楚国同时期的一文一武两位重臣,他们之间有着很微妙的关系,值得学界持续深入研究。他表示,屈学已成为一门显学,前景光明,自己将和全体会员一道努力,继续推动引领屈原及楚辞学的研究,展现其永久的魅力和光彩。

11月10日下午和11日上午,专家、学者分四个小组进行研讨。11日下午,在徐志啸副会长的主持下,四个小组分别汇报了各小组讨论的情况。周秉高副会长对研讨会作了总结。

## 三、其他有影响的学术会议

(一)湖北省首届屈原学术讨论会[①]

由湖北省社会科学院、社科联、文联、文化局联合发起的湖北省首届屈原学术讨论

---

① 参阅张仲良:《湖北省首届屈原学术讨论会观点综述》,《江汉论坛》,1982年第9期。

会,于1982年6月24日至7月1日在屈原的故乡——湖北省秭归县举行。湖北省学术界及全国18个省市的120多位楚辞研究者参加了讨论会,大会共收到专著及论文80多篇。这是新中国第一次大规模的屈原学术讨论会,也是两千多年来楚辞学史上的第一次盛会。会议就屈原的爱国主义思想、屈原的生平、屈原的诗歌创作理论、屈原作品的艺术特征、楚辞的历史渊源等问题进行了深入探讨。

与会学者认为屈原爱国主义思想主要包括为了楚国的富强而积极推行政治改革,希望由楚国来完成统一大业;热爱人民,同情人民的疾苦;为了维护国家的利益,同昏君佞臣进行坚决斗争;热爱祖国,至死也不离开,最后以身殉国。我们不能用现代的国家观念照套屈原的时代,屈原应当是中国历史上第一个伟大的爱国主义者。显然,从屈原所草拟的宪令中有革新的内容,屈原是一个站在时代前列的思想家。

与会学者还讨论了屈原的卒年及原因,一种认为屈原沉江在白起破郢之前的顷襄王十六七年间,主要原因是顷襄王十五年,秦、燕、韩、魏、赵五国攻齐,袭破齐都临淄,使屈原为之奋斗的联齐抗秦事业全部化成泡影。楚国国内仍是佞臣当道,日趋衰败,屈原对楚王所抱的重新起用自己的渺茫希望绝灭。屈原因此而沉汨罗,是用生命殉了理想。一种认为屈原之死并非效法彭咸,从《悲回风》等作品分析,他已经看到申徒狄、比干等人的死并无作用。顷襄王二十一年,秦攻楚,从《哀郢》的"乱辞"可以看出,屈原在保卫还是放弃郢都的问题上与楚王发生分歧和争执,因此又一次被逐。他南下到九疑山,途经汨罗江时,秦兵攻占了楚洞庭、五渚一带,逼近长沙,截断了屈原的去路。他不愿做俘虏,因而自沉汨罗江,以身殉国。也有学者认为屈原只有一次被逐,是在顷襄王元年。怀王之时,屈原只是被疏,顷襄王即位,子兰、郑袖、靳尚等便迫不及待地加罪于屈原,致使屈原被逐。这同司马迁的《屈原贾生列传》相吻合,屈诗也是力证。至于放逐的地点,当在江夏,而不是传统所说的湖湘。

有学者屈原有先进的美学思想和诗歌创作理论,第一,屈原的作品是社会斗争的产物,他受压抑,积郁着满腔愤怒,发为诗歌,成为社会矛盾的必然产物;第二,他"信而见疑,忠而被谤",所以用诗歌抒发胸中的不平;第三,这种思想贯穿在屈原的全部作品中,成为指导思想,当然也就是他的审美观和美学思想。

有学者认为屈诗浪漫主义的本质特征在于极强烈的抒情性和高度的自我表现,大量运用神幻奇特的想象、夸张和比兴。屈原是我国文学史上第一个用诗歌充分抒情言志、生动地表现自我的伟大浪漫主义诗人。有的学者则认为刘勰评骚所说的"酌奇而不失其贞,玩华而不坠其实",从创作的角度讲,是指现实主义和浪漫主义结合。表现在既正视现实,又向往理想,富有强烈的批判现实、追求真理的精神;既取材于现实生活中客观存在的事物,又取材于想象中的事物,反映了历史本质的真实;赋、比、兴错杂而出,既具有现实主义的特点,又具有浪漫主义的特点。

有学者认为楚辞有自己古老的源头,楚国神话和民间歌谣就是它成长的肥沃土壤。但屈原是学习过《诗经》的表现方法的。《诗经》中也有"奔放之词",并不亚于楚辞,可见它们在内容上也有共通之处。

（二）襄樊宋玉国际学术研讨会

"2010年襄樊宋玉国际学术研讨会"于2010年10月22日至24日在襄樊学院召开。会议由中国屈原学会、湖北省荆楚文化研究会、襄樊学院、宜城市人民政府联合主办。这是以宋玉研究为专题而召开的首次国际学术盛会,中国屈原学会荣誉会长毛庆、常务副会长兼秘书长方铭、副会长汤漳平、林家骊、周秉高、蔡靖泉,以及中国大陆学者何新文、王洲明、莫道才、力之、刘生良、刘保昌、李倩、顾久幸、张祝平、吴广平、刘刚、金荣权、曾亚兰、魏平柱、张法祥、程本兴、史新林、高志明、秦军荣、胡小林、彭安湘,中国香港学者李立信,中国台湾学者鲁瑞菁、苏慧霜,韩国学者朴永焕,突尼斯学者萨米尔等60多位专家、学者出席了大会,大会收到学术论文60多篇。会议围绕战国末期伟大的辞赋作家宋玉的生平与创作、人格与思想、文学成就与地位、辞赋的传播与接受等专题进行了广泛而深入的探讨。

（三）屈原与九华山（陵阳）学术研讨会

2011年11月24日至28日"屈原与九华山（陵阳）学术研讨会"在安徽省池州市青阳县九华山召开。会议由中国屈原学会与安徽省池州市人民政府主办,九华山风景区管委会承办,青阳县人民政府协办。参加会议的有国内屈学专家19位,韩国汉学家2位,共收到论文15篇。专家们对于屈原流放是否到了今安徽陵阳等课题,展开了热烈的讨论,其观点可分为肯定、存疑、否定三大类。钱征《屈原与九华山》认为蒋骥、洪兴祖、林家骊等人的论证是正确的,屈原流放,在陵阳一带居住了相当长的时间,在这一带完成了《哀郢》《远游》《招魂》等诗作,对九华山一带的道家思想的形成、傩文化的发展、"地狱文化"的演化都产生了一定的影响。刘刚《屈原在陵阳的诗歌创作与生命价值的终极抉择》认为"屈原再放东至陵阳当是不争的事实"。黄震云《屈原东行江淮考》认为屈原流放东迁,遵江夏而流亡,悲江介之遗风,望郢都之辽远,正是池州陵阳在楚时所处的地理位置。毛庆《屈原晚年行踪理测》"屈原于公元前278年（顷襄王二十一年）春末流亡到陵阳（今安徽青阳一带）"。林家骊《〈楚辞·九章·哀郢〉"当陵阳之焉至兮,淼南渡之焉如"之"陵阳"解》认为归纳前人对"陵阳"之解,一认为陵阳是地名;二认为陵阳不是地名,是腾驰,也即飞扬之义;三是对陵阳未作解释。实际上屈原流放最东端是到达了今安徽陵阳一带的。青阳县陵阳镇黄荆港村屈家组、屈湾组、屈墩组聚居着屈氏后裔,据他们保存下来的修于清光绪二十七年（1901）的《荆桥屈氏宗谱·卷首》记载:屈原有三子,名孟师、仲虞、季敏。屈原自沉于汨罗后,长子师留汨罗为屈原守墓,二子虞、三子敏先后离开汨罗。三子敏先迁荆州府枝江县,到宋初该支屈昶清由大学士升枢密使,其子承五荫授德州知州。承五有三子,长子屈愈严在宋哲宗元祐三年(1088)莅任池州青阳县尹,授文林郎。致仕后游至黄荆桥,见此地山清水秀,地茂田肥,民风淳朴,便在此筑室定居,繁衍至今已近千年。并建有三闾大夫祠(现称屈原纪念馆)。青阳县博物馆馆长朱献雄在《青阳县先秦时期文物遗存简介》一文中,介绍了青阳县的地理位置,古文化遗存。蔡靖泉《楚人经营皖南与陵阳历史地位——兼论屈原是否到过陵阳(提要)》认为"陵阳是楚国的东境重镇,水路与楚国的许多通都大邑及郢都连接,屈原要从郢都往陵阳来并不困难。不过,《池州府志》和《青阳县志》中没有屈原流放陵阳的记载,老人也均不知屈原,更找不到有关屈原的遗迹和传说,仅据屈原在《哀郢》中的'当陵阳之焉至兮'一句认定陵阳即西汉陵阳县,还需要坚实的证据"。换句话说就是屈原到过陵阳"还需要坚实的证据"。黄灵庚《〈哀郢〉"陵阳"考(提纲)》用训诂的手法,考证"陵""阳"两字的本义,"陵"者,"腾驰"也,"阳"者,"阳侯之波也",不应作地名释。潘啸龙《论顷襄王之世放逐屈原的地域》认为汉人去屈原时代不远,汉人东方朔、刘向、袁康和王逸所记屈原放逐地域,"当在江南'沅湘之间'""放于南楚"是可信的。"袁康《越绝书》所说屈原放逐的'南楚',其地域在司马迁《货殖列传》中有着明确的范围。汉人记述屈原于顷襄之世远迁的'沅湘之间',正在这'南楚'范围之中。而蒋骥推测屈原所放逐的池州'陵阳',在汉代属'丹阳郡'其地在'东楚'范围,显然与汉人所指明的屈原放逐地域不符。"《哀郢》中"背夏浦而西思"句中的"夏浦",不是常人所说的今汉口,而是"江水会"附近的"二夏浦"。《涉江》中"乘鄂渚而反顾"句中的"鄂渚""应当就是临近洞庭的五渚之一,并非今天湖北的武昌","是岳阳楼上可以'望'到的地方","蒋骥所提出的'屈原迁于陵阳'说,既与汉人的记述相左,又与屈原诗作之意不符,终究是似是而非的臆造而已。"

(四)屈原与郧阳学术座谈会

2014年8月25日,"屈原与郧阳"学术问题座谈会在湖北省郧县召开,中国屈原学会会长方铭主持了会议。郧县所在十堰地域,古称郧阳,属汉北。在屈原及楚辞研究史上,屈原与汉北的关系问题,一直是学术界关注的重要问题。此次座谈会,就是希望通过对话和沟通,把屈原与郧阳的关系辨析清楚,为郧阳的文化建设提供学术支持。

企业家凌智民认为通过对《鄂君启舟节》的行文逻辑研究,所载湘水就是现在汉江丹江口到旬阳江段,沅水就是淅川县境内的淅水,澧水就是现在淅川境内的淇河,与屈原作品中出现的湘、沅、澧地名一致。楚文王时期,楚国的势力范围还没有扩展到湖南,因此罗国为楚所灭后将罗迁湘,并不是将罗国的贵族迁徙到湖南,而是将其迁徙到了汉江上游(湘),具体应在现郧县的辽瓦一带。屈原晚年写《渔父》即在郧阳的沧浪洲,其蹈水的地方也应该在郧阳境内的湘水。刘刚认为通过实地考察,屈原到过郧县就不再是一个模糊的概念了。黄凤显则认为湘水、沅水问题,如果说原来在汉北,后来秦弃楚名,改到湖南。那么这种批量的改名,不是一条河的改名,而是自然地名的更易,这种情况到底是在什么情况下发生的,在《九章》中有些地名湖南都可以坐实,这些地名又是怎样更易过去的,确实需要我们继续探讨。中国史记研究会副会长、北京师范大学教授邓瑞全说:"我曾说过,虽然《史记》记载屈原的投江地在汨罗,但屈原的真正投江地不一定在湖南。因为《史记》也有错漏的地方……虽然我们对凌先生的研究不能下结论,但是作为一家之言是没有问题的,并且对我来说是有认同感的。"赵敏俐认为先秦时期汉北的范围很广,从郧阳地区的屈原传说来看,屈原到过郧阳是没有问题的。如果把郧县作为屈原的投江地,这个提法要慎之又慎。这已不是一个学术问题,而是一个文化认同问题。

9月16日《光明日报》第16版整版发表了《屈原与郧阳》座谈纪要。座谈会后,刘石林先生连发数篇论文对这种臆断进行了商榷。汉北在屈原时代不是地名,屈原作品涉及的地点集中在沅湘洞庭之域,没有涉及汉北郧阳地域,不存在屈原到过"汉北郧阳"的事,将论点建立在现代"汉北"基础上论述屈原与郧阳,时差两千多年,借屈原光大郧阳地方经济发展的事属凭空搭台唱戏,与屈原历史事迹完全相违背。屈原是战国晚期人,研究屈原涉及的地名应以秦代中国地理志——《山海经》涉及的地名为准。而且屈原投江时,郧县早已被秦攻克占领,屈原不可能跑到秦地去投江。所有古代文献也找不到屈原行踪到郧阳的记载。这个学术问题我们要认真对待。

2016年8月,郧阳区成立了屈原文化研究会。2017年5月27日,中国屈原学会与郧阳区人民政府共同举办了"屈原与郧阳"第二次学术研讨会。中国屈原学会会长方铭、中国屈原学会副会长姚小鸥、《光明日报》国学版主编梁枢等10位专家莅会。研讨会实际上是重复凌智民2014年的基本观点。在会上,梁枢建议对屈原文化的研究在学科方面做一个重新的思考和定位,把原来"碎片式"研究更新为"整体式"研究。建议加强屈原学科建设,定名为"屈原学"。中国屈原学会同时为郧阳区中国屈原学会"屈原与郧阳研究基地"授牌。

(五)楚辞"陵阳""庐江"地望学术研讨会

2018年11月25日,中国屈原学会楚辞"陵阳""庐江"地望学术研讨会在池州青阳县召开。安徽省池州市副市长刘会秋、池州市青阳县县长巩文生同中国屈原学会的学者们参加了会议。副县长张勇主持会议。原池州市屈原学会会长钱征介绍了池州市屈原学会的研究新成果。与会专家、学者紧紧围绕屈原与《哀郢》里的"陵阳"关系以及屈原与《招魂》里的"庐江"关系进行了研讨。钱征从历史演变、古代区域划分、时间和空间方面,深入推敲了屈原当年流放时所作《哀郢》与今天青阳县陵阳镇之间的关系。中国屈原学会名誉会长毛庆、会长方铭及副会长徐志啸、姚小鸥、周秉高、林家骊、蔡靖泉、黄凤显、黄震云、刘刚等学者分别对池州市屈原学会的研究成果进行了讨论,并就具体的学术问题发表了看法。下午,中国屈原学会在安徽省池州市青阳县召开了会长会议,讨论了2019年中国汨罗屈原及楚辞学国际学术研讨会暨中国屈原学会第十八届年会的有关议程。

**楚辞来源研究**

# 屈原"楚辞"与《诗经》中的远行意象

**辽宁大学　李树军**

《诗经》的远行意象广泛分布在风、雅、颂三类诗歌中,共59首诗歌,差不多5首诗歌中就有一首包含远行意象,可以说远行意象是《诗经》中最常见的意象之一。实际上《诗经》中很多诗歌尽管没有远行意象,但是仍然与远行有关。屈原所作的"楚辞"中同样有大量的远行意象,现在流传下来屈原的作品有:《离骚》《九歌》(11篇)《天问》《九章》(9篇)、《招魂》,共23篇。[①] 除了《九歌》中的《东皇太一》《山鬼》《礼魂》《九章》中的《惜诵》《橘颂》等5篇没有远行意象,其他18首诗歌都有远行意象,而且在一些诗歌中远行离别是诗歌重要的叙事内容,远行意象成为诗歌的重要意象。在屈原的作品中,除了"香草""美人"意象,远行意象是最常见也是最重要的抒情意象。

## 一、现实世界与想象世界——《诗经》与屈原楚辞中远行意象的类型

《诗经》与屈原楚辞中的远行意象我们可以分为物象、事象和人物形象三类。物象多为远行者在路途上所见的事物,有花草,有飞鸟,有庄稼,有山川。《小雅·皇皇者华》:"皇皇者华,于彼原隰。"《鸿雁》:"鸿雁于飞,肃肃其羽。"《小雅·渐渐之石》:"渐渐之石,维其高矣。山川悠远,维其劳矣。"屈原楚辞中也有这些远行常见的山河、草木意象和舟车意象。《离骚》:"回朕车以复路兮,及行迷之未远!步余马于兰皋兮,驰椒丘且焉止息。"行走的车、马,经过长满兰花的泽畔和长满椒木的山丘。刻着飞龙的船,《湘君》:"驾飞龙兮北征。"又说:"济沅、湘以南征兮,就重华而陈词。"渡过沅水、湘水南行。除了自然意象之外,在屈原楚辞中还出现了很多神话中的事物,这些想象的事物也成为远行意象。《离骚》中有驾车的飞龙、羲和、望舒、飞廉,飞龙为人驾车,羲和为太阳驾车,望舒为月亮御车,飞廉是风神,为"我"奔走前后。还有鸾皇、雷师、云师丰隆,它们伴随着抒情主人公的远行。帝阍,掌管天门的神。名山大川也是远行的重要意象,《离骚》中游历的山川往往与神话密切相关。

《诗经》中很多远行意象是对事情和行为的描述,我们将其称为事象。《小雅·四牡》:"岂不怀归?王事靡盬,我心伤悲。"王事没有办理完,不能回家,因为周王的事情而远

---

① 袁行霈编:《中国文学史》第1编,北京:高等教育出版社,1998年,第132页。

行。《北山》说:"王事靡盬,忧我父母。"《杕杜》:"王事靡盬,继嗣我日。"《出车》说:"王事多难,维其棘矣。""王事靡盬",不能回家是《小雅》远行意象中常见的意象。《四牡》最后一章又说:"驾彼四骆,载骤骎骎。岂不怀归?是用作歌,将母来谂。"这里则展现了一个驾车远行的画面。《皇皇者华》:"我马维驹,六辔如濡。载驰载驱,周爰咨诹。"使者驾车远行,访贤人,求善道。《小雅·出车》:"我出我车,于彼牧矣。"主人公要驾车远行,而这次远行是为了防戍任务。诸侯朝见周王,外交使者聘问周朝廷或其他邦国都是重要的外交活动,所以远行见面也是《诗经》中非常重要的一类事象。《小雅·频弁》说:"未见君子,忧心奕奕。既见君子,庶几说怿。"又说:"未见君子,忧心怲怲。既见君子,庶几有臧。"《毛序》:"诸公刺幽王也。暴戾无亲,不能宴乐同姓,亲睦九族,孤危将亡,故作是诗也。"从《毛序》提供的信息可以看出,同姓诸侯朝见天子,天子给予宴飨。"既见君子……""未见君子……"是表现这一类意象的重要句式。其中"既见君子"句式在《诗经》中出现 22 次。回家也是《诗经》中的一类远行意象,其中有在外行人将士思归的,有家中亲人盼望远行者回家的,也有直接描写远行任务结束后回家的。

屈原楚辞中也有一些对远行的描写。《离骚》:"为余驾飞龙兮,杂瑶象以为车。何离心之可同兮,吾将远逝以自疏。"楚王与自己的志向不同,抒情主人公要远行,离开楚王,五臣说:"忠佞两心不可同,吾将远去,自疏远也。""忽反顾以游目兮,将往观乎四荒。""览相观于四极兮,周流乎天余乃下。"抒情主人公要周流天下,于是就进行了远行,朝发苍梧,夕至县圃,饮马咸池,挽缰扶桑。又说"朝发轫于苍梧兮,夕余至乎县圃""饮余马于咸池兮,总余辔乎扶桑",这些远行意象动作非常鲜明。"朝……,夕……"是屈原常用的叙事句式。

人物形象也是远行意象中非常重要的一类意象,《诗经》中这一类意象涉及的人物非常多,诸侯、外交使者、出征或戍防将士、远嫁新娘等等。《小雅·渐渐之石》说:"武人东征,不遑出矣。""武人东征,不遑同矣。"这是东征荆楚的将士。《小雅·皇皇者华》则塑造了一位兢兢业业的外交使者形象,"駪駪征夫,每怀靡及。我马维驹,六辔如濡。载驰载驱,周爰咨诹"。《邶风·燕燕》则有一个远嫁的新娘,"之子于归,远送于野"。相比来说,屈原楚辞中的远行人物形象要单一了许多,在《离骚》中,塑造了一个即将远行的抒情主人公"我"的形象。他忠君爱国,不与世俗同流合污,追求正道。《九章》中的诗篇则塑造了一个在外远行的抒情主人公形象,这一形象与《离骚》中的"我"是一致的。这些形象实际上就是屈原自己。《九歌》是一组祭祀诗歌,其祭祀对象是不同的神灵,在这些诗歌中,祭祀者和神灵都可以是远行者。神的形象外化为人的形象,神的降临是神的远行到来,迎神是远行迎接神的到来。《云中君》描写了一个忽来忽去、让人劳心相思的云神形象,《湘君》则塑造了一个等候者的形象,这个等候者走出很远去迎接他所等待的人。

## 二、由起兴到叙事和象征——远行意象的功能

远行是《诗经》诗歌创作的重要素材与内容，远行意象则是其比兴表现手法的重要素材，而在屈原楚辞中，远行意象仍有比兴的功能，不过远行与远行意象有更重要的功能，在文学史上有非常重要的意义。

《诗经》中的远行意象在诗歌结构方式和文体功能上主要有两种作用，一是起兴，二是通过赋的表达方式直接抒情。《杕杜》："有杕之杜，有睆其实。"杜梨树上结满了果实，这是远行将士所看到的事物。《小雅·渐渐之石》："渐渐之石，维其高矣。山川悠远，维其劳矣。"郑玄认为高峻的山峰比喻戎狄强而无礼义，不好攻伐，从语境来看，山势险阻，道路难行，比喻征伐的困难是合理的。《诗经》中诗歌开头描写远行中所见事物形象的，大多是用了兴的表现手法。《诗经》中的远行意象大多用来直接抒情，远行意象的表现方式主要是用了赋，诗人往往直接提炼叙述远行意象来抒情。《小雅·出车》："我出我车，于彼牧矣。"抒情主人公要驾车执行戍防的任务，在都邑的郊区集合。

在屈原的楚辞中，远行及远行意象有更重要的作用，它们成为一种非常重要的叙事策略和诗歌结构方式。首先，远行意象具有比喻和象征的作用，与简单的起兴相比，比喻和象征作用是更深刻的表达方式，更具委婉性，同时它往往蕴含着更为复杂而深刻的意义。在文学史上，《离骚》的三次求女意象非常著名，而三次求女都与远行有关，是远行求女，这三次远行求女都具有象征意义。三次求女，分别是求宓妃，求有娀氏，求二姚。自王逸以来，三女的象征意义没有一致的意见。总的来说，大致有这样几种观点：一是以三女为跟屈原同志向的贤臣，以王逸、五臣为代表。二是以三女为贤君，这种观点以朱熹为代表，朱熹说："女，神女，盖以比贤君也。于此又无所遇，故下章欲游春宫，求宓妃，见佚女，留有娀，皆求贤君之意也。"① 后来，汪瑗、蒋骥皆持此观点。三是认为三女是屈原自指，这种观点以现代学者游国恩为代表。我们还是同意王逸、五臣等人的观点，曲德来先生说："诗人笔下的主人公在天上的求索没有结果；从象征意义上来说，我认为这象征着屈原欲向君通款而不得。正因为如此，所以诗中主人公才转而向下求女，企图在下界的女子中寻找知音者，可以作配偶者……就是说要在掌权贵族之外的大夫中寻找可以同志的贤人。"② 在屈原楚辞中远行及远行意象不再是对远行生活的简单记录，而是对个体心理感受的舒张，是对内心世界的模写，所以，诗歌充满了想象，运用了大量的神话素材。舜、有娀氏、宓妃和二姚本是历史人物，在屈原的楚辞中关于他们的历史知识是神话形态的，在屈原上天下地的远行求索中，这些形象都被赋予了象征色彩。

其次，远行事件叙事是屈原楚辞非常重要的结构方式，与《诗经》重章叠句的结构

---

① 曲德来：《屈原及其作品新探》，沈阳：辽宁古籍出版社，1995年，第142页。
② 曲德来：《屈原及其作品新探》，沈阳：辽宁古籍出版社，1995年，第146页。

方式相比,这是一种新的诗歌结构方式和策略,其叙事性强,内容变大,这使得楚辞这种诗歌的体制规模往往很大。屈原的远行叙事结构可以分为这样几种类型:离开远行,就是离开不好的政治环境,去寻找理想的境地;求索远行,去寻找真理或知音而远行;迎接送别,即迎神和送神,这一类型主要用在《九歌》中。在《离骚》中,屈原运用了离开远行和求索远行,有六次远行事件,第一次从开头到"余既不难夫离别兮,伤灵修之数化"属于离开远行,离开不好的政治道路,辅佐楚王,寻求实现三后、尧舜等理想的先王政治道路。第二次从"余既滋兰之九畹兮"到"岂余心之可惩"也是离开远行,现实政治昏暗,要远行归隐。第三次从"女媭之婵媛兮"到"沾余襟之浪浪"是求索远行,抒情主人公去舜那里陈诉衷情。第四次从"跪敷衽以陈辞兮,耿吾既得此中正"到"好蔽美而嫉妒"属于求索远行,这一部分叙述求索上帝而不得。第五次从"朝吾将济于白水兮"到"余焉能忍与此终古"属于求索远行,即三次求女。第六次从"索藑茅以筵篿兮"到最后属于离开远行,与第二次远行的意义相同,远离现实政治去归隐。《离骚》忠君爱国的主题就是由这六次远行叙事表现的,这六次远行事件也涉及了丰富的远行意象,诗歌丰富的内容也就由这六次远行事件组织而成。《离骚》的这些远行叙事在《九章》中也多有表现。迎接送别叙事结构在《九歌》中表现得比较明显,比较典型的是《大司命》《少司命》。如《大司命》,从"广开天门兮"到"不寖近兮愈远"是迎神,从"乘龙兮辚辚"到最后是送神,迎神就是远行叙事,送神时有无限惜别之意,神将远行之意凸显出来。

屈原楚辞中的远行叙事结构不是单纯的叙事,而是具有象征意义。这种叙事结构要么是政治道路的选择,要么是屈原美好理想的坚持,要么是远离污浊政治写照。其远行叙事结构和远行意象根源于屈原的人生经历和楚国的地方文化。

## 三、楚风楚物与"怨诽而不乱"——屈原楚辞远行意象对《诗经》传统的继承与偏离

《诗经》中的远行意象来源于周代贵族的远行生活,是对远行生活局部的提炼和表现,是对现实生活自然真实地再现,具有现实性和真实性。屈原楚辞中的远行意象充满了神话,其远行生活则是想象出来的,主要是精神性的游历,生活中的自然意象成为神游的装饰,远行生活和意象充满了象征性,现实生活中的远行则隐藏起来,成为象征的本体。但是在情调和价值取向上,两者又有极大的相似性,明显有相承关系。

《诗经》收录的作品大致在西周初年到春秋中叶之间,有远行意象的诗歌59首,从内容上看,这些诗歌包括婚姻、朝聘、劳役、战争等题材,《诗经》中的远行意象根植于周代贵族充满远行的社会政治生活。周代社会制度是宗法封建制度,西周初年周朝廷分封了大量诸侯国,《左传》昭公二十八年:"昔武王克商,光有天下。其兄弟之国者十有五人,姬姓之国者四十人,皆举亲也。"《荀子·儒效篇》,周"兼制天下立七十一国,姬姓独居五十三

人。"受这种社会制度的影响,远行是周代贵族的重要生活内容。诸侯要定时或不定时地朝见周王,非朝见之年要派卿、大夫去聘问朝廷,诸侯国之间也有朝见聘问的礼节。诸侯、卿大夫等高级贵族的婚姻也往往是邦国间的,周王的王后也是在非姬姓的诸侯国内寻找。周朝廷和诸侯国之间、诸侯国与诸侯国之间有许多义务,《春秋》僖公元年:"夏,邢迁于夷仪。诸侯城之,救患也。凡侯伯,救患,分灾,讨罪,礼也。"齐国率领其他邦国帮助邢国重建是作为邦国霸主的义务,诸侯国之间的义务都涉及远行,如戍役、劳役、战争等等。这些远行又往往涉及其他重要社会生活内容,如祭祀、宴享等等,可以说远行是周代贵族非常重要的社会政治生活,所以《诗经》中才有这么多远行意象。

屈原作品中的远行意象同屈原的个人经历、教育和文化传统有密切关系,其中以《诗经》《尚书》为中心的周代传统文化和楚国的地域文化的影响非常显著。屈原曾为楚怀王左徒,司马迁《史记·屈原贾生列传》说:"入则与王图议国事,以出号令;出则接遇宾客,应对诸侯。"深得楚怀王信任,所以他有致君尧舜的志向,可是楚怀王听信谗言,疏远屈原,后来顷襄王时放逐屈原。这种政治经历使得屈原想远离楚王而不甘心,想接近楚王却又不能。被放逐之后,屈原离开都邑,身体经历了远行的苦难,远离楚王和权力中心,他的心灵显然经历了痛苦的旅程。屈原是一个怀有远大抱负的理想主义者,这种痛苦的经历对他的伤害非常大,其作品中的远行叙事和意象跟他的这种经历是分不开的。

《史记·屈原贾生列传》:"屈平之作《离骚》,盖自怨生也。《国风》好色而不淫,《小雅》怨诽而不乱,若《离骚》者,可谓兼之矣。"在司马迁看来,屈原《离骚》等作品与《诗经》是有继承关系的。"《国风》好色而不淫,《小雅》怨诽而不乱"就是其继承的主要内容,屈原楚辞中有很多美人,但却没有淫乱的关系;像《小雅》那样有许多埋怨和讽刺,但是思想诚实中正,没有作乱的心理。司马迁的这种认识成为后来学者的共识。《诗经》中《小雅》的远行诗属于"《小雅》怨诽而不乱"的风格,这部分诗歌对屈原应该是有影响的,不但如此,《国风》中的很多远行诗也是有这样的风格的,它们对屈原也应该有同样的影响。在59首远行诗歌中,除了《桃夭》等10首诗歌之外,其他或充满了悲伤埋怨,或有讽刺和忧虑,尤其是《小雅》中与战争和徭役有关的远行诗,抒情主人公忠于王事,尽职尽责,非常感人。从内容和情调上来看,屈原《离骚》等作品与这些诗歌非常相似,明显有继承关系,只不过《诗经》中对周王朝的忠诚在屈原作品中变成了对楚王及其朝廷的忠诚。所以王逸也说:"其后周室衰微,战国并争,道德凌迟,谲诈萌生。于是杨、墨、邹、孟、孙、韩之徒,各以所知著造传记,或以述古,或以明世。而屈原履忠被谮,忧悲愁思,独依诗人之义而作《离骚》,上以讽谏,下以自慰。"① 从《左传》来看,春秋时期,《诗》《书》已经成为各诸侯国贵族教育的重要内容,《左传》僖公二十七年赵衰评价郤縠说:"臣亟闻其言矣。说《礼》

---

① 洪兴祖撰,白化文等点校:《楚辞补注》,北京:中华书局,1983年,第48页。

《乐》而敦《诗》《书》。《诗》《书》,义之府也;《礼》《乐》,德之则也;德、义,利之本也。"楚国也是如此,《国语·楚语上》记载楚庄王让士亹担任太子的老师,士亹请教申叔时怎样教育太子,申叔时说:"教之《春秋》,而为之从善而抑恶焉,以戒劝其心;……教之《诗》,而为之导广显德,以耀明其志;教之《礼》,使知上下之则;教之《乐》,以舒其秽而镇其浮;教之《令》,使访物官;教之《语》,使明其德,而知先王之务用明德于民也。"到了战国时期,《诗》《书》仍然是人们学习的重要内容,《商君书·农战》:"今境内之民皆曰:'农战可避,而官爵可得也。'是故豪杰皆可变业,务学《诗》、《书》,随从外权,上可以得显,下可以求官爵;要靡事商贾,为技艺,皆以避农战。"商鞅认为,人民之所以避耕、战,就是因为通过《诗》《书》的学习也可以得到官爵,因此,他建议秦王要鼓励通过耕、战来获得爵位,极力否定《诗》《书》在教育中的作用。商鞅本是卫国人,他在给秦王的上书中极力反对人民学《诗》《书》,从中我们可以看出《诗》《书》是当时社会非常重要的教育内容。屈原受过《诗》《书》的教育,从而接受它们的影响是必然的。

屈原楚辞作品中远行意象及其功能同《诗经》中的相比又有很大不同,这种不同很大程度上源于楚地的文化浸染和屈原自己有意识的选择。班固《汉书·地理志》说楚地风俗"信巫鬼,重淫祀"。王逸说:"《九歌》者,屈原之所作也。昔楚国南郢之邑,沅、湘之间,其俗信鬼而好祠。其祠,必作歌乐鼓舞以乐诸神。屈原放逐,窜伏其域,怀忧苦毒,愁思沸郁。出见俗人祭祀之礼,歌舞之乐,其词鄙陋。因为作《九歌》之曲,上陈事神之敬,下见己之冤结,托之以风谏。"① 五臣认为,《九歌》所祀之神就是楚地之神。楚地巫风盛行,在很大程度上影响了人们对神灵的认识,在这种风气中,人与神的关系更加亲密。屈原作品的远行意象中有大量的神话素材,如祖先神、帝王神、自然神等等,这些神灵非常感性化,如《湘君》《湘夫人》中神灵具有人间男女之情,《离骚》中,抒情主人公去向重华即大舜诉说衷情,甚至可以说这些神灵已经世俗化。很多远行中的山川地理意象也是神话中的,如昆仑、西海、流沙等等,这些素材所体现的地理观念与《山海经》大致相同,而与《尚书·禹贡》《周礼·职方氏》等周王朝礼乐系统重内容相关的典籍相比则有明显的不同,后者已经充分理性化。我们前面说过,屈原的教育是以《诗》《书》、礼、乐为中心的周王朝礼乐文化为基础的,其诗歌远行意象选取楚风、楚物、楚神显然是有意为之的,这说明了他对楚国的热爱,对楚国亡国的担忧和焦虑。

远行是文学的重要题材,很多诗歌主题都从远行引申而来,如远游、羁旅、怀远、寄远等等,特别是唐代之后,这一类诗歌的数量非常多。《诗经》的远行意象作为远行文学的滥觞,屈原楚辞作为远行文学的发展,其立足社会现实的现实主义风格和浓郁的情感对后世远行文学都有积极的影响。

---

① 洪兴祖撰,白化文等点校:《楚辞补注》,北京:中华书局,1983年,第55页。

# 论越文化对《楚辞》的影响

安徽大学 吴从祥

《楚辞》不仅是楚文化孕育的结果,也是多种文化合力的结果。越文化与楚文化关系密切,对于越文化对《楚辞》的影响,虽然学者已有所论及,但依然尚有余义,在此简陈个人陋见,以期引玉之效,有更多学者关注此问题。

## 一、越文化在楚地的传播

楚国历史久远,始封于西周初。自立国以来,楚便不断向四周扩张,到了春秋中期,楚国成为能与晋、齐争霸的大国。到了春秋后期,楚国实力有所下降,但依然不失为南方大国。越国虽然历史久远,但一直不名于世,直至允常时,越国方逐渐强大。自允常称王,直至秦始皇二十五年秦降越君,三百余年间,虽然越、楚关系几经变迁,越、楚间文化交流却是持续发展的。此三百余年间,越文化向楚地传播大体可以分为以下几个时期。

(一)越文化被动向楚国输出时期(约前560年—前474年)

早期越国比较弱小,直至允常前期(约),越一直是楚的附庸国,越人常随楚子四处征讨。《春秋·昭公五年》:"冬,楚子、蔡侯、陈侯、许男、顿子、沈子、徐人、越人伐吴。"[1]《左传·昭公二十四年》:"楚子为舟师以略吴疆……越大夫胥犴劳王于豫章之汭,越公子仓归王乘舟。仓及寿梦帅师从王,王及圉阳而还。"[2] 不仅如此,越国还得不时向楚国进献美女。楚庄王"左抱郑姬,右抱越女"。[3] 楚昭王亡后,楚人"迎越女之子章立之,是为惠王"。[4] 至允常后期,越国逐渐摆脱依附地位而独立。为了应对强大的吴国,楚人有意识地支持越国的发展。越王句践的重要谋臣范蠡和文种都是楚国人,教越人射箭的陈音也是楚国人。为了对抗强大的仇敌之间吴国,越一直与楚保持着良好的关系。对于楚国,"春秋皮币、玉帛、子女以宾服焉,未尝敢绝"。[5] 由于楚、越关系相善,于是越文化逐渐传到楚国。著名的《越人歌》,乃是楚国王子鄂君子晳泛舟于水上时(约前540),所听船家越女所唱的歌曲。

---

[1] 杨伯峻:《春秋左传注》,北京:中华书局,1981年,第1261页。
[2] 杨伯峻:《春秋左传注》,北京:中华书局,1981年,第1452—1453页。
[3] 司马迁:《史记》,北京:中华书局,1959年,第1700页。
[4] 司马迁:《史记》,北京:中华书局,1959年,第1718页。
[5] 徐元诰:《国语集解》,北京:中华书局,2002年,第557页。

## (二)越文化向楚国传播时期(前473年—前333年)

经过数十年的发展,越王句践于公元前473年灭吴。灭吴之后,吴国全境为越国所有,吴文化逐渐融合于越文化之中。越人灭吴之后,曾求地于楚,反为楚所败。《韩非子·说林下》:"越已胜吴,又索卒于荆而攻晋。左史倚相谓荆王曰:'夫越破吴,豪士死,锐卒尽,大甲伤。今又索卒以攻晋,示我不病也。不如起师与分吴。'荆王曰:'善。'因起师而从越。越王怒,将击之。大夫种曰:'不可。吾豪士尽,大甲伤,我与战必不克,不如赂之。'乃割露山之阴五百里以赂之。"① 《史记·楚世家》:"是时越已灭吴而不能正江、淮北;楚东侵,广地至泗上。"② 越灭吴之后,越、楚接壤更多。③ 《史记·货殖列传》:"九疑、苍梧以南至儋耳者,与江南大同俗,而杨越多焉。"张守节《史记正义》:"扬州之南,越民多焉。"④ 学者认为"直至楚灭越前,长沙的东南一直为越人势力范围"⑤。此后百余年间,越国的一些优秀文化不断向楚国传播。越人长于铸剑,著名铸剑师有欧冶子、干将、莫邪等。从今存的越王剑来看,当时越国铸剑技术达到了很高的水平。为了获得越国铸剑技术,楚王不惜重金聘请越国剑师为之铸剑。"楚国的青铜文化之所以能在战国时期后来居上而独步天下,铸造出名噪一时的复合剑,实得益于越国青铜剑铸造技术的传播。"⑥ 不仅如此,楚人的稻作文化和舟楫文化亦多受越人影响。⑦ 这一时期的楚地墓葬,"存有较多的越文化因素"⑧。越人长于歌乐。越地诗歌产生得很早,涂山女所作《涂山之歌》"实始作南音"⑨。《吴越春秋》中保存了多首诗歌,如《句践夫人歌》《采葛妇歌》《河梁之歌》等。这些诗歌可能不是句践时代的产物,但其中不乏先越文化的因子。"这些歌的情调和风格相类,也可印证先秦的越歌与楚歌本就相似"⑩。

## (三)越文化融于楚文化时期(前332年—前221年)

公元前333年,楚威王败越,杀越王无强。《史记·越王句践世家》:"于是越遂释齐而伐楚。楚威王兴兵而伐之,大败越,杀王无彊,尽取故吴地至浙江,北破齐于徐州。而越以此散,诸族子争立,或为王,或为君,滨于江南海上,服朝于楚。"⑪ 越国几近亡国,余

---

① 王先慎:《韩非子集解》,北京:中华书局,1998年,第193—194页。
② 司马迁:《史记》,北京:中华书局,1959年,第1719页。
③ 战国中期楚越地图,可参见谭其骧主编《中国历史地图集》第1册《原始社会·夏·商·西周·春秋·战国时期》之《诸侯称雄形势图(公元前350)》,北京:中国地图出版社,1982年,第33—34页。
④ 司马迁:《史记》,北京:中华书局,1959年,第3268—3269页。
⑤ 湖南省博物馆:《长沙汉墓》(上),北京:文物出版社,2000年,第547页。
⑥ 参见孟文镛:《越国史稿》,北京:中国社会科学出版社,2010年,第686页。
⑦ 参见孟文镛:《越国史稿》,北京:中国社会科学出版社,2010年,第687页。
⑧ 湖南省博物馆:《长沙汉墓》(上),北京:文物出版社,2000年,第547页。
⑨ 陈奇猷:《吕氏春秋新校释》,上海:上海古籍出版社,2002年,第338页。
⑩ 蔡靖泉:《楚文学史》,武汉:湖北教育出版社,1995年,第102页。
⑪ 司马迁:《史记》,北京:中华书局,1959年,第1751页。

部再次沦为楚国的附庸。① 直至秦始皇二十五年(前221),"王翦遂定荆江南地,降越君,置会稽郡"②。越国灭亡。在越沦为楚附庸国的百余年间,一方面楚文化不断向越地渗透,越人生活、习俗等方面多受楚文化影响。与此同时,越文化也不断向楚地渗透,对楚人的生活、习俗产生了不少影响。因越地潮湿多水,故越地盛行干栏式建筑,楚地干栏式建筑便是受到越人影响的结果。③ 在此交融过程中,楚文化与越文化变得越发相近。《汉书·地理志下》:"本吴粤与楚接比,数相并兼,故民俗略同。"④

简而言之,自允常称王至秦降越君三百余年间,越文化不断向楚地传播。早期因越国处于附庸地位,越文化被动地向楚国输出;中期越文化以其优势而不断向楚地传播;到了后期,越地大半为楚所有,越再次沦为楚附庸国,越文化逐渐与楚文化相融,二者变得略同。

## 二、《楚辞》中的越文化因子

如上所说,自公元前333年,楚威王败越,杀越王无彊,越地大半为楚所有,越国成为楚的附庸国。此后,越文化与楚文化相互交融,相互渗透。生活于这一时代的屈原、宋玉等人,自然难免越文化的影响,他们的作品必然带有不少越文化因子。黄灵庚先生在《楚辞与简帛文献》一书中,就屈原《九歌》中的越文化因素作了考察。⑤ 虽然黄先生的有些观点可再作商榷,但其开创之功不可没。笔者研究越文化有年,现就越文化对《楚辞》的影响作一简要论说。

### (一)尚武佩剑

春秋战国时期,天下混战连年,各国养士成风,尚武成俗。自允常称王以来,越地尚武之风逐渐兴盛。句践兵败会稽之后,为了伐吴复仇,更是推崇武功,奖励轻死。越王句践曾云:"悦兵敢死,越之常也。"⑥《墨子·兼爱下》:"昔者越王句践好勇,教其士臣三年,以其知为未足以知之也,焚舟失火,鼓而进之,其士偃前列,伏水火而死,有不可胜数也。"⑦《论衡·率性》:"句践亦试其士于寝宫之庭,赴火死者,不可胜数。"⑧ 此后,好勇尚武成为越地风尚。《汉书·地理志下》:"吴、粤之君皆好勇,故其民至今好用剑,轻死易发。"⑨

---

① 杨宽认为楚怀王于公元前306年灭越。参见杨宽《战国史》,上海人民出版社,2016年,第393页。
② 司马迁:《史记》,北京:中华书局,1959年,第234页。
③ 详情参见黄灵庚:《楚辞与简帛文献》,北京:人民出版社,2011年,第185—186页。
④ 班固:《汉书》,北京:中华书局,1962年,第1668页。
⑤ 黄灵庚:《楚辞与简帛文献》,北京:人民出版社,2011年,第180—186页。
⑥ 周春生:《吴越春秋辑校汇考》,上海:上海古籍出版社,1997年,第177页。
⑦ 孙诒让:《墨子间诂》,北京:中华书局,2001年,第126页。
⑧ 黄晖:《论衡校释》,北京:中华书局,1990年,第80页。
⑨ 班固:《汉书》,北京:中华书局,1962年,第1667页。

越人因尚武而好剑,越地盛产铸剑大师,越剑天下闻名。越王好剑。《吴越春秋·阖闾内传》:"越王允常使欧冶子造剑五枚。"①《越绝书·外传记宝剑》:"昔者,越王句践有宝剑五,闻于天下。"② 不仅如此,越王句践好戎装佩剑。句践曾佩宝剑擒吴王夫差。《吴越春秋·夫差内传》:"越王敬拜,曰:'诺。今图吴王,将为何如?'大夫种曰:'君被五胜之衣,带步光之剑,仗屈卢之矛,瞋目大言以执之。'"③ 灭吴后,句践北上争霸,圣人孔子求见,句践则全副武装见之。《吴越春秋·句践伐吴外传》:"居无几,躬求贤士。孔子闻之,从弟子奉先王雅琴礼乐,奏于越。越王乃被唐夷之甲,带步光之剑,杖屈庐之矛,出死士,以三百人为阵关下。"④ 这些都说明了越人尚武,好佩剑。

大诗人屈原亦好奇服佩剑。《涉江》:"带长铗之陆离兮,冠切云之崔嵬。"⑤ 此处长铗指的是宝剑。不仅如此,《九歌》中亦多佩长剑形象。《东皇太一》:"抚长剑兮玉珥。"《少司命》:"竦长剑兮拥幼艾。"《离骚》中"长余佩之陆离",此处的"佩"也可能指的是佩剑。屈原好佩剑,《九歌》中多佩剑形象,当是受到越国尚武好剑风尚影响的结果。

(二) 驾龙与龙舟竞渡

越地多乘龙神话。大禹乘龙巡狩天下。《河图括地象》:"禹诛防风氏,夏后德盛,二龙降之。禹使范氏御之以行,经南方。防风神见禹,怒射之,有迅雷,二龙升去。神惧,以刃自贯其心而死。"⑥ 夏启乘龙上天,得《九辨》《九歌》。《山海经·大荒西经》:"有人珥两青蛇,乘两龙,名曰夏后开。开上三嫔于天,得《九辨》与《九歌》以下。"⑦《楚辞》中多乘龙形象。《离骚》:"驾玉虬以乘鹥兮……为余驾飞龙兮……麾蛟龙使梁津兮……驾八龙之婉婉兮。"《云中君》:"龙驾兮帝服。"《大司命》:"乘龙兮辚辚。"《河伯》:"驾两龙兮骖螭。"《涉江》:"驾青虬兮骖白螭。"《远游》:"驾八龙之婉婉兮。"《楚辞》中还有驾龙车之说。《东君》:"乘龙辀兮乘雷。"《悲回风》提及蛟龙文章,"蛟龙隐其文章。""楚先民以凤为图腾,楚是尊凤的民族。"⑧ 此类驾龙神话,当是多受越文化影响的结果。

越国位居东南,其地多河流、湖泊,又紧靠波涛汹涌的大海,故舟船等成为越人的主要交通工具。《吴越春秋·句践伐吴外传》:"越王喟然而叹曰:'越性脆而愚,水行山处,

---

① 周春生:《吴越春秋辑校汇考》,上海:上海古籍出版社,1997年,第56页。
② 袁康、吴平辑录,乐祖谋点校:《越绝书》,上海:上海古籍出版社,1985年,第79页。
③ 周春生:《吴越春秋辑校汇考》,上海:上海古籍出版社,1997年,第95页。
④ 周春生:《吴越春秋辑校汇考》,上海:上海古籍出版社,1997年,第176—177页。
⑤ 洪兴祖:《楚辞补注》,北京:中华书局,1983年,第128页。本文所引《楚辞》皆引自此本,后仅称篇名,不再一一作注。
⑥ [日]安居香山、中村璋八辑:《纬书集成》,石家庄:河北人民出版社,1994年,第1093页。
⑦ 袁珂:《山海经校注》,成都:巴蜀书社,1992年,第473页。
⑧ 张正明主编:《楚文化志》,武汉:湖北人民出版社,1988年,第398页。

以船为车,以楫为马。"① 越地盛行龙蛇崇拜。越人多爱纹身,纹以龙蛇图案。《淮南子·原道训》:"于是民人被发文身,以象鳞虫。"高诱注云:"文身,刻画其体,内默其中,为蛟龙之状。以入水,蛟龙不害也,故曰以象鳞虫也。"②《淮南子·泰族训》:"刻肌肤,镵皮革,被创流血,至难也。然越人求之,以求荣也。"高诱注:"越人以箴刺皮,为龙文,所以为尊荣之也。"③ 越人纹龙蛇于身,以避蛟龙。越人既多纹龙蛇于身,以避水难,绘龙蛇于舟亦是自然之事。《淮南子·本经训》:"龙舟鹢首。"高诱注云:"龙舟,大舟也,刻为龙文以为饰也。鹢,大鸟也,画其像著船头,故曰鹢首。"④ 萧子显《南征曲》:"棹歌来扬女,操舟惊越人,图蛟怯水伯,画鹢竦江神。"⑤ 后来越人干脆将舟制作成龙形。"寻常舟船刻为龙形,本是吴越一带的习俗。"⑥ 杨泉《物理论》:"龙舟整楫,王良不能执也;骥骜齐行,越人不敢御也。"⑦ 此皆表明龙舟最初始于越人。

越人习水善舟,吴越之间多为水战,划船自然成为一种生活技能,而竞渡自然成为一种传统风俗。1976年在宁波市鄞县云龙镇甲村石凸山一座战国墓中出土一件羽人划船纹铜钺。该钺上方刻了两条竖立的龙,双龙昂首相对,前肢弯曲,尾向内卷,下方以弧形边框线为舟,舟上坐四人成一排,四人都戴高高的羽毛头冠,双手持桨奋力划船,头冠上的羽毛迎风飘扬。这种宗教性的竞渡当源于越人的现实生活。《荆楚岁时记》:"《越地传》云:'(竞渡)起于越王句践。'"⑧ 此说甚是。此材料虽为后出,但其说必有所据。可见,竞渡之风当源于越国。因屈原投水而死,人们便以竞渡的形式来纪念屈原,故逐渐形成一种固定的习俗。

《楚辞》中多龙舟、龙车形象。《湘君》:"驾飞龙兮北征……飞龙兮翩翩。""飞龙"指的是龙舟。《东君》:"驾龙辀兮乘雷。"《大招》:"东有大海,溺水泱泱只。螭龙并流,上下悠悠之。"越地多蛟龙,越人多驾龙舟,可见《楚辞》中的这些形象当是受到越文化影响的结果。

(三)东方巨人防风氏

越地盛行防风传说。《国语·鲁语下》:"昔禹致群神于会稽之山,防风后至,禹杀而

---

① 周春生:《吴越春秋辑校汇考》,上海:上海古籍出版社,1997年,第177页。
② 刘文典:《淮南鸿烈集解》,北京:中华书局,1989年,第19页。
③ 刘文典:《淮南鸿烈集解》,北京:中华书局,1989年,第681页。
④ 刘文典:《淮南鸿烈集解》,北京:中华书局,1989年,第262页。
⑤ 逯钦立辑校:《先秦汉魏晋南北朝诗》,北京:中华书局,1983年,第1817页。
⑥ 闻一多:《端午考》,闻一多《神话与诗》,上海:上海人民出版社,2006年,第194页。
⑦ 傅玄:《傅子》,严可均:《全晋文》,北京:商务印书馆,1999年,第501页。
⑧ 宗懔撰,杜公瞻注:《荆楚岁时记》,上海古籍出版社编:《汉魏六朝笔记小说大观》,上海:上海古籍出版社,1999年,第1057页。

戮之,其骨节专车。此为大矣。"①《吴越春秋·越王无余外传》对此有更为详细的记载:"禹三年服毕,哀民不得已,即天子位。三载考功,五年政定。周行天下,归还大越,登茅山,以朝四方群臣,观示中州。诸侯防风后至,斩以示众,示天下悉属禹也。"②《通志》卷三引《述异记》卷上:"今吴越间防风庙,土木作其形,龙首牛耳,连眉一目。昔禹会涂山,执玉帛者万国。防风氏后至,禹诛之。其长三丈,其骨头专车。今南中有姓防风氏,即其后也,皆长大。越俗,祭防风神,奏防风古乐,截竹长三尺,吹之如嚎,三人披发而舞。"③越地防风氏后来变成了东方巨人。《天问》:"长人何守?"汉代王逸认为"长人"指的是防风氏,"《春秋》云:防风氏也。禹会诸侯,防风氏后至,于是使守封禺之山也。"④南宋洪兴祖《楚辞补注》云:"十之三丈,则防风氏也。今湖州武康县东有防风山,山东二百步有禹山,防风庙在封禺二山之间。"⑤聂石樵先生亦认为长人指的是防风氏。⑥防风神话源于越地,越地多防风氏传说。贺循《会稽记》云:"防风氏其身三丈,刑者不及,乃筑高塘刑之,故曰刑塘。"⑦《招魂》:"东方不可以托些,长人千仞。"越国居于东方,故知此处长人,与《天问》中"长人"同,指的是防风氏。

(四)越地衣食风俗

越人断发纹身最为闻名。《墨子·公孟篇》:"越王句践剪发文身,以治其民。"⑧《庄子·逍遥游》:"越人断发文身。"⑨越人好纹身。《淮南子·原道训》:"九疑之南,陆事寡而水事众,于是民人被发文身,以像鳞虫。"高诱注:"刻画其体,内墨其中,为蛟龙之状。"⑩越人流行黑齿的习俗。黑齿,就是把牙齿涂黑。《战国策·赵策二》:"黑齿雕题,鳀冠秫缝,大吴之国也。"⑪《史记·赵世家》有相同的记载。左思《吴都赋》:吴有"雕题之士,镂身之卒。比饰虬龙,蛟螭与对"。⑫这里的吴人指的是越化以后的吴人,实际上就是越人。《招魂》:"南方不可以止些,雕题墨齿。"王逸注云:"言南极之人,雕画其额,齿牙尽黑。"⑬《礼记·王制》:"南方曰蛮,雕题墨齿,有不火食者矣。"⑭"雕题墨齿"指的便是越人。

---

① 徐元诰:《国语集解》,北京:中华书局,2002年,第202页。
② 周春生:《吴越春秋辑校汇考》,上海:上海古籍出版社,1997年,第107—108页。
③ 郑樵撰:《通志》卷3上,中华书局,1987年影印本,第1册,第40页上栏。
④ 洪兴祖:《楚辞补注》,北京:中华书局,1983年,第95页。
⑤ 洪兴祖:《楚辞补注》,北京:中华书局,1983年,第95页。
⑥ 参见聂石樵:《楚辞新注》,北京:商务印书馆,2004年,第57页。
⑦ 刘纬毅:《汉唐方志辑佚》,北京:北京图书馆出版社,1997年,第106页。
⑧ 孙诒让:《墨子间诂》,北京:中华书局,2001年,第453页。
⑨ 郭庆藩:《庄子集释》,北京:中华书局,1981年,第31页。
⑩ 刘文典:《淮南鸿烈集解》,北京:中华书局,1989年,第19页。
⑪ 缪文远:《战国策新校注》,成都:巴蜀书社,1987年,第661页。
⑫ 萧统编,李善注:《文选》,上海:上海古籍出版社,1986年,第229页。
⑬ 洪兴祖:《楚辞补注》,北京:中华书局1983年,第199页。
⑭ 孔颖达:《礼记正义》,李学勤主编:《十三经注疏》,北京:北京大学出版社,1999年,第398页。

鱼类、贝类等成为越人的主要食物之一。《逸周书·王会解》:"东越海蛤。"①《盐铁论·论菑》:"越人美蠃蚌而简太牢。"②《博物志》卷一:"东南之人食水产……食水产者,龟蛤螺蚌以为珍味,不觉其腥臊也。"③越人好食物异味,如腥、咸、酸等。这些显然与越地所处地理环境、气候因素以及人文因素等密切相关。《招魂》云:"大苦咸酸……和酸若苦。陈吴羹些。"这里所描述的饮食,显然是越地的饮食。

简而言之,越文化对《楚辞》也产生了不少影响。屈原好佩长剑,《九歌》中神灵多佩长剑,《九歌》中的神灵多乘龙或驾龙舟,《天问》和《招魂》中的东方巨人,《招魂》中的饮食等,这些或源自越文化,或明显带有越文化的印记。

---

① 黄怀信等:《逸周书汇校集注》,上海:上海古籍出版社,1995年,第890页。
② 王利器:《盐铁论校注》(定本),北京:中华书局,1992年,第556页。
③ 张华:《博物志》,上海古籍出版社编:《汉魏六朝笔记小说大观》,上海:上海古籍出版社,1999年,第188页。

# 屈赋源起《诗经》论质疑

四川师范大学 邓 稳

《诗经》在春秋中叶已完全编定并广为流传,早于屈原作品(屈赋)至少227年①。因为时间上存在先后继起的关系,屈赋问世不久,便有了与《诗经》关系的探讨。《史记·屈原列传》云:"《国风》好色而不淫,《小雅》怨诽而不乱。若《离骚》者,可谓兼之矣。"②司马迁引此语未著明作者,以班固《离骚序》"淮南王安叙《离骚传》以'《国风》好色……'"③考之,知为刘安的评语。班固《汉书·艺文志》本于刘向《别录》、刘歆《七略》,其述赋的创作缘起云:

> 传曰:"不歌而诵谓之赋,登高能赋可以为大夫。"言感物造耑,材知深美,可与图事,故可以为列大夫也。古者诸侯卿大夫交接邻国,以微言相感,当揖让之时,必称《诗》以谕其志,盖以别贤不肖而观盛衰焉。故孔子曰"不学《诗》,无以言"也。春秋之后,周道浸坏,聘问歌咏不行于列国,学《诗》之士逸在布衣,而贤人失志之赋作矣。大儒孙卿及楚臣屈原离谗忧国,皆作赋以风,咸有恻隐古诗之义。其后宋玉、唐勒,汉兴,枚乘,司马相如,下及扬子云,竞为侈俪闳衍之词,没其风谕之义。④

"登高能赋可以为大夫"今见于《毛诗传》对《定之方中》"卜云其吉"的注释:"建邦能命龟……升高能赋……君子能此九者可谓有德音,可以为大夫。"⑤班固时《毛诗》虽然流传,但不是十分兴盛,学者以为班固习鲁《诗》⑥,陈奂《诗毛氏传疏》由此认为:"《汉

---

① 屈原作品年代不一,较早的有《橘颂》《九歌》等,本文以20岁为开始创作第一批作品的时限。据汤炳正《历史文物的新出土与屈原生年月日的再探讨》(汤炳正《屈赋新探》,华龄出版社,2010年,第36页)所证,屈原生于公元前342年,20岁则为公元前323年。
② 司马迁:《史记·屈原列传》,北京:中华书局,1982年,第2482页。
③ 班固:《离骚序》,见(宋)洪兴祖《楚辞补注》,北京:中华书局,1983年,第49页。
④ 班固:《汉书·艺文志》,北京:中华书局,1962年,第1755—1756页。
⑤ 郑玄笺,孔颖达等正义:《毛诗正义》,上海:上海古籍出版社,1977年,第316页。
⑥ 据《汉书·叙传》,班固的从祖父班伯师从师丹,应学《齐诗》,陈乔枞《齐诗遗说考》卷一也说:"班固《汉书》多用《齐诗》,如《地理志》引'子之营兮'及'自杜沮漆',皆据《齐诗》之文。固之从祖班伯受《齐诗》于师丹,盖传其家学也。"《艺文志》本于刘向父子《七略》,刘向习《鲁诗》,学者恐由此误以为班固也习《鲁诗》。齐、鲁《诗传》皆无有"登高能赋可以为大夫"一语的证据,后之学者猜度有之。笔者以为这是不知何时传播的习语,各家《诗》说或许都偶有涉及。

书·艺文志》:'传曰:不歌而诵谓之赋。登高能赋,可以为大夫。'或班引出《鲁诗传》,余义未闻。"① 班固等用《诗传》来解释赋的产生,后文又言"学《诗》之士逸在布衣,而贤人失志之赋作",确以为赋是学《诗》者所作。"大儒孙卿及楚臣屈原离谗忧国,皆作赋以风,咸有恻隐古诗之义"承前而言,显然以孙卿、屈原所作为赋,且源出于《诗经》。楚人屈原、宋玉、唐勒所作为赋且源出《诗经》的观念,得到刘向、班固后两千余年学者的认可。刘熙载《艺概·赋概》把这层关系说得非常明确:"赋,古诗之流。古诗如《风》《雅》《颂》是也。即《离骚》出于《国风》《小雅》可见。"② 刘熙载以为《离骚》出于《国风》《小雅》正是赋起源于《诗经》的明确表述。近人姜书阁《汉赋通义》也认为赋起源于《诗经》:

> 归根结底,则是一句话:"赋自诗出。"那么,这"诗"是否即指《诗》三百篇呢?答曰:是。……屈原二十五篇之赋以及"好辞而以赋见称"的楚之"宋玉、唐勒、景差之徒"的赋,乃至赵人而长期仕楚的荀况《礼》《智》……诸赋……不能不"受命"于那些《风》《雅》的"诗人"……③

"赋自《诗》出"中的"赋"指屈赋及受其影响而作赋的宋玉、唐勒、景差等楚人作品,因此又可统称为楚赋。屈赋乃至楚赋源起《诗经》这一说法真能成为颠扑不破的真理吗?笔者以为研究文体的起源,不能用时间上的先后继起作为判定标准,也不能因为创作动机的相似——如"离谗忧国,皆作赋以风"来判定两者之间必然有承袭关系,而应该在时间、空间两个维度上仔细研核作者创作时学习、模拟的具体对象。换言之,楚赋在创作时有没有对《诗经》的研讨、模仿及其程度如何,应该成为判定二者关系的最重要依据。由此,可将历代文论中有关"赋自《诗》出"的各种观点进行质疑、考辨。

## 一、从地理上论楚赋不出于《诗经》

楚赋继《诗经》而兴,学者多有从时间的先后关系进而探讨地域上的渊源者。宋人林光朝,字艾轩,其《艾轩集》载《艾轩与宋提举去叶(书)》云:

> 周南之国、召南之国,盖自周、召以南之国,如江、汉、汝、坟,小国何数,其风土所有之《诗》,并见之二《南》,则《诗》之萌芽,楚人为得之,又一变而为《离骚》耳。④

---

① 陈奂:《诗毛氏传疏·鄘风·定之方中》,北京:中国书店,1984年,第15页。
② 刘熙载撰,袁津琥校注:《艺概注稿》,北京:中华书局,2009年,第409页。
③ 姜书阁:《汉赋通义》,济南:齐鲁书社,1989年,第22—23页。
④ 林光朝:《艾轩集》(《景印文渊阁四库全书》本)卷六,台湾:商务印书馆,1986年,第1142册第616页。

林光朝因为《周南》有《汉广》《汝坟》,《召南》有《江有汜》遂以为楚人曾参与《诗经》的创作,进而创造《离骚》等楚赋作品。不过就林光朝原话来看,只不过说《诗经》中有楚人作品,楚人是参与,不是首创。后来学者望文生义,竟然使楚人变成《诗经》的首创者。《困学纪闻》卷三《诗部》载林光朝如此评说《诗经》、楚赋的来源:

> 艾轩谓:《诗》之萌芽,自楚人发之,故云江汉之域,《诗》一变而为楚辞,屈原为之唱,是文章鼓吹,多出于楚也。①

王应麟改林光朝"楚人得之"为"楚人发之",又多"文章鼓吹,多出于楚"一语,则变成楚人创作《诗经》最早的作品,三《颂》、二《雅》、十五《国风》它篇起而效作的《诗经》创作史。今本《艾轩集》未见此二语,考其来源,《困学纪闻》所引林光朝语必本于《艾轩与宋提举书》,因此《困学纪闻》删改之迹颇为明显。当然,这种删改也未必是"妄改",因为林光朝见《诗》有江、汉、汝、坟,未经考证就遽断《离骚》承袭《汉广》《汝坟》《江有汜》而作,已开先河。况且持这种观点的学者也不乏其人,王应麟恐怕只是一个"代言者"。郑樵与林光朝同时,曾作《诗辨妄》证《毛诗序》不可信,《四库提要总目》为郑樵《尔雅注》作提要云:"南宋诸儒,大抵崇义理而疏考证,故(郑)樵以博洽傲睨一时。"②但以考证辨妄著称的郑樵也认为:"周为河、洛,召为岐、雍,河、洛之南濒江,岐、雍之南濒汉。江、汉之间,二南之地,《诗》之所起在于此。屈、宋以来,骚人墨客多生江、汉,故仲尼以二南之地为作《诗》之始。"③宋人刘克庄《澧州重建州学》"江、汉、汝、坟之遗风"④,明人郝敬《毛诗序说》"楚无风,而江汉汝坟可以观楚,南国尽楚也"⑤,显然皆以三诗为楚地人所作。正因为有了这种判定,所以"江、汉、汝、坟,实《楚辞》之鼻祖"⑥的说法遂成为不少学者探讨楚赋源于《诗经》的地理证据。

这种说法与《诗经》形成的历史不合。无论江、汉、汝、坟之《诗》是"楚人得之",还是"楚人发之",都把这三首诗看作"《诗》之萌芽",考此说的来源实为郑玄《诗谱》:

> 武王伐纣,定天下,巡守述职,陈诵诸国之《诗》,以观民风俗……属之太师,分而

---

① 王应麟著,翁元圻等注,栾保群、田松青、吕宗力校点:《困学纪闻》卷三,上海:上海古籍出版社,2008年,第324页。
② 永瑢等撰:《四库全书总目提要》卷四十,北京:中华书局,1965年,第339页。
③ 郑樵:《通志》卷七十五《昆虫草木略序》,北京:中华书局,1987年,第865页。
④ 刘克庄著,辛更儒笺校:《刘克庄集笺校》卷八十九,北京:中华书局,2011年,第3812页。
⑤ 郝敬:《毛诗序说》卷八十三《鲁颂》,明山草堂集内编本。
⑥ 洪翼升:《孙卿赋篇赋》,见《沅湘通艺录》(《丛书集成初编》本)卷七,上海:商务印书馆,1935年,第310页。

国之,其得圣人之化者,谓之《周南》;得贤人之化者,谓之《召南》。言二公之德教自岐而行于南国也。……《风》之始,所以风化天下而正夫妇焉,故周公作乐,用之乡人焉,用之邦国焉。①

郑玄认为十五《国风》皆起于周武王伐纣成功,"巡守述职,陈诵诸国之诗"的时候;《周南》《召南》更是周公旦以《诗》行政的诗乐工具,这显然与《诗经》分阶段编撰而成的史实不合。前文《〈诗经〉创作地域考察》"《周南》《召南》"一条已证二南之诗为东周作品,肯定在《周颂》、二《雅》大多诗作以后。既然不能根据郑玄《诗谱》定《汉广》《汝坟》《江有汜》为《诗经》最早的一批作品,那么这三首诗就不能当"《诗》之萌芽"的殊荣。

这种说法也与楚赋创作地域不相吻合。郑樵、林光朝、王应麟等以江、汉、汝、坟为楚地,实是以战国时楚国扩大后的疆域为据,但由于对以下两个条件的忽略,他们的说法不能成立。首先,楚赋实指屈原、宋玉、唐勒、景差的作品,如林光朝列举的代表作《离骚》为屈原所作。考诸史籍、《楚辞补注》,屈原虽曾出使齐国,有过放逐,但与其他三人一样都出生在鄢郢附近,主要活动、创作于楚国国都鄢郢及其南方,连证明他们随楚顷襄王迁徙到近汝水的陈郢的文献都没有出现。《诗地理考》引李氏释"汝坟"云"汝水,周南之水也,出汝州鲁山东南,至蔡州褒信县入淮"②,后又引孔氏的解释"谓汝水之侧崖"③,则汝坟实为汝水近北的源头。汝水源头靠近东周王城洛阳,东南流入淮河,整个流域皆在淮河以北,距离楚国首都鄢郢相当遥远。《楚世家》载楚文王十一年(前679)"齐桓公始霸,楚亦始大",楚成王元年(前671),楚成王结好诸侯得周天子赐胙,楚国才为周王室及中原各国认可,但楚国此时势力只能遵循周天子"镇尔南方夷越之乱,无侵中国"的赐谕,并未占领淮河以北的汝水流域④,而《诗经》在齐桓公时已经完成最后一次的编集整理。因此,《诗经》无楚诗可以肯定。况且,即使《汝坟》为"《诗》之萌芽"也并非"楚人发之"。汉水自汉中而下,流经洛阳南方,又折东南而下,方与长江汇流,不能遽以《汉广》所咏之地涉及汉水就认为其地在楚成王以前的楚国疆域。其次,诗中出现过的地名不是断定该诗创作地点的充分条件。除《周南》《召南》外,其余十三《国风》从未有人怀疑有他国(地)之诗,学者仅因为楚在春秋后期成为大国且有屈原、宋玉等杰出作家产生,便硬要借一个"南"字释为楚国,与《诗经》编撰体例不合。在《〈诗经〉创作地域考察》"《周南》《召南》"一条,笔者已据前人研究的新成果肯定"二南是东周王室之诗,产生于东周王室洛

---

① 郑玄笺,孔颖达等正义:《毛诗正义》,上海:上海古籍出版社,1977年,第264—265页。
② 王应麟著,王京州、江合友点校:《诗考·诗地理考》,北京:中华书局,2011年,第190页。
③ 王应麟著,王京州、江合友点校:《诗考·诗地理考》,北京:中华书局,2011年,第190页。
④ 《史记·齐太公世家》载齐桓公三十年(前656)攻破蔡国后始能伐楚,楚成王只言"楚方城以为城,江、汉以为沟",考谭其骧《中国历史地图集》第二册《战国诸侯称雄形势图》,方城未及汝水。

邑,即今河南省的洛阳市"。司马迁在《史记·周本纪》末尾借"太史公曰"记述了汉武帝封禅前到河南(洛阳)寻封周代后裔为侯"号曰周子南君"一事。由"周子南君"可知,洛阳在汉代尚有"周南"的称呼,因此,把《周南》《召南》看成东周王城洛阳的歌诗是有地理根据的。考古发现已经证明,自商代开始北方立国者已在觊觎江汉流域的铜矿资源,《周本纪》亦载周昭王"南巡狩不返,卒于江上"①,周人对江、汉流域江广水深当有比较清晰的地理认识。因此,《汉广》诗是思妇出于对南方征人的想念而借江、汉二水以寄托相思,比较符合创作实情。具体考证,已见前文,今再举一显例证之。《大雅》一向无人怀疑作诗者为周王朝公卿、大夫士,如《大雅·江汉》一诗作者,《毛序》以为:"尹吉甫美宣王也。"② 可见《毛传》作者认为该诗是周朝大臣尹吉甫作。诗中反复言及"江汉浮浮""江汉汤汤""江汉之浒",后又归于"明明天子,令闻不已。矢其文德,洽此四国",也可证《江汉》一诗确为周代卿士借江、汉以颂扬周天子对淮夷和其他南蛮诸国的征服。以此例之,《周南》《召南》涉及江、汉、汝、坟地域的诗篇也应如此理解。

后之学者盲从经学,见楚赋盛行又苦于不能找到解释其兴起之由而产生不少荒唐的错误,清代彭而述《读史亭诗文集》即云:

> 楚诗不列《国风》,说者以为东迁而后,楚子荒裔蚕食汉上诸姬,圣人摈而不取。乃三闾大夫作《离骚》,上薄《关雎》、殷武,而不经宣尼笔削,抑楚风之不幸。不知召公化行南国,江、汉、汝、坟皆楚地,即今邵陵居衡湘,沅澧之南有甘棠遗迹,则楚风固冠列国矣。非楚冠之,而召公冠之也。③

彭而述以为《诗经》时"江、汉、汝、坟皆楚地"已是没有历史观念的错误,还把湖南衡湘的邵陵理解为周初召公陵墓、把沅澧之南的"甘棠遗迹"当成召公亲到的地方,并由此得出召公冠楚风为《国风》之首的结论,皆为臆想造成的错误。即使湖南真实存在以"邵陵""甘棠遗迹"为名的地名,也不能作为周初召公亲往的证据。钱穆治古史地理六十余年,颇有建树,其对古代地理某些规律的归纳更具启发性,《周初地理考》提出地名迁徙的规律:"古史地名皆由民族迁徙,递移递远,如山东、山西皆有历山,皆为舜迹,即其例。"④虽然钱穆所论为上古史地名变迁规律,湖南邵陵、召公遗迹肯定为汉以后地名,与民族迁徙得名多半无关,但"递移递远"的特点确也存在。《战国策》卷二十三载苏秦说魏王曰"(魏国南有)许鄢、昆阳、邵陵……"可知此邵陵在魏国南部,当在淮河以北,此时湖南还

---

① 司马迁:《史记·周本纪》,北京:中华书局,1982年,第134页。
② 郑玄笺,孔颖达等正义:《毛诗正义》,上海:上海古籍出版社,1977年,第573页。
③ 彭而述:《读史亭诗文集·文集》卷三,清康熙四十七年彭始搏刻本。
④ 钱穆:《古史地理论丛》,北京:生活·读书·新知三联书店,2005年,第3页。

是一片蛮荒必无此雅名。彭而述言衡湘有邵陵,则在长江以南,距魏国邵陵何止千里,邵陵一名自北而南的迁徙历程可由此窥探。因此,彭而述以为《周南》《召南》的创作地域远及湖南,不值一驳,《诗经》与楚赋创作在地理上不能相接可以论定。

## 二、从时间上论楚赋出于《诗经》之可疑

前文偶及因为《诗经》早于楚赋,所以楚赋研究者在与《诗经》相比的过程中最终形成"赋自《诗》出"的论说,今再补一例纯以时间判定"赋自《诗》出"的赋源说。程廷祚《骚赋论》(上)认为:"声韵之文,《诗》最先作,至周而体分六义焉,其二曰赋。战国之际,屈原作《离骚》,《传》称为'贤人失志之赋'……故《诗》者,骚赋之大原也。"① 不仅赋体文学的缘起据时间先后论定,观古代文学批评、文学史的构成都有从时间上加以考量的例证,远者如刘勰《文心雕龙·时序》,近者最为翔实且广为人知的莫过于王国维《宋元戏曲史序》所言:

> 凡一代有一代之文学:楚之骚,汉之赋,六代之骈语,唐之诗,宋之词,元之曲,皆所谓一代之文学,而后世莫能继焉者也。②

王国维的文学观念来自清人焦循《易余籥录》卷十五所言:

> 夫一代有一代之所胜……余尝欲自楚骚以下,至明八股撰为一集。汉则专取其赋,魏晋六朝至隋则专录其五言诗,唐则专录其律诗,宋专录其词,元专录其曲,明专录其八股,一代还其一代之所胜。③

当然,如果追溯二人观念的源头,还可更早。钱锺书《谈艺录·诗乐离合,文体递变》认为:

> 乃有作《诗史》者,于宋元以来,只列词曲,引静安语为解。惜其不知《归潜志》、《雕菰集》,已发此先说也。④

《雕菰集》为清代焦循所作,《归潜志》的作者刘祁生活在金代,其《归潜志》卷十三云:

---

① 程廷祚:《青溪集》(《金陵丛书·乙集》本)卷三,大西洋图书公司,1970年,第9289—9290页。
② 王国维撰,马美信疏证:《宋元戏曲史疏证》,上海:复旦大学出版社,2004年,第1页。
③ 焦循:《易余籥录》卷十五,《丛书集成续编》,上海:上海书店,1994年,第91册第463页。
④ 钱锺书:《谈艺录》,北京:商务印书馆,2011年,第86页。

"唐以前诗在诗,至宋则多在长短句,今之诗在俗间俚曲也。"① 已寓示了唐诗、宋词、元曲为每个朝代各自擅长的文体形式。诸家所论旨在强调文体发展"代有所胜",可称为"相胜"、"相克"的文体发展史观。何景明《大复集·杂言十首》云:"经亡而骚作,骚亡而赋作,赋亡而诗作。秦无经,汉无骚,唐无赋,宋无诗。"② 胡应麟《诗薮·内编》云:"诗至于唐而格备,至于绝而体穷。故宋人不得不变而之词,元人不得不变而之曲。词胜而诗亡矣,曲胜而词亡矣。"③ 无论"经亡而骚作",还是"词胜而诗亡",都说的是后者代替前者,即后胜前、后克前的"相胜""相克"说。就承认后起文体地位而言,这种说法有一定的积极意义。

与此形式相同,但结论相反的文体发展观,即"相生"的文体发展观,前人尚未详论,今揭橥如下。顾彩在《清涛词序》中明确提出了文体"相生"说:

> 一代之兴,必有一代擅长之著作,如木火金水之递旺,于四序不可得兼也。古文莫盛于汉,骈俪莫盛于晋,诗律莫盛于唐,词莫盛于宋,曲莫盛于元。昌黎所谓以鸟鸣春,以雷鸣夏,以虫鸣秋,以风鸣冬者,其是之谓乎。④

顾彩在解释汉文、晋骈、唐诗、宋词、元曲代相兴盛时用"木火金水递旺"的规律作为证据,实质是五行相生哲学理论的运用。董仲舒《春秋繁露·五行之义》云:

> 天有五行:一曰木,二曰火,三曰土,四曰金,五曰水。木,五行之始也;水五行之终也;土,五行之中也。木生火,火生土,土生金,金生水,水生木,此其父子也。⑤

木、火、土、金、水相生的理论在汉后成为中华民族的常识,无处不用。顾彩省略中间"土"字只是为了骈偶悦耳,因此,"木火金水之递旺"实是用五行相生的理论解释文体转化的缘由。如果细研文献,这种观点其实相当普遍,只不过大多没有顾彩说得这么明白。焦循《与欧阳制美论诗书》云:"诗亡于宋而遁于词,词亡于元而遁于曲。譬如淮水之宅既夺于河,而淮水汇为诸湖也。"⑥ 一个"遁"字即可理解成诗流而为词,又流而为曲,显然是一种诗、词、曲相生的文体观念。王损斋《郁冈斋笔麈》卷四:"唐之歌失而后有小词;

---

① 刘祈:《归潜志》(《景印文渊阁四库全书》本)卷十三,第1040册第317页。
② 何景明:《大复集》(《景印文渊阁四库全书》本)卷三十八,台北:商务印书馆,1986年,第1267册第351页。
③ 胡应麟:《诗薮·内编·杂言》,上海:上海古籍出版社,1979年,第1页。
④ 见(清)孔传志《清涛词》卷首,清康熙刻本。
⑤ 苏舆:《春秋繁露义证》,北京:中华书局,1982年,第321页。
⑥ 焦循:《雕菰集》卷十四,清道光岭南节署刻本。

则宋之小词,宋之真诗也。"① 观该文"诗,乐章也,歌之而比于八音以成节奏者"知,唐歌即唐诗。王损斋以为唐诗流为宋词,宋词即为真诗,究其实质也是以为唐诗、宋词前后相续、先后相生。

无论文体"相胜"说,还是"相生"说,都以时间上的先后相续作为论证基础,与林光朝、王应麟等以"《诗》之萌芽,楚人得之"论楚赋出于《诗经》如出一辙。《诗经》成书早于楚赋形成二三百年,春秋晚期士君子已经只注重《诗经》的德义之教,至战国时除去儒家师徒一般士君子绝不妄谈《诗经》,又怎么会研读、模拟《诗经》而作楚赋呢?在这漫长的两三百年,虽然没有特别卓越的文体被文学史家推崇,其实也正发生着极大的变化,研究者正应该从这些鲜活的文体中寻觅楚赋的起源呢!笔者以为楚赋缘起的探求应该像词一样,从历史的实情出发,找出真正的源头。自清人张惠言引《说文》"意内言外"释词后,学者比附,竟然追溯词的起源为《楚辞》,如张德瀛《词徵》说:

"词"与"辞"通,亦作"词"。《周易孟氏章句》曰:"意内而言外也。"《释文》言之。……屈子《楚辞》,本谓之"楚词",所谓轩翥诗人之后者也。《东皇太一》《远游》诸篇,宋人制词,遂多仿效。沿彼得奇,岂特马、扬而已哉!②

刘尧民认为张德瀛这样说的目的是:"证明'词'与'辞'通,想把词的地位提高起来,和《楚辞》同等。"然而,"千多年前,那些填词的始祖——乐工、妓女们,恐怕未必见过什么《说文》、《释文》等高贵的东西,未必会有把长短句拿来经典化的本领。"③ 刘尧民不以后起词人辛弃疾"用经用史"④ 而遽断词源于五经、《史》《汉》,而是牢牢抓住词刚刚产生时的特点来探讨它的缘起,得出了"词虽是依着音乐而产生的诗歌,而它是由旧歌词——绝句里逐渐蜕化出来的新兴诗歌"⑤ 的具体结论。这才是文体缘起研究应该使用的理性方法。

其实,以这种具体、切实的方法研究文体演变的学者大量存在。清人许宗彦《寄答陈恭甫同年书》云:"文章关乎时代,一代有一代之体裁,汉魏不能为周秦,唐宋不能为汉魏,此天地自然之运。"⑥ 清姚文燮《李芥须先生文集序》云:"一代有一代之体,一家有一家之

---

① 王损斋:《郁冈斋笔麈》卷四,明万历三十年王懋锟刻本。
② 张德瀛:《词徵》卷一,《词话丛编》,北京:中华书局,1986年,第66种第4075页。
③ 刘尧民:《词与音乐》,昆明:云南人民出版社,1982年,第9页。
④ 刘辰翁:《须溪集》卷六《辛稼轩词序》云:"词至东坡……然犹未至用经用史者……自辛稼轩前,用语一如此者,必且掩口。"指出辛弃疾词用经用史的特点。但这种特点不是词产生之时就有的,实有一个逐渐入词的过程。
⑤ 刘尧民:《词与音乐》,昆明:云南人民出版社,1982年,第48页。
⑥ 许宗彦:《鉴止水斋集》卷十,清嘉庆二十四年德清许氏家刻本。

体,一篇有一篇之体,典坟丘索之不同年世,气数之各别,体亦何常之有哉?"① 这些说法都指出应该抓住每个时代的具体环境来探讨文体形成、演变的特殊原因。楚赋、《诗经》之间两百年的时间间隔,南北地域的差异正应该是探讨楚赋缘起的着力之处。

## 三、从章、句特点论楚赋不出于《诗经》

两种文体是否具有渊源关系,除了考量时间、地理上的关联外,更主要是看创作上后者如何借鉴前者、超越前者。因此,近现代以来不少学者本着楚赋源于《诗经》的观念从章、句的角度考察二者前后相生的关系。日人铃木虎雄《赋史大要》第一篇《赋原及赋史之时期区分》曾列"骚赋形式及其特有句法"讨论《诗经》对楚赋句式的影响。该书认为:

> 《诗经》之诗,通例为四言诗,以一句四字为通例。其中置韵脚于第三字之句,其第四字,常用语词,或意轻之字。例如《关雎》之"参差荇菜,左右流(之)。窈窕淑女,寤寐求(之)。"《汉广》之"南有乔木,不可休(息)(铃案:或云,息,思之伪)。汉有游女,不可求(思)"是也。此种句法,虽于形为四字、四字,然于实则为四字、三字,殆若七字句然。
> 
> 又《郑风·野有蔓草》《曹风·鸤鸠》,亦有同例,余命之曰"四三言体"。二《南》、《郑》《曹》国风之诗,有此句格,故四三言之句格,不得谓本于楚国特有之歌声。②

铃木虎雄所谓楚赋四三言体指两个四字句,但下句第四字用"语词""意轻之字",如《怀沙》"乱曰"部分"浩浩沅湘,分流汩(兮)"、《橘颂》"后皇嘉树,橘徕服(兮)"、《大招》"春气奋发,万物遽(只)"、《天问》"上下未形,何由考(之)"、《招魂》"天地四方,多贼奸(些)"。铃木虎雄以为"四三言下句,虽如三言,而以四字句之声作之者,不可不谓本四言体也"③,而"《诗经》之诗,通例为四言",因此楚赋三言句式源于《诗经》,又因《诗经》《关雎》《汉广》《郑风·野有蔓草》《曹风·鸤鸠》偶有与楚赋四三言句式相同的句子,指出两者有渊源关系。除语词构成的三言句式外,楚赋中还有大量的只由三个字组成的三言句式,铃木虎雄也疑其不纯为楚赋特点。

> 至若三言,虽《诗经》中其数颇少,而亦时时有之。是四言体者,不可不认为独立,江、汉之诗,《江有汜》之为三言,甚有兴味。诗曰:"江有汜,之子归,不我以"、"不我以,其后(也)悔"。故在此篇,认楚有三言体者,可也。只此三言体,亦为楚地特有者

---

① 姚文燮:《无艺堂文集》卷十一,民国五石斋钞本。
② (日)铃木虎雄著,殷石臞译:《赋史大要》,香港:正中书局,1942年,第4页。
③ (日)铃木虎雄著,殷石臞译:《赋史大要》,香港:正中书局,1942年,第4页。

否,为问题所在。若以为楚地特有,则《召南》之《摽有梅》,《郑风》之《墙有茨》,《王风》之《采葛》,《陈风》之《月出》,《陈风·宛丘》之第一章,《鲁颂·有駜》之"振振鹭"以下之句法等,将如何看之耶?①

《江有汜》言及长江,历代皆有学者以为楚地诗歌。铃木虎雄以为如果以三言句为楚赋特有句式,也可以追溯到《诗经》的《江有汜》,但不能解释《郑风》《王风》等国中也偶有三言句的现象。因此,

> 若三言之为楚地所特有,则《骚》体某句法,谓为楚产可也。若三言之行于他所,则《骚》体某句法,必不得谓生自楚地特有歌谣之声也。②

铃木虎雄以为三言句不为楚赋独有,《诗经》也能搜罗几例自然正确。对于楚赋长句铃木虎雄也通过肢解的形式让它与《诗经》句法发生联系:

> 若四言,四三言为《诗经》以来所存句法,则《九章》之残余七篇(案:《怀沙》、《橘颂》除外)与《九歌》,为有《骚》之特色句法者。此《骚》之特色句法,在六字句。此于形式为六字句,于实则为于上三字下二字间,用语助词(语词"兮",代名词"夫",感词"其",后置词"之",前置词"于乎以",接续词"而"等)之五字句。……例:惟草木(之)零落(兮),恐美人(之)迟暮。(《离骚》)……抚长剑(兮)玉珥,璆锵鸣(兮)琳琅。(《东皇太一》)……③

通过归纳,铃木虎雄得出结论:"三字四字之独立为句者,与《诗》篇之三字句与四字句同。即于三字句,结合三字与三字,或即于四字句中间,所插引兮等,则为《骚》之特异性之所存。"④立足于句法相似的分析,铃木虎雄对"赋者古诗之流"以及赋产生的缘由作出推论:

> 班固曰:"赋者,古诗之流也。"考其理由,即如前述,盖诗以诵声写铺陈,赋之形式所由生也。如曰赋为诗流,要当主此,固不得仅以六义之赋属修辞直叙之法,为与赋体之事物铺陈同其性质,而递谓赋由《诗》出,其故在斯也。⑤

---

① (日)铃木虎雄著,殷石臞译:《赋史大要》,香港:正中书局,1942年,第4—5页。
② (日)铃木虎雄著,殷石臞译:《赋史大要》,香港:正中书局,1942年,第5页。
③ (日)铃木虎雄著,殷石臞译:《赋史大要》,香港:正中书局,1942年,第6—7页。
④ (日)铃木虎雄著,殷石臞译:《赋史大要》,香港:正中书局,1942年,第8页。
⑤ (日)铃木虎雄著,殷石臞译:《赋史大要》,香港:正中书局,1942年,第10页。

铃木虎雄用句法探讨楚赋与《诗经》的关系并对"赋者古诗之流"作出新的解释有一定的积极意义,但这种方法不尽合理,颇堪商榷。

第一,中国语言文字有从单音节到双音节的转变过程,三言句式、四言句式、六言句式与这一转变不无关系,但我们不能把每一句式的演进都追溯到甲骨文字,而应该探究每一句式发生转变的特殊原因和时代。换言之,铃木虎雄即使准确总结出楚赋与《诗经》句式的异同,但并不能说明楚赋多六言句式、长短相间句式是屈原、宋玉几个楚人独自在《诗经》句式的基础上发展、创造而来。实际上,屈原、宋玉并未执着句式的使用,只不过是借用当时习惯(已经形成的句式)进行创作,因此各种句式兼备,不像《诗经》句式那么整齐。

第二,铃木虎雄的句式总结多有偏颇。铃木虎雄认为《怀沙》《橘颂》"其实则四三言",考诸原文,《怀沙》共四十句,只十句"乱曰"中有五句四三言,其余多为"□□□兮,□□□□"句式;《橘颂》共十八句,有十句是四三言,八句是四四言。唯《大招》多四三言句式,但亦有五句非四三言。由此看来,铃木虎雄总结的四三言句式并不具有较高的概括性。其他句式也与此相仿。

第三,语词并不是一个可以随便抛开的元素。楚赋句尾语词有"兮""些""只"等,这三个置尾语词《诗经》一次也没用(《诗经》有"兮"字,但不在句尾),铃木虎雄以《诗经》"之""息""思"与楚赋相类,并不能否定楚赋句式具有独立特点。如此类语词可以用比较、替换的方式归纳,抽象成如"主谓""动宾"句法那样的规律,则每种语言必然有某种性质的相同,那么全世界每个民族的语言都可以看成相互沿袭、模拟的一套语系。这对于研究没有任何价值。当一种语言现象广泛存在时,我们应该从其发展的特殊性加以研究,而不是简单地与不同地域、不同时间的语言作类比。

第四,铃木虎雄不考虑不同人群使用语言的具体情况,以肢解句子的方式强使《诗经》与楚赋句式发生关系会导致明显的错误。铃木虎雄以为四三言"虽于形为四字、四字,然于实则为四字、三字,连读之,殆若七字句然"[①],因此《关雎》"参差荇菜,左右流(之)。窈窕淑女,寤寐求(之)"即可换成"参差荇菜左右流,窈窕淑女寤寐求"的七言句,难道可以说七言诗源出于《诗经》吗?青木正儿为铃木虎雄学生,其《中国文学概说》认为:"七言诗我想或系由楚歌变化者。"[②]青木正儿不用《诗经》推导七言诗的起源,可看成是对铃木虎雄观点的修正、发展,但因为没有其他直接证据,也只能用"或"字表示推测。因此,句式的拆解,根本不能探明某一种特殊文体在具体的时间、空间中缘起的实情。

《诗经》除三《颂》外,二《雅》、十五《国风》皆分章。《周颂》三十一篇,每篇皆只有一章;《鲁颂》四篇皆分章;《商颂》五篇,两篇分章,三篇只有一章。历代学者对《诗经》分章

---

① (日)铃木虎雄著,殷石臞译:《赋史大要》,香港:正中书局,1942年,第4页。
② (日)青木正儿著,隋树森译:《中国文学概说》,重庆:重庆出版社,1982年,第68页。

与否的原因罕有探及,考《周颂》《载芟》"一章三十一句"、《良耜》"一章二十三句",《周南》《樛木》《桃夭》《兔罝》《芣苢》皆"三章,章四句",《召南·小星》"二章,章五句",《邶风·二子乘舟》"二章,章四句",《齐风·卢令》"三章,章二句",《魏风·十亩之间》"二章,章三句",《国风》中这些短小诗篇占绝大多数,但都有分章,可知《诗经》分章与诗篇内容多少无关。孔颖达认为《鲁颂》分章是因其性质为《国风》:"此(《鲁颂》)虽借名为《颂》,而实体《国风》,非告神之歌,故有章句也。"①《国风》无鲁国诗歌,孔颖达以《鲁颂》性质同于《鲁风》,似为合理,但无法解释《商颂》为宋人正考父编辑,为何有分章有不分章的问题。况且《鲁颂》《商颂》其思想内容为颂无疑,与《国风》性质迥异。笔者以为这可能和三《颂》创作时间有关。《周颂》多为西周郊庙祭祀用歌,蔡邕《独断》云:

> 《清庙》……宗祀文王之歌。《维天之命》……告太平于文王之所歌也。《维清》……奏象武之歌也。《烈文》……成王即政,诸侯助祭之所歌也。……《访落》……成王谋政于庙之所歌也。……②

蔡邕习《鲁诗》,其说与《毛诗》都认为《周颂》是西周初中期的作品。实际上,周宣王重修礼乐使仪式乐歌文本的内容得到扩大,《周颂》的创作基本完成③。《史记·宋微子世家》"太史公曰":

> (宋)襄公之时,修行仁义,欲为盟主。其大夫正考夫美之,故追道契、汤、高宗,殷所以兴,作《商颂》。④

《礼记·乐记》郑玄注也认为:"《商》,宋诗也。"⑤ 大体而言,《商颂》为春秋早期宋国大夫正考父追述殷商盛德所作,其时间晚于《周颂》多年,其风格也受当时音乐的影响,出现三篇不分章、二篇分章的形式特点。《鲁颂》为鲁僖公大臣奚斯作,又晚于正考夫多年,扬雄《法言·学行》云:"正考父尝睎尹吉甫矣,公子奚斯尝睎正考父矣。"⑥ 尹吉甫为西周宣王大臣,《大雅·烝民》云"吉甫作颂,穆如清风",扬雄认为正考父远慕尹吉甫作《商颂》,奚斯又仿效正考父作《鲁颂》,正揭示出《商颂》早于《鲁颂》的先后关系。可能正因

---

① 郑玄笺,孔颖达等正义:《毛诗正义·鲁颂·駉》,上海:上海古籍出版社,1977年,第609页。
② 蔡邕:《独断》(《四部丛刊》三编本),上海:上海书店,1986年,第13b—14b页。
③ 可参俞平伯:《论商颂的年代》,《古史辨》第3册,第505—510页;马银琴:《两周诗史》,社会科学文献出版社,2006年,第484页。
④ 司马迁:《史记·宋襄公世家》,北京:中华书局,1959年,第1633页。
⑤ 阮元校刻:《礼记正义·乐记》(《十三经注疏》本),北京:中华书局,2009年,第1545页。
⑥ 扬雄撰,李轨注:《扬子法言》(《诸子集成》本),北京:中华书局,1954年,第3页。

为《周颂》《商颂》《鲁颂》存在创作先后关系,才形成《周颂》全不分章、《商颂》有分有不分、《鲁颂》全分章的形式特点。

《诗经》所录西周晚期以后的诗篇多有分章,章与章之间的内容又多有复沓,构成一种"重章复沓"的结构。顾颉刚《从〈诗经〉中整理出歌谣的意见》认为这是因为:

> 凡是歌谣,只要唱完就算,无取乎往复重沓。惟乐章则因奏乐的关系,太短了觉得无味,一定要往复重沓的好几遍。①

因为魏建功《歌谣表现法之最紧要者——重奏复沓》认为"重奏复沓是歌谣的表现的最要紧的方法之一"②,顾颉刚又撰《论〈诗经〉所录全为乐歌》一文详申自己观点:

> 我数年前采集苏州歌谣,从歌谣得到一个原则,即是徒歌中章段回环复沓的极少,和乐章是不同的。徒歌中的回环复沓,只限于练习说话的"儿歌",依问作答的"对山歌"。此外惟有两类也是回环复沓的,一是把乐歌清唱的徒歌,一是模仿乐歌而作的徒歌,但这两类实在算不得徒歌。除了上四类,所有的成人的抒情之歌,大都是直抒胸臆,话说完时歌就唱完,不用回环复沓的形式来编制。③

重章复沓为歌的一种独特形式,顾颉刚、魏建功所争唯在是不是为乐歌所独有的形式。自顾颉刚后文一出,学界多默认该说。钟敬文《关于〈诗经〉中章段复叠之诗篇的一点意见》对《诗经》重章复叠的原因给出了一种新的说明:

> (峰歌)这种每首都有两章以上复叠的,全部几乎没有例外。我当时以为这很足以摇动顾先生"徒歌章段回环复沓的极少"的一个断案。但后来详细一考究,才知道不对,因为这种歌的回环复沓不是一个人自己的叠唱而是两人以上的和唱。我又想到对歌合唱是原人或文化半开的民族所必有的风俗,如水上的蛋民,山居的客人,现在都还盛行着这种风气而造成了许多章段复叠的歌谣。且举一首复叠到四章以上的蛋歌作个例子吧。……我于是便想到《诗经》中章段复叠的问题,而怀疑它也是当时民间多人合唱而成的歌词。④

---

① 顾颉刚:《从〈诗经〉中整理出歌谣的意见》,《歌谣》,1923年第39期。
② 魏建功:《歌谣表现法之最要紧者——重奏复沓》,《歌谣》,1924年第41期。
③ 顾颉刚:《论〈诗经〉所录全为乐歌》,《北京大学研究所国学门周刊》,1925年第1卷,第217页。
④ 钟敬文:《关于〈诗经〉中章段复叠之诗篇的一点意见》,《古史辨》第3册,第669—671页。

钟敬文用文化半开民族如蛋民的合唱诗歌推论《诗经》重章复沓来自于多人合唱的演唱形式,从而对顾颉刚"叠章是乐工所添增"的说法提出了质疑。王昆吾在钟敬文"两人以上的和唱"造成重章复沓的基础上作了更深入的研究,其《诗六义原始》以"比""兴"来解释重章复沓的产生:

> 作为一种传述诗的方式,"比"指的是依次倡和、更叠相代,亦即所谓"赓歌"。《尚书·益稷》记帝庸"作歌",为"股肱喜哉,元首起哉,百工熙哉"四言三句;皋陶为作"赓歌",为"元首明哉,股肱良哉,庶事康哉"四言三句;此后皋陶又歌"元首丛脞哉,股肱惰哉,万事堕哉"四言三句;作歌与赓歌辞式相同。这便是"比"——倡和的一个早期实例。①
>
> 如果说"比"指相同形式的连续歌唱,那么,同它相近的歌诗方式是相和形式的连续歌唱——乐调呈连续关系而非比次重叠关系的唱和。这也就是"兴"的涵义。②

王昆吾认为比、兴虽然有所差别,但都表现为"两人以上的和唱",因此,"这就意味着,回环复沓是'比'和'兴'的产物"③。屈万里统计出《国风》160 首诗之中,回环复沓的诗篇约 133 首,不回环复沓的约 27 首④,这就确证《诗经》作品,特别是源出民间的作品多曾用"比""兴"两种方式歌唱,或者说创作。

由上文《诗经》分章研究可知,无论如何解释诗章的形成,都与音乐的演奏形式密不可分。楚赋与《诗经》不同,今所见屈原、宋玉、景差的作品都没有分章的记载。东汉初期王逸作《楚辞章句》虽有章句之名,实借当时经学用语转称对屈原赋的注解,这由篇名《离骚经章句第一》便可以看出,因此全书也并未擅自为楚赋文本分章。考诸人赋作完全没有《诗经》重章复沓的语言形式,所以屈原、宋玉、景差等人创作楚赋时并没有考虑分章的问题。换言之,楚人作赋没有模仿《诗经》的篇章形式。虽然《九歌》明显有对楚地民歌的改编,但就楚赋整体而言,与歌唱分离而具有"不歌而诵"的特点。

当我们把《诗经》、楚辞、汉赋根据汉人的观念分为《诗经》、赋两种形式,绾合时空两方面因素来探讨《诗经》的形成与传播特点,及其与赋的早期形态(特别是楚赋)的关系时,可以得出以下结论:

1.《诗经》的创作地域在黄河中游,向南不过淮河的中原地带。《周南》《召南》涉及江、汉、汝、坟的《汉广》《汝坟》《江有汜》是东周王城及其周边诗人的地理想象,并不是楚人

---

① 王昆吾:《诗六义原始》,《中国早期艺术与宗教》,上海:东方出版中心,第 229—230 页。
② 王昆吾:《诗六义原始》,《中国早期艺术与宗教》,上海:东方出版中心,第 230 页。
③ 王昆吾:《诗六义原始》,《中国早期艺术与宗教》,上海:东方出版中心,第 231 页。
④ 屈万里:《论国风非民间歌谣的本来面目》,《历史语言研究所集刊》第三十四本下,1963 年 12 月。

所作。其地域与屈原、宋玉等所处的鄢郢相隔辽远,不具有直接的地缘关系。

2. 经过春秋、战国的漫长传播,楚地,包括鄢郢,较为广泛的流行《诗经》文本应该是历史事实,但此时的《诗经》传播重在诗义之教、德义之教,而且以断章取义、摘引诗句为习《诗》、用《诗》的形式。这样的用《诗》形式不可能产生长篇巨制的赋作。

3. 从句式、章法来看,楚赋与《诗经》全然不同,不可能由《诗经》产生楚赋。

如果依据林光朝、铃木虎雄等人的观点,以《诗经》在创作、传播过程中与楚地发生了些微联系,句式上也可肢解出某种关联便认定楚赋源出《诗经》,我们则可根据地理传播反问:既然《诗经》创作、传播都集中在黄河中游的中原地区,汉初四家《诗》的传承系统又皆为中原人,为何战国时未有任何一个中原人作过类似楚赋的作品?至四家《诗》形成时,为何没有一个传《诗》大师写作过一篇名曰"赋"的作品?①

由文学地理的角度观察可知,赋不起源于《诗经》是不可争辩的事实。由于缺少了文学地理的视域,前人对赋文体的缘起未能作出符合历史的探究。要正确地探讨汉赋缘起应该绾合时间、空间两个维度,从赋文体的命名与赋家创作实情加以考察。严耕望《先秦学术地理总图》(见下页图)对先秦儒、墨、名、法、纵横、赋家等各种典型学术类型的人才分布作了清晰示意,其中荆楚为赋家,陈楚为道家,齐、鲁为儒家,可与本文分析相互参看②。

---

① 荀况《荀子·赋篇》篇名不是荀况自题,应为西汉晚期刘向所题,参拙文《〈赋篇〉篇名非荀况自题考》,《四川师范大学学报》,2015 年第 4 期。
② 严耕望:《严耕望史学论文集》,北京:中华书局,2006 年,第 59 页。

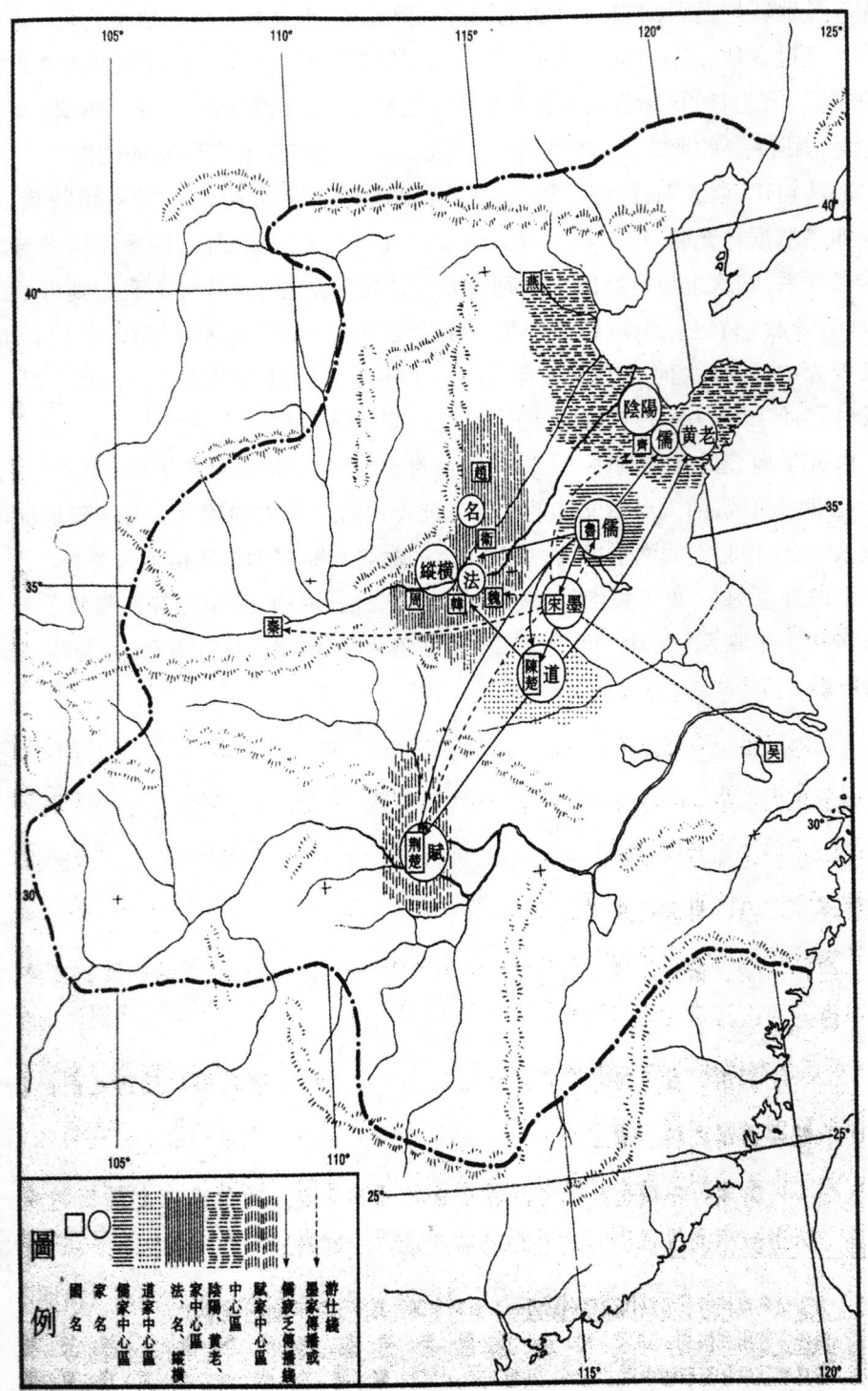

图1 先秦学术地理总图

# 浅析楚辞产生的必然性

湖南省汨罗市文联　韩新卫

楚辞作为一种诗歌体裁,产生于春秋战国时期的楚国,其最初的尝试者与探索者是诗宗屈原。这种长于抒发个人感情的诗歌体裁,开创了中国诗歌由集体创作向个人创作的先河。楚辞体裁的应运而生,究其原因,是多种因素共同作用的结果,有它的历史必然性,我们可以从国家、社会、个人、艺术四个层面的原因加以分析。

## 一、楚国"不服周"的思想在文学领域的渗透与浸润,催生了楚辞,这是国家层面的原因

周王朝对居于南蛮之地的楚国的不礼遇与歧视,使楚国历代君王产生了"不服周"的思想,也为自己埋下了楚国想颠覆周王朝的祸根,更从反面激励了历代楚国君臣励精图治、发愤图强的坚强决心。毋容置疑,存在决定意识,楚国最初不被重视的弱势地位,决定了楚人不甘人后、尚武好勇的思想意识。楚国宫廷这种政治领域"不服周"的思想意识,自然会渗透和浸润到楚国的文化领域。为了有别于中原文化而自成一格,楚国人试图要找到不同于《诗经》温柔敦厚含蓄内敛这种北方文化风格的体裁,而以与之相反的热烈奔放张扬浪漫的风格与之抗衡,来彰显楚人的独立、自强与倨傲。显然,楚地的建筑、雕塑、音乐、文学、绘画等艺术,都深深地打上了这种风格的烙印。例如,屈骚的奇幻炫酷奔放,汉墓马王堆T型帛画天地人三界的神秘诡谲,楚地建筑的倨傲、张扬与雄奇,无不彰显着鲜明的楚文化特征。

## 二、楚地巫歌的盛行,为楚辞的产生提供了鲜活的艺术形式与丰厚的艺术土壤,这是社会层面的原因

由于儒家文化成为北方的正统文化以后,孔子提出不语怪力乱神。而雄居南方的楚国,由于不服周天子的号令,依然在作品中使用大量的神话、寓言、传说、荒诞故事,即北方所说的怪力乱神。还可以大胆地想象、联想与夸张,思维可以信马由缰、汪洋恣肆、无拘无束。特别是在楚南民间,祭祀盛行,巫风炽烈,巫歌每天耳濡目染,这给流放至此的屈原提供了一种鲜活的民间艺术形式。王逸在《楚辞章句》中写道:"昔楚国南郢之邑,沅湘之间,其俗信鬼而好祠。其祠必作歌乐鼓舞以乐诸神。屈原放逐,窜伏其域,怀忧苦毒,愁思沸郁,出见俗人祭祀之礼,歌舞之乐,其辞鄙陋,因作《九歌》之曲,上陈事神之敬,

下见已之冤结,托之以风谏。"① 显然,流放在沅湘一带的屈原,经常参与到这种民间祭祀仪式之中,且非常熟悉这种在楚国广为人知的巫歌,当他要发泄心中的怨愤与怀忧苦毒之时,情不自禁地就采用了这种巫歌艺术形式。屈原作品中只问不答的《天问》类似于湘北地区办丧事的夜歌,呼唤魂兮归来的《招魂》与汨罗地区现今的招魂仪式基本一致,这些无疑都深深地打上楚地巫傩文化的烙印。当屈原发现楚地巫歌这种仪式语境中的口头传统语言很擅长于抒发个人感情时,他便不由自主地在写作时融入楚地巫歌仪式语境的口头文学形式,加上自己的艺术手法与主观情感,并逐渐形成自己的一种艺术风格,而开创了热烈、奔放、张扬的浪漫主义风格的先河,最终被后人定格为一种诗歌体裁——楚辞。正如四川师大熊良智先生所言:

> 我们从楚辞诗歌"重著"的言说方式、仪式语境的创作方式、诗歌体式中看到了楚辞诗歌生成中留存的口头传统的语言形式,包括词汇、句型、节奏等艺术元素,从仪式语境中获得艺术构思的材料、手段和表现方式,体现了仪式确实是从现实生活向艺术转换的桥梁的作用。诗人的创造性,则是在这些传统资源上赋予诗人的艺术个性、创作方法,特别是发挥语言表现的优势,创建新的诗歌体式,推进了早期诗歌从口头传统向文人创作的转换,乐歌形态向诗的语言艺术的转换。②

显然,在当时,楚辞是属于新潮而时尚的现代主义诗歌,当它借助吟诵而得以广为传播后,便被越来越多的文人学士所接受,并先后产生了如宋玉、景差、东方朔、刘安等一大批楚辞大家。

## 三、屈原被流放而产生的满腔怨愤,为楚辞的产生提供了创作内容,这是个人层面的原因

俗话说,人不平则鸣。司马迁在《报任安书》中说道:

> 盖文王拘而演《周易》;仲尼厄而作《春秋》;屈原放逐,乃赋《离骚》;左丘失明,厥有《国语》;孙子膑脚,《兵法》修列;不韦迁蜀,世传《吕览》;韩非囚秦,《说难》《孤愤》;《诗》三百篇,大底圣贤发愤之所为作也。此人皆意有所郁结,不得通其道,故述往事、思来者。乃如左丘无目,孙子断足,终不可用,退而论书策,以舒其愤,思垂空文以自见。③

---

① 王逸:《楚辞章句》,见洪兴祖:《楚辞补注》,北京:中华书局,1983年,第135页。
② 熊良智:《口头传统与文人创作——以楚辞的诗歌生成为中心》,《中国社会科学》,2016年第8期。
③ 司马迁:《报任安书》,见《古文观止》,长沙:岳麓书社,2012年,第259页。

显然，司马迁已经道出了屈原愤笔疾书楚辞的个中缘由，当个人愿望受阻，必定要找到一种方式来宣泄。屈原在汨罗遭流放九年，心中郁结乃著文排解。他心中的愤懑主要有：一是遭贬的离忧之苦；二是对奸佞小人的切齿痛恨；三是对楚王不复召见的失望与埋怨；四是对楚国日趋衰败的担忧；五是怜惜自己寓居他乡不能救国难于危亡的痛楚。凡此种种，郁结于屈原心中，成为他作诗以泄愤的重要内容。这些内容纠集在一起，驱使屈原的思绪，思接千载，视通万里，大胆地进行想象与夸张。篇什中奇特的想象与联想俯拾即是，为后人创造了一个瑰丽、奇诡、华美的艺术世界。

毋容置疑，一种艺术形式的产生，一定要遵循艺术发展的自身规律，必定有它自身的合理性与必然性。屈原被流放而接触到楚地巫歌，从而创作出长于抒发个人情感的新诗体——楚辞，并开启了中国文学浪漫主义风格的先河，而奠定了屈原在中国文学史上诗宗的地位，这是一种历史的偶然性，同时也有着中国古代诗歌自身多元发展变化的必然性。唯其如此，艺术才能不断丰富和发展，呈现出百花齐放、百家争鸣的发展态势。

## 四、艺术发展必须遵循一定的客观规律，诗歌艺术发展的自身规律，决定了楚辞产生的必然性

任何事物的发展都是一个由简到繁、由易到难、由简单到复杂的过程，诗歌艺术的发展也是如此。诗歌由最初的群众集体口头创作与传唱，到后来孔子及其弟子采集辑录成为四言句的《诗经》，这是一次集大成的展示。但是，这种集体创作不能展示作者的个性，更不便于抒发个人的主观情感，必须有一种诗歌形式来满足这种需要，同时也必须突破以往四平八稳的四言句式。凑巧的是，被流放的屈原在巫风楚韵浸润的沅湘之地找到了楚地巫歌这种恰当的艺术形式，刚好能满足他抒发胸中愤懑之情的需要，于是，一种全新的划时代的楚辞体便诞生了，而且内容与形式达到了完美的统一。从形式来看，不受字数限制的长短句式摆脱了以往四言句式的羁绊，既可如排山倒海般汹涌澎湃，又可如涓涓细流般宁静致远。同时，还可以信马由缰式的大胆想象、联想与夸张，摆脱了温柔敦厚的现实主义手法的束缚，从而缔造一种令人耳目一新的浪漫主义创作手法。从内容来看，屈原已经将诗歌题材进行了广泛的拓展，有祭祀诗、史诗、农事诗、狩猎诗、爱情诗、婚姻家庭诗、弃妇诗、孝道诗、怨刺诗、战争诗、徭役诗等等，只要是屈原能涉猎到的题材，他都能挥洒自如地用诗歌来予以表达。显然，这是诗歌艺术自身由简到繁、由易到难的一次飞跃，是诗歌艺术由单一化向多元化发展的一次超越，也是诗歌艺术发展过程中的自我革新与扬弃，是艺术发展的客观规律所决定的。毫无疑问，后来的汉赋、唐诗、宋词、元曲，也都是诗歌艺术自身发展在不同阶段所体现的艺术形式。

屈原及楚辞文学影响研究

# 骚体赋与屈原

陕西师范大学 高一农

## 一、楚辞对汉代文学的影响概论

两汉是我国历史上国祚最为长久的朝代,其强劲的发展势头有力地促进了文学和文化的生长。因此在这个时期不仅确立了封建社会的意识形态构架,同时在这个构架逐渐完成的过程中,也诞生了它的伴生产物——封建文人的抒情创作,这就是汉赋体制之一的骚体赋。说到骚体赋,就不能不提它的直接的渊源"楚辞"。在中国古代的诗歌发展史上"楚辞"被定义为"是战国时代以屈原为代表的楚国人创作的诗歌,它是《诗经》三百篇以后的一种新诗体"[1]。"'楚辞'是指以具有楚国地方特色的乐调、语言、名物而创作的诗赋,在形式上与北方诗歌有较明显的区别。……因此,南方祭歌那种神奇迷离的浪漫精神,也深深地影响甚至决定了楚辞的表现方法及风格"[2]。"汉成帝时,刘向整理古籍,把屈原、宋玉等人的作品编辑成书,定名为《楚辞》,从此以后,'楚辞'就成为一部总集的名称。"[3]

《楚辞》与《诗》三百虽然都是诗体文学,但是它们的不同之处在于,楚辞是第一部纯粹由文人创作的作品集,因此它与《诗》在艺术本质上有着很大的区别。而且由于历史原因《诗》三百的存在已经远远超越了它在文学领域的意义。而以屈原和他的《离骚》为代表的骚体诗则在更大的程度上从精神到内容,从篇章结构到语言组合都给予了汉代骚体赋以巨大而直接的滋养。可以说汉代的骚体赋是在楚骚的胚胎中发育成长起来,并且为社会所接受和认定的。

虽然班固一再强调赋自《诗》出,但是他又不得不承认楚骚为辞赋之宗。"楚辞"对于汉代文学的影响,尤其是对汉赋的影响历来都是有着公论的事实。刘勰在《文心雕龙·时序》篇中说:

> 爰自汉室,迄至成、哀,虽世渐百龄,辞人九变,而大抵所归,祖述"楚辞",灵均余影,于是乎在。

---

[1] 游国恩等编:《中国文学史》第一册,北京:人民文学出版社,1963年,第89页。
[2] 袁行霈主编:《中国文学史》第一册,北京:高等教育出版社,1999年,第132页。
[3] 游国恩等编:《中国文学史》,北京:人民文学出版社,1963年,第89页。

是以枚、贾追风以入丽，马、扬沿波而得奇，其衣被词人，非一代也。故才高者菀其鸿裁，中巧者猎其艳辞，吟讽者衔其山川，童蒙者拾其香草。若能凭轼以倚《雅》《颂》，悬辔以驭楚篇，酌奇而不失其真，玩华而不坠其实，则顾盼可以驱辞力，咳唾可以穷文致，亦不复乞灵于长卿，假宠于子渊矣。①

那么，为什么"楚辞"能够超越儒家的经典而成为后来的抒情诗人学习的典范呢？应该说《诗经》是中国的第一部纯文学的作品集，这一点与《楚辞》没有什么区别，它们的区别在于，第一，楚辞是一部文人的抒情诗集，它的作者都是政治上失意的文人，而《诗》三百的作者则要复杂得多，因此除了二者在创作时间上存在着距离之外，这两部诗集在其他很多方面也是有着相当大的差别。第二，《诗》三百虽然也有抒情之作，但是当它在汉代随着儒学的经学化过程，其中最富有生命力的那部分已经被经学家们给曲解了，使得《诗》三百这部文学作品集成了经学的附庸和奴仆，为统治阶级所利用。而"楚辞"则要幸运得多，它从一开始诞生就保持了自身的相对独立性，这不但是中国文学的大幸，同样也是中国诗人的大幸。因此，它一直被历代文人当作他们表达不遇之情怀的范式不断地被模仿，并且被继承了下来。近人郑振铎就对此赞颂道：

> 《楚辞》或屈原、宋玉诸人的作品，其影响是至深且久、至巨且广的。《诗经》的影响，秦汉已微，它的地位虽被高列于圣经之林，它在文学上的影响却已是不很深广了。但《楚辞》一开头便被当时的作者们所注意。汉代是'辞、赋的时代'；而自建安以至六朝、自唐以至清，也几乎没有一代无模拟《楚辞》的作家们。她的影响，不仅在'赋'上、在'骚'上，即在一般诗歌上也是如此。……他们变更了健劲而不易流传的四言格式，他们变更了纯朴短促的民间歌谣，他们变更了教训式的格言诗，他们变更了拘谨素质的作风。②

如果说上一段论述能够说明班固不得不承认"楚辞"在艺术上所给予骚体赋巨大的影响，那么他的另外一段话就回答了为什么"楚辞"能够在精神上引起汉人的巨大共鸣。

> 春秋之后，周道浸坏，聘问歌咏不行于列国，学诗之士逸在布衣，而贤人失志之赋作矣。③

---

① 刘勰著，范文澜注：《文心雕龙·辩骚》，北京：人民出版社，1958年，第47—48页。
② 郑振铎：《插图本中国文学史》第一册，北京：人民文学出版社，1957年，第54页。
③ 班固撰，(唐)颜师古注，中华书局编辑部点校：《汉书·卷三十艺文志第十》，北京：中华书局，1962年，第1756页。

这是一个文明时期的结束,另一个文明时代崛起之前的一段乱世。赋的出现正如《毛诗序》所言:

> 王道衰,礼义废,政教失,国异政,家殊俗,而变风、变雅作。①

是"诗"三百之后政治衰微,社会风俗变化的反映。班固的说法其实与《毛诗序》"治世之音安以乐,其政和;乱世之音怨以怒,其政乖;亡国之音哀以思,其民困"②的观点不谋而合。他们一个是从政治教化与社会变迁的角度来阐述《诗》的变化,而另一个则是从文学产生的社会因素角度客观地提出了赋体文学,尤其是其前身"楚骚"产生的时代背景。在这个背景之下最著名的代表人物就是屈原。屈原在他活着的时候虽然其名未显,但死后却引起汉代文学家、思想家、史学家们广泛而强烈的关注。屈原对于后来的文人墨客影响最大的就是他那狂狷独行的执着节操和坚持理想的不屈精神,所以说:

> 哪里有士子之不遇,哪里就有屈原的英魂,屈原精神成了安顿历代文人士子的痛苦心灵的家园。
>
> 为了理想而顽强不屈地对现实进行批判的精神,早已突破了儒家明哲保身、温柔敦厚等处世原则,为中国文化增添了一股深沉而刚烈之气,培养了中国士人主动承担历史责任的勇气。③

同时也给儒学一统天下的沉闷压抑的局面带来些许令自然的人性以自由发展的空间。它突出的是作为个人的主体意识和以个体之心作为评判客观事物的标准,它在封建社会之中显然是一种不和谐的音符,但是这种人格的出现确实提高了文人作为个体存在的价值,因此,他同孟子、庄子一起被人们誉为战国时期狂狷人格的代表。最早对狂狷进行解释的是孔子,他说:

> 不得中行而与之,必也狂狷乎!狂者进取,狷者有所不为也。④

孔子的意思是说,如果不能够与中行之人交朋友,那就宁可与狂狷之人为伍,因为狂狷者有强烈的上进之心和独立不羁的个性,不会轻易地随波逐流。屈原的那种"举世皆

---

① 方玉润撰,李先耕点校:《诗经原始·卷首下诗旨》,中华书局,1986年,第45页。
② 方玉润撰,李先耕点校:《诗经原始·卷首下诗旨》,中华书局,1986年,第45页。
③ 袁行霈主编:《中国文学史》第一册,北京:高等教育出版社,1999年,第132页。
④ 皇侃撰,高尚榘校点:《论语义疏·卷第七·子路第十三》,北京:中华书局,2013年,第342页。

浊我独清,众人皆醉我独醒"的露才扬己、怨愤不平的情绪对于后世士人的人格塑造产生了极其深刻的影响,他们不汲汲于追求道德上的自我完善,也无意于成为圣人,他们所追求的是个体的独立和自我价值的实现,是自由的精神,而且成为与朱熹所阐释的不偏不倚、无过无不及的中庸人格相对立的人格追求。正是因为具有这种执着于上下探索、"九死其犹未悔"的精神,最终导致了他的自杀,显然这与忠、孝、节、义的道德标准是不相配合的,但是,正是他那种坚毅不屈的精神激励着一代又一代的士子在强权与真理面前能够无所畏惧,决不肯向世俗低头。闻一多就曾指出过要研究屈原,就应该以研究他的自杀为出发点。他的作品之所以有一种狷洁悲壮之美,而这种美却是为后人所力不能逮的,其原因也正在于此。文学本来就是人类的物质和精神生活在作家笔下的集中反映,代表着一个时代、一支文化、一方水土上的社会、人生、经济、制度、风俗、历史、哲学等的关系。

## 二、屈原的文学思想探源

屈原现存的作品据《汉书·艺文志》记载,标明为屈原所作的约有24篇,这二十多篇作品不同程度地表现了屈原对于生与死的思考。在《离骚》中,诗人先写他怎样"生",然后写他又怎样孜孜以求,上天入地艰苦探索,最后写他怎样死去,其中那句"路漫漫其修远兮,吾将上下而求索"正是屈原对于生与死的意义的苦苦寻求及其徘徊于生死之间的痛苦的情感纠葛的基本线索和基本主题。在《离骚》一诗中,屈原反复诉说着前途的漫长与生命的短促之间的巨大矛盾,"汩余若将不及兮,恐年岁之不吾与","老冉冉其将至兮,恐修名之不立"。"草木零落""美人迟暮",对于死亡的恐惧,表现出面对自然规律的无奈的悲哀,这一思考反而使他意识到,唯有紧紧把握住生命中的每一个过程,才有与命运抗争的可能。所以他反复地咏叹着朝夕之间的短暂,"朝搴阰之木兰兮,夕揽洲之宿莽","朝发轫于苍吾兮,夕余至乎县圃"。这种对于生命的思考来自他当时的艰难处境,他以一腔热血换来的却是"信而见疑,忠而被谤"的结果,这与他对楚国前途清醒的认识和深切的关怀形成了多么巨大的反差。因此,在极度痛苦、矛盾的心情下,屈原也曾想到过离开楚国,即所谓的"去留"问题,这是形成屈原悲剧结局的第二层因素。"世混浊而不分兮,好蔽美而嫉妒","闺中既以邃远兮,哲王又不悟,怀朕情而不发兮,余焉能忍而与此终古?"虽然如此,他对于自己家国的眷恋,岂能是说走就走的吗?所以他痛苦地自问道:"思九洲之博大兮,岂唯是其有女?""何离心之可同兮,吾将远逝以自疏。"因此,洪兴祖在《楚辞补注》中说:

> 屈原其不可去乎?有比干以任责,微子去之可也。楚无人焉,原去则国从而亡。故虽身被放逐,犹徘徊而不忍去。①

---

① 洪兴祖撰,白化文等点校:《楚辞补注·卷第一·离骚经章句第一·离骚·王逸序》,北京:中华书局,1983年,第50页。

这样就意味着,屈原要比普通失意的志士仁人承担着更多、更沉重的精神压力,这些忧虑也许对于很多人来说终其一生都不可能体会得到。而他却要以一介个体的力量来面对整体的现实环境,并且还要进行一场可能永无休止的而且是注定要失败的抗争。这样一种精神状态反映在他的作品中,其忧郁、深邃的悲怆程度都是后来的许多失意文人很难模仿得到的,这也就是为什么后来者的作品在真情表达的深度上不逮屈原的根本原因。屈原的这种悲剧情结不仅仅只存在于一篇《离骚》当中,他那著名的《天问》《九章》《怀沙》莫不如此。在《天问》当中,诗人提出了宇宙和人间所存在的各式各样的关于死亡的问题,"夜光何德,死则又育?""何所不死,长人何守?""延年不死,寿何所止?""齐桓九会,卒然身杀,""比干何逆,而抑沉之?""受寿永多,夫何久长?"而在《九章》当中,除《橘颂》而外,其他八篇《惜颂》《涉江》《哀郢》《抽思》《怀沙》《思美人》《惜往日》《悲回风》其实都是《离骚》当中所表现出的情感和思想的反复。"哀吾生之无乐兮,幽独处乎山中,吾不能变心而从俗兮,固将愁苦而终穷!""伍子逢殃兮,比干菹醢。与前世而皆然兮,吾又何怨乎今之人。"(《涉江》)"鸟飞反故乡兮,狐死必首丘。信非吾罪而弃逐兮,何日夜而忘之。"(《哀郢》)"宁溘死而流亡兮,恐祸殃之有再。不毕辞而赴渊兮,惜雍君之不识。"(《惜往日》)"宁逝死而流亡兮,不忍为此之常愁,""凌大波而流风兮,托彭咸之所居,""浮江淮而入海兮,从子胥而自适。"(《悲回风》)从屈原的这一系列作品中我们可以看出,屈原是如何从对于现实世界无法克服的矛盾一步步走向意欲离开故土。在这种留既不能、去又不忍的情形之下,屈原内心深处的矛盾与痛苦被推向了高峰。《九歌》中的《国殇》,屈原既是在歌颂爱国将士"出不入兮往不反""首身离兮心不惩""身既死兮神以灵,魂魄毅兮为鬼雄"的视死如归的英雄主义精神,同时也是他对于自己"知死不让""虽九死其犹未悔"的死亡意识的真切写照。所以朱熹在《楚辞集注》中对屈原《九章》里的一些篇章评价说,它们是屈原的"临绝之音"。所以说,屈原是用他的整个生命作为代价对于生死、爱恨进行思索和探寻的,他的诗篇是用诗人自己的血和泪凝结而成的生命之歌。

屈原的这些作品中虽然情感和思想表现得比较激烈,但是在艺术表现上却是十分地委婉含蓄,情感的表达则更是纡徐曲折,一唱三叹。刘熙载在《艺概·赋概》中对屈原作品的艺术风格评价道:

> 顿挫莫善于《离骚》,自一篇以至一章及一两句,皆有之,此传所谓反复致意者。[①]

读屈原的作品我们总是能够深深地体味到他那欲说还休、欲吐未尽的深婉风格,能

---

① 刘熙载撰,袁津琥校注:《艺概注稿·卷三 赋概》,北京:中华书局,2009年,第420页。

够真切地体验到他那深沉的痛苦。而他作品中表现出来的这一风格,也就成为后来者学习的范式,尤其是汉代的作家们,他们无不以力达此境界为最高目标。所以刘熙载在《艺概·赋概》中感叹道:

  问楚辞汉赋之别,曰:楚辞按之愈深,汉赋恢之弥广。①

  屈原的这些作品除了它的艺术上的一唱三叹、深沉悲怆的风格是由于受到楚国民歌艺术影响以外,更有一层深刻的思想基础和情感的归属层面的意义。屈原生活在战国后期百家争鸣的时代,不可避免地要受到当时思想流派的影响。就《史记·太公自序》所论六家要旨,屈原的思想归属也不会走出这六家的范围。从屈原作品所提供给我们的信息来看,屈原的思想应该说基本上是以儒家为基础的。虽然屈原的行为有突破儒家要求的地方,但是他的基本思想还是很难走出为臣尽忠的思路,而且在这一点上,他比孔孟还要显得执着一些。孔孟在对待君主的选择上还有合则留、不合则去的思想,这一点也是非常符合战国的时代特色。屈原在情感上对于楚国和楚王的留恋与他要在去与留之间作出选择形成表面对抗的巨大张力,这也就使他很难进行选择取舍。正是因为如此,也就为他的悲剧结局播下了种子。

(一)屈原思想与儒家思想之间的关系

  在屈原的作品中他多次提到所谓"先王",即尧、舜、禹、汤、文、武等圣明之君,在这一点上与孔孟儒家一派确实是非常地接近。孔子、孟子都是言必称尧、舜的人,例如,《论语·泰伯》中说:

  子曰:巍巍乎,舜禹之有天下也,而不与焉。大哉,尧之为君也,巍巍乎为天为大,唯尧则之。②

《孟子·离娄上》:

  尧舜之道,不以仁政,不能平治天下。
  为政不因先王之道,可谓智乎?
  三代之得天下也以仁,其失天下也以不仁。
  国君好仁,天下无敌。③

---

① 刘熙载撰,袁津琥校注:《艺概注稿·卷三·赋概》,北京:中华书局,2009年,第436页。
② 皇侃撰,高尚榘校点:《论语义疏·卷第四·泰伯第八》,北京:中华书局,2013年,第198页。
③ 朱熹撰:《四书章句集注·孟子集注卷七·离娄章句上》,北京:中华书局,1983年,第275页。

而屈原在他的作品中也反复称道所谓"三代之君",例如《九章·哀郢》:"彼尧舜之抗行兮,瞭冥冥而薄天。"《离骚》中也有"彼尧舜之耿介兮,既遵道而得路""昔三后之纯粹兮,固众芳之所在"。《九章·抽思》里有"望三五以为像兮,指彭咸以为仪"。这说明这些儒家人物心目中的三代明主同样也是屈原心目中的圣贤之主。战国时期虽然是七国争雄,但是无论是谁都主张天下大同,儒家更是积极于建立像上古夏、商、周三代那样的大一统的仁政社会,因此,他们提倡法先王。屈原在他的作品中也流露出关于仁政和法先王的儒家思想,从表面看来这似乎是和屈原的爱国主义思想互相矛盾的,屈原爱的只是楚国,他怎么会同意儒家的一统天下的观点呢? 我们先来看一看他的诗篇,并且我们把他的诗和儒家经典《尚书》中的内容加以比较来分析判断。《尚书·召诰》中说:

> 我不可不监于有夏,亦不可不监于有殷。我不敢知曰,有夏服天命,惟有历年;我不敢知曰,不其延,惟不敬厥德,乃早坠厥命。我不敢知曰,有殷受天命,惟有历年;我敢不知曰,不其延,惟不敬厥德,乃早坠厥命。①

《尚书·多方》有

> 惟帝降格于夏,有夏诞厥逸,不肯戚言于民,乃大淫昏,不克终日于帝之迪。②

屈原也在他的诗篇中道出了他内心的认识,《离骚》中说"何桀纣之昌披兮,夫唯捷径以窘步。""夏桀之常违兮,乃遂焉而逢殃;后辛之菹醢兮,殷宗用而不长。""启《九辩》与《九歌》兮,夏康娱以自纵。"在他的《天问》一诗中也表达了同样的意思,"桀伐蒙山,何所得焉? 妹嬉何肆? 汤何殛焉?""彼王纣之躬,孰使乱惑? 何恶辅弼,谗谄是服?"屈原在正面标举效法先王的同时,也不断地提出要以桀纣的荒淫失国为前车之鉴,这同儒家常将三代之仁政与桀纣之乱国作为对照的手法是完全一致的。不仅如此,屈原还同孔孟一样,以比干、伯夷自比,引以为作臣子的榜样,例如,《九章·悲回风》有诗句"求介子之所存兮,见伯夷之放迹",《九章·橘颂》有"行比伯夷,置以为像兮",《天问》的"比干何逆,而抑沉之?"屈原虽然爱的是楚国,但是他是一个有远大目标和眼光的政治家,统一七国建立大一统的中华大地同样是那个时代每一位有抱负的士人的最高理想,屈原从自己的爱国立场出发,当然希望这一伟大的历史使命由楚国来完成,所以说屈原在对待

---

① 孙星衍撰,陈抗、盛冬铃点校:《尚书今古文注疏·卷十八·周书九·召诰第十八》,北京:中华书局,2004年,第398—399页。
② 孙星衍撰,陈抗、盛冬铃点校:《尚书今古文注疏·卷廿三·周书十四·多方第廿三》,北京:中华书局,2004年,第461页。

建立大一统和热爱楚国的立场上是不矛盾的,而且正是因为有这样一种希望寄托在楚国的身上,所以屈原才会对楚王和楚国有着那样一番激烈的爱恨情怀。

要使楚国能够承担起这个重大的历史使命,就必须使楚国强大起来,如何强大呢?显然在对待这个问题的态度上屈原是赞同孔孟之学说的,只有施行仁政,效法三代。而仁政的实施,国家的强盛靠的是贤德之士,因此说举贤任能是治国安邦的关键之举。孔子就曾说过"先有司,赦小过,举贤才"①"汤有天下,选于众,举伊尹"②。孟子也十分强调这个观点,他说道:"惟仁者宜在高位。"③"贤者在位,能者在职,国家闲暇。"④"尊贤使能,俊杰在位,则天下之士皆悦而愿立于其朝。"⑤"舜发于畎亩之中,傅说举于版筑之间……百里奚举于市。"⑥那么再来看屈原,他在诗中除了一再地称道三代的先王如何有道之外,更是对他们的举贤授能、君圣臣贤而天下大治的世道是称颂有加。《离骚》有曰:

> 敬兮,周论道出而莫差;举贤而授能兮,循绳墨而不颇。皇天无私阿兮,览民德焉错辅。夫惟圣哲以茂行兮,苟得用此下土。汤禹严而求合兮,挚咎陶而能调。说操筑于傅岩兮,武丁用而不疑。吕望之鼓刀兮,遭周文而得举。宁戚之讴歌兮,齐桓闻以该辅。⑦

屈原笔下的这些个明君贤臣也是儒家典籍当中所历来称道的人物,他们的共同特点就是,明主能够在人才处于困境之时于寒微之中赏识人才,并且能够做到用人不疑。同样,臣子也就能够竭尽全力辅助国君,并且成就一番伟大的事业,这就是诗人梦寐以求的理想境界。然而在现实生活中诗人的命运却是那样的不济,因此,不由得诗人要发出这样的哀叹:"哀朕时之不当。"那是因为"众女嫉余之蛾眉兮,谣诼谓余以善淫";"惟此党人之不谅兮,恐嫉妒而折之。"对于屈原所经受的这些不公平的对待,他的国君是怎样的一番情形呢,"闺中既以邃远兮,哲王又不寤";"重华不可遭兮,孰知余之从容",所以说"汤禹久远兮,邈而不可慕也","伯乐既没,骥焉程兮"。面对如此冷酷的现实世界,屈原只能以一介诗人的方式在他的诗篇中寄托内心的爱憎与向往。

---

① 皇侃撰,高尚榘校点:《论语义疏·卷第七·子路第十三》,北京:中华书局,2013 年,第 324 页。
② 皇侃撰,高尚榘校点:《论语义疏·卷第六·颜渊第十二》,北京:中华书局,2013 年,第 320 页。
③ 朱熹撰:《四书章句集注·孟子集注卷七·离娄章句上》,北京:中华书局,1983 年,第 276 页。
④ 朱熹撰:《四书章句集注·孟子集注卷三·公孙丑章句上》,北京:中华书局,1983 年,第 235 页。
⑤ 朱熹撰:《四书章句集注·孟子集注卷三·公孙丑章句上》,北京:中华书局,1983 年,第 236 页。
⑥ 朱熹撰:《四书章句集注·孟子集注卷十二·告子章句下》,北京:中华书局,1983 年,第 348 页。
⑦ 洪兴祖撰,白化文等点校:《楚辞补注·卷第一·离骚经章句第一·离骚·王逸序》,北京:中华书局,1983 年,第 37 页。

### (二)屈原对高贵人格的坚守

屈原之所以对自己"娴于辞令,明于治乱"的才干不被重用而产生悲怨情绪除了上述的原因之外,还与他高洁的品格不容玷污有着相当紧密的关系。在屈原看来,贤人忠臣不但表现为才干的出色,同时在品格上、生活上也同样要有纯洁的追求。屈原对比干、伯夷的推崇说明他对于自己在为臣与做人两方面有着相当高的要求,这一点突出地表现在他对于自我修养的严格要求中。可以说屈原对于自己"内美"人格的近乎完美的要求也使得他最终要走上宁为玉碎的绝命之路。蒋骥在他的《山带阁注楚辞·余论卷上》就指出《离骚》中突出的就是一个"修"字,他评述道:"篇中曰好修,曰修能,曰修名,曰前修,曰修初服,曰信修,修字凡十一见,首尾照应,眉目了然,绝非牵附之见。"① 屈原为什么要如此认真和如此坚持地保持自我的纯洁呢?"何昔日之芳草兮,今直为此萧艾也。岂其有他故兮,莫好修之害也。"(《离骚》)"憎愠之修美兮,好夫人之慷慨。"(《九章·哀郢》)那些他为之花费心血浇灌的香花芳草因为不能够坚持修养而失去原有的美质,与那些萧艾等秽草同流合污。而楚王却又不辨美丑,听信谗言,像屈原这样的好修有德之士却遭受到排挤和打击。虽然楚王没有分辨是非曲直的能力,但是却不能因此而与小人们沉瀣一气。正是因为全社会都是良莠不分,所以才更应该加强自我修养,以抵御外来的诱惑,保持住自己那一份难得的纯洁内美。古往今来,外来的多种诱惑常常会令一个原本不错的人才因此而走偏方向,而屈原能在正与邪的斗争较量中始终保持着清醒的自我判断和批判的头脑,并且是如此的执着,真不愧"坚贞"二字。

屈原在《离骚》的开篇就说明了自己高贵的出身,他是"高阳之苗裔",而且生于"摄提贞于孟陬兮,惟庚寅吾以降"的吉日良辰,所以他有一个美好的名字,屈原之所以这样标榜自己是为了说明他的"内美"是有着优良的历史传统,并非随便可以得到的。天生的美质如果不加以呵护,也是会变质的,因此,屈原一再强调后天的"修能"。故而在生辰之后紧接着说:"纷吾既有此内美兮,又重之以修能"。诗人又是如何进行"修能"的呢?诗人在《离骚》中用一连串的象征和比喻给出了明确的答案,"扈江离与辟芷兮,纫秋兰以为佩。汩余若将不及兮,恐年岁之不我与。朝搴阰之木兰兮,夕揽洲之宿莽。日月忽其不淹兮,春与秋其代序。惟草木之零落兮,恐美人之迟暮。""朝饮木兰之坠露兮,夕餐秋菊之落英。苟余情其信姱兮,长顑颔亦何伤!览木根以结茝兮,贯薜荔之落蕊。矫菌桂以纫蕙兮,索胡绳之纚纚。""制芰荷以为衣兮,集芙蓉以为裳。不吾知其亦已兮,苟余情其信芳。高余冠之岌岌兮,长于佩之陆离。"诗人采摘江离、辟芷、木兰、宿莽等香草来装饰自己,而且表现出"恐年岁之不吾与"的生命紧迫感。这些诗句表明屈原当年雄心勃勃想为楚国干一番事业,这番事业就是屈原年轻之时改革政治,使楚国在群雄之中足

---

① 蒋骥著:《山带阁注楚辞》,上海:上海古籍出版社,1958年,第183页。

以处于争霸的地位。但是正当他充满信心,为王前驱的时候,却是"忽奔走以先后兮,及前王之踵武。荃不察余之中情兮,反信谗而齌怒"。那些贪婪嫉妒的无耻之徒,"众皆竞进以贪婪兮,凭不厌乎求索。羌内恕己以量人兮,各兴心而嫉妒。忽驰骛以追逐兮,非余心之所急"。屈原是不会与之同流合污的,于是他的斗争策略就是加强自我修养。以木兰之坠露、秋菊之落英为饮,以木根、薜荔、蕙、芰荷、芙蓉来修饰他的衣裳,这衣裳"非世俗之所服"。虽然"众女嫉余之蛾眉兮,谣诼谓余以善淫",歪曲事实,将美与淫混为一谈。但是,面对如此的诽谤,诗人只有坚持"内美""好修",来表明自我的纯洁与高尚,来完善自我的节操。因为这是他与那些奸臣、小人的唯一的分界线和唯一斗争的武器,所以屈原坚持道:"民生各有所乐兮,余独好修以为常。虽体解吾犹未变兮,岂余心之可惩!"诗人的"好修"还是他一生不懈的追求。在《涉江》篇中他写道:"余幼好此奇服兮,年既老而不衰。带长铗之陆离兮,冠切云之崔嵬。被明月兮佩宝璐。世溷浊而莫余知兮,吾方高驰而不顾。"终于达到怀抱仁义,充实而自信,可与天地相比的崇高境界,"闭心自慎,终不失过兮,秉德无私,参天地兮。"(《橘颂》)因此当他所培植的"兰""蕙"等芳草也因经不住世俗的诱惑而变质时,诗人的"修能"却正好说明"内美"是需要不断完善的。

　　历来在屈原作品的研究中人们多注意到他作品中的香草美人的象征和比喻作用,其实屈原在作品中还喜欢用另外一种东西来起相同的作用,那就是对于玉的意义的阐释和运用。我们先来看《离骚》,诗人被刻画为一个峨冠博带、纫兰佩玉、风度优美、情怀高尚、理想远大、忧国忧民、内美与外美达到高度统一的士人形象。或许正是因为屈原对于诗中人物形象的刻画如此成功,所以使得后来的文人墨客不由得在人生不如意之时必以他为自我形象的写照和心灵的归属。"何琼佩之偃蹇兮,众薆然而蔽之。惟此党人之不谅兮,恐嫉妒而折之。"玉佩也是屈原笔下高尚纯洁的象征,所以和芳草一样,遭到奸邪小人的打击。《离骚》结尾时描写诗人准备去远游,这时,屈原想象着诗人的车子在云霓般旌旗的簇拥下渐渐远去,车上的玉鸾发出悠远的清响,这是一幅多么令人神往的画面。《涉江》中有"被明月兮佩宝璐",也是喻其不朽的人格。还有《东皇太一》中的"抚长剑兮玉珥,璆锵鸣兮琳琅。"《大司命》中的"灵衣兮被被,玉佩兮陆离。"《湘君》中的"捐余玦兮江中,遗余佩兮醴浦。"为什么屈原要以玉作为一种比喻和象征呢?从《诗经》中的诗句看,玉多为男女定情的信物。例如《卫风·木瓜》,其诗有"投我以木瓜,报之以琼琚。""投我以木桃,报之以琼瑶。""投我以木李,报之以琼玖。"《王风·丘中有麻》有"贻我佩玖"句,《郑风·女曰鸡鸣》有"杂佩以赠之"句,都是爱情信物的意思。另外,玉在上古的时期还与祭祀有关。《左传·僖公二十四年》有

　　　　及河,子犯以璧授公子曰:"臣负羁绁从君,巡于天下,臣之罪甚多矣!臣犹知

之,而况君乎？请由此亡。"公子曰："所不与舅氏同心者,有如白水。"投其璧于河。①

《左传·僖公二十八年》

> 楚子玉自为琼弁玉缨,未之服也。先战,梦河神谓己曰："畀余,余赐女孟诸之麋。"弗致也。成大心与子西使荣黄谏,弗听。②

从这些记载来看,玉是被人们当作美好东西来对待的,否则是不会把它拿来送给心上人或用于祭祀的。在《左传》的记载中,玉同时还有财富的意思,如《左传·僖公二十三年》晋公子重耳的一段话：

> 子女玉帛,则君有之；羽毛齿革,则君地生焉。③

同书《僖公三十年》载：

> 晋侯使医衍酖卫侯,宁俞货医使薄其酖,不死。公为之请,纳玉于王与晋侯,皆十瑴,王许之,乃释卫侯。④

最著名的就是《韩非子·和氏篇》中所记的有关和氏璧的故事了,对于它的价值之争引出了多少历史故事,可谓价值连城。所以屈原在他的作品中多次用玉佩来修饰自己那也是有历史根据的,而且从中也可以印证,先秦时,人们已经有佩带玉佩的风气了。随着历史的发展,秦在统一了中国之后开始以玉作为国之印章,玉在人们生活中的地位和作用已经是非同一般了。《礼记·玉藻》记载：

> 古之君子必佩玉,右徵角,左宫羽,趋以采齐,行以肆夏,周还中规,折还中矩,进则揖之,退则扬之,然后玉锵鸣也。故君子在车,则闻鸾和之声,行则鸣佩玉,是以非

---

① 阮元校刻：《十三经注疏 清嘉庆刊本·七 春秋左传正义·卷第十五·二十四年》,北京：中华书局,2009年,第3942页。
② 阮元校刻：《十三经注疏 清嘉庆刊本·七 春秋左传正义·卷第十六·二十八年》,北京：中华书局,2009年,第3963页。
③ 阮元校刻：《十三经注疏 清嘉庆刊本·七 春秋左传正义·卷第十五·二十三年》,北京：中华书局,2009年,第3941页。
④ 阮元校刻：《十三经注疏 清嘉庆刊本·七 春秋左传正义·卷第十七·三十年》,北京：中华书局,2009年,第3973页。

辟之心,无自入也。"所以"君子无故,玉不去身,君子于玉比德焉。①

玉成为有德之人德性的象征,所以战国末期的《荀子》一书中就有儒家关于玉与人的精神品质直接产生联系的论述,他说:

> 子贡问于孔子曰:君子所以贵玉而贱珉者,何也? 为夫玉之少,而珉之多邪? 孔子曰:恶,赐! 是何言也! 夫君子岂以多而贱之,少而贵之哉! 夫玉者,君子比德焉。温润而泽,仁也。栗而理,智也。坚刚而不屈,义也。廉而不刿,行也。折而不挠,勇也。瑕适并见,情也。扣之,其声清扬而远闻,其止辍然,辞也。故虽有珉之雕雕,不若玉之章章。②

在孔子的诠释下,玉已经完全脱离了原本的物质意义而成为纯粹的精神象征。可见屈原的思想是以儒家作为他的基础的,尤其在儒家的修身方面,屈原是一个伟大的实践者。他对于死亡毫无惧色,他追求的是"以修身自名,则配尧舜"的理想境界。他将这一境界完全融入他的诗歌当中,创造了一个高洁、忠诚的士子形象。他至死都念念不忘的是"恐美人之迟暮""恐修名之不立""恐皇舆之败绩"。当这一切都破灭之时,诗人千辛万苦修来的美好品性就只能留待后人景仰了。

(三)屈原对"立言"思想的践行

虽说屈原的思想是建立在儒家思想基础之上的,但是原始儒家的思想却没有后来经过改造后的儒学思想那样保守和僵化。孔孟都是具有积极进取的人生态度的人,他们都很重视人生目标的树立和人生价值的实现。《左传·襄公二十四年》中就记载有这样的话:"太上有立德,其次有立功,其次有立言。"然而多数士人在人生的奋斗历程中,立德与立功常常是难以如愿以偿的,因此他们就把"立言"作为最后一条使生命能够变得永垂不朽的唯一途径。传统的士阶层不但是政治生活的参与者,更是文化事业的传承者和缔造者,因此,他们常常会把自己在其他方面失意之后的力量转移到文化的创造上来,孔孟、老庄莫不如此,他们期待着在精神领域建立起与"立德""立功"一样强大的事业,这样一种精神格局必将深刻地影响着士人们的人生道路和由他们参与其中的文学事业的发展方向。在人生三不朽的排列顺序上"立德"在先,其次才是"立功",只有当前二者无法实现的时候,退而求其次的选择才是"立言"。也正是因为如此,他们才会倾其全部的精力

---

① 王聘珍撰,王文锦点校:《大戴礼记解诂·卷三·保傅第四十八》,北京:中华书局,1983年,第61页。

② 王先谦撰,沈啸寰、王星贤点校:《荀子集解·卷第二十·法行篇第三十》,北京:中华书局,1988年,第535页。

来完成这一创造的过程,因而在这个过程中几乎完全排除了风花雪月的内容。屈原在他的政治生命走到尽头的时候写下了一系列的作品,也许他并不是有意识地以"立言"作为人生的最终目的。但是他选择了这一做法,这说明人生三不朽的价值基础是以阐释生命的意义作为底蕴的,是一种带有普遍人性基础的生命存在的方式,也正是基于这一点屈原及其作品在汉代赢得了广泛的同情和接受。因为后来为他树碑立传的司马迁自己就曾说过"鄙没世而文采不表于后也"①。"立言"的观点不但被文人们所接受,而且还把它上升到"经国之大业,不朽之盛事"的历史政治的高度。这正如近人钱穆所言:

《诗》《书》以下迄于《春秋》乃及诸子百家言,文字特以供某种特定之使用,不得谓之纯文学。纯文学作品当自屈子《离骚》始。然屈原特以一政治家,忠爱之忱不得当于君国,始发愤而为此。在屈原固非有意欲为一文人,其作《离骚》,亦非有意欲创造一文学作品。②

钱穆的这番话恰好说明了古代中国文人进行文学创作的非主动因素。汉代文人对于屈原及其作品的主动接受,其实是在非主动状态下进行的,这与汉代的统治者对于楚文化和楚诗歌的主动接受是有区别的。其实屈原在他活着和死了若干年后并不像他在汉代那样引人注目,可以说,他死后沉寂了很长一段时间,直到汉初的贾谊、刘安、司马迁等人对于屈原作品的阐释和宣扬,才使得屈原的精神大放光彩。需要补充说明的是:就思想内容而言,屈原的诗歌让统治阶级听起来并不是优美的赞歌,是有些刺耳的。但我们知道,汉代的开国之主刘邦就是楚人,那些跟随他一起打天下的臣子们也大多是楚人。他们对于楚歌的热爱使他们对屈原的怨愤之情表现出了一种宽容和接受,并没有进行封杀,这是一个十分难得的历史机遇。试想如果汉代的君主不是楚人,对于楚文化也毫无兴趣,屈原的作品和他的追随者们会是一种什么样的下场,楚辞将怎样艰难地流传下来?

### 三、汉代文人对屈原作品的研习与思想的传承

楚歌本来只是楚地的一种文学形式,但是楚地的文化在先秦时期就已经独步天下,自成一格。虽然楚被秦所灭,可是,楚文化并没有随之消亡。随着秦朝的灭亡,由楚人入主关中,执掌政权后直接带入到汉朝社会,并且生发开来,形成了带有浓郁楚地色彩的汉文化。所以说楚汉文化是有着直接的渊源关系的。虽然汉代在教化的表面上做的文章是对于儒学的推崇,这是出于政治的目的,是统治策略的需要。当权者需要建立一套"经

---

① 班固撰,颜师古注,中华书局编辑部点校:《汉书·卷六十二 司马迁传第三十二》,北京:中华书局,1962年,第2733页。
② 钱穆著:《中国学术思想史论丛 三》,北京:生活·读书·新知三联书店,2009年,第101页。

夫妇,成孝敬,厚人伦,美教化"的统治秩序,否则世俗的社会充满了个性、自由。对于统治阶级来说就意味着权力的失控和民众对权力及其派生物等级制度的漠视,然而,在汉代的社会里,《诗》被抬上圣坛,占据人们心灵的地方自然要由另外的"有意味的形式"来占领。因此,真正统治着人们心灵的是楚歌和屈原那充满浪漫主义情怀的艺术。当时流行于世的几乎都是楚歌,刘邦的《大风歌》《鸿鹄歌》;号称是汉乐府鼻祖的《安世房中歌》。据《汉书·礼乐志》记载"高祖唐山夫人所作也……高祖乐楚声,故《房中乐》,楚声也。"① 还有汉武帝刘彻的《瓠子歌》《秋风辞》《天马歌》《思奉车子侯歌》,淮南王刘安的《八公操》,司马相如的《美人赋》,李陵的《别歌》,息夫躬的《绝命辞》。直至东汉,楚歌都一直流传不绝。屈原和他的作品可以说是楚文化的精髓,对于他的继承和发扬,主要从汉代文人对他的学习和研究这么两个方面来看。

汉代的学术是以解经、注经为主要内容的,大约是受到此种风气的影响,除了儒家的经典之外,其他书籍同时也得到了整理和阐释。例如《战国策》《吕氏春秋》《淮南子》等,对于楚辞的注释在西汉武帝时期就已经开始。汉武帝喜爱《离骚》,于是令淮南王刘安为《离骚》作注:

初,安入朝,献所作《内篇》,新也,上爱秘之,使为《离骚》传。②

《汉书·朱买臣传》也有记载,当时严助向汉武帝推荐他的同乡朱买臣,于是:

上召见,说《春秋》,言楚词,帝甚说之,拜买臣为中大夫,与严助俱侍中。③

在汉武帝时期,司马迁在《史记》中第一次为屈原作传,写出了屈原是怎样从一位政治家成为楚辞作家的过程,并且第一次提出"发愤著书"的观点。

《汉书·王褒传》还记载有,"宣帝时,修武帝故事,讲论六艺群经,博尽奇异之好,征能为楚辞九江被公,召见诵读。"④ 诵读"楚辞"成为宫廷贵族们的一种高雅的娱乐方式。从西汉初期开始,以屈原为代表的楚辞作品第一次被整理成集,第一次被载入史册,并且

---

① 班固撰,颜师古注,中华书局编辑部点校:《汉书·卷二十二 礼乐志第二》,北京:中华书局,1962年,第1043页。
② 班固撰,颜师古注,中华书局编辑部点校:《汉书·卷四十四 淮南衡山济北王传第十四·淮南厉王刘长》,北京:中华书局,1962年,第2145页。
③ 班固撰,颜师古注,中华书局编辑部点校:《汉书·卷六十四上 严朱吾丘主父徐严终王贾传第三十四上·朱买臣》,北京:中华书局,1962年,第2791页。
④ 班固撰,颜师古注,中华书局编辑部点校:《汉书·卷六十四下 严朱吾丘主父徐严终王贾传第三十四下·王褒》,北京:中华书局,1962年,第2821页。

还有许多人为它作注,进行研究。西汉刘安的《离骚注》不仅对《离骚》作了总体评价,而且对其中名物、文字、神话传说等都作了解释。后来的刘向和扬雄也都作有《天问解》,对其中的奇怪之事,"援引传记以解说之"。东汉时期,据王逸《离骚序》记载,班固和贾逵也作有《离骚经章句》。据《后汉书·马融传》载,马融也著有《离骚注》,这些都是采用注经的方式对《离骚》和《天问》当中的疑难问题作了考定和注释,但是这些都已亡佚,无从识见。现存最完整也是最早的《楚辞》注释就是东汉王逸的《楚辞章句》。王逸本人生长于楚地,不仅非常推崇屈原,而且对楚地的方言、风俗、物产、地理环境、历史、掌故等都非常熟悉,因此他的注释突破了经典式的方式,为后来研究楚辞和屈原以及楚文化都提供了丰富的材料。这些研究的情况说明,从西汉时期开始,屈原和他的作品就已经受到人们的广泛关注。

在两汉社会里,随着屈原作品的广泛流传和屈原研究的不断深入,广大士阶层为屈原那不幸的遭遇,独立傲岸的精神、对故土的热爱和执着不屈的人格所感动。同时由于这些士人在汉代大一统的政治环境下经历了与屈原类似的遭遇,所以屈原的创作在他们当中引起了广泛的共鸣。第一个以骚体作赋的作家就是贾谊。贾谊生活在中国历史上有名的"文景之治"时代,应该说政治是比较清明的。然而从汉代政权开始建立,便引发了皇权的政治统治与士大夫阶层的生存状态之间的重重矛盾纠葛。这种矛盾纠葛不仅出现在大一统的汉代,而且一直延续到整个封建社会的终结。这也是屈原的作品和屈原的形象一直都是那些坚持理想与精神守望的人士们的精神盾牌的原因。屈原精神的长期存在,反映了封建社会里政权制度与现实之间不可调和的矛盾。而这种矛盾则又是封建专制制度本身所无法克服的。因为封建社会的知识分子所期望的理想的社会图景,和统治秩序与执政者所理解或者说所希望能够达到的地步,存在着相当大的距离。因此他们之间必然存在着对抗,距离愈大,对抗就愈激烈。

## 余论

屈原就是在最尖锐的对抗下产生的一个最具代表性的产物,他与其他的臣子、他与身为一国之君的楚怀王形成了无比巨大的反差。因此在历朝历代,对于那些怀才不遇的人来说,他们很自然地就站在了屈原的名下,形成一个受压抑的群体,在汉代尤其如此。自贾谊作《吊屈原赋》《鹏鸟赋》开始,一直到汉末蔡邕的《述行赋》共有几十篇作品,占据了汉赋总数相当的比例,而且纵横两汉四百年不衰。两汉的骚体赋作无论是士不遇的题材,还是纪行和怨女的题材,它们都共同透出一个悲字。不遇的悲愤,纪行的悲凉,怨妇的悲愁,演绎了这一文体的最高美学境界,它与大赋体一起构成汉赋创作中外圣而内怨的二元现象。探索汉代士大夫对于汉代社会和政治的认识,了解他们人生目标的确立,更应该重视汉代骚体赋的研究。

# 试论元代文人对屈原和陶渊明的接受

杭州师范大学 叶志衡

从接受美学的角度看,任何文学现象其本身都具有一些空白点和未定性,都不是固定的完整性存在,而是一个多层面的辐射型结构。其存在的本身并不能产生独立意义,其意义的实现,主要依赖于后世接受者的感觉和自身经验,用以将人物或作品的空白填充起来,从而使其未定性得以确定,并最终达到其特定意义的实现。因而,对待同一个人或同一个作品,接受者往往仁者见仁,智者见智,一千人眼中就会有一千个哈姆莱特。屈原和陶渊明在中国文学史上是两个极具影响力的人物,其人其事及其作品作为特定历史时期的产物,都为后人留下了相当的空白点和未定性。细究起来,后代接受者大多囿于各自的时代环境和自身境遇。评屈说陶的同时,也是在说时代,说自己,一如宋人陆九渊所宣称的"我注六经,六经注我"。故而,出现了一个非常有趣的现象:千百年来绵延不断的针对屈原和陶渊明的接受史反倒成了各个不同时代文化思潮和不同文人思想学术的载体和投影。因而,考察不同时代的文人对屈原和陶渊的接受情况,也就可以看出那个时代的特殊文化现象和文人心态。

屈原一生为楚,上下求索,孜孜矻矻。环境再艰难也不愿以其察察之身受污于汶汶之世,最终不惜投江自尽,来保持其高洁的人格。陶渊明生当晋末,国弱民疲。青年时期的陶渊明本也有大济苍生之志,但在"误入尘网"十三年,目睹种种黑暗污秽之后,毅然归隐南山,终其一生,以靖其节士之征。

自汉代开始,评屈议屈之作不断;尊陶和陶之风则始于北宋。尤其是南宋特殊境遇下的文人,总喜欢将屈原与陶渊明二人并提,并进行比较性评述,屈原和陶渊明分别成了当时不同心态、不同境遇下许多文人的精神偶像。此风延至有元一代继续兴盛,痕迹遍及元代诗、词、曲、文各个领域。元代文人或颂陶贬屈,或颂屈贬陶,抑或屈陶皆颂,抑或屈陶皆贬,普遍喜欢拿屈陶二人说事。这是元代文艺思潮中的一个很明显的特征,它已经超出文学的范畴而成为一种值得关注的文化现象。形成这一特征和现象的原因很复杂。主要是因为大量汉族文人仍然秉持正统儒学思想、元代统治者的文化政策以及屈原的思想境遇与元代汉族文人思想、境遇的高度契合造成的。

梳理曝晒一些元代文人对屈原、陶渊明的嬉笑怒骂文字,或许能够触摸到当时文人的一些隐微不显的心灵悸动,折射出元代许多文人的希望与失望,雄心与苦闷的心灵投影。

## 一、屈陶皆颂型

在元代那样的文化背景下,也仍然有许多文人恪守儒学道统,从政治、节操层面来解读和接受屈原和陶渊明,屈陶并举且屈陶皆颂,将屈原与陶渊明当作忠君守节的两面旗帜。这方面的作品颇引人注目。

郝经是元初重要的诗人和政治活动家,同时也是北方儒学的积极倡导者。忽必烈入宋议和改变了郝经的人生轨迹,被贾似道囚在真州16年,在这16年的囚禁生活中,郝经反思了他所做的一切,其间,写了"和陶诗"118首。这些诗除了反映当时动荡不安的社会现实之外,更主要的是反映了郝经被囚期间内心的痛苦、希望、失望等。尽管一心想要在政坛上大展宏图的郝经与"性本爱丘山"追求心灵自由的陶渊明在志趣上并不相同。但他们之间也有一些相同之处,比如他们都生活于易代之际,都目睹了战乱给百姓带来的巨大灾难,都对民生多艰有深刻体会,并渴望和平、渴望百姓能过上安定的生活。以前,有人会因为郝经是汉人,却代表蒙古人来与汉人的宋朝谈判而对他有所非议,其实,郝经一直反对"华夷之辨",倡导"四海一家",主张天下一统。这与儒家的贤人政治和大一统观念是一致的,与陶渊明向往的桃源理想也是一致的。还有就是郝经对陶渊明自由率真人格的仰慕以及对陶渊明田园诗歌的欣赏,加上囚禁生活的压抑,使得他很快将陶渊明视作生命中的知己同道,并大量创作"和陶诗"以抒怀、以排解对故国亲人的思念,以固守自己的节操。因而,郝经对于"隐逸之宗"陶渊明的仰慕与他对积极用事的屈原之辞的肯定并不矛盾。郝经在他的《答友人论文法书》中,多次赞赏屈原、宋玉,将"屈宋骚赋之法"与孔孟、左氏并称,认为"屈宋骚赋""皆自我作",是"贯道之文"[①]。这是一个政治家对屈原和陶渊明的追慕和接受,这种将屈原和陶渊明一起纳入儒学道统来接受的人在元代属于少数。

与郝经持相似观点,同样从儒学道统角度来接受屈原和陶渊明的人还有赵孟頫、虞集等。赵孟頫的《五柳先生传论》云:

> 志功名者,荣禄不足以动其心;重道义者,功名不足以易其虑。何则?纡青怀金,与荷锄畎亩者殊途;抗志青云,与徼幸一时者异趣;此伯夷所以饿于首阳,仲连所以欲蹈东海者也。矧名教之乐,加乎轩冕,违己之痛,甚于冻馁,此重彼轻,有由然矣。仲尼有言曰,隐居以求其志,行义以达其道。吾闻其语,未见其人。嗟乎,如先生近之矣![②]

---

① 崔富章总主编《楚辞学文库》第二卷《楚辞评论集览》,武汉:湖北教育出版社,2003年,第176页。
② 北京大学、北京师范大学中文系编:《陶渊明研究资料汇编》上册,北京:中华书局1962年,第128页。

作为赵宋皇室后裔的赵孟頫在明确感到昔日不返之后,接受了元世祖之邀,出任大元要职。但他的内心是痛苦和无奈的,因而对陶渊明的归隐既钦佩又羡慕,并将陶渊明的归隐行为上升到"隐居以求其志"的儒学高度,是可以理解的。

虞集在《跋子昂所画陶渊明像》一文中说:

> 《陶渊明集》传于世且千年矣。临川吴幼清先生以为其诗泊然冲淡而甘无为者,安命分也。慨然感发而欲有为者,表志愿也。盖以拟诸屈大夫之辞云。然《楚辞》得朱子发明之,而陶之志,悟者盖鲜。①

虞集认为屈陶可比的有两点:一为"安命分"的"甘无为",一为"欲有为"的"表志愿",然重点是"欲有为"。屈原的"欲有为"得朱熹阐发而为世人熟知,陶渊明的"欲有为"志愿未得后人生发,因而多被其"甘无为"的假象遮蔽。这与宋代道学家对屈原和陶渊明的理解是完全一致的。与此相类的还有黄镇成、萧国宾、陈绎曾等,兹不赘述。

比郝经稍后而在虞集之前的刘因晚年写了76首"和陶诗",在元代诗人中,和陶诗数量仅次于郝经。但刘因对屈原和陶渊明的接受角度与郝经辈很不一样。刘因出身于一个世代以儒学为业的家庭,他本人也是当时著名的理学家。元灭南宋,他屡作哀宋之文,思想感情与元蒙一直格格不入。因欣赏诸葛亮"静以修身"之语,就将居所题名为"静修",以表心志。至元十九年,应召入朝为承德郎、右赞善大夫,不久便以母病辞官,隐居老家容城乡野。后元世祖多次遣使召之,皆辞不赴命,被忽必烈称为"不召之臣"。他的辞官不仕,一方面是忠于金朝,坚守气节,另一方面也是因为看不惯仕途上种种趋炎附势行径。故他的性格和处世之道与陶渊明很相似。甚至隐居后的生活状况也与陶渊明相似,正如他在《和有会而作》序中写的:"今岁旱,米贵而枣价独贱。贫者少济以黍食之,其费可减粒食之半。且人之与物,贵贱亦适相当,盖亦分焉而已。因有所感而和此诗。"② 说理的同时,主要是抒发人生感慨。再如他的《和杂诗》其二"胸中无全山,横侧变峰岭。不及灵椿秋,遂谓长春景。只见柏参天,岂知根独冷。井蛙见自小,夏虫年不永。天人互偿贷,千年如响影。廓哉神道远,瞬息苦驰骋。平生远游心,观物有深静。"③ 作为一个遗民隐士,刘因是个有气节的士人,他心仪渊明,追和陶诗,有寻找同调并借以自励的意味。

刘因在《叙学》一文中多次赞美屈原的《离骚》,并与陶潜诗并提,他说:"《三百篇》之流降而为辞赋,《离骚》、楚辞,其至者也。辞赋本诗之一义,秦汉而下,赋遂专盛,至于《三

---

① 北京大学、北京师范大学中文系编:《陶渊明研究资料汇编》上册,北京:中华书局1962年,第129页。
② 刘因著:《静修先生文集》,北京:北京图书馆出版社2006年,第76页。
③ 刘因著:《静修先生文集》,北京:北京图书馆出版社2006年,第73页。

都》《两京》,极矣。然对偶属韵,不出乎诗之律,所谓源远而未益分者也。魏晋而降,诗学日盛,曹(植)、刘(琨)、陶(潜)、谢(灵运),其至者也。"① 在叙述诗的流变时,将屈原和陶潜都当作是"其至者也"。联系刘因在他创作的《白沟诗》②系列中表现出的爱国主义情怀和悲情色彩更能看出刘因对屈原的仰慕和效仿。因此,刘因对屈原和陶渊明的追慕和接受,体现的是一个前朝遗民的态度,着重的是屈原和陶渊明的"忠贞""守节"。

  刘因的这种心态与金末元初元好问《论诗》"一语天然万古新,豪华落尽见真淳。南窗白日羲皇上,未害渊明是晋人"所表述的观点一致。而元代中后期的吴师道在这方面表述得更加直接。吴师道在《吴礼部诗话》中说:

> 予家《渊明集》十卷……第三卷首有序云:"《文选》五臣注渊明《辛丑岁七月赴假还江陵夜行涂中》诗题云:'渊明诗,晋所作者,皆题年号,入宋所作,但题甲子而已。意者耻事二姓,故以异之。'"
> 愚尝读《离骚》,见屈子闵宗周之阽危,悲身命之将陨,而其赋《远游》之篇曰:"仍羽人于丹丘,留不死之旧乡。""超无为以至清,与泰初而为邻。"乃欲制形炼魄,排空御风,浮游八极,后天而终。原虽死,犹不死也。陶公此诗(指《述酒诗》),愤其主弑国亡,而末言游仙修炼之适,且以天容永固、彭殇非伦赞其君,极其尊爱之至,以见乱臣贼子,乍起倏灭于天地之间者,何足道哉。陶公胸次冲淡和平,而忠愤激烈,时发其间,得无交战之累乎?洪庆善之论屈子,有曰:"屈原之忧,忧国也;其乐,乐天也。"吾于陶公亦云。③

  吴师道认为陶渊明醉酒、爱菊是高标人格、独善其身的写照。而陶渊明的归隐则是"忠愤"所为,是忧思故君、不认可刘裕政权、不事二君的行为。因而很自然联想到忠君爱国的屈原。吴师道将陶渊明的归隐行为与屈原的忧国外放相提并论,吴氏眼中的陶渊明和屈原都是不事二君的忠臣节士。

  将渊明比屈原,定位为忠臣,说得最透彻的要数吴澄在《詹若麟渊明集补注序》中的表述:

---

① 刘因著:《静修先生文集》,北京:北京图书馆出版社2006年,第6页。
② 北宋初期,宋廷多次用兵想收复燕云十六州皆未果,反而让北方少数民族的势力更加南移,迫不得已,宋廷只好利用冀北平原上原有的沟渠改造成防卫用的白沟,用作抵御大辽军队南下的屏障,《澶渊之盟》规定宋辽以白沟为界。宋人写有不少白沟题材的诗,抒写爱国情怀,体现出苦涩的"白沟情结",元代不少文人延续着这种情结,刘因即为其中较突出的一个。
③ 丁福保:《历代诗话续编》,北京:中华书局1983年,第584、585页。

> 予尝谓楚之屈大夫,韩之张司徒,汉之诸葛丞相,晋之陶征士,是四君子者,其制行也不同,其遭时也不同,而其心一也。一者何？明君臣之义而已。……灵均逆睹谗臣之丧国,渊明坐视强臣之移国,而俱莫如之何也。略申志愿者,其事业见于世。莫如之何者,将没世而莫之知,则不得不托之空言以泄忠愤,此予所以每读屈辞陶诗,而为之流涕太息也……呜呼！陶子无昭烈之可辅以图存,无高皇之可倚以复仇,无可以伸其志愿,而寓于诗,使后之观者,又昧昧焉,岂不重可悲也哉！屈子不忍见楚之亡而先死,陶子不幸见晋之亡而后死,死之先后异尔,易地则皆然,其亦重可哀已夫！①

吴澄将屈原、张良、诸葛亮、陶渊明四个人相提并论,认为四个人都是忠心如一,只是各自表现不同。认为屈原和陶渊明都是忠臣孤愤,如果将两个人对调一下生活的时代和地点,那么他们的表现肯定都会"竭其忠志欲强宗国"。可惜他们二人都生不逢时,国家遭难却不能有所作为,因此,都不约而同地选择用诗歌抒发自己的忠愤之情。如果一定要说陶渊明归隐是愤刘宋之代晋,陶渊明是与屈子一样的爱国忠臣,似乎有些牵强。但屈原以其绚烂的一"死",最后实现了彻底的"隐"。而陶渊明41岁以后以其彻底的"隐",也表明了一个文人其政治生命实际上的"死"。从这点上来看,屈子与渊明的行事也确实是有相同相通之处的。

## 二、是陶非屈型

在这曲由元代文人合奏的评屈议陶交响乐中,是陶非屈、颂陶嘲屈的变奏无疑是其中最引人注目的最强音调。诚如郝经所认为的:"屈子重违天,陶公乃达道。"(郝经和陶《饮酒》十九首之十)② 马祖常《读陶潜诗》也云:"伯夷耻粟饿,屈原避谗死。独有柴桑翁,一不失张弛。所以百世下,风流激颓靡。遐观八极表,衰荣何足数！"③

元代诗词曲赋各类文体在表现这一主题情绪的时候都留下过不少作品,而在元曲这一元代最具代表性的文体中,这类作品最为集中,其情绪的宣泄也最为畅快淋漓。隋树森选编的《全元散曲简编·导言》对元代散曲中歌颂和责备的两类历史人物做过粗略统计:被歌颂的有伯夷、巢父、许由、范蠡、老庄、张良、严光、戴逵、刘伶、陶渊明、邵平、陈抟、林逋等;受责备的有宁戚、豫让、廉颇、屈原、李斯、项羽、萧何、韩信、贾谊、班超、陆机、苏轼、张柬之等④ 陶渊明和屈原赫然列在歌颂和责备的两类历史人物之中。下面试举数例:

---

① 北京大学、北京师范大学中文系编:《陶渊明研究资料汇编》上册,北京:中华书局1962年,第125页。
② 永瑢总纂《四库全书·集部·陵川集卷七》,商务印书馆文渊阁本影印本,1985年。
③ 李叔毅、傅瑛点校《石田先生文集》,郑州:中州古籍出版社,1991年,第5页。
④ 隋树森选编《全元散曲简编》,上海:上海古籍出版社1995年,第3页。

白朴《仙吕·寄生草·饮》：

长醉后方何碍,不醒时有甚思。糟腌两个功名字,醅淹千古兴亡事,曲埋万丈虹霓志。不达时皆笑屈原非,但知音尽说陶潜是。①

张养浩《双调·沽美酒兼太平令》：

在官时只说闲,得闲也又思官,直到教人做样看。从前的试观,那一个不遇灾难:楚大夫行吟泽畔,伍将军血污衣冠,乌江岸消磨了好汉,咸阳市干休了丞相。这几个百般,要安、不安,怎如俺五柳庄逍遥散诞。②

许桢《渔家傲》：

自负平生心矫矫。三闾何事形容槁。琴到无弦谁与操。怀我宝。相逢且赋渔家傲。③

钟嗣成《双调·清江引》十之一：

采薇首阳空忍饥,枉了争闲气。试问屈原醒,争似渊明醉。早寻个稳便处闲坐地。④

无名氏《中吕·齐天乐过红衫儿·幽居》：

常笑屈原独醒,理论甚斜和正。浑清,争,一事无成,汨罗江倾送了残生。……愿学陶渊明,卸印归三径,不争名,不争名,曾共高人论,且妆昏,且妆昏,识破南柯梦境。⑤

无名氏《双调·寿阳曲》十五首之十五：

陶元亮,楚大夫,醉和醒怎生做一处。恰似杜鹃和鹧鸪,行不得却道不如归去。⑥

在上述曲子中,白朴的"不达时皆笑屈原非,但知音尽说陶潜是"两句可以作为代表和总结。作者公然嘲笑屈原之"非",肯定陶潜之"是"。表面上看,是将屈、陶二人分别对待,孰"是"孰"非",旗帜鲜明。仔细看曲词,众人扬陶潜抑屈原的关键所在是一个"醉"一个"醒",一个"争"一个"不争",一个"安"一个"不安"。陶潜长醉不争而安,屈原长醒要争而不安。因此,大家自然而然地"笑屈原非""说陶潜是",弃掷屈原行径,将陶渊

---

① 隋树森辑《全元散曲》,北京:中华书局1981年,第199页。
② 隋树森辑《全元散曲》,北京:中华书局1981年,第401页。
③ 隋树森辑:《全元散曲》,北京:中华书局1981年,第996页。
④ 隋树森辑:《全元散曲》,北京:中华书局1981年,第1361页。
⑤ 隋树森辑:《全元散曲》,北京:中华书局,1981年,第1712、1713页。
⑥ 隋树森辑:《全元散曲》,北京:中华书局,1981年,第1748页。

明引为知音同道。在其他朝代,如唐宋时期,这种现象充其量也只是属于少数人的一时之想。但在元代,在元曲中,这种情况比比皆是。从一生得志,做过大官,功成名就的张养浩(当然,累死在救灾任上的张养浩是个绝对的好官),到虽然终身未仕但出了大名的白朴,再到也无功也无名的无名氏,众口一词地是陶非屈,就不能不引人深思,促人探究了。到底是什么原因让元代文人集体买醉,不愿清醒?还是白朴曲中透露了一点关钮,是因为"不达",就只好"糟腌两个功名字,醅淹千古兴亡事,曲埋万丈虹霓志"。原来他们并不是真的不要功名,只是要而"不达"(多数人),或者是暂达而终"不达"(部分人),甚至貌达而实"不达",个中缘由,只有将他们放在元代特定的历史环境中来考察,这个留到后面分析。先再来看一些颂陶嘲屈的例证。

如果说上述这些曲子将屈原和陶渊明并举,然后否定屈原所为,肯定陶渊明行事,对屈原还算客气,否定中略带有同情和无奈;对陶渊明也只是仿效、仰慕,基本还算理智的话,那么在一些单独评议屈原和陶渊明的曲子中,就有些出离理智,有些不正常的因素在里面了。

在隋树森所辑《全元散曲》中,单独提及屈原的曲子有50余篇,兹举数例:

马致远《双调·拨不断》:
酒杯深、故人心,相逢且莫推辞饮。君若歌时我慢斟,屈原清死由他恁,醉和醒争甚?①

张养浩《中吕·普天乐》:
楚《离骚》,谁能解?就中之意,日月明白。恨尚存,人何在?空快活了湘江鱼虾蟹,这先生畅好是胡来。②

张可久《正宫·醉太平·无题》:
贤愚参杂随时变,醉醒和哄迷歌宴,清浊混沌待残年,休呆波屈原!③

王爱山《中吕·上小楼·自适》:
思古来屈正则,直恁地禀性僻。受之父母,身体发肤,跳入江里。舍残生,博得个,名垂百世。没来由,管他甚满朝皆醉。④

---

① 隋树森辑:《全元散曲》,北京:中华书局,1981年,第253页。
② 隋树森辑:《全元散曲》,北京:中华书局1981年,第402页。
③ 隋树森辑:《全元散曲》,北京:中华书局1981年,第792页。
④ 隋树森辑:《全元散曲》,北京:中华书局1981年,第1208页。

无名氏《中吕·齐天乐过红衫儿》：
常笑屈原独醒,理论甚斜和正。混清,争,一事无成。汨罗江倾送了残生,无能。①

"胡来""呆波""性僻""无能",一个比一个嘲得凶,骂得狠。在这些曲子中,作为历代文人行事楷模的屈原,竟然沦为倍受揶揄讥讽、贬斥否定的对象。他们普遍对屈原忧念苍生、关心国事、为自己理想殉身的行为表示不以为然。这是一个会让一般人大惑不解的问题。同样在隋树森《全元散曲》中,单独提及陶渊明的曲子有130多篇,数量上就大大超过议屈之作,内容上更是对陶渊明辞官不仕、安闲自适的隐居生活极尽倾慕和赞美。也举数例：

刘秉忠《双调·蟾宫曲》：
满目黄花衰草,一川红叶飘飘。秋景萧萧赏菊陶潜,散诞逍遥。②

关汉卿《双调·碧玉箫》：
秋景堪题,红叶满山溪。松径偏宜,黄菊绕东篱。正清樽斟泼醅,有白衣劝酒杯。官品极,到底成何济？归,学取渊明醉。③

卢挚《双调·沉醉东风·闲居》：
学邵平坡前种瓜,学渊明篱下栽花。旋凿开菡萏池,高竖起荼蘼架,闷来时石鼎烹茶。无事无非快活煞,锁住了心猿意马。④

张可久《双调·殿前欢·归山》：
怕人嫌,休官归去效陶潜。山房幸有猿鹤占,试卷疏帘。池边翠藓。屋角垂杨苦,山色揉蓝染。闲花点点,凉月纤纤。⑤

无名氏《双调·雁儿落过得胜令》：
绿柳倚门栽,金菊映篱开。爱的是流水清如玉,那里想侯门深似海。幽哉,袖拂白云外；彭泽,清闲归去来。⑥

---

① 隋树森辑：《全元散曲》,北京：中华书局1981年,第1712页。
② 隋树森辑：《全元散曲》,北京：中华书局1981年,第248页。
③ 隋树森辑：《全元散曲》,北京：中华书局1981年,第371页。
④ 隋树森辑：《全元散曲》,北京：中华书局1981年,第674页。
⑤ 隋树森辑：《全元散曲》,北京：中华书局1981年,第793页。
⑥ 隋树森辑：《全元散曲》,北京：中华书局1981年,第1716页。

"逍遥""偏宜""幽哉""清闲""快活煞",在这些人眼中,辞官归隐的陶渊明简直就是个令人艳羡的活神仙,因此,他们都要"归去来",都要"休官归去效陶潜"。一般说来,在"学而优则仕"理念的影响下,读书做官,光宗耀祖是所有读书人的信念追求。即便元代长时间废除科举,但选拔官员也还是从有文化的人当中举荐,如果文人们愿意并努力去追求,还是有许多机会当官的。但何以还是有那么多的元代文人喜欢闲居,未当官的不愿意出来做官。刘因"七招不至",白朴终身不仕都是明证。当了官的也随时想"休官归去",赵孟頫、贯云石、张养浩等人都有很长时间隐居蛰伏的经历。到底是什么原因导致元代文人群体性讨厌官场,向往闲适,追慕陶潜,很值得我们探究。

## 三、缘由探寻

孟子说"知人论世",要探寻元代文人普遍喜欢拿屈陶二人说事的缘由,首先要考察的当然是当时的政治、经济、文化背景。作为第一个由汉人之外的少数民族建立的全国性政权,元朝在中国历史上是一个非常特殊的时期。虽然统一但仍然长期不断的社会动荡,前所未有的民族压迫,空前的文化融合,以及统治者的愚昧与贪婪,文人们在科举废除后的前途渺茫与报国无门等现实状况,使得当时的文人(尤其是汉族文人)表现出旷世的愤懑与无奈。作为深受儒家思想浸染的封建士人,其脑子里大都充满着"修身、齐家、治国、平天下"的宏大愿景。拥有"当今之世,舍我其谁也"的豪气。再不济,也会信守"达则兼善天下,穷者独善其身"的准则。兼善不行求独善。因此,汉唐以来,屈原和陶渊明这两位先哲贤人,其人格精神逐渐被标本化,成了不同时期中国文人的精神支柱。一个是入世者的典范,一个作为出世者的楷模,共同成为两种矛盾的文化教育模式,并对后世文人产生了巨大影响。这正是中国古代文人的尴尬与悲哀,也正是屈原与陶渊明这两种处世模式在后代能同时产生重大影响的原因所在。

首先,中国长期的封建专制统治,加上儒家礼教的代代熏染,以及科举制度的反复筛选强化,形成了中国社会官本位的文化秩序。从根本上看,元代文人并不否定权力,在元杂剧中,反而比较普遍地存在一种对权力崇拜,窦娥的冤屈最终要靠当官的父亲来昭雪,许多的愿望要等当官为吏后才得以实现。问题是,蒙古异族文化的入侵,使有些早已习惯了的生存规则被彻底打破,元代文人所面临的已经不是唐宋时期的儒家文化环境。元代的文化政策对当时文人最致命的一击是元王朝八十年不开科举。这对于汉族文人来说,更是一个致命的打击,这种打击不仅仅是精神上的,也是物质上的。科举不开不仅仕途被阻塞,断绝了文人通过努力达到拯物济世的理想的可能,对于手无缚鸡之力的文人,还直接造成事关生存的生计问题。多少个窦天章穷到走投无路,卖儿卖女?又有多少个本可以读书做官荣宗耀祖的关汉卿为生存沦落到烟花巷,成了个"普天下郎君领袖,盖世界浪子班头"?刘因《冬日》诗写道:"砂瓶豆粥木床烟,中有幽人意漫然。元晦居山岂怀土,仲尼微服即知天。闲中作计饱为上,书外论交睡最贤。小子应门当拜客,病夫便静乞相怜。"① 沦落到这种境况,文人的内心世界的第一矛盾已不再是出仕与归隐的冲突,而是追求精神高洁还是实现物质满足的冲突。这种情景与屈原当年的被疏被逐时的无奈、无助状况极其相似,与陶渊明隐居南山时衣食无着的困顿也很接近。因而,元代文人,尤其是那些未当官的下层文人,他们与屈原和陶渊明的心态是高度契合的。所以,从本质上看,元代文人对屈原和陶潜都是认可的,这一点与前朝文人并无二致。他们效仿陶渊明,以隐居为乐;讥讽屈原,否定仕途功名。甚至恶意"贬屈",夸张地"尊陶",都是无法释怀的痛苦纠结在作怪。其实,他们的内心是极度渴望依旧延续着传统儒家所赋予的神圣使命,实现个人的价值。以至于他们追随陶渊明的脚步是虚浮凌乱的,心态总是焦躁不安的。"尊陶"也只是流于表象,并未见多少真正的实践者。诚如薛昂夫在《正宫塞鸿秋》中尖锐地指出:"尽道便休官,林下何曾见? 至今寂寞彭泽县。"陶渊明"晨兴理荒秽,带月荷锄归"的清苦归隐生活,只是当作一个象征和符号,是元代文人转移失意心理,消解功名渴望,恢复心理平衡和实现自尊自慰的需要。

  其次,蒙古人用野蛮和贪婪的方式征服了全国,并继续用这种野蛮和贪婪进行着统治。蒙元政权自始至终都未曾像之前的辽、夏、金,以及之后的清朝一样对汉文化主动吸收、汲取、接受。原先文化发达的中原、江南地区的汉民成了大元帝国的三四等公民。汉人、南人被当作异己打入另册,隋唐以来文人们赖以仕进的科举取士制度被中止,士人们随之沦落于娼丐之间,而不再有"人上人"的优越感。在元王朝的贵族们眼中,昔日的儒家思想失去了原有的尊荣,往昔高高在上的文人不仅不再是四民之首,而是无关紧要的臭老九。这不仅仅是有没有官做的问题,而是事关人格的尊严的问题。而中国的知识分子向来是把面子和尊严看得比性命还重要的。当一个人遭遇重大挫折甚至陷入绝境时,他往往会本能地表现出深度的自我,唤起他们对生命深处的一些异象。元代文人在普遍的悲剧人生体验中所表现出颂陶贬屈倾向,即可看作是这种异象的表现,是文人们在誓死捍卫自身的人格尊严。许多元曲研究者都认为,不能因为元散曲中大量提倡隐居之作,就一厢情愿地认为元代文人对隐居的热衷与喜好,须知他们不得已而隐的情感,那种属于整个时代的文人失落感,迫使他们只好借否定其他建立事功的历史人物来麻醉自己,来获得一点生存的理由。许多文人是心里想着做官,但是出仕无门,只好说官场不好,高歌隐居之乐。这就是所谓的吃不到葡萄就说葡萄酸,因此,我们完全有理由认为元代文人对屈原的贬斥和嘲讽并非出于恶意,而是一种含着眼泪说的醉话、疯话,甚至可以说是气话、反话。自尊心和一个悲剧的时代给这个社会群体留下了一个沉重的心理阴影。这又是一种怎样的痛苦与无奈!

---

① 刘因著:《静修先生文集》,北京:北京图书馆出版社,2006年,第76页。

再次,由于元代统治者的傲慢与固执,使得元文化长期缺乏先进文化的改造,元代统治者一直以其最原始的野性与贪婪进行统治,宰相桑哥、阿合马为代表的上层统治者,对百姓层层盘剥、横征暴敛,甚至竭泽而渔。由于无知无畏,地方官员贪渎成风,为所欲为,鱼肉百姓。这是一个失去权威的年代。没有纲常,没有规则,朝令夕改。这是一个错乱的时代,马上民族不懂经世吏治,导致文化价值的丧失与文人地位的失落,使得沦为弱势群体的元代文人在精神上发生了转向,他们在边缘与中心的冲突中痛苦挣扎,充满了各种生存焦虑,最终,不得已走向市井与田园,高歌隐居之乐,试图在逃避中寻求他们生命安顿之所。所以,也不能否认,在元代,的确有不少的文人是真的不愿做蒙元的官,如久召不应的刘因和终身不仕的白朴。即便是已经步入官场,做了高官的,也时时想着归隐,企慕陶渊明式的逍遥自在。如赵孟頫、贯云石、严忠济、张养浩、卢挚数位都是。这里面固然有对亡宋眷恋的遗民情结和儒士一贯的忠贞期许,但更多的因素恐怕是这些曾经沧海的老人对蒙元统治者反复无常、嗜血暴戾的害怕,是对当时官场险恶的全身远祸之举。因为,在元朝做官比任何其他朝代都危险,都难做! 这个时候,生命无常、一切皆空这些南北朝隋唐以来就深入文人心中的佛教意识便占据上风。进而跟逍遥无为的道家风范相结合。因为长醉不妨于人生,不醉反而无所适从;什么功名事业、历史兴亡,什么锦衣玉带、雄心壮志,统统让酒来掩埋销蚀;屈原不甘众醉而要独醒,自然招致非议;人人以陶渊明的归隐长醉作为榜样和同道。因而,醉酒向道的陶渊明及其诗歌便自然而然受到青睐,而坚持理想、九死不悔的屈原自然不受待见了。

当元代文人发现隐逸与饮酒既与陶渊明志趣相合,也不违背屈原忠贞意志的时候,便屈陶皆颂,是陶是屈。元代戏曲中还有直接取材于屈原事迹的,如睢舜臣《楚大夫屈原投江》、无名氏的南戏《屈大夫江潭行吟》、吴仁卿的杂剧《楚大夫屈原投江》等,都是对取材行事表示同情和赞美的,可惜原作已失传。顾德润甚至提出了消磨岁月的三项功课:"尚父蓑、元亮歌、灵均些"(《骂王朗或感皇恩、采茶歌·述怀》)。而当理想与现实相左,要直面现实人生的时候,又感觉做屈原的执着殉道太艰难,太虚幻,而陶渊明全身独善行事倒是挺现实,易仿效。因而,就是陶非屈、颂陶贬屈。

在元代的诗、词、曲、文中,还有部分颂屈贬陶,以及屈陶皆贬的作品,限于本文篇幅,在此不再展开讨论。但可以肯定的是,产生这两类作品的原因与上面分析的屈陶皆颂、颂陶贬屈作品的成因大致是一样的。颂时未必真颂,非也未必实非,多半是醉话、疯话、气话、反话,不能太当真。明人吴讷题元代袁易《静春堂诗集》卷尾云:"元世祖初克江南,畸人逸士。浮沉于间间,多以诗酒玩世。"一个"玩"字切中要害,也道出了个中辛酸。这些身处特殊时代的文人,他们身上固有的入世精神与隐逸情怀使他们在当时严酷的现实面前,内心无比纠结,精神上痛苦异常。在出仕还是归隐、生存还是殉道、沉沦还是守节之间进行着痛苦地抉择,就是在这种生态尴尬和精神煎熬之下,大量的元代文人神交千载,将屈原或陶渊明引为知己同道,普遍喜欢拿屈陶二人来寄托,他们是将屈原和陶潜他们的言、他们的行,当作树洞,一吐心中之磈磊而已。

## 结语

品完元代文人的作品,不禁深深感慨:人真是精神性的动物,文人更是。所以,文人往往得志时豪情万丈,英雄辈出。失意时便壮志销残,山林频现。境遇决定心情,很少有人能够摆脱这一定律。从接受美学的角度看,这是在用意念填充原文学意象留下的空白点和未定性。从文艺心理学角度看,这是一种单立性的想象,它以想象者自己所处时空为背景,进行一些设定性和意愿性的联想,想多了,想象者便会依稀恍惚把想象物当成真实体了。这就是庄生晓梦迷蝴蝶、李白梦游天姥境的心理轨迹。而从行为学的角度看,这种现象几乎可以算是一种本能的保护性反应。古人常说"疾痛惨怛则呼父母",就是出于这种本能。但这种"呼父母"的行为于幼童甚或弱女子似无不可和不妥,而于成人,特别是很爱面子的文人,则总显得有些不妥甚至不雅。于是,这些文人便呼古人,呼通道,神交千载,与古代同道知音对话。这就是贾谊吊屈原、苏轼和陶潜的原因。这些个吊辞和诗就相当于一个不慎摔倒的幼孩扑到父母怀里撒娇,一个常常受屈的成人找朋友诉苦。其中眼泪鼻涕、诗酒豪情,一样都不少。因此,贾谊笔下的屈原已经不是本来的屈原,苏轼诗中的渊明也不是当初的渊明。同理,唐人、宋人、元代文人,虽然他们同吟着同一个屈原、同一个陶渊明,但实际上都是经他们自己锻造过的屈原和陶渊明,是想象、是寄托、是拥抱、是撒娇,嬉笑怒骂、眼泪鼻涕都是他们自己复杂心灵的影子。对待元代特殊时期文人笔下的屈原和陶渊明,应作如是观。

# 王鹏运词对屈骚的接受*

湖南理工学院 刘红麟 朱银花

王逸《楚辞章句》云:"屈原之词,诚博远矣。自终没以来,名儒博达之士,著造词赋,莫不拟则其仪表,祖式其模范,取其要妙,窃其华藻。所谓金相玉质,百世无匹,名垂罔极,永不刊灭者矣。"屈骚以其文化精神和审美形态为士人树立了光辉的榜样,成为一种文化原型,"它是人类在漫长的物质实践和精神实践过程中,面对自然宇宙和社会人生的典型情境所生成的集体无意识心理,这种心理经过世代反复形成各种心理模式,经由文学意象而得以显现。"① 通过长期的历史文化积淀,渗透在后世士人的心灵与血液里。每当国难临头,士大夫们便不自觉地归依屈骚,从这种强大的文化基因中吸收力量,坚守信仰,顽强挺立在残山剩水之间。王鹏运就生活在天崩地坼的晚清,蒿目时艰,忧愤无极,遂上穷远古,接通了屈原的心理脉冲,找到了旷古难觅的异代知音,在屈骚博大深广的文化世界里徜徉,通过与屈骚的超越时空的对话与交流,树立了精神支柱,得到了心灵抚慰。尽管至今为止很少有人提到王鹏运与屈骚的关系,在绝大多数资料中也较少看到屈骚影响王鹏运的记载,但细读半塘词,却能发现屈骚的痕迹十分明显甚至随处可见。

王鹏运在晚清的特定历史节点上,以其全部的心力和志意,投入与屈原神交合一的生命体验中,"纫兰树蕙,梦行吟处,耸高冠,曳长剑,俨相遇","撑肠广厦,低头江岸,吟啸意谁识"(《思远人》)跨越时空,相遇相知,共鸣共感,亲密无间,他喜欢品读离骚,"饮酒读离骚""老向青山和泪读离骚";吟咏离骚,"歌楚调""啸倚长风歌楚些""冷落骚词楚调吟";在端午追悼屈原,与朋友们一起缅怀屈原。(朱祖谋《迷神引》,序曰:"半塘老人以清泉瓣香敬祀三闾大夫,依屯田体为迎神之章。率和一阕。醉醒清浊之感,未能发抒万一也。")尤为难能可贵的是,他继承和发扬了屈原的人格精神和战斗风格,以天下为己任,正道直行,竭忠尽智,荷戟担戈,冲锋陷阵,与屈原如出一辙。半塘词正是作为忠臣与斗士的王鹏运的写照。他的好友朱祖谋在悼念他的三首词中或隐或显地提到了屈骚,《西河》云:"草堂人去薜萝空",《庆春宫》云:"凄泪修葽,山鬼逢迎",《木兰花慢》云:"瑶琼何路问玄亭,九辩总无灵",这一方面由于朱祖谋在文学批评中一贯执行屈骚标准,如评王夫之词为"字字楚骚心",评沈曾植为:"凄凉九辩"。另一方面是因为,他认定王鹏运是当代

---

\* 本文系国家社科基金项目(《晚清士文化与词学蜕变》)阶段性成果。
① 程金城:《中国文学原型论》,甘肃:人民美术出版社,2008年,第10页。

的屈原,把他比作屈原,把他的作品比作楚辞以示知赏和景仰。朱祖谋既是王鹏运的词弟子,又是他的知心好友,他是当时最了解王鹏运的人,他论词过度矜慎,留下的评论太少,片言只语都弥足珍贵。但只此便可以见出王鹏运为人为词的个性特色及其给时人留下的印象,可以见出他与屈骚气息相通的血脉联系。

## 一、文化内涵的接受

### (一)好修情结

王鹏运生活在变乱之际,秉承了屈原似的高洁美质,表现出浓厚的好修情结。屈原自恃出身高贵,禀性高洁,才华出众,对自我存有高度的自信与期许,对自身所负有的政治责任高度自觉。他希望励志储能,为国效命。因而特别重视自身的修炼与磨砺。他说:"余独好修以为常""退将复修吾初服"。凭借醇厚质正的品性,不断砥砺德行,锻造修养,磨炼品格,坚定信念,以求实现内圣外王的政治目标。他深信自己赋有金玉般的美质,特别重视品行与才能的修炼:"纷吾既有此内美兮,又重之以修能"。他既重内心的修持,又重外在的修态,生存环境、生命活动,尤其是饮食、穿着、饰物,于他都十分讲究。生长于纯美的环境,从事着高洁的生命活动:"擥木根以结茝兮,贯薜荔之落蕊。矫菌桂以纫蕙兮,索胡绳之纚纚""步余马于兰皋兮,驰椒丘且焉止息",吃的是琼汁玉液,穿的是金缕玉衣,佩带的东西也与众不同:"折琼枝以为羞兮,精琼靡以为粻。为余驾飞龙兮,杂瑶象以为车""制芰荷以为衣,集芙蓉以为裳""带长铗之陆离兮,冠切云之崔嵬""扈江离与辟芷兮,纫秋兰以为佩"。正如王逸评屈原曰:"言己修身洁清,乃取江离、辟芷,以为衣被;纫 索秋兰,以为佩饰;博采众善,以自约束也。"

王鹏运自小受到父亲严格的传统教育,受到家风的濡染,志向远大,渴望拯世济民,拜将封侯,走的是修齐治平的士大夫人生道路。因而十分重视修身的作用,通过内外的修炼达到内力深厚外气充盈的境界,从而在补天护国的政治场域中信守初衷,不辱使命。因而他以国士自命,将奸佞小人斥之为董龙鸡狗。对慈禧太后的倒行逆施也坚决抵制。他俨然以斗士自居,王公贝勒,弹劾几遍,因而屡遭诽谤摈弃,与屈原的经历颇为相似。

屈原爱美,故而好修,他爱采鲜花,居美所,佩名物,吃美食,近美人,倡美政。王鹏运深受屈原的熏陶,《迷神引》一词中,他以清泉瓣香敬祀三闾大夫,依屯田体为迎神之章,深情地表达了对纫兰树蕙、耸高冠,曳长剑的屈原的景仰与神往之心。其他作品中也多次出现"餐英""采芳""怀香""纫佩"的字句,以表现他的高洁之性和对美好品格的追求,他不仅喜欢香草奇物,"欲丛丛兰纫佩"(《霜叶飞》,546)、"长记采香搴蔓"(《八犯玉交枝》沈 644)、"收香滋艾蒳"(《临江仙》沈 563)、"纫兰茝,搴江离"(《寿楼春》,词载 577)。而且喜欢结交气节之士,在乎"采香俦侣"(《酒泉子》,刘选 84)。物以类聚,人以群分。胡先骕以为"其(王鹏运)哀乐诚有过人者,而天性尤厚"①"平生所交游者,非仅文字棋酒之朋,而为以气节相尚,道义相切劘者"。端木埰、彭銮、许玉瑑、文廷式、刘福姚、张仲忻、安晓峰等都是以志节托命的国士,他们不仅是半塘的文友,更是他的盟友。他们"藉惠肴芳""日夕灵修感"(朱祖谋《迷神引》),他们不约而同地皈依屈骚,同声相应,同气相求,引屈原为知己,与屈原心音相通,自砺以强基,修身以致远。正如司马迁所言:"其志洁,其行廉……其志洁,故其称物芳。其行廉,故死而不容自疏。濯淖污泥之中,蝉蜕于浊秽,以浮游尘埃之外,不获世之滋垢,皭然泥而不滓者也。"

(二)天问精神

"天问精神"是一种终极关怀,是关乎生命本质的终极追问,指呵天问地,试图穷究宇宙人生奥秘的质疑意识和探索精神。"天问是大问,有穷其本始之意,关注的是重大的本原的问题,时间上纵贯古今,空间上宏览天地。它以震撼人心的一系列本原问题,汇入终极思考的旋律之中,堪称'大哉问'。"屈原通过对宇宙人生本原问题的省思与追寻,表现出了独特的理性思维方式和穷究天人之际古今之变的哲思情怀。

王鹏运继承和发扬了屈原的天问精神。之所以会对屈原呵天问地表现出浓厚的兴趣,主要出于相似的政治际遇与文化处境。"一个人提出什么样的问题,表明他以什么方式和力求以什么方式思考生活"。②屈原正道直行的生活方式在现实中遭遇了穷途末路,他身陷绝境,无法突围。绝望之中,目光指向天上,激发了反本呼天的终极思考。正如《史记·屈原列传》所云:"夫天者,人之始也;父母者,人之本也。人穷则反本,故劳苦倦极,未尝不呼天也,疾痛惨怛,未尝不呼父母也。"

人穷则反本,王鹏运也一样。他生活在天崩地解的晚清,逢亘古未有之变乱,渴望革新图强,中兴帝国,竭忠尽智,呕心沥血,然而内乱不平,外患日亟,以至于銮舆播迁,国祚危殆。就自身而言,命乖运蹇,身世蜩螗。幼而失怙,中年失恃,而后兄卒弟亡;娶妻而壮年丧偶;生子而不得长成;鼻病久治不愈;终身进士不第;遭谗被谤,仕途坎坷无望,最终流落而死。像屈原一样,王鹏运内心积郁了大困惑和大悲愤,他思虑无解,又无法释怀,不由呼天抢地,追索宇宙人生的本源。"盖烦懑已极,触目伤心,人间天上,无非疑端。"(贺贻孙《骚筏》)

王鹏运的天问情怀深受东汉王逸的影响。王逸《楚辞章句·天问序》谓:"《天问》者,屈原之所作也。何不言问天?天尊不可问,故曰'天问'也。屈原放逐,忧心愁悴,彷徨山泽,经历陵陆,嗟号旻昊,仰天叹息,见楚有先王之庙,及公卿祠堂,图画天地山川神灵,琦玮僪佹,及古贤圣物行事,周流罢倦,休息其下,仰见图画,因书其壁,呵而问之,以泄愤

---

① 胡先骕:《评文芸阁云起轩词钞王幼遐半塘定稿剩稿》,《学衡》27期,第9—10页。
② 刘小枫:《"天问"与超验之问》,《拯救与逍遥》,上海:生活·读书·新知三联书店,2001年,第44页。

懑,舒泻愁思,楚人哀惜屈原,因共论述,故其文义不次序云尔。"据此,王鹏运天问情怀主要涉及三个方面的内容:

其一,灵均幽愤。如"枨触灵均幽愤,呵壁苍茫难问"(《倾杯令》),"尽雄虺琐琐,呵壁问苍天"(《八声甘州》),"长风孤雁声酸,替灵均问天"(《四字令》)。屈原天问的动机在于困惑,困惑的动力来自幽愤,迷茫与坚守,造就了求告无名的灵均心态。

其二,天高难问,如"天高难问,吾舌应扪。"《木兰花慢》"天难问,忧无已。"(《满江红·荷长戈》574)"佛也无灵,天乎难问,散偈西风里。蒲团投老,相期同证禅契。"(《百字令》683—684)"红尘碧落,怅人天难问。"(《洞仙歌》)天是宇宙之母,万物之源,至高无上,广大精微,无所不包,神秘莫测,故而天尊不可问,天意渺难闻。

其三,呵壁问天,如"拟呵湘水壁,一问左徒天。"(《临江仙》)"问天呵壁,抽刀断水。"(《水龙吟》)"更甚处,觅灵均、天外问天。"(《声声慢》)"画壁荒唐未用呵"(《沁园春》)对于王逸的说法,王鹏运深信不疑,他认为屈原流连宗庙,仰见壁画,触目伤怀,呵而问天,表现出了清醒的怀疑精神和强烈的求索欲望。

这也正是王鹏运的生命状态。面对君败国破、家难屡作、命途多舛的悲剧现实,王鹏运烦冤意乱,忧危愁悴,积聚了巨大的生命势能,形成了交互回旋的心理动力场。在这个场域中,有一种无可阻挡的强大力量,带着困惑,勇往直前,对现世世界进行无情检讨,对彼岸世界怀有无限憧憬,在质疑与叩问中,渴望打开崭新的生命之窗,探寻温暖的生命绿洲。这种充沛的天问情怀,是人类在生死涅槃的文明演进中,面对无常幻灭而激发的生命情态,而对于主宰文化方向的士人来说,则近乎于成为生命常态。他们不满于颠倒的秩序,感到无限迷茫,在对世界与自我的反复拷问中,完成人格的坚守,精神的固持。这正是知其不可而为之的天问精神的难能可贵之处。

(三)招魂心态

王鹏运在精神深处有着浓厚的招魂心态。半塘词中随处可见"招魂""断魂""魂伤"等字眼,由此可以看出王鹏运对招魂的情有独钟。虽然他不像朱祖谋那样将《大招》与《招魂》相提并论,但认定屈原魂魄分离,精神散越,需要招魂,同时自己遭遇屈原的文化生态,强烈呼唤精神家园是他们惊人的默契。朱祖谋大概因其审慎的学人品格,故对王逸明确指出屈原为作者的《大招》更为看重,但同时也认为《招魂》虽是宋玉怜哀屈原而作,也依然能见出屈原之志。粗放古厚的王鹏运显然没有这么细致,他大概认为二招无论大小,都是招魂,而且都体现了屈原忠而弃斥、魂飞魄散的放逐体验与不忘欲返、魂归故国的家园期待。

半塘词中,首先表现出失魂落魄、无所皈依的流浪生态。

在古老的魂灵信仰中,精气为魂,肉体为魄,乌丙安认为:"灵魂在信仰中被视为居于人的躯体内而主宰和支配躯体的一种超自然体,它有超自然的神秘力量。"(乌丙安先生

《中国民间信仰》对"灵魂崇拜"有专章论述。)泰勒认为:"灵魂是不可捉摸的虚幻的人的影像,按其本质来说虚无得像蒸汽、薄雾或阴影;它是那赋予个体以生气的生命和思想之源;它独立地支配着肉体所有者过去和现在的个人意识和意志。"① 魂魄既可聚合,也能分离,彝族经典《说文论人道》说:"身体赋灵魂,血与气攸分"即指魂魄分裂。合则体魄强健,分则形神枯槁。暂时的分离会引发疾病,永远的分离就导致死亡。在强大外力胁迫下,受到天灾人祸、疾病变故的强烈刺激和致命震荡,魂灵受到伤害,无法依附肉体,在恍惚中游离出走,四处飘荡,无所不之,不知所止。以至于神魂颠倒,魂不守舍,惊恐万状,颜面乌黑,甚至呈现昏厥休克人事不醒的状态。

屈原信而见疑,忠而被谤,愁思沸郁,故有魂魄离散。《远游》篇生动地展示了屈原魂魄离散的生命状态:"意荒忽而流荡兮,心愁凄而增悲。神儵忽而不反兮,形枯槁而独留。"尽管《招魂》的作者有争议,但屈原魂魄离散的状态是没有争议的。蒋骥对王逸深表赞同:"凡人七情所激,皆能卒然失其精魂,原于《远游》,固曰'神儵忽而不反,形枯槁而独留',况当近死之时,烦冤转甚,其神魂必有惝然不能自持者。故言'魂魄离散',而设为此篇,虽假托之言,以非无因之说也。"屈原不仅肉体被流放,更令其难以忍受的是心灵的放逐,"国无人莫我知",与众疏离,为世所弃,物质的困穷,精神的惶惑,全面的沦陷,刻骨铭心的失落,屈原在理想固持与现实的摧磨中陷入了无路可走的生存困境。

王鹏运对屈原的困境感同身受,承受着家国破败与自我罹难的双重碾压,刻骨铭心地体验到了屈原似的进退失据的文化痛苦。半塘词生动地昭示了王鹏运失魂落魄、无所依托的流浪生态。"断魂""魂伤"在词中出现频率很高,如《太常引》:"归梦楚天遥。饮酒读离骚。……魂断倩谁招。"《南歌子》:"断魂无着不须招,老向青山和泪读《离骚》。"又"佩冷摇烟,幻楚云千迭。问断魂,幽曲谁招。"(《瑶华》)"华表魂伤莫漫招"(《上行杯》)"任魂伤诗瘦"(《留春令》)"不成销尽楚骚魂"(《前调·愁里天涯梦里身》)等,充分表明了他对屈原魂魄离散之苦的深入体认。庚子国变的惨痛,政治生态的恶劣,个人遭际的困窘,共同铸就了半塘无路可走、不知所止的文化困境世变日亟,国事已不可为,家难屡作,更无托身之处。半塘身陷囹圄,举步维艰,既无处可逃,又无可如何,精神无所皈依,生命无处安放。故而多有孤独之感、飘泊之苦和断魂之痛。

其次表现为呼唤招魂、冀望回归的精神苦旅。

既然魂魄分离会造成危害,使人生病、昏迷乃至死亡,为了解除凶祸、疗治疾病,有必要招回离体的灵魂,使其魂魄相连,灵肉团聚,复合如初,才能恢复人体的健康与活力。这就是招魂。萧兵对此有具体论述:"灵魂离开肉体,常常不由自主,到处流浪,极容易找不到家,回不到'肉体'(恒干)里来。""但它还有一定的'知觉'或'理智',还希望过'人'

---

① [英]泰勒著,连树声译:《原始文化》,上海:上海文艺出版社,1992年,第416页。

的生活。当它离开肉体（魄）还不太长久的时候,有如昏睡病迷,在一定条件下还能对'同胞们'的呼叫、召唤有所感觉或反应,还可能重新回到躯壳里来,与魄重合",这是招魂的心理依据与实际原因。

尽管《招魂》颇多争议,但其文化内涵却是相同的,即引导灵魂回归肉身,回归故里家乡,实现灵魂的安定、精神的归依,其中也暗寓了忠君爱国、依恋故园的思想情感。王逸在《楚辞章句》中不避繁冗,多次提到这一点："宋玉怜哀屈原,忠而斥弃,愁懑山泽,魂魄放佚,厥命将落。故作《招魂》,欲以复其精神,延其年寿。外陈四方之恶,内崇楚国之美,以讽谏怀王,冀其觉悟而还之也。""屈原放流九年,忧思烦乱。精神越散,与形离别,恐命将终,所行不遂,故愤然大招其魂。盛称楚国之乐,崇怀襄之德,以比三王。能任用贤公卿,明察能荐举人,宜辅佐之,以兴至治,因以风谏,达己之志也。""屈原放在草野,忧心愁悴,精神散越,故自招其魂魄,言宜顺阳气始生而徕归,已无远漂遥,将遇害也。"屈原所追寻的是某种超越性的家园期待与精神归宿,即使"处在生命中最黑暗的时刻,依然向往着神圣世界的辉煌,寻求着彼岸世界的灵魂安顿。我们从屈原多次上天入地的'神游'求索中,从他所建构的充满原型意象的神话世界中,不难看出他在精神困境中的家园追寻以及超越世俗的神圣性价值期待。""心愁凄而增悲",以至于魂不守舍。

王鹏运作为末世孤独者与飘泊者,对于超越现实与家园期待有着热切的渴望。这样的期待视野在历史的交接中,使之与屈原神遇以至投合,从而达成冀望回归的视界融合。"'家园'意指这样一个空间,它赋予人一个所处,人唯在其中才能有'在家'之感,因而才能在其命运的本己要素中存在。"① 他不仅渴望回归物质的家园,更渴望回归精神的家园,文化的家园。他之所以选择招魂,正因为屈原作为一种生成性文化范式,具有本根与灵魂的性质,为他所仰慕与亲近,对他具有疗治、抚慰的优良效果,实际上,某种程度上来说,屈原正是他文化的家园。他在词中多次提到"招魂""魂来",如《满江红》云："赋招魂,如墨海云昏,魂来未"（其词序又云："赋此招魂"）；"莫赋招魂,惹他幽恨到华表"（《齐天乐》）"楚些断魂招"（《红罗袄》）"招得倦吟魂"（《绿盖舞风轻》）"家山远写朱弦恨,谁吊湘灵"（《八声甘州》）等。正如灵魂出窍,需要招回离体之魂一样,王鹏运终生渴望回归家乡却始终未归,而更多地是在文化领域里探寻心灵的安顿,他行走在路上,充满希冀,更多迷茫,注定了是一场没有结局的精神苦旅。

## 二、艺术审美的接受

王逸《楚辞章句序》云："名儒博达之士著造词赋,莫不拟则其仪表,祖式其规范。"（洪兴祖《楚辞补注》49页,中华书局1983年）王鹏运在相似的生存困境中,其人格坚守和精

---

① ［德］海德格尔著,孙周兴译：《荷尔德林诗的阐释》,北京：商务印书馆,2000年,第15页。

神固持与屈原贴合无间,在生命的整体震颤中仰望屈原,注目屈原,在创作中耳濡目染,潜移默化,受到了屈骚艺术范式的深入影响。

(一)对香草美人抒情(审美)范式的吸纳

王逸《楚辞章句》云:"《离骚》一文,依《诗》取兴,引类譬喻。故善鸟香草,以配忠贞;恶禽臭物,以比谗佞;灵修美人,以媲于君;宓妃佚女,以譬贤臣;虬龙鸾凤,以托君子;飘风云霓,以为小人。其词温而雅,其义皎而朗。"①《离骚》以类比的直觉思维,沟通物象与情感的深层联系,将现实生活审美化,自然物象人格化,建构了一套庞大丰满的象征系统,因其强大的典范性和辐射力,具有鲜明的原型价值与范式意义,可称为香草美人象喻范式。王鹏运在词中表现出了对这一范式的认同和局部模仿。

首先,半塘词中香草之喻与屈原几近同一手眼。王鹏运仿照屈骚,用兰、蕙、荷、梅、海棠、芙蓉、江离、白芷等香草构筑了一个芬芳馥郁的美丽世界,以此象喻高洁的人格、坚贞的操守、独醒的气质、美好的追求等。半塘词中主要写到了搴芳(采香)、餐英、纫兰树蕙、熏兰注蕙等与香草相关的生命活动,当然,还有耸高冠、曳长剑等活动为补充。如"雅游还忆搴芳""更休问,采香俦侣"(《酒泉子》)"问谁共餐英""欲采丛兰纫佩"(《霜叶飞》)、"纫兰茝,搴江离"(《寿楼春》)"江花谁采,佩陆离,湘兰恨结"(《尾犯》)、"费尽兰熏蕙炷"(《扫花游》)"纫兰树蕙,梦行吟处,耸高冠,曳长剑"(《迷神引》),屈骚中的香草是屈原政治化情思的具象表现,寄寓着屈原浓烈的情感倾向与审美趣味。半塘词的香草之喻循此路径,着意于理想人格与境界的打造,凭借对美好芬芳的炽爱,将这份特殊的感情渗透在生命活动中的方方面面,表现在吃穿住行的每个细节,采摘、种植、饮食、穿着、佩饰、交游、养生、娱神,在在都离不开香草。香草象征着美好圣洁,象征着生机活力,它的芬芳润泽,它的生生不息,成了半塘心灵的休憩所,精神的归宿地。

其次,半塘词中的美人之喻间接地传承了屈骚象喻范式。屈骚中的美人意象有美人、佳人、宓妃、有娀之佚女、有虞之二姚、山鬼、湘君、湘夫人等,文化指向性与政治托寓性都很强,这种托喻传统在半塘词中也有所体现。半塘词中的美人常以神女仙姬的形象出现,而出现频率最高的则是"嫦娥""姮娥""孀娥""素娥""怕素娥、省识愁怀""素娥知不道""玉娥""玉人""美人""怕美人、难得花轻老"等。相对屈骚而言,美人意象的政治托寓性有所减弱,有时还改头换面地呈现。半塘词常借"嫦娥"讽刺慈禧太后,如"嫦娥,漫斟酌,说清浅蓬莱,一样笙歌"(《忆旧游·尽沉吟揽镜》),"碧海沉沉,只有嫦娥,忘情终古"(《三姝媚·怀人心正苦》)。以"嫦娥"象喻慈禧,喻其醉生梦死、纵情享乐的政治生态,影射慈禧庸愚专横,干政误国。《望江南》十五首以游仙的形式对慈禧进行了全方位的揭露与深刻的批判,可以作为它的映衬与佐证。大概因为慈禧大权在握,控制严密,

---

① 王逸注,洪兴祖补注:《楚辞章句补注》,长春:吉林人民出版社,1999年,第3页。

半塘只能采用这样隐晦的方式,以免祸及自身,当然也因为熟悉美人之喻的政治托寓模式,信手拈来,自然成趣,讽喻之意见于笔端。

此外,半塘词中的美人之喻还以新的形式出现,虽然词中不见了"美人""佳人"字眼,但"禁花""青凤""罗袜""花影""翠桐""槐叶"等意象,喻意显豁,由于主体情思与客观物象深层契合,所以往往情景交融,物我合一,花叶即美人,美人即花叶,难分彼此,水乳交融,将美人托喻模式发挥到了极致,在其中寄寓了半塘的政治态度和家国情思。八国联军入侵北京时,两宫仓皇出逃,慈禧太后在离宫之前,特命太监将珍妃投于井中。珍妃为光绪爱妃,崇尚西学,支持光绪变法图强,为慈禧忌恨,故遭此大难。当时士大夫文人认同珍妃的政治观念,同情她的悲惨遭遇,从而吟咏此事,出现了大量的落叶词。王鹏运钦佩珍妃的见地与胆识,因而特意写了《渔歌子》及《遐方怨》六首哀悼珍妃。如《渔歌子》:"禁花摧,清漏歇,愁生辇道秋明冷。冷燕支,沈碧血,春恨景阳羞说。翠桐飘,青凤折,银床影断宫罗袜。涨回澜,晖映月,午夜幽香争发。"这首词以"禁花摧"来喻珍妃之死,交代了珍妃死的时间地点,"翠桐飘"两句说,井边桐叶飘零,梧桐之上栖息的青凤已夭折了。以"青凤"喻珍妃,表达出半塘对珍妃的欣赏和痛惜之情。

《遐方怨》其二云:"瓜步月,竹楼风。旧日欢期,感君云犀心暗通。却愁花影下帘栊。翠尊新约在,莫匆匆。"其三云:"槐叶落,露盘空。梦怯催妆,夜阑不闻长乐钟。玉蟾香噬冷西风。恨随呜咽水,御沟东。"这两首词皆感念珍妃,因有所顾忌,故隐约其辞,实乃有所寄托。皆有重旨之妙,既写珍妃之事,又含家国之感,寓意深远。

再次,半塘词中的男女君臣之喻明显脱胎于屈骚。屈骚男女君臣之喻是在宗法伦理政治文化背景下,在夫妇与君臣异体同构、定向关联基础上,通过意义延伸与扩充建构起来的审美范式。王鹏运认同男女君臣的意义关合,在创作中通过传统的相思离别,整合引申出更为深广的意义指向,从而完成了对重大历史使命的弘扬。王鹏运以天下为己任,不屑于儿女私情,旗帜鲜明地反对艳情词,他多次劝诫况周颐戒绝艳词,严厉批评况周颐以侧艳为胜的《存悔词》。他几乎不写艳词,但半塘词中也有少量神似花间的作品,这些作品大都不能视同为艳词。因为在男女之情中往往寄寓了较为深远的身世家国之感。如和冯延巳的《鹊踏枝》十首,王国维曾评曰:"郁伊惝恍,令人不能为怀。"就是认为这些词有寓意有托寄,不能和一般的艳词等同视之,所以评价很高。

如《鹊踏枝》其五曰:"漫说目成心便许,无据杨花,风里频来去。怅望朱楼难寄语,伤春谁念司勋误? 枉把游丝牵弱缕。几片闲云,迷却相思路。锦帐珠帘歌舞处。旧欢新恨思量否。"此词表面是写男女相思离别,实寄托君臣遇合之感,有屈平《离骚》之余韵。从字面来看,是痴情种子对所爱的满腔幽怨,尽管自己以身相许,可是他却流连于歌楼楚馆,被闲云野鹤绊住了脚跟,相思之路惝恍迷离,既无法倾诉衷肠,更无法走近对方。联系此词创作背景,才发现事情并没有那么简单。这首词是王鹏运谏阻皇上驻跸颐和园几乎罹祸之后所作,王鹏运以外廷小臣身份忤逆慈禧,冒天下之大不韪,几乎惹来杀身之祸,虽然幸免于难,但王鹏运渴望光绪独立自主的目标并没有实现,他杀身成仁的壮举,他欲达天听的满腔忠忱,被当头泼了一盆冷水,伤感哀怨之情无以言表。"宠辱自关天下计,荣枯休论人间世""算名成,终竟负初心",他不仅怨愤忠心不被理解,尤其耿耿于怀的是国家的安危,民族的复兴,殷切希望光绪帝不忘国耻,励精图治,奋发图强。由此看来,这首小词的意义指向深远,含蕴丰富,是屈子男女君臣之喻的艺术嫡传和审美新会。

另一首《踏莎行》也有异曲同工之妙。以思妇对征人的牵念,间接传达出半塘对两宫西逃的无尽忧虑和魂萦梦绕。"梦境迷离,心期千万,丝丝缕缕愁难剪。不辞舞袖为君垂,琐窗云雾知深浅",以迷离的语言和笔法将这种难以言表的君臣之情与家国之思写得淋漓尽致。

(二)对楚辞语汇意象的融铸

王鹏运以全部生命的投注与屈骚达成了高度共鸣的状态,他和屈原易代同悲,同感共振,他思接千载,视通古今,与屈原对话,一起独醒好修,呵壁问天,上下求索,俨然成了当时时代的屈原。他在无数次的阅读与吟唱中受到了屈骚经典的洗礼,不仅受到屈骚精神的震撼与熏陶,而且为其原型化的语汇与意象所倾倒,屈骚中的词句、典故以及相关意象不期然而大量渗入半塘词中,使之广泛留存了屈骚的踪影与印迹,甚至呈现出楚辞化的情调、色彩与审美风貌。具体表现在以下方面:

其一,关于屈原字号及其人格精神方面的语词意象。

王鹏运景仰屈原,对屈原的字号十分亲近,格外注意,创作时往往信手拈来。"孟諏""正则""灵均"等经常出现在词中,"灵均"用的次数最多。如"问孟諏,正则初度。"(《石湖仙》)"吊田横,招正则,是吾师。"(《三字令》其二)"觅灵均、天外问天。"(《声声慢》)"床琴罢弹。兰膏自煎。长风孤雁声酸。替灵均问天。"(《四字令》)"薜荔丛深猿狖啸,料灵均,应恨歌山鬼。"(《金缕曲》)这些名、字、号都取美好智慧公正之意,既是屈原的代称,也是真善美的象征,符合王鹏运趋美的文化心理。

王鹏运敬重屈原为人,对其独具怀抱和洁美人格心仪神往。此类意象数量最多、频率最高的是香草意象,如"纫兰茝,搴荘蘦"(《寿楼春》)、"佩陆离、湘兰恨结"(《尾犯》)、"欲采丛兰纫佩"(《水龙吟》)、"凄凉蕙些兰骚"(《玉漏迟》二)、"采芳馨愁贻"(《三姝媚》)等,前面论之甚详,此处不再重复。

此外,还有一些语句,能够集中体现屈原独醒精神、天问情怀等,也是受到半塘青睐的。如"楚兰肠断独醒时"(《浣溪沙》)、"独醒人往,卜居意"(《迷神引》)、"梦入沧浪,笛里歌翻水调"(《扫地花》)、"怅触灵均幽愤,呵壁苍茫难问"(《倾杯令》)、"天难问,忧无已"(《满江红·荷长戈》)、"太息壮心老去,祖生渐厌鸡唱恶"(《丹凤吟》)、"太息顾影无俦,鬓丝禅榻,风月都闲过"(《百字令》)、"侘傺无端,行歌不是伤春句"(《点绛唇》)、"风月有情,当亦替人于邑也"(《金明池·序》),从这里不仅可以看出半塘词中的屈骚印痕,更可见出王鹏运承袭屈骚精神的明证。

其二,楚辞作品题目。

王鹏运对楚辞作品十分熟悉,因而在灵感喷涌的时候,楚辞中的作品题目便喷薄而出,如《离骚》《山鬼》《卜居》《招魂》《天问》《涉江》等,在他的作品中屡屡出现,数量之多,频率之高,令人不能不确信屈骚对半塘的深刻影响。如"饮酒读离骚……魂断倩谁招。"(《太常引》)"断魂无着不须招,老向青山和泪读《离骚》。"(《南歌子》)"薜荔丛深猿狖啸,料灵均、应恨歌山鬼。"(《金缕曲》)"抵多少,哀吟山鬼。"(《金缕曲》)"独醒人往,卜居意。"(《迷神引》)"莫赋招魂,惹他幽恨到华表。"(《齐天乐》)"赋招魂,如墨海云昏,魂来未。"(《满江红》)"更甚处,觅灵均、天外问天。"(《声声慢》)"涉江旧径,又翩然一棹,重携吟侣。"(《念奴娇》)这些既承继了楚辞传统的文化内涵,又融铸而成新的意象和典故,加强了半塘词与屈骚的审美关联,展示了二者的文化契合,显示出半塘词的艺术渊源。

其三,楚地意象及相关词牌。

王鹏运自小就随父亲在楚地生活过,后来又与楚地文人相交甚厚,对楚文化感同身受,濡染既深,对楚地心驰神往,楚地相关意象行诸笔端,是再自然不过。半塘词中的楚地意象大致分成三类,最多的一类是楚地名,荆楚、长沙、武昌、湘沅、湘南、枉渚等具有典型楚地地理特征。如"箫鼓龙舟发,忆荆楚。"(《迷神引》)"漫惆怅,问长沙流涕也无。"(《声声慢》)"眷风尘、旧欢零落,愿祝君、饱食武昌鱼。"(《八声甘州》)"蘼芜指点湖南路,黯乡心、愁满湘沅。"(《高阳台》)"岭云深,蕉雨暮,话湘南。"(《酒泉子》)"湘南,篱菊初黄橘柚殷。"(《南乡子》)"镇沉冥谁语,露荷凋枉渚。"(《徵招》)"画阑外,云停枉渚。"(《浪淘沙慢》)"清漓只在艐山北。"(《兰陵王》)

第二类是楚物。如"湘弦润、新声知更幽脆。"(《采绿吟》)"小琼压浪湘纹碧。"(《青玉案》)"巫山仍隔楚云西。"(《浣溪沙》)"几怅恨、十二巫峰。"(《宴清都》)"巫云明灭梦回初。"(《鬲溪梅令》)"暗思楚梦雨无踪。"(《前调》)"楚山云雨,枉托微词。"(《沁园春》)"楚天芳树。"(《八声甘州》)"迢递楚天长。"(《征招》)"断影自怜,愁生楚天残雨。"(《惜秋华》)"记泽国梅黄,楚天邮路。"(《三姝媚》)"记得清湘曲。"(《前调》)"独秀峨峨,盼不到、楚江云雾。"(《三姝媚》)

第三类是楚人。"漫忆楚客当年,朋笺花底,秀语分寒碧。"(《念奴娇》)"似楚客,怨紫凄调。"(《夜游宫》)"愁里漫听鹈鴂……家山远写朱弦恨,谁吊湘灵。"(《八声甘州》)"湘灵怨瑟。"(《一萼红》)"山灵休讶客情非。"(《小重山》)"山灵听取。"(《前调》)"问东皇,真个春回么。"(《蓦山溪》)

楚地意象给半塘词带来了浓厚的楚文化色彩,引入了阔大雄浑的屈骚意境,融入了哀怨凄凉的屈骚情调,在不知不觉中生发出屈原的人生况味,提升了半塘词的生命境界与艺术高度。

此外,王鹏运喜欢写与楚地有关的词牌名,如《望江南》《湘月》《高阳台》《巫山一段云》等,这些词牌对于半塘而言可能更熟悉更亲近更自然,这也无疑显示出楚文化对他的亲和力,显示出屈骚经典对他的吸附力。

其四,其他语汇意象。

楚辞中还有些特殊语汇与意象也还大量出现在半塘词中,一是神话仙境类,如"霜蔬撷瑶圃。"(《瑞鹤仙》)"难忘瑶台清暇。"(《月华清》)"梦想瑶池宴。"(《醉吟商小品》)"阆风继马玉珂轻。"(《浣溪沙》)"彩云西驶认咸池。"(《前调》)"玉軑云旗远,渺何许。"(《迷神引》)"旧时胜赏迷游鹿,入夜秋声杂断猿。"(《鹧鸪天》)等,增强了半塘词的浪漫色彩,使之仙气缭绕,瑰丽多姿。

二是现实环境类,有黑暗凄凉的环境,如"尽雄虺琐琐。"(《八声甘州》)"试一酹前修……新声那辨钟缶。"(《摸鱼子》)"猿狖啸,愁延伫。"(《迷神引》)"薜荔丛深猿狖啸,料灵均、应恨歌山鬼。""愁里漫听鹈鴂,算天涯啼彻。"(《八声甘州》)"不听啼鹃,底事听鸣鵙。"(《醉落魄》)有清悠明快的环境,如"算重城烟景,花明柳媚。"(《水龙吟》)"算长堤,芳草萋萋,解怜幽意。"(《莺啼序》)"冷云横抹秋冉冉。"(《蕃女怨》)"目极王孙草。"(《河传》)"蘋末乍回风"(《念奴娇》)引入半塘词中。

三是主体情态类,表示犹疑徘徊的神态:"几度然疑"(《沁园春》)"徙倚忘归"(《夜飞鹊》);表示忧愤状态的,如"郁伊惝悦"(《鹊踏枝》序),"惊梦到、长楸畔"(《恋绣衾》),"年年怊怅绿阴时"(《定风波》);表示渺远苍茫状态的,如"暮云远、思渺江皋"(《忆秦娥》)"苍茫愁独立、澹忘归"(《小重山令》),"渺兮予怀也"(《满庭芳》),"渺渺愁予茫茫怀古。""天涯渺愁予"(《八声甘州》)表示悠闲自得状态的,如"闲鸥淡容与。是百年见惯,骚坛旗鼓"(《瑞鹤仙》)

四是关系类,如眉目传情:"漫说目成心便许"(《前调》),"夫君未来,要眄谁思"(《凤凰台上忆吹箫》)等。

总而言之,同处于易代之际,遭逢相似的人生际遇,王鹏运对文化先哲屈原表现出异乎寻常的亲和与认同,在思想、人格与审美等方面与屈原产生了高度的同振共鸣,因而表现出特有的对屈骚文化的仰慕与依恋,融合而成半塘词中典型而普遍的文化情怀,如天问精神、招魂心态等,在言说这种情怀的时候,非常自觉地承继了楚辞的艺术传统,如香草美人的比兴传统,化用楚辞语汇及其相关题目等,这使半塘词饱含了与楚骚相似的深广意蕴,显示出与楚骚相似的宏大气派,染上了与楚骚相似的凄怆情调。

# 皮锡瑞《师伏堂诗草》与晚清湖湘士人的屈骚情结

湖南理工学院　李有梁

　　皮锡瑞(1850—1908),字麓门,湖南善化(今湖南长沙)人,晚清著名学者。其《经学历史》梳理了中国经学发展的历程,其《经学通论》对中国经学史上的诸多重要问题发表了自己的看法,在学界拥有极高的地位,影响甚大。皮锡瑞亦擅长诗歌创作,其《师伏堂诗草》凡六卷,存诗数百首,风格多样,具有颇高的艺术价值。曾于光绪三十年(1904)刊刻,吴仰湘主编《皮锡瑞全集》时曾将其标点整理,中华书局2015年出版。此外,他还有《鹿门吟草》手稿本,存诗不多。另有散见于晚清至民国各种著述与报刊的诗作若干。可惜的是,其诗歌创作为其经学成就所掩,较少受到学人关注。其诗作植入了相当多的屈骚元素,这与晚清湖湘士人浓郁的屈骚情结有着千丝万缕的关联。

## 一、《师伏堂诗草》概述

　　《师伏堂诗草》所录之诗,上起同治九年(1870),下至光绪二十四年(1898)。其诗以创作时间顺序编排,始于二十岁,终于五十九岁,纵贯皮锡瑞的"黄金岁月"。该诗集众体皆擅,有古体、五绝、五律、七绝、七律等。

　　皮锡瑞年轻时曾"转益多师",多有模仿之作。如《拟古》四篇,分别模拟《古诗十九首》中《迢迢牵牛星》《涉江采芙蓉》《西北有高楼》《庭中有奇树》而为之。[①] 还有《仿唐人绝句八首》,分别效法李白、杜甫、王昌龄、韦应物、刘禹锡、白居易、杜牧、李商隐等人笔意。[②] 还有师法明代诗人高启所作的《宫词》系列而作的《仿高青丘宫词十首》。其晚年诗歌作品,则往往"以文字为诗,以才学为诗",重辞藻,多典故,带有非常明显的"同光体"诗歌特色。皮锡瑞的诗,题材和内容相当广泛,综合来看,主要有以下几种:

（一）送别诗

　　皮锡瑞《师伏堂诗草》中有数量颇多的送别诗,如《送友人往关中》《送王吉来归衡山》《送杨霖生归湖南》《赠李荔村即以志别》等。集中送别"怀钦"的诗作又占一半以上,如《送怀钦归益阳用留别韵》《南归留别怀钦》《送怀钦登第北上》《吴云亭约怀钦赴陕甘行营索诗赠别》等。怀钦姓王,名德基,号玉屏先生,益阳人,系皮锡瑞同年拔贡,光绪五年

---

① 皮锡瑞:《皮锡瑞全集》(第12册),北京:中华书局,2015年,第185页。
② 皮锡瑞:《皮锡瑞全集》(第12册),北京:中华书局,2015年,第191页。

(1879)举人,故二人甚为相得,常以诗歌唱和,"且互为评阅诗文"①。皮锡瑞送别王德基的诗,感情真挚,胸臆直抒。如《南归留别怀钦》诗云:

> 世事茫茫那可测,我今归南君在北。前时君拟作西游,我已南归君尚留。或去或留同一别,聊共歌吟度旬月。几年欢笑犹眼前,一夜离肠更愁结。……携琴将作《水仙操》,钟期已远无同调。风云聚会倘有期,更向长安作西笑。②

这首古体诗,一开头就强调与友人离别后的空间隔离感,一南一北,一去一留,使得作者愁肠郁结,只能借歌唱与吟诗来打发别后数月的时光。他把二人关系比作俞伯牙和钟子期,并期待他日重逢时一定要与挚友携手前往西安,欢天喜地地同圆西游之梦。语言浅显,基调沉郁,然二人之间情同手足的友谊跃然纸上。

(二)游历诗

皮锡瑞的父亲皮树棠,曾在浙江宣平、松阳等县为官,他多次前往省亲,并与父亲长住。他又先后数次进京赶考,还在湖南、江西等地书院担任主讲,足迹遍及大江南北。所到之处,往往以诗记游。如《金口夜泊》《汉口》《京口》《金山》《沂州道中》等。这些诗,或清新活泼,气韵生动,如《通州》:

> 微风浅水下扁舟,远树明霞天尽头。两岸稷苦青不断,乱蝉声里过通州。③

或意象鲜明,感情忧伤,如《出都见秋柳(四首)》第二、三首:

> 露眼长街惨碧潭,秋风吹堕绿毵毵。青门无限伤心色,何必依依叹汉南。
> 梦醒灵和路已遥,风流非复旧长条。春风已过秋娘老,更与何人斗舞腰。④

以上三首,皆作于光绪二年(1876)。是年,皮锡瑞从浙江北上京都,过通州时尚未参考,心态较为轻松平和。当他再次落榜而离开京城的时候,所看到的秋天里的柳树,竟然已被秋风吹掉了绿色,往日的婀娜多姿,也早已不复存在。就好比是已经老去的秋娘,再也不能和年轻女子比斗舞动的腰肢。其字里行间的失落与怅惘,简直就是喷薄而出。

---

① 冯小懿:《皮锡瑞手稿〈鹿门诗草〉浅析》,见陈建明主编:《湖南省博物馆馆刊》(第三辑),2006年。
② 皮锡瑞:《皮锡瑞全集》(第12册),北京:中华书局,2015年,第213页。
③ 皮锡瑞:《皮锡瑞全集》(第12册),北京:中华书局,2015年,第228页。
④ 皮锡瑞:《皮锡瑞全集》(第12册),北京:中华书局,2015年,第229页。

### (三) 时事诗

作为一位通经致用的经学大师,皮锡瑞的《师伏堂诗草》,并非仅仅关注个人人生际遇与朋友之情。他的诗歌,也能敏锐地反映时事,捕捉时代最敏感的神经,并发表自己独到的见解。这样的诗作有《靖港》《沪上归舟偶书所见》《闻海东战事有感(二首)》《题环游地球新录》等。其中《闻海东战事有感(二首)》其一可为代表之作,如下:

> 捷报孙歆半信疑,戈船下濑已多时。梦思入海观龙斗,安得居夷从凤嬉。九节度宜专号令,左将军莫误师期。兵家上算曾知否,拙速从来胜巧迟。①

皮锡瑞所说的"海东战事",即公元 1894 年的甲午中日海战。他借用东吴骠骑将军孙歆守夏口时,遭到杜预所率晋国将领周旨的夜袭,以为"北来诸军,乃飞渡江也",最后兵败身死的故事,来类比此时北洋海军全军覆灭一事。并借以提出行军打仗时兵贵神速,应抢占先机的观点。

这样的诗,体现了皮锡瑞积极淑世、忧国忧民的家国情怀。类似这样的诗篇,皮锡瑞还有很多,所反映的不仅是他所尊奉的今文经学的核心思想,也是以屈原为精神符号的湖湘文化的基本精神。而《师伏堂诗草》一书,对屈原《离骚》及其他《楚辞》篇章,都有很大程度的借鉴与吸收。

## 二、《师伏堂诗草》对屈骚的接受

皮锡瑞对屈原有很深的认同感。某年,大中丞刘公重修"屈贾一祠,亦成轮奂",他在《重修屈贾合祠启》中说:"念兹芳烈,宜用尊崇。……表风教于兹邦,益深爱国忠君之志;仰芳徽于往哲,非徒撷香拾艳之才。"②明确表示要尊崇屈子与贾谊,因为这样可以教化乡邦,增加老百姓爱国忠君的志向。他又为之作《重修屈贾合祠记》:

> 事有旷百世而相感者,前不必待于后,后不必规于前。然而古(往)今来忠臣志士、骚人辞客,虽至迫逐窜斥不容于世,而其抑塞磊落之气,旁礴郁积,犹足以奔走后世之人,为之缅余风,吊遗迹,相与俎豆而尸祝之,洎其迹之就湮,则又有踵而修之者,兴其废而复其旧,岂偶然哉?③

有些事情,百世之后仍能在老百姓心中引起共鸣,其原因是这些"忠臣志士"和"骚人辞

---

① 皮锡瑞:《皮锡瑞全集》(第 12 册),北京:中华书局,2015 年,第 376 页。
② 皮锡瑞:《皮锡瑞全集》(第 12 册),北京:中华书局,2015 年,第 78 页。
③ 皮锡瑞:《皮锡瑞全集》(第 12 册),北京:中华书局,2015 年,第 531—532 页。

客",虽然不被当世所容而被流放,但他们胸中充斥郁积着磅礴的"磊落之气",这种正能量给后人以无穷的精神鼓舞。而皮锡瑞《师伏堂诗草》对屈骚的接受,主要表现在以下三个方面:

(一)以屈原、《离骚》发尊崇之意

皮锡瑞久居长沙,却喜漫游四方,往来其间,多经湘江与洞庭湖。其地多有屈原遗迹,往往令皮锡瑞十分感怀。他曾作《屈贾祠》二首,第一首写的就是屈原:

> 暮楚朝秦日,堂堂见此人。短歌天地老,余艳澧沅春。贵戚生龙比,非时出凤麟。魏征偏妩媚,香草句清新。①

屈原所生活的时代,很多知识分子对国家的认同感很低,朝秦暮楚或楚才晋用的现象非常普遍。皮锡瑞高度赞扬屈原对祖国的忠贞,使他显得格外堂堂正正,令人钦佩。

古时出行,多以舟行,颇费时日。光绪五年(1879),三十岁的皮锡瑞从浙江返回长沙参加科举考试,途经汨罗江与湘江交汇处,系缆上岸,凭吊屈原,并作《舟中读〈楚辞〉》一诗,如下:

> 明明江上月,照此《离骚》歌。《怀沙》竟已矣,《哀郢》憾如何!古色黯佩兰,幽光歇裳荷。当时忧国泪,尚洒湘江波。意昨登长途,维舟吊汨罗。窈窕若有人,恍惚山之阿。君王猎青兕,孤臣驾灵鼍。彭咸竟赍志,鲁阳莫回戈。游说良已误,失计宁非和?遂令黄棘策,难向青天呵。萧艾久莫辨,芳馨今岂多。怀古空长谣,悲风吹女萝。②

此诗很可能受到《楚辞·九歌·山鬼》"若有人兮山之阿,被薜荔兮带女萝""表独立兮山之上,云容容兮而在下"等句的影响。皮锡瑞凭吊屈原时,恍惚之间,他似乎看到这位特立独行、见异不迁的大诗人,站在山顶之上,驾着神龟,与君王一起捕猎青色的犀牛。当然,与《山鬼》一诗玄幻缥缈之境不同的是,这一首诗更多了一层理性:他想起当时秦楚二国签订的"黄棘之盟",亦难保楚国灭亡的命运。遂深深地揭露萧艾不辨、忠佞不分的社会黑暗。

光绪十五年(1889),四十岁的皮锡瑞再次进京考试,经过湘阴县时遇到大风,行舟受阻。他再次到汨罗江拜祭屈原,且作《汨罗吊屈大夫》二首:

> 兰芷千秋在,沅湘万里春。重来罗子国,一吊屈灵均。怨水投江石,荒祠荐渚蘋。鳣鲸犹受制,龟策岂能神?

---

① 皮锡瑞:《皮锡瑞全集》(第12册),北京:中华书局,2015年,第197页。
② 皮锡瑞:《皮锡瑞全集》(第12册),北京:中华书局,2015年,第258页。

问天终不语,割地竟如何。遗憾抽长矢,离忧托短歌。萧条武关路,慷慨鲁阳戈。日暮思公子,君门虎豹多。①

四十不惑,此时的皮锡瑞,思想较十年前更有深度,境界也更为深沉阔大。这两首诗,依然肯定屈原那如同"兰芷"一样芬芳的人格千秋同在,但其重点却在表现以乌龟壳和竹策作为工具而进行的占卜是不可能神通的自然道理,还揭露了"君门虎豹多"的无奈社会现实。当然,也从这个侧面反衬了屈原不惧强权、独立不迁的高尚精神。

(二)以美人香草写不遇之感

"美人香草",是屈原《离骚》里反复出现的经典意象。写美人的如"日月忽其不淹兮,春与秋其代序。惟草木之零落兮,恐美人之迟暮",时光飞逝,草木凋零,其落寞伤感如同美人转瞬之间就已衰老。《离骚》涉及香草的有数十处之多,主要有兰、芷、蕙、蘅、菊、杜若等。

《师伏堂诗草》里的香草意象,大多也是这些。或以香草来比喻某人的品行高尚,或是对眼前景物的写实。以荷、兰比喻人的孤高清洁。如《过彭孺人墓》(其二):"芙蓉一面旧时春,每到春来最惨神。今日芙蓉花又落,秋江兰泽更无人。"② 又如《春日江行》(其二):"白石带清流,仿佛湘江上。芷兰风露多,遥望还惆怅。"③ 又以芙蓉和兰芷表达对好友的思念。如《寄怀钦益阳》:"秋水芙蓉老,春风兰芷香。屋梁明月落,飞梦到君傍。"④ 又如《园林雨后》:"原言爱景光,毋徒惜芳芷。"⑤

皮锡瑞学识渊博,除了早年参加各种考试比较顺利之外,其后半生学途与仕途都较为坎坷。因此,他往往借"美人"意象来表达怀才不遇之感。如《拟古》(其四):"春风来何时,拂我嘉树林。……美人叹迟暮,山川阻重深。芳华日零落,曷以传我心。"⑥ 山川阻隔,春风不度,用意颇深。再如他寄给王德基的《寄怀钦六章》(其四):"婵娟感迟暮,何由醉琼浆。美人不可见,仰首空沾裳。"与皮锡瑞一样,王德基最高的功名仅是举人,仕途塞阻,这种美女婵娟迟暮之感,当是二位挚友之间的惺惺相惜。皮锡瑞还有一位好友李梦莹,他十一岁时二人订交,光绪五年(1879)二人重逢而又别去。皮锡瑞作诗相送,说:"少年翩翩盛裘马,美人娟娟叹迟暮。"⑦ 所抒发的情感,与上文如出一辙。

(三)以沧浪渔父求人生价值

《楚辞·渔父》篇通过行吟泽畔的屈原与渔父之间展开的对话,反映了儒、道二家世

---

① 皮锡瑞:《皮锡瑞全集》(第12册),北京:中华书局,2015年,第339页。
② 皮锡瑞:《皮锡瑞全集》(第12册),北京:中华书局,2015年,第188页。
③ 皮锡瑞:《皮锡瑞全集》(第12册),北京:中华书局,2015年,第316页。
④ 皮锡瑞:《皮锡瑞全集》(第12册),北京:中华书局,2015年,第199页。
⑤ 皮锡瑞:《皮锡瑞全集》(第12册),北京:中华书局,2015年,第268页。
⑥ 皮锡瑞:《皮锡瑞全集》(第12册),北京:中华书局,2015年,第185页。
⑦ 皮锡瑞:《皮锡瑞全集》(第12册),北京:中华书局,2015年,第257页。

界观的冲突,也突出了屈原不"以身之察察,受物之汶汶"的高贵品质和"宁赴湘流"的牺牲精神。篇中屈原说自己被流放的原因,是"众人皆浊我独清,众人皆醉我独醒",而渔父却不以为然,认为"圣人不凝滞于物,而能与世推移":"众人皆浊",可以"淈其泥而扬其波";"众人皆醉",可以"哺其糟而歠其醨"。遂歌"沧浪之水清兮,可以濯吾缨;沧浪之水浊兮,可以濯吾足"而去。皮锡瑞的《师伏堂诗草》,有好几篇诗歌都矜扬屈原"独醒"意识的精神高度。如《螺山》:

  螺山夕日落,鱼市晚风腥。去鸟冲烟日,阴崖入夜青。常怀竹林契,有愧草堂灵。渔父沧浪水,茫茫感独醒。①

  螺山紧邻长江,位于湖南、湖北两省交界处。在这里,皮锡瑞看到螺山落日西斜、晚风微腥、鸟飞冲天、阴崖变色的景象,也想起了魏晋时期竹林七贤的契合,也想起了诗圣杜甫在草堂的艰辛。但更让他牵肠挂肚的,是渔父吟唱着《沧浪歌》,又怎么能理解屈原的"众人皆醉我独醒"呢?"道不同不相为谋",对于三观完全不同的屈原和渔父来说,他们的对话与鸡同鸭讲又有何区别!所以,皮锡瑞还发出过这样的感慨:"欸乃棹歌声,鼓枻有渔父。嗟彼楚大夫,行吟未可语。"②

  皮锡瑞词作中有一首《金缕曲》,系"用前调奉酬"扬州壶园主人何栻。该词"以闰重五,忆十二年前湘江观竞渡事",却"何忍见、龙舟争捷"。他并未书写当年龙舟赛事的盛况,只是强调:"纵有辟兵符可佩,恐沧浪、不及三闾洁。"③其意亦在贬渔父而褒屈原。皮锡瑞讲学南昌时,曾到访徐稺故居,他作诗说:"讲学惩高论,违时惧独醒。"④皮锡瑞认为,这位为人恭俭义让的东汉名士,与屈原一样,也是一个与时俗迥异的独醒之人。

  当然,在运用这些屈骚元素时,皮锡瑞有时也反其意而用之。如《壶园主人招饮,为荷花寿,归作此,呈主人及同坐诸君》一诗:"芳华恐零落,世事委沉冥。且趁良时醉,三闾莫独醒。"⑤这里的"沉冥"一词,源于扬雄《法言》,其文曰:"蜀庄沉冥,蜀庄之才之珍也。"李轨注:"沉冥,犹玄寂,泯然无迹之貌。"全句意为:芳华总会零落,世事定会泯然,此时的皮锡瑞,竟然也发出及时行乐的呼声,建议三闾大夫屈原,赶紧趁良时而大醉,不要独自清醒。他某次回长沙,坐船经过岳阳,写下这样一首诗:"朝下岳阳城,暮泊罗江地。试问三闾醒,何如岳阳醉。"⑥传说八仙之一的吕洞宾,曾"三醉岳阳人不识,朗吟飞过洞庭

---

① 皮锡瑞:《皮锡瑞全集》(第12册),北京:中华书局,2015年,第221页。
② 皮锡瑞:《皮锡瑞全集》(第12册),北京:中华书局,2015年,第251页。
③ 皮锡瑞:《皮锡瑞全集》(第12册),北京:中华书局,2015年,第515页。
④ 皮锡瑞:《皮锡瑞全集》(第12册),北京:中华书局,2015年,第358页。
⑤ 皮锡瑞:《皮锡瑞全集》(第12册),北京:中华书局,2015年,第400页。
⑥ 皮锡瑞:《皮锡瑞全集》(第12册),北京:中华书局,2015年,第252页。

湖"。皮锡瑞也发出了有关人生的终极疑问：人生在世,是要像屈大夫那样独醒,还是应该做三醉岳阳的吕洞宾呢?

## 三、晚清湖湘士人的屈骚情结

为什么皮锡瑞的《师伏堂诗草》会受到屈骚传统这么大的影响呢？笔者以为,这主要是因为地域文化的影响。晚清湖南的知识分子群体,对屈原高尚的人格和出色的文学才能颇为折服与矜扬。如湘军统帅、晚清中兴四大名臣之一的曾国藩,曾给罗汝怀所编的《湖南文征》作序,其中就论及屈原与《离骚》:

> 湖南之为邦,北枕大江,南薄五岭,西接黔蜀,群苗所萃,盖亦山国荒僻之亚。然周之末,屈原出于其间,《离骚》诸篇为后世言情韵者所祖。逮乎宋世,周子复生于斯,作《太极图说》《通书》,为后世言义理者所祖。两贤者,皆前无师承,创立高文,上与《诗经》《周易》同风,下而百代逸才举莫能越其范围,而况湖湘后进沾被流风者乎？①

曾国藩把屈原与周敦颐相提并论,高度肯定他们在文学和思想方面对后代士人,尤其是湖湘后进的巨大影响。而且,曾国藩的文学创作,也往往吸取屈原与《离骚》的诸多元素。道光二十七年(1847),曾国藩参加翰詹大考,曾作《远佞赋》,全篇以君王应当远离奸佞,亲近忠贤为主旨,并且说:"椒兰怨于《离骚》,蔓菲讥于《小雅》。"《离骚》曰:"余以兰为可恃兮,羌无实而容长；椒专佞以慢慆兮,樧又欲充夫佩帏。"据王逸注,"兰"为"怀王少弟司马子兰",意为"我以司马子兰怀王之弟应荐贤达能,可栘而进,不意内无诚信之实,但有长大之貌,浮华而已"。而"椒"就是"楚大夫子椒也","言子椒为楚大夫,处兰芷之位,而行淫慢佞谀之志,又欲援引面从不贤之类,使居亲近,无有忧国之心"。② 可见,二人是当时怀王身边著名的佞人,故《离骚》又曰:"览椒兰其若兹兮,又况揭车与江蘺。"

曾国藩的诗歌,也会用屈原辞赋中的一些常见意象来表情达意。如《岁暮杂感十首》(其四):"去年此际赋长征,豪气思屠大海鲸。湖上三更邀月饮,天边万岭挟舟行。竟将云梦吞如芥,未信君山划不平。偏是东皇来去易,又吹草绿满蓬瀛。"③ 全诗模拟东坡笔法,气象恢宏,用夸张而富于想象的笔触,写尽曾国藩年轻时的豪情万丈。尾联提到的"东皇",显然就是屈原《九歌》里第一个出场的"东皇太一"。这里的东皇太一,是一位可以吹绿神州、来去有时的神仙。关于东皇太一,学者对其身份的猜测可谓聚讼纷纭,惟闻一多认为:"作为天神的太一,在古代哲学家的概念里,是宇宙的本体,一种不可思议的超自

---

① 曾国藩《曾国藩全集》(第14册),《湖湘文库》甲编第153册,岳麓书社,2011年,第219页。
② 洪兴祖:《楚辞补注》,北京:中华书局,1983年,第41页。
③ 皮锡瑞:《皮锡瑞全集》(第12册),北京:中华书局,2015年,第2—3页。

然力。"① 这种理解,似与该诗中的形象较为一致。曾国藩也在诗中借用过《楚辞》中常见的一些"香草"意象。如《题画兰三首应田敬堂同年》就有"有客对此三沉吟,一夜魂飞洞庭深。故乡蘅杜知我心"② 之句,其中"蘅""杜"就是屈原辞赋与其他《楚辞》篇章中常见的意象,如屈原《九章·悲回风》:"蘠蘅槁而节离兮,芳以歇而不比。"又如东方朔《七谏·怨世》:"弃捐药芷与杜衡兮,余奈世之不知芳何?"

与曾国藩同时代而略为年长的另一位湖湘士人何绍基,出生于零陵道县,是理学开山鼻祖周敦颐的家乡人,他毕生致力于弘扬周子之学,亦有浓厚的屈骚情结。他给当时才气绝伦而名闻天下的汤鹏的诗集作序时说:

> 海秋语余曰:"学诗而不求之于孔子所录之《三百篇》,是沿断港绝流而欲至于海也。"余应之曰:"吾楚人为诗而不求之于屈子之《离骚》《九歌》《天问》诸篇,是数典而忘其祖也。"……
>
> (海秋)且曰:"学问之道无穷,望子贞之益我也。"余曰:"诗者,先王六艺之余也。艺以道精,道以艺著。然艺也者,无尽而可尽者也,若道则无尽者也。子之于诗富矣!美矣!今以后吾愿子之专一于道,而不复学为诗也。道充于身,德涵于心,心与造物游而理于事类精,乃演之于文,乃声之于诗,万情毕入,万象俱出。将所谓《三百篇》《离骚经》者,符契焉耳,筌蹄焉耳。"③

汤鹏认为学诗应当向《诗经》学习,否则就只能半途而废,不可能取得成功。何绍基则一反其意,认为"吾楚人为诗"应当以屈原的《离骚》《九歌》等篇目作为楷模,否则就是数典忘祖。他还进一步围绕"道"和"诗"的关系展开论述:"艺以道精,道以艺著"。质言之,二者是辩证统一的关系:没有"道","艺"不可能精深;没有"艺","道"不可能彰显。因此,像《诗经》和《离骚》这样的诗篇,就是本原于"道"且弘扬"道"的"艺"。在何绍基看来,《离骚》之所以能与《诗经》三百篇并肩而立,恰因其中蕴含着无穷无尽的"道"。

何绍基并非纸上谈兵,其诗歌创作,确实思接屈宋,力写《风》《骚》。咸丰十一年(1861),梅根居士罗汝怀、李元度、何绍基等人雅集于胡恕堂中丞别业,喝酒赋诗,相互唱和。何绍基"复就近事书怀",和诗十八首,皆次罗汝怀韵。其中第十一首诗为《研荪约夜过谈诗,不至,君本名汝槐,今改汝怀》:

> 敢矜才气擅吟台,诗境惟凭道力开。我本苦心攒瓮出,人夸奇想自天来。渊源

---

① 闻一多:《东皇太一考》,《文学遗产》,1980年第1期。
② 皮锡瑞:《皮锡瑞全集》(第12册),北京:中华书局,2015年,第21页。
③ 何绍基:《何绍基诗文集》(第2册),《湖湘文库》甲编第127册,长沙:岳麓书社,2008年,第680页。

屈宋馀香草,井里牙蘖有老槐。良夜不闻寒虩至,闲园冷看月如杯。①

此诗再次重申"诗境"须"凭道力"而得以开张的理论,且呼吁当世之人,要继承和发扬屈原与宋玉"美人香草"的传统。与曾国藩一样,何绍基诗文里,也往往可以发现屈原《离骚》及其他辞赋中的"香草"系列意象。如《题王笑山同年岳阳晚眺图》:"郡国军兴方未已,岭南忽命持衡使。人才士气宜振兴,奋武尤资文教授。归路迂回过洞庭,岭南前使未曾经。奇缘信有诗人福,惊起中洲帝子灵。"②中洲位于岳阳楼南二十余里,很可能就是《九歌·湘夫人》里帝子所降的"北渚"。

实际上,晚清之时,像皮锡瑞一样,有着浓郁屈骚情结的湖湘士人,还有很多人,如王闿运、吴敏树和李元度。关于后二人的屈骚情结,笔者已有专文做过研究,兹不赘述。③

## 余论

为什么晚清的湖湘士人会有如此浓郁的屈骚情结呢?笔者以为,至少有以下几个原因:第一,湘军集团的崛起。曾国藩能率领湘军平定太平天国运动,所依靠的不是坚船利炮,也不是精兵良将,更不是衣丰食足,而是一种"敢为天下先"的精神,一种"虽九死而犹未悔"的执着和坚韧。这些正能量,与屈原的《离骚》和其他《楚辞》篇章,都有着极大的关联度。第二,时代精神的需要。晚清之时,西方列强以暴力轰开中国封闭的大门,传统社会的大厦逐渐崩塌,政治、经济、文化结构迅速裂变。加之太平天国及其他反清团体的冲击,社会上的有识之士需要屈原的爱国思想来号召民众。第三,地域文化的影响。众所周知,屈原怀沙殉国,就在湘江支流汨罗江下游。汉朝初年,贾谊过江凭吊;司马迁又"读《离骚》《天问》《招魂》《哀郢》,悲其志。适长沙,观屈原所自沉渊,未尝不垂涕,想见其为人"④。自此而后,历代文人骚客,无不以屈原为精神楷模。更重要的是,"屈原的人格精神中既包含着追求道德理念的内涵,又有'任性孤行'、执拗孤傲的一面。这种具有强烈湘楚地域特征的人格典范","深深地影响了后世湖湘士人的人格"⑤,而皮锡瑞的《师伏堂诗草》对屈骚的接受,不过是晚清广大湖湘士人在进行学术研究和文学创作时,自觉或不自觉地把内心深处的屈骚情结外化的一种反映。

---

① 何绍基:《何绍基诗文集》(第2册),《湖湘文库》甲编第127册,长沙:岳麓书社,2008年,第470页。
② 何绍基:《何绍基诗文集》(第1册),《湖湘文库》甲编第126册,长沙:岳麓书社,2008年,第362页。
③ 详参拙文《吴敏树诗歌对屈骚的接受》,待发表;详参拙文《李元度诗文的屈骚情结》,《云梦学刊》,2018年第3期。
④ 司马迁:《史记》,北京:中华书局,1982年,第2503页。
⑤ 朱汉民:《屈原与湖湘士人的人格构建》,《湘学研究》,2013年第1期。

# 韩愈诗中的楚骚情怀
## ——以其骚体诗为例

**台湾彰化师范大学　汤家岳**

## 一、楚狂小子韩退之——楚骚情怀的奠基

韩愈(768—824),中唐时期著名的文学家、思想家。字退之,河南河阳(今河南孟县)人,昌黎是其郡望。每提及韩愈的文学成就,总是想起同时代之诗人刘禹锡与宋代苏轼的评价。刘禹锡在《唐故中书侍郎平章事韦公集》中称誉为"文章盟主"[①];苏轼在《潮州韩文公庙碑》誉其"文起八代之衰,道济天下之溺"[②]。韩愈在唐代古文运动中的贡献与成就,使其在文学史上的印象,总是古文高于诗歌。

唐代之前的古文家,对于《楚辞》的态度,毁誉参半,大都因受到"宗经"思想的束缚,早在刘勰的《文心雕龙·辨骚篇》中的评论即可看出端倪。

> 至于托云龙,说迂怪,丰隆求宓妃,鸩鸟媒娥女:诡异之辞也。康回倾地,夷羿弹日,木夫九首,土伯三目:谲怪之谈也。依彭咸之遗则,从子胥以自适:狷狭之志也。士女杂坐,乱而不分,指以为乐;娱酒不废,沉湎日夜,举以为欢:荒淫之意也。摘此四事,异乎经典者也。[③]

刘勰认为《楚辞》异乎经典在于"诡异之辞、谲怪之谈、狷狭之志、荒淫之意"等四个面向。唐代古文家李华亦有从"宗经"角度反对屈骚文学之处,在其《扬州功曹萧颖士文集序》中云:"君以为六经之后,有屈原、宋玉,文甚雄壮,而不能经。"[④] 文中李华与萧颖士都是从"不经"的角度来反对屈骚文学,此论点与刘勰相似。而唐代的柳冕对于屈骚文学的评价更是低下,他在《谢杜相公论房杜二相书》云:"至于屈宋,哀而以思,流而不反,皆亡国之音也。"[⑤] 柳冕视屈骚文学为亡国之音。但同为古文家的韩愈却一反其态度,与

---

① 董诰:《全唐文》,北京:中华书局,1996年,第6册卷605第6111页。
② 马永昶校注:《韩昌黎文集校注》,上海:上海古籍出版社,2015年,第845页。
③ 周振甫注:《文心雕龙注释》,台北:里仁书局出版,2007年,第64页。
④ 董诰:《全唐文》,北京:中华书局,1996年,第4册卷315第3198页。
⑤ 董诰:《全唐文》,北京:中华书局,1996年,第六册,卷527,第5354页。

李华、萧颖士、柳冕的观点大相径庭。

　　首先韩愈对于屈骚文学并不反对,其年轻时诗歌《芍药歌》中曾云:"花前醉倒歌者谁？楚狂小子韩退之。"① 韩愈祖籍河南,并非楚地,却在避地江南时,以楚狂小子自诩,可见其对楚骚文化有一定的情感认同,这与其心慕盛唐诗人李白、杜甫有关。

　　韩愈曾在《调张籍》诗中提及对李杜的评价,"李杜文章在,光焰万丈长。不知群儿愚,那用故谤伤。蚍蜉撼大树,可笑不自量！"② 钱仲联集释《韩昌黎诗系年集释》中引方世举的注,说明当时元稹、白居易对于李白与杜甫乐府诗歌中,风雅比兴数量比例不多,对此有所谤伤,所以韩愈借机对其门人张籍给予调教,诗中明白指出李杜诗歌的高度评价。而"楚狂小子韩退之"与李白的"我本楚狂人"③ 诗句相似,盖其因心慕李白,进而接受屈骚文学有关。韩愈对李、杜的仰慕在其《醉留东野》亦云:"昔年因读李白杜甫诗,长恨二人不相从。"④ 俨然相逢恨晚,将自己与李、杜并举。其中杜甫对屈骚文学的态度,更是直接影响韩愈对其的评价。杜甫《戏为六绝句》云:"窃攀屈宋宜方驾,恐与齐、梁作后尘。"⑤ 此处杜甫说明对于自己的期许,希望能上攀屈原、宋玉,并与之并驾齐驱,但如果一味追求词藻形式,有可能落入齐、梁诗歌委靡文风的后尘。心慕李、杜的韩愈,也追随两人的步伐,向上追随、学习屈、宋的文章,故在其诗歌中屡屡提及屈原与宋玉。如:"屈原离骚二十五,不肯餔啜糟与醨。"⑥"静思屈原沈,远忆贾谊贬。"⑦"主人看使范,客子读离骚。"⑧"怀糈馈贤屈,乘桴追圣丘。"⑨"宋玉庭边不见人,轻浪参差鱼动镜。"⑩"宋亭池水绿,莫忘蹋芳菲。"⑪ 这六首诗歌直接将屈、宋入诗,对其行为与作品,甚至宅第,多所描述,可见其心慕之程度。此外,如果再加上以骚体写作的《琴操》十首,与其句法与《楚辞》相似的《马厌谷》《利剑》《忽忽》三首,在目前仅存不足四百首的韩愈诗歌中,比例不算少。而在古文的创作上,韩愈甚至模仿《楚辞》的文体风格创作《柳州罗池庙碑》,在在显示韩愈对于屈骚文学的喜爱与重视。

---

① 钱仲联集释:《韩昌黎诗系年集释》,上海:上海古籍出版社,1998年,第1页。
② 钱仲联集释:《韩昌黎诗系年集释》,上海:上海古籍出版社,1998年,第989页。
③ 彭定球等编:《全唐诗》,北京:中华书局,2003年,第5册,第1773页。
④ 钱仲联集释:《韩昌黎诗系年集释》,上海:上海古籍出版社,1998年,第58页。
⑤ 彭定球等编:《全唐诗》,北京:中华书局,2003年,第7册,第2453页。
⑥ 彭定球等编:《全唐诗》,北京:中华书局,2003年,第10册,第3792页。
⑦ 彭定球等编:《全唐诗》,北京:中华书局,2003年,第3778页。
⑧ 彭定球等编:《全唐诗》,北京:中华书局,2003年,第3872页。
⑨ 彭定球等编:《全唐诗》,北京:中华书局,2003年,第22册,第8910页。
⑩ 彭定球等编:《全唐诗》,北京:中华书局,2003年,第10册,第3793页。
⑪ 彭定球等编:《全唐诗》,北京:中华书局,2003年,第7册,第3846页。

## 二、发愤抒情——楚骚情怀的发展

韩愈自幼刻苦自励,埋首书籍中数十载,其《上兵部李侍郎书》曾说:

> 性本好文学,因困厄愁悲,无所告语,得穷究于经传百家之说,沈潜乎训义,反复乎句读,聋磨乎事业,而奋发乎文章。凡自唐虞以来,编简所存……奇辞奥旨,靡不通达。①

引文中,韩愈自叙了自己已经读完百家经史,并且达到"通达"的地步。韩愈也以儒家道统继承人自居,他在《原道》篇中,提及儒家道统之说:

> 尧以是传之舜,舜以是传之禹,禹以是传之汤。汤以是传之文武周公,文武周公传之孔子,孔子传之孟轲。轲之死,不得其传焉。②

韩愈虽然提到儒家的道统,虽然道统在孟子之后就不再传续,韩愈还是期望自己接续孟子之后,他在《与孟尚书书》中提及自己的想法:

> 韩愈之贤不及孟子。孟子不能救之于未亡之前,而韩愈乃欲全之于已坏之后。③

所以将儒道作为精神价值与处世原则的韩愈,在文学创作态度上,多次提及"文以载道"的古文理论,终成为唐代古文运动的领袖。但他与之前的古文家的明显区别在于对于经书之外的书籍并不排斥,他在《答侯继书》云:

> 仆少好学问,自五经之外,百氏之书,未有闻而不求,得而不观者,然其所志,惟在其意义所归。④

引文中的百氏之书,也包含了《楚辞》,因为甚至是骈文,也不是全然的否定,只要是有帮助的成分,都是他吸收养分之所在,对屈、宋文学保持开放的态度,与先前古文家一味排斥的极端态度来讲,有长足的进展。⑤

---

① 马永昶校注:《韩昌黎文集校注》,上海:上海古籍出版社,2015年,第160页。
② 马永昶校注:《韩昌黎文集校注》,上海:上海古籍出版社,2015年,第20页。
③ 马永昶校注:《韩昌黎文集校注》,上海:上海古籍出版社,2015年,第241页。
④ 马永昶校注:《韩昌黎文集校注》,上海:上海古籍出版社,2015年,第184页。
⑤ 袁行霈主编:《中国文学史》(第八章散文的文体文风改革),有提及此观念。台北:五南图书出版,2003年,第761页。

《楚辞》对韩愈的影响在于其诗文创作观念"不平则鸣"观念的提出,在《送孟东野序》《荆潭唱和诗序》《与崔群书》《柳子厚墓志铭》《送王含秀才序》等文中,都有提及此观念。《送孟东野序》云:

> 大凡物不得其平则鸣……人之于言也亦然:有不得已而后言,其歌也有思,其哭也有怀,凡出乎口而为声者,其皆有弗平者乎!①

所谓"不平则鸣"是指内心不平情感的抒发。② 这源头可以在屈原《九章·惜诵》中的"发愤以抒情"③ 找到依据。所谓的"发愤以抒情"其原因可推究于"感士不遇",屈原因为"不遇",而创作了《离骚》,王逸《楚辞章句》云:"离,别也。骚,愁也。"④ 司马迁提到"屈平之作《离骚》,盖自怨生也"⑤,因为"不遇"而产生满腔的愁怨,才致使"发愤以抒情",将内心所怨之事,诉之于文字。因此,韩愈的《送孟东野序》中云:"楚,大国也,其亡也,以屈原鸣。"⑥ 这类"遇"或"不遇"的际遇情愁可以以屈原的《离骚》为始祖,宋玉《九辩》为其延续。对于"感士不遇"题材的发展与衍变,苏师慧霜在其《骚体的发展与衍变——从汉到唐的观察》中曾云:

> 从封建制度的君权社会开始,便注定了士"不遇"的悲剧或然率,荣华与富贵,祸福与苦难,就像生命中永不止息的钟摆在"仕"与"隐"之中摆荡,"士不遇"的背后有着历史、文学、社会、人格价值等不可摆脱的激成因素,其中包含封建的历史思潮、济世的社会价值观、文人沉郁忧患的性格和抒情研制的传统观念。⑦

作为唐代"仕"这一类特殊族群之一的韩愈,在其自身际遇中,也有多次"遇"与"不遇"的境遇。笔者认为,韩愈的"不遇"之"发愤以抒情"的情绪出口之一,其中就有骚体诗的创作。根据苏师慧霜在其《骚体的发展与衍变——从汉到唐的观察》⑧ 中对于骚体诗的归纳与统整,最大的特色就是"兮"字在诗中的运用。骚体句长短错落,形式自由,从句中到句末,四言、五言、六言、七言、八言、九言不等的句式。其"兮"字的应用是骚体

---

① 马永昶校注:《韩昌黎文集校注》,上海:上海古籍出版社,2015年,第260页。
② 袁行霈主编:《中国文学史》,台北:五南图书出版,2003年,第696页。
③ 洪兴祖:《楚辞补注》,台北:大安出版社,1995年,第172页。
④ 洪兴祖:《楚辞补注》,台北:大安出版社,1995年,第2页。
⑤ 韩兆琦编:《史记笺证》,南昌:江西人民出版社,2005年,第7册,第4515页。
⑥ 马永昶校注:《韩昌黎文集校注》,上海:上海古籍出版社,2015年,第261页。
⑦ 苏师慧霜:《骚体的发展与衍变——从汉到唐的观察》,台北:文津出版社,2007年,第233—234页。
⑧ 苏师慧霜:《骚体的发展与衍变——从汉到唐的观察》,台北:文津出版社,2007年,第50—51页。

文学的特色,但并非屈原所开创,比屈原早的《诗经》中,也可以发现其踪迹。所以本文不只是单就其诗歌创作理论进行讨论,真正要讨论韩愈的楚骚情怀还必须从其诗歌中检索出骚体诗,再进行分析讨论,才能全面理解其楚骚情怀,此部分将于下节中析论之。

## 三、彼其得志兮我不虞——骚体诗的考察

笔者以骚体的特殊性和"兮"字的灵活运用,来考察韩愈写作的诗歌,但是一首诗歌中,"兮"字的运用需要占多大的篇幅才能算是骚体诗,目前意见尚有分歧。而且韩愈诗歌目前仅存数量并不多,不足四百首,故本文采取最宽之标准,只要有兮字出现在诗歌中,即可算是骚体诗来算,一共有十四首。其中不论是赠诗或述怀之作,都与受赠对象或自身的遭遇之不顺遂或官场贬谪有关,这就是这类诗歌题材写作的特殊性。

笔者根据钱仲联集释《韩昌黎诗系年集释》中对于诗歌系年的考证,与李师建昆《韩愈诗探析》[①]中对于韩愈仕宦生涯的考察进行对照与分析研究,首先是贞元十一年《马厌谷》诗歌的创作。韩愈在《与凤翔邢尚书书》中云:"愈也布衣之士也,生七岁而读书,十三岁而能文。"[②]韩愈七岁读书启蒙甚早,但是科举之路并不顺遂,其后分别在贞元四年、五年、七年,三度应举,皆未中举。直至贞元八年才如愿登进士第,这期间,韩愈在京师过着寄食于人之生活。他在贞元十六年所写《与李翱书》中曾云:

> 仆在京城八九年,无所取资,日求于人以度时月,当时行之不觉也,今而思之,如痛定之人,思当痛之时,不知何能自处也。[③]

在贞元八年登进士第后,来年,应博学宏辞科,未成。直至贞元十一年(795),三次应博学宏辞科都没有结果。总体来说,韩愈从十九岁起到长安,四度应举而中进士,但是三度应博学宏辞都无成,这贞元十一年的韩愈,年纪已经是二十八岁,转眼十年间的科举功名之路,并不如意,多次落第,于是创作了骚体的诗歌《马厌谷》以表达其内心不平之气。

> 马厌谷兮,士不厌糠籺。土被文绣兮,士无短褐。彼其得志兮不我虞。一朝失志兮其何如。已焉哉,嗟嗟乎鄙夫。[④]

---

① 李师建昆:《韩愈诗探析》收录于《古典诗歌研究汇刊》第六辑,第十二册,新北市:花木兰文化出版社,2009年,第4—19页。
② 马永昶校注:《韩昌黎文集校注》,上海:上海古籍出版社,2015年,第227页。
③ 马永昶校注:《韩昌黎文集校注》,上海:上海古籍出版社,2015年,第199—200页。
④ 彭定球等编:《全唐诗》,北京:中华书局,2003年,第10册,第3782页。

诗中引用战国策中燕相出亡之史事,告诫朝中得势之人,不能赏识他的才能是一大错误,有朝一日,定会后悔。诗中充满悲怨之气,读之令人感受韩愈内心之愤愤不平。钱仲联集释中引陈沆的说法,说此诗"摅《离骚》之幽怨,而皆遗其形貌"①。可见其骚体诗的创作的背后与其"不遇",有着极大的关联性。

贞元十二年(796)秋天,汴州刺史、宣武军节度使董晋,推荐韩愈为观察推官,于是韩愈随董晋入汴州,自此展开二十七年的仕宦生涯。贞元十五年(公元799)二月,董晋离世,韩愈从丧至洛阳,不料汴州发生兵变,韩愈不得回归汴州。其后徐州刺史张建封推荐韩愈为节度推官,韩愈因对他时有诤谏,张建封无法接受韩愈的建言,并对其言行颇为不耐②,于是免除了韩愈之职务。韩愈不得已离开徐州,回洛阳闲居数月。于是失意的韩愈,在贞元十六年,创作了《河之水二首寄子侄老成》,老成,是韩愈兄韩介之子,即所谓十二郎是也。诗中云"我有孤侄在海陬,三年不见兮使我生忧"③"我有孤侄在海浦,三年不见兮使我心苦"④。韩愈与其侄的感情,在其《祭十二郎文》中表露无遗。此骚体诗,亦有国风之遗韵,文字平淡,却有情真意切。故钱仲联集释中引程学恂之言云:"看来只淡淡写相思之意,绝不着深切语,而骨肉系属之深,已觉痛入心脾。"⑤

贞元十六年冬,韩愈再次赴长安参加吏部之铨选,终于在贞元十七年冬获授国子监四门博士。贞元十八年,原本任祠部员外郎的陆傪,外放为歙州刺史,故韩愈创作"送陆歙州诗"以赠之。为何外放,需要写作骚体诗以赠之呢?原来唐人重内轻外,外放有时品秩较京官为高,却依旧带有贬谪的意涵。根据尚永亮主撰的《唐五代逐臣与贬谪文学研究》中表示:

> 京官才望不称,才出为外任;而所遣外任多犯罪贬累之人,故京官出外,纵使品级提高,亦有不平之气和耻辱之心。⑥

原本任祠部员外郎的陆傪被外放为歙州刺史,对友人遭此贬谪之际遇,韩愈给予同情与不舍,故其《送陆歙州诗》云:"我衣之华兮,我佩之光。陆君之去兮,谁与翱翔。"⑦ 钱

---

① 钱仲联集释:《韩昌黎诗系年集释》,上海:上海古籍出版社,1998年,第40页。
② 根据李师建崑在《韩愈诗探析》中所言,韩愈为抒发心中怨气,创作了含有出世倾向的《忽忽》一诗,张建封据此免除其职务。
③ 钱仲联集释:《韩昌黎诗系年集释》,上海:上海古籍出版社,1998年,第135页。
④ 钱仲联集释:《韩昌黎诗系年集释》,上海:上海古籍出版社,1998年,第135页。
⑤ 钱仲联集释:《韩昌黎诗系年集释》,上海:上海古籍出版社,1998年,第138页。
⑥ 尚永亮主撰:《唐五代逐臣与贬谪文学研究》,武汉:武汉大学出版社,2007年,第6页。
⑦ 钱仲联集释:《韩昌黎诗系年集释》,上海:上海古籍出版社,1998年,第149页。

仲联集释中引王元启之推论言,陆俿的外放,并非由于德宗所授意①,疑似为人所陷。如此一来,更添"不遇"之悲,所以韩愈创作骚体诗以赠之。后陆俿卒于道上,两人见面,遥遥无期。

贞元十九年(803)冬,韩愈因御史中丞李汶之举荐,迁任监察御史。后为王叔文党所陷,被贬为连州阳山(今广东阳山)令,阳山是当时天下最贫瘠之处,却相对清闲,政事闲暇之余,多以读书为主。持续至永贞元年(805)八月,顺宗大赦天下才结束阳山令的生活。韩愈离阳山后至郴州待命。又在郴州得赦书,移官江陵府(湖北江陵)任法曹参军。此时的骚体诗歌为《感春四首》,此诗被钱仲联系年于宪宗元和元年,但是其集释中多指此诗应为掾江陵时之诗歌,因不知钱仲联之系年所凭为何,故可视为阳山令至江陵府法曹参军时期,被贬谪外放之诗歌为主。《感春四首》中,其一"我所思兮在何所,情多地遐兮遍处处。"②开头以骚体起兴。"三杯取醉不复论,一生长恨奈何许。"③点明此诗乃是韩愈酒醉后之作品。其二"屈原离骚二十五,不肯餔啜糟与醨。惜哉此子巧言语,不到圣处宁非痴。"④句中圣处按照集释中所引,乃是指酒,本诗运用《楚辞·渔父》篇的典故,看似讥讽屈原不肯妥协,不知酒醉之妙处,实际上是饮酒后的言论,以诙谐的语调,赞赏屈原节操之高洁。其三"诗书渐欲抛,节行久已惰。……孤负平生心,已矣知何奈。"⑤钱仲联集说中引陈沆之说认为:"此诗即《楚辞》所谓'泊予若将不即兮,恐年岁之不吾与','日月乎其不淹兮,春与秋其代序','老冉冉其将至兮,恐修名之不立'者也"⑥。其四"画蛇着足无处用,两鬓霜白趋埃尘。"⑦虽无《楚辞》典故,却引用《战国策》中楚人画蛇添足的故事,解嘲自我的遭遇,以及岁月不待人之遗憾。总体来说,此诗以骚体开头,诗中多次引用《楚辞》与《战国策》中楚国的典故,是其特色,读之可理解韩愈想要建功立业却机运不佳之叹,时光流逝,不免悲从中来。

宪宗元和元年(806)六月,韩愈自江陵奉召至长安,权知国子博士,终于得以回朝任官,结束外放生活。元和二年,韩愈有诗《赠唐衢》的骚体诗创作。笔者根据钱仲联集释中引方世举之注得知,唐衢者,有文采,却屡试不第,老而无成,善哭。⑧故韩愈怜悯其才高而不遇,写诗以赠之。诗云:

---

① 钱仲联集释:《韩昌黎诗系年集释》,上海:上海古籍出版社,1998年,第151页。
② 钱仲联集释:《韩昌黎诗系年集释》,上海:上海古籍出版社,1998年,第368页。
③ 钱仲联集释:《韩昌黎诗系年集释》,上海:上海古籍出版社,1998年,第368页。
④ 钱仲联集释:《韩昌黎诗系年集释》,上海:上海古籍出版社,1998年,第369页。
⑤ 钱仲联集释:《韩昌黎诗系年集释》,上海:上海古籍出版社,1998年,第373页。
⑥ 钱仲联集释:《韩昌黎诗系年集释》,上海:上海古籍出版社,1998年,第375页。
⑦ 钱仲联集释:《韩昌黎诗系年集释》,上海:上海古籍出版社,1998年,第373页。
⑧ 钱仲联集释:《韩昌黎诗系年集释》,上海:上海古籍出版社,1998年,第680页。

> 虎有爪兮牛有角，虎可搏兮牛可触。奈何君独抱奇材，手把锄犁饿空谷。
> 当今天子急贤良，匦函朝出开明光。胡不上书自荐达，坐令四海如虞唐。

诗以虎之爪，牛之角起兴，对唐衢之不遇感到不舍，在其诗中"当今天子急贤良"勉励唐衢要把握机会，因为宪宗将试制科举人贤良方正对策，要唐衢勇于自荐，以其名扬四海。

另一首赠诗是系年于元和七年的《寄崔二十六立之》。宪宗元和元年，韩愈权知国子博士，元和二年（807）元月，因为被人进谗于翰林学士李吉甫、中书舍人裴瑀。韩愈为求避祸自保，乃于同年六月自请权知国子博士，分司洛阳。唐代实行两都制，诸官分司东都，根据尚永亮主撰的《唐五代逐臣与贬谪文学研究》的研究指出，分司官，严格来说并不算京官，是一个介于京官与外任之外的特殊阶段，是朝廷特别设置的一个投闲置散之地。朝廷也可以随时起用，是一种温和的贬官。① 元和四年（809）六月，韩愈改都官员外郎分司洛阳兼任祠部之闲职，五年（810）冬，又改任河南令。宪宗元和六年（811）夏，外放的韩愈终于回朝为官了，任职方员外郎，属兵部之要职。不幸，韩愈在职方员外郎任内，被控"妄论"华阴令柳涧案，被宰相左迁复为国子博士。韩愈在元和七年（812）二月回任国子博士。此年的韩愈又遭贬谪，也因感其友人崔立之，因大理评事黜官，再贬为蓝田县丞，于是赠诗《寄崔二十六立之》一首以表心意并自勉之，故诗中云："生兮耕吾疆，死也埋吾陂。文书自传道，不仗史笔垂。"②

元和八年（813）三月，当时执政的宰相李吉甫、李绛、武元衡认为韩愈有史才，又怜悯其遭遇，遂擢为比部郎中史馆修撰。元和九年（814）十月，韩愈以考功郎中兼史馆修撰，十二月，又以考功郎中兼知制诰。元和十一年（816）正月，迁中书舍人。同年二月，与中书舍人李逢吉因为如何平定蔡州之叛乱所见相左，遂被降为太子右庶子。元和十二年（817）韩愈以行军司马从裴度出征淮西，并于淮西乱平之后，归朝为刑部侍郎，此为刑部之中仅次于尚书之高官，此职务堪称韩愈一生仕宦生涯之巅峰。但是好景不长，宪宗元和十四年（819）正月，韩愈因为谏迎佛骨，触怒宪宗，贬为潮州刺史，此乃韩愈一生为官经历中，最大之打击。面对此打击，有赠诗《赠别元十八协律六首》与以表心迹的《琴操十首》。《赠别元十八协律六首》中的元十八，根据钱仲联集释中引韩醇的说法，疑似指元集虚。又引廖莹中注，说明此诗乃是赴潮州道中元和十四年所作。诗云："子兮何为者，冠佩立宪宪。何氏之从学，兰蕙已满畹。"引用《离骚》"余既滋兰之九畹兮，又树蕙之百亩"的典故。该组诗虽是韩愈贬谪潮州时期的作品，但此时的韩愈心境已然成熟，六首诗歌中有两首

---

① 钱仲联集释：《韩昌黎诗系年集释》，上海：上海古籍出版社，1998年，第20—21页。
② 钱仲联集释：《韩昌黎诗系年集释》，上海：上海古籍出版社，1998年，第862页。

赞颂桂林观察使裴行立,两首赞颂好友柳宗元,两首勉励元生,但是其贬谪失意之情在所难免。故钱仲联集释中引程学恂的说法曰:"其神黯然,其音悄然,其意阔然,直得天问、九章遗意。"

此年的另一组诗歌创作,就是韩愈以表心迹之《琴操十首并序》。此组诗歌被朱熹收录于《楚辞后语》中,其收录的标准,根据朱熹所云:

> 今所欲取而使继之者,必其出于幽忧穷蹙、怨慕凄凉之意,乃为得其余韵。而宏衍巨丽之观,欢愉快适之语,宜不得而与焉。①

所谓的"幽忧穷蹙、怨慕凄凉"是朱熹选文之标准,这与仕之"不遇"有着极大的关联性,故可再次佐证骚体诗的创作与其心境之关联性。

韩愈面对生涯中最大之打击,外放为潮州刺史(今广东潮州),在唐代潮州属边陲之地,多未开发蛮荒,瘴疠之气严重,贬此者,因距京千里,总觉九死一生,韩愈创作组诗《琴操》以表心迹。所谓"琴操"乃是古代琴曲歌辞的一种。宋郭茂倩《乐府诗集》卷五十七《琴曲歌辞》一言云:

> 琴者,先王所以修身、理性、禁邪、防淫者也,是故君子无故不去其身。②

《乐府诗集》中又引谢希逸《琴论》云:

> 和乐而作命之曰畅,言达则兼善天下而美畅其道也。忧愁而作命之曰操,言穷则独善其身而不失其操也。③

可见《琴操》乃是君子抒散愁忧的作品题材,说明虽处困陁之际,却不失其节操,所以韩愈才会以古乐府为题,再创作之。再者,根据杜佑《通典·乐六》所言:

> 自周、隋以来,管弦杂曲将数百曲,多用西凉乐,鼓舞曲多用龟兹乐,其曲度皆时俗所知也。唯弹琴家犹传楚、汉旧声及清调、琴调,蔡邕五弄、楚调四弄调,谓之"九

---

① 朱熹:《楚辞后语》收录于朱杰人·严佐之·刘永翔主编:《朱子全书》,上海:上海古籍出版社,2002年,第18册,第220—221页。
② 郭茂倩:《乐府诗集》,北京:中华书局,1998年,第821页。
③ 郭茂倩:《乐府诗集》,北京:中华书局,1998年,第822页。

弄",雅声独存。非朝廷郊庙所用,故不载。①

可知琴调乃楚汉旧声,至唐代其音乐性,因为不如胡乐的丰富性,渐渐为一般大众所遗弃,非正式场合,例如祭祀等,而不弹奏也。故戎昱《听杜山人弹胡笳》云:"世上爱筝不爱琴,则明此调难知音。"② 可知当时琴这门乐器已没落,丧失听众。③ 根据沈文凡《韩愈乐府诗歌创作当论——以〈琴操〉十首为诠释对象》④一文的考察,发现韩愈的音乐修养高,善歌,曾经担任过协律郎这一官职,协律郎为负责考订律吕之职,必须精通音乐者才能担任。所以笔者认为韩愈以创作《琴操》作为遭逢生平最大打击时以表心迹的文学作品,乃是音乐上(楚汉旧声)与题材上(骚体诗)均能相符之故。所以朱熹在《楚辞后语·琴操三十五》中引宋·晁辅之云:

> 愈博涉群书,所作十操,奇辞奥旨,如取之室中物。以其所涉博,故能约而为此也。夫孔子于三百篇皆弦歌之,操亦弦歌之辞也。其取兴幽渺,怨而不言,最近骚体。骚本古诗之衍者,至汉而衍极,故《离骚》《琴操》与诗赋同出而异名,盖衍复于约者。约故去古不远,然则后为骚者,惟约犹及之。⑤

从引文中可知,《琴操》与《离骚》的关联性相当大,《琴操》可以称之为《离骚》之延续。韩愈《琴操诗》共十首,其中七首有"兮"字运用之骚体,三首则无。其诗歌内容可以参考李师建昆《韩愈琴操十首析论》⑥中的研究。此组诗大抵以孔子、周公、文王、古公亶父、尹伯奇、牧犊子、商陵穆子、曾子的口吻,代为发声,抒发自己的心声,作为仕途困厄之情绪出口,在韩诗的"奇险"风格中,确实独树一帜。

## 四、结论

韩愈作为中唐时期著名的文学家、思想家,以其在唐代古文运动中的贡献与成就名世;其诗歌的创作现存数量不足四百首,以"奇险"风格著称。在笔者对骚体诗的宽松定

---

① 杜佑:《通典》,浙江:浙江古籍出版社,2000年。
② 彭定球等编:《全唐诗》,北京:中华书局,2003年,第8册第3011页。
③ 黎孟德:《韩愈琴诗初探》一文亦有此说法。参见四川师范大学学报社会科学版编辑部出版:《四川师范大学学报》,(社会科学版),2004年第3期第31卷,第75—82页。
④ 广东:中山大学学报编辑部出版:《中山大学学报》,(社会科学版),2011年第2期第51卷,第16—23页。
⑤ 朱熹:《楚辞后语》,收录于朱杰人·严佐之·刘永翔主编:《朱子全书》,上海:上海古籍出版社,2002年,第十八册,第283—284页。
⑥ 李师建昆〈韩愈琴操十首析论〉收录于台湾中兴大学中国文学系主编:《兴大中文学报》,第3期(1990),第185—200页。

义下,可以发现韩愈有十四首骚体诗的创作。笔者再根据前贤对其生平的考察与钱仲联的诗歌系年,得出韩愈的骚体诗创作时机,大都与其仕途之不遇、困厄或屡遭贬谪有关。这遇与不遇的心境,需要情绪的出口,文学的创作题材——骚体诗,就是其中之一。韩愈对屈骚文学的认同与喜爱,深究其原因可以发现,其楚骚情怀在韩遇初学阶段,因心慕李白、杜甫,所以对所慕之人的学习对象——屈骚文学,也起仰慕之情,故能上攀屈骚,楚骚情怀就此奠基。以此开阔心胸,博览百氏之书,故能跳脱先前古文学家深受"宗经"思想之束缚,另辟文学途径,在其诗歌与古文上皆能独树一帜。

# 肯为青山老白头
## ——连横诗歌的屈骚精神

**南通大学　尚志会**

连横是台湾近代文化界的著名人物,同丘逢甲、许南英并称为台湾近代三大诗人。下面对他作以简单介绍。连横(1878—1936),初名允斌,后名横,字武公,号雅堂。连横是一位史学家,以《台湾通识》的撰写而立言不朽;连横是一位爱国战士,为民族独立而不懈奋斗;连横是一位诗人,其诗集《剑花室诗集》书写了其毕生的求索历程。《全台诗》收录连横诗歌约861首,这些诗歌的艺术性与思想性都具有极高价值。连横诗歌描写内容极广,从大陆到台湾,从生活到革命。其气奇高,其势豪迈,吊古伤今,忧国忧民。透过连横的诗歌,我们可以感受到他强烈的爱国之情,尤其是诗歌中透露出的屈骚精神,极为动人。

屈骚精神即指屈原其人及其作品中所展现的精神。屈原的身上承载了丰富而又复杂的精神内涵:他忠君爱国,对国家有着坚贞的赤诚之心;独立不迁,为美好的人格不懈奋斗;上下求索,对理想的追求不屈不挠;好修为常,追求高洁完美的情操。[1] 屈原精神的所展现的是对家国执着不舍的深切眷恋与对远大未来的坚忍不拔的求索精神。屈原至死不离开楚国,其爱国之情对于中华民族"爱国主义"观念的形成具有重要理论意义和实践价值。

正如董甘味教授称:"代有诗魂昭日月,屈原之后有连公。"[2] 在连横的诗歌中所展现出的爱国真情、求索意识、求贤主题等继承与发扬了屈骚精神。连横诗歌的屈骚精神,从诗歌创作上来看,主要体现在对屈原的吟咏与作品的接受及其精神的继承。

## 一、吟咏屈子,精神垂范

连横是一个政治家、诗人,屈原亦是一个政治家、诗人。同样的身份,连横成了屈原的异代知音。连横一生写下了许多直接吟咏屈原的诗歌,如《五月五日》《端午吊屈平》《咏史·屈原》《题洪逸雅画兰帖》(其二)等。屈原的遭际,为后代文人所同情,他的精神又激励着后代文人不懈奋发前进。可以说,屈原是历代文人心中共同的伤痛和失意的终

---

[1] 周建忠:《楚辞考论》,北京:商务印书馆,2003年,第24页。
[2] 转引自方铭:《连横与屈原》,载《连横诗词选注》,重庆:重庆出版社,2018年,第445页。

极归宿,是文人内心的精神寄托。在人生的浮沉中,文人会自觉地向历史的源头追溯,效法屈原(这种做法,又与屈原效法彭咸相似)。

连横在这些诗歌中透露的是以屈原为人生模范,用屈原不懈奋斗的精神鞭策自己的信念。《端午吊屈原》中写:"问天呵壁彼何人,亡国之仇不共处。"① 所谓"亡国之仇"即指秦国将领白起攻破郢都,楚国陷落之事。连横在诗歌中虽写楚国,实指台湾被日本所占据之事。连横经历家园的沦丧,因而他的诗歌中常常表达亡国之痛。尾句写:"楚虽三户能亡秦,郢中且记南公语。"连横借"楚虽三户,亡秦必楚"来激励自我。事实上,连横的一生都同屈原一样,为了国家独立、兴盛不断斗争。连横一生踏遍了大半个中国,亲历了日本统治下的黑暗时期,同日军抗争,又为民主事业奔走,历经辛亥革命、武昌起义等重大事件。

连横诗歌常借屈原怀念楚国表达自己对家国的思念。《五月五日》诗中写:"投江尤可吊,灭国有余悲。"在五月五日端午缅怀爱国诗人屈原,连横面对残破的山河家国,现实与历史交织在一起,故园之思愈发浓烈。颈联写:"怀郢思山鬼,亡秦待侠儿。"屈原对楚国都城日日夜夜的思念,"魂一夕而九逝",② 连横亦是如此。同时诗人也怀揣着远大理想,等待"侠儿"到来,收拾山河。

连横对于屈原亦表现了无限的同情与哀思。连横创作了大型组诗《咏史》,多达百余首。组诗内容广泛,吟咏古今中外历史人物,宏伟阔大。第四十二首专咏屈原:

> 孤臣放逐地,香草美人情。
> 王死终难悟,沈罗怨未明。③

前两句写屈原遭谗放逐,用"香草美人"来抒发个人情感;后两句写君王始终未能醒悟,屈原含恨沉江。诗人对屈原的爱国主义精神进行了高度的赞扬,也对屈原的命途多舛寄寓了深深的同情,对屈原含恨而终表达了遗憾。组诗第五十六首写贾谊,再一次提到屈原:"太息长沙谪,离忧吊屈原。"所谓"离忧",即遭受忧患。《史记·屈原贾生列传》:"离骚者,犹离忧也。"④ 贾谊经过长沙,路过湘水,写下了《吊屈原赋》来表达对屈原的深深同情。连横咏屈原、贾谊,表达对他们的同情,同样也流露了对自己坎坷经历的愤慨之情。

---

① 本文中连横诗歌皆引自《全台诗》(全台诗编辑小组:《全台诗》第30册,台北:台湾文学馆,2013年)。
② 本文中楚辞例句皆引自《楚辞章句》(王逸:《楚辞章句》,上海:上海古籍出版社,2017年),不再一一出注。
③ 全台诗编辑小组:《全台诗》(第三十册),台北:台湾文学馆,第131页。
④ 司马迁:《史记》(第八卷)(修订本),北京:中华书局,2014年,第2010页。

连横是屈原的知音,他常常会想起屈原。他在《闽中怀古》(其一)说:"万里秋风客,罹骚吊古来。"《题洪逸雅画兰帖》(其二)说:"余怀信美谁知识,独向秋风吊屈原。"连横的诗歌吟咏屈原,展现了连横对于屈原具有高度的赞赏与人格认同。这种认同是对现实生活遭遇的相思而引起的情感共鸣,深入来说,诗人笔下"屈原"形象背后无不浸透着强烈的自我表现,诗中所欲吟咏者正是诗人自己。

## 二、化用屈辞,抒发怀抱

连横作为文史大家,饱览群书,阅读广泛,他的诗歌常常化用楚辞,抒发个人怀抱。连横的文才与他个人成长成才的经历是分不开的。连横幼时成长在宁南兵马营,连家以经营糖厂为业,家境富裕,因而他少年时便阅读了大量诗歌。他的外孙女林文月在《青山青史——连雅堂传》中写道:"于文学,雅堂特别重视《诗经》、《楚辞》,这古典文学的两大源头。"[①] 确实如此,在连横的诗集中,多次提及自己读《离骚》的场景。如《茶》(其六)称:"南柳巷头春寂寞,烹茶我自读离骚。"此诗为诗人回顾自己寓居背景的生活状况。即便社会喧扰,自己依然有诗、茶为伴,以读骚表明自己不为世俗名利困扰的心情。连横借读骚表达对屈原的感念,借读骚消愁的诗在《夜游剑潭》中表现得尤为明显,该诗后四句写:

> 归来闭户读离骚,芬芳悱恻悠悠发。
> 背灯觅梦倚秋屏,梦见湘魂呼咄咄。[②]

诗人夜游剑潭,心情"奇愁郁勃"。归家后读《离骚》,以"芬芳悱恻"含蓄地表达自己的高洁情操与屈原的坚贞之情是一样的。尾联更点明"湘魂",梦见屈原其人,表明自己同屈原一样有着满腔郁结愁绪,不可抒发。屈原之忧在于君王不寤,谗人当道,国家危亡;诗人之愁在于抗争无门,异族侵扰,家园沦丧。

连横对于楚辞十分熟悉,他又自觉地运用到诗歌创作当中。如《冬夜读史有感》(其十六)首联:"乘虬披发叩天阍,欲遣巫阳吊国魂。"此句语词皆出楚辞。"乘虬"出自《离骚》:"驷玉虬以乘鹥兮,溘埃风余上征。""天阍"即掌管天门之神,亦称帝阍,出自《远游》:"命天阍其开关兮,排阊阖而望予。""巫阳"是古代的神巫,出自《招魂》:"帝告巫阳曰。"《冬夜读史有感》共二十首,前有小序称:"满人宅夏二百六十年,国政纷纭,民愤磅礴,内讧外侮,昔昔交并。"[③] 诗人不满清政府混乱的统治,借创作组诗表达个人情思,悼念先烈。诗人面对动荡飘摇的家国,发出了"伤心二百年来事,如此江山忍赋诗"(其一)的感慨。组

---

① 林文月:《青山青山——连雅堂传》,桂林:广西师范大学出版社,2011年,第137页。
② 全台诗编辑小组:《全台诗》(第三十册),台北:台湾文学馆,第206页。
③ 全台诗编辑小组:《全台诗》(第三十册),台北:台湾文学馆,第104页。

诗中,作者想象自己如同屈原一样,披发乘虬,上天叩阍,期待有神灵降临,以救家国。

又如,《鸣鴂》:

芷绿兰红亦可悲,一声鸣鴂怨芳时。
江干寂寞春馨歇,独向空山读楚词。①

鴂即鹈鴂,杜鹃鸟,又名子规、杜宇,其声呜咽,其鸣可哀。诗中第二句化用自屈原《离骚》"恐鹈鴂之先鸣兮,使夫百草为之不芳"之句。首句"芷""兰"亦为楚辞中常用的香草意象。诗人借鹈鴂鸣而百草不芳,展现了匆匆春去后的寂寞景色,表达了内心的愁闷。

连横诗能取屈辞诗境,而别抒自己怀抱。连横《渔父》诗写:"欲把蓑衣残照曝,钓竿挥作鲁阳戈。"题同屈辞,而意境不同。屈辞的渔父形象是在世事浮沉中俯仰生姿的隐者,连横则借渔父自喻,塑造了一个力挽狂澜、充满热情的斗士形象。连横亦有《渡黄河》一诗,同样化用《楚辞·渔父》诗境。该诗后两句写:"生恐浊流污我足,汽车载梦渡黄河。"这里又说自己的追求不是乐天知命的渔父,而是要像屈原那样刚正不阿,不同污浊的世俗合流。可以看出,这两首诗都取材于《楚辞·渔父》,但写法不同,诗人对于屈辞的化用达到了较为高妙的境界,以服务己意为主。

## 三、采撷意象,托物言志

连横诗多采撷屈骚意象之作,尤以香草中"兰"意象为主。"香草美人"是屈原《离骚》开创的独特的比兴模式,王逸《离骚序》:"《离骚》之文,依《诗》取兴,引类譬喻。故善鸟香草,以配忠贞;恶禽臭物,以比谗佞;灵修美人,以媲于君;宓妃佚女,以譬贤臣。"②楚辞开创的香草美人传统影响了后世无数文人墨客借香草美人来隐喻自己。连横诗歌创作亦受到其影响,"人间草木岂无情"(《寄南社诸子》),连横的草木更充满了自己的情感寄托。

兰花被誉为"花中君子",是高洁的象征。屈原常常"纫秋兰以为佩""结幽兰尔延伫",纫兰为饰,体现自己的内外之美。兰花之意象在连横诗中出现较多,且都与屈原相关。《题郑香圃画兰》写:

隔水骚魂尚可招,秋心漠漠似秋潮。
江干自有芳馨在,被发空山不寂寥。③

---

① 全台诗编辑小组:《全台诗》(第三十册),台北:台湾文学馆,第220页。
② 王逸:《楚辞章句》,上海:上海古籍出版社,2017年,第2页。
③ 全台诗编辑小组:《全台诗》(第三十册),台北:台湾文学馆,第240页。

本诗为一首题画诗,连横由兰花想到屈原,增添了画作的厚重感。兰花生于幽谷,无人自芳。文人画兰咏兰,由兰花远溯屈原,展现的是一种身份认同。诗人亦通过兰花展现自己不求闻达,甘于寂寞的高洁心性。另外还有题画诗《题洪逸雅画兰帖》两首,则将兰花与屈原的形象浑然融为一体。其一云:

  美人迟暮怀天末,骚客行吟唤奈何。
  一卷兰花堪憔悴,伤心忍对旧山河。①

诗中前两句塑造了一个行吟江畔的骚客(屈原)形象,后两句写画作中兰花憔悴不堪。连横在这里赋予了兰花情感,"憔悴"二字既是兰花的形象,又当是骚客的容颜,更是连横的自比。末句点明山河破碎是诗人伤心憔悴的根本原因。兰花意象内涵的转换,是诗人独特情感的主观映照。

连横专咏兰花的诗歌,都不是单纯的写景,而是追溯回忆兰花的代言人——屈原。《蝴蝶兰》一诗用"楚室骚魂尚有情",由花引出屈原。诗人托物言志,自比古人,将兰花、屈原、连横交织融合在一起。

连横诗歌将香草与"骚魂"联系在一起的作品还有:

  锦屏红烛话秋心,十日骚魂感不禁。山下蘼芜香满手,江干兰芷泪沾襟。(《秋心》)
  澧芷沅兰亦有愁,楚魂终古哭江头。(《东游杂诗·其二十五》)

对兰花描写的作品还有:

  故国凄凉丛菊泪,空山窈窕紫兰香。(《次韵和林菽庄先生九日登太仓山》)
  丛菊孤舟泪,崇兰玉佩歌。(《九日》)
  公子怀兰芷,佳人寄杜衡。(《天上》)
  看菊仍有泪,搴兰亦有愁。(《朔风》)

连横大量采撷兰花意象入诗,首先与他的少年生活和个人习性有关。连横少年时,连家在兵马营附近购买"吴氏园"供连横兄弟们读书。院子环境优雅,种满了各种花草植物。连横《过故居记》称园中"兰蕙之属以十数,晚香玉以百数"②。林文月《青山青史》

---

① 全台诗编辑小组:《全台诗》(第三十册),台北:台湾文学馆,第 83 页。
② 孔昭明:《台湾文献史料丛刊——第八辑(157)雅堂文集》,台北:台湾大通书局,1987 年,第 87 页。

记载:"由于生长在这样的环境中,允斌不自觉地也养成喜爱花草的习性。"①因此,花花草草就成了连横诗歌的"香草"意象。连横在成长、学习的过程中又发现了屈原的"香草"意象。出于身份认同和精神的向往,连横又将自己的"香草"与屈原的"香草"紧密结合,他的咏兰诗多次出现屈原,因而这些诗歌也带有强烈的屈骚风骨。

## 四、求贤主题,呼唤英豪

连横诗歌中有强烈的求贤主题与国魂之颂。②屈原在《离骚》中表现出对贤士的渴望,期待有为之人效劳楚国。他列举历代明君之所以能够长久兴盛,就在于"固众芳之所在"。屈原的多次"求女",以王逸为代表多认为为求贤臣,即"女以喻臣"。姜亮夫先生《楚辞通故》曰:"'哀高丘之无女'谓楚国无贤臣。"③在屈原的时代,奸佞当朝,君王不寤,楚国国势欲颓,面对内忧外患,屈原无比渴望贤士的出现。连横也遇到同样的问题。前期,连横居住的兵马营被日军侵占,他在《宁南春望》注释中写道:"马兵营、郑氏驻兵处,在宁南门内,水木明瑟,自吾始祖卜居于此,迨余七世。乙未(1895)之后,全家被迁,余家亦遭毁。"④兵马营的每一个地方都是连家的心血,更重要的是对连横而言,兵马营及其历史充满了家国的悲欢和生活的记忆。家国之仇,民族之恨是连横最大的心事。由于清政府统治无比腐败,连横同有识之士与清政府抗衡,遭遇到了清政府的打压。连横追求民族独立的理想,在外部压力和内部隐忧之下,显得摇摇欲坠。

"百年王气消磨尽,一代人才侘傺空。"(《江山楼题壁》)诗人感慨台湾沦陷后,人才不再,悲从中来。他的好朋友蒋渭水、李少青等不幸离去。连横需要支持,需要贤士。在《感事》(其三)中,连横发出感慨:"可怜苦雨凄风夜,谁是经天纬地才?"此句诗饱含对祖国内外纷乱的悲伤之情,以及对英雄贤士的热切呼唤。

在连横的诗歌中,有相当一部分是对郑成功的怀念。郑成功从荷兰侵略者手中收复台湾,对台湾的发展具有里程碑意义,是台湾的精神象征。连横的七世祖兴位公在明朝灭亡后,卜居台南宁南坊兵马营。这个地方正是郑成功驻军之处,选择此处作为移居之所,正表现了连家对明朝的效忠。晚辈沿袭祖宗之法,不侍清朝。连横对郑成功的怀念,就如同屈原对怀王的思念是一样,忠贞赤诚而无比热烈。郑成功在连横心中是一个信仰人物,指引他前进。《延平王祠古梅歌》中连横向郑成功倾诉:"我来歌啸尤无穷,放眼九州岛岛心忡忡。"遇到重要之事,屈原会想到怀王,连横在革命事业进程中亦想到郑成

---

① 林文月:《青山青山——连雅堂传》,桂林:广西师范大学出版社,2011年,第11页。
② "国魂之颂"可参考祁茗田:《故国云山入梦遥——论连横之诗的爱国主义思想》,《福建论坛》(文史哲版),1994年第2期。
③ 姜亮夫:《楚辞通故》(第一辑),昆明:云南人民出版社,2000年,第445页。
④ 全台诗编辑小组:《全台诗》(第三十册),台北:台湾文学馆,第280页。

功。1912年2月12日,溥仪退位,连横特撰文祭告延平王郑成功:

> 中华光复之年壬子春二月十二日,台湾遗民连横诚惶诚恐,顿首载拜,敢昭告延平郡王之神曰:
> ……
> 今者,虏酋去位,南北共和,天命维新,发皇踵厉,维王有灵,其左右之。①

连横对郑成功的怀念正是屈原"求宓妃之所在"的求贤呼唤,他希望能够再出现如延平王一样的人物,带领着台湾人民抗击异族,收复家园。

连横的诗歌中有强烈的国魂之颂,他对同时代的革命英雄进行热烈的歌颂,意在引起社会的注意。他对因革命事业而牺牲的人物,带有极大的同情与惋惜,他自称"匝地干戈吊国殇""国魂今日倩谁招"等。连横好友蒋渭水是台湾民主运动的先驱者,"平生服膺中山主义"。蒋渭水因与日本当局抗争多次入监,1931年8月5日病逝在台南医院。连横《哭蒋渭水》中:"中山主义谁能继?北望神州一怆神!"语词强烈,对日本统治者进行强烈谴责,同时悲悼革命事业受挫,贤士不继。连横诗中对于贤士的渴望皆出自于一腔报国真情,他这种上下求索的精神值得钦佩。

## 五、爱国真情,漫漫求索

连横诗歌中展现了强烈的兴亡之思与爱国情怀。魏清德在《大陆诗草序》称连横之诗:"将牢骚满腹,目之所击,足之所履,人力舟车之所至,怀古伤时,慨然着为吟咏;道山川美好,不可不惜,历史兴亡、国家民族凌轹隆替,不可不鉴。"②阅读连横的诗歌,直接的感受就是他的诗有强烈的兴亡之感。"何当触我兴亡感"(《城南杂诗》),几乎任何事物都能触动诗人的内心的兴亡之感。在《春日游台中公园》一诗中,连横面对园中的花团锦簇、莺歌燕舞,却发出了"我来别有兴亡感,独对河山倚北门"的感慨。眼前的美景与家园的沦丧形成鲜明对比,诗人内心是无比哀痛的,显现了他的爱国真情。

又如《登赤嵌城》颈联写:"张坚尚有中原志,王粲宁无故国伤。"此二句,用张坚、王粲二人典故。张坚是清代戏曲家,写有传奇《怀沙记》,以屈原怀沙投江之事铺叙开来,表达了其有澄清中原之志。王粲曾作《登楼赋》表达对故国的哀思。连横借"中原志""故国伤"传达了外敌入侵、台湾割裂的时代信息。这种山河破碎,故园飘摇的诗歌在连横的诗集中触目皆是。

---

① 孔昭明:《台湾文献史料丛刊——第八辑(157)雅堂文集》,台北:台湾大通书局,1987年,第115页。
② 黄中模等主编:《连横诗词选注》,重庆:重庆出版社,2018年,第4页。

连横不仅有故国之思,更有报国之志。他编修《台湾通史》、开诗社、参加革命等,为了民族独立,身先士卒。连横自号"武公",正是与"孙文"相呼应,表达其为民主奋斗的热忱。当袁世凯复辟帝制时,连横创作了组诗《北望》八首给予强烈的抨击。其一称:"中原犹战斗,故国欲沉沦。"对袁世凯复辟而使民主受阻表达了愤慨。但连横又充满斗志,对未来充满信心,以"春光无限好"作为组诗结语表达了袁世凯复辟必将失败、护国运动定能成功的乐观信念!

他的《城东杂诗》(其一):

沧海归来已夕晖,梦中五岳尚依稀。
书生未与兴亡责,除却看山百事非。①

此诗写于作者从大陆归来,对社会的体验更加深刻,更增加了他对祖国的热爱和"天下兴亡,匹夫有责"的历史责任感,深感自己虽为一介书生,但仍当有报国之志。

连横的诗歌创作,都不是空发议论,皆是有为而作。连横《宁南诗草》自序:"名曰《宁南诗草》,志故土也。"②所谓"凄凉怀故国,寥落感奇才"(《〈台湾诗荟〉发行赋示骚坛诸君子》),连横面对时局与台湾诗坛,他提出"为诗当大处着笔,而后可歌可颂"的主张。连横自觉地将诗歌创作与家国兴亡联系在一起。屈原之所以伟大的一个重要原因就在于对故国的深深眷恋。战国是社会剧烈动荡的时代,社会意识呈现出复杂的面貌,所谓"朝秦暮楚"的现象极为常见。但屈原即使身遭谗人污蔑,被君王疏远,也从未因自身的遭际而放弃自己的主张,从未背离故国。他热切地怀念着郢都,对于家园一夜未曾忘怀。"惟郢路之辽远兮,魂一夕而九逝。欲变节以从俗兮,愧易初而屈志。""信非吾罪而弃逐,何日夜而忘之。"在连横的诗中,常常用"郢"来表达自己遭遇现实政治的失败与对故国的思念。"郢赋抒孤愤"(《〈台湾诗荟〉发行赋示骚坛诸君子》)、"左徒怀郢托离骚"(《陈芳园过访出示狱中诸诗率尔赋赠》)等,连横借屈原怀念郢都之事,表达自己对兵马营、台湾的怀念。连横在人格上追求屈原遗世独立、受命不迁的高洁精神,在诗歌创作上效法其"发愤以抒情"的艺术手法。他的《大陆诗草》自序称:"思欲远游大陆,以抒其抑"③,将自己内心的强烈情感述之于诗,将自己的情感与整个时代、整个民族融合在一起,迸发出强大的冲击力。

## 六、余论

连横诗歌中屈骚精神的形成原因是多方面的。最重要的原因在于他生活在一个动

---

① 全台诗编辑小组:《全台诗》(第三十册),台北:台湾文学馆,第182页。
② 孔昭明:《台湾文献史料丛刊——第八辑(157)雅堂文集》,台北:台湾大通书局,1987年,第34页。
③ 孔昭明:《台湾文献史料丛刊——第八辑(157)雅堂文集》,台北:台湾大通书局,1987年,第33页。

荡的时代,是时代推动了连横人格的形成与发展。同时亦与他家族历史、家境变迁有关系。连横少年即接受较好的文化熏陶,较早地接触到屈原这样一位爱国诗人,为连横的人生抉择指引了方向。同时,亦来自一位史学家的自我定位。连横坚持诗与史的结合,《台湾诗乘》自序写:"是诗则史也,史则诗也。余撰此编,亦本斯意。"① 连横追溯屈原,体现了他对历史人物的自觉回应,也体现了他作为史学家视野的阔大。连横对屈原的学习,也来自屈原巨大的人格号召力。连横的精神世界,是其生活实际的反应,并且这种特定情况下所表现的精神面貌、思想感情,又是过去时代有共同生活遭际的知识分子都可能有的精神世界。

连横上下求索,不懈奋斗,他赤诚的爱国真情是从屈原时代一直贯穿到今天流淌在华夏儿女血液里的精神。连横在《柬林景商》中曾写下:"匹夫例有兴亡责,肯为青山老白头!"连横的一生都在实践着自己的"兴亡之责",直到临死前还教导儿子连震东说:"中日必有一战,光复台湾即其时也,汝其勉也。"② 并为连震东未出生的孩子取名"连战",寓意连续战斗,自强不息。连横将一生都奉献给了祖国和民族,实现了他"肯为青山老白头"的宣言。

连横诗歌中的屈骚精神是深邃的,值得我们亿万中华儿女吟咏学习,值得我们去继承、发扬!

---

① 孔昭明:《台湾文献史料丛刊——第八辑(157)雅堂文集》,台北:大通书局,1987年,第32页。
② 连横:《台湾通史》,北京:九州出版社,2008年,第644页。

# 从徘徊难进到屈曲之美
## ——屈原对"容与"的使用及文学意义

汕头大学　管宗昌

"容与"一词首先出现在《庄子》和楚辞中,是战国时期出现的新造词语,属于联绵词的范畴。本词在《庄子》中出现1次,屈原作品中则出现8次之多,在他使用的所有联绵词中出现频次遥遥领先[①]。我们无意考订它是屈原还是庄子的首创,但是屈原对本词的使用却无疑是最为全面和丰富的,它是屈原状物写情的重要载体,是考察屈原情感脉络和作品风格的重要视角。

屈原笔下的"容与"内涵十分繁复,有时甚至以相互对立状态呈现。那么,这是否是屈原对词语的随意使用?如果不是,其关联的基础何在?"容与"背后能透视屈原作品怎样的创造和特征?要解决这系列问题,还需要从词义的考定入手。唯其如此,方能找到关联的根本,进而窥见屈原创造的文学天地,以及所展现的阶段性特征。

## 一、"容与"的词义及其与文学内涵的关联

"容与"一词,在《庄子·人间世》中有:"因案人之所感,以求容与其心。"这是在孔子与颜回的对话中,孔子对卫君的评价。郭象注曰:"夫顽强之甚,人以快事感己,己陵藉而乃抑挫之,以求从容自放而遂其佚心也。"成玄英疏:"案,抑也。容与,犹放纵也。"[②] 郭象和成玄英的解释近同,都是指"从容自放"和放纵之义。这里异议不大。其所描述的对象是"心",也就是自我的欲望和感受等虚在的对象,而非实体对象。

但是在屈原作品中,"容与"一词就充分展现出词义的繁复性。现将各处列举如下:

1. 忽吾行此流沙兮,遵赤水而容与。(《离骚》)王逸曰:"容与,游戏貌。"[③]
2. 时不可兮再得,聊逍遥兮容与。(《湘君》)王逸曰:"逍遥,游戏也。……聊且逍遥而游,容与而戏,以待天命之至也。"[④]
3. 时不可兮骤得,聊逍遥兮容与。(《湘夫人》)王逸曰:"聊且游戏,以尽年寿也。"[⑤]

---

① 其次是"委蛇"出现5次,包括异体词,如"委移""逶蛇"等。
② 以上注疏见郭庆藩:《庄子集释》,北京:中华书局,1961年,第142页。
③ 洪兴祖:《楚辞补注》,南京:凤凰出版传媒集团、凤凰出版社,2007年,第39页。
④ 洪兴祖:《楚辞补注》,南京:凤凰出版传媒集团、凤凰出版社,2007年,第57页。
⑤ 洪兴祖:《楚辞补注》,南京:凤凰出版传媒集团、凤凰出版社,2007年,第60页。

4. 成礼兮会鼓,传芭兮代舞,姱女倡兮容与。(《礼魂》)王逸曰:"进退容与而有节度也。"①

5. 船容与而不进兮,淹回水而疑滞。(《涉江》)王逸曰:"言士众虽同力引棹,船犹不进,随水回流……"五臣:"容与,徐动貌。"②

6. 楫齐扬以容与兮,哀见君而不再得。(《哀郢》)

7. 固朕形之不服兮,然容与而狐疑。(《思美人》)③ 王逸曰:"徘徊进退,观众意也。"④ 刘永济:"'徘徊难进',语虽含混,却无游戏之意,而有迟疑不决之意。"⑤

8. 氾容与而遐举兮,聊抑志而自弭。(《远游》)⑥ 王逸曰:"进退俯仰,复欲去也。"⑦

以上注解需要辨析的是第 1 处,联系前后文看,这里的"容与"当指作者的具体动作,而不是心态心情。特别是后文有"麾蛟龙使梁津兮,诏西皇使涉余",说明他行进至此无法通过,于是才请蛟龙、西皇帮助渡过。所以,这里的"容与"实指动作徘徊难进。其他几处从前后文使用语境看,王逸等人的解释问题都不大,基本合理,可依从。

能够看出,屈原作品中的"容与",其描写对象有了很大的拓展,有描写心情心态的(如 2、3),有描写人的动作形态的(如 1、4、7、8),有描写具体事物——船的行进状态的(如 5、6)。其描写对象远远超过了庄子。在这些词义中,描写心情心态时,侧重表现"游戏自在"之义,其具体内涵虽与《庄子》有异,但描写对象都属虚在,含义也大致相近。这种用法在屈原作品中已经不占主流,只有 2 处。描写人和事物的动作与行进状态时,则侧重表现其"徘徊难进"之义(如 1、5、6、7、8),刘永济先生也从因声见义的角度指出"容与"与"犹豫"的关联性⑧,这成为屈原笔下"容与"的主要文学内涵。

从词义的这两种侧重点看,其词面差别还是很大的,一种侧重自在,另一种则侧重艰难。何以出现如此对立的两种含义?两者之间是否能够互通?又是如何互通的?还需要从"容""与"二字的本义讲起。关于"容与",姜亮夫、刘永济等前辈曾有一定考证,贡献巨大,但显然还有进一步深入的空间。

"容与"是联绵词,所谓联绵词"是汉语中词汇中一类特殊的词,即双音节的单纯

---

① 洪兴祖:《楚辞补注》,南京:凤凰出版传媒集团、凤凰出版社,2007 年,第 74 页。
② 洪兴祖:《楚辞补注》,南京:凤凰出版传媒集团、凤凰出版社,2007 年,第 113 页。
③ 洪兴祖:《楚辞补注》,南京:凤凰出版传媒集团、凤凰出版社,2007 年,第 131 页。
④ 洪兴祖:《楚辞补注》,南京:凤凰出版传媒集团、凤凰出版社,2007 年,第 131 页。
⑤ 刘永济:《屈赋释词》,见刘永济:《屈赋通笺附笺屈余义,屈赋音注详解,屈赋释词》,武汉:武汉大学出版社,2013 年,第 616 页。
⑥ 学界对于《远游》的作者是否是屈原有一定争论,本文赞同是王逸、姜亮夫等人的观点,其为屈原所作。又可参见力之近期文章的进一步申论:《〈远游〉之"韩众"必先于屈原——兼论〈远游〉的作者问题》(《中州学刊》2019 年第 4 期,第 142—148 页。)
⑦ 洪兴祖:《楚辞补注》,南京:凤凰出版传媒集团、凤凰出版社,2007 年,第 151 页。
⑧ 刘永济:《屈赋释词》,见刘永济:《屈赋通笺附笺屈余义,屈赋音注详解,屈赋释词》,武汉:武汉大学出版社,2013 年,第 616 页。

词"①。其典型特点就是"两个音节是一个词素,不能分拆为两个词素,两个字具有共同表义性和不可分拆性"②。但是,是不是所有的联绵词词义与单字之间都毫无关联？显然也并非如此。因为联绵词的构成中有一类属于"同义近义单音词的联用"："这类合成词在长期使用过程中,不仅联用,而且将其义寄之于其声,而不再托之于其形,因而同义合成词出现了众多异体,原来的两个词素凝结成一个词素,两个音节共同承担一个词素义,即共同表义。"③"容与"显然属于这一类构词法。也就是说,这类词首先因为同义而合成,而后具备了因声见义的特征。所以,从两字的字义出发能够透见词义的发生过程。

首先看"容"。"容"字从"谷"得义,这一点在文字学上无甚异议。那么"谷"为何义？冯华认为："本义是两山之间的水流"④。这其实并没有抓住"谷"字的本义。邹晓丽说：

《说文》："口上阿"之"阿"当"曲"讲,即人咧嘴笑时口上弯曲的笑纹。甲文、金文中均无此字。今上海方言说好笑为"嚛头"(字亦作"朧")可证。又,《广雅·释诂》："笑也。"亦可证明许慎之说为确。⑤

尹黎云说：

"口上阿"两侧高、中间低,呈长条形,山谷也是如此,同状引申……自然可有山谷义。……许慎以为"从水半见于口"不足取。谷字甲骨文屡见,无一与山川字有联系,可见山谷字自古就未曾专门造过字。⑥

尹氏所言"甲骨文屡见,无一与山川字有联系"是极为重要的证据,笔者也曾做过检视,确实如此。说明"谷"本义并非山谷。综合邹尹二人的说法,基本能够看出："谷"本义就是口上部到鼻下正中的曲阿。至于是否是笑纹其实并不关键,因为这种曲阿人人具有,其形态就是曲折起伏、中间深凹,当然从上到下还有一定的纵深,字形表现出口上的两道褶皱,也正是表现这种纵深和立体感。这种形态和山谷极为相近,有起伏凸凹、有纵深,所以自然引申用于山谷之谷。

关于"容"字,张玉金认为："本义是容纳、装盛。"⑦ 其实这种说法还不够确切,它应该

---

① 徐振邦：《联绵词大词典》,北京：商务印书馆,2013 年,第 1 页。
② 徐振邦：《联绵词大词典》,北京：商务印书馆,2013 年,第 1 页。
③ 洪兴祖：《楚辞补注》,南京：凤凰出版传媒集团、凤凰出版社,2007 年,第 6 页。
④ 李学勤主编：《字源》,天津：天津古籍出版社,沈阳：辽宁人民出版社,2012 年,第 1019 页。
⑤ 邹晓丽：《基础汉字形义释源》(修订本),北京：中华书局,2007 年,第 50 页。
⑥ 尹黎云：《汉字字源系统研究》,北京：中国人民大学出版社,1998 年,第 90 页。
⑦ 李学勤主编：《字源》,天津古籍出版社,沈阳：辽宁人民出版社,2012 年,第 659 页。

有个从"谷"得义的过程。至于"容"字义的得义,邹晓丽说:"'从宀从谷'即人在屋内笑容可掬,表示胸襟宽和,即本义'盛'(《说文》)。一为仪容(容貌)壮盛从容,亦即从容、宽容之意。其二,又因心胸宽和能容纳一切,故引申有容纳、包容、收容('盛'第二个含义)之义。"① 这一说法基本合理,但是仍然不够明确和直接。

其实"容"所具有的"宽容""装盛"义,是从"谷"自然引申得来的。"谷"因为有起伏有纵深,意味着有较强的容纳能力。《老子》第六章有:"谷神不死,是谓玄牝。玄牝之门,是谓天地根,绵绵若存,用之不勤。"② 突出的正是空谷之神容涵广大、生出万物的特征。"谷"的本义是曲折起伏有纵深,引申为有容纳力。其上加表示屋宇的"宀",自然指的就一个空间的装盛,是从更具象的屋宇空间说;而"容"的宽容之义则无疑是从"谷"的容纳力含义而来,是从"谷"的抽象含义说。以上都是从"谷"本义引申而来。

综上所述,"谷"的本义突出的是口上部曲阿,有起伏、纵深的特点,形近引申为山谷;初步引申为有容纳力。"容"从"谷"得义,得"宽容""装盛"等义。

至于"与(與)"字。尹氏指出了"与"的核心象形是"两手相交",这对于理解"与"字本义至关重要。给与、赐予等含义都是在此基础上进行的延伸。其实这个字在演变过程中,也曾顽强而明显地透露出它的本义特征——"相交":

"與"字本从"舁"声和"牙"声。战国文字把所从的"舁"简化为"収"。"與"或"舁"中所从的声符"牙"有许多省形简化,但在秦汉文字中一直与"牙"的古文字形体相近。……"与"是"牙"的分化字,"與"和"舁"、"与"是繁简字。③

"与"确实应当是"牙"的分化字,两字具有本义相通性。"牙"之本义正是"象上下交错之形"④。所以,"与"象形两手相交,两手相交引申为相互合作和赐予等,后代"党與"一词中的"與"正是这一义项的沿用。所以,错杂、交互是"与"字的本义。

经过如上辨析能够清楚地看到"容与"一词词义的发生与变化。这个联绵词属于典型的近义字叠加使用,主要表现在两个方面:一是,曲折起伏和错杂交互叠加;二是,引申义宽容容纳和合作赠予叠加。《庄子》中的放纵义,以及屈原作品中表示自在游戏之义的"容与"均与后者有关;而屈原作品中表示徘徊难进之义则来自前者,这是由"容与"二字的本义直接生成的含义。描写具体的形态时更侧重表现本义曲折;描写心情心态等抽象对象时则侧重表现引申义宽容。

---

① 邹晓丽:《基础汉字形义释源》(修订本),北京:中华书局,2007年,第50页。
② 陈鼓应:《老子注译与评介》,北京:中华书局,1984年,第85页。
③ 李学勤主编:《字源》,天津:天津古籍出版社、沈阳:辽宁人民出版社,2012年,第205—206页。
④ 许慎:《说文解字》,北京:中华书局,1963年,第45页。

## 二、"容与"背后的文学世界

从文学内涵看,"容与"一方面表示自由游戏,另一方面表现艰难的徘徊。两者词面义有矛盾,但是这并非屈原对词语的随意使用。徘徊难进义源自屈原对"容与"词本义的使用——曲折起伏和错杂交互。

那么屈原为什么要回复本义,使用这一词义呢?这一词义的使用又产生怎样的审美效果呢?其原因正在于这是屈原象征手法的典型展现,是屈原状物表情的需要。

屈原在以"容与"描写自我行进状态时,展现徘徊难行的形象,这是作者行难和探索的直接展现,其文学内涵是通过词本义和自我遭遇直接关联产生。这在屈原作品中有太多的类似展现,如《哀郢》:"惟郢路之辽远兮,江与夏之不可涉。忽若不信兮,至今九年而不复。惨郁郁而不通兮,蹇侘傺而含慼。"① 一方面,整句表达的是难行之义,另一方面其中的"蹇"字更是高频词汇,多见于屈原作品。根据刘永济等人考证,"除《惜诵》之蹇外,余诸蹇字皆可说为难貌"②。这些都是"容与"这一文学内涵的另种呈现和注脚。

屈原在以"容与"描写具体事物——船的行进状态时,展现其徘徊难进,是典型的象征手法的运用。船的起伏难进、淹水凝滞,象征的正是自己的行难状态,其文学内涵通过词本义对应船的状态,又进一步与自我行难形成象征而生成。

需要特别指出的是,此时的词本义中"与"所带有的"错杂交互"义实际已被隐藏和屏蔽,而主要展现的是"容"所带有的"曲折起伏"义。这反映出作者对此类意象的选择性使用,这将在"容与"的审美化过程中得以展现。

"容与"表现为美的形态在屈原作品中仅有 1 见。但是这一次闪现却不容忽视,它背后隐藏着更为广阔的艺术天地,也隐藏着"容与"审美化的奥秘。

《礼魂》中有"成礼兮会鼓,传奇芭兮代舞,姱女倡兮容与",描写的是姱女舞蹈的形态。王逸注曰:"谓使童稚姱女先倡而舞,则进退容与而有节度也。"③ 王逸在注解中重复了"容与"一词,实际上并没有解释清楚。他只提到了"进退",其实很容易就能补充。凡舞蹈其动作必有进退,也有起伏。姜亮夫解为"舒徐也"④,也过于宽泛,没有将具体形貌描述出来。其实,"容与"指的正是姱女舞蹈的形态,从文本看,很难具体描述她的动作,但大致表示起伏进退的美妙是没有问题的。屈原在《东皇太一》中描写舞姿时的形态可以作为参考:"灵偃蹇兮姣服,芳菲菲兮满堂。"洪兴祖:"偃蹇,委曲貌。"⑤ 用"偃蹇"形容舞

---

① 洪兴祖:《楚辞补注》,南京:凤凰出版传媒集团、凤凰出版社,2007 年,第 118—119 页。
② 刘永济:《屈赋释词》,见刘永济:《屈赋通笺附笺屈余义,屈赋音注详解,屈赋释词》,武汉:武汉大学出版社,2013 年,第 586 页。
③ 洪兴祖:《楚辞补注》,南京:凤凰出版传媒集团、凤凰出版社,2007 年,第 74 页。
④ 姜亮夫:《屈原赋校注》北京:商务印书馆,1964 年,第 268 页。
⑤ 洪兴祖:《楚辞补注》,南京:凤凰出版传媒集团、凤凰出版社,2007 年,第 50 页。

姿,指的就是腾挪起伏委曲的样子。

那么,这种进退起伏的美妙之含义从何而来呢？这还需要再次回顾"容与"的本义寻找答案,否则,无法从根本上将这些不同的文学内涵关联起来。一旦回归到字本义以观照屈原对词义的不同运用,就会发现徘徊难进内涵和美妙舞姿的内在关联,还会发现屈原作品背后更为广阔的文学天地:其中存在着一系列以联绵词为表现特征的意象群。

"容与"的本义是曲折起伏、错杂交互。此本义可以自然生成徘徊难进的文学含义。特别值得注意的是,其中有两处在描述具体的事物(船)时,屈原选用了"容"的曲折起伏义,而屏蔽了"与"的错杂交互义。《历代赋辞典》就将之直接解释为"起伏的样子,迟缓不前"①,还是很有道理的。也就是说,这种徘徊难进,具体的形貌应该就类似船在水中起起伏伏、随水飘荡的样子。"起伏曲折"和"错杂交互"相比,其最大的区别就在于前者表现的曲折具有一定的绵延性和规律性,而后者则不明显。作者屏蔽"与"义,选择"容"义,这是作者描写事物形态时的主观选择,也透露了他背后一个更为广阔的艺术天地。

美妙的舞姿也由起伏曲折的本义而来,描绘的是舞蹈的起伏进退,其必按一定规律而动、起伏绵延,绝非乱舞。王逸所说的"有节度"正是此意。如果沿着这一本质追索就会发现,屈原实际上已经初步构建了若干有着特定审美倾向的意象群,这些意象群以联绵词为重要的表现形式。其中就有一个与起伏曲折相关的审美意象群——屈曲之美群。

"容与"展现为屈曲之美虽然只是偶现,但这个意象群的存在却是不容置疑的。它已具规模,包含一系列表现屈曲之美的意象,如委蛇、蜿蜒、连蜷、蟉虬、便娟等。下面以委蛇与连蜷为例加以说明:

"委蛇"在屈原作品中出现5次,包括异形词"逶蛇"等。出现频次仅次于"容与"。这个词在《诗经》中就曾出现,但是《诗经》"委蛇指的是威仪之美,是有方圆规矩可循的行为动作,体现的是礼乐文明"②。而屈原笔下的"委蛇"显然就不是规矩方圆了,其表现的是屈曲之美。屈原多次用它描写"云旗"。同样对比《诗经》,《诗经》中描写旗帜的诗句也有不少,有时是表现旗帜的鲜明,如《小雅·出车》:"旐旟央央",毛传"央央,鲜明也"③。《小雅·六月》"白旆央央",毛传:"鲜明貌"④;有时表现旗帜独立之貌,如《鄘风·干旄》:"孑孑干旄",朱熹:"孑孑,特出之貌。"⑤ 表现其突出独立之貌;有时表现旗帜飘扬,如《大雅·桑柔》:"旟旐有翩",指的是翩然翻动的样子。其没有一处是表现屈

---

① 迟文浚主编:《历代赋辞典》,沈阳:辽宁人民出版社,1992年,第890页。
② 李炳海:《从狞厉神秘到屈曲宛转——委蛇的齐文化特征及文学内涵》,《齐鲁学刊》,2002年第1期。
③ 孔颖达:《毛诗正义》,见《十三经注疏》(上),上海:上海古籍出版社,1997年,第416页。
④ 孔颖达:《毛诗正义》,见《十三经注疏》(上),上海:上海古籍出版社,1997年,第425页。
⑤ 朱熹:《诗集传》,见朱熹、王逸:《诗集传,楚辞章句》,长沙:岳麓书社,1989年,第38页。

曲之态。

而屈原笔下的旗帜经常用"委蛇"描述。王逸认为"委蛇而长"[①]描述的正是屈曲飘扬,本词的形象主要来自蛇行绵延屈曲的样子。

"连蜷"也是十分典型的意象。《云中君》:"灵连蜷兮既留,烂昭昭兮未央。"王逸注曰:"巫迎神导引貌也",并不具体,洪兴祖的解释更为贴切合理:"长曲貌。"[②]《远游》:"服偃蹇以低昂兮,骖连蜷以骄骜。"洪兴祖:"连蜷,句蹄也。"[③]指的是骏马腾空弯腿曲蹄的样子,充满屈曲之美。

屈原多数篇章中这些意象还是零星式的,并没有集中出现。但是有的篇章中已经开始初步表现出集中展现的倾向,如《远游》:

玄螭虫象并出进兮,行蟉虬而逶蛇。雌蜺便娟以增挠兮,鸾鸟轩翥而翔飞。[④]

蟉虬、逶蛇表屈曲之美异议不大,"便娟"洪兴祖解释为"轻丽貌"[⑤],我们存疑。关于"增挠",洪兴祖提到:"《集韵》:挠,缠也。"[⑥]指的就是弯曲,这十分明显是形容彩虹的屈曲之美。这样,这个句子就连续集中了至少三个屈曲之美的意象:"蟉虬""逶蛇"和"增挠"。这种集中式表达也被后代辞赋进一步弘扬。

从上基本能够窥见屈原对于屈曲之美意象群的建构。屈原对"容与"本义的回复以及对二字字义的选择性使用,透露出他的审美选择。他偶然展现"容与"的美态,正是这次偶然的展现,使我们得以窥见屈原更为广阔的艺术天地。

## 三、屈曲之美的生成与初期特征

"容与"本义是起伏曲折、错杂交互,由这一本义生出徘徊难进的文学内涵,徘徊难进虽然不是审美意象,但是却掩藏不住其本义的根本性。屈原在描写外物和别人时对"与"本义的屏蔽,表现出主观的审美选择。

至此,屈原笔下的"容与"已具备三种文学内涵:来自本义的徘徊难进;来自"容"本义的屈曲之美,以及来自引申义的自由游戏。这与姜亮夫先生的考察大致一致:"其义约为三类,一游戏也,二徘徊不进也,三有节度也。"[⑦]只是姜先生没有深入其背后的屈曲之美。

---

① 洪兴祖:《楚辞补注》,南京:凤凰出版传媒集团、凤凰出版社,2007年,第40页。
② 洪兴祖:《楚辞补注》,南京:凤凰出版传媒集团、凤凰出版社,2007年,第40页,第51页。
③ 洪兴祖:《楚辞补注》,南京:凤凰出版传媒集团、凤凰出版社,2007年,第40页,第149页。
④ 洪兴祖:《楚辞补注》,南京:凤凰出版传媒集团、凤凰出版社,2007年,第40页,第152页。
⑤ 洪兴祖:《楚辞补注》,南京:凤凰出版传媒集团、凤凰出版社,2007年,第40页。
⑥ 洪兴祖:《楚辞补注》,南京:凤凰出版传媒集团、凤凰出版社,2007年,第40页。
⑦ 姜亮夫:《楚辞通故》(四),昆明:云南人民出版社,1999年,第413页。

"屈曲之美"虽然一现,却从字本义的层面透露出其审美意象群的建构,它是作者构建的若干独具特征的审美意象群之一。其他意象群还包括舒缓群、微茫群、回环群、盛多群等,鉴于讨论重点,暂不展开。这些意象群是作者构建艺术世界的重要组成,也正是这些意象群造就了屈原作品独有的艺术品格。

"容与"在屈原作品中多表现徘徊难进,这是自我遭遇之行难的具象化显现。但是,它又如何展现为屈曲之美呢?"容与"正好透露了屈曲之美的发生过程。两者表面上看似矛盾,但是有着共同的赖以生成的本质——起伏曲折、错杂交互的字本义。当作者将自我遭遇作为观照对象时,字本义就被赋予徘徊难进的含义;而一旦作者独立其外地观照对象时,舞姿的起伏就成为审美对象,屈曲之美便产生了。这其中的关键是作者是否独立于描写对象之外,如果没有独立于描写对象之外,其衍生的是徘徊难进义;当对对象进行独立的审美观照时,审美内涵就发生了。

当然,这其中还有一个过渡阶段:作者在描写具体事物——船时,作者对词本义进行了主观的屏蔽和选择,选择的是更具有规律感、绵延性的"容"之本义——起伏曲折。也正是这一本义折射出作者屈曲之美意象群的建构。

下面看屈曲之美的初创期特征。

从"容与"能透视出屈原作品具有屈曲之美,这是不容置疑的。但是仅止于此显然不够,在辞赋发展史上他有何特征和不同?通过考察"容与"同样可以透视一般。

从屈曲之美的角度看,屈原对"容与"的使用明显展现出初创期特征,具体表现为:

首先,"容与"表示徘徊难进,说明屈原已经创造性地关注到了词本义中曲折起伏的事物特征。他虽然建构了一个屈曲之美的意象群,但"容与"内涵的繁复性充分说明这个意象群受到了另外因素的影响:作者自我情感表达和象征的需要。因为他要展现自我行难,所以,"容与"并没有完全呈现为屈曲之美,只是在对事物进行独立审美观照时,才得以偶然呈现。类似的情况在另外一个意象——"偃蹇"上也得以类似表现。李炳海先生对此曾有专门论述:"偃蹇有时有屈曲之义,如形容高台、舞姿;有时屈曲之义并不明显,如形容琼佩、玉佩,屈曲之义还潜藏着,还没有充分显露出来。"[①] "偃蹇"所表现的也是作者对词义的多种运用,还没有完全专注于屈曲之美。一个意象往往要肩负自我表达与象征的使命,使它不能完全独立为审美对象,直接展现为内涵的繁复性。这都表现出屈原作品屈曲之美的初创期特征。

其次,从后代辞赋反观。屈曲之美显然已经发展为后代辞赋的重要内容,集中表现在意象群的扩张和对屈曲之美的集中化展现上。单从屈曲之美意象群看,后代辞赋就

---

① 李炳海:《从偏蹇之难到偃蹇之美——〈离骚〉篇名与楚辞审美取向》,《社会科学战线》,2002年第2期,第215页。

在屈原作品的基础上进一步扩展到：蜿蜒（《德阳殿赋》）、夭蛟（《上林赋》）、骡裹（《上林赋》）、施靡（《甘泉赋》），等等。更为重要的是，多数联绵词都出现了若干变异字形，形成巨大的词群。屈原作品中出现的"委蛇"是最具代表性的一个，屈原已经初步使用了异形词，而后代辞赋中出现的异形词更是多达30个左右。① 另外，"蠪虬""连蜷"也分别出现了若干异形词。这都是这个意象群扩张发展的表现。

后代辞赋还将屈曲之美进行了集中化展现，《大人赋》中有：

> 驾应龙象舆之蠖略逶丽兮，骖赤螭青虬之蚴蟉蜿蜒。低卬夭蟜据以骄骜兮，诎折隆穷蹭以连卷。沛艾赳螑仡以佁儗兮，放散畔岸骧以孱颜。蛭踱辖辖容以委丽兮，蜩蟉偃蹇怵兒以梁倚。②

相较于《远游》中的集中展现，这段文字可谓登堂入室，极尽所能地以罗列铺排呈现屈曲之美。所以，"容与"的多义性使用，以及意象群的初成都表明了它的初创期特征。

综上所述，"容与"内涵的繁复性较为全面地展示出屈原作品的文学内涵，通过它还能透见屈原作品中屈曲审美内涵的发生过程，同时，"容与"还提供了一个窥见其初创期特征的窗口。

## 四、余论

"容与"的确是观察屈原文学世界的窗口，也具体展现出其审美世界的阶段性特征。这个词语在后代辞赋中得以延续，一方面发生了一些变化，另一方面也仍与屈原的原始使用存在关联：

首先，内涵侧重点上出现了一定变迁，主要表现在"徘徊难进"义的萎缩上。

据笔者检索，"徘徊难进"义只在江淹《别赋》中曾有闪现："舟凝滞于水滨。车逶迟于山侧，棹容与而讵前，马寒鸣而不息。"③ 其他所见的"容与"主要表现逍遥自在义和屈曲之美。如：

冯衍《显志赋》："俟回风而容与。"李贤："容与犹从容也。"④

左思《吴都赋》："湛淡羽仪，随波参差，理翮整翰，容与自翫。"⑤ 形容随波起伏的样子。

司马相如《子虚赋》："于是楚王乃弭节徘徊，翱翔容与。"⑥ 讲的是起伏、屈曲之美。

---

① 依据徐振邦：《联绵词大词典》，北京：商务印书馆，2013年。
② 费振刚、胡双宝、宗明华辑校：《全汉赋》，北京：北京大学出版社，1993年，第91页。
③ 陈元龙编：《历代赋汇》，南京：凤凰出版社，2004年，第592页。
④ 范晔：《后汉书》第四册，北京：中华书局，1971年，第999页。
⑤ 陈元龙编：《历代赋汇》，南京：凤凰出版社，2004年，第139页。
⑥ 费振刚、胡双宝、宗明华辑校：《全汉赋》，北京：北京大学出版社，1993年，第48页。

为什么"徘徊难进"义会萎缩？其主要原因还在于，后代赋作将对象独立化和审美化，而不再承担象征和表情作用。这与屈原作品的情况是一致的。屈原作品中的"自由游戏"义也得以继承，成为后代辞赋中"容与"的重要内涵。

　　其次，"容与"一词在后代的发育并不是很充分，并没有像"委蛇"一样发展出极为庞大的同音异形词群，而是发育了几个近音同义的异形词。如"容裔"和"溶裔"。

　　宋玉《高唐赋》："水澹澹而盘纡兮，洪波淫淫之溶裔。"李善注："犹荡动也。"①

　　张衡《东京赋》："建辰旒之太常，纷炎悠以容裔。"李善注："容裔，高低之貌。"② 曹植《洛神赋》："六龙俨其齐首，载云车之容裔。"赵幼文注："容裔，舒缓安详貌。"③

　　"联绵词词族的成立，同族词声母格式的相同相通是关键。同族联绵词音转以声轴为主是学者普遍认可的。"④"容裔""溶裔"等与"容与"就属于以声轴音转的同族词，它们意义相同。宋玉初次使用"溶裔"，显然是受到屈原"容与"的影响的。"裔"，《说文解字》："衣裾也"⑤ 这没有太多异议，指的就是长长的衣裾，容易飘动起伏。宋玉独创"溶裔"无疑是看中了"裔"的形象特点，而且为了表现这种联绵波动，还加了水旁。这都是为了增强形象性做出的创造。这种做法在屈原那里也早有实验，《远游》有："屯余车之万乘兮，纷溶与而并驰。"他给"容"增加水旁，这给宋玉很大的启发，他据此又进一步更换近音字"裔"，正是为了进一步增强其表现屈曲之美的形象性。宋玉的"裔"是将"与"字进行了替代，这也再次印证了前文所述：屈原在表现屈曲之美时对字义的选择是屏蔽了"与"之本义的，"容"之本义曲折起伏才是屈曲之美发生的起源。

　　而反过来说，"容与"为什么没有得到充分发育？当然与它字面不够直接形象有关。"委蛇"的充分发育则正好印证了这一说法，它字面自带的形象性使得它在表现屈曲之美的时候独居优势，因而也得到了充分的发育。至于发育后"蛇"有时也被异形替代，是因为遵循了其他的造词和衍生规律，此处省论。

---

① 萧统：《文选》，上海：上海书店，1988年，第250页。
② 萧统：《文选》，上海：上海书店，1988年，第39页。
③ 赵幼文校注：《曹植集校注》，台北：明文书局，1985年，第291页。
④ 兰佳丽：《联绵词族丛考》，上海：学林出版社，2012年，第292页。
⑤ 许慎：《说文解字》北京：中华书局，1963年，第171页。

# 屈原《天问》写作方式对刘向《列女传》的影响

深圳大学 史常力

刘向编纂的《列女传》是我国第一部女性故事集,学界对于这部书的性质还未形成统一意见,或认定这部书仅为刘向"编成",或认为这部书应当为刘向在原有材料基础上新著成的作品。本文倾向后一种意见,很重要的一个原因在于整部《列女传》具有高度整齐划一的外在形式,其中之一就是每篇传记篇尾都有一篇四言八句的"颂"。

颂作为一种文体出现,始于《诗经》。《周颂》《鲁颂》《商颂》都是用于祭祀的歌诗。颂作为一种文体发生演变,是从《鲁颂》开始的。《周颂》虽然有许多由四言句组成的作品,但也有许多句子参差不齐的诗篇。《鲁颂》四首,其中《泮水》《閟宫》纯用四言句,《駉》《有駜》大多数是四言句,其中稍杂一些三言句。例如《駉》共为四章,每章倒数第二句都为三言,其余都为四言句;《有駜》则更为凌乱一些,全诗三章,每章在最后几句都是三言、四言夹杂的形式。但从整体观之,《鲁颂》则大部分由四言句构成。颂由杂言体演变为四言体,《鲁颂》启其肇端。

屈原的《橘颂》继承《鲁颂》的传统,全诗奇数句纯用四言,偶数句兼用四言和五言,例如:"深固难徙,更壹志兮。绿叶素荣,纷其可喜兮。"[①] 是一首以四言为主的作品。

西汉的颂体作品形式多样,有的呈现散文化倾向,如董仲舒的《山川颂》、王褒的《圣主得贤臣颂》。有的则是赋的别称,如王褒所作的《洞箫赋》,《汉书》称为《洞箫颂》,[②]《汉书·艺文志》所列的赋类作品,就包括李思《孝景皇帝颂》十五篇。[③] 现今所能见到的西汉四言体颂,是扬雄的《赵充国颂》。这篇作品三十二句,每四句一章,每章用同一部韵,基本是一首四言诗。刘向和扬雄是同时代人,扬雄的颂体作品用四言句写成,刘向的《列女传》每篇后面的颂都是四言八句,他们都把四言句作为颂体的文本选择。

由此可见,《列女传》篇末的颂采用四言句式的诗体,可谓渊源有自。刘向所编纂的《列仙传》,每篇传记后面都缀以四言八句的诗体,和《列女传》采用同一个模式,只是没有明确标记"颂"而已。《列女传》中的颂具有以下特点:

第一,形式整齐,四言八句,易于流传读诵,也适合统一书写;

第二,以叙事为主,评论为辅,其中一半以上的颂为纯粹叙事,含有评论的颂主体上

---

① 洪兴祖:《楚辞补注》,北京,中华书局,1983 年,第 153 页。
② 班固:《汉书》,北京,中华书局,1997 年,第 2829 页。
③ 班固:《汉书》,北京,中华书局,1997 年,第 1750 页。

也是叙事；

第三，尽管每篇颂篇幅短小，但大部分能够保证情节的完整性，少部分则是对多个故事情节的概括。

《列女传》中的颂与所属传记的关系也并不十分牢固。《汉书·楚元王传》中即说刘向"序次为《列女传》，凡八篇，以戒天子"①，这里所说的八篇，实际上就是七篇传记加上颂。到了东汉初班昭为《列女传》做注，又将每篇传记一分为二，加上颂，共十五篇之数。② 北宋时苏颂、王回又将这十五篇重新合并为八篇，包括传记和颂两个部分，恢复到《汉书·楚元王传》中记录的状态。南宋蔡骥重新刊刻《列女传》时，将颂列于各人传记后，变八篇为七篇，这就是我们今天看见的本子。

从以上《列女传》版本流传过程上来看，颂与所属传记之间虽然存在一一对应关系，但结合的紧密程度却并不十分牢固，在成书伊始及以后的相当长一段时间内，传记与颂是分开编排的。这种分开编排甚至是分开撰写的痕迹留在了颂与传记的对应关系中。《列女传》中多篇颂的内容与上文传记在内容上有所出入，存在差异。例如卷一第一篇《有虞二妃》颂最后两句为"瞽叟和宁，卒享福祜"，但故事中的瞽叟三番五次要加害舜，他与舜的关系完全不是什么"和宁"，故事结尾也只是说舜做了天子后"事瞽叟犹若初焉"，没有提到瞽叟有"卒享福祜"的结果。卷六第九篇《齐威虞姬》颂的最后两句"威王觉寤，卒距强秦"，是故事中没有提到的。故事中只是说齐威王听从了虞姬的建议后，齐国大治，"遂起兵收故侵地，齐国震惧"，与"卒距强秦"之说不符。

如果颂与传记是同时撰写编排的话，颂又是传记的缩写，那么这种不一致就很难理解。合理的解释是传记与颂本来分开编排，并且承担着各自不同的任务，所以才出现了以上这几处差别。

颂本身这种以叙事为主的特征以及与传记间并不紧密的关系，看上去更像是独立于传记之外的一种介绍、说明性文字。传记已经将故事叙述得很清楚，因而没有必要再加上缩写的说明。颂一定是对传记本身之外、却又与传记有密切关系事物的说明和介绍。这个事物很有可能是图画，颂是与图画相配的说明。

其实文字与图画相配合叙事的做法，在中国古已有之。对于《山海经》几乎对所记录的神怪罕见具体动作描写，以及几乎没有完整故事情节的现象，历代很多学者都将原因归于此书本来附有图画上。余嘉锡先生在《四库提要辨正》中更是认为《山海经》原图就是《左传·宣公三年》所说的《九鼎图》，他说："《山海经》本因《九鼎图》而作。《左传》之叙九鼎也，曰：'贡金九牧，铸鼎象物，百物而为之备，使民知神奸。故民入川泽山林，不

---

① 班固：《汉书》，北京：中华书局，1997年，第1957页。
② "《列女传》实八篇，《颂》亦与焉，班昭为注，乃离其七为十四，与《颂》为十五。"向宗鲁：《说苑校正·叙例》，北京：中华书局，2000年，第2页。

逢不若,魑魅罔两,莫能逢之。夫既图魑魅罔两之形,安得不参以神怪乎?"① 再如李山对《诗经》中的《大雅·大明》也做过类似的推测,他说:"原来,《大明》篇中的描绘,是对祖庙中先祖先妣事迹的图画的讲述与赞美。诗人对周家开国历史的追述,原来是借着对祖庙图像的观阅完成的。如此,'俔天之妹'及'造舟为梁'的'太过具体',乃是诗篇在颂赞画中的图景;'时维鹰扬'的'太过笼统',乃是诗人在感叹图像太公雄伟精神。"②

如果上边两例还较多推测成分的话,那么到了屈原的《天问》,文字与图画配合的性质则就较为确定了。王逸的《楚辞章句·天问序》这样说:

> 屈原放逐,忧心愁悴,仿徨山泽,经历陵陆。嗟号昊旻,仰天叹息。见楚有先王之庙及公卿祠堂,图画天地山川神灵,琦玮僪佹,及古贤圣怪物行事。周流罢倦,休息其下,仰见图画,因书其壁,呵而问之,以渫愤懑,舒泻愁思。③

王逸认定《天问》是屈原在看了"先王之庙"及"公卿祠堂"后所写的类似后代题画诗一类的作品。这一说法得到了后代大多数楚辞研究者的认可。④ 那么《天问》就是可以与屈原所见壁画对照而观的。现在治楚辞的学者每每对壁画的缺失给研究《天问》带来的不可逾越的障碍深感惋惜。但我们却能推断,《天问》作为依壁画而作的作品,它对于不熟悉壁画内容的人来说,无疑是一种极好的说明性材料。也就是说,《天问》问世之初,对理解壁画内容来说,是起到了一种解释说明作用的。刘邦及辅助他夺取政权的汉初高官集团中大部分人都来自战国时的楚国旧地,因而在汉初及以后很长一段时间内楚风大炽,带有强烈楚地文化色彩的各种艺术形式均得以广泛流传和充分发展。像屈原所见的这种在宫殿墙壁上作画,且所画内容取材于神话传说、历史故事的现象十分普遍。这在王延寿所作《鲁恭王灵光殿赋》中可得到充分体现。下面我们将目光集中在汉代皇宫壁画中的列女主题故事。

汉代皇宫中早有画故事于壁以装饰宫殿及教育后宫妃嫔的做法。如汉成帝就生在这样的画堂之中。《汉书·成帝纪》记载:"元帝在太子宫生甲观画堂,为世嫡皇孙。"颜师古注引应劭说:"甲观在太子宫甲地,主用乳生也。画堂画九子母。"引如淳说:"甲观,观名。画堂,堂名。《三辅黄图》云太子宫有甲观。"虽然师古随后又批驳了应劭的说法,

---

① 余嘉锡:《四库提要辨正》,北京,中华书局,1980年,第1121页。
② 李山:《诗经的文化精神》,北京,东方出版社,1997年,第186页。
③ 洪兴祖:《楚辞补注》,北京,中华书局,1983年,第85页。
④ 关于对这一问题历代学者的论述,可参看萧兵《楚辞的文化破译》一书中第三部分第一章《〈天问〉与壁画传统》和第二章《〈天问〉与绘画题铭》,对《天问》图文配合的方式有详细讨论。见《楚辞的文化破译》,武汉,湖北人民出版社,1991年,第845页。又刘石林《〈天问〉呵壁说质疑》一文,此文立论为质疑"呵壁说",因而对历代学者赞同王逸观点者有系统梳理,以作为批驳对象。见《中国楚辞学.第八辑》,北京,学苑出版社,2007年,第254、255页。

但只是认为"甲观"之"甲"为"甲乙丙丁"之"甲",并非如应劭所说以在"甲地"而得名。且师古又补充说:"霍光止画室中,是则宫殿中通有彩画之堂室"①,即认定皇宫中类似此种画室极多,不独此处。按照以上说法,我们可知,甲观画堂是位于太子宫中的一处宫殿,是太子妃生育皇孙之处,且这一"甲观画室"只是皇宫中众多画室之一。宫殿内壁画有"九子母"的故事,应该是想起到类似胎教的作用。关于这个"九子母"故事,考之《列女传》,以及这一故事所起的胎教作用,很可能就是卷一《母仪传》中的第十二篇《鲁之母师》。《鲁之母师》篇首即说:"母师者,鲁九子之寡母也",与"九子母"相合,篇末又言"大夫美之,言于穆公,赐母尊号曰母师。使朝谒夫人,夫人诸姬皆师之",即鲁国国君不仅给"九子母"赐号"母师",而且将其请入王宫,教育后宫的夫人们。可知"九子母"的故事在很早即走入了帝王后宫,因而流传下来,至汉代就成为教育后妃的一个传统故事。

又《汉书·外戚传》记载班婕妤的一个故事:

> 成帝游于后庭,尝欲与婕妤同辇载,婕妤辞曰:"观古图画,贤圣之君皆有名臣在侧,三代末主乃有嬖女,今欲同辇,得无近似之乎?"上善其言而止。太后闻之,喜曰:"古有樊姬,今有班婕妤。"②

这里班婕妤拒绝与成帝共乘一车的理由是三代的亡国之君都有嬖女在旁,与帝同车的行为和这些嬖女近似,所以拒绝。而班婕妤得到以上认识的来源就是"观古图画"。班婕妤所看到的"三代末主乃有嬖女"的"古图画",所画的故事极有可能就是《列女传》卷七《孽嬖传》中的《夏桀末喜》《殷纣妲己》和《周幽褒姒》三篇。后边太后称赞班婕妤所言的"古有樊姬",也同样见于《列女传》,是卷二第五篇《楚庄樊姬》。虽然我们没有直接的证据,但太后也很有可能是通过与班婕妤同样的"观古图画"的方式得知樊姬这个故事,而用以称赞班婕妤的。而且班婕妤在失宠后作赋自悼时明确交代了自己接受教育的情况:"陈女图以镜监兮,顾女史而问诗"③。这说明在当时,画有妇女故事的图画是对皇宫后妃们进行妇德教育的重要方式。从以上这些材料中可以得知,将过去的妇女故事画成图画,是汉代皇宫中对后妃们进行妇德教育或对即将生育的后妃们进行胎教的一种重要方式。而且以上后妃们所看到的妇女图画故事,全部见于《列女传》的记载。

《汉书·艺文志》中对刘向的著作是这样记录的:"刘向所序六十七篇"下面班固注曰:"《新序》《说苑》《世说》《列女传颂图》也。"④从《列女传颂图》这个书名来看,刘向所著

---

① 班固:《汉书》,北京:中华书局,1962年,第301页。
② 班固:《汉书》,北京:中华书局,1962年,第3983、3984页。
③ 班固:《汉书》,北京:中华书局,1962年,第3985页。
④ 班固:《汉书》,北京:中华书局,1962年,第1727页。

的《列女传》是配有图画的,而且颂和图画在书中占有很重要的地位,所以才会在书名中有如此重要的提示。另外,刘向在《别录》中自己谈到了《列女传》:"臣向与黄门侍郎歆所校《列女传》,种类相从为七篇,以著祸福荣辱之效,是非得失之分,画之屏风四堵。"①从班固的记录及刘向自述中,我们可知,当时《列女传》附带有图画,但图画的具体形制却早已湮没。虽然刘向随同《列女传》一起进献给汉成帝的屏风早已不可见,但我们可以从时代距刘向不远的汉代画像石中类似图画来推测这些屏风的形制。这种方法是用后代的艺术形式去推导前代可能存在的一种相近现象,如果将目光专注于汉代画像石中的列女主题故事,用历史的眼光去审视这一特殊题材故事的发展过程,就会发现这一系列故事在刘向编纂完成《列女传》前后及在以后的东汉时期,存在的一种重要形式就是依赖于图画,这共同的存在方式一定应该具有一些相同的特征。而且我们用来比较的两者,时间距离不过一百余年,在艺术血缘上并不遥远,后代艺术形式中一定会有我们想要寻找的前代遗留下来的艺术基因。而且翦伯赞先生早有论述:"坟墓、神庙、桥梁之有石刻画像的装饰,乃系由模仿宫室的装饰而来,这个道理,正如殉葬的冥器,系模仿活人的日用器皿而来,是一样的。"②

汉代画像石在西汉末和整个东汉都十分流行,石碑石阙及墓室中均有大量画像石,且分布地区极为广泛,差不多在汉代当时疆域中都有发现,是后代了解汉代社会状况的宝贵的材料。山东武氏祠画像石是汉代画像石中重要的发现,其中有很多列女主题故事,可供我们进行研究参考。《汉代画像石》一书中收有武氏祠汉代画像石若干幅,下面来看其中的两幅。

第一幅是"表彰齐国一位继母的石刻画",这个故事见于《列女传》卷五第八篇《齐义继母》。我们来看一下该书中关于这块画像石的说明:

> 图八九上共刻五人。中间仰卧在地的是被害人,上有榜题"死人"二字;其左有三人,拱手跪地者是弟弟,榜题"后母子"三字;其后是哥哥,躬身而立,右手握匕首,榜题"前母子"三字;最左的身穿长裙的是他俩的母亲,榜题"齐继母"三字;死人之右的骑马者为官吏,榜题"追吏骑"三字。③

很显然,因为这个故事人物比较多,画像石的作者怕画中的故事被人误解,或者不能理解画中的人物关系,所以对画面上的每个人物都在旁边加上了文字说明,明确交代这个人物是什么身份,就连被杀的人旁边也特意标上了"死人"两个字。而且,对比《列女

---

① 严可均:北京,中华书局,《全上古三代秦汉三国六朝文》,1987年影印本,第337页。
② 翦伯赞:《秦汉史》,北京:北京大学出版社,1983年,第134页。
③ 吴曾德:《汉代画像石》,北京:文物出版社,1984年,第148页。

传》中原来的故事,这个画像石对故事情节有所改变。原来的故事中,"当宣王时,有人鬭死于道者,吏讯之,被一创,二子兄弟立其傍,吏问之,兄曰:'我杀之。'弟曰:'非兄也,乃我杀之。'期年,吏不能决。"① 可以看出,《列女传》的故事中并没有说明这个凶手到底是哥哥还是弟弟,只是说他们都争着承认自己是杀人凶手。但图画中,弟弟则"拱手跪地",应该是向官吏承认自己是杀人凶手;而哥哥则"躬身而立,右手握匕首",手握凶器,则明显代表他是真凶。这样改编后,不仅故事中的继母为了保护前母之子大义灭亲,而且就连弟弟虽然一身清白,但也为了替哥哥开脱,主动承认自己是凶手。这个故事就由原来的表彰继母的"义",又加入了一层弟弟的"悌",更加增强了家庭伦理方面的教育意义。

另外一幅画像石的内容也同样来源于《列女传》中的故事,是卷五第十五篇《京师节女》的故事。这幅画像石的内容要比上边一幅简单许多,人物关系也较为清楚,但是作者显然是有意加上了说明,在画面上仅有的两个人物旁边都加上了文字:"图九一中间屋子里躺在床上的即此女,上有榜题'京师节女'四个字。左边一人即为'怨家攻者'。"②

很可惜,后代的画像石中并没有出现列女主题故事旁边附带有颂这样的实物,但以上两例起码可以说明汉代绘有故事的图画中,是带有提示性文字的。值得注意的是,武氏祠中有一块"伯榆悲亲"故事的画像石,除了有"榆母"这样的提示文字外,还刻有"伯榆伤亲年老,气力稍衰,笞之不痛,心怀楚悲"十八字。③ 这十八个字同《列女传》中的颂极为相似:除了第一句以外,其他三句都是四言,在形式上同《列女传》中的颂相近;在性质上也是对故事的简要介绍说明。这块有简要说明的画像石在所有被发现的汉画像石中属于特例。这样的形制之所以并不普遍,可能受制于画像石需要在砖面上进行雕刻,这是一种比较复杂且难度较大的艺术生产方式,较之书于竹简或绘于布帛,显然对图案的复杂程度有更加严苛的要求。

刘向献给汉成帝的《列女传》是画在屏风上的,可供皇帝和后妃们随时观看。绘画的形式可不像画像石那样受载体的限制,有条件在图画旁附加更多的文字。而且从刘向将《列女传》故事画在屏风上献给汉成帝这个行为上来看,刘向是想让自己的劝谏经常被成帝和后妃们看到,起到潜移默化的作用,想要通过《列女传》达到更好的劝诫目的,附带有文字说明的屏风可以更好地完成这个任务。

再来看上边提到过的五处颂与传记内容不相符的情况。如果用颂是图画的附属说明来解释,那么有两处颂与传记内容上的不相符都可以得到很好的说明。图画作为一种凝固的艺术形式,它只能将故事中一个或者几个场景形之于画面(几个画面的则可能构成早期的连环画),这些能够被凝固在图画中的场景,常常都是故事中代表性的情节。可

---

① 张涛:《列女传译注》,济南,山东大学出版社,1990年,第183页。
② 吴曾德:《汉代画像石》,北京,文物出版社,1984年,第151页。
③ 吴曾德:《汉代画像石》,北京,文物出版社,1984年,第149页。

以猜想,卷二第十五篇《楚於陵妻》的颂增加的於陵子归隐后"左琴右书"的生活细节,与卷四第九篇《楚平伯嬴》颂中增加的楚王后妃们"莫不战栗"的表现,很可能就是因为图画中正好截取了馀陵子归隐后的生活和阖闾在楚王后宫中施暴的画面作为图画所要表现的场景。这两处传记中所没有的细节形成于图画,增强了图画的生动性,用来将故事情节具体化、生动化。与之配合的颂也就多出了原来传记中没有的细节描写。

  从以上的分析可知,《列女传》中的颂绝大部分是以易于诵读记忆的文字对原有传记的缩写简编,汉代皇宫中多使用列女主题的图画作为装饰及后妃们的教育材料,列女故事广泛形之于图画。刘向最初献给汉成帝的《列女传》是画在屏风上,而且带有明确的、甚至是强烈的劝诫意图,而附带简要的文字说明,则可以更好地达到这个目的。《列女传》中的颂,是配合列女主题图画使用的文字说明。这种图文配合的表达方式,受到以屈原《天问》为代表的前代作品的深刻影响。

# 台湾赋中之屈骚意涵

嘉南药理大学　欧天发

## 前言

近年台湾赋之搜集,颇具成效,起讫于清初至日据结束之际。察其体式,通体用骚体之赋较少,只有林述三《坐怀不乱赋》《病赋》、黄希先《虞美人花赋》、洪繻《游子赋》及鸾堂赋《延平郡王郑·赋》、"文天祥夫子"《赋》等篇。其他则或于末段,或于起句等间用骚体,以作咏叹口吻而已。清季以迄日据时期,台湾文人之赋与宗教鸾赋双线并进,文人题目且有多元化之发展。[①] 台湾赋内容或咏疆土,或哀时事;或讽世道,或励节操。其中不免借屈、宋之故事,咏楚骚之常典,以镕裁造词,沾溉文旨。本篇即依寻检所得,举例分析其中有关屈、宋之典故,归纳种类,审查作者意涵,究知其写作旨趣。

赋作之外,屈原文化之表现,见于台湾各县市多有水仙宫。主祀水仙尊王,屈原成为民间崇仰的历史人物。如台南水仙宫,主祀禹帝(禹王),陪祀楚王(项羽)、奡王(寒奡)[②]、屈大夫(屈原)、伍大夫(伍子胥),五者合称五水仙,俗称为"一帝二王二大夫",唯各地供奉的水仙尊王尚有不同。各地端午节又有龙舟竞渡,闽粤地区通称为"扒龙船"。南朝梁宗懔《荆楚岁时记》云:"五月五日谓之浴兰节。……竞渡,采杂药。"[③] 可见龙舟竞渡本为荆楚端午民俗之一种,其后与屈原投江结合,成为追念屈子之爱国民俗矣。清郁永河《裨海纪游·卷中》:"划水仙者,众口齐作钲鼓声,人各挟一匕箸,虚作棹船势,如午日竞渡状。凡洋中危急,不得近岸,则为之。"[④] 此云水仙者,盖亦求水仙尊王拯救也。

台湾彰化市宝廍里有屈家村,30余户住民为屈氏后代。建有供奉屈原神像的泰和宫,并办理屈原文化节及端午活动。每户人家大门上悬挂"临淮衍派"堂号,门口栽种兰花,身上亦常佩戴兰花。台北市北投区洲美里有屈原宫(水仙尊王庙)。屈原神像于明末清初之时,由郭姓祖先自福建漳州府龙溪县背负渡海来台,每年端午节举办龙舟比赛。庙

---

① 参许俊雅《全台赋·编序》,许俊雅等主编《全台赋》,台南:台湾文学馆筹备处,2006年。
② 《论语·宪问》:"羿善射,奡荡舟,俱不得其死然。"
③ 《史记·孟尝君列传》:(田)文以五月五日生。(田)婴告其母曰:"勿举也。"其母窃举生之。及长,其母因兄弟而见其子文于田婴。田婴怒其母曰:"吾令若去此子,而敢生之,何也?"文顿首,因曰:"君所以不举五月子者,何故?"婴曰:"五月子者,长与户齐,将不利其父母。"可见端午之日于季节上本多忌讳,民间原有多种活动以驱害也。
④ 郁永河《裨海纪游》,《台湾文献丛刊》第44种。

宇上层正殿奉祀屈原像,两旁有"离骚一卷楚水无情灌烈士,社稷千秋蓬壶有幸祀诗人"对联。此皆中华文化悠久且广传之例证。

以下就《全台赋校注》及《全台赋补遗》检寻所得,揭举镕铸屈原身世及其辞赋语者数篇(若干兼及宋玉),分析其意涵,以究作者之用心焉。

## 一、彷徨与归隐

陈宗赋《陶渊明归隐赋·以"乐夫天命复奚疑"为韵》共二篇[①],皆以陶潜《归去来辞》为依归,表其"志尚孤高""行将遁世"之终志。命韵七段,亦举《归去来辞》末句为据。立论佐以"一枕未觉黄粱,孰是达人知命""黄粱梦半枕初醒"之寤觉。其第二篇又云"从此鹪枝借一,莫之予违",乃借《庄子·逍遥游》"鹪鹩巢于深林,不过一枝。偃鼠饮河,不过满腹"言其无欲自足,不在乎奢求。而"奚"段对白居易"天涯沦落""宦海沉迷"红尘不染,及苏东坡"迹如鸿鸟印泥"之感喟[②],更以屈子"众皆醉而我独醒"自勉,以《天问》自况。"奚"段(第六段)云:

> 彼夫司马青衫,天涯沦落;维鹈赤绂,宦海沉迷。视智薮与名场,情若驽骀恋栈;借空山为快捷方式,迹如鸿鸟印泥。孰若兹乞归田里,高蹈山溪。众皆醉而我独醒,比问天之屈子;身将退而儿犹仕,殊告老之祁奚。

《天问》系对大自然与上古史的大胆怀疑,有穷究宇宙之精神,具深切之历史检验。本篇或以此自勉,庶几一生无愧于天地也。可见隐逸并非视而不见,而是对天地、人间尽皆透视,自我检讨之后的决定。王逸注《天问》云:"屈原放逐,忧心愁悴。彷彷山泽……因书其壁,何而问之,以泄愤懑。"可见《天问》之作有"彷彷山泽"的动因,本篇所叙即从彷彷天地、天涯沦落到黄粱觉悟,终而乐夫天命的过程。

## 二、秋风与追求

悲秋风而动容,对美人之追求,也会引用屈、宋之语。黄赞钧《秋水怀人赋·以"求之而不可得"为韵》"不"段云:

> 于焉目击烟波,心牵云物。意有在而逡巡,志难朗而抑郁。泝流光于上下,难忘夫风度翩翩;恨景色之苍茫,时忆夫笑言吃吃。腰肢瘦损,若瞻之子于秦关;肝膈摧残,

---

① 许俊雅、简宗梧主编:《全台赋补遗》,台南:台湾文学馆,2014年,第22—25页。
② 苏轼《和子由渑池怀旧》:"人生到处知何似?应似飞鸿踏雪泥。泥上偶然留指爪,鸿飞那复计东西。"

如望美人兮楚屈。阅尽清波一幅,我劳如何;对兹○浪千重,尔思岂不。①

此为怀思之作,主要是化用《诗》句以为赋。各段韵字"求之而不可得"亦出自《关雎》:"求之不得,寤寐思服。悠哉悠哉,辗转反侧。"又有相如《凤求凰》之意。赋云"肝膈摧残,如望美人兮楚屈"者,《九章·抽思》:"悲秋风之动容兮,何回极之浮浮。数惟荪之多怒兮,伤余心之忧忧。……结微情以陈词兮,矫以遗夫美人。"兼言秋风之令人动容与对美人之结情陈词。②《九章·思美人》亦云:"思美人兮,揽涕而伫眙。媒绝路阻兮,言不可结而诒。"苏轼《赤壁赋》:"渺渺兮予怀,望美人兮天一方。"

末段引宋玉《秋风》及江淹《别赋》之篇而云:

斯时也旧雨难追,高风空忆。悲宋玉之秋容,愁江淹之别色。

引"宋玉秋容"者,案:宋玉《九辩》:

悲哉,秋之为气也。萧瑟兮,草木摇落而变衰。……悲忧穷戚兮独处廓,有美一人兮心不绎。去乡离家兮徕远客,超逍遥兮今焉薄。专思君兮不可化,君不知兮可奈何。蓄怨兮积思,心烦憺兮忘食事。愿一见兮道余意,君之心兮与余异。

秋风萧瑟,可激发离乡之情、思慕之感,故以"宋玉之秋容"为追求美人之象征。

## 三、丽辞与功名

唐李固言,新旧《唐书》有传。为文、武宗时代显宦。《新唐书·李固言……传》:

李固言……擢进士甲科……李德裕辅政出华州刺史。……宣宗初还右仆射,后以太子太傅分司东都。……固言吃,接宾客颇謇缓。然每议论人主前,乃更详辩。

可见他功名顺遂,在国君面前也能详辩。其传奇事迹不少,《太平广记·定数十·李固言》引《酉阳杂俎》等书之固言登第多则异闻。旧本题"(后)唐金城冯贽撰"《云仙杂记》卷一《柳神九烈君》,引《三峰集》云:

---

① 许俊雅、简宗梧主编:《全台赋补遗》,台南:台湾文学馆,2014年,第78—79页。
② 朱熹《楚辞集注》谓:美人,寄意于君。台北:新陆书局复印件,1967年,第106页。

李固言未第前,行古柳下,闻有弹指声。固言问之,应曰:"吾柳神九烈君。已用柳汁染子衣矣,科第无疑。果得蓝袍,当以枣糕祠我。"固言许之。未几,状元及第。

曹敬《柳汁染衣赋·以"已用柳汁染子衣"为韵》即咏李固言遇柳神九烈君,有"柳汁染衣",即功名预知的故事。赋之"用"段云:

爰有李固言者,腹贮经纶,心勤弦诵。胸次高超,精神豪纵。才华卓越,香夺马班;词藻纷披,艳追屈宋。此日守兹桑梓,已饶领袖之才;他时拔彼茅茹,应备荐绅之用。①

言李固言词藻之美"艳追屈宋",屈子、宋玉之辞早成为造言绮丽之代表,并称"屈宋"。《文心雕龙·辨骚》:

自《九怀》以下,遽蹑其迹。而屈宋逸步,莫之能追。……故才高者菀其鸿裁,中巧者猎其艳辞,吟讽者衔其山川,童蒙者拾其香草。

屈宋之后,蹑其迹者各攫所求,各逞其美,即能卓尔有成。

## 四、山水行吟

文苑雅士凡陟山畔水,必吟咏赋歌,谓之骚人墨客。骚人者离骚之人,盖昉自屈子"行吟泽畔"也,故为楚诗人之宗。《史记·屈原列传》:

屈原至于江滨,被发行吟泽畔,颜色憔悴,形容枯槁。

屈子仕于怀王,为三闾大夫。屈原《渔父》:"渔父见而问之曰:'子非三闾大夫与?何故至于斯?'"三闾之官,掌宗正之职,行教育国子之事。王逸《离骚经序》曰:

屈原与楚同姓,仕于怀王,为三闾大夫。三闾之职,掌王族三姓,曰:昭、屈、景。屈原序其谱属,率其贤良,以厉国士。

屈子忠而见逸,终投汨罗以殉,后世遂以"三闾"为忠贞爱国之代表。《后汉书·郑孔荀列传》孔融报曹操书云:"忠非三闾,智非鼂错。窃位为过,免罪为幸。乃使余论远闻,

---

① 简宗梧、许俊雅主编:《全台赋校订》,台南:台湾文学馆,2014年,第147页。

所以惭惧也。"孔融谦称己非比屈子之忠也。"三闾"亦作为远谪不遇之象征。陶潜《感士不遇赋·序》:"故夷、皓有安归之叹,三闾发已矣之哀。""已矣"者无复有所期望之叹也。《离骚》"乱"曰:"已矣哉,国人莫我知兮,又何怀乎故都。……吾将从彭咸之所居。"或为绝望之辞焉。

卓肇昌《鼓山赋》第七段云:

> 乃有骚人墨客,酒圣诗禅。忧愁莫写,尘俗思捐。开襟游览,携筒盘旋。绿醑一斗,瑶瑟七弦。或登高而寄慨,或临深而流连。或咏三闾之句,或吟五柳之篇。人有烟霞之想,地无车马之喧。①

屈子行吟泽畔,陶潜自喻五柳。皆忠而无进,退以自守或以身竟殉之。故文多合并况之。凤山县(今高雄左营)沿台湾海峡有鼓山迤逦为屏障,登高可见旗津之屿,万丹之港,"傍崖香刹,曲径茅轩"(第六段)故为文人唱和之处。高文渊有《鼓山观海赋》云:"爰青山之似笏,惟碧海之如秋"②,可想其胜境。

## 五、龙舟竞渡

龙舟竞渡之俗传闻起于屈原投身汨罗,民伤其死,故命舟以拯之。南朝梁宗懔《荆楚岁时记》等皆有记录。曹敬《竞渡赋·以"果然夺得锦标回"为韵》"然段":

> 原夫竞渡者,岁时有记,荆俗早传。以彼浴兰之令节,胡为鼓楫于长川。盖以三闾屈子,一代名贤。其身被放,其神黯然。来三湘而怀石,当五日而沈渊。欲援不得,往救无缘。始思拯以轻舟,沅芷澧兰之地;皆欲夸其捷步,乘风破浪之天。

"岁时有记,荆俗早传"指南宋末陈元靓之《岁时广记》,及上引宗懔《荆楚岁时记》。

"得"段又云:"自古救灵均之死,事肇楚南;至今迎孟姥之神,声喧江北"。案:唐段公路《北户录·鸡骨卜》:"南方除夜,及将发船,皆杀鸡择骨为卜,传古法也。占吉,即以肉祀船神,呼为孟公、孟姥,其来尚矣。"言南方除夜及将发船,皆有鸡卜。以肉祀船神,呼为孟公、孟姥,此应指台湾送王船驱疫之俗。以同为船上之祭,故引以为竞舟之骈对。

---

① 简宗梧、许俊雅主编:《全台赋校订》,台南:台湾文学馆,2014年,第10页。
② 许俊雅、简宗梧主编:《全台赋补遗》,台南:台湾文学馆,2014年,第165—166页。

## 六、华胥蒙尘

易顺豫,光绪三十年进士。诗人易顺鼎之弟(顺鼎于午未之变,曾两度赴台从事救国活动①),作家易君左之叔父。《哀台湾赋》述清廷战败,割弃台澎予日,伤朝廷之无力,励台民之孤勇。文共七段,末二段云:

> 亦有汉家飞将,殷墟义民。鲁阳短戈,妄思回日;仲连只矢,阴图却秦。效死之愚,不移于绝地;背城之志,可质于明神。徒以粮尽援绝,兵单守分。申胥无可哭之路,李陵无继进之军。……羌反首而外向,长饮泣而声吞。
>
> 已矣哉,城郭则是,人民非兮。风景不殊,山河异兮。鹑首赐秦,天胡此醉兮。鱼腹葬楚,民将无类兮。痛援手之末由,遇一哀而出涕。②

"亦有汉家飞将"段写各地志士奋起抗日,及至弹尽援绝之哀痛。末段云:"鹑首赐秦,天胡此醉兮"感慨老大不悯予民,遂以江山奉诸日寇也。东汉张衡《西京赋》:

> 昔者大帝说秦缪公而觐之,飨以钧天广乐,帝有醉焉。乃为金策,锡用此土,而翦诸鹑首。

鹑首,秦地分野。《汉书·地理志下》:"自井十度至柳三度,谓之鹑首之次,秦之分也。"此言天帝在醉意朦胧中,赐缪公以秦地。庾信《哀江南赋》:"用无赖之子孙,举江东而全弃。惜天下之一家,遭东南之反气。以鹑首而赐秦,天何为而此醉!"言老天何醉,遂举以江山奉人也。"鱼腹葬楚,民将无类兮",屈原《渔父》:"宁赴湘流,葬于江鱼之腹中。安能以皓皓之白,而蒙世俗之尘埃乎!"本言宁葬鱼腹,不愿洁白蒙尘;此盖言民将无所存活。台湾于1895年沦为异国之辖域,凡仁人志士,必存椎心之痛。《列子·黄帝》以为黄帝曾梦游于华胥氏之国:

> 其国无师长,自然而已。其民无嗜欲,自然而已。不知乐生,不知恶死,故无夭殇。……黄帝既寤,怡然自得……③

无师长,谓无执法之官,以控制压迫百姓。故民皆后文又谓列姑射山:"'阴阳常调'"

---

① 参易顺鼎《魂南记》,《台湾文献丛刊》第212种。
② 简宗梧、许俊雅主编:《全台赋校订》,台南:台湾文学馆,2014年,第227页。
③ 严捷、严北溟:《列子译注》,台北:仰哲出版社复印件,1987年,第28—29页。

日月常明。四时常若,风雨常均。字育常时,年谷常丰。而土无札伤,人无夭恶。……"洵皆以状生活中无压力之乐土也。而台湾之域亦拟之。故一旦沦入日寇之手,各地举事不断,乃因华胥蒙尘之故也。

## 七、忠魂长念

杨浚《湖吊古赋》(一)系追吊明末鲁王监国朱以海在澎湖之故事。金门出土之《皇明监国鲁王圹志》云:

> 监国鲁王讳以海,字巨川,号恒山,别号常石子。始封先王讳檀,为高皇帝第九子,分藩山东兖州府,王其十世孙也。
>
> 卜地于金城东门外之口山,穴坐酉向卯。其地 前有巨湖、右有石峰,王屡游其地,题"汉影云根"四字于石,卜葬兹地。①

《明史》载成功于金门沈鲁王于海,《明史卷一百十六·列传第四·诸王一》:

> 以海转徙台州,张国维等迎居于绍兴,号鲁监国。顺治三年六月,大兵克绍兴,以海遁入海。久之,居金门,郑成功礼待颇恭。既而懈,以海不能平,将往南澳。成功使人沉之海中。

及宁靖王朱术桂所撰之《皇明监国鲁王圹志》出土,始信《明史》之诬成功也。《圹志》云:

> 王素有哮疾,壬寅十一月十三日中痰而薨,距生万历戊午五月十五日,年才四十有五。

可见鲁王系哮疾中痰去世。壬寅(1662)为明永历十九年,清康熙元年。郑成功去世且早于鲁王数月。②

郑成功曾迁鲁王于澎湖,《小腆纪年》卷第十八:

> 去岁郑芝龙遣其私人李德招降成功,有"如未投诚,先献监国鲁王"之语,乃送

---

① 《圹志》今存台北历史博物馆。
黄典权有《〈皇明监国鲁王圹志〉研究》,台南市文献委员会《台南文化》第七卷第一期,1960年。
② 胡适《跋金门新发现〈皇明监国鲁王圹志〉》:"郑成功死在壬寅五月初八。壬寅是永历十六年、即康熙元年(1662)。郑成功死在五月,鲁王死在十一月,当然不是郑成功把他沉到海中的了。"

鲁王于粤中行在以避之。王踌躇不欲行,成功强之,始扬帆出海。遇风,回居南澳。自是,居海上者七年。己亥秋,永历帝手敕命仍监国,而成功不欲,迁之澎湖。寻复悔之,迎归金门,供给如初。

己亥(1659)为清顺治十六年。杨浚《澎湖吊古赋》(一):

维彼澎湖,鲁王故府。监国仅及七年,明社犹存片土。载蓬壶之童女,一舸为家;泣零丁之戍兵,七哀未烬。……臣心未死,松楸尚奠千官;天命有归,图谶终亡三户。嗟朝鲜之外服,未得捧书;恸子婴之再传,已甘系组。《大招》一曲,断魂于犵鸟蛮花;降表几封,雪涕于椰风竹雨。烈皇已逝,虽有传人;我辈居今,尤宜稽古。

及乎仓皇脱屣,侍从奔随。长垣卜居,丝纶东阁;鹭门小憩,冠服南夷。苜蓿千群,舍人作《大哀》之赋;鳞鸿片纸,记室留绝命之词。缚袴登舟,行闲劳酒;采薯绝谷,壁上题诗。溯厥琐尾,莫此流离。①

《大招》作者或曰屈原,或曰景差。② 所招之对象应为诸侯王者之阶层,如言其乐舞之规格则曰:

魂乎归来,定空桑只。二八接舞,投诗赋只。叩钟调磬,娱人乱只。四上竞气,极声变只。

空桑是琴瑟之属③,二八是羽舞二列④。有诗赋之歌,有叩钟调磬,有娱人之乱舞。田邑、政治、尚贤、国家、三公三王、降堂之辞,都是朝廷之事。《大招》云:

田邑千畛,人阜昌只。美冒众流,德泽章只。先威后文,善美明只。……德誉配天,万民理只。北至幽陵,南交址只。西薄羊肠,东穷海只。魂乎归来! 尚贤士只。发政献行,禁苛暴只。……魂乎来归! 国家为只。雄雄赫赫,天德明只。三公穆穆,登降堂只。诸侯毕极,立九卿只。……魂乎来归! 尚三王只。

赋云"《大招》一曲,断魂于犵鸟蛮花;降表几封,雪涕于椰风竹雨",谓鲁王因病逝于

---

① 简宗梧、许俊雅主编:《全台赋校订》,台南:台湾文学馆,2014年,第219页。
② 朱熹:《楚辞集注》,上海:上海古籍出版社,1979年,第182页。
③ 《周礼·大司乐》:"空桑之琴瑟,咸池之舞"。空桑,郑玄注以为山名。
④ 二八指羽舞二列,分作八字队形,犹候鸟之长途飞行也。

金门,魂失异域。及克壤归降,君臣俱涕。宁靖王及五妃且以身殉。

《大哀赋》,明末抗清志士,神童夏完淳所作,用以慨叹明末亡国之故。完淳父夏允彝于崇祯初年,与陈子龙、徐孚远等人结成几社,后殉国而死。王欣慧认为《大哀赋》乃夏完淳在完成父亲临终所托之后的意欲绝命之作,赋文痛陈明末兴亡,更寄寓了自己"生之不辰"的无奈悲哀。① 鲁王赐谥夏允彝为文忠公,并遥授完淳为中书舍人。故赋称"舍人作《大哀》之赋"。

## 余论

除上述篇什外,如施琼芳《香珠赋》"郑人问价,楚客怀芳"②、"林述三《坐怀不乱赋》"实芝兰以作佩兮,羡莘华之□□"③、洪繻《游子赋》"思家乡兮沉沉,指湘浦兮阴阴"④ 等篇亦可见源自楚辞之语汇,概约屈子之行迹。凡此类造辞,不仅屡见于辞赋篇什,亦且流溢于各体诗文。盖屈子血泪所凝之作品,已经普遍浸溉于中华文苑及民族精神之中。

---

① 王欣慧:《达士穷途之悲,壮士歧途之泪——夏完淳〈大哀赋〉的自悼与自赎》,《汉学研究》第36卷第1期,2018年。
② 简宗梧、许俊雅主编:《全台赋校订》,台南:台湾文学馆,2014年,第103页。
③ 许俊雅、简宗梧主编:《全台赋补遗》,台南:台湾文学馆,2014年,第139页。
④ 许俊雅、简宗梧主编:《全台赋补遗》,台南:台湾文学馆,2014年,第292页。

# 隐居的诗学：士不遇焦虑的消解及文学书写

湖北大学文学院　邹福清

士不遇是中国古代文学的永恒主题，主要表达才能得不到施展的悲愤之情。汉代董仲舒《士不遇赋》是最早一部以"士不遇"为题的文学作品，司马迁也创作有《悲士不遇赋》。东晋陶渊明《感士不遇赋》云："哀哉！士之不遇，已不在炎帝帝魁之世。"① 炎帝是神农氏，帝魁是黄帝的子孙，都是上古治世时期的圣君，陶渊明的言外之意，只有炎帝等圣君治下的上古治世才没有士不遇的现象。的确，士不遇现象由来已久。《诗经·大雅·桑柔》是芮伯感叹周代厉王被逐的动荡政局及给国家、百姓带来的苦难，并发出了"我生不辰，逢天僤怒"的哀叹，芮伯还于此诗第六章感慨道："好是稼穑，力民代食。稼穑维宝，代食维好。"意思是"朝不可仕，不如在野。然即退处亦难安居"②，可见，这是一首较早表达士不遇主题的文学作品。《毛诗小序》又认为《诗·邶风·柏舟》是"言仁而不遇"③，汉代郑玄进一步解释："不遇者，君不受己之志也。"④ 可见，这是《诗经》的又一首以士不遇为主题的作品。孟子也曾感叹不遇于鲁侯⑤，随后，屈原、宋玉等都是不遇的文人。元代宫天挺的杂剧《死生交范张鸡黍》有如下一段唱词：

【寄生草】将凤凰池拦了前路，麒麟阁顶杀后门。便行那汉相如献赋难求进，贾长沙痛哭谁偢问，董仲舒对策无公论。便有那公孙弘撞不开昭文馆内虎牢关，司马迁打不破编修院里长蛇阵。

西汉司马相如、董仲舒、公孙弘、司马迁等或有文名或有儒术，但在宫天挺的眼里都是不遇者。《左传》早就说："太上有立德，其次有立功，其次有立言。"⑥ 话虽如此说，但中国古代士人实际上以立功为上，功成身退才是理想的人生境界。立功就要入仕，如果入仕的道路被阻断，此时再来高调宣称退隐的种种好处，其实是退而求其次的牢骚话、愤激语。

---

① 王瑶编注：《陶渊明集》，北京：人民文学出版社，1956年，第128页。
② 方玉润：《诗经原始》，北京：中华书局，1986年，第545页。
③ 毛亨传，郑玄笺，孔颖达疏，陆德明音释：《毛诗注疏》，上海：上海古籍出版社，2013年，第154页。
④ 毛亨传，郑玄笺，孔颖达疏，陆德明音释：《毛诗注疏》，上海：上海古籍出版社2013年，第154页。
⑤ 《孟子·梁惠王下》："吾之不遇鲁侯，天也。臧氏之子焉能使予不遇哉。"（杨伯峻译注：《孟子译注》，中华书局，1960年，第53页）
⑥ 杨伯峻编著：《春秋左传注》，北京：中华书局，1990年，第1088页。

德国诗人荷尔德林提出的"诗意地栖居"命题经过海德格尔的阐发具有精神超越的理论取向。中国古代不遇的士人往往通过重估、建构隐居期间日常生活的价值,追求"诗意地隐居"的境界,以调适和消解士不遇的焦虑,从三国时的嵇康到唐代的白居易再至宋代的邵雍,分别以审美的、宗教的、道德的方式审视退处的日常生活,是中国古代不遇士人探求精神超越的旅程的重要环节,并最终突破出与处、进与退、仕与隐等对立话语的陷阱,走出了士不遇焦虑心理的困境。

## 一、凤凰与凡鸟的对立与错位:屈宋的不遇体验与文学表达

《韩非子》载有楚人卞和曾悲叹"宝玉而题之以石,贞士而名之以诳"的黑白颠倒。这就是屈原所处的"浊世"。屈原对其所处现实的对立与错位感知强烈,《离骚》说:"户服艾以盈要兮,谓幽兰其不可佩","苏粪壤以充帏兮,谓申椒其不芳。"《九章》比《离骚》措辞更激烈,情感更悲愤,对立与错位现象的表达更显豁:

> 鸾鸟凤皇,日以远兮。燕雀乌鹊,巢堂坛兮。露申辛夷,死林薄兮。腥臊并御,芳不得薄兮。阴阳易位,时不当兮。怀信侘傺,忽乎吾将行兮。(《涉江》)
> 
> 巧倕不斲兮,孰察其揆正。玄文处幽兮,蒙瞍谓之不章。离娄微睇兮,瞽谓之不明。变白以为黑兮,倒上以为下。凤皇在笯兮,鸡鹜翔舞。同糅玉石兮,一概而相量。夫惟党人鄙固兮,羌不知余之所臧。(《怀沙》)

屈原运用伦理的手术刀来解剖一切,将自然、社会、政治乃至历史切割为阴与阳、香与臭、黑与白、美与丑、高贵与庸俗、善与恶、贤与愚、忠与奸等两极,并极度彰显二者的对立与错位,来隐喻其与所谓党人、众人不可调和的矛盾,实际上把自己置于整个社会现实的对立面了,也就只能在孤独无依的尴尬处境中沉痛地呐喊:"国无人莫我知兮"(《离骚》),"举世皆浊我独清,众人皆醉我独醒"(《渔父》)。屈原激烈指斥错位的荒诞现实时,还引入鲧、比干、箕子、梅伯、伍子胥等古人作为同道,凸显出士人的宿命与历史的荒诞,如:"接舆髡首兮,桑扈臝行。忠不必用兮,贤不必以。伍子逢殃兮,比干菹醢。与前世而皆然兮,吾又何怨乎今之人!"(《九章·涉江》)这就使个体不遇的命运具有沟通古今的张力,呈现出强烈的社会批判功能和历史反思的价值,并获得了后人诸如宋玉、贾谊、东方朔乃至李白、李商隐的共鸣。

屈原将现实社会的荒诞赋形为凤凰与凡鸟的对立与错位。屈原作品中的凤凰形象有两个类型:其一是使者,如"鸾皇为余先戒兮,雷师告余以未具。吾令凤凰鸟飞腾兮,继之以日夜"(《离骚》);其二是君子,实质是高贵的流浪者,如"鸾鸟凤皇,日以远兮"(《九章·涉江》)。如果说前者是沿袭了远古以来关于凤凰作为上帝使者的神话思维,后者则

对接了周初以来对于凤凰形象的道德内涵的想象。王逸认为"《离骚》之文,依《诗》取兴,引类譬喻"①,的确,比兴是《诗》以来的文学传统,屈原则有发扬光大此传统的功劳——将远古文化中与百兽群居的凤凰剥离出来置于至高无上的绝对地位,与燕雀、乌鹊、鸡鹜等凡鸟及恶禽对立起来,并彰显二者处境颠倒与错位的荒诞;还建立凤凰与一系列自然物象、历史人物的联系,即王逸所说的"虬龙鸾凤,以托君子"②,形成了一个涵盖自然与社会的隐喻网络,并最终指向悲士不遇的主旨,也就构建了一个影响深远的士不遇文学主题的表达模式——以凤凰与凡鸟为表征的忠奸、贤愚的对立与错位。

强调凤凰不同凡俗的嗜好从而实际上将其与其他凡鸟对立起来的思维在先秦的道家文献中已经露出苗头,并得到后来学者的继承与发挥,如《太平御览》录《庄子》逸文:"惠子始与庄子相见,而问乎庄子曰:'今日自以为见凤凰,而徒遭燕雀耳。'"③比屈原略晚的荀子也曾沉重慨叹"嗟我何人,独不遇时当乱世"④(《成相篇》)的窘境,并对时世有详细描述:

> 天地易位,四时易向;列星殒坠,旦暮晦盲;幽晦登昭,日月下藏。公正无私,见谓从横;志爱公利,重楼疏堂;无私罪人,憼革贰兵;道德纯备,谗口将将。仁人绌约,敖暴擅强;天下幽险,恐失世英。螭龙为蝘蜓,鸱枭为凤皇。比干见刳,孔子拘匡。昭昭乎其知之明也!郁郁乎其遇时之不祥也!(《赋篇·佹诗》)

这几乎可以作为屈原的以忠奸贤愚矛盾为主要内涵的凤凰与凡鸟对立与错位的士不遇文学主题展开方式的注脚。

宋玉和屈原一样,将其不遇的原因归结为颠倒与错位的荒诞现实,也是以凤凰与凡鸟的对立与错位作为隐喻:

> 何时俗之工巧兮?背绳墨而改错!却骐骥而不乘兮,策驽骀而取路。当世岂无骐骥兮,诚莫之能善御。见执辔者非其人兮,故驹跳而远去。凫雁皆唼夫梁藻兮,凤愈飘翔而高举。圆凿而方枘兮,吾固知其鉏铻而难入。众鸟皆有所登栖兮,凤独遑遑而无所集。原衔枚而无言兮,尝被君之渥洽。太公九十乃显荣兮,诚未遇其匹合。谓骐骥兮安归?谓凤皇兮安栖?变古易俗兮世衰,今之相者兮举肥。骐骥伏匿而不见兮,凤皇高飞而不下。鸟兽犹知怀德兮,何云贤士之不处?骥不骤进而求服兮,凤

---

① 洪兴祖:《楚辞补注》,上海:上海古籍出版社,2015年,第2页。
② 洪兴祖:《楚辞补注》,上海:上海古籍出版社,2015年,第2页。
③ 李昉编纂:《太平御览》,石家庄:河北教育出版社,1994年,第857页。
④ 王先谦:《荀子集解》,北京:中华书局,1988年,第467页。

亦不贪馁而妄食。君弃远而不察兮,虽愿忠其焉得?(《九辩》)

凡鸟喹夫粱藻、凤凰无所栖集就是庸人进用、贤士远离的现实的隐喻。宋玉作为屈原的后继者,对屈原的命运既有感同身受,创作也受到了屈原以来"惜诵以致愍,发愤以抒情"(《九章·惜诵》)的楚辞传统的影响。

战国末期的骚人展现了对士不遇的强烈感知,其作品的浓烈情感具有强烈的感染力总能引发后人深沉的共鸣,但并没有深入思考在现实中如何应对不遇的困境、如何消解不遇的焦虑。屈原没有走出士不遇焦虑的困境,最终选择了自沉,宋代洪兴祖解释说:"为人臣者,三谏不从则去之。同姓无可去之义,有死而已。"① 摆在不遇文人面前的道路是,或者退隐或者赴死。赴死倒可以一了百了,但毕竟不能作为一个群体的选择;如果选择退隐,该如何调适失落与焦虑的内心? 他们在自伤不遇时除了引古人为同道,以"与前世而皆然兮,吾又何怨乎今之人"(《九章·涉江》)来暂时慰藉内心的痛苦,其实没有找到出路。

## 二、"时""命":汉代文人的不遇体验与反思

汉初贾谊"以命世之器,不竟其用。故其见于文也,声多类骚,有屈氏之遗风"②,其《吊屈原赋》也表达了忠与奸、贤与愚对立与错位的荒诞现实:

> 呜呼哀哉! 逢时不祥。鸾凤伏窜兮,鸱枭翱翔。阘茸尊显兮,谗谀得志;贤圣逆曳兮,方正倒植。世谓随、夷为溷兮,谓跖、蹻为廉;莫邪为钝兮,铅刀为铦。吁嗟默默,生之无故兮;斡弃周鼎,宝康瓠兮。腾驾罢牛,骖蹇驴兮;骥垂两耳,服盐车兮;章甫荐履,渐不可久兮。

贾谊对屈原的不遇经历感同身受,具有"了解之同情"③,《吊屈原赋》"不过哀其不遇而已"④。不过,贾谊对于士不遇问题的思考与屈原、宋玉略有不同。尽管遇与不遇实质上是士人与君王之间的矛盾,屈原却将批评的矛头主要指向挑拨离间的党人,同时抱怨楚王"初既与余成言兮,后悔遁而有他"(《离骚》)的失信,尽管曾使用过"明君"一词,但对于君王需要具备什么品质没有提出具体看法。贾谊则将君王的品质概括为"盛德"。《惜誓》云:

> 已矣哉! 独不见夫鸾凤之高翔兮,乃集大皇之野。循四极而回周兮,见盛德而

---

① 洪兴祖:《楚辞补注》,上海:上海古籍出版社,2015年,第73页。
② 程廷祚:《骚赋论(中)》,《青溪集》卷三,金陵丛书本,第12页。
③ 陈寅恪:《冯友兰中国哲学史上册审查报告》,《金明馆丛稿二编》,三联书店2001年,第279页。
④ 洪兴祖:《楚辞补注》,上海:上海古籍出版社2015年,第74页。

后下。彼圣人之神德兮,远浊世而自藏。使麒麟可得羁而系兮,又何以异乎犬羊?

贾谊对于凤凰传达天命的解释导向对君王德行的诉求,把士人的遇与不遇归结为君王是否具有"德",把出仕与退隐变成士人判断君王是否具有"盛德"而做出的选择。《吊屈原赋》云:

> 历九州而相其君兮,何必怀此都也?凤凰翔于千仞兮,览德辉而下之;见细德之险征兮,遥曾击而去之。

表达了同样的观点。其实,贾谊思考的问题是,如何能够保全自己,主张君王有德就留,无德即藏,即所谓"用之则行,舍之则藏"。

有意思的是,在战国末期,屈原、宋玉是可以离开故国,为其他君王所用,他们虽曾动摇过,但最终没有离开,"自尽其爱君之诚","死生、毁誉,所不顾也"①;时至建立了大一统政权的汉初,皇权几乎笼罩了每个角落,哪怕是可以延揽人才的封国其实留给士人流动的空间极其有限,可供不遇文人选择的道路只有一条,那就是退隐,贾谊所谓"远浊世而自藏"应该就是这条道路。为了保持其高贵,屈原选择了死,贾谊选择了隐。看来,贾谊全身远害,明哲保身的选择与屈原"进不隐其谋,退不顾其命"②的选择相比,显得等而次之,缺少社会政治批评的锋芒。而中唐白居易看待二者命运与选择的视角比较独特,《读史》五首其一云:"楚怀放灵均,国政亦荒淫。彷徨未忍决,绕泽行悲吟。汉文疑贾生,谪置湘之阴。是时刑方措,此去难为心。士生一代间,谁不有浮沉?良时真可惜!乱世何足钦?乃知汨罗恨,未抵长沙深。"白居易看到了贾谊与屈原身居良时与乱世的不同处境,在他看来,身陷乱世,无能为力也就算了,身处良时,却没有用武之地,岂不是更让人悲哀!

汉代文人开始反思群体的处境及如何消解不遇的焦虑。"时"与"命"的观念代表了汉代文人群体对于不遇的体验与反思,潜藏着对于君王盛德的吁求和消解士不遇焦虑的努力。

"时",即时势,贾谊所谓君王的德行应该属此范围之内,但是,汉代文人在思考时势的变化时,逐渐不再满足于对君王德行的吁求,而是拓展至整个大一统专制体制的批判。东方朔《答客难》曾指出汉代与战国时期"时异事异",对时势的分析暗含对大一统政权的批评:

> 今则不然:圣帝德流,天下震慑,诸侯宾服,连四海之外以为带,安于覆盂。天下

---

① 洪兴祖:《楚辞补注》,上海:上海古籍出版社2015年,第73页。
② 洪兴祖:《楚辞补注》,上海:上海古籍出版社2015年,第72页。

平均,合为一家,动发举事,犹运之掌。贤与不肖,何以异哉? 遵天之道,顺地之理,物无不得其所。故绥之则安,动之则苦;尊之则为将,卑之则为虏;抗之则在青云之上,抑之则在深渊之下;用之则为虎,不用则为鼠。虽欲尽节效情,安知前后? 夫天地之大,士民之众,竭精驰说,并进辐凑者,不可胜数。悉力慕之,困于衣食,或失门户。使苏秦张仪与仆并生于今之世,曾不得掌故,安敢望侍郎乎! 传曰:"天下无害,虽有圣人,无所施才;上下和同,虽有贤者,无所立功。"

显然,"历九州而相其君"的时代已经一去不复返,文人不再能够以"道"与"势"抗衡,他们只能哀叹生不逢时。如董仲舒《士不遇赋》:"生不丁三代之盛隆兮,而丁三代之末俗。"司马迁《悲士不遇赋》:"悲夫士生之不辰,愧顾影而独存。"庄忌《哀时命》:"哀时命之不及古人兮,夫何予生之不遘时。"

"命",即命运,体现出汉代文人消解士不遇焦虑的努力。贾谊《鵩鸟赋》一篇之内四次言及"命":"命不可说兮,孰知其极","迟速有命兮,焉识其时","纵躯委命兮,不私与己","德人无累兮,知命不忧",既有命不可知的无奈,也有认命的故作旷达。后来,儒家思想成为国家意识形态,温柔敦厚的伦理主张渐入人心,也就不难理解东汉扬雄"君子得时则大行,不得时则龙蛇,遇不遇命也,何必湛身哉"①的主张,班固"君子道穷,命矣"②的悲叹,以及他们对屈原的批评。面对政治体制的压力,他们只能将遇与不遇的原因归为个体的命运,在一定程度上缓解内心的焦虑。至于王逸于东汉末年大一统政权濒临崩溃之际,极力称许屈原,意在彰显、倡导道义精神,为国分忧,力求挽狂澜于既倒。

汉代辞人如东方朔、严忌、王褒以及王逸等的绍骚之作往往表达对屈原命运的同情,主旨基本沿袭屈原作品感慨不遇及对社会、政治乃至君王的批评,是借屈原之酒杯浇自己心中之块垒,没有脱离屈原的凤凰与凡鸟对立与错位的士不遇表达模式,但表现出了新的批评取向。凤凰与凡鸟对比与错位的士不遇表达模式的批判功能建基于周初以来的凤凰崇拜与社会、政治的逻辑联系并具有不同的批评取向:其一,凤凰象征君子,是指向仁义、洁身自好等道德内涵的文化符号,文人往往通过凤凰与凡鸟的对比凸显凤凰的高贵,并批评世俗对才德之士的摧残。其二,凤凰作为祥瑞,是指向治世的政治符号,文人以凤凰远翔暗示政治的混乱,来批评当政者的昏聩,特别是不能重用贤才。显然,战国时期的屈宋强调的是前者,汉代的辞人强调的是后者。

## 三、"鸾凤避尉罗,远托昆仑墟":嵇康处境与选择的隐喻

嵇康曾模仿《卜居》创作《卜疑》来思考其人生选择,列举了或入仕或退隐的人生选

---

① 班固:《汉书》,北京:中华书局,1962年,第3515页。
② 洪兴祖:《楚辞补注》,上海:上海古籍出版社,2015年,第73页。

择达二十八种,又借卜者之口道出其选择:

> 若先生者,文明在中,见素表璞;内不愧心,外不负俗;交不为利,仕不谋禄。鉴乎古今,涤情荡欲。夫如是,吕梁可以游,汤谷可以浴。方将观大鹏于南溟,又何忧于人间之委曲!

所谓"人间之委曲"为何,游吕梁,浴汤谷又是一种什么样的人生道路?

首先要从嵇康对现实及其处境的体认说起。嵇康诗常常以凤凰喻自己的处境:既表现凤凰与凡鸟的对立与错位,如"斥鷃擅蒿林,仰笑神凤飞"(《述志诗》其一);更多的是描写凤凰远翔异域,如《杂诗》其三:

> 抄抄翔鸾,舒翼太清。
> 俯眺紫辰,仰看素庭。
> 凌蹑玄虚,浮沉无形。
> 将游区外,啸侣长鸣。
> 神□不存,谁与独征。

按照凤凰作为祥瑞的政治文化逻辑,凤凰远翔是当政者的治理措施失当,对于嵇康来说,现实远不止于当政者的问题,而是一张让人无处可逃的巨网:"云网塞四区,高罗正参差"(《兄秀才公穆入军赠诗》其一),"人生譬朝露,世变多百罗"(《杂诗》其六),于是,挣脱网罗,远翔异域的鸾凤成为嵇康的自我形象,如"翩翩凤翮,逢此网罗"(《游仙诗》),"鸾凤避罻罗,远托昆仑墟"(《答二郭诗》其三)。由《与山巨源绝交书》道出的"必不堪者七"可以看出嵇康所谓网罗还包含世俗的诸多方面,其诗中挣脱网罗、远遁昆仑的凤凰形象具有政治、社会批判的意义。嵇康对时世的判断当然具有具体的政治现实所指,即曹魏与司马氏两个政治集团之间的残酷权力倾轧,这是"人间之委曲"的重要内容,更有"施报更相市""权智相倾夺"(《答二郭诗》其三)之类对于现实人际关系的判断。

然后再来看嵇康的理想人生境界。上述《卜疑》借占卜者道出了嵇康的人生原则:"内不愧心,外不负俗;交不为利,仕不谋禄。"落实至实践则是其《与山巨源绝交书》所描述的:

> 今但愿守陋巷,教养子孙;时与亲旧叙阔,陈说平生。浊酒一杯,弹琴一曲,志愿毕矣。

其诗一再描述这种理想人生境界:

泛泛柏舟,载浮载滞。微啸清风,鼓楫容裔。放棹投竿,优游卒岁。(《酒会诗》其二)

息徒兰圃,秣马华山。流磻平皋,垂纶长川。目送归鸿,手挥五弦。俯仰自得,游心太玄。(《兄秀才公穆入军赠诗》其十五)

嵇康没有将实践理想人生放置在山林、田园、仙界,而是置于日常生活之中,他喜欢交友、珍视亲情、渴望友情,时常弹琴、啸歌、垂钓、弋猎、泛舟,可见,嵇康所谓"远托昆仑墟"并非遁入山林,而只是精神超越,其实质是以审美的眼光看待日常生活,挖掘出其中摆脱羁绊从而达到的心灵自由,所以他说"泽雉虽饥,不愿园林"(《兄秀才公穆入军赠诗》其十九)。鉴于此,罗宗强说:"嵇康是第一位把庄子的返归自然的精神境界变为人间境界的人。"① 嵇康在受牵连而系狱时所写《幽愤诗》剖白道:"托好老庄,贱物贵身。志在守朴,养素全真。"他实际上将人生价值的取向转至对人性本真的呵护,秉持以全真养性为目的的人生价值观,自然就走向否定入世而肯定出世的方向,也就化解了不能入世或不愿意入世带给个体的心理焦虑。后来的陶渊明正是走的嵇康的道路,只是他最初有过犹豫,隐居后有过彷徨。

嵇康《兄秀才公穆入军赠诗》十九首其一几乎是一首关于凤凰的咏物诗,以凤凰的视角和口吻传达出对于社会、人生的体悟及对于道路选择的思考:诗的第一段是一至八句,描写双鸾于太山或息于山崖或戏于云中的宁静安详;第二段是九至二十句,描写管理山泽草木鸟兽的虞人骤然布下巨网,双鸾一为网所羁一奋力逃脱;第三段是后八句,特别指出施害者也逃脱不了被害的结局,进一步感慨世路艰险,危机四伏,并思考何以能够归朴返真,逍遥太清。可见,在嵇康看来,自己暂时挣脱了世俗之网的束缚,努力以老庄的思想平复因退隐带来的内心波动。但是,此纯为一种精神超越,实在难以具备现实的可操作性。而且,嵇康虽曾努力从现实脱逃,但还是难以真正达致内心的安宁,起码无法慰藉内心的孤独,就像其《述志诗》其二所说的:"何为人事间,自令心不夷。慷慨思古人,梦想见容辉。愿与知己遇,舒愤启幽微。"嵇康的退隐虽是对现实进行观察与思考后做出的冷静选择,毕竟还是不得已而为之。正因如此,明末清初陈祚明说:"叔夜情至之人,托于老庄忘情,此愤激之怀,非其本也。"②

不得不指出,在肯定嵇康的人生选择的社会、政治批判意义的同时,也要看到其负面影响,放弃社会责任可以作为个体的选择,但不能作为一个群体的选择。西晋诗人刘琨临死之前曾反思他曾对于名士的热衷:"自倾辀张,困于逆乱,国破家亡,亲友凋残,负杖行吟,则百忧俱至,块然独坐,则哀愤两集……然后知聃周之为虚诞,嗣宗之为妄作

---

① 罗宗强:《玄学与魏晋士人心态》,天津:天津教育出版社,2005年,第83页。
② 陈祚明:《采菽堂古诗选》,上海:上海古籍出版社,2009年,第218页。

也。"① 刘琨说是自己曾效仿的对象是阮籍,但其实,嵇康和阮籍一样对于当时的士人颇有示范效应,刘琨实际上是已经看到个体只追求心灵自由而搁置社会责任带来的后果。

南朝宋刘义庆《世说新语》称嵇康"身长七尺八寸,风姿特秀",刘孝标注引《嵇康别传》称嵇康"龙章凤姿,天质自然"②。南朝颜延之算得上是嵇康的知音,"鸾翮有时铩,龙性谁能驯"(《五君咏·嵇中散》)道出了嵇康的孤傲品性与处境。中唐诗僧皎然《咏史》虽未提及嵇康,但诗句"鸾铩乐迍邅,虬蟠甘窘束"恰恰契合了后人对嵇康的想象。后代有很多文人把嵇康想象为一个高飞不下,远栖他方的凤凰,如南朝江淹《杂体诗嵇中散康言志》:"灵凤振羽仪,戢景西海滨。朝食琅玕实,夕饮玉池津。"明末夏完淳《嵇叔夜言志》:"灵凤矫羽翼,飘然云际飞。明餐若木华,夜饮苍渊池。"清代纳兰性德《效江醴陵杂拟古体诗二十首》之《嵇叔夜言志》:"琅玕啄凤鸾,腐鼠吓鸱鸢。寒蝉饮清露,苍蝇集腥膻。"他们对士不遇的反思没有超出前人,倒是纳兰性德《嵇叔夜言志》于诗的开头连用"墨翟悲素丝"和"杨朱泣路歧"两个典故道出文人道路选择之艰难的宿命。"墨翟悲素丝"和"杨朱泣路歧"也见于阮籍《咏怀诗》,可谓人生道路选择极需慎重的经典叙事。

## 四、凤与鱼:白居易"中隐"思想的隐喻

从唐宪宗元和十年被贬江州司马始,白居易就收敛了锋芒,随后宦海风波的恐惧感逐渐加剧。从唐文宗大和三年以太子宾客分司东洛至武宗会昌六年去世的 18 年时间里,白居易基本上闲居于洛阳。

早在谪居江州期间,白居易就开始思考其进退出处,调适其不遇的焦虑。期间创作的《答崔侍郎、钱舍人书问因继以诗》缘于自己以及朋友的急剧起伏升降,所谓"泥泉乐者鱼,云路游者鸾;勿言云泥异,同在逍遥间",是诗人以云路中的鸾和泥泉里的鱼分别喻入仕与退处,以内心的逍遥作为终极追求,鸾与鱼自然分不出高下。

白居易居洛第五年曾为其居洛期间所写诗作序时慨叹"文士多数奇,诗人尤命薄"③,实际上他在思考士人的穷通出处。也就是在闲居洛阳期间,白居易将以上"对人生终极意义的思考和对个性心灵的超脱体验"概括为"中隐"④,并创作《中隐》一诗。

中国古代的士人,不论是居庙堂之高,还是处江湖之远,心灵往往徘徊于出与处之间而承受焦虑之苦:居庙堂之高,则梦想退隐的洒脱,处江湖之远,则渴求建功立业的荣耀。很多士人曾接受"吏隐"的观念,却又必须面对身心分离,人格分裂的风险,正如南朝谢灵运贬至永嘉太守任上所写《登池上楼》感慨"潜虬媚幽姿,飞鸿响远音。薄霄愧云

---

① 刘琨:《答卢谌书》,严可均辑《全上古三代秦汉六朝文》,北京:中华书局,1958 年,第 2083 页。
② 刘义庆著,南朝梁刘孝标注,余嘉锡笺疏:《世说新语》,北京:中华书局,2007 年,第 716 页。
③ 白居易著,顾学颉校点:《白居易集》,北京:中华书局,1979 年,第 1474 页。
④ 白居易著,顾学颉校点:《白居易集》,北京:中华书局,1979 年,第 113 页。

浮,栖川怍渊沉。进德智所拙,退耕力不任"。白居易"明确地泯灭这种分离,将身和心重新合一……不必执着于厌弃或留恋哪一方,身心俱在朝市,情意无须江湖,也能得闲适之意。"① 所谓"中隐"实质是通过悬置出与处、穷与通的差异,不再追究人生价值问题,并通过登临、游赏、宴饮等日常生活来愉悦内心,达到内心的安宁。"白居易开始浸染洪州禅学,在唐宪宗元和三年至六年间",从谪居江州期间就已经开始跟禅师交往。②《答崔侍郎、钱舍人书问因继以诗》已经显示出洪州禅学以彻底的"空"观消泯染与净的界限,以"平常心"作为人生超越境界的观念对白居易的影响。白居易对洪州禅"平常心是道"观念的理解就是:"心不择时适,足不拣地安;穷通与远近,一贯无两端。"中隐观念倒是彻底消解了士不遇的焦虑,但是,当士人以内心适意为终极追求时,便搁置了社会责任,也就失去了士人群体充当社会良心的价值。

白居易将屈原的凤凰与凡鸟的对立与错位置换成凤与鱼的等量齐观作为"中隐"观念的隐喻。白居易多次以凤、鱼为喻来表达其对于人生的体验与思考,除上引《答崔侍郎、钱舍人书问因继以诗》"泥泉乐者鱼,云路游者鸾;勿言云泥异,同在逍遥间"外,还如《梦得相过援琴命酒因弹秋思偶咏所怀兼寄继之、待价二相府》:

闲居静侣偶相招,小饮初酣琴欲调。
我正风前弄秋思,君应天上听云韶。
时和始见陶钧力,物遂方知盛圣朝。
双凤栖梧鱼在藻,飞沈随分各逍遥。

"凤栖梧"指杨嗣复、李珏入相,"鱼在藻"喻诗人自己和刘禹锡闲居洛阳,意在强调自己虽居闲职,但能够逍遥自适。白居易《玩松竹二首》其一也是以凤与鱼来表达升沉异势却又各安其分的观念:"栖凤安于梧,潜鱼乐于藻。"

应该看到,白居易试图将劳与息、动与静、朝与野、穷与通等而视之,不同于庄子从本体论的层面否定它们的差异,而只是从认识论的层面否定它们的差异,究其实,不过是将这些差别悬置起来,不加理会,不去追问而已。正如《对酒五首》其一云:"巧拙贤愚相是非,何如一醉尽忘机。君知天地中宽窄,雕鹗鸾皇各自飞。"意即巧与拙、贤与愚、是与非的差别的确无法抹杀,人能够做的只有借醉酒之机忘掉这些差别。《读庄子》云"庄生齐物同归一,我道同中有不同。遂性逍遥虽一致,鸾凤终校胜蛇虫",表明白居易秉持的道与庄子齐物论存在的异同。所谓不同,是诗人承认事物之间的客观差异,与庄子的齐物

---

① 白居易著,顾学颉校点:《白居易集》,北京:中华书局,1979年,第111—113页。
② 白居易著,顾学颉校点:《白居易集》,北京:中华书局,1979年,第108页。

论不同,其《池鹤八绝句·鹤答鸢》表达相同的观点:"无妨自是莫相非,清浊高低各有归。鸾鹤群中彩云里,几时曾见喘鸢飞。"所谓同,是指二人都将事物等而视之。白居易不肯接受庄子本体论层面的相对主义,只愿接受认识论层面的相对主义。由此可见,白居易的"中隐"观是用同样的心态对待出与处、进与退、穷与通,达到心无挂碍,从而在客观上消解了不遇的紧张感。在这一点上趋向于洪州禅之"饥来吃饭,困来即眠"(大珠慧海),"热即取凉,寒即向火"(长沙景岑)体现出的心无挂碍。更确切地说,白居易"中隐"观念包含的精神超越境界——适意,实际上就是:不以为意,即不做价值思考。尽管白居易将凤与鱼并置依然可以看到屈原将凤凰与凡鸟对比的思维框架,但是,凤凰意象蕴涵的批判精神已经荡然无存,剩下的只是调适内心的生存智慧。

白居易《读史》五首其二流露出对嵇康没有真正做到出世的批评。应该说嵇康出世的态度不可谓不决绝,问题在于他天真地将全真养性的人生价值实践放置在了一个充斥着阴谋与杀戮的人世,在人为刀俎我为鱼肉的情况下也许可以保持本性,但代价是放弃生命;更在于他高调显扬其超凡脱俗的志趣来否定他人汲汲于功名的庸俗,从而将整个时世推至其对立面。白居易未必了解嵇康的内心世界,但从嵇康的命运中吸引了教训。总之,白居易与嵇康一样,看到了退隐生活的价值对于不遇士人消解焦虑,调适心灵的重要性,但对于出世的价值判断迥异,白居易承认出世的价值,嵇康否定出世的价值。

## 五、凤凰楼下逍遥客:邵雍安乐境界的隐喻

邵雍曾汲汲于功业理想,"少时,自雄其才,慷慨欲树功名"①,其《代书寄友人》云"当年有志高天下,尝读前书笑谢安",是嘲笑谢安年轻时不如自己志向高远。他还为志向付出过艰辛努力:"于书无所不读,始为学,即坚苦刻厉,寒不炉,暑不扇,夜不就席者数年。"② 正如朱熹评论的,"康节本是要出来有为的人"③。北宋皇祐元年,39岁的邵雍在屡经科场失意之后终于绝意仕进,迁居洛阳。隐居洛阳期间,还以疾病为由,谢绝举荐。起初,寄居洛水南岸天津桥畔位于道德坊的天宫寺,随后,洛阳友人为其置宅于洛阳城东南的履道坊;嘉祐七年,洛阳友人在道德坊天津桥畔为其置建新居。邵雍将其居所命名为"安乐窝",自号"安乐先生"。履道坊是唐代诗人白居易故居所在地,当时还留有许多白居易的遗迹,择居于此的邵雍当然会想到白居易,特别是在当时普遍学习白居易的风气之下。不过,这里要特别关注的是,邵雍诗中表达的"安乐"与白居易诗中的"适意"之间的异同,还需进一步追问邵雍是如何看待其退隐生活,如何超越退隐的心理焦虑。

---

① 脱脱等:《宋史》,北京:中华书局,1977年,第12726页。
② 脱脱等:《宋史》,北京:中华书局,1977年,第12726页。
③ 黎靖德:《朱子语类》,北京:中华书局,1986年,第2545页。

邵雍《寄谢三城太守韩子华舍人》采用主客问答的方式剖白了对于人生选择的思考：不是每个人都能够受知于人而发挥才能的，"道之未行兮，其命也在天"，强调"安分"与"委命"。他还重新解释了"人爵"与"天爵"的区别。《答人言》云："卿相一岁俸，寒儒一生费。人爵固不同，天爵何尝匮？不有霜与雪，安知松与桂？虽无官自高，岂无道自贵？"人爵、天爵出自《孟子·告子上》，即："仁义忠信，乐善不倦，此天爵也；公卿大夫，此人爵也。"① 天爵表现为品德的差别，人爵表现为官职的差别。后来，白居易《池上即事》称"身闲当贵真天爵，官散无忧即地仙"，是将孟子天爵的道德内涵置换成心灵的境界。邵雍又回归至《孟子》，将道的追求作天爵的内涵，认为卿相与寒儒虽人爵不同，但在道的追求上可以达到同等的天爵。也就是，对于道的追求，卿相可以践行，寒儒也可以践行，寒儒没有卿相的高位，却可以任道而自贵，实际重估了出世的卿相与隐居的寒儒的地位和价值。

邵雍在诗中屡屡剖白隐居洛阳的心态，那就是"安乐"，如"已把乐为心事业，更将安作道枢机"（《首尾吟》七十三）。邵雍所安安于什么，所乐乐于何事？据《击壤集序》，邵雍之乐包括"名教之乐"和"观物之乐"②。"名教之乐"实际上通过道德实践来提升人格获得的快感，"观物之乐"就是探求宇宙化道并融入自然而获得的生命共感。③ 可见，邵雍可以从追问天地之道的学问中获得快乐，也可以在道德修养提升中得到满足。每年春秋季，邵雍出游城中，"乘小车，一人挽之，惟意所适。士大夫家识其车音，争相迎候。童孺厮隶皆欢相谓曰：'吾家先生至也。'不复称其姓字。或留信宿乃去。好事者别作屋如雍所居，以候其至，名曰'行窝'"④。邵雍"行窝"的动机与性质应该从名教与观物两个层面来理解，实际上是将游赏、宴饮等日常生活作为一种哲学与道德实践，并努力践行与社会、自然的和谐，并得到了社会的认同，他也十分享受这种认同。

迁居洛阳后不久，邵雍的生活发生转变，在友人、学生的资助下过着衣食无忧的生活，这一点与白居易闲居洛阳时的生活境况是相同的。但是，邵雍不仅在生活优裕时秉持安乐态度，在生活贫贱时也秉持安乐态度。他初至洛阳时生活还是很贫困的，"虽平居屡空，而怡然有所甚乐"⑤。即使在迁至友人为其置建的新居时，他还是过着"岁时耕稼，仅给衣食"⑥的生活。可见，其安乐的态度与物质条件没有关系。邵雍安乐思想正是儒家安贫乐道的延续和在新环境下的变异。四库馆臣就认为"邵子抱道自高，盖亦颜子陋巷之志"⑦。邵雍不刻意回避物质生活的富足，只是不以过度为戒。

---

① 杨伯峻译注：《孟子译注》，北京：中华书局，1960年，第271页。
② 邵雍：《伊川击壤集序》，《邵雍全集》（四），上海：上海古籍出版社，2016年，第2页。
③ 王竞芬：《逍遥安乐的审美人生》，《安徽师范大学学报》2004年11月。
④ 脱脱等：《宋史》，北京：中华书局，1977年，第12727页。
⑤ 脱脱等：《宋史》，北京：中华书局，1977年，第12727页。
⑥ 脱脱等：《宋史》，北京：中华书局，1977年，第12727页。
⑦ 永瑢等：《四库全书总目》，北京：中华书局，1965年，第1322页。

他爱饮酒,爱赏花,但主张"饮酒莫教成酩酊,赏花慎勿至披离"(《安乐窝中吟》)。

总之,邵雍将立德置于立功之上,通过彰显隐居修行作为体悟和践行天道的哲学与道德实践,来超越仕与隐、立功与立德的价值高下评判,也就超越了在仕与隐之间进行选择的焦虑与痛苦。而且,邵雍认为宇宙构成的阴阳二气具有善与恶的伦理特性并以凤凰与蛇蝎来标示,"唯天有二气,一阴而一阳。阴毒产蛇蝎,阳和生鸾凰"(《君子吟》),还沿袭屈原将凤凰与凡鸟对立的思路,以麒麟凤凰与枭鸩蛇蝎的对立来表现君子与小人的尖锐对立,如"如鸾如凤,意思安详。所生之人,非忠则良。如鼠如雀,意思惊躩。所生之人,不凶则恶"(《观物吟》),将复杂的人性简化为善与恶的对立,以其解释人性与历史,将历史的演变归于执政者对于善恶的选择:"天之道人之情,又奚择乎周、秦、汉、楚哉?择乎善恶而已。"① 因此,邵雍体认、反思其人生选择时流露出极度的道德自信,这也是《击壤集》的主旨。

邵雍以居所附近的洛阳城市地标特别是凤凰楼、天津桥作为主要元素构建一个颇具政治意味的文化空间。邵雍的安乐窝位于洛水南岸道德坊,通过天津桥与正北的皇城南门五凤楼相连,诗人屡屡提及的凤凰楼应即是五凤楼。邵雍《不出吟》自注云:"西行至天街二百步,北行至天津三百步,东行至天宫四百步。"由此可见其安乐窝的空间方位。隐居以后,邵雍行窝及登临游赏,基本不出洛阳及周边地区。邵雍《击壤集》往往书写以凤凰楼、天津桥等洛阳城市地标为主要构成元素的文化空间,与此前的隐逸题材作品以山林为表现对象大相径庭,强调与以凤凰楼、天津桥为主要构成元素的政治文化空间的物理距离和心理距离的反差以暗示其安乐的精神境界,并张扬其道德人格。

诗人居身的物理空间里,凤凰楼、天津桥是两个重要的地标,他在诗中常常津津乐道"五凤楼前月色,天津桥上风凉"(《小车六言吟》),"凤凰楼下天津畔,仰面迎风倒载归"(《安乐窝中吟其五》),"凤凰楼观云中看,道德园林枕上窥"(《首尾吟》其一一)。

从洛水之南的天津桥畔步上天津桥往北即是皇城。伫立天津桥,向北方眺望,是"千年旧都城,一片闲宫阙"(《天津晚步》),邵雍不免流露出阅尽兴亡的沧桑感,"危亭独坐人,浪把兴亡阅"(《天津晚步》),真是"诗是天津伫立时"(《首尾吟》其十)! 接踵而至的又是挥之不去的孤独感。组诗《天津感事》实际上就是一组咏怀诗,或借景抒情,或咏史怀古,其主题是兴亡盛衰之叹,及其人生选择的反思与剖白,如"宠辱事多今不见,兴亡时去止堪哀。请观今日长安道,抵暮行人犹往来"(其二)。由皇城、天津等触发的兴亡之感可由《雨后天津独步》的诗来概括:"洛阳宫殿锁晴烟,唐汉以来书可传。多少升沉都不见,空余四面旧山川。"

由天津桥向北就是皇城的正门凤凰楼,诗人屡将凤凰楼纳入其诗歌的空间书写范

---

① 邵雍:《观物篇》之五五,《邵雍全集》,上海:上海古籍出版社,2016 年,第 1162 页。

围,既是诗人观察世事变幻的视角,又是其兴亡盛衰之感的触点。如组诗其三:"凤楼深处锁云烟,一锁云烟又百年。痛惜汾阴西祀后,翠华辜负上阳天。"凤楼为云烟笼罩,言外之意是那里只有云烟驻留没有帝王居住,显得很荒凉。后二句叙及汉武帝祭祀后土于河东汾阴的历史事件,该事件后来成为唐代李峤《汾阴行》表达盛衰之变的题材。邵雍将历史与文学的种种文本组织入诗中,显然意在感叹洛阳皇城的荒废及由盛而衰的现实。又组诗其九云:"凤凰楼观冷横秋,桥下长波入海流。千百年来旧朝市,几番人向此经由。"这是以凤凰楼为视角,想象置身其上,在超越物理时空的范围内观察到的变迁景象。

邵雍将凤凰楼、天津桥纳入其诗歌文本中的空间书写范围,显然是在强调其作为政治符号的文化意味。《天津幽居》一诗就是表达了诗人对洛阳城及天津桥的权力文化意味的体认:"予家洛城裏,况复在天津。日近先知晓,天低易得春。时光优化国,景物厚幽人。自可辞轩冕,闲中老此身。""日""天"在中国文化中常用来指帝王、皇权,所谓"日近先知晓,天低易得春"就是说诗人置身于政治文化空间的中心。然而,《六十五岁新正自贻(熙宁八年)》以天津桥为中心元素构成的文化空间"京国"却被诗人视为"山涧",即"予家洛城里,况在天津畔。……虽然在京国,却如处山涧。"显然,诗人是采用反衬的手法,以其与政治中心的物理距离的迫近反衬其与政治中心的心理距离的疏离。

当友人在道德坊为其营建新居之后又购置园林时,邵雍曾赋诗《天津弊居蒙诸公共为成买作诗以谢》答谢,情不自禁地流露出对其选择的生活方式的欣喜,诗人将其生活状态和心理状态凝练为"凤凰楼下新闲客,道德坊中旧散仙",还在《击壤集》反复表达,如"凤凰楼下逍遥客,郏鄏城中自在人"(《安乐窝中酒一樽》),"郏鄏城中,凤凰楼下"(《自适吟》)。既然作为道德和哲学实践方式的日常生活与政治实践一样具有价值,退居怎么会让人焦虑呢!这就是邵雍的逻辑。

正如四库馆臣所说:"北宋自嘉祐以前,厌五季佻薄之弊,事事反朴还淳。其人品率以光明豁达为宗,其文章亦以平实坦易为主。故一时作者,往往衍长庆馀风。王禹偁所谓'本与乐天为后进,敢期杜甫是前身'者是也。邵子之诗,其源亦出白居易。而晚年绝意世事,不复以文字为长。意所欲言,自抒胸臆,原脱然于诗法之外。"① 不仅四库馆臣断定邵雍学白居易,邵雍的朋友司马光也持此看法:"只恐前身是,东都白乐天。"(《戏呈尧夫》)的确,邵雍诗在语言、技法乃至立意等方面的确与白居易有相似之处,但要看到,同样是写日常生活,二人的旨趣还是存在差别的。

## 结语

屈原、宋玉以及汉代文人没有找到消解士不遇的方式。魏晋以后,中国文人通过重

---

① 永瑢等:《四库全书总目》,北京:中华书局,1965年,第1322页。

估、建构隐居中的日常生活的价值对抗政治实践来消解士不遇的焦虑。这种方式包括以下三个逻辑层面：其一，肯定出世的价值、否定入世的价值；其二，不作价值思考；其三，肯定出世与入世同样具有价值。三国时期"竹林七贤"之一的嵇康肯定隐居的价值、否定入仕的价值，中唐著名诗人白居易悬置隐居与入仕价值高下的评判，北宋理学家兼诗人邵雍建构隐居的道德和哲学意义抗衡入仕的价值，成为中国古代不遇的士人寻求精神超越的旅程中的重要关节。邵雍之后，中国文人退隐后的生活方式、心态发生了显著变化。宋代的退居文人不再如丧家之犬，栖栖惶惶，不可终日，因为他们逐渐找到了山林、田园之外又一个灵魂安顿之所，那就是隐居后的日常生活。中国古代文人日渐走出屈原曾面对的士不遇的心理焦虑，然而，对于不遇焦虑的调适和消解的文学表达依然受到屈原的士不遇表达模式的启发与影响，都选择凤凰作为人生体验与反思的文学表征："鸾凤避罻罗，远托昆仑墟"是嵇康处境与选择的隐喻，"双凤栖梧鱼在藻，飞沉随分各逍遥"是白居易"中隐"思想的隐喻，"凤凰楼下逍遥客，郏鄏城中自在人"是邵雍安乐境界的隐喻。

# 追寻的悲歌
## ——商隐《燕台四首》主旨新论及其对屈骚的接受*

广东海洋大学文学院  张学松

## 一、《燕台四首》主旨新论

"一篇《锦瑟》解人难",而商隐《燕台四首》(以下简称《燕台》)索解更难。古今学者,或曰艳情,或曰托寓,或曰闺怨,莫衷一是。然自刘学锴先生(以下简称刘)《李商隐诗歌集解》(以下简称《集解》)主"艳情说"①后,"艳情说"似乎已成定论。而我认为《燕台》并非艳情诗。

余讲商隐诗有年,每讲《柳枝五首》时,对其序言便感困惑。困惑一,《燕台》这样一首"晦涩程度,殆超过《锦瑟》"②,大学教授、专家学者都感到难于索解的诗,一位17岁的商贾女儿何以只凭听人吟诵就妙会于心激赏惊呼?莫非她是一位学问渊博的天才?困惑二,当商隐允诺赴柳枝约会时,"余所友有偕当诣京师者,戏盗余卧装以先,不果留。"③第一,既为"友人"当成商隐之美,何以开这样大的玩笑("戏盗")?既是玩笑何必当真,友人自会归还"卧装"。第二,商隐是重情守信之人,对柳枝的倾情相约,既已"诺之"就不能食言。难道因所谓"友人"的玩笑就不"果留"?由此看来《柳枝五首》的序言殊不可信。商隐何以要撰写这篇不可信的序言?一定别有深意。

刘学锴确认此诗"显系艳情",其"恋爱之本事,已无从考证。自此四章所提供之线索探寻之,约略可知以下数端:一、双双曾在湘川相识(或会晤),其后女子远去,不复会合。二、女子离开湘川后所至之地,或为岭南一带,视诗中'几夜瘴花开木棉'等语可知。如女子踪迹确系如此,则其身份为使府后房似更属可能。三、此女子有姐妹二人(或二人关系极好,情同姐妹),男主人公所恋者为其中一人。四、冯氏(按,指清代学者冯浩)谓其人曾为女冠,观诗中常有云雾迷离颇类似道教神话之境界(如'安得薄雾起湘裙,手接云耕呼太君'),以及多用女仙事,其说不为无据。""视诗中辞彩之繁艳,情感之炽热,亦固

---

\* 本文系国家社科基金项目《中国古代流寓文学研究》(15BZW053)阶段性成果。
① 刘学锴:《李商隐诗歌集解》,北京:中华书局,1998年,第97—99页。
② 刘学锴:《李商隐诗歌集解》,北京:中华书局,1998年,第99页。
③ 刘学锴:《李商隐诗歌集解》,北京:中华书局,1998年,第99页。

类青年时代之作。"①

据刘学锴《集解》所列商隐编年诗,《燕台》排第19首,第20首为《柳枝五首》。此前的18首《富平少侯》等或怀古伤今,或赠答怀人,或自抒怀抱,只有一首《天平公座中呈令狐令公》写宴会歌舞侑酒之女子,然语涉谐谑,此女子明显不是与诗人发生艳情之人。18首诗整体看来,多用典故、比兴象征,初步显示商隐诗的风格,且全能索解,辞彩既非"繁艳",更不晦涩。从题材、辞彩、风格来看,与《燕台》迥异。而紧接《燕台》之后的《柳枝五首》则显系艳情,但文辞"朴拙",且"五章意较显豁"②。两首一前一后同写艳情,风格大相径庭。由此看来,《燕台》显非诗人青年时期所作。

刘所言第一、二两端,一是确认此女子是使府后房的身份,二是推定其与诗人在湘川相识后远去岭南的踪迹,总之此女子尚"活"在人间。然而,诗之第一首《春》开篇即言"风光冉冉东西陌,几日娇魂寻不得",又言"研丹擘石天不知,愿得天牢锁冤魂",第二首《夏》则言"石城景物类黄泉","蜀魂寂寞有伴未"?第四首《冬》说"雌凤孤飞女龙寡","芳根中断香心死"。"娇魂""冤魂""黄泉""蜀魂",这些字眼用在一个令诗人春夏秋冬四季追寻的"活"人身上,总让人匪夷所思,"雌凤孤飞女龙寡"也似言一方故去,如只是分手则不能言"寡"。由此而言,诗中所追怀的对象是已经离开人世间的人——无论是男是女。

刘学锴所言第三端姑且不论。其言第四端,结合第一、二两端,似认为此女子做女冠后成使府后房。且言:"观义山辞张懿仙于柳仲郢,牧之咏张好好身世遭遇,以及集中《天平公座中》等作,可知唐代如义山一类幕府文士与歌妓舞女者流接触之频繁,亦可见义山与此类女子有恋情自属常事。"③商隐一生作幕,与府主之姬妾、歌妓舞女有接触乃至产生感情自是常情,但结下刻骨铭心恋情者似乎没有。前言《天平公座中呈令狐令公》诗,语涉谐谑,商隐与此女子根本谈不上是恋爱。至于辞张懿仙则是丧妻后应柳仲郢之邀作幕蜀川时。商隐与王氏一往情深,不可能爱上张懿仙。至于女冠身份的人倒是有一位,即《月夜重寄宋华阳姊妹》中的宋华阳。商隐与宋华阳的恋情除有诗名言之外,多首无题诗、准无题诗如《碧城三首》等均暗写此段恋情。这段恋情令商隐终身难以忘怀,"春蚕到死丝方尽,蜡炬成灰泪始干"即是其写照。《碧城三首》用隐晦的手法写出了二人由初恋到热恋再到失恋的全过程。《圣女祠》《重过圣女祠》都有这段恋情的影子。但这段恋情不会发生在邂逅柳枝前。刘学锴认定商隐学仙玉阳在826年是值得怀疑的。若是15岁时学仙玉阳结识宋华阳发生恋情且刻骨相思,不会见了柳枝又如此动情。商隐与宋华阳的恋情应发生在邂逅柳枝之后与王氏结婚之前。因与柳枝只是见了一面,柳即被"东诸侯取去"。故再遇宋华阳,相识相恋甚而偷吃禁果,才算得上商隐真正的恋爱。但这段

---

① 刘学锴:《李商隐诗歌集解》,北京:中华书局,1998年,第98页。
② 刘学锴:《李商隐诗歌集解》,北京:中华书局,1998年,第105页、107页
③ 刘学锴:《李商隐诗歌集解》,北京:中华书局,1998年,第98页。

恋情因东窗事发迫于世俗压力二人劳燕分飞。自娶了王氏之后，商隐虽也难免存在古代文人狎妓的风流（如《板桥晓别》所写），但对王氏的感情是不渝的，从其系列悼亡诗及辞张懿仙不再续弦可知。当我们简单地梳理了商隐的"情史"之后，觉得《燕台》的所谓"艳情说"便成无源之水、无本之木。

根据上述，我认为：一、《燕台》非写于《柳枝》之前的青年时期，应为写于与《锦瑟》同时的晚年；二、《燕台》显非"艳情"而乃托寓之作；三、《柳枝》之序真真假假亦真亦假，乃诗人的障眼法。

古人早有认为此为托寓之作者。如何焯："寄托深远，耐人寻味。"① 周珽："寄意深远，情意怆然。"② 杜庭珠："寄托深远，与《离骚》之赋美人，恨謇修者同一寄兴。"③ 姜炳章："此托为妇人哀其君子之词，盖哭李赞煌之作也。"④ 纪昀："以《燕台》为题，知为幕府托意之作，非艳词也。"⑤ 张采田："四诗为杨嗣复作也。"⑥ 今人叶嘉莹《旧诗新演——李义山〈燕台四首〉》谓此乃"集李商隐一生所伤怀之事"。⑦ 何、周、杜、纪诸人指出《燕台》为托寓之作，惜其语焉不详；张认为为托寓且逐章解析，但只限于寄寓杨嗣复一人；姜也限于托寓一人；叶先生所言显现两种信息：一是此诗为托寓之作，二是托寓非为一人一事，乃"集李商隐一生所伤怀之事"，洵为卓论。但，叶在详加推演《燕台》时，既说《燕台》"有着对其整个之一生的自叙自慨之意"，又言"征之于义山《柳枝》诗所叙写，此《燕台四首》自当为义山早期之作"，既为早期之作，又怎能"自叙自慨""整个之一生"呢？此外，叶又言诗中女子既为作者自喻又为象喻，而在分析作品时，则始终以诗人的立场与视角写其闻见感知，女子又多指象喻。叶的观点也值得商榷。

我以为，《燕台》之女子全为自喻，诗人托之以写"心魂间一种窈眇幽微之境界"⑧。这种境界有虚有实有幻有真，虚源于实，幻源于真，虚实相间，幻真莫辨。据商隐一生遭际探求，约略有三层意蕴：第一，对政治理想和幕府漂泊如梦似幻之流寓一生的追忆与叹惋，简言之曰"追梦"；第二，对亡去之所仰慕晚唐政治家的悼念，简言之曰"追悼"；第三，对一生恋情悲剧的追念与伤怀，简言之曰"追怀"。这三者又互为关联蕴含，难以截然分清。下面为叙述方便分而言之。

---

① 刘学锴：《李商隐诗歌集解》，北京：中华书局，1998年，第91页。
② 刘学锴：《李商隐诗歌集解》，北京：中华书局，1998年，第91页。
③ 刘学锴：《李商隐诗歌集解》，北京：中华书局，1998年，第92页。
④ 郝世峰：《选玉溪生诗补说》，天津：南开大学出版社，1985年，第126、127页。下文所引《选玉溪生诗补说》原文，皆据此书。
⑤ 刘学锴：《李商隐诗歌集解》，北京：中华书局，1998年，第94页。
⑥ 刘学锴：《李商隐诗歌集解》，北京：中华书局，1998年，第96、97页。
⑦ 叶嘉莹：《迦陵论诗丛稿》，中华书局1963年，第467页。
⑧ 叶嘉莹：《迦陵论诗丛稿》，中华书局1963年，第326页。

## （一）追梦

商隐年少时便富有才干，十五六岁"以古文出诸公间"，且与传统知识分子一样胸怀远大抱负，想在政治上有所作为。《初食笋呈座中》："嫩箨香苞初出林，武陵论价重如金。皇都陆海应无数，忍剪凌云一片心。"① 据刘《集解》此诗作于大和三年商隐尚未弱冠时，诗托物寓怀，虽寓剪伐之忧而少年豪气凌云之志流注笔端。从诗人名与字寓"商山四皓"之典也可看出其愿为"帝王师"的理想。入幕一代文宗令狐楚，得其奖掖提携尤"四六"章奏文写作进步极速，《谢书》曰："自蒙夜半传衣后，不羡王祥有佩刀"②，可谓踌躇满志青云可望。然而诗人中进士不久，令狐楚病逝，转依王茂元并娶妻王氏，自此无意间陷入牛李党争夹缝中，郁郁不得志，虽多次陈情剖白无辜可终不为解，辗转漂泊于兖海、桂管、武宁、东川诸幕府。时亦有在京为官，总不出秘书省，皆为七品以下。真可谓"一生襟袍未曾开，虚负凌云万丈才"（唐崔珏《哭李商隐》）。这种政治理想的落空，辗转作幕的坎坷辛酸，在其众多尤其晚年的诗篇中每每呈现。那首"可叹无人作郑笺"的《锦瑟》，或曰"庄生梦蝶"，或曰"蓝田玉生烟"，都是其梦幻般一生的写照，"此情可待成追忆，只是当时已惘然"！《燕台》之《春》"风光冉冉东西陌，几日娇魂寻不得"，其"娇魂"喻女子可，喻诗人之美好理想有何不可？"化作幽光入西海"之"幽光"究竟何喻？解作诗人之政治理想不也可以吗？"西海"是什么地方？那是个乌托邦。"幽光入西海"以喻政治理想破灭也。又《夏》"唤起南云绕云梦"，"云梦"可解作楚之云梦泽，"南云绕云梦"象喻什么？总是一片虚无缥缈之境，以此喻指诗人梦幻般流寓一生也无不可。

## （二）追悼

前述，姜炳章曰四诗乃"哭李赞皇（按指李德裕）"，张采田谓"为杨嗣复作"，均为有据。但《燕台》并非只为一人而作，而是对诗人所处时代的正直而有作为且故去之政治家的集体哀悼。李德裕作为晚唐政治家（武宗朝为相），文韬武略可谓一流，尤在平藩中功勋卓著。商隐在其生前即多次作文盛赞，如《为李贻孙上李相公德裕启》以周亚夫、韩信、诸葛亮为比，赞其武功，以班固、杨雄、江淹、鲍照为比，赞其文韬。会昌六年，武宗卒，宣宗继位。本年四月，德裕罢相，出为江陵尹、荆南节度使，九月，又由荆南节度使改东都留守，大中元年二月，由东都留守改为太子少保分司东都，十二月，由太子少保分司东都贬为潮州司马，大中三年，又贬崖州司户参军，卒于崖州。对德裕的遭遇，商隐曾代桂管观察使郑亚起草《为濮阳公上李太尉状》表示慰藉，又多次作诗寄意，如《李卫公》："绛纱弟子音尘绝，鸾镜佳人旧会稀。今日致身歌舞地，木棉花暖鹧鸪飞。"③《旧将军》："云台

---

① 刘学锴：《李商隐诗歌集解》，北京：中华书局，1998年，第28页。
② 刘学锴：《李商隐诗歌集解》，北京：中华书局，1998年，第39页。
③ 刘学锴：《李商隐诗歌集解》，北京：中华书局，1998年，第884页。

高仪正纷纷,谁定当年荡寇勋。日暮霸陵原上猎,李将军是旧将军。"①《泪》:"永巷长年怨绮罗,离情终日思风波。湘江竹上痕无限,岘首碑前洒几多。人去紫台秋入塞,兵残楚帐夜闻歌。朝来灞水桥边问,未抵青袍送玉珂。"②德裕晚年所贬之潮州和崖州均为岭南蛮瘴之地,木棉则为其特色景物,《李卫公》诗有"木棉花暖鹧鸪飞",《燕台》诗云:"几夜瘴花开木棉",谓其悼德裕正为有据。刘蕡也是商隐所景仰的晚唐政治家,其"浩然有救世意",大和二年上《对贤良方正直言极谏策》,指斥宦官乱政误国,痛陈兴利除弊之法,得罪宦官,被诬致罪,贬为柳州司户参军,约于大中二年卒于江乡。商隐于刘蕡卒前一年春自桂林北返途中在黄陵与其晤别。刘蕡死后,商隐连写《哭刘蕡》《哭刘司户蕡》《哭刘司户二首》③四诗深切悼念。刘蕡怀璧高才,远贬岭南,客死异乡,商隐悼念之诗皆言其冤:"巫咸不下问衔冤"(《哭刘蕡》)、"路有论冤谪"(《哭刘司户蕡》)、"复作楚冤魂"(《哭刘司户二首》其二),深恨自己"何曾宋玉解招魂?"(《哭刘蕡》)当其晚年回忆这位"平生风义兼师友"(《哭刘蕡》)时,"愿得天牢锁冤魂",再次为其鸣冤。且刘蕡与商隐在黄陵晤别后死于溆浦,正楚湘之地,《燕台》曰"石城(按指湖北境陵)景物类黄泉",曰"内记湘川相识处",故《燕台》所追悼者刘蕡自在其中。

(三)追怀

前述已言,令诗人终生难以忘怀的女子只有两人,一是女冠宋华阳,一是其妻王氏。王氏在宋华阳之后,明媒正娶,诗中言及王氏之情者,毫无隐晦也不必隐晦。但宋华阳就不一样了,她是诗人第一个恋人,两人越过清规戒律坠入爱河,其灵肉交融之情,从《碧城三首》"若是晓珠明又定,一生长对水晶盘"(其一),"紫凤放娇衔楚佩,赤龙狂舞拨湘弦"(其三)可窥一斑。其不为世容被迫分离的创痛待娶了王氏后才稍得愈合,但却成永久记忆。《无题》诸诗多与这段恋情有关,两首《圣女祠》《重过圣女祠》之"圣女"都明显带有"宋华阳"的影迹,《河阳》《河内》二诗也为追忆宋之作。已故北大教授陈怡焮先生曾考证这位女冠本为皇宫之女,从玉真公主修道而到玉阳观。④笔者从商隐关涉这位女冠的作品中发现,这位女冠似是楚人。《圣女祠》(五古)"肠回楚国梦,心断汉宫巫。"《河阳》:"湘中寄到梦不到,衰容自去抛凉天。"《碧城三首》(其二):"紫凤放娇衔楚佩,赤龙狂舞拨湘弦。鄂君怅望舟中夜,绣被焚香独自眠。"《重过圣女祠》:"萼绿华来无定所,杜兰香去未移时。"这些诗或用楚典或用楚喻或点楚地,岂是偶然?当然,这只是一种推测并无实据。之所以作这种推测,因为《燕台》诗也有类似情形。如《夏》"石城景物类黄泉"之"石城",《秋》"唤起南云绕云梦"之"云梦"、"内记湘川相识处"之"湘川",《冬》"楚管蛮弦

---

① 刘学锴:《李商隐诗歌集解》,北京:中华书局,1998年,第826页。
② 刘学锴:《李商隐诗歌集解》,北京:中华书局,1998年,第1636页。
③ 刘学锴:《李商隐诗歌集解》,北京:中华书局,1998年,第954页、959页、962页。
④ 陈怡焮:《李商隐恋爱事迹考辨》,《文史》,1979年第6辑。

愁一概"之"楚管蛮弦"。又，与宋华阳一同修道的有一姐或一妹，《月夜重寄宋华阳姊妹》诗已明言，《燕台》之《冬》"桃叶桃根双姊妹"正与此同。故而，《燕台》蕴含对宋华阳的追怀，于情则有所本，于诗则有所据。

现在回到前面的问题，《燕台》既为写于诗人晚年的托寓之作，为何《柳枝》序言又那样讲？清人朱鹤龄《笺注李义山诗集序》说："唐至太和（827—835）以后，阉人暴横，党祸蔓延。义山厄塞当涂，沉沦记室，其身危，则显言不可而曲言之；其思苦，则庄语不可而谩语之；计莫若瑶台琼宇，歌筵舞榭之间，言之可无罪，而闻之足以动。其《梓州吟》云'楚雨含情皆有托'，早已自下笺解矣。"①姜炳章："义山自谓少年所作艳诗，则自乱其词也。盖德裕既卒之后，正绹秉政之年……此四首，词则哀死，地则崖州，非哭赞皇何？绹窥见意旨，必益其怒，故以《柳枝》五诗列于《燕台》之前，紧相联属，使观者以艳词目之。不然，义山集中共五百六十七题，从无作长序一篇者，且柳枝一面相识，一语未通，而义山生平未尝驰心艳冶，胡为作此长序乎？盖与《李卫公》题诗同为一岁（按：指大中三年〔849〕）内之作，皆有所畏忌而不敢昌言其意。"②朱鹤龄与姜炳章皆认为作者为时政（"阉人暴横，党祸蔓延"）所迫，"显言不可而曲言之"，"庄语不可而谩语之"，姜又明指作于李德裕卒年，畏忌令狐绹而为序"自乱其词"。笔者前面已言此诗非为一人一事所作，且昨年更晚于李德裕卒年而与《锦瑟》同时，此时依然"阉人暴横，党祸蔓延"，且令狐绹尚在位，诗既有追悼所崇仰政治家之意蕴，作者有所畏忌是可能的。这样说来，《柳枝》序言是作者晚年补写的。补写这篇序言，除"自乱其词"外，应还有一层用意。前于李商隐的白居易诗传播极广，"妇孺皆知"，后于李商隐的宋代柳永，"凡有井水处皆有柳词"。作品的广泛传播对树立作家的声誉是有重要作用的，众多作家生前自编作品集也是看重其传播影响。李商隐生前只是编了其文集并未编定其诗集，这固然说明诗文相较，李更看重文，但并非不注重诗的传播影响。之所以未编集，或许有客观原因。就此而言，李于晚年在他青年时写的《柳枝》前补加序言，意在说明其诗不仅在士大夫中而且在民间也有广泛的受众——商人的女儿就激赏余诗。商隐或许想以此来自高其诗。问题是何以拿《燕台》作为对象？因为《燕台》为诗人晚年回顾生平寄寓所梦、所悼、所怀之作，也是最能体现其诗风诗法之作，是全面展现诗人思想与艺术成就的代表作品。

## 二、追寻的悲歌：屈骚与《燕台》的悲剧性

屈原与李商隐相距千年，但二人有许多相似之处。屈原乃战国晚期伟大诗人，李则晚唐集大成之著名诗人。战国晚期，诸侯纷争，屈所生活的楚国君昏臣奸政治黑暗，晚唐

---

① 刘学锴：《李商隐诗歌集解》，北京：中华书局，1998年，第2021页。
② 郝世峰：《选玉溪生诗补说》，天津：南开大学出版社，1985年，第131—133页。

社会藩镇割据宦官专权党争不断。屈是"帝高阳之苗裔"(《离骚》),与楚王同祖同宗,李则"阴阴仙李枝"[1],亦为李唐王室的远代子孙。二人最大的相似点乃是其人生经历。屈原自幼胸怀远大抱负,愿为王辅弼,"乘骐骥以驰骋兮,来我道夫先路"(《离骚》),但为小人所谗,怀王由甚任之而怒而疏之,屈原自放汉北,晚年又被顷襄王放逐江南。屈原的一生都是在不得志的流寓中度过(当然,青年时有短暂的得意),其作品也大多在流寓中写出。司马迁说:"屈原放逐,乃赋离骚"(司马迁《报任安书》),《九歌》则是晚年流寓江南据民间祭歌加工创作而成,《天问》据王逸《楚辞章句》言,屈原放逐在外,"见楚有先王之庙及公卿祠堂,图画天地山川神灵,琦伟僪佹,及古圣贤怪物行事","因书其壁,呵而问之",遂成此诗,《九章》非一时一地所作,但也大都创作于两次流寓时期。李商隐祖籍怀州河内,后移家郑州荥阳,自其父去世后几无安身之地。屡考进士至26岁得中,虽曾在京为官,但一则官职卑微,二则为时短暂,两入秘省旋即调离,为生活所迫依人作幕,天平、泾源、兖海、桂管、梓州,真如东坡"鸿飞那复计东西"。其实在商隐的流寓人生中,尚有一段经历往往被忽视,即3岁至10岁随父于江浙的少年生活。商隐父本为获嘉县令,商隐即出生在获嘉。县令虽为七品小官,但是有实权的一把手,不知何故到江浙作幕,史无明载。我认为其父到江浙亦为"不得已"。在江浙7年,家庭生活并不安逸更谈不上富裕,从商隐随母扶父柩回家安葬的窘迫即可略知一斑。这7年是一个人成长最重要的时期,史既无所载,商隐作品中也无所述。但这段少年漂泊流寓的生活,除江南水乡旖旎风光给诗人诗作增加柔美之外,其心灵所烙印的应多为痛苦忧伤。思乡之情,漂泊之叹,孤独之感,这些流寓文学的主题情调在商隐作品中触处皆是。《夕阳楼》曰:"花明柳暗绕天愁,上尽重城更上楼。欲问孤鸿向何处,不知身世自悠悠。"[2] 前此杜甫的"飘飘何所似,天地一沙鸥"(《旅夜书怀》),后此苏轼的"飘缈孤鸿影"(《卜算子》),与此同一机杼。

时代的相似,家世的相似,尤其流寓人生的相似,使屈原与李商隐的作品具有更多的相似。"屈平辞赋悬日月","衣被词人非一代也"。晚于屈原千年的李商隐,以其敏感的诗心,更多地从屈骚中得到启发,借鉴而又出于己意,打上自己的个性,是为必然。屈原对李商隐的影响,李商隐对屈原的接受是全方位的。《燕台》是李之思想与艺术的代表作,故其影响与接受均可在此一作品中窥其端倪。本文仅从主旨的悲剧性略加论述。

"路漫漫其修远兮,吾将上下而求索"(《离骚》)。如果用"求索"或曰"追寻"来概括《离骚》的主题并非没有道理,"求索"是贯穿《离骚》的主线。诗人所"求索"者即美政理想。在诗人的历史观还是英雄史观的前提下,诗人要实现其美政理想必须得到两个条件:一是国君即楚怀王的支持,一是同僚即朝中大臣的支持。但楚国现实中这两个条件他都得

---

[1] 刘学锴:《李商隐诗歌集解》,北京:中华书局,1998年,第1099页。
[2] 刘学锴:《李商隐诗歌集解》,北京:中华书局,1998年,第82页。

不到。国君由对其"甚任之"而"后悔遁而有他","荃不察余之中情"(《离骚》),怒而疏之;同僚中,亲手培育的人才在恶势力面前或遭摧折或变节从俗,"虽萎绝其亦何伤兮,哀众芳之污秽"(《离骚》),奸佞之人则"竞进贪婪""各兴心而嫉妒"(《离骚》)。现实中既无明君更乏贤臣,于是诗人"上叩天阍"以求明君,"下求佚女"以求贤臣。可结果是,当诗人驾龙御凤夜以继日冲破飘风云霓的阻碍到达天庭时,天帝的守门人"倚闾阖而望予"(《离骚》),天门九重拒之其外,诗人空接幽兰叹然作罢;下求佚女如何呢?宓妃"虽信美而无礼"(《离骚》),并不中意,此遇而不合,而"娀之佚女""虞之二姚"则因中介非人,"理弱媒拙",求而不得。"闺中既以邃远兮,哲王又不悟"(《离骚》),明君贤臣均无所得,幻想中的"求索"也以失败而告终。在现实与幻想中的追寻破灭后,诗人求神问卜,希望得到预言家的指点迷津。灵氛劝去,巫咸劝留,在去留的矛盾冲突中诗人选择了"远逝",离开楚国追寻明君贤臣。他"遭道昆仑","发轫天津","渡流沙","遵赤水","路不周",向"西海"进发,可在目的地尚遥,他"抑志弭节",奏《九歌》而舞《韶》,升上广大光明的高空时,"忽临睨夫旧乡,仆夫悲余马怀兮,蜷局顾而不行"(《离骚》),对故土的怀恋,使他从理想的云天又跌落到苍茫的大地,演绎了一场波澜壮阔而又苍凉哀惋的追寻的悲歌。

《九歌》之《湘君》《湘夫人》写一对配偶神彼此追慕却阴错阳差以悲剧告终。《湘君》写湘夫人在湘君不来赴约后,装扮得美丽得体,乘着桂木制造的精美小船沿沅湘"北征",遭道洞庭,横渡长江,千里追寻,结果是"扬灵兮未极",并未遇到湘君,在"心不同""恩不甚""交不忠""期不信"的怅怨中,她"朝驰骛兮江皋,夕弭节西北渚"。《湘夫人》写湘君远望降临洞庭湖北边小洲上的湘夫人,只见烟波浩渺秋风落叶,不见伊人踪影。他"朝驰余马兮江皋,夕济兮西澨",恍惚中听到湘夫人召唤自己,于是筑美室于水中,期待与之喜结伉俪共度美好生活,然而这种愿望如梦幻般地破灭了,"时不可兮骤得,聊逍遥兮容与",他只能在汀洲上漫步散心以排遣忧思。再看《山鬼》,山中女神乘赤豹从文狸,带着芳馨之礼物,盛装前往与情人约会,然而当其穿过幽暗之竹林,越过险难之山路到达约会地点后,情人却不在,她独立山巅,在凄风苦雨中等待,直到夜幕降临猿啸雷鸣仍无所获,怅然慨叹"思公子兮徒离忧"!

商隐《燕台》也是一曲追寻的悲歌。

诗中主人公即诗人,只不过他托寓为一名女子。此女子皆为自喻,四首诗始终以一位女子的追寻为线索。《春》之开篇"春光冉冉东西陌,几日娇魂寻不得",就奠定了此诗追寻不得的悲剧基调。在"春光冉冉"的阡陌之上,女子连续数日都在寻找"娇魂"。"娇魂"何谓?刘认为乃"所思之女子",这是不确切的。"娇"者美丽可爱也。"魂"则有两种含义,一为人死之后的魂灵,一指精神。我认为此"娇魂"兼有三喻,一是作者之美好的政治理想,一是作者所景仰之唐已故政治家的魂灵,一是作者所怀念的青春期刻骨铭心相恋之女子(作者不知其生还是死,故以娇魂称之)。这三种喻指,有时在诗中重点突出其一或

一、二两种,但整首诗则是三种喻指兼融。主人公在春光冉冉的阡陌上连日寻找"娇魂",结果如何呢?"寻不得"!"寻不得"字字千钧,是一种深沉的慨叹!"蜜房羽客类芳心,冶叶倡条遍相识",以春日蜜蜂寻花喻已"遍相识"的追寻。"暖霭辉迟桃树西,高鬟之共桃鬟齐",春日迟辉中,高髻云鬟之女子立于桃树西边,其美貌与桃花相映,风韵翩翩,这是托为女子之主人公的自画像。但我虽貌美如桃花却难得知音欣赏,"雄龙雌凤杳何许?絮乱丝繁天亦迷"!正因为雄龙雌凤杳不可即,"人面不知何处去",使我心烦意乱。"絮乱丝繁天亦迷"以春日柳絮翻飞喻已之此时之心绪。"醉起微阳若初曙,映帘梦断闻残语",主人公午睡中与伊人相会,多少甜蜜尽在其中!乍醒之后,见夕阳映帘犹如初曙,虽亦如醉地沉浸梦中,隐约如闻伊人残语,但毕竟"梦断",好事只在春梦之中!"愁将铁网罩珊瑚,海阔天翻迷处所",梦醒之后,愁绪难排,想像渔人用铁网捞取珊瑚一样捞取梦中美景,但"海阔天翻",迷不知珊瑚之所在,又是一场空也!追寻之苦,"为伊消得人憔悴","衣带渐宽",但春烟自碧,秋霜自白,"春烟自碧秋霜白"正如《蝉》诗"五更疏欲断,一树碧无情"[①],全然不顾自己的追寻之苦。"路漫漫其修远兮,吾将上下而求索"。此主人公亦如屈子,赤心不改,"研丹擘石"仍痴痴追寻。"天"既"不知",我则"愿得天牢锁冤魂"。"冤魂"犹如上之"娇魂",由"娇"而"冤"以凸显理想的受挫,"师友"的含冤抱屈,情人的被迫分离。"夹罗委箧单绡起,香肌冷衬琤琤珮",写春去夏来乍暖还寒,暗逗时光流转,说明一春都在追寻。玉珮香肌,一言我之装束华美,如前面的"高鬟之共桃鬟齐",又喻志洁品芳,如《山鬼》"山中人兮芳杜若",写追寻不得自我反思后的自信。"今日东风不自胜,化作幽光入西海",总括一春的追寻犹如梦幻般破灭。"东风"即春风,"幽光"者幽微暗迷之光影,"西海"者西方极远的地方,如《离骚》"指西海以为期"之"西海",是一个缥缈不知所在的地方,春风承受不了自己,化作幽微暗迷之光影进入缥缈杳远的乌托邦,总之,春天的追寻失败了。

夏天到来之后,主人亦异地而居,来到湖北之"石城"。前阁帘外雨潺潺,后堂芳树阴森森,这石城的环境如此暗淡阴森,真如黄泉一般!主人公独坐石城阁楼,绫扇轻摇,西南风至,轻帷翠幕如漪波荡漾。石城乃江乡之地。诗人曾有江乡之游,作幕桂管亦往返于此,府主郑亚、李德裕南贬皆途经此地,刘蕡又死于溢浦,昔日之恋人似也为楚湘中人(见前之推测),多种情愫郁集于胸,故有如下之问:"蜀魂寂寞有伴未,几夜瘴花开木棉?""蜀魂"既用杜宇典亦指上言之"冤魂",并非指蜀地之魂。"几夜瘴花开木棉"既写岭南风物亦有"风雨几度秋"之意,即几度木棉花开,年复一年,你们有伴未有?两句诗写寂寞之主人思念寂寞之师友与恋人。此时主人公幻想意中人似在月宫又似在银河,仿佛听到他们吹气如兰轻轻私语,于是突发奇想:"直教银汉堕怀中,未遣星妃镇来去。"此

---

[①] 刘学锴:《李商隐诗歌集解》,北京:中华书局,1998年,第1135页。

"星妃"乃诗人自喻。银河堕入怀中,星妃就不痛苦地常来常去了。诗如曹植《七哀》"愿为西南风,长逝入君怀"而反其意。"银汉堕怀中"也只是想象而已,如《上邪》的"天地合"之不可能。"浊水清波何异源?济河水清黄河浑。"这两句也是比喻,济河水清黄河水浊,清浊本不同源,相合固亦难矣! "安得薄雾起湘裙,手接云軿呼太君",主人公希望伊人从空而降,自己手则接之口则呼之。但"安得"者不可得也,远在天上的伊人总是遥不可及! 夏天的追寻也失败了。

《秋》写主人公于凄寒秋夜中的长相思。"月浪衡天天宇湿,凉蟾落尽疏星入"写秋夜之凄寒境界。"云屏不动掩孤嚬,西楼一夜风筝急"写西楼之上云屏之中主人公的孤寂忧愁。在孤寂忧愁中主人公欲把一丝一缕的相思之情编织为美艳的花朵寄于所思之人,但却无所投寄,终日相思反而相怨。"但闻北斗声回环,不见长河水清浅",主人公只听到北斗迁转之声(喻时光流逝)却不见银河水之清浅,相见无望,尚不如牛郎织女有一年一度的相会。"金鱼锁断红桂春,古时尘满鸳鸯茵"写美好事物之遭废弃,喻美好理想之破灭,春之红桂虽美却被金鱼锁断,鸳鸯茵褥虽丽却古时尘满。"堪悲小苑作长道,玉树未怜亡国人",精美园林已荒芜败落(作长道),亡国之人谁复怜之? "亡国人"用陈叔宝典而不局限于此,此诗中主人公自喻,言其漂泊异域孤独无依。"瑶瑟惛惛藏楚弄,越罗冷薄金泥重"写主人公著冷薄之越罗于孤寂中弹奏琴瑟,音调凄怨,从而唤起帘钩鹦鹉夜啼南云缭绕云梦。"云梦"用《高唐赋》典,寄寓主人公所追寻者亦如一场春梦而已。"双珰丁丁联尺素,内记湘川相识处。歌唇一世衔雨看,可惜馨香手中故。"主人公深夜孤寂弹琴,忽忆及意中人曾寄与尺素双珰,且尺素中"内记湘川相识处",这种华美的定情物与情书,本应一生一世含泪看,可惜其"馨香"却早已消散而去美事成空,与"金鱼锁断红桂春,古时尘满鸳鸯茵"一样。

冬乃四季之末,也是最为严酷的季节。主人公千里四季的追寻,至此似乎告于终结,也是其悲剧的极致。"天东日出天西下",冬季昼短时光匆匆,有《离骚》"汩余若将不及"之感。而此时的主人公依然形单影只,"雌凤孤飞女龙寡"。"青溪白石不相望,堂中远甚苍梧野",连用青溪小姑与白石郎、虞舜与娥皇女英两典,"不相望""远甚苍梧野",一则相爱男女不能遇合,二则追寻不及,生离死别,皆为人生之深悲。"冻壁霜华交隐起,芳根中断香心死",以自然之象喻写其悲剧极致。"冻壁霜华"皆严冬之景,极写环境之严酷。处此严寒酷境,芳香之花则根断心死。此前六句为《冬》之上半,既写诗人爱情的悲剧也喻政治理想的幻灭,其悲剧的原因皆为"冻壁霜华交隐起"的现实环境。但真正的悲剧不是只展现幻灭与黑暗,而是要展现幻灭中的希望黑暗中的光明以及主人公在幻灭与黑暗中的抗争,追求的执着与坚韧。《冬》之下半先以一个"忆"字领起对昔日生活的追忆。嫦娥飞天的典故与意象蕴含颇多,但其主导意象仍然是对理想的追求。"浪乘画舸忆蟾蜍"即忆当年浪乘画舸飞升月宫之意。虽然"月娥未必婵娟子",但主人公追梦飞升月宫,其本意乃想成为"婵娟子"。"楚管蛮弦愁一概,空城舞罢腰支在。当时欢向掌中销,桃叶桃根双姊妹"四句,暗用赵飞燕掌中起舞的典故,回忆昔日生活,赞美意中人宋华阳及其姊妹高超的舞艺。这种回忆是对"芳根中断香心死"之主人公心灵的莫大慰藉。"破鬟倭堕凌朝寒,白玉燕钗黄金蝉。风车雨马不持去,蜡烛啼红怨天曙"四句又由回忆转入现实。历经磨难,在"朝寒"之侵凌下,戴饰"白玉燕钗黄金蝉"之主人公"倭堕鬟破"。"凌朝寒"三字既有被朝寒侵凌也有抵御朝寒之意,其抗争精神,坚韧执着的求索精神也于此展现出来。风雨中车马不离就是一种坚守。"蜡烛啼红"何其痛苦悲怨!然而"朝寒"中曙光初现,希望之光芒则渐趋耀眼。这正是《燕台》的悲剧真谛。

# 屈子诗学的艺术范式及当代启示

扬州大学 刘勇刚

屈原是中国南方诗学的鼻祖,他开创的骚体范式与《诗经》并称"风骚",对中国诗歌的艺术精神有着深远的影响。历代诗人和论者都对屈子诗学献上了一瓣心香。司马迁《史记·屈原传》在淮南王刘安《离骚传》的基础上对《离骚》作了深入的推阐,可称一锤定音:"其文约,其辞微,其志洁,其行廉,其称文小而其指极大,举类迩而见义远。其志洁,故其称物芳。其行廉,故死而不容自疏。濯淖污泥之中,蝉蜕于浊秽,以浮游尘埃之外,不获世之滋垢,皭然泥而不滓者也。推此志也,虽与日月争光可也。"[①] 刘勰的《文心雕龙·辨骚篇》则是研究骚体诗的专论,认为屈原之诗"取镕经意,自铸伟辞","《骚经》《九章》,朗丽以哀志;《九歌》《九辩》,绮靡以伤情;《远游》《天问》,瑰诡而惠巧;《招魂》《大招》,耀艳而深华;《卜居》标放言之致,《渔父》寄独往之才。故能气往轹古,辞来切今,惊采绝艳,难与并能矣"[②]。唐代大诗人李白与杜甫都像仰望星空一样,推崇屈原。李白《江上吟》诗云"屈平辞赋悬日月",意谓屈原的辞赋像日月一样悬挂在天上亘古如斯,朗照人寰,时代变迁,而光景常新。杜甫《戏为六绝句》则说"窃攀屈宋宜方驾,不与齐梁作后尘",表达了取法乎上,与心中第一流诗人屈宋连镳并辔的理想。清人沈德潜论诗最重格调,强调温柔敦厚的儒家诗学,但对屈子的骚体却有不同流俗的见解:"有第一等襟抱,第一等学识,斯有第一等真诗。如太空之中,不着一点;如星宿之海,万源涌出;如土膏既厚,春雷一动,万物发生。古来可语此者,屈大夫以下数人而已。"[③] 鲁迅《汉文学史纲要》则从文学史的高度评价楚辞,得其要领:"战国之世,言道术既有庄周之蔑诗礼,贵虚无,尤以文辞,陵轹诸子。在韵言则有屈原起于楚,被谗放逐,乃作《离骚》。逸响伟辞,卓绝一世。后人惊其文采,相率仿效,以原楚产,故称《楚辞》。较之于诗,则其言甚长,其思甚幻,其文甚丽,其旨甚明,凭心而言,不遵矩度。故后儒之服膺诗教者,或訾而绌之,然其影响于来之文章,乃甚或在三百篇以上。"[④] 历代读者,才具虽有优劣高下之分,但沉吟楚辞者,皆各有所得,"才高者菀其鸿裁,中巧者猎其艳辞,吟讽者衔其山川,童蒙者拾其

---

① 司马迁:《史记》,长沙:岳麓书社,1988年,第627页。
② 杨明照:《增订文心雕龙校注》,北京:中华书局,2000年,第51页。
③ 沈德潜:《说诗晬语》,见《清诗话》,上海:上海古籍出版社,1999年,第524页。
④ 鲁迅:《鲁迅全集》卷八,北京:人民文学出版社,1957年,第274页。

香草"[①]。迨至当代,风骚古韵的魅力如老树新花,枝叶婆娑。然而,我们不得不说先秦楚辞因为训诂繁难,托旨绵邈,不少文学青年往往望而生畏,不敢问津。纵然骚体"惊采绝艳""逸响伟辞",因为难以入门,遑谈承继,屈子诗学逐渐成为一个盲点。每年的端午节,也是诗人节,我们都隆重纪念屈原。但如果仅仅流于形式,追求所谓的仪式感,充其量不过是以圣人为刍狗,意义委实不大。那么当代诗人如何继承屈子诗学,推陈出新,创作出无愧于伟大时代的作品呢?我觉得有如下七个方面。

## 一、美政理想:屈子忧患意识之充盈

诗人要有家国情怀,不管是从政居庙堂之高,还是在野处江湖之远。唐人孔颖达《毛诗正义》指出:"风雅之诗,缘政而作,政既不同,诗亦异体,故《七月》之篇备有风雅颂。"[②]又云:"诗者缘政而作,风雅系政之广狭,故王爵虽尊,犹以政狭入风。"[③]他提出的"诗缘政"命题将诗学与政教勾连为一体,发人深思。"诗缘政"与"诗言志""诗缘情",可称鼎足而三。

"诗缘政"而发,屈原树立了典范。他对于自己的祖国充满了责任和担当,希望在战乱纷繁的时代,能够贡献出自己的智慧和才能。他的"美政"——政治理想就是:对内选贤与能,励精图治,对外联齐抗秦,逐鹿中原,最终由楚国实现天下一统。他在《离骚》中写道:

> 纷吾既有此内美兮,又重之以修能。扈江离与辟芷兮,纫秋兰以为佩。汩余若将不及兮,恐年岁之不吾与。朝搴阰之木兰兮,夕揽洲之宿莽。日月忽其不淹兮,春与秋其代序,惟草木之零落兮,恐美人之迟暮。不抚壮而弃秽兮,何不改此度?乘骐骥以驰骋兮,来吾道夫先路。

因为有"内美修能",他敢于为天下先,希望为祖国导夫先路,引领到康庄大道上来。他满蕴着忧患意识,对于时间的流逝,生命的衰微,有强烈的焦灼感。他在《离骚》中一再地表达出来:"及年岁之未晏兮,时亦犹其未央。恐鹈鴃之先鸣兮,使夫百草为之不芳。"纵然怀瑾握瑜,他却遭到了权奸群小的诋毁,楚怀王轻信谗言,疏远了他,还将他流放到汉北,后来的顷襄王又放逐他到沅湘。他在《怀沙》中悲愤地写道:"玄文处幽兮,矇瞍谓之不章;离娄微睇兮,瞽以为无明。变白以为黑兮,倒上以为下。凤凰在笯兮,鸡鹜翔舞。同糅玉石兮,一概而相量。夫惟党人之鄙固兮,羌不知余之所藏。"国家的希望在于人才,

---

① 刘勰:《文心雕龙·辨骚篇》,见杨明照《增订文心雕龙校注》,北京:中华书局,2000年,第51页。
② 孔颖达:《毛诗正义》卷一,十三经注疏标点本,北京:北京大学出版社1999年本,第12页。
③ 孔颖达:《毛诗正义》卷一,十三经注疏标点本,北京:北京大学出版社1999年本,第251页。

他担任三闾大夫期间为楚国倾心倾力培养了不少人才,可有些人才却在权势利禄的诱惑下变质了。相对于自身政治生命的枯萎,他更大的痛苦是"哀众芳之芜秽"。

文学是苦闷的象征。屈原满怀着美政理想的失败和对楚国前途危殆的忧郁,发而为激情的歌唱,有写境,有造境,个人的痛苦扎根于时代的痛苦之上,昭示了光辉峻杰的人格。每一个时代有每一个时代的美政,我们新时代的美政就是中国梦——实现中华民族的伟大复兴,建构人类命运的共同体。新时代诗人当以屈原式的美政理想为标杆,树立大我情怀,放飞青春的梦想,去讴歌美政,践行美政,而不是一味沉溺于个人的杯水风波,穷风月,弄花草,娱乐至死。何为诗人?鲁迅《摩罗诗力说》指出:

> 盖诗人者,撄人心者也。凡人之心,无不有诗。如诗人作诗,诗不为诗人独有,凡一读其诗,心即会解者,即无不自有诗人之诗。无之何以能解?惟有而未能言,诗人为之语,则握拨一弹,心弦立应,其声澈于灵府,令有情皆举其首,如睹晓日,益为之美伟强力高尚发扬,而污浊之平和,以之将破。平和之破,人道蒸也。①

一个杰出的诗人即精神界之战士,时代的鼓手,为人民而歌吟,为美政而发声,唱出人道的心声,打破"污浊之平和",让理想之声穿透黑暗的现实而"澈于灵府"。屈原之所以是卓绝的诗人,就在于他高举美政的理想,"握拨一弹,心弦立应"。刘勰《文心雕龙·诸子篇》写道:"嗟夫,身与时舛,志共道申,标心于万古之上,而送怀于千载之下,金石靡矣,声其销乎!"②屈原所标之心就是他的美政理想,这种理想的穿透力是无穷无尽的,而事实上每一个时代的大诗人都秉承了他美政的理想和以身许国的自我期待,正像杜甫《赴奉先县咏怀五百字》说的"致君尧舜上,再使风俗淳",或如陆游《书愤》表白的"塞上长城空自许,镜中衰鬓已先斑"。屈子诗学的内核首先在于此,垂范的意义深远。

## 二、想落天外:屈子熔铸神话,心游万仞之胜境

古今中外,伟大的诗人无一例外都具有深厚的情感与超常的想象力,屈子文学的精神即在于此。屈原用情之深自不待言,他还有一双矫健的想象翅膀,他的骚体诗充盈着浪漫主义精神,熔铸神话,想落天外,借虚幻的玄思,表达对理想的追求以及失意的痛苦。《九歌》各篇《东皇太一》《东君》《云中君》《湘君》《湘夫人》《大司命》《少司命》《山鬼》《国殇》,还有《九章》中的《涉江》《哀郢》《怀沙》《悲回风》,《离骚》《天问》《招魂》,以及宋玉的《九辩》等,无一不奇思联翩,精骛八极,上天入地,人神合一。请看《离骚》云

---

① 郭绍虞主编:《中国历代文论选》,上海:上海古籍出版社,1980年,第四册,第449页。
② 杨明照:《增订文心雕龙校注》,北京:中华书局,2000年,第230页。

游天界,上下求索那一段:

> 朝吾将济于白水兮,登阆风而绁马。忽反顾以流涕兮,哀高丘之无女。溘吾游此春宫兮,折琼枝以继佩。及荣华之未落兮,相下女之可诒。吾令丰隆乘云兮,求宓妃之所在。解佩纕以结言兮,吾令蹇修以为理。纷总总其离合兮,忽纬繣其难迁。昔归次于穷石兮,朝濯发乎洧盘。保厥美以骄傲兮,日康娱以淫游。虽信美而无礼兮,来违弃而改求。览相观于四极兮,周流乎天余乃下。望瑶台之偃蹇兮,见有娀之佚女。吾令鸩为媒兮,鸩告余以不好。雄鸠之鸣逝兮,余犹恶其佻巧。心犹豫而狐疑兮,欲自适而不可。凤凰既受诒兮,恐高辛之先我。欲远集而无所止兮,聊浮游以逍遥。及少康之未家兮,留有虞之二姚。理弱而媒拙兮,恐导言之不固。世溷浊而嫉贤兮,好蔽美而称恶。闺中既已邃远兮,哲王又不寤。怀朕情而不发兮,余焉能忍与此终古!

诗人完全打破了时空天地人神的界限,纵意所如,唯理想之所求。他登阆风而绁马,徜徉于春宫,求宓妃之所在,求而不得,又览观四极,从天而降,见有娀之佚女,更穿越时光隧道,留有虞之二姚。又从高丘无女,闺中遂远,联想到天意难问,君王不寤。诗人沉浸在自己创设的灵境中冥想、翱翔、追寻、幻灭,在这个神话的异度空间,时光能够倒流,人神可以对话。

从屈子熔铸神话的想象,我们悟出了一个创作的规律:诗歌不能没有想象!一首诗如果完全是生活化的描摹、情绪化的宣泄,尚停留在比较低的审美层次。即便是叙事诗,也不能过于征实,依然要有想象之词,清空之境,如果是抒情诗,那更要尽力地驰骋想象。当代诗歌创作为什么缺乏一流的作品,这跟诗人想象力的匮乏有直接的关系。比如航天载人飞机在宇宙的天幕飞行,诗人要吟咏这个题材,就要有超常的想象力,最好融入神话原型。再比如歌颂中国梦,就得在"梦"字上展开丰沛的联想,突破政治话语的显性表达,不坐实,不拘囿,让人在梦幻的意象世界中盘桓流连,感受中华民族的伟大复兴。

## 三、往而不返:屈子抒情模式之垂范

大诗人皆有慧根,哀乐过人。正如近代女词人吕碧城《鹊踏枝》咏叹的那样:"冰雪聪明珠朗耀,慧是奇哀,哀慧原同调。"有真怨悱,始有真诗。反之,则如刘勰《文心雕龙·情采篇》所云"志深轩冕,而泛咏皋壤;心缠机务,而虚述人外。真宰弗存,翩其反矣"[①]。屈原是中国文学史上第一个杰出的浪漫主义抒情诗人,他以他执着的抒情模式楷式后人。缪钺先生《论李义山诗》将中国诗歌抒情方式概括成两种典型:一种是庄子式的,一种是

---

① 杨明照:《增订文心雕龙校注》,北京:中华书局,2000年,第416页。

屈子式的。他说：

> 昔之论诗者，谓吾国古人之诗，或出于《庄》，或出于《骚》，出于《骚》者为正，出于《庄》者为变。斯言颇有所见。盖诗以情为主，故诗人皆深于哀乐，然同为深于哀乐，而又有两种殊异之方式，一为入而能出，一为往而不返，入而能出者超旷，往而不返者缠绵，庄子与屈原恰好为此两种诗人之代表。……盖庄子之用情，如蜻蜓点水，旋点旋飞；屈原之用情，则如春蚕作茧，愈缚愈紧。自汉魏以降之诗人，率不出此两种典型，或偏近于庄，或偏近于屈，或兼具庄、屈两种成分，而其分配之比例又因人而异，遂有种种不同之方式，而以近于屈者为多，如曹植、阮籍、谢灵运、谢朓、张九龄、杜甫、柳宗元等皆是，故论者谓吾国诗以出于《骚》者为正。①

对抒情范式的概括可谓得其壶奥。庄、屈皆为情而造文，然庄子旷达，入而能出；屈子执着，往而不返。在此基础上，缪先生又有进一步的辨析，将屈归于正，而庄置于变。屈原以他的美政为精神支柱，坚守着人格信仰，之死靡它。他在《离骚》中反复地表白："民生各有所乐兮，余独好修以为常。虽体解吾犹未变兮，岂余心之可惩？""亦余心之所善兮，虽九死其犹未悔。""朝发轫于苍梧兮，夕余至乎县圃；欲少留此灵琐兮，日忽忽其将暮。吾令羲和弭节兮，望崦嵫而勿迫。路曼曼其修远兮，吾将上下而求索。"在《哀郢》的乱辞中又写道："曼余目以流观兮，冀一反之何时！鸟飞返故乡兮，狐死必首丘。"往而不返的精神三致意焉。此种精神对后世的诗人影响极大。陆机《文赋》云"诗缘情而绮靡"②，所缘之情有庄有屈，却以近屈为主。苏东坡的《前赤壁赋》标榜"遗世独立，羽化登仙"，够超脱了，林语堂《苏东坡传》视之为"不可救药的乐天派"，却又何尝忘情过政治？他的内心仍是屈子式的入世精神。龚自珍诗云："庄骚两灵鬼，盘踞肝肠深"③。看起来"庄骚"如双峰并峙，而实际上龚自珍的诗仍以屈子的骚怨精神为正。

当代诗人对于庄、屈的选择是自由的，依据的是各自的心境，入世或出世。但是一个诗人如果丧失了赤子之心和家国情怀，动辄消极避世，又怎么能经世致用呢？年纪轻轻的就逍遥于无何有之乡，就是生命中不能承受之轻。正如叶嘉莹先生所说："一个人只有在看透了小我的狭隘与无常以后，才真正会把自己投向更广大更高远的一种人生境界。"④ 从这个意义来说，屈子的精神是高远的，是实现人生梦想的思想利器。在中国梦

---

① 缪钺：《诗词散论》，上海：上海古籍出版社，1982年，第24—25页。
② 郭绍虞主编：《中国历代文论选》第一册，上海：上海古籍出版社，1979年，第171页。
③ 龚自珍：《自春徂秋，偶有所触，拉杂书之，漫不诠次，得十五首》其三，见《龚自珍编年诗注》，杭州：浙江古籍出版社，1995年，第286页。
④ 《〈叶嘉莹作品集〉总序》，《迦陵杂文集》北京：北京大学出版社，2008年，第352页。

的新时代,诗人们当怀着屈子"九死而不悔"的执着信念献身于祖国的文学事业,讴歌新时代,赞美真英雄,抨击假丑恶。

## 四、深于取象:屈子比兴寄托与意象世界之经营

《礼记·学记》云:"不学博依,不能安诗。"① "博依"即广泛地运用比喻,以比体云构的方式形成象喻之境,此乃安诗之道。章学诚《文史通义·易教下》说:"战国之文,深于比兴,即其深于取象者也。《庄》《列》之寓言也,则触蛮可以立国,蕉鹿可以听讼;《离骚》之抒愤也,则帝阙可上九天,鬼情可察九地。他若纵横驰说之士,飞钳捭阖之流,徙蛇引虎之营谋,桃梗土偶之问答,愈出愈奇,不可思议。"② 说"战国之文深于取象",这在屈原的诗歌中表现得最突出。质言之,屈原诗歌之美就是美在意象。东汉王逸《离骚经序》:"《离骚》之文,依诗取兴,引类譬谕。故善鸟香草,以配忠贞;恶禽臭物,以比谗佞;灵修美人,以媲于君;宓妃佚女,以譬贤臣;虬龙鸾凤,以托君子;飘风云霓,以为小人。其词温而雅,其义皎而朗,凡百君子,莫不慕其清高,嘉其文采,哀其不遇,而愍其志焉。"③ 楚辞的比兴手法概括为香草美人,有寄托,有性情。屈子诗学的核心即香草美人的意象世界,后代诗歌宗法楚辞者,皆有政治的喻托,迷离惝恍,欲露不露。如陈子昂的《感遇》:

兰若生春夏,芊蔚何青青。幽独空林色,朱蕤冒紫茎。迟迟白日晚,袅袅秋风生。岁华尽摇落,芳意竟何成!

诗人祖述美人香草之遗,以"兰若"自比,虽有过人的才华,却怀才不遇,徒然有摇落之悲。再看陈师道《谢赵生惠芍药三绝句》之三:"九十春光次第分,天怜独得殿残春。一支剩欲簪双髻,未有人间第一人。"此诗的立意亦来自《离骚》"溘吾游此春宫兮,折琼枝以继佩;及荣华之未落兮,相下女之可诒"。最能得楚骚精神的莫过于辛弃疾。请看《摸鱼儿》(淳熙己亥,自湖北漕移湖南,同官王正之置酒小山亭,为赋):

更能消几番风雨,匆匆春又归去。惜春长怕花开早,何况落红无数!春且住。见说道、天涯芳草无归路。怨春不语。算只有殷勤,画檐蛛网,尽日惹飞絮。长门事,准拟佳期又误。蛾眉曾有人妒。千金纵买相如赋,脉脉此情谁诉?君莫舞。君不见、玉环飞燕皆尘土!闲愁最苦。休去倚危栏,斜阳正在,烟柳断肠处。

---

① 陈戍国点校:《周礼·仪礼·礼记》,长沙:岳麓书社,1989年,第421页。
② 章学诚:《文史通义》,吴琦、桑士显、董煊校点,长沙:岳麓书社,1993年,第6页。
③ 郭绍虞主编:《中国历代文论选》第一册,上海:上海古籍出版社,1979年,第155页。

此词乃典型的屈子式的隐喻——香草美人,以伤春起调,摧刚为柔,柔中带刚。因为用了比兴,就涂上了象征的色彩,词人内心的挫折、焦灼、忧患,就表现得含蓄蕴藉。

诗可以直说,奔迸的激情也是有震撼力的,如汉乐府《上邪》。但从诗歌艺术的特殊性来看,意象的选择、点化及意象世界的建构是核心。孔子云:"诗可以兴。"① 诗人多识鸟兽虫鱼,在诗中编织出兴象玲珑的意境,意内而言外,就耐得住咀嚼,且能生发出多维的联想。诗贵在暗示,不宜说破。当代有些"干部体"喜欢跟风,看起来满满的正能量,但流于空洞的喊口号,毫无意象之美。楚辞之美就是意象之大美,值得我们当代诗学取法。

## 五、讴吟土风:屈子诗学对民间文艺的吸纳

春秋战国时期,楚地的民间文艺非常发达,乐操土风,是为南音。楚文化最有活力的形式就是楚歌、楚舞、楚声。黄伯思《校定楚辞十卷自序》"盖屈宋诸骚,皆书楚语,作楚声,纪楚地,名楚物,故谓之楚辞。"②《九歌》《九辩》《劳商》《薤露》《阳春》《白雪》《越人歌》《孺子歌》《徐人歌》等都是楚国的民歌,素朴中有浪漫之情思。请看《越人歌》:"今夕何夕兮,搴洲中流。今日何日兮,得与王子同舟。蒙羞被好兮,不訾诟耻。心几烦而不绝兮,得知王子。山有木兮木有枝,心悦君兮君不知。"《孺子歌》:"沧浪之水清兮,可以濯我缨。沧浪之水浊兮,可以濯我足。"《徐人歌》:"延陵季子兮不忘故,脱千金之剑兮带丘墓。"虽然篇制短小,却情韵悠长。

楚地祭祀之风盛行,催生了民间文艺的发达。正如王逸《九歌章句序》所说:"昔楚国南郢之邑,沅、湘之间,其俗信鬼而好祠。其祠必作歌乐鼓舞以乐诸神。屈原放逐,窜伏其域,怀忧苦毒,愁思沸郁;出见俗人祭祀之礼,歌舞之乐,其词鄙陋。因为作《九歌》之曲。上陈事神之敬,下见己之冤结,托之以风谏,故其文意不同,章句杂错,而广异义焉。"③屈原的《九歌》就是民间《九歌》的升级版,篇幅之增大,意蕴之升华,情思之沉郁,已非原始《九歌》所能相比。再如招魂,本是楚地民间的巫术仪式,巫师口中念念有词,即是招魂咒语。屈原为楚怀王招魂而写的《招魂》篇,既有荆楚民间的原始巫风,又想象铺陈,踵事增华,一唱三叹,已非民间的招魂词所能望其项背。宋玉的《九辩》亦是在民间歌乐《九辩》的基础上写成的。

有道是真诗乃在民间。楚国民间的歌谣与原始宗教糅合在一起,披着神秘的面纱,载歌载舞,有故事,有抒情,有戏曲之画面,可称天籁之音。屈原正是吸纳了歌谣文理而自铸伟辞,开创了一代骚体。屈子诗学的民间元素对后代诗人的启发颇大,尤其是刘禹锡的《竹枝词》。刘禹锡被贬谪到湘西朗州,被当地的讴吟土风深深的吸引。他在《竹枝

---

① 《论语·阳货》,见郭绍虞主编:《中国历代文论选》第一册,上海:上海古籍出版社1979年,第17页。
② 黄伯思:《东观余论》,北京:中华书局,1988年,第344页。
③ 洪兴祖:《楚辞补注》,北京:中华书局,1983年,第55页。

词九首并引》中写道：

> 四方之歌，异音而同乐。岁正月，余来建平，里中儿联歌《竹枝》，吹短笛，击鼓以赴节。歌者扬袂睢舞，以曲多为贤。聆其音，中黄钟之羽。其卒章激讦如吴声，虽伧儜不可分，而含思宛转，有淇、濮之艳。昔屈原居沅、湘间，其民迎神，词多鄙陋，乃为作《九歌》，到于今，荆、楚鼓舞之。故余亦作《竹枝词》九篇，俾善歌者飏之，附于末。后之聆巴歈，知变风之自焉。①

刘禹锡浸淫湘西民歌《竹枝》写成了《竹枝词》九篇，既保留了原始《竹枝》"含思宛转，有淇、濮之艳"的特点，又提高了语言艺术，改变了伧儜鄙陋之俗。

当代诗人的创作如果能效法骚体胎息民歌的特质，艺术上提升的空间是可以想见的。质言之，诗人们既要欣赏阳春白雪，也要接地气，多听下里巴人，把下里巴人与阳春白雪有机地统一起来，融合无间。如闻捷的《吐鲁番情歌》就很好地吸取了民歌的营养，余光中、席慕蓉的诗歌也溶入了民谣的色彩。

## 六、体式新变：屈子骚体形式之解放

"奇文郁起，其离骚哉！"②《离骚》之所以是"奇文"，与其语言的奔放、结构的宏大有着至为密切的关系。骚体之大美还美在形式的解放。形式的解放就意味着情感的解放，形式本身就是目的。楚辞句法灵动不拘，有四字句、五字句、六子句、七字句、八字句、九字句，参差的句子组织在一起，句中多用"兮"字调节气韵节奏，既保留了《诗经》四言的整饬，如《橘颂》，更难得的是奔放的激情酿就的回旋跌宕之美。

楚辞的结构大大突破了《诗经》的格局，因为借鉴先秦散文，有了宏伟的长诗，屈子的《离骚》、宋玉的《九辩》就是标志。从结构上看，《离骚》抒情与叙事相结合，写实与浪漫相结合，历史与当下相结合，比兴与铺陈相结合，独白与问答相结合，形成了波澜起伏、百转千回的宏大结构。女媭劝告、陈词重华、云游天界、灵氛吉占、巫咸降神等，情节蝉联而下，就像一出剧诗，有舞台表演的感觉。一句话，骚体诗得力于形式的解放。

刘勰《文心雕龙·辨骚篇》云："酌奇而不失其贞，玩华而不坠其实。"③又《通变篇》赞云："文律运周，日新其业。变则可久，通则不乏。趋时必果，乘机无怯。望今制奇，参古定法。"④说的就是传承与创新的统一。当代诗歌创作，无论是旧诗，还是新诗，既要讲

---

① 卞孝萱校订本：《刘禹锡集》，北京：中华书局，1990年，第359页。
② 《文心雕龙·辨骚篇》，杨明照：《增订文心雕龙校注》，北京：中华书局，2000年，第50页。
③ 杨明照：《增订文心雕龙校注》，北京：中华书局，2000年，第51页。
④ 杨明照：《增订文心雕龙校注》，北京：中华书局，2000年，第398页。

究格律、规矩的起承转合,也要追求形式上的生新突破,这样才能推动诗歌的发展。

## 七、江山之助:屈子心物交融之体验

从文学地理学的视角来看,屈子骚体诗的创作离不开长江流域荆楚大地的自然与人文风景。刘勰《文心雕龙·物色篇》有一个论断:"屈平所以能洞监风骚之情者,抑亦江山之助乎!"① 也就是说,这个"江山之助"就是荆楚大地的地域色彩和风俗画,它具有精神地理的意义。詹瑛的《文心雕龙义证》对此作了疏证:"楚于山则有九疑南岳之高,于水则有江汉沅湘之大,于湖潴则有云梦洞庭之巨浸,其间崖谷洲渚,森林鱼鸟之胜,诗人讴歌之天国在焉。故《湘君》一篇,言地理者十九,虽作者或有意铺陈,然使其不遇此等境地以为文学之资,将亦束手而无所凭借矣。"② 屈原的骚体堪称色彩缤纷的芳菲世界。各种香花香草编织到他的诗里就成为绝妙之词。说到底,屈原的风骚之情得力于他营构的芳菲世界,而芳菲世界的原生态就是荆楚江山。看得出来,屈原对大自然林林种种的风物有非常细致的观察,对各种花草的颜色、味道、品性了然于心,并赋予它们人格的内涵,获得象征的意味。

写诗不能闭门造车,不能沉迷在象牙之塔中虚构,而要走向社会,走向自然,游目骋怀,获得灵感。刘勰《物色篇》写道:

> 春秋代序,阴阳惨舒,物色之动,心亦摇焉。盖阳气萌而玄驹步,阴律凝而丹鸟羞,微虫犹或入感,四时之动物深矣。若夫圭璋挺其惠心,英华秀其清气,物色相召,人谁获安?是以献岁发春,悦豫之情畅;滔滔孟夏,郁陶之心凝;天高气清,阴沉之志远;霰雪无垠,矜肃之虑深。岁有其物,物有其容;情以物迁,辞以情发。一叶且或迎意,虫声有足引心。况清风与明月同夜,白日与春林共朝哉!③

一年四季气候变化,风景各异,物色相召,对心灵的触动也有所不同,既而感物吟志,抒发的情感也纷然相杂。刘勰又进一步论心物交融:

> 是以诗人感物,联类不穷,流连万象之际,沉吟视听之区。写气图貌,既随物以宛转;属采附声,亦与心而徘徊。……赞曰:山沓水匝,树杂云合。目既往还,心亦吐纳。春日迟迟,秋风飒飒。情往似赠,兴来如答。④

---

① 杨明照:《增订文心雕龙校注》,北京:中华书局,2000年,第567页。
② 詹瑛:《文心雕龙义证》,上海:上海古籍出版社,1989年,第1760页。
③ 杨明照:《增订文心雕龙校注》,北京:中华书局,2000年,第566页。
④ 杨明照:《增订文心雕龙校注》,北京:中华书局,2000年,第567页。

诗人的兴会来自于"江山之助",因为风雨江山是"文思之奥府"。诗人流连万象,牢笼百态,在万象中沉吟,臻于物我无间。诗人之所以雅人深致,就是能点化自然的物象,赋予其诗意。

时代变迁,文明精进,物象品类之盛,已然呈现巨大的变化,然而诗人采风,得江山之助,仍是一脉相承的。这一点屈原标心于万古之上,历代诗人皆从风响应。当今诗人生活在全球化的高度文明的社会,风景之多元,文明之多样,已大大突破了刘勰所说的"江山之助"的概念,采风或游历所获得的视觉感受、情感体验会更加丰富,更加深入,写境与造境当能臻于高远之境。

经典的价值在于它高度思想性与艺术性的有机结合。屈原的作品满怀着美政的理想主义精神,关注时局,游历江山,创新体式,其"思想的穿透力、审美的洞察力、形式的创造力"三者兼备,值得当代诗人潜心取法。

# 《楚辞》创伤书写的时空建构及其对
# 《文选》哀伤赋作的影响

陕西师范大学 赵俭杰

创伤与文学的关系,近年为学者所关注。陆扬认为,"创伤与文学的因缘由来已久。文王演《周易》、屈原赋《离骚》,都可视为典型的创伤之作。相比于身体的囚禁和放逐,心灵上的伤痛和压抑应是其创作更为直接的动力。"① 诚哉斯言,作家以其感伤的心灵撞击宇宙人生,从而跃出一道怨慕的心景景观。扩而言之,何止《离骚》,整部《楚辞》都在书写心灵的创伤,堪称屈原等人的心灵创伤史。与此一致,哀伤作为心灵创伤的一种情感表征,总要占据一定的时间与空间。哀情向外,占据的是物理时空;哀情内转,占据的是心理时空。抒情主体的创伤经验在这两种时空结构下,既可由内而外得以展现,也能由外而内得到慰藉。可以看到,《楚辞》描述创伤经验时形成的多种书写形式,在《文选》哀伤赋作中多有继承与发展。本文旨在展示这样一种现象,疏通这样一条脉络。

## 一、由点到面的空间展开

由于处在具有"当场性"的同一境域中,抒情主体以其强烈的哀伤之情感染着周围的人与物,通过描写这些人或物的情感变化,不仅能够强化抒情主体的哀伤之情,而且使得哀情更加婉曲感人。如《诗经·周南·卷耳》篇中已有"陟彼砠矣,我马瘏矣,我仆痡矣,云何吁矣"的怀人之语,《楚辞》更是多用这种抒情主体周围人或物的情感变化来反映哀伤之情,而《文选》哀伤赋作对此又有发展:一是直接将书写对象扩大到可以触及的一切范围;二是大量使用"同向比较"与"反向比较"的方法,由此把哀伤之情的空间范围从点到面地扩展开来。

一方面,《楚辞》创伤书写常以仆人、马匹等周围人或物的举动来渲染抒情主体的哀伤之情。比如《离骚》文末的"陟陞皇之赫戏兮,忽临睨夫旧乡。仆夫悲余马怀兮,蜷局顾而不行。"② 这是说屈原才兴奋地登上天国,忽然又俯见故乡、心生感伤,但是只写仆夫悲慨与马儿伤怀地曲身回首、不愿前行,正是以周围仆夫、马儿的悲怀烘托屈原怀乡的哀伤。又如《远游》的"仆夫怀余心悲兮,边马顾而不行"③ 和《湘君》的"扬灵兮未极,女婵

---

① 陆扬:《创伤与文学》,《文艺研究》,2019年第5期。
② 朱熹撰,黄灵庚点校:《楚辞集注》,上海:上海古籍出版社,2015年,第37页。
③ 朱熹撰,黄灵庚点校:《楚辞集注》,上海:上海古籍出版社,2015年,第139页。

嫒兮为余太息"① 以及《涉江》的"船容与而不进兮,淹回水而凝滞"②,也都是从周围人或物的情感反应来表现抒情主体的哀伤,既然旁人以及本来无情的外物已是如此感伤,那么抒情主体的哀伤也就可想而知了。

  我们发现,《文选》哀伤赋作对这一写法有所承继,比如《长门赋》中的"左右悲而垂泪兮,涕流离而纵横"③,即以身旁仆从的视角烘托陈皇后之悲哀。又如《寡妇赋》的"轮按轨以徐进兮,马悲鸣而局顾"④,更以送行的车轮缓缓前进,马儿悲鸣顾首不愿举足,表达对亡人的不舍。再如《别赋》的"惊驷马之仰秣,耸渊鱼之赤鳞"⑤和《哀永逝文》之"鸟俛翼兮忘林,鱼仰沫兮失濑"与"去华辇兮初迈,马回首兮旋斾"⑥,以及《宋文皇帝元皇后哀策文》的"仆人案节,服马顾辕"⑦,这些车马回顾不前、鱼鸟失濑忘林,也无一不是通过周边之人或近身动物的反常举止映衬抒情主体的悲伤不舍。

  揆诸实际,《文选》哀伤赋作已经不再局限于描写周围一二人或物的情感变化,而是将书写对象扩大到可以触及的一切范围,把哀伤之情投射到可以触及的一切事物,抒情主体打开视觉、听觉器官,使此时此地之所见、所听,无一不沾染哀伤之情,以此拓展哀情的广度,由此形成"音哀景悲"的抒情模式。

  如《长门赋》中,写到"浮云郁而四塞兮,天窈窈而昼阴。雷殷殷而响起兮,声象君之车音。飘风回而起闺兮,举帷幄之襜襜。桂树交而相纷兮,芳酷烈之闓闓。孔雀集而相存兮,玄猨啸而长吟。翡翠胁翼而来萃兮,鸾凤翔而北南。"⑧抒情主体置身于阴云密布、雷声滚滚、狂风怒卷的恶劣环境之中,此时桂树交纷、动物们交相呼唤着聚集在一起,唯独皇后因为被弃而承受着孤寂,这环境的惨淡、动物的欢聚,与皇后的心绪形成共振。又如《寡妇赋》之"命阿保而就列兮,览巾箪以舒悲……愁烦冤其谁告兮,提孤孩于坐侧"和"容貌儡以顿悴兮,左右凄其相慜……鞠稚子于怀抱,羌低徊而不忍"与"省微身兮孤弱,顾稚子兮未识",其中数次描写死者生前用过的仆人、遗留的稚子等周围人和物的情感变化,同时也写到所见之哀景、所闻之哀响:"时暧暧而向昏兮,日杳杳而西匿。雀群飞而赴楹兮,鸡登栖而敛翼。天凝露以降霜兮,木落叶而陨枝……雪霏霏而骤落兮,风浏浏而夙兴。溜泠泠以夜下兮,水潺潺以微凝……夜漫漫以悠悠兮,寒凄凄以凛凛……廓孤

---

① 朱熹撰,黄灵庚点校:《楚辞集注》,上海:上海古籍出版社,2015年,第45页。
② 朱熹撰,黄灵庚点校:《楚辞集注》,上海:上海古籍出版社,2015年,第100页。
③ 萧统编,李善等注:《六臣注文选》,北京:中华书局,2012年,第293页。
④ 萧统编,李善等注:《六臣注文选》,北京:中华书局,2012年,第300页。
⑤ 萧统编,李善等注:《六臣注文选》,北京:中华书局,2012年,第305页。
⑥ 萧统编,李善等注:《六臣注文选》,北京:中华书局,2012年,第1066页。
⑦ 萧统编,李善等注:《六臣注文选》,北京:中华书局,2012年,第1068页。
⑧ 萧统编,李善等注:《六臣注文选》,北京:中华书局,2012年,第293页。

立兮顾影,块独言兮听响。顾影兮伤擗,听响兮增哀……孤鸟嘤兮悲鸣,长松萋兮振柯。"①
这一处处萧索之景、这一声声哀苦之音,也无一不与寡妇心中的悲伤共振同鸣。再如《思旧赋》序云"邻人有吹笛者,发音寥亮。追思曩昔游宴之好,感音而叹,故作赋云"以及赋曰"听鸣笛之慷慨兮,妙声绝而复寻"②,也是表现向秀在哀怨的笛音中对亡友的追思。

可以看到,在抒情主体置身的空间范围内,既有哀景,也有哀音,视听之中满是哀情,由此营造一种"音哀景悲"的情感氛围。从《楚辞》创伤书写到《文选》哀伤赋作,将描写范围从抒情主体周围一二人或物的情感变化扩大到可以触及的一切人或物的环境氛围,如此从点到面的空间展开而形成巨幕的视觉冲击和巨大的听觉震荡,使得哀伤之情在激越的视听之中不断往复,久久不散。

另一方面,《楚辞》创伤书写还将周围人或物的情感指向分为与抒情主体正反的两种,借以扩大哀伤之情的空间广度,由此形成"正向比较"与"反向比较"两种模式。如在尚永亮先生看来,《哀郢》以"鸟飞反故乡兮,狐死必首丘"这两个象喻性语句,将全诗的伤悲气氛推至顶点,并视之为一种比较,乃是借助比较而形成大的落差——无知的鸟、狐尚有返乡、首丘之举,有情之人却远离故土,一返无缘,这该是何等的不堪!③ 通过"无知鸟狐的回返"与"有情之人的无归"的"反向比较",确实更能表现抒情主体的哀伤。其实《楚辞》还有一种"同向比较",比如《九辩》将"燕翩翩其辞归兮,蝉寂寞而无声,雁嗈嗈而南游兮,鹍鸡啁哳而悲鸣"与宋玉的"独申旦而不寐兮,哀蟋蟀之宵征。时亹亹而过中兮,蹇淹留而无成"④加以比较,无疑也能表现抒情主体的哀伤。

我们发现,这两种比较在《楚辞》哀伤书写中运用较少且分开使用,而《文选》哀伤赋作则大量运用且多加混用。比如《长门赋》中既有"反向比较"的"孔雀集而相存兮,玄猿啸而长吟。翡翠胁翼而来萃兮,鸾凤翔而北南",孔雀集落相互问讯,黑猿吟啸呼唤伴侣,翠鸟敛翼共聚,鸾凤南北同翔,而皇后只能独自在深宫等待;也有"同向比较"的"白鹤噭以哀号兮,孤雌跱于枯杨"⑤,白鹤发出哀号、孤鸟落于枯杨,与皇后一同哀伤。又如《寡妇赋》中有"反向比较"的"雀群飞而赴楹兮,鸡登栖而敛翼。归空馆而自怜兮,抚衾裯以叹息",鸟雀群飞向楹,群集到黄昏就回到巢穴,而寡妇只能回到空房独自叹息;也有"同向比较"的"孤鸟嘤兮悲鸣,长松萋兮振柯"⑥,孤鸟阵阵悲鸣、松树摇动枝干,与寡妇一样落寞。

---

① 萧统编,李善等注:《六臣注文选》,北京:中华书局,2012年,第305页。
② 萧统编,李善等注:《六臣注文选》,北京:中华书局,2012年,第296页。
③ 尚永亮:《弃逐与回归:上古弃逐文学的文化学考察》,上海:上海古籍出版社,2017年,第264页。
④ 朱熹撰,黄灵庚点校:《楚辞集注》,上海:上海古籍出版社,2015年,第149页。
⑤ 萧统编,李善等注:《六臣注文选》,北京:中华书局,2012年,第293页。
⑥ 萧统编,李善等注:《六臣注文选》,北京:中华书局,2012年,第305页。

由此可见，人将其悲伤投到动物身上，人悲伤，动物也悲伤，能够在同向比较中扩张人的悲伤；人悲伤，动物却快乐，又能在反向对比中深化人的悲伤。无论群聚的动物与孤单的个体所形成的反向对比，还是孤单的动物与孤独的个体所形成的同向对比，二者抒写哀伤的情感指向却都相同。因此，这两种比较从《楚辞》创伤书写中的运用较少且分开使用，到《文选》哀伤赋作的大量运用且多加混用，无疑也是在扩张哀伤书写的空间范围，深化和强化哀伤之情的表现力。

## 二、从"朝夕"到"今昔"的时间延伸

如所熟知，《离骚》作为抒情诗始终以情感为主线，因而对于《离骚》以及整部《楚辞》中的语词或语意重复现象，若从情感指向的角度理解之，似更近事实。比如《楚辞》反复言及的"朝夕"句式，就是将哀伤之情的时间范围限制在促迫的一天之内，以此展现时不我与的紧迫和哀伤之情的浓郁。之后《文选》哀伤赋作又把"朝夕"对举句式发展为"今昔"并列模式，使得哀情延伸向一个更为深远的时间线。

可以看到，在《楚辞》所有"朝×夕×"对举句式的上下句或全文中，一方面，总要写到时日无多的感慨与建功立业的迫切。比如《离骚》"朝搴阰之木兰兮，夕揽洲之宿莽"的上句是"汩余若将不及兮，恐年岁之不吾与"，下句是"日月忽其不淹兮，春与秋其代序。惟草木之零落兮，恐美人之迟暮"；"朝饮木兰之坠露兮，夕餐秋菊之落英"的上句是"忽驰骛以追逐兮，非余心之所急。老冉冉其将至兮，恐修名之不立"；"朝发轫于苍梧兮，夕余至于悬圃"的下句是"欲少留此灵琐兮，日忽忽其将暮。"① 又如《湘君》中的"朝骋骛兮江皋，夕弭节兮北渚"，文末则曰"时不可兮再得，聊逍遥兮容与。"② 而在《湘夫人》中的"朝驰余马兮江皋，夕济兮西澨"，文末亦云"时不可兮骤得，聊逍遥兮容与。"③ 再如《远游》云其"恐天时之代序兮，耀灵晔而西征"④ 与"春秋忽其不淹兮，奚久留此故居"⑤，于是他"朝濯发于汤谷兮，夕晞余身兮九阳"⑥，他"朝发轫于太仪兮，夕始临乎于微闾"⑦。由此可见，在《楚辞》中，诸如此类"朝×夕×"的对举句式，总与时不我待的促迫和功业未成的哀伤相始终，乃是将其一生的哀伤之情纳入"一天"的时间范围，所以这种压缩时间而造成的紧张感无疑更能展现哀情的深度。

另一方面，"朝夕"对举句式的周围也常常伴有坚守芳行洁志、绝不变节从俗的誓

---

① 朱熹撰，黄灵庚点校：《楚辞集注》，上海：上海古籍出版社，2015 年，第 9 页。
② 朱熹撰，黄灵庚点校：《楚辞集注》，上海：上海古籍出版社，2015 年，第 45 页。
③ 朱熹撰，黄灵庚点校：《楚辞集注》，上海：上海古籍出版社，2015 年，第 48 页。
④ 朱熹撰，黄灵庚点校：《楚辞集注》，上海：上海古籍出版社，2015 年，第 134 页。
⑤ 朱熹撰，黄灵庚点校：《楚辞集注》，上海：上海古籍出版社，2015 年，第 136 页。
⑥ 朱熹撰，黄灵庚点校：《楚辞集注》，上海：上海古籍出版社，2015 年，第 137 页。
⑦ 朱熹撰，黄灵庚点校：《楚辞集注》，上海：上海古籍出版社，2015 年，第 138 页。

言。屈原在《离骚》中就说自己本来想求宓妃,但见其"夕归次于穷石兮,朝濯发乎洧盘"①,整日自矜美貌、卖弄风骚,所以将她抛弃而另作他求。又说到"时缤纷其变易兮,又何可以淹留。兰芷变而不芳兮,荃蕙化而为茅"②,在这时势反复、世态易变、百草不芳之世,自己只有"朝发轫于天津兮,夕余至乎西极"③,远离时俗、洁身自好。再如《涉江》中的"朝发枉陼兮,夕宿辰阳。苟余心之端直兮,虽僻远其何伤"④,是说自己心性端直、理想坚定,即使被贬远方也不会哀伤,更不会变心。总之,屈原遭谗被弃,进而放逐,一生美政理想已然无法实现,但他仍要在此困境中坚守芳行洁志,绝不变节从俗。

因此,屈原使用"朝 × 夕 ×"对举句式,既是表现其迫切想要回到朝廷、建功立业的深切渴望,又能展现他在困境中仍然持守理想、绝不从俗的高洁精神。但是,屈原已遭放逐,无参政权,只能上游天国,而天国正与楚国相同,也是"溷浊不分",这多么令人哀伤!所以,只有将这种渴望与绝望压缩到由朝至夕的"一天"里,才可能彻底展露屈子怨愤、绝望、自信交织的情感世界⑤,才可以真切表现屈原的生命悲剧。

嗣后,《文选》哀伤赋作又将《楚辞》哀伤书写中的"朝夕"对举句式发展为"今昔"并列模式,以此延伸哀伤的时间长度。比如潘岳《哀永逝文》之"思其人兮已灭,览余迹兮未夷。昔同涂兮今异世,忆旧欢兮增新悲"⑥。确实,与死后的日子相比,人的一生何其短暂!而且死生异路,回忆旧日的欢乐更是新增今日的伤悲。此乃对比昔日之欢聚与今日之悲离,生年之短促与逝日之长远,抒发幽明悬隔、悲欢离合之哀伤。又如向秀《思旧赋》的"叹《黍离》之愍周兮,悲麦秀于殷墟。惟古昔以怀今兮,心徘徊以踌躇"⑦,这也是将嵇康之死置于古今的时间线上烛照其生命的意义,把对亡友的思念放在幽深的历史之中永远祭奠。

总之,从《楚辞》"朝夕"对举句式发展到《文选》"今昔"并列模式,无疑是将哀伤之情置于一个更加深长的时间线上,这样不仅能够展现抒情主体哀伤之情的长度和深度,而且使得抒情主体哀伤之情的消解成为可能。

## 三、以"不寐"与"幻象"来构筑心理时空

上述两点,无论是由点到面的空间展开,还是从"朝夕"到"今昔"的时间延伸,哀情

---

① 朱熹撰,黄灵庚点校:《楚辞集注》,上海:上海古籍出版社,2015年,第27页。
② 朱熹撰,黄灵庚点校:《楚辞集注》,上海:上海古籍出版社,2015年,第34页。
③ 朱熹撰,黄灵庚点校:《楚辞集注》,上海:上海古籍出版社,2015年,第37页。
④ 朱熹撰,黄灵庚点校:《楚辞集注》,上海:上海古籍出版社,2015年,第100页。
⑤ 潘啸龙先生认为屈原的情感世界是怨愤、绝望、自信交织的,参见潘啸龙《〈离骚〉的抒情结构及意象表现》,《中国社会科学》,1993年第6期。
⑥ 萧统编,李善等注:《六臣注文选》,北京:中华书局,2012年,第1066页。
⑦ 萧统编,李善等注:《六臣注文选》,北京:中华书局,2012年,第296页。

皆回旋在物理时空。然而，哀伤作为一种非常强烈的情感，实属心灵体验，一旦受其侵袭，人的精神状态与心理形态就可能发生较大变化，甚至出现精神失常或心理变形。《楚辞》将这种心灵创伤描述为，经常性的"夜不能寐"和精神上的"视听幻觉"，前者无疑是在时间上延伸哀情的持续性；后者无非是在空间上扩展哀情的深广度，二者相辉，共把哀情嵌入抒情主体的心理范围。所以，《楚辞》创伤书写是以"不寐"的出现与"幻象"的显现来构筑与延展抒情主体的心理时空，而《文选》哀伤赋作既把这两种方法拼合使用，又以"梦中寄情"的方式建设心理时空，使得哀情在心灵世界里一次又一次演绎、幻变。

可以看到，《楚辞》多次提及抒情主体"夜不能寐"[①]。比如《抽思》写道"心郁郁之忧思兮，独永叹乎增伤。思蹇产之不释兮，曼遭夜之方长"[②]，以及"望孟夏之短夜兮，何晦明之若岁？惟郢路之辽远兮，魂一夕而九逝。曾不知路之曲直兮，南指月与列星。愿径逝而未得兮，魂识路之营营"[③]。其中，"晦明若岁"，犹言一夜长似一年，如朱熹所说："秋夜方长，忧不能寐，故望孟夏之短长，而冀其易晓也。晦明若岁，夜未短也。一夕九逝，思之切也。"[④] 屈原愁思郁结、归郢心切，所以夜不能寐，感到一夜长似一年，他的梦魂甚至不顾道路的险阻，欲借星月的光照踏上归途，而星月确乎可以指向郢都，但在崎岖的地面上，魂魄又要历经多少颠簸跋涉，这是多么坚决的意志啊！其实《长门赋》中也有这样的话，比如"望中庭之蔼蔼兮，若季秋之降霜。夜曼曼其若岁兮，怀郁郁其不可再更。澹偃蹇而待曙兮，荒亭亭而复明。妾人窃自悲兮，究年岁而不敢忘"[⑤]。又如《悲回风》之"涕泣交而凄凄兮，思不眠以至曙。终长夜之曼曼兮，掩此哀而不去。寤从容以周流兮，聊逍遥以自恃。伤太息之愍怜兮，气于邑而不可止"[⑥]，这是描写抒情主体因为哀伤而心凄涕泣以至彻夜无眠，而这段心伤不寐的描写也与《长门赋》中陈皇后的起夜徘徊如出一辙。再如《远游》的"遭沉浊而污秽兮，独郁结其谁语？夜耿耿而不寐兮，魂营营而至曙"[⑦]，值此君主昏昧、逸佞当途之世，屈子美政理想难以实现，心中忧闷不知向谁倾诉，故而长夜难眠。这与潘岳《怀旧赋》的"宵展转而不寐，骤长叹以达晨。独郁结其谁语，聊缀思于斯文"[⑧] 也颇为相似，甚至其中的"独郁结其谁语"更是照搬而来。潘岳出于妻亡的哀伤，

---

[①] 描写"夜不能寐"及其所产生的精神幻象，以此反映作者的心灵感受和精神状态，这早在《诗经》中就稍有展示，如《关雎》的"求之不得，寤寐思服。悠哉悠哉，辗转反侧"与《柏舟》的"耿耿不寐，如有隐忧"之类，而在《楚辞》中则得以大量实践，从而形成一种写作范式，并被广泛而深入地运用在魏晋文学及其后世文学创作之中。
[②] 朱熹撰，黄灵庚点校：《楚辞集注》，上海：上海古籍出版社，2015年，第107页。
[③] 朱熹撰，黄灵庚点校：《楚辞集注》，上海：上海古籍出版社，2015年，第110页。
[④] 朱熹撰，黄灵庚点校：《楚辞集注》，上海：上海古籍出版社，2015年，第110页。
[⑤] 萧统编，李善等注：《六臣注文选》，北京：中华书局，2012年，第293页。
[⑥] 朱熹撰，黄灵庚点校：《楚辞集注》，上海：上海古籍出版社，2015年，第127页。
[⑦] 朱熹撰，黄灵庚点校：《楚辞集注》，上海：上海古籍出版社，2015年，第133页。
[⑧] 萧统编，李善等注：《六臣注文选》，北京：中华书局，2012年，第299页。

故而辗转长叹、终宵无寐。复如《九辩》的"燕翩翩其辞归兮,蝉寂寞而无声。雁廱廱而南游兮,鹍鸡啁哳而悲鸣。独申旦而不寐兮,哀蟋蟀之宵征。时亹亹而过中兮,蹇淹留而无成"①,周围一派萧杀之景象征生存环境恶劣,时间过中暗指年龄老大却一事无成,在这哀伤之中,宋玉又如何能够安然入睡呢!这种表现方式在《文选》哀伤赋作中更是不胜枚举。

当你快乐,时间总是短暂;当你哀伤,时间却很漫长,这种对时间的心理感受在夜晚的时候尤其显著。夜晚是一个较短的物理时间,却被心中的哀伤拉长至一年,长夜也总会天明,但心中的哀伤并不能随着天亮结束。可见,哀伤之情迫使抒情主体"夜不能寐",并且造成心理变形,对时间的认知产生误解,使其在夜里哭泣、徘徊、忍受无人可语的孤独。

与此同时,《楚辞》还以"否认常识"的方式,表现抒情主体由于过度哀伤导致心理变形而出现的精神幻象,以此扩大哀情的空间范围。比如《湘君》以"采薜荔兮水中,搴芙蓉兮木末"的反常举止表达求爱的艰难,因为常识告诉我们薜荔长于陆地、芙蓉生在水中,所以采薜荔于水中必不可得,取芙蓉于木末亦为徒劳。而且观其下句"心不同兮媒劳,恩不甚兮轻绝"②,乃言君心不与己心同,故媒人徒劳;两人不甚恩爱,故轻易绝情。此与《楚辞》数次言说"媒绝路阻"与"君心不与吾心同"的情感指向相同,表面是说久候不至,实际仍说君臣不遇。又如《湘夫人》之"鸟何萃兮蘋中,罾何为兮木上"与"麋何食兮庭中,蛟何为兮水裔"③等有悖常理的奇怪发问,也是在表现久候不至而产生一系列如鸟不集山林而聚蘋中、罾不放在水里而放在树杪、麋鹿本在山林而来到庭院、蛟龙本在深渊而来到水边等颠倒错乱的精神幻象。那么,为何会出现这些有违常识的幻象?为何要描摹这些异乎寻常的形象?潘啸龙先生认为:"《离骚》的抒情结构,是一种复沓纷至、变动无常、溯洄不滞的情意结构。它的推进线索是情感,它的展开形式是幻境。幻境由情感化生,又随情感变化而幻变。"④可见,抒情主体是因为过度哀伤而导致心理变形并产生了精神幻象,所以呈现并扩展这种扭曲空间中的精神幻象,无疑更能表现一种生死契阔、会合无缘的悲痛。

因此,《楚辞》哀伤书写以"夜不能寐"延伸时间,以"精神幻象"拓展空间,皆是从物理时空的触动到心理时空的延筑。然而《文选》哀伤赋作不仅将二者拼合起来,而且直接描写梦中时空,由此形成"梦中寄情"的抒情模式。

比如《长门赋》:"忽寝寐而梦想兮,魄若君之在旁。惕寤觉而无见兮,魂迋迋若有亡。"⑤皇后本来心伤难寐、起夜徘徊,勉强躺下入梦,却是一会儿梦见皇上就在身旁,一会儿惊醒又发觉是梦,在这忽梦忽醒、寤寐思服之间,在这希望与失望之中,心理似乎已

---

① 朱熹撰,黄灵庚点校:《楚辞集注》,上海:上海古籍出版社,2015年,第149页。
② 朱熹撰,黄灵庚点校:《楚辞集注》,上海:上海古籍出版社,2015年,第45页。
③ 朱熹撰,黄灵庚点校:《楚辞集注》,上海:上海古籍出版社,2015年,第48页。
④ 潘啸龙:《〈离骚〉的抒情结构及意象表现》,《中国社会科学》,1993年第6期。
⑤ 萧统编,(唐)李善等注:《六臣注文选》,北京:中华书局,2012年,第293页。

经错乱,皇上若存若亡,自己也是失魂落魄。又如《寡妇赋》的"愿假梦以通灵兮,目炯炯而不寐"和"梦良人兮来游,若闻阊兮洞开。但惊悟兮无闻,超惆悦兮恸怀"①,妇人想在梦中与亡夫相见,却奈何整夜无眠;好不容易入梦,良人开门来游,却又因为激动而惊醒,所以寡妇也是整夜浸淫在这忽梦又忽醒、希望复失望的哀伤情绪之中。另如《哀永逝文》的"既遇目兮无兆,曾寤寐兮弗梦"②以及《别赋》的"知离梦之踯躅,意别魂之飞扬"③,也无一不是渴望通过梦境与思念之人相逢,却又在醒来知道是梦以后更加伤心,从而来深化抒情主体哀情的。

由此可见,抒情主体过度哀伤以至出现精神幻象,当其"夜不能寐"时也只有叹息哭泣埋怨长夜漫漫,然其一旦入梦,无疑是在打开一个异于物理时空的心理时空,在此时空之中,生者与亡人可以遇合,一切理想似乎都能实现。但如弗洛伊德所说:"创伤性神经症患者所做的梦,会反复将病人带回到他所遭遇事故的场景当中,这情景再一次让他惊悸不已,以至于惊醒过来。"④哀情也许能在梦中得到慰藉,可是梦中相见而醒来不见的失望,梦境与现实造就的落差,只会让抒情主体更加哀伤。因此,《文选》哀伤赋作以合并《楚辞》哀伤书写"夜不能寐"与"精神幻觉"两种写法而形成的"梦中寄情"模式,必然更能强化抒情主体的哀伤深度。

## 四、小结:在时空之中书写哀伤之情

创伤书写可以视作一个时空尺度的问题,哀伤之情占据的空间广度及其持续的时间跨度,都是衡量哀伤体量的重要指标。可以看到,《楚辞》创伤书写在空间范围的扩展、时间跨度的延伸、心理时空的构筑三个方面有着典范意义,而《文选》哀伤赋作对此又有所继承与发展。

首先,周围人或物的情感变化可以反映抒情主体的哀伤之情,为了扩大哀情的空间范围,书写对象从仆人、马匹等一二物象扩大到可以触及的一切事物,而且共用"同向比较"与"反向比较"两种方式形成更大的情感落差,以此营构一种"音哀景悲"的情感氛围,从而实现哀情空间由点到面的展开。其次,《楚辞》创伤书写中的"朝夕"对举句式是将哀情的时间范围压缩到由朝至夕的"一天"里,以此展现屈子怨愤、绝望、自信交织的情感世界,而《文选》哀伤赋作又将其发展为"今昔"对举句式,使哀情在一个更加深长的时间线上延伸,也让哀情的消解成为可能。最后,《楚辞》创伤书写主要以"夜不能寐"延伸哀情的时间范围,以"精神幻象"扩展哀情的空间范围,乃是借助物理时空的诱导转入心

---

① 萧统编,(唐)李善等注:《六臣注文选》,北京:中华书局,2012年,第305页。
② 萧统编,(唐)李善等注:《六臣注文选》,北京:中华书局,2012年,
③ 萧统编,(唐)李善等注:《六臣注文选》,北京:中华书局,2012年,第305页。
④ 转引自陆扬:《创伤与文学》,《文艺研究》,2019年第5期。

理时空的构筑,而《文选》哀伤赋作不但将两者拼合起来并且直接描写梦中时空,从而实现物理时空到心理时空的由外而内的转变,由此形成"梦中寄情"的抒情模式。总之,前面两点,属于哀伤之情在物理时空的延展;后面一点,属于哀伤之情在心理时空的延展。正是这样,才使哀伤之情的广度、长度、深度在一个更加阔大的时空之中得以舒展,也使抒情主体的哀伤之情得到慰藉。

诚然,《楚辞》创伤书写和《文选》哀伤赋作还有很多抒情方式,而上述三点可以说是具有代表性的,其在之前的《诗三百》中已有零星运用,在之后的文学创作中更是应用广泛。然而,正是由于《楚辞》的丰富与完善和《文选》相关作品的继承与发展,遂使得这三种书写方式成为模式,对后世的文学创作产生了持续性的重要影响。

# "友其人于冥寞,续微学之将坠"
## ——论大、小苏对屈宋的接受

**湖北大学文学院　彭安湘**

东坡生前曾嘱咐子侄云:"《春秋》古史乃家法,诗笔《离骚》亦时用。但令文字还照世,粪土腐余安足梦。"① 显然,以《春秋》为代表的古史和以《离骚》为代表的《楚辞》是苏氏一门重要的艺术渊源之一。而首先将之付诸接受和创作实践的,是大苏——苏轼及小苏——苏辙。尤其在对屈宋的接受问题上,大、小苏自觉从经史义理和辞章技法的向度,使屈宋其人其作在宋代再受注目和回响,并为其时行将式微的楚辞学的兴复提供了强大的助力。

## 一、"家法"与"南行":大、小苏对屈宋的接受基础

上文诗中提到的"家法"主要指苏洵所创悟的读《春秋》古史之法。苏洵既得古史笔意,又有新的识见,提倡经史并重。他认为经史不相沿而实相资,"经不得史无以证其褒贬","史不得经无以酌其轻重"②。而且,其治史带有浓重的经世致用特点,体现出"求真"与"致用"的精神。

老苏的"家法"对少年时期乃至以后人生各阶段的大、小苏均留下了深刻的烙印。后苏辙称"先君,予师也"③,在所撰《亡兄子瞻端明墓志铭》中称:"(兄)少与辙皆师先君。"④ 苏轼亦在《夜梦》诗中追忆"父师检责惊走书,坐起犹如挂钩鱼"⑤的情形。也就是说"二苏具天授之雄才,而又得老泉先生为之先引,其能卓然成一家言"⑥。具体而言,"家法"对大、小苏的影响表现在:

第一,在阅读兴趣上,史书先行,再及其余。苏轼年轻时爱读贾谊、陆贽之书,甚爱涉及"古今治乱,不为空言"⑦ 的史书、史论,后兴趣转为《庄子》等道释类书籍;苏辙与其兄

---

① 苏轼撰,冯应榴辑注,黄任轲、朱怀春校点:《苏轼诗集合注》,上海:上海古籍出版社,2001年,第2149页。
② 曾枣庄、舒大刚:《三苏全书》(第一册),北京:语文出版社,2001年。
③ 苏辙:《栾城后集》(卷二二),四库全书本。
④ 苏辙:《栾城后集》(卷二二),四库全书本。
⑤ 苏轼撰,冯应榴辑注,黄任轲、朱怀春校点:《苏轼诗集合注》,上海:上海古籍出版社,2001年,第2149页。
⑥ 邵仁泓:《苏老泉先生全集序》,康熙三十七年邵仁泓安东居刻本。
⑦ 苏辙撰,曾枣庄、马德富校点:《栾城集》(第三册),上海:上海古籍出版社,1987年,第1421—1422页。

相似,"平生好读《诗》《春秋》……《老子》与佛法之书"①。据现代学者研究,长期浸淫史书并受过历史专业训练的人会具有与别人不一样的"历史学家的眼力"。这也就是第二点要特别指出的,他们在读史、论史中形成的独特的思维方式。这种方式借用苏轼论孔子的话为:"思其所以至此之由,故其言尤为深且远也。"②即注重探寻史事成因,使之成为解读历史和思考历史的主要方式。同时,大、小苏受家学的影响,还具有超乎常人的理解力和别具只眼的判断力。他们用"人情"之常去观察、评判历史人物事件,去认识、总结历史发展规律的特点。"因而,在深入思考史实形成缘由的过程中,特别重视人的主观因素,从实迹出发,着力考察推断历史人物的心理形态和精神境界,并在此基础之上产生议论评断。也就是在这样的论析过程中,清晰地构描出了他所仰慕的人格形态,展露了其理想人格的丰富内涵"③。第三,"家法"修史"致用"的精神,使大、小苏都"有志于当世",写作目的是为了"皆欲酌古以御今,有意于济世之用,而不志于耳目之观美"④。

为了研究的目的,我们遍检文献,虽发现屈宋并未成为大、小苏的史论对象,但屈宋作为卓尔不群的历史人物,其令人扼腕叹息的人生经历和悲剧结局应当进入过他们的阅读视野。而且,"家法"浸染下形成的"无形"的功能——独特的思维方式,也应当引发了他们对屈宋人生出处、精神境界的深入思考。换而言之,这样的"家法"教育背景和教义,是构筑大、小苏对屈宋接受的学识基础之一。

而真正让大、小苏走近屈宋、让"诗笔《离骚》亦时用"不为虚言的,还是仁宗嘉祐四年苏氏一门去家赴京的南行之旅。具体行程为:自眉州入嘉陵江,经戎、泸、渝、涪、忠、夔诸州下峡,抵荆州度岁。明年庚子正月,自荆门出陆,由襄、邓、唐、许至开封。⑤这段行程,苏轼在《南行集叙》中亦有记载:"己亥之岁,侍行适楚,舟中无事……杂然有触于中,而发于咏叹。盖家君之作与弟辙之文皆在,凡一百篇。"⑥

从嘉州离蜀向楚,大小苏以诗赋寄意,有"故乡飘以远,往意浩无边"⑦、"放舟沫江滨,往意念荆楚"⑧,对那片诞生了屈宋的荆楚大地的憧憬与向往;行至戎州,有发现"江流日益深,民语渐已变"⑨、"唯有巫山最秾秀,依然不负远来心"⑩的新奇与惊讶;至忠州,

---

① 曾枣庄、舒大刚:《三苏全书》(第一册),北京:语文出版社,2001年,第401页。
② 苏轼撰,孔凡礼点校:《苏轼文集》,北京:中华书局,1986年,第66页。
③ 陈晓芬:《苏轼史论文中的人格思考》,《吉安师专学报》,2000年第1期。
④ 苏轼撰,孔凡礼点校:《苏轼文集》,北京:中华书局,1986年,第1793页。
⑤ 苏轼撰,冯应榴辑注,黄任轲、朱怀春校点:《苏轼诗集合注》,上海:上海古籍出版社,2001年,第1页。
⑥ 苏轼撰,孔凡礼点校:《苏轼文集》,北京:中华书局,1986年,第323页。
⑦ 苏轼撰,冯应榴辑注,黄任轲、朱怀春校点:《苏轼诗集合注》,上海:上海古籍出版社,2001年,第3页。
⑧ 苏辙撰,曾枣庄、马德富校点:《栾城集》(第三册),上海:上海古籍出版社,1987年,第2页。
⑨ 苏轼撰,冯应榴辑注,黄任轲、朱怀春校点:《苏轼诗集合注》,上海:上海古籍出版社,2001年,第18页。
⑩ 苏辙撰,曾枣庄、马德富校点:《栾城集》(第三册),上海:上海古籍出版社,1987年,第4页。

有"舟行千里不至楚,忽闻《竹枝》皆楚语"①的实地"耳目相接"以及"《竹枝歌》本楚声,幽怨恻怛,若有所深悲者"②的深切认知;而且,还在忠州拜谒后人追思屈原的碑塔,开始了他们实地接触屈原这一"贤人君子"的序幕,并在《屈原塔》诗中论其品性、死节;至夔州,游历巫山胜景,拜谒巫山神庙,作诗赋以为记;至归州,在屈原的故居"乐平里"(即今湖北秭归)实地拜谒了屈原庙、祠,兄弟俩"同出屈祠而并赋"③且专以屈原之死立论,对屈原的人格操守和以身殉宗国予以了歌颂;至荆州,苏轼在《荆州十首》中又一再致意屈宋及其作品,"南方旧战国,惨澹意犹存。慷慨因刘表,凄凉为屈原……游人多问卜,伧叟尽携龟……日暮江天静,无人唱《楚辞》……中书有安石,慎勿赋《离骚》……临风洋洋意自得,长使宋玉作《楚辞》"④。可以说,南行之旅让大、小苏在屈宋生活过的荆楚空间中,"想见其为人",唤起了、激活了他们对屈宋的记忆、热情、思考与书写。

因此,"家法"与"南行"的结合,学识与考察的携手,促成了大、小苏对屈宋人品道德的推崇和文学成就的肯定,为他们一生不遗余力地接受和传播屈宋奠定了坚实的基础。

## 二、"义理"与"辞章":大、小苏对屈宋的接受向度

北宋中后期,政治形势是外忧内患不断。乐于参政、议政的文人学者多借笔墨文章匡救时世而注目于历史上的爱国忧民者与忧时悯世之文。所以,具有抒发忠愤之情特征的楚辞在此情境下自然进入了他们的接受视野。略而论之,在屈宋的接受问题上,大、小苏的接受取向体现在"义理"与"辞章"两个方面。

(一)从"义理"向度,借对塔、庙的书写及楚声的吟诵,探讨屈原品性与死亡价值

1. 追风屈原"孤直""伉直""忠直"之品性

胡晓明认为屈子一生的行止,全部是刚健生命的流行⑤。这种刚健生命在很大程度上具化为屈原"孤直""伉直""忠直"的品性特征:其"九死不悔"是"孤直";"伏清白以死直"是"孤直";遭小人谗害,被疏远于怀王,遭胄子背弃,却不甘心、依然广求贤人,以辅"灵修",是"忠直";忍受种种辱垢与痛苦,不离开故国远适,亦是"忠直";贬逐于荒山野水,永不屈服,坚持终生爱国终身好修的操守,更是"伉直"。屈原如此强烈鲜明的品性,自然会引起后世读者的注意。而且,读者一般会融入自己的理解与感悟去丰富它、充实它,进而展示这一品性在他所处时代的当代性价值和意义。

---

① 同上,第6页。
② 苏轼撰,冯应榴辑注,黄任轲、朱怀春校点:《苏轼诗集合注》,上海:上海古籍出版社,2001年,第27页。
③ 祝尧:《古赋辨体》(卷八《宋体》),四库全书本。
④ 苏轼撰,冯应榴辑注,黄任轲、朱怀春校点:《苏轼诗集合注》,上海:上海古籍出版社,2001年,第55页。
⑤ 胡晓明选编:《楚辞二十讲》,北京:华夏出版社,2009年,第17页。

苏辙在《屈原塔》《屈原庙赋》，苏轼在《竹枝歌》中即追风屈原"孤直""伉直""忠直"之品性。苏辙《屈原塔》诗云："浮图高绝谁所为，原死岂复待汝力。临江慷慨心自明，南访重华讼孤直。世人不知徒悲伤，强为筑土高岌岌。"此诗正面赞颂了建塔人对屈原"孤直"品性的追念之情。因此，"塔是一个象征，是一个媒介，是唤醒人们追思、凭吊、学习屈原为宗国'慷慨'赴死之心、宁折而不弯的"孤直"品性的精神寄托！"①

在《屈原庙赋》中，苏辙对屈原死后的凄凉、寂寞深有感触。"凄凉兮秭归，寂寞兮屈氏。楚之孙兮原之子，伉直远兮复谁似。"一感于屈原庙衰败荒凉的景象，二感于屈原"伉直"的品性无人承继。

在《竹枝歌》中，苏轼将此歌定性为哀怨的楚声，认为"伤二妃而哀屈原，思怀王而怜项羽。此亦楚人之意相传而然者"。因此，他在哀愍怀王时，也哀怨屈原"忠直"的品性生前无人理解，死后无人承继："招君不归海水深，海鱼岂解哀忠直。吁嗟忠直死无人，可怜怀王西入秦。"②

可见，实地的"耳目相接"，使大、小苏均注目到了屈原生前"函刚健中正之则"、择善固执、守死以道的"孤怀独往"品性以及死后这种品性的传承问题③。他们不仅思考之、景仰之、追踪之，还在日后的政治生涯中仿效之、实践之：将"伉直"品性内化为政治上的"直谏"精神。

2. 探讨拷问心魂的"屈原之死"话题

李泽厚曾说："构成屈原作品和思想最为"惊采绝艳"的头号主题是——死亡。"④ 确实，自汉至今，屈原沉渊而死的方式、内涵、价值和意义，被一代又一代中国文人不断地思考、续写和探究而成为经久不衰的话题。在宋代，这一话题同样引起了学者文人的浓厚兴趣。大、小苏即为代表性人物。

苏轼的《屈原塔》诗，以精神史的追溯形式，先从"楚人悲屈原"的祭祀与追怀仪式写起，呈现了楚人"悲""哽咽""哀叫"等强烈的情绪活动；再用反衬的笔墨将屈原赴死之决绝与世人眷怀之浓烈予以强化；最后高歌屈原之死的价值与意义。"死"字在诗中共出现了三次：依次为"就死意甚烈""古人谁不死""所以持死节"。笔调虽沉痛却高亢，表现了青年苏轼对屈子自沉的充分理解和高洁人格的无限景仰，并将屈原之死与一般的匹夫愚民之死区分开来，高扬了其死的贞刚气节与感佩力量。

---

① 彭安湘、刘叶梦：《欲遣蘼芜共堂下，眼前长见楚辞章——论苏辙对屈、宋的接受》，《荆楚学刊》，2018年第4期。
② 苏轼撰，冯应榴辑注，黄任轲、朱怀春校点：《苏轼诗集合注》，上海：上海古籍出版社，2001年，第28页。
③ 彭安湘、刘叶梦：《欲遣蘼芜共堂下，眼前长见楚辞章——论苏辙对屈、宋的接受》，《荆楚学刊》，2018年第4期。
④ 李泽厚：《古典文学札记一则》，《文学评论》，1986年第4期。

苏轼《屈原庙赋》亦是专论屈原之死的篇章，全赋以五个"死"字贯穿之。一是"生无所归而死无以为坟"，先提出屈原之死的问题；二是对"人固有一死兮、处死之为难"展开描写和议论，并揭示屈原之死是出于"死宗国"的大义："苟宗国之颠覆兮，吾亦独何爱于久生"！三是评价屈原之死"虽不适中"，却"要以为贤"，值得充分肯定和尊重！①

另外，苏轼的九首《竹枝歌》，大部分内容仍然是在悲悼屈原等楚人之死。如："水滨击鼓何喧阗，相将扣水求屈原。屈原已死今千载，满船哀唱似当年。"②就摹写了当时人们对屈原追悼与怀念的仪式与风俗，还原了北宋时期楚地人民对屈原的深刻眷怀以及屈原之死震烁千古的感召力。

与乃兄一样，年轻的苏辙同样关注了这个话题。在《屈原庙赋》中，他运用虚实结合的手法，将现实中作为凭吊者的自己与历史上的屈原、伯益、皋陶、伯夷、焦衍、柳下惠汇聚于同一时空。以屈原向凭吊者自诉的方式，聚焦于屈原进退失据的人生苦闷和自沉"强死"的惨烈结局。赋中借屈子之口吻，阐发了苏辙对屈原之死的看法："抱关击柝兮，余岂责以必死？宗国陨而不救兮，夫舍是而安去？予将质以重华兮，骞将语而出涕。予岂如彼妇兮，夫不仁而出诉。"即"认为屈原'国身通一'，于宗国败亡之际而死，乃出于对宗国的责任和热爱。这无疑张扬了屈原以死谏君、以身殉国的社会价值及意义"。③

可以说，年轻的大、小苏，在最美好的青春年华以诗赋等文学形式对屈原之死这一沉重话题进行了深入的思考与探讨。虽艺术手段不一，但大体均是先从个性心理层面来探究屈子一贯的品性、行事的作风以及自沉的心理，再从经史义理的层面，抉发屈子的理想心志以及殉宗国的大仁大义，识见是宏达的、深刻的、振聋发聩的。

(二) 从"辞章"向度，菀取屈宋辞赋之"英华"，演绎高唐故事、叙写"咏风"典事

大、小苏一方面感佩屈原的品性、推崇其精神，一方面倾慕屈宋才华，服膺其创作技巧。他们从"辞章"向度对屈宋辞赋接受时所体现的承与变，主要体现在以下两方面：

1. 再塑"神女"形象

巫山神女，最早出现在宋玉的《高唐赋》和《神女赋》中。《高唐赋》中的神女"愿荐枕席"，美丽而多情，自由而奔放，被后世解读为"奔女"形象。《神女赋》中的神女"发乎情，止乎于礼"，瑰姿而玮态，贞洁而自防，被后世极口揶揄为"贞女"形象。"自后，历代对神女形象的解读，多从这两面申发出去，一派极力意淫，一派极力净化"④。显然，大、小苏均

---

① 何新文、丁静：《虽不适中，要以为贤——论苏轼对屈原的接受》，《湖北大学学报》，2014年第5期。
② 苏轼撰，冯应榴辑注，黄任轲、朱怀春校点：《苏轼诗集合注》，上海：上海古籍出版社，2001年，第28页。
③ 彭安湘、刘叶梦：《欲遣蘼芜共堂下，眼前长见楚辞章——论苏辙对屈、宋的接受》，《荆楚学刊》，2018年第4期。
④ 彭安湘、刘叶梦：《欲遣蘼芜共堂下，眼前长见楚辞章——论苏辙对屈、宋的接受》，《荆楚学刊》，2018年第4期。

属于后者。

苏辙对巫山神女的书写,主要见于一诗一赋中。在《巫山庙》诗中,他采纳了自唐以来道教版的神女传说,将神女的神格定为助相大禹治水成功的"西方真人古王母"。诗曰:"神仙洁清非世人,瓦盎倾醪荐麋脯。子知神君竟何自,西方真人古王母。"① 诗中的神女"洁清""聪明"、神力广大、为民除害,其形象意蕴去宋玉赋甚远。

《巫山赋》则不仅吸收了宋玉版的神女故事,而且苏辙还在宋玉赋的基础上对神女故事予以发挥和补充,对"神女"的贞洁形象进行了立体性的再塑和强化。赋通过对巫山自然风物,尤其是神女峰的描绘,刻画出一个含悲凄、寂寞怀人之想和贞节自持道德风范的神女。其后,通过艺术的想象补写了楚襄王追梦神女的情节:先"溯江千里而远来",后"徘徊而不能归",再"筑阳台于江干",又一次在读者心中强化了神女的贞节与"神性"。一静一动,一物一人,苏辙完全改变了宋玉《高唐赋》中"愿荐枕席"、"朝朝暮暮阳台之下"的"奔女"形象。"这体现了年轻的苏辙对宋玉赋中人神艳遇神话由宗教意义转向性爱意识并不认同的态度,也体现了他对神女为'淫女''奔女'形象的不认可,故他对宋玉赋中的神女形象进行修正,强调其静顺有礼、贞节自持的一面"②。

苏洵和苏轼亦参与了对神女形象的再塑。苏洵将神女神格定为与世疏隔的世外仙姝,称:"巫阳仙子云为裾,高情杳渺与世疏。"③ 与乃父不同的是,苏轼将神女塑造为助禹治水的、具有为民造福意愿与能力的保护神。其《神女庙》诗曰:"神仙岂在猛,玉座幽且闲。……倏忽巡四方,不知道里艰。"④

"神女诗不作艳词,是本领过人处"⑤。大、小苏在巫山神女形象净化的接受链上,视野开阔,广泛吸收,务求新裁,为"扫艳情"付出了较多的心力,是值得充分肯定的。

2. 巧化"咏风"典事

宋玉《风赋》以风为吟咏对象,不仅成为后世赋作借鉴的题材,如晋代的李充、傅玄、湛方生、陆冲、江逌、王凝之,南朝齐谢朓,唐代磻隐等均作有《风赋》。而且,赋中的"快哉"和"雌雄"也成为后世诗词文中经常运用的典事。如宋代的柳永、周邦彦均将"快哉风""雌雄风"娴熟地嵌入己词。不过,这种运用并未赋予两个典事新的含义。紧扣宋玉"风"赋典事而别立新意最突出的是大、小苏。

苏轼诗文中运用"快哉风""雄风""雌风"典事的有多处。如:

---

① 苏辙撰,曾枣庄、马德富校点:《栾城集》(第三册),上海:上海古籍出版社,1987年,第409页。
② 彭安湘、刘叶梦:《欲遣蘼芜共堂下,眼前长见楚辞章——论苏辙对屈、宋的接受》,《荆楚学刊》,2018年第4期。
③ 苏洵撰,曾枣庄、金成礼笺注:《嘉祐集笺注》,上海:上海古籍出版社,1993年,第502页。
④ 苏轼撰,冯应榴辑注,黄任轲、朱怀春校点:《苏轼诗集合注》,上海:上海古籍出版社,2001年,第39页。
⑤ 王文诰辑注,孔凡礼点校:《苏轼诗集》,北京:中华书局,1982年,第39页。

贤者之乐,快哉此风。虽庶民之不共,眷佳客以攸同。穆如其来,既偃小人之德;飒然而至,岂独大王之雄?(《快哉此风赋》)

惊飘薿薿先秋叶,唤醒昏昏嗜睡翁。欲作兰台快哉赋,却嫌分别问雌雄。(《舶趠风》)

堪笑兰台公子,未解庄生天籁,刚道有雌雄。一点浩然气,千里快哉风。(《水调歌头·黄州快哉亭赠张偓佺》)

可以见出,三个典事很自然地成为苏轼咏风赋、文的惯性素材,并被他赋予"快哉风""贤者之乐""浩然气"之类的新内涵。

苏辙不仅在题材上远承宋玉,以海风为对象,作有《御风辞》,还在《黄州快哉亭记》中赋予"咏风"典事以新意。"与之前接受者粘着于宋玉赋的风之讽谏义与风之二元法而引申出'盛风、幽人之风''烈士之英风''羽客之风'等不同的是,苏辙以人对风的感受,注目于'雌雄'和'快哉'由来的探讨,并吸收老庄'不役于物''不与物迁'的思想,认为天籁本身绝无贵贱之分,关键在于人精神境界的高下。人生要想'适而快',则当无论身处何境,是穷是达,都能做到'使其中坦然,不以物伤性'。这样就能'自放山水之间'而独得其快"。如此寓"风"典以新意,自然而又佳妙。

### 3. 吸纳楚骚"奇韵"

唐人评屈宋时涉及了楚骚风格问题,却多贬斥论调。诸如:"有屈原、宋玉,文甚雄壮,而不能经""屈平、宋玉哀而伤,靡而不远,六经之道遁矣"[1]"扬、马言大而迂,屈、宋词侈而怨"[2] 等。流风所及,宋人多有应声者。不过,宋代也有褒赞者,如李纲称"独屈原、宋玉之徒,崛起其间,颇有古意,博辩瑰丽,未免有感愤谲怪之作……而词赋之英杰,不其然欤"[3]。在这样的接收背景下,苏辙则加入了褒赞行列,在《和张安道读杜集》中高调宣称"微言精《老》《易》,奇韵喜《庄》《骚》"[4]。

"奇韵"当指庄骚作品中"感愤谲怪"的恢诡浪漫文风。众所周知,楚辞是北方理性精神与南方巫文化相结合的产物。而其作品中的神话传说、情节故事、人物衣饰、植物服器,以及"极开阖抑扬之变""踔厉侘傺之感""称神引梦,赋雨横风"的艺术构思等,又多浸润着浓郁的南楚巫觋文化气息。对此,大、小苏在艺术构思、词藻采用、艺术手法上多有接纳、吸收和化用。如《屈原庙赋》模仿《九歌》,描写凭吊屈原时神灵纷沓的场面,并借屈子亡灵寻觅

---

[1] 李遐叔:《李华·李遐叔文集》(卷一),四库唐人文集丛刊本,上海:上海古籍出版社,1993 年。
[2] 独孤及:《毗陵集》(卷十三),上海:上海古籍出版社,1993 年。
[3] 李纲:《李纲·梁谿集》(卷一百三十二),影印文渊阁四库全书,第 1125 册,台湾:商务印书馆,1986 年。
[4] 苏辙撰,曾枣庄、马德富校点:《栾城集》(第三册),上海:上海古籍出版社,1987 年,第 68 页。

重华陈辞以发愤抒情;《上清词》采用《九歌》《大言赋》词句且承袭屈骚香草美人传统;苏轼《神女庙》诗中对神女行事的描绘等等,都传达出两人对屈骚"奇韵"风格的认同与借鉴。

## 三、"内化"与"外行":大、小苏对屈宋接受的影响

由前论可知,屈原作为忠臣志士辞宗,宋玉为作赋妙手的形象,在大、苏处已得到肯定与接纳。我们想作进一步追问的是,大、小苏对屈宋的接受在接受链上到底产生了何种影响?由此展示了怎样一种心态与精神?昭示了其时什么样的文化内涵?

### (一)"内化"于心:执着与超越

我们知道欲全面了解屈子之个性人格,完全取决于后世读者的心灵照察。在大、小苏这里,他们对于屈原品性和"自沉"意义的认知和体悟,就是一种深刻的心灵照察。美国学者E.弗洛姆曾说"人的人格结构,不但可以左右思想和感觉,而且也可以左右人的行为"[①]。显然,屈原"知耻、耿介、重厚"[②]、忠直的个性人格除了给予二苏心灵强烈的震撼外,也内化于他们的一己生命而左右过、支配过他们维护和实现自我人格的某些行动。从这个角度来说,无疑,他们与屈原在精神实质上是吻合的,在人格结构上是一致的。

就苏辙而论,若从时间维度看,19岁的他钦佩屈原"伉直""孤直"品性而书诸诗赋表露心迹;23岁的他在御试制科策中因直言犯上而被小诫;后几经宦海沉浮,51岁的他为翰林学士知制诰时仍以"直谏"精神自励并励人;晚年的他还自比为老柏,仍谓"我年类汝老,我心同汝直"[③]。可以说,屈原执着理想、"伉直"不屈的品性,贯穿于他的一生,说已然内化为他生命的一部分,他终生以择善固执、守死以道的精神践行着对屈原人格的崇拜与敬仰,是绝不为过的。

苏轼亦然,他曾称"吾文终其身企慕而不能及万一者,惟屈子一人耳"。此话当不虚妄。从其篇章中,我们也可勾勒出一条受屈原影响的粗线条:如年轻时"世人喜神怪,论说惊幼稚。楚赋亦虚传,神仙安有是"[④],"慷慨因刘表,凄凉为屈原"[⑤];中年时"独依古寺种秋菊,要伴骚人餐落英"[⑥];晚年时"余生欲老海南村,帝遣巫阳招我魂"[⑦];等等。由

---

① [美]E.弗洛姆:《逃避自由》,北京:北方文艺出版社,1987年,第152页。
② 胡晓明选编:《楚辞二十讲》,北京:华夏出版社,2009年,第16页。
③ 苏辙撰,曾枣庄、马德富校点:《栾城集》(第三册),上海:上海古籍出版社,1987年,第1490页。
④ 苏轼撰,冯应榴辑注,黄任轲、朱怀春校点:《苏轼诗集合注》,上海:上海古籍出版社,2001年,第39页。
⑤ 苏轼撰,冯应榴辑注,黄任轲、朱怀春校点:《苏轼诗集合注》,上海:上海古籍出版社,2001年,第56页。
⑥ 苏轼撰,冯应榴辑注,黄任轲、朱怀春校点:《苏轼诗集合注》,上海:上海古籍出版社,2001年,第56页。
⑦ 苏轼撰,冯应榴辑注,黄任轲、朱怀春校点:《苏轼诗集合注》,上海:上海古籍出版社,2001年,第56页。

此,"我们都不难看到这样包含屈原文化精神、传续楚辞艺术养分的文句,或叙论屈宋的篇章。这皆可证明屈原是他心目中神圣而难以企及的对象,他确实深深受到了屈原的影响。这种影响甚至在他的一生中都发挥着作用"[①]。

当然,还应该注意到的是,随着时间的严酷流逝、历史土壤的变迁,又加之大、小苏对专制君主之本质的深层认识,兴趣爱好的转移或拓展,以及政治、学术阅历、积淀的加深,他们在对屈原个性人格、理想心志执着效仿的过程中,又自觉不自觉地呈露出某种超越的倾向。

对此问题,尚永亮曾撰文发表过精彩的意见。他总结道:"从对屈原模式的继承、超越到认同贾谊,走向陶渊明,乃是中国士人心态发展中的一个转折点",其中,"这一转折始于中唐的白居易,且深深地影响到了宋代的苏轼"[②]。此结论对本文很有启发意义。这不单从苏轼崇敬对象的改变可得到证实:"初好贾谊、陆贽书""吾于诗人,无所甚好,独好渊明之诗"[③],还可从其直陈心迹的作品中得到验证,若将其作于嘉祐五年的策论《贾谊论》《中庸论》,以及作于谪居海南的《浊醪有妙理赋》贯串起来,即可找寻到苏轼接受心态的波动与变化轨迹。

当然,这是一个比较复杂的问题,本文无意展开论述。我们可先借用何新文的观点作以管窥豹式的了解。他说:"尽管苏轼终其一生,对屈原充满了崇敬和景仰之情,但他认为屈原与贾谊一样,都是不善于'适中'和'处穷'者。苏轼认为'人生如寄',人生多艰,在有限的人生之中,尤其是在身处逆境之际,要心态平和,'允执其中',要有所待,'有所忍',有默忍待变的耐心,而不能偏执极端,也不必满腔纡郁愤懑。即使面临危难之际,也既要有'见危能死'的气概,更要有'勉而不死,以求合于中庸'之道的智慧"[④]。这段论述意在说明,在对苦难与死亡的态度和识见上,正可见出苏轼与屈原的不同。这种不同也可称为苏轼对屈原的超越。

苏辙与屈原较大不同的地方,表现有二:一是在诗歌中,自觉地建构起一个与楚骚香草美人传统相似的以竹柏秋扇等日常物为主的政治或人格隐喻系统;二是个性人格中去除了屈子狷洁孤傲的"狂"与"刚"。对此,朱刚有不凡的见地。他说:"更重要的是,他(苏辙)不像屈子那样一身憔悴泽畔而灵魂狂奔不已,无处安宁,终赴鱼腹。他始终保持着清醒洞达的理智态度和坚定沉着的成熟作风。毕竟,他寄寓于自己诗世界中的是颜子式的'内圣'人格,即便有怨愤,也予以了禅宗和道学思想的冲洗,写出的是宋型的《离

---

① 何新文、丁静:《虽不适中,要以为贤——论苏轼对屈原的接受》,《湖北大学学报》,2014年第5期。
② 尚永亮:《人生困境中的执着与超越——从对屈、贾、陶的接受与态度看刘、柳、白的心态与创作》,《唐代诗歌的多元观照》,武汉:湖北人民出版社,2005年,第223页。
③ 苏辙撰,曾枣庄、马德富校点:《栾城集》(第三册),上海:上海古籍出版社,1987年,第1423页。
④ 何新文、丁静:《虽不适中,要以为贤——论苏轼对屈原的接受》,《湖北大学学报》,2014年第5期。

骚》。"①

## （二）"外化"于行：续微学之将坠

前已言及大、小苏对屈宋的接受，是处在其时楚辞学式微的时期。他们与同时代的文人、学者一道，因怀有"相识《楚辞》中"②"眼前长见楚词章"的浓厚文化情结和"欲补《离骚》传"③的文化传承使命，所以，除了将骚学精神内化为一己生命要素外，还为"续微学之将坠"的学术事业，身体力行，对宋代楚辞学接受的总体流向和流变产生了重大的影响。

首先，编撰校注本，引发宋代楚辞校注热。就总体情形而论，唐代注骚之作罕见。至宋代《楚辞》注本数量可观而彬彬复盛。前有欧阳修、晁迥、宋祁始发，中有苏轼及苏门学士继之，后有洪兴祖、杨万里、朱熹、钱杲之、吴仁杰和谢翱等扩而大之。其中，苏轼承继之功甚大。他继宋初诸公之后，曾"手校《楚辞》十卷"④，一则对晁补之撰《重编楚辞》十六卷、《续楚辞》二十卷、《变离骚》二十卷有引领推动作用；二则据晁公武《郡斋读书志》称其成为南宋洪兴祖撰写《楚辞考异》《楚辞补注》的重要参校本之一。

其次，创作骚体辞赋，引导手摹屈宋之风。唐代绍骚之作远逊前代，而宋代参与者甚众，如欧阳修、王禹偁、梅尧臣、蔡襄、王安石等创作了大量骚体辞赋。其中，大、小苏心追手摹当是其中的主唱者，而非附从者。从作品数量上讲，苏轼的骚体作品有《太白词》《清溪词》《上清词》《屈原庙赋》《服胡麻赋》等10篇，苏辙以赋名篇的作品则有6篇，骚辞（含3篇哀辞）有5篇。创作量是比较多的。从思想意义上讲，大、小苏"张扬了屈原以死谏君、以身殉国的社会意义，对当时'苏门四学士'中的晁补之及南宋洪兴祖的《楚辞》论述，以及朱熹评价屈原的'忠君爱国'之说，都产生了直接而重要的影响"。从艺术技巧上讲，他们有相当自觉的意识——融会传统而又有所创新。除了对楚辞之名、屈宋作品结构体制及写作动机予以探讨外，部分作品如《钱君倚哀词》等还有意识地采用屈骚香草美人的传统手法。如元代祝尧曾高度评价二苏《屈原庙赋》，称"大苏之赋，如危峰特立，有崭然之势，小苏之赋，如深溟不测，有渊然之光"⑤。这无疑证明，大、小苏的骚体赋创作水准很高，对后世亦有影响。

第三，发表建构屈骚传统的言论，引发学人的重视。

唐代站在正统立场对屈赋持否定意见、甚至公开指斥者不在少数。然在宋代，对屈宋的否定之声鲜有耳闻。在这一点上，苏轼表现相当突出。他在《答谢民师推官书》中

---

① 朱刚：《论苏辙的晚年心境与诗歌》，陶文鹏主编：《两宋士大夫文学研究》，北京：中国社会科学出版社，2012年，第214页。
② 苏轼撰，李之亮笺注：《苏轼文集编年笺注》，成都：巴蜀书社，2011年，第334页。
③ 苏轼撰，李之亮笺注：《苏轼文集编年笺注》，成都：巴蜀书社，2011年，第334页。
④ 陈振孙：《直斋书录解题》，上海：上海古籍出版社，1987年，第434页。
⑤ 祝尧：《古赋辨体》（卷八"宋体"），四库全书本。

认为"屈原作《离骚经》,盖风雅之再变者,虽与日月争光可也"①,并称"楚辞前无古,后无今。……吾文终其身企慕而不能及万一者,惟屈子一人耳"②。我们甚至可以说,苏轼对屈骚的极力赞誉引领了终宋一朝以经义为主旨,颂"骚"尊"屈",推尊楚辞为文章祖的理论取向。如晁补之对屈宋的追捧、朱熹"尊楚"批评观点的形成,在很大程度上都受到了苏轼言论的影响和启发,从而使宋代的楚辞学史引起历代学人的高度重视。

综上所述,在北宋中后期"追古屈原、宋玉,友其人于冥寞,续微学之将坠"③的整体文化氛围中,大、小苏基于经史结合的"家法"教义和耳目相接的"南行"之旅,从"义理"与"辞章"的接受向度,大体上确立了后人所称的"屈原忠爱,宋玉风藻,千古齿芳"④的接受基调。不仅将屈骚精神内化为一己品性、情怀,又从文献、创作和理论层面为北宋中后期"续微学之将坠"的学术兴复作出了贡献。

---

① 苏轼撰,李之亮笺注:《苏轼文集编年笺注》,成都:巴蜀书社,2011年,第335页。
② 蒋之翘:《七十二家评楚辞》,明天启六年忠雅堂刊本。
③ 苏轼撰,孔凡礼点校:《苏轼文集》,北京:中华书局,1986年,第2057页。
④ 孙承泽:《春明梦余录》(卷二十五),四库笔记小说丛书本,上海:上海古籍出版社,1993版。

# 《离骚》寂寞千年后
## ——论南宋骚雅词观与词境

台湾彰化师范大学  苏慧霜

## 前言：返魂骚畹

作为文学胜场的词，声情与文情兼备，以楚骚情语寄寓愤懑悒郁，南宋鲖阳居士《复雅歌词》首先点出"骚雅之趣"，王灼《碧鸡漫志》将"骚雅"与"清空"并观，至张炎《词源》标举"骚雅"以为"神观飞越"之美，赋予宋词新的观察。

"骚雅词"基本延续"诗缘情"的抒情传统，重视情意的感发，南宋黄升《中兴以来绝妙词选》以及周密《绝妙好词》两词集选本以"骚雅"精神之旨，选录词家 29 位，宋代词人对骚雅词尤其喜爱，借吴文英《琐窗寒·玉兰》之词，正所谓"真姿凝澹，返魂骚畹"。骚雅词不必然用"兮"字，但寄情楚骚，成为南宋词学史上重要的一系，张德瀛《词征》云："屈子楚辞本谓之楚词，所谓轩翥诗人之后者也，东皇太一、远游诸篇，宋人制词遂多仿效，沿波得奇岂特马扬已哉。"[①] 屈子《楚辞》本谓之"楚词"，因为诗人词家屡借《楚辞》抒怀，刘勰《文心雕龙·辨骚》所以云"衣被词人，非一代也"[②]，显示对后世影响甚巨。

## 一、骚雅词论

刘勰《辨骚》："自风雅寝声，莫或抽绪，奇文蔚起，其《离骚》哉！故以轩翥诗人之后，奋飞词家之前。"[③] 楚骚朗丽绮靡，丰富的想象，浓情艳藻的语言，与词的绮丽深符相契。南宋鲖阳居士《复雅歌词》称"骚雅之趣"，王灼《碧鸡漫志》以"清空骚雅"对称，张炎《词源》应之以"神观飞越"之境，正如刘熙载所谓"楚辞按之而逾深"[④]，"骚雅词"观念既在词中赋形，对于宋词美感经验的旨趣，自是具有理论探究的意义。

（一）鲖阳居士《复雅歌词》

鲖阳居士《复雅歌词》是骚雅词重要的理论专书，作于南宋高宗绍兴十二年间，据陈

---

① 张德瀛：《词征》，唐圭璋编《词话丛编》册六，台北：广文书局，1967 年，第 4075 页。
② 洪兴祖：《楚辞补注》引，台北：汉京文化事业有限公司，1983 年，第 53 页。
③ 朱熹：《楚辞集注》引刘勰《文心雕龙·辨骚》，台北：汉京文化事业有限公司，1983 年，第 52 页。
④ 刘熙载：《艺概》卷三"赋概"："楚辞按之而逾深，汉赋恢之而弥广。"

振孙《直斋书录解题》：

> 《复雅歌词》五十卷，题铜阳居士序，不着姓名。末卷言宫词音律颇详，然多有调而无曲。①

《直斋书录解题》云"不着姓名"，可见宋末已不详铜阳居士生平，南宋黄升《花庵词选》亦提到此书，《花庵词选》自序：

> 唐词具载《花间集》，宋词多见于曾端伯所编。而《复雅》一集，又兼采唐宋，迄于宣和之季，凡四千三百余首。②

《复雅歌词》录4300多首词，词话本事与音律宫调颇具词学史料价值，惜已佚失，惟词序保留于南宋谢维新《古今合璧事类备要》外集卷十一"音乐门乐章类"③。存《复雅歌词》序云：

> 孟子尝云：今之乐由古之乐。论者以为：今之乐、郑卫之音也，乌可与《韶》《夏》《濩》《武》比哉？孟子之言，不得无过，此说非也。
> 　　《诗》三百五篇，商周之歌词也，其言止乎礼义，圣人删取以为经。周衰郑卫之音，诗之声律废矣。汉兴，制氏犹传奇铿锵。至元、成间，倡乐盛，贵戚、五侯、定陵、高平外戚之家，淫侈过渡，至与人主争礼乐，制氏所传，遂泯绝无闻矣。《文选》所载乐府诗，《晋志》所载《易石》等篇，古乐府所载其名三百，秦汉以下之歌词也。其源出于郑卫，盖一时文人有所感发，随世俗容态而有所作也。其意趣格力，犹以近古而高健。更五胡之乱，北方分裂，元魏、高齐、宇文氏之国，咸以戎狄强种，雄踞中夏。故其讴谣淆糅华夷，焦杀急促，鄙俚俗下，无复节奏，而古乐府声律不传。周武帝时，龟兹琵琶工苏祇婆者，始言七韵。牛洪、郑译因而演之，八十四调史见萌芽。唐文收、祖孝孙讨论郊庙之歌，其数于是乎大备。迄于开元、天宝间，君臣相与为淫乐，而明宗尤溺于夷音，天下熏然成俗，于是才士始依乐工拍但之声，被之以辞，句之长短，各随曲度，愈失古之"声依永"之理也。温、李之徒，率然抒一时情致，流为淫艳亵不

---

① 赵万里：《复雅歌词记》，金启华、张惠民编《唐宋词集序跋汇编》，台北：商务印书馆，1993年，第365页。
② 黄升《花庵词选》序，《文渊阁四库全书》集部四二词曲类，台北：商务印书馆，1986年，第306页。
③ 谢维新：《古今合璧事类备要》，《文渊阁四库全书》子部247、类书，台北：商务印书馆，1995年，第511页。

可闻之语。吾宋之兴,宗工巨儒,文力妙天下者,犹祖其遗风,荡而不知所止。脱于芒端,而四方传唱,敏若风雨,人人歆艳咀味,尊于朋游樽俎之间,以是相为乐也。其蕴骚雅之趣者,百一二而已。以古推今,更千数百岁,其声律亦必亡无疑。属靖康之变,天下不闻和乐之音者,一十有六年。绍兴壬戌,诞敷诏音,弛天下乐禁。黎民欢忻,始知有生之快,讴歌载道,遂为化固。由是知孟子以今乐犹古乐之言,不妄矣。①

序中论及"吾宋之兴,宗工巨儒,……其蕴骚雅之趣者,百一二而已②"。倡导"骚雅之趣"为诗歌美学旨趣的依归,用"骚雅"诠释宋词,已然跳脱"豪放""婉约"等派别的架框,强调新的文艺理趣,从这一点看来,铜阳居士"骚雅之趣"所指就具有了文艺创作的传承与拓新意义,其精神内涵有二:

1. 传承风骚之旨

自铜阳居士《复雅歌词》提出"骚雅之趣"后,"骚雅"的美感趣味正式出现在词评之中,为骚雅词学理论的先驱。

杜甫曾论诗,以为:"文雅涉风骚"③,"风骚"并观是传统诗学概念,铜阳居士提出"骚雅之趣",将"骚"置于"雅"之前,略异于传统"风骚共推激"理念,至若杜甫云"有才继骚雅"④,则去《诗经》之"风"而以"雅"取代,并将"骚"置于"雅"之前,至铜阳居士所谓"骚雅之趣",更鲜明楚骚意象在应用上,纪楚地、名楚物的特质,同时也显示宋词在传承之际,富于变化的面向与成就。

2. 拓新骚雅之趣

铜阳居士的"骚雅之趣",重在精神的意动,深契于屈原"发愤以抒情"⑤精神,"骚雅"成为"豪放""婉约"以外的另一词学风格,如清代沈祥龙《论词随笔》所指出:

> 屈原之作亦曰词,香草美人,惊采绝艳,后世倚声家所由祖也。故词不得楚骚之意,非淫靡即粗浅。⑥

---

① 铜阳居士:《复雅歌词序》,金启华、张惠民编《唐宋词集序跋汇编》,台北:商务印书馆1993年,第364页。
② 铜阳居士:《复雅歌词序》,金启华、张惠民编《唐宋词集序跋汇编》,台北:商务印书馆,1993年,第364页。
③ 杜甫:《题柏大兄弟山居屋壁二首》之一,仇兆鳌《杜少陵集详注》上册卷21,北京:中国科学院图书馆,第1080页。
④ 杜甫:《陈拾遗故宅》,仇兆鳌《杜少陵集详注》上册卷十一,北京:北京图书公司,1999年,第612页。
⑤ 《楚辞·九章·惜颂》:"惜颂以致愍兮,发愤以抒情。"洪兴祖《楚辞补注》,台北:汉京文化事业有限公司,1983年,第120页。
⑥ 沈祥龙:《论词随笔》,唐圭璋《词话丛编》册六,台北:广文书局,1967年,第4062页。

《离骚》大量兰、蕙、荃、荪、芰荷、芙蓉、薜荔、留夷等意象,"香草"成为物、我在创作与自觉间的媒介,骚雅词人以"香草美人"手法作词,深化"情"与"景"的关系,惊采绝艳的楚骚语,多少雅化了五代以来香艳绮靡的词风,所谓"不得楚骚之意,非淫靡即粗浅",显示骚雅词的曲高和寡,后来从姜白石、吴文英等人的骚雅词中,可以充分了解鲖阳居士"骚雅之趣"的内容与真趣。

（二）王灼《碧鸡漫志》

王灼(1081—1160),字晦叔,号颐堂,四川遂宁人。《碧鸡漫志》五卷于词学批评提出精辟的理论。自序：

> 乙丑(绍兴十五年)冬,予客寄成都之碧鸡坊妙胜院,自夏涉冬,与王和先、张齐望所居甚近,皆有声妓,日置酒相乐,予亦往来两家不厌也。尝作诗云："王家二琼芙蕖妖,张家阿倩海棠魄。露香亭前占秋光,红云岛边弄春色。满城钱痴买娉婷,风卷画楼丝竹声。谁似两家喜看客,新翻歌舞劝飞觞。君不见东州钝汉发半缟,日日醉踏碧鸡三井道。"……追思平时论说,信笔以记,积百十纸,混群书中,不自收拾。今秋开连匣偶得之,残脱逸散,仅存十七,因次比增广,成五卷目,曰《碧鸡漫志》。顾将老矣,方悔少年之非,游心淡泊,成此亦安用,但一时醉墨,未忍焚弃耳。已巳三月既望,覃思斋序。①

唐圭璋《词话丛编》收《碧鸡漫志》五卷②,从词源、本体到风格诠释,可见其卓绝的美学视野。其理论重点有二:一为情性本体,二为美感经验。

1. 情性本体：优游按衍

《碧鸡漫志》以为词的本体"生于心,源于情"：

> 古人因事作歌,抒写一时之意,意尽则止,故歌无定句。因其喜怒哀乐,声则不同,故句无定句。今音节皆有辖束,而一字一拍不敢辄增损,何与古相戾欤？予曰：皆是也。今人固不及古,而本之情性,稽之度数,古今所尚,各因其所重。……③

"情志"是诗的本源,喜怒哀乐之情启示音声的律动,如《毛诗序》云："诗者,志之所至也,在心为志,发言为诗,情动于中,而形于言。"如刘勰《文心雕龙·明诗》："人禀七情,应物斯感,感物吟志,莫非自然④"。"词"作为广义诗学的一体,本体是情,音声是情感的

---

① 王灼：《碧鸡漫志》卷一,唐圭璋《词话丛编》册一,台北：广文书局,1967年,第17页。
② 唐圭璋：《词话丛编》册一,台北：广文书局,1967年,第19—82页。
③ 王灼：《碧鸡漫志》卷一,唐圭璋《词话丛编》册一,台北：广文书局,1967年,第28页。
④ 刘勰：《文心雕龙·明诗》,台北：河洛图书出版社,1976年,第34页。

律动,或喜,或怨,或激,或愁,在词的美感思维中,王灼尝试从《诗》《骚》传统为创作寻求根源上的解释,以情志为基础的"情性说",为骚雅的美学旨趣提供一个宽广的创作领域,所以洪兴祖《楚辞补注》引《典论》:

> 优游按衍,屈原尚之,穷奢极妙,相如之长也。然原据托譬喻其意,周旋绰有余度,长卿、子云不能及。①

"优游按衍"偏重形上的感情意境,情采精艳的《楚辞》在一定程度上予词家以情志上的启发,王灼一方面肯定词学的本真,同时正视骚雅词发展的深度,以为有"譬喻其意,周旋绰有余度"之妙。

2. 美感经验:寂寞凄凉

在词的美感经验中,"因所感发为歌",词境有赖于词人的意兴感发才得以完成,换言之,王灼跳脱了传统"温柔敦厚"诗教的框架,跨越了对于外在语言形式的追求,赋予词以积极意义的美学思考,卷二云:

> 前辈云《离骚》寂寞千年后,《戚氏》凄凉一曲终。《戚氏》柳所作也,柳何敢知世间有《离骚》,惟贺方回、周美成,时时得之。……②

王灼将《离骚》的寂寞清愁与词的造语凄凉比附骚雅沈郁的特质,为骚雅词的创作开示一条美感经验的思考模式,建构骚雅词文艺美学内涵。

《碧鸡漫志》卷二具体指出骚雅词情的作家,客观印证了骚雅词存在的事实:"世间有《离骚》,惟贺方回、周美成,时时得之。"③贺铸词步屈原足迹,以潇湘、楚梦和香草入词,陈廷焯称许方回词境高远,允为神品,《白雨斋词话》指出:

> 方回词,胸中眼中,另有一种伤心说不出处,全得力于楚骚,而运以变化,允推神品。④

所谓"另有一种伤心说不出处,全得力于楚骚",以方回《潇湘雨》词证之:

> 一阕离歌,满尊红泪,解携十里长亭。木兰归棹,犹倚采苹汀。鸭噪黄陵庙掩,因想象、鼓瑟湘灵。……⑤

---

① 洪兴祖:《楚辞补注·离骚经章句》引,台北:汉京文化事业有限公司,1983年,第3页。
② 王灼:《碧鸡漫志》卷二,见唐圭璋《词话丛编》册一,台北:广文书局,1967年,第34页。
③ 王灼:《碧鸡漫志》卷二,见唐圭璋《词话丛编》册一,台北:广文书局,1967年,第34页。
④ 陈廷焯:《白雨斋词话》,唐圭璋编《词话丛编》册六,台北:广文书局,1967年,第3809页。
⑤ 唐圭璋编:《全宋词》,台北:宏业书局,1985年,第187页。

潇潇楚天,鼓瑟湘灵的愁思引发情意感动于无限美感,沈德潜《唐诗别裁》云:"忧愁幽思,笔端缭绕。屈子之怨,岂沅湘所能流去耶?"[1] 贺铸词凄凉幽怨,极尽楚骚悲愁,楚歌声苦的具现,展现骚雅词的特色。一如《文心雕龙·诠赋》所指:"骚则长于言幽怨之情。"[2] 王灼所欲彰显的文艺精神,正与刘勰所关注的抒情精神一样,"离骚精神"的再现是骚雅词评史上的重要观察,"幽索如屈宋"[3] 的贺铸词,清楚揭示"骚雅"在词学史上的意义与价值。

(三) 张炎《词源》

张炎,字叔夏,号玉田,又号乐笑翁,著《词源》[4],《词源》上下两卷,上卷详论律吕音理,记录保存古音乐文献,下卷论述词的创作,并提出论词主张:"音谱""拍眼""制曲""句法""字面""虚字""清空""意趣""用事""咏物""节序""赋情""离情""令曲""杂论""五要"16篇词论归纳词学规律与词体艺术。《词源》赞许姜白石词:"不惟清空,又且骚雅,读之使人神观飞越。"[5] 开展出骚雅词的抒情词论。张炎教儿诵楚文,歌楚调,对楚辞之娴熟与热爱可见一斑:《南乡子》词云:"醉里教儿诵楚文。"[6]

《国香》词云:"凄凉歌楚调,袅余音不放。"[7]

相对于五代词的绮靡,张炎反对浮艳词风,追求意趣高远的词境,他提出"清空"与"骚雅"并存的境界说,在骚雅词的发展史上,张炎既有理论之建立,其词亦具骚雅意趣,《词源》一共三次提到"骚雅":《词源·清空》评姜夔:"不惟清空,又且骚雅。"

《词源·赋情》评陆淞《瑞鹤仙》、辛弃疾《祝英台近》:"皆景中带情,而存骚雅。"

《词源·杂论》评周邦彦:"出奇之语,以白石骚雅句法润色之,真天机云锦也。"

词本介于雅、俗之间,张炎评词的标准完全建立在美感经验上,肯定骚雅词具有"形""神"兼备的艺术形象与意境,姜夔、陆淞、辛弃疾、吴文英、周邦彦都是此中大家。《词源》于"清空"一条论述"骚雅"词境:

> 词要清空,不要质实。清空则古雅峭拔,质实则凝涩晦昧。姜白石词如野云孤飞,去留无迹。……姜白石词如《疏影》《暗香》《扬州慢》《一萼红》《琵琶仙》《探春》《八归》《淡黄柳》等曲,不惟清空,又且骚雅,读之使人神观飞跃。[8]

---

[1] 沈德潜:《唐诗别裁》,香港:中华书局,1977年,第256页。
[2] 刘勰:《文心雕龙·诠赋》卷二,台南:东海出社,1981年,第9页。
[3] 吴梅:《吴梅讲词曲》引张文潜:"方回乐府,妙绝一世、盛丽如游金张之堂,妖冶如揽嫱施之袪,幽索如屈宋,悲壮如苏李。"南京:凤凰出版社,2009年,第103页。
[4] 唐圭璋:《词话丛编》册一,台北:广文书局,1967年,第177—227页。
[5] 张炎:《词源》"意趣",唐圭璋:《词话丛编》册一,台北:广文书局,1967年,第208页。
[6] 唐圭璋编:《全宋词》,台北:宏业书局,1985年,第3521页。
[7] 唐圭璋编:《全宋词》,台北:宏业书局,1985年,第3521页。
[8] 陆辅之:《词旨》,唐圭璋:《词话丛编》册一,台北:广文书局,1967年,第207页。

将"清空"与"骚雅"并举,并以白石词作为骚雅之典范,其中"神观飞跃"兴味的提出,是继鲖阳居士的"骚雅之趣"后,进一步诠释骚雅词趣,为骚雅词提供理论基础与作品实例。

《词源》"赋情"一段论辛弃疾词,能清楚张炎的词学理论:

> 《祝英台近》……罗帐灯昏哽咽梦中语,是他春带愁来春归何处,却不解带将愁去,皆景中带情,而存骚雅。故其燕酣之乐,别离之愁,回文题叶之思,岘首西州之泪,一寓于词,若能屏去浮艳,乐而不淫,是亦汉魏乐府之遗意。①

这里所主张的"屏去浮艳,乐而不淫",原是传统诗教对于诗歌文艺的理想,其中"乐而不淫"意图导正靡靡之音,对于情欲与音乐的联属关系更是重视,张炎因此以周邦彦词为例:

> 美成词只当看他浑成处,于软媚中有气魄,采唐诗融化如自己出者乃其所长;惜乎意趣却不高远。所以出奇之语,以白石骚雅之句润色之,真天机云锦也。②

张炎主张用白石词的骚雅来润色周邦彦词的出奇,以达到"天机云锦"效果。充分展示了张炎的诗评与诗论观点,所谓"神观飞"说明骚雅词境之一观。

张炎对骚雅词境的理解,因此使人注意到词在长久发展的过程中,经历"豪放""婉约"等词风流派,南宋社会背景、思想潮流促进骚雅词的流行,骚雅意趣因势登上宋代词坛之舞台。值得注意的是,张炎在骚雅理论之外,并推举陆淞《瑞鹤仙》与辛稼轩《祝英台近》,以为有"神观飞越"的骚雅情怀,"不惟清空,又且骚雅"的工夫是高段的书写。

张炎不仅于《词源》中推举"骚雅"的审美标准,他自作词也往往引骚语:

《解连环·拜陈西麓墓》:"楚魄难招,被万迭闲云迷着。"③

《声声慢·送琴友季静轩还杭》:"天空水云变色,任愔愔山鬼愁听。"④

《新雁过妆楼·赋菊》:"湘潭无人吊楚,叹落英自采,谁寄相思。"⑤

《征招·听袁伯长琴》:"余音犹在耳,有谁识、醉翁深意,去国怀情,草枯沙远,尚鸣山鬼。"⑥

《西江月·题墨水仙》:"飘缈波明洛浦,依稀玉立湘皋。读将兰蕙入离骚,不识山中瑶草。"⑦

---

① 张炎:《词源》,唐圭璋:《词话丛编》册一,台北:广文书局,1967 年,第 214 页。
② 张炎:《词源》,唐圭璋:《词话丛编》册一,台北:广文书局,1967 年,第 219 页。
③ 唐圭璋编:《全宋词》,台北:宏业书局,1985 年,第 3470 页。
④ 唐圭璋编:《全宋词》,台北:宏业书局,1985 年,第 3471 页。
⑤ 唐圭璋编:《全宋词》,台北:宏业书局,1985 年,第 3473 页。
⑥ 唐圭璋编:《全宋词》,台北:宏业书局,1985 年,第 3476 页。
⑦ 唐圭璋编:《全宋词》,台北:宏业书局,1985 年,第 3513 页。

以楚骚风情,漫然成篇,词作与理论一贯相通,具体完成骚雅词理论架构与作品,开展出酌奇玩华的骚雅词风。

## 二、骚雅词集

清代许宗彦《莲子居词话》论词之根源,一再强调:"作者本旨,无不滥觞楚辞,导源风雅,其趣一也。"① 自南宋风骚雅盛行以来,以骚雅精神为选本的词集出现,骚雅词选本较著者,前有周密《绝妙好词》,后有清代朱彝尊《词综》,两集均以"骚雅"精神为选词标准。

(一) 周密《绝妙好词》

周密(1232—1308),字公谨,号草窗,山东济南人,宋室南渡后,世居吴兴(浙江),居弁山,自号"弁阳啸翁",又号"泗水潜夫"。《绝妙好词》之外,诗集《草窗韵语》,词集《草窗词》《蘋州渔笛谱》及诗话、笔记多种。②

周密词风清丽,词律严谨,通晓音律,作词的严谨态度见于《木兰花慢·西湖十咏》词序:

> 西湖十景尚矣。张成子尝赋《应天长》十阕,余曰:"是古今词家未能道者。"余时年少气锐,谓此人间景,余与子皆人间人,子能道,余顾不能道耶?冥搜六日而词成。成子惊赏敏妙,许放出一头地。异日霞翁见之曰:"语丽矣,如律未协何。"遂相与订正,阅数月而后定,是知词不难作,而难于改,语不难工,而难于协。③

"词不难作,而难于改,语不难工,而难于协。"可看周密对作词所下功夫之深,用心于词的协律,从其词序及所选编《绝妙好词》词集中可窥其词观——清空骚雅。

"清空骚雅"原本源于张炎《词源》卷下:"白石词如《疏影》《暗香》《扬州慢》《一萼红》《琵琶仙》《探春》《八归》《淡黄柳》等曲,不惟清空,又且骚雅,读之使人神观飞越。"④"清空骚雅"原是张炎论词的风格标准,周密延续白石词清空骚雅的词论,《绝妙好辞》选录白石词多首,张炎所选八首中,除了《探春》《八归》未选录入《绝妙好辞》外,其余诸首皆入选,可见周密对于"清空骚雅"词之喜爱。

《绝妙好词》七卷收录南宋词作,是研究南渡词人的范本之作,选录最多的三位词家分别是姜夔、史达祖、吴文英,厉鹗序《绝妙好词》云:

> 绝妙好词七卷,南宋弁阳老人周密公谨所辑。宋人选本朝词,如曾端伯《乐府雅

---

① 许宗彦:《莲子居词话》序,唐圭璋编:《词话丛编》册四,台北:广文书局,1967年,第2388页。
② 夏承焘:《唐宋词人年谱·周草窗年谱》,上海:上海古典文学出版社,1979年,第315页。
③ 周密:《蘋洲渔笛谱》卷一,北京:中华书局,1985年,第1页。
④ 张炎:《词源》卷下,见唐圭璋编《词话丛编》册一,台北:广文书局,1967年,第208页。

词》、黄叔旸《花庵词选》,皆让其精粹,盖词家之准的也。①

因为所选词作非一般率尔之作,内容精粹可观,张炎《词源》赞誉:

> 近代词人用功者,如《阳春白雪》,如《绝妙好词》亦自可观。②

选录宋室南渡后词人精华之作,包括张孝祥、范成大、陆放翁、姚宽、辛稼轩、陈亮、史达祖、高观国、刘克庄、吴文英、张炎、王沂孙等133家,词作391首,是研究南渡词人范本之作。词集所选以"骚雅清空"为主,王兆鹏《词学史料学》对此书之评价为:"编者选词,崇尚骚雅清空,注重入选伤今吊古、登览记游、寄托高洁怀抱之篇。"③强调选篇以"骚雅清空"为重。萧鹏对南宋群体词人的观察,亦是"以骚雅清空为体的高格响调"④。可见南宋词人的骚雅词趣。

《绝妙好词》始于张孝祥《念奴娇·过洞庭》,终至仇远《八犯玉交枝·沧岛云连》,其中多有骚雅之作,如集中录选辛弃疾《摸鱼儿·更能消几番风雨》《瑞鹧鸪·雁霜寒透幕》《祝英台近·宝钗分》等词,评《祝英台近》:"皆景中带情,而存骚雅。"⑤

《绝妙好词》推崇骚雅清空,形成一大特色,而这亦反映了周密个人的审美趣味。作为一个清高狷介而又时时关怀国事的江湖散人,骚雅的比兴寄托正符合周密词中所表现的精神:"意愈切,辞愈微",正是屈宋曲终奏雅的讽谏本色。周密选词既以骚雅词人之作品为主要择篇,推尊姜夔,便是推尊"清空骚雅",这对于骚雅词的流行多少具有推广的意义,尤其架构出骚雅词人的词学网,这种创作主题的选篇,在骚雅词的词史上便具有相当程度的意义与价值。

(二) 朱彝尊《词综》

朱彝尊(1629—17092),字锡鬯,号竹垞,又号金风亭长,秀水(今浙江嘉兴)人。《词综》36卷,前26卷为朱彝尊编选,后由汪森增补,编书经过见《词综》序:

> 友人朱子锡鬯,辑有唐以来迄元人所为词,凡一十八卷,目曰《词综》。访予梧桐乡,予览而有契于心,请雕刻以行。朱子曰:"未也,词集传于今者,不下二百家,吾之

---

① 姜夔著,杨家骆编:《绝妙好词》,台北:世界书局,1970年,第4页。
② 张炎:《词源》,唐圭璋编:《词话丛编》册一,台北:广文书局,1967年,第217页。
③ 王兆鹏:《词学史料学》,北京:中华书局,2009年,第336页。
④ 萧鹏:《群体的选择——唐宋人词选与词人群通论》:"一是以骚雅清空为体的高格响调,二是以寄托人品襟抱以词言志为特征的深沉内涵,三是以严格协律按谱受制于词乐为准则的外在形式。"南京:凤凰出版社,2009年,第223页。
⑤ 张炎:《词源·赋情》,唐圭璋编:《词话丛编》册一,台北:广文书局,1967年,第214页。

所见，仅及其半而已，子其博搜以辅吾之不足，然后可。"予曰诺诺。锡鬯仍北游京师，南至于白下，逾三年归，广为二十六卷，予亦往来苕霅间，从故藏书家抄白诸集，相对参论，复益以四卷，凡三十卷……①

历时八年，收录唐、五代、宋、金、元词作2252首659家作品，书成"一洗草堂之陋，而倚声者之所宗矣"②，是非常宝贵的词学史料。

以朱彝尊为代表的浙派词论宗法南宋，主要推尊姜夔与张炎，此外还有周密、吴文英、张炎等皆为骚雅词家。

### 1. 理论的发扬：骚雅之致

作为与"俗"相对立的审美规范，《词综》的雅词思想是明确的，在内容上，与寄兴托意的主张相联系，因此与"骚雅"有了连结，其理论与选词深切吻合。

朱彝尊在《曝书亭集·卷四十红盐词序》中曾说：

> 词虽小技，昔之通儒巨公往往为之。盖有诗之所难言者，委曲倚之于声，其词愈微，而其旨愈远。善言词者，假闺房女之言，通之于《离骚》《变雅》之意。③

宋孝宗以后，词坛上复雅的呼声日崇，南宋普遍的黍离悲情影响，自鲖阳居士以"骚雅之趣"托出，为词的美学旨趣提供一个新的领域与发展方向，"怨而不怒"的情感表述，具体反映骚雅词延续屈原以来的特色，摒弃淫艳鄙俚之积习，追求人品骚雅高洁，进一步达到"骚雅醇正"，黄大舆《梅苑·自序》论："诗人之义托物取兴，屈原制骚或列芳草，今之所记，盖同一揆。"④

朱彝尊一向反对无病呻吟的词作弊端，南渡词人以"骚雅清空"为号召，往往借美人香草之兴，寄托现实的深意，北宋词重言情，南宋词重人品，宋人选词因此出现不同的方向，所以以骚体词为首选，将词作艺术与生命风姿密切关联，如萧鹏《群体的选择》一书指出：

> 南渡以来……首先追求人品之骚雅、醇厚、庄严、高洁，从而一步步达到词风之骚雅醇正。⑤

---

① 汪森：《词综·序》，台北：世界书局，2009年，第1页。
② 朱彝尊：《词综·发凡》，台北：世界局，2009年，第1页。
③ 朱彝尊：《曝书亭集》卷四十，台北：商务印书馆，1975年，第332页。
④ 黄大舆：《梅苑·自序》，《文渊阁四库全书》集部四二八，台北：商务印书馆，1986年，第98页。
⑤ 萧鹏：《群体的选择——唐宋人词选与词人群通论》，南京：凤凰出版社，2009年，第97页。

"骚雅醇正"的主张为词的美学旨趣提供一个新的领域与发展方向。

2. 词作选录：骚雅一系

南渡后，词人的尊体意识，一是"复雅"，一是"拟骚"。所谓"拟骚"，亦即刘克庄所称："藉花卉以发骚人墨客之豪，托闺怨以寓放臣逐子之感。"①在南宋词人努力下，以词言志，以词抒愤，词对楚骚的延续，不只是口语的模仿，朱彝尊跳脱一般习套，以《离骚》《变雅》之精神通变，以为咏物词是"骚人《橘颂》之遗音"。托兴深微之余，力图矫正粗率的词风。《黑蝶斋诗余》推崇姜夔：

> 词莫善于姜夔，宗之者张辑、卢祖皋、史达祖、吴文英、蒋捷、王沂孙、张炎、周密、陈允平、张翥、杨基，皆具夔之一体。②

汪森在《词综序》里进一步推举姜夔词"归于醇雅"，是词之最善者：

> 于是史达祖、高观国羽翼之，张辑、吴文英师之于前，赵以夫、蒋捷、周密、陈允平、王沂孙、张炎、张翥效之于后。譬之于乐，舞箾至九变，而词之能事毕矣。③

《词综》选录词观照骚雅精神，如陈廷焯《白雨斋词话》称姜夔词："清虚骚雅"④，称王沂孙词"源出风骚"⑤均可见骚雅词之风行。

## 三、骚雅词家：辛弃疾

"骚雅"是南宋词论的重点，词家于骚雅词人特别推重姜夔、辛弃疾等人。以下仅就稼轩词略论，以见骚雅词之一斑。

辛弃疾熟读《离骚》，时露对《离骚》的喜爱：

《水调歌头·寒食不小住》："文字起《骚》《雅》，刀剑化耕蚕。"⑥

---

① 刘克庄：《后村先生大全集·跋刘叔安感秋八词》，金启华编：《唐宋词集序跋汇编》，台北：商务印书馆，1993年，第253页。
② 朱彝尊：《曝书亭集》卷四十，台北：世界局，2009年，第4页。
③ 汪森：《词综》序，台北：世界书局，2009年，第1页。
④ 陈廷焯：《白雨斋词话》："清虚骚雅，每于抑郁中绕蕴藉，清真之劲敌，南宋一大家也"，唐圭璋编：《词话丛编》，第六册，台北：广文书局，1967年，第3821页。
⑤ 陈廷焯：《白雨斋词话》："碧山则源出风骚，兼采众美，托体最高，与白石亦最异……"，唐圭璋《词话丛编》册六，台北：广文书局，1967年，第3996页。
⑥ 唐圭璋编：《全宋词》，台北：宏业书局，1985年，第1891页。

《生查子·青山招不来》:"夜夜入清溪,听读《离骚》去。"①
《水调歌头》:"……手把《离骚》读遍,自扫落英餐罢,杖履晓霜浓。"②
《喜迁莺·暑风凉月》:"千古《离骚》文字,芳至今犹未歇。"③
《满江红·山居即事》:"细读《离骚》还痛饮,饱看修竹何妨肉。"④
《踏莎行·赋木樨》"未堪收拾付熏炉,窗前且把《离骚》读。"⑤

"听读离骚""细读离骚""手把离骚读遍",稼轩骚雅词,据粗略估计:"用屈骚的词语典故在90条以上"⑥,夺胎换骨已臻出神入化,骚雅词作如《木兰花慢》《沁园春》《水调歌头》《蝶恋花》《醉瓮操》《水龙吟》等,陈廷焯《白雨齐词话》称:"清虚骚雅"⑦,张炎说他:"不惟清空,亦且骚雅"⑧,两人所见一同。

张炎推举当代词作,特别赞誉"姜白石之骚雅",《词源》云:"周清真之典丽,姜白石之骚雅,史梅溪之句法,吴梦窗之字面。取四家之所长,去四家之所短,此翁之要诀。"⑨关于稼轩骚雅词应用之妙,分述如下:

(1) 变骚

稼轩娴熟《楚辞》语法,天机化成不假雕饰,以《水调歌头》为例:

> 长恨复长恨,裁作短歌行。何人为我楚舞,听我楚狂声? 余既滋兰九畹,又树蕙之百亩,秋菊更餐英。门外沧浪水,可以濯吾缨。
>
> 一杯酒,问何似,身后名? 人间万事,毫发常重泰山轻。悲莫悲生离别,乐莫乐新相识,儿女古今情。富贵非吾事,归与白鸥盟。⑩

上阙"余既滋兰九畹,又树蕙之百亩,秋菊更餐英。"自《离骚》:"余既滋兰之九畹兮,又树蕙之百亩。"与"朝饮木兰之坠露兮,夕餐秋菊之落英。⑪"句而来。而"门外沧浪水,

---

① 唐圭璋编:《全宋词》,台北:宏业书局,1985年,第1945页。
② 唐圭璋编:《全宋词》,台北:宏业书局,1985年,第1952页。
③ 唐圭璋编:《全宋词》,台北:宏业书局,1985年,第1935页。
④ 唐圭璋编:《全宋词》,台北:宏业书局,1985年,第1909页。
⑤ 唐圭璋编:《全宋词》,台北:宏业书局,1985年,第1958页。
⑥ 李松杨:《稼轩词与屈骚》,《辽宁大学学报》,(哲学社会科学版),第30卷第1期,2002年,第55—58页。
⑦ 陈廷焯:《白雨齐词话》,唐圭璋编:《词话丛编》,册六,台北:广文书局,1967年,第3821页。
⑧ 张炎:《词源》,唐圭璋:《词话丛编》册一,台北:广文书局,1967年,第214页。
⑨ 张炎:《词源》,唐圭璋:《词话丛编》册一,台北:广文书局,1967年,第250页。
⑩ 唐圭璋编:《全宋词》,台北:宏业书局,1985年,第1893页。
⑪ 王逸:《楚辞章句》,台北:艺文印书馆,1974年,第29页。

可以濯吾缨"亦见于《渔父》:"沧浪之水清兮,可以濯吾缨。沧浪之水浊兮,可以濯吾足。①"

至于下阕词:"悲莫悲生离别,乐莫乐新相识"句,与《楚辞·少司命》:"悲莫悲兮生离别,乐莫乐兮新相知"②几乎相同,"兮"字的游离,合乐的节奏活现于词中一体。

(2) 山鬼谣

《山鬼谣》取《九歌·山鬼》为题,原名《摸鱼儿》,词云:

> 问何年,此山来此,西风落日无语。看君似是羲皇上,直作太初名汝。溪上路。算只有、红尘不到今犹古。一杯谁举。笑我醉呼君,崔嵬未起,山鸟覆杯去。
> 
> 须记取。昨夜龙湫风雨。门前石浪掀舞,四更山鬼吹灯啸,惊倒世间儿女。依约处。还问我、清游杖屦公良苦,神交心许,待万里携君,鞭笞鸾凤,诵我远游赋。③

《山鬼谣》通篇以拟人手法写羲皇,古意盎然,最终以远游为颂,山鬼、远游皆取意自屈原,"四更山鬼吹灯啸,惊倒世间儿女"。情意芳悱的山鬼,与李商隐:"女萝山鬼语相邀"同具美感想象。

(3) 天问体

辛弃疾特别喜爱《楚辞》神游情节,《木兰花慢》词一首仿天问体而成,词前序云:"中秋饮酒将旦,客谓前人诗词有赋待月,无送月者,因用《天问》体赋。"

词云:

> 可怜今夕月,向何处,去悠悠?是别有人间,那边才见,光景东头?是天外,空汗漫,但长风浩浩送中秋?飞镜无根谁系?姮娥不嫁谁留?谓经海底问无由,恍惚使人愁。怕万里长鲸,纵横触破,玉殿琼楼。虾蟆故堪浴水,问云何玉兔解沉浮?若道都齐无恙,云何渐渐如钩?④

辛弃疾于词序中明白指出此词乃是仿用《楚辞》之《天问》篇的疑问句体而成。

屈原呵壁问天,一连提出172问,从宇宙洪荒到天文地理到历史人事,辛弃疾《木兰花慢》词仿问天之举,对月九问,以慢词再现作者的忧伤情愁,此种仿作亦影响后来的蒋捷、刘过、刘克庄等人,骚雅词人竞相效仿天问体,凸显了稼轩对楚骚继承和发展的关键地位。

---

① 王逸:《楚辞章句》,台北:艺文印书馆,1974年,第241页。
② 王逸:《楚辞章句》,台北:艺文印书馆,1974年,第99页。
③ 唐圭璋编:《全宋词》,台北:宏业书局,1985年,第1886页。
④ 唐圭璋编:《全宋词》,台北:宏业书局,1985年,第1912页。

(4) 赋高唐

稼轩词以沉郁为基调的豪放风格,使用的语汇都明显受到了屈、宋及其骚赋的影响,如《水龙吟》词前有记云:"爱李延年歌、淳于髡语,合为词,庶几高唐、神女、洛神赋之意云"。词曰:

> 昔时曾有佳人,翩然绝世而独立。未论一顾倾城,再顾又倾人国。宁不知其,倾城倾国,佳人难得。看行云行雨,朝朝暮暮,阳台下、襄王侧。……①

汉武帝时,李延年作《佳人歌》写李夫人之美,歌云:

> 北方有佳人,遗世而独立。一顾倾人城,再顾倾人国。宁不知,倾城与倾国,佳人难再得。②

稼轩以李延年歌与宋玉《高唐赋》"旦为朝云,暮为行雨,朝朝暮暮,阳台之下"③合为《水龙吟》词:

> 听兮清佩琼瑶些。明兮镜秋毫些。君无去此,流昏涨腻,生蓬蒿些。
> 虎豹甘人,渴而饮汝,宁猿猱些。大而流江海,覆舟如芥,君无助、狂涛些。
> 大而流江海,覆舟如芥,君无助、狂涛些。④

豪情中之悲郁正是得力于《楚辞》之助。

(5) 集句

稼轩词试图罗织《楚辞》题材予以重新创作,词中不讳言集句或化用《楚辞》成句,如《忆王孙·集句》:

> 登山临水送将归,悲莫悲兮生别离。不用登临怨落晖。昔人非。惟有年年秋雁飞。⑤

《忆王孙》首句集《九辨》:"悲哉秋之为气也,萧瑟兮草木摇落而变衰,憭栗兮若在远

---

① 唐圭璋编:《全宋词》,台北:宏业书局,1985年,第1914页。
② 郭茂倩:《乐府诗集》,台北:里仁书局,1999年,第1181页。
③ 《历代赋汇》,南京:凤凰出版社,2004年,第615页。
④ 唐圭璋编:《全宋词》,台北:宏业书局,1985年,第1931页。
⑤ 唐圭璋编:《全宋词》,台北:宏业书局,1985年,第1908页。

行,登山临水兮送将归"① 而成;第二句"悲莫悲兮生别离"则集《九歌·少司命》:"悲莫悲兮生别离,乐莫乐兮新相知"② 句而成。再如《临江仙·风雨催春寒食近》词:

  绿野先生闲袖手,却寻诗酒功名,未知明日定阴晴。今宵成独醉,却笑众人醒。③

"今宵成独醉,却笑众人醒"句化用屈原《渔父》"举世皆浊我独清,众人皆醉我独醒④"的清醒意识。又如《喜迁莺》:

  ……休说。搴木末,当是灵均,恨与君王别。心阻媒劳,交疏怨极,恩不甚兮轻绝。……⑤

"恩不甚兮轻绝"出自《九歌·湘君》:"心不同兮媒劳,恩不甚兮轻绝"⑥ 句。
《汉宫春·亭上秋风》:

  ……只今木落江冷,眇眇愁余,故人书报,莫因循,忘却莼鲈。谁念我,新凉灯火,一编太史公书。⑦

"木落江冷,眇眇愁余"仿佛《九歌·湘夫人》:"帝子降兮北渚,目眇眇兮愁予,袅袅兮秋风,洞庭波兮木叶下"⑧ 的愁绪。其他像《木兰花慢·可怜今夕月》《千年调·左手把青霓》《水调歌头·我志在寥廓》《醉翁操·长松之风》等词,简直就是屈骚作品的复制。

(6) 口语方言:兮、些

稼轩词大量使用楚语,《水龙吟》全以"兮""些"楚语构篇:

  听兮清佩琼瑶些。明兮镜秋毫些。君无去此,流昏涨腻,生蓬蒿些。虎豹甘人,渴而饮汝,宁猿猱些。大而流江海,覆舟如芥,君无助、狂涛些。　路险兮、山高些。愧余独处无聊些。冬槽春盎,归来为我,制松醪些。其外芳芬,团龙片凤,煮云膏些。

---

① 王逸:《楚辞章句》,台北:艺文印书馆,1974年,第246页。
② 洪兴祖:《楚辞补注》,台北:汉京文化事业有限公司,1983年,第72页。
③ 唐圭璋编:《全宋词》,台北:宏业书局,1985年,第1900页。
④ 洪兴祖:《楚辞补注》,台北:汉京文化事业有限公司,1983年,第179页。
⑤ 唐圭璋编:《全宋词》,台北:宏业书局,1985年,第1935页。
⑥ 洪兴祖:《楚辞补注》,台北:汉京文化事业有限公司,1983年,第62页。
⑦ 唐圭璋编:《全宋词》,台北:宏业书局,1985年,第1955页。
⑧ 洪兴祖:《楚辞补注》,台北:汉京文化事业有限公司,1983年,第64页。

古人兮既往,嗟余之乐,乐箪瓢些。①

《水龙吟》同《招魂》体,全篇用"些"字,中间杂以"兮"字用,如:

　　《沁园春》:"……山中友,试高吟楚些,重与招魂。"②
　　《沁园春》:"有美人兮,玉佩琼琚,吾梦见之。……"③
　　《江神子》:"宝铺湘竹垂纱,醉眠些。……两轮屋角走如梭,太忙些……"④

只是稼轩并不囿于楚骚方言,他在方言口语上用词丰富,"哪""么""呵""也""哉"等皆出现于词中,根据夏敬观《跋毛钞本稼轩词》研究:"《稼轩词》往往以乡音叶韵,全集中不胜枚举。"⑤可见词的活泼本色。

(7)楚辞篇题

稼轩常常引用《楚辞》篇名入词,如:

　　《阮郎归·山前灯火欲黄昏》:"如今憔悴赋《招魂》,儒冠多误身。"⑥
　　《沁园春·老子平生》:"山中友,试高吟楚些,重与招魂。"⑦
　　《贺新郎·赋水仙》:"……灵均千古怀沙恨……弦断招魂无人赋。"⑧

《招魂》是《楚辞》中的一篇,⑨辛弃疾屡赋《招魂》外,词中还时时援引《远游》《东君》《卜居》《怀沙》等篇题,如:

　　《山鬼谣》:"还问我、清游杖屦公良苦,神交心许,待万里携君,鞭笞鸾凤,诵我《远游》赋。"⑩

---

① 唐圭璋编:《全宋词》,台北:宏业书局,1985年,第1894页。
② 唐圭璋编:《全宋词》,台北:宏业书局,1985年,第1949页。
③ 唐圭璋编:《全宋词》,台北:宏业书局,1985年,第1949页。
④ 唐圭璋编:《全宋词》,台北:宏业书局,1985年,第1934页。
⑤ 夏敬观:《跋毛钞本稼轩词》,金启华、张惠民等编:《唐宋词集序跋汇编》,台北:商务印书馆,1983年,第188页。
⑥ 唐圭璋编:《全宋词》,台北:宏业书局,1985年,第1884页。
⑦ 唐圭璋编:《全宋词》,台北:宏业书局,1985年,第1949页。
⑧ 唐圭璋编:《全宋词》,台北:宏业书局,1985年,第1873页。
⑨ 王逸:《楚辞章句》卷九,台北:艺文印书馆,1974年,第269页。
⑩ 唐圭璋编:《全宋词》,台北:宏业书局,1985年,第1886页。

《柳梢青》:"劝君莫远游难。何处有,西王母难,休采药难。……"①
《满江红》:"可恨东君,把春去春来无迹。便过眼、等闲输了,三分之一……"②
《念奴娇》:"……笑杀东君虚占断,多少朱朱白白。"③
《鹊桥仙》:"且对东君痛饮,莫教华发空催……"④
《水调歌头》:"我亦卜居者,岁晚望三闾。昂昂千里,泛泛不作水中凫……"⑤
《贺新郎》:"……谩写入,瑶琴忧愤。弦断招魂无人赋。……"⑥

不管是《远游》《东君》《卜居》还是《怀沙》,巧妙嵌入,毫无沾拈之气,个中诀窍或者直接援引篇名寄意,或者转化为"动词",取意"远游"为远离,"卜居"为卦;或者也有转为"名词"者,如以"东君"赋东风之意,词义应用变化无穷。

(8) 香草美人

大量撷取屈原作品中的香草、禽鸟,托物言志,间或引用鸩鸠等恶鸟来比喻小人,见于《八声甘州·故将军饮罢夜归来》咏李广,《虞美人·赋虞美人草》写项羽,《永遇乐·千古江山》写廉颇,《贺新郎·赋水仙》以水仙比屈子,就像《离骚》:"既替余以蕙纕兮,又申之以揽茝。"⑦佳人兰佩滋兰树蕙,餐菊落英的名士闲情,又如"水调歌头·长恨复长恨":

余既滋兰九畹,又树蕙之百亩,秋菊更餐英。⑧

词中"纫兰结佩带杜若"与"余既滋兰九畹,又树蕙之百亩"来自《离骚》:"余既既滋兰之九畹兮,又树蕙之百亩"⑨。

同样的美人香草之思还见于《喜迁莺·暑风凉月》:

休说,搴木末;当日灵均,恨与君王别。心阻媒劳,交疏怨极,恩不甚兮轻绝。⑩

---

① 唐圭璋编:《全宋词》,台北:宏业书局,1985年,第1928页。
② 唐圭璋编:《全宋词》,台北:宏业书局,1985年,第1987页。
③ 唐圭璋编:《全宋词》,台北:宏业书局,1985年,第1892页。
④ 唐圭璋编:《全宋词》,台北:宏业书局,1985年,第1965页。
⑤ 唐圭璋编:《全宋词》,台北:宏业书局,1985年,第1913页。
⑥ 唐圭璋编:《全宋词》,台北:宏业书局,1985年,第1873页。
⑦ 王逸:《楚辞章句·离骚经章句》,台北:艺文印书馆,1974年,第33页。
⑧ 唐圭璋编:《全宋词》,台北:宏业书局,1985年,第1913页。
⑨ 王逸:《楚辞章句·离骚经章句》,台北:艺文印书馆,1974年,第29页。
⑩ 唐圭璋编:《全宋词》,台北:宏业书局,1985年,第1935页。

不但语法用词本自楚骚,香草美人之比兴与屈原的文学创作手法更如出一辙。同样高洁幽雅的美人之思,辛弃疾词中不仅承续屈原兰、菊、杜若、蕙茝等香草作比的风格,更进一步成为摹写恬雅生活的词作元素,护竹、观梅、咏菊、佩兰、树蕙比比皆是,如《沁园春·三径初成》:

> 要小舟行钓,先应种柳;疏篱护竹,莫碍观梅。秋菊堪餐,春兰可佩,留待先生手自栽。①

餐菊佩兰,既用来比喻志行高洁,更是高人雅士的生活显影。还有《蝶恋花·九畹芳菲兰佩好》:

> 九畹芳菲兰佩好,空谷无人,自怨蛾眉巧。②

以方菲兰佩反衬女子之怨,无人赏识的空谷幽兰,正是作者深深的寄意。还有《水调歌头·长恨复长恨》:

> 余既滋兰九畹,又树蕙之百亩,秋菊更餐英。③

植芳佩兰,洁身自好的写意生活正是《离骚》:"余既滋兰之九畹兮,又树蕙之百亩""纫秋兰以为佩""杂杜衡与芳芷"之情境翻版。

## 四、结语

词的发展至宋已臻成熟,用典精工、遣词婉丽,产生许多精美佳作,抒情、言志、咏物,经过大晟府音律的推广,审音协律,铸词炼句,南宋词既保留词的婉约柔美,复讲求音律,词坛进入盛时。偏安之后,重形式音律的咏物词大兴,带起比兴寄托的抒情词作,其中由陆游、张孝祥、辛弃疾、姜夔、吴文英、张炎、王沂孙、周密等人所大量成就的骚雅词,既不同于靡弱的"婉约",也不同于苏、辛词以来的"豪放",词律上复注重谐音调律,姜夔、张炎、周密等人均善音律,能自制曲调,南宋词史上的骚雅词风,特别是姜夔以暗香疏影咏梅的咏物寄托,辛弃疾纫兰结佩的骚情雅致、吴文英赋词钟情高唐阳台,王沂孙借咏物思故国之忠情,骚雅词在南宋词坛呈现一波创作高峰,形成词史上别具一格的"骚雅之趣"。

---

① 唐圭璋编:《全宋词》,台北:宏业书局,1985年,第1868页。
② 唐圭璋编:《全宋词》,台北:宏业书局,1985年,第1979页。
③ 唐圭璋编:《全宋词》,台北:宏业书局,1985年,第1913页。

# 论当代"新楚辞"的主题、文体特征及创作承传路径*

### 湖南理工学院中国语言文学学院　湖南省屈原文化研究基地
### 龚红林　李文钰　罗瑾瑜　尹　倩　温玉清　孙汝兰

楚辞,可简单地认识为:楚人之"辞"。王逸《楚辞章句·九歌》解题介绍屈原《九歌》创作过程,指出他曾吸纳民间歌辞:"屈原放逐,窜伏其域,怀忧苦毒,愁思沸郁。出见俗人祭祀之礼,歌舞之乐,其词鄙陋。因为作《九歌》之曲,上陈事神之敬,下以见己之冤结,托之以风谏。"① 刘勰《文心雕龙·明诗》篇说:"逮楚国讽怨,则《离骚》为刺。"② 从这些描述可以初步确定,楚辞这一文体源于南楚民间之"辞(词)",经屈原充分吸纳创新而成。屈原开创的楚"辞"一体,是中国诗歌史上的伟大变化和创新。正如学者所言,其"总览斯文风格,凿空不经人道,自应别名一体,以'骚'命之可也。"③ 因此当代"新楚辞"概念与传统所言"骚体诗",可以画上一个粗略的等号。

纵观当代研究者对楚辞本体及其创作嬗变进行的探讨,我们不难看到,关于"骚体""楚辞体""骚体赋""骚体诗""拟骚体"的概念界定、文体特征、继承创新、文人接受等研究日趋系统和完善。这些研究,有以楚国特有的人文背景、地理环境、民俗风情、民间音乐等方面总体性地探讨骚体体式及其瑰丽浪漫风格的形成的;有以出土"上博简"中的楚辞体作品,研究屈原骚体辞、宋玉赋的形成的;有详细解读汉代拟骚体中汉人焦虑心态的表现及根由的,提出汉人焦虑心态表现在现实倒置感、时间飘忽感、命运限定感和孤独感等四个方面,主要焦虑的根由在于不遇和士与吏的"二重角色"等;有论述南朝骚体文学艺术上的新变的,提出南朝骚体特别注重语言的锤炼、声色的追求、意象的选择、意境的营构;有论晋代骚体情感的世俗化的;有探讨骚体"兮"字表征作用及限度,并兼论唐前骚体兼融多变的句式特征的;有系统研究北宋骚体文学审美品格的;有探析宋元遗民文人骚体作品意境的,提出宋元之际遗民文人的骚体作品,一方面继承屈原的忠义守节、忠君爱国的情感特质,如文天祥的骚体文学作品,另一方面更多地选取日常生活场

---

\* 本文系国家社科基金项目"家国情怀融入高校思想政治教育的路径研究"(编号 19BK108)阶段成果;湖南省高校思想政治工作精品项目课程育人"基于爱国主义与求索精神的《楚辞鉴赏与诵读》课程育人探索与实践"(编号 19JP006)阶段性成果;湖南理工学院大学生创新创业、"挑战杯"大学生课外学术科技作品"当代新楚辞创作研究与实践"结项成果。

① 洪兴祖补注:《楚辞补注》,北京:中华书局,1983年,第55页。
② 刘勰著,周振甫注:《文心雕龙注释》,北京:人民文学出版社,2002年,第48页。
③ 吴景旭:《历代诗话卷七》,《赋话广聚》第1册,北京:北京图书馆出版社,2006年,第418页。

景,呈现自然冲淡的意境;有系统研究明代骚体文学嬗变的,提出明代骚体作者借助屈宋传统来规范当时的骚体文学创作,以复古为革新,等等,可以说学界关于1949年前各朝各代的"骚体"创作都有深度发掘了。

但纵观国内外,学界对当代"新楚辞"或者说当代"骚体"的研究,却是寥寥无几。只有漆雕世彩所著《新楚辞》《梅赋》、漆雕世彩的骚体诗创作心得的系列文章如《骚体诗创作之缘起和体验》《新楚辞创作谈——当代骚体诗创作心得之七》等,及当代寥寥几位楚辞学者对该二书的相关评论,如台湾成功大学陈怡良教授为漆雕世彩《新楚辞》一书作的序《传承楚骚薪火,发扬屈原精神》,浙江大学崔富章、湖北省社科院毛庆、云南大学殷光熹、包头职大周秉高等诸位先生的《读漆雕世彩〈梅赋〉感言》,吴福秀《踵屈骚之体,彰民族之魂——论〈梅赋〉的抒情主人公形象》等。

可见,学界当代楚辞文体理论研究充分而"新楚辞"创作实践研究沉寂,在当代如何"继承千古绝艺"[①],仍是一个有待深入探讨的问题。尤其伴随我国语言的自然嬗变,古典楚辞的语言、句式等文体形式在现代汉语语境中不再能被轻易模仿,屈原开创的骚体诗已渐渐失去了"楚人争相传教"的文化语言土壤。基于此,本文将当代"新楚辞"作为研究对象,拟对当代"新楚辞"的创作概况进行梳理,研究总结当代"新楚辞"创作的主题类型和形式特征,并探索其创作路径,试求阐释当代"新楚辞"的生命力,增强当代"新楚辞"的创造力。

## 一、"骚体诗"的流变与当代"新楚辞"的界定

传承楚辞,在我国传统文化中的社会价值及楚辞文体上,具有独有的文学价值。屈原"以一人之手,创千古之业"[②],屈原以后,骚体诗被楚人宋玉、唐勒、景差之徒继承发展。到了汉代,楚辞影响极大。刘勰《文心雕龙·辨骚》中的评判:"是以枚贾追风以入丽,马扬沿波而得奇,其衣被词人,非一代也。"[③]汉代骚体诗的抒情主题主要有哀悼屈原、借古讽今、咏物言志、行旅感怀、歌颂盛世等,按作者身份可归为帝王之歌、臣子之歌、隐士之歌、文人才女之歌以及远嫁异域女子之悲歌。在情感的表达上,汉代骚体诗一方面继承了屈骚抒发对现实的愤懑之情的传统,另一方面,在汉代"大一统"影响下,汉代骚体诗出现一种与楚辞完全不同的主题——歌颂盛世与帝王功臣,如班固的《白雉诗》《宝鼎诗》。体式上,文人骚体诗由散趋整,但皇家骚体诗的"楚歌体"本色贯彻两汉始终,如汉高祖《大风歌》、汉武帝《秋风辞》等。表现手法上,汉骚赋法的使用得更为频繁,更为完善,

---

① 陈怡良:《传承楚骚薪火,发扬屈原精神——漆雕世彩先生〈新楚辞〉序》,《湖北师范大学学报》(哲学社会科学版),2017年第4期,第153页。

② 李维桢:《刊〈楚辞集注〉序》,李诚、熊良智主编:《楚辞评论集览》,武汉:湖北教育出版社,2003年,第272页。

③ 刘勰著,周振甫注:《文心雕龙·辨骚》,《文心雕龙注释》,北京:人民文学出版社,2002年,第36页。

且影响了汉乐府体制,"朱马以骚体制歌"①。

到了魏晋六朝,骚体诗在情感色彩上趋向日常世俗化,主题集中于仕宦隐逸、叹逝悼亡、咏物写怀三个方面。如潘岳《秋兴赋》、湛方生《怀归谣》等,写仕宦隐逸;石崇《思归叹》、夏侯湛《秋夕哀》,叹逝悼亡;夏侯湛《山路吟》《长夜谣》等,咏物感怀。"其隐逸之思大抵是宦途失意的即时愿望或仕宦之余的矫情作态;其叹逝悼亡体现了文人对个体生命价值的确认和生存自觉;咏物写怀则借自然物象兴发情感理致,并显示出文人对自然美本身的关注与追求。"②"骚体"内涵逐渐与辞、赋区别,《文选》有"骚""赋"之别,《文心雕龙》有"辨骚"与"诠赋"之分,"骚"已成为一种独特的文体名称。

唐代文学整体上呈现出"既笔力雄壮,又气象浑厚"③的盛唐气象。骚体诗创作和屈原精神在唐代文学发展中不绝于缕,骚体"重情"促进了唐诗的变革。盛唐诗人李白、杜甫、王维等对屈原为代表的楚辞文学传统和精神十分推崇,据不完全统计,《全唐诗》中仅仅提及吟诵屈原故事的诗篇就有二百六十多篇,李白《江山吟》诗有:"屈平辞赋悬日月",杜甫《戏为六绝句》道"窃攀屈宋宜方驾"。卢照邻、陈子昂、宋之问、李白、王维、柳宗元等骚体诗承袭楚辞句式、语词、抒情方式,如卢照邻《狱中学骚体》《释疾文三歌》,宋之问《冬宵引赠司马承祯》《嵩山天门歌》《高山引》,李白《临路歌》《远别离》,王维《登楼歌》《送友人归山歌》《渔山神女祠歌二首》《双黄鹄歌送别》《赠徐中书望终南山歌》《白鼋涡》等。这一时期的骚体诗主要有三类题材:盛世描绘,文人'怨情',妇人群体。形式上,唐代文人突破骚体诗的固定模式,追求多样化表达,扩大了骚体诗的表现张力。与魏晋骚体诗的世俗化相比,唐代骚体诗具有注重意境和象征化等"诗化"特征。④

---

① 参见卢毅:《论汉代骚体诗的情感表现》,《西藏民族学院学报》(哲学社会科学版),2008年第1期;李慧芳:《汉代骚体诗赋研究》,浙江大学博士学位论文,2009年;赵敏俐:《汉代骚体抒情诗主题与文人心态——兼论骚体赋的意义及其在文学史中的位置》,《中国文化研究》,2010年第2期;李程:《司马相如"骚体制歌"考》,《西华大学学报》(哲学社会科学版),2012年第2期;侯少博:《秦汉骚体文学的赋化路径》,《天中学刊》,2017年第1期。

② 参见郭建勋:《论建安骚体文学转向个性化、抒情化的内因外缘》,《求索》,1996年第2期;郭建勋《论阮籍、嵇康的骚体作品及其他》,《湖南师范大学社会科学学报》,1996年第5期;郭建勋:《晋代骚体文学的艺术风格与主要体式》,《中国韵文学刊》,1996年第2期;郭建勋:《晋代骚体文学的三大主题》,《中国文学研究》,1997年第1期;郭建勋:《论南朝骚体文学艺术上的新变》,《湖南师范大学社会科学学报》,1997年第3期;郭建勋:《论晋代骚体文学情感的世俗化》,《人文杂志》,1997年第5期;郭建勋、荣丹:《北朝骚体文学概述》,《中国文学研究》,2006年第1期。

③ 严羽:《答出继叔临安吴景仙书》,严羽著,郭少虞校释:《沧浪诗话校释》附录,北京:人民文学出版社,1983年,第253页。

④ 参见柳滋、唐涌:《论诗家三李——兼论"骚体"在中国文学史上的地位和影响》,《安徽师范大学学报》(人文社会科学版),1975年第2期;李金善校注:《骚体诗选》,河北大学出版社,2004年;时红梅:《略论王维骚体诗的特点》,《西安文理学院学报》(社会科学版),2011年第1期;许森:《唐代骚体诗研究》,长江大学硕士学位论文,2017年;马兰:《李白对庄骚的继承和发展》,《北方文学》,2011年第6期;何易展《论初唐四杰赋的拟骚倾向》,《文艺评论》,2011年第4期;李荣:《唐高宗武后时期骚体诗歌创作探究》,《乐山师范学院学报》,2012年第8期。

宋初"骚体"创作比较沉寂,宋真宗、仁宗朝时,"骚体"创作开始复兴,继承发展了屈骚香草美人的象征手法和发愤抒情特色,见于文献最早的宋代骚体诗是朱昂《隋河辞》。随着政治风云变幻,从欧阳修《醉翁吟》《山中之乐》开始,宋代骚体诗内容开始发生新变,怡情雅趣和空灵境界逐渐形成,此后,文人引儒学入骚体,引陶渊明如骚体,引庄入骚,散文化、议论化风格渐渐侵入传统"骚体诗",如郭正祥《泛江》《古思归引》、文同《秋望》等。两宋之交,亡国之痛激发了文人强烈的爱国主义情怀,骚体诗开始向屈原传统风格的回归,如范成大、胡铨、周紫芝、李纲、王十朋、葛立方等。①

宋末元初的骚体诗主要展现了两类主题:一是对故国的思念,代表文人是宋末状元丞相文天祥,其《思小村》《和夷齐西山歌》等二十余首骚体,直白表达了强烈的回归故国的愿望,遗民连文凤《鹁鸰》亦隐晦地传达他对故国的想念,等。二是对隐逸的追求,此时战乱不断,大量宋遗民选择隐居,内心亦难忘故国,于是借助骚体抒发寄情山水的隐逸情怀,出现了自然冲淡的意境。这一风格一直延续影响了元代汉族文人的骚体诗创作。②

明代,受诗文复古理论的影响,骚体诗创作得以出现新活力,抨击时弊、关心民瘼的骚体文学大量出现。以前后七子为主要代表,他们创作的寓意讽世骚体诗,将自己对人生的选择和情感的抒发寄托在怀古咏物、追悼屈原上,显得古奥质朴。③

近现代以来,一些学者创作了不少骚体诗,如于右任《安得猛士兮》(1910)、《忽竖革命旗》(1911)、《屈原2300年祭》(1957)等,其《望大陆》(1964)写道:"葬我于高之上兮,望我故乡。故乡不可见兮,永不能忘! 葬我于高山之上兮,望我大陆。大陆不可见兮,只有痛哭!"此外,骚体诗曾被选用为翻译外国诗歌。这既是追求信达雅的选择,又是译者对屈原骚体风格与域外诗歌的有意识比照的产物。如,朱生豪翻译莎士比亚的作品时特地选用骚体形式,以使翻译更加贴合原著内容,莎士比亚:"Round about her tomb they go./Midnight, assist our moan;/Help us to sigh and groan,/Heavily; heavily: /Graves, yawn and yield

---

① 参见刘培:《生气远出 意思萧散——论文同的骚体创作》,《贵州大学学报》(社会科学版),2003年第3期;刘培:《徘徊在入仕与归隐之间——论郭祥正的骚体创作》,《济南大学学报》(社会科学版),2005年第1期;刘培:《屈骚传统的复兴与王令的辞赋创作》,《湖北大学学报》(哲学社会科学版),2005年第3期;殷光熹:《说"骚体词"》,《文史知识》,2005年第3期;段现成:《北宋骚体文学的嬗变》,济南大学硕士学位论文,2007年;冯倩:《两宋之交骚体文学研究》,河北大学硕士学位论文,2008年;李金善、贾月:《论苏门四学士骚体文学的创作成就》,《河北大学学报》(哲学社会科学版),2010年第6期;刘培:《屈骚传统的多角度解读——南宋中期骚体创作》,《文艺研究》,2011年第9期;马兰:《文天祥骚体诗作〈思小村〉解读》,《文学教育》,2010年第23期;马兰:《留取丹心照汗青——文天祥骚体作品的情感特质及成因探析》,《名作欣赏》,2011年第8期;李金善:《宋代骚体文学的嬗变》,河北大学出版社,2013年。

② 马兰:《宋元遗民文人骚体作品意境探析》,《语文学刊》,2011年第12期;杨立琴:《元代骚体作品隐逸思想探微》,《河北大学成人教育学院学报》,2006年第1期。

③ 任丽华:《明代前期骚体文学的新变》,《许昌学院学报》,2006年第1期;任丽华:《明代中期骚体文学的新变》,《安阳师范学院学报》,2006年第1期;任丽华:《明代骚体文学的嬗变》,河北大学硕士学位论文,2008年。

your dead,/Till death be uttered,/Heavily, heavily." 译者:"绕墓门而逡寻兮,岂百身之可赎!风瑟瑟兮云漫漫,纷助予之悲叹;安得起重泉之白骨兮,及长夜之未旦!"(《无事生非》)又如,钱稻孙翻译但丁《神曲》:"方吾生之半路,恍余处乎幽林,失正轨而迷误。道其况兮不可禁,林荒蛮以惨烈,言念及之复怖心。"再如,胡适翻译拜伦《唐璜·哀希腊歌》时,将 Delos(月神)、Phoebus(日神)直接译为"羲和""素娥"。①

此后至今,骚体诗创作一直没有消逝,如,湖南、湖北等地民间端午祭祀屈原,多创作联系屈原或楚地传统的楚辞体作品。如湖南汨罗《祭屈原文》(1991 年湖南岳阳首届国际龙舟节)曰:

系维屈子,爱国忠良。振兴荆楚,辅弼庙堂。
三闾睦族,和辑伦常。左徒任政,宪制典章。
博闻强志,善政传扬。正道直行,尽智忠王。
鄙谗耻令,志洁行芳。楩枏杞梓,唯楚材长。
上官同列,妒嫉进谗。身遭绌逐,忧思彷徨。
强秦构衅,欺诈争强。怀王不返,嗣位顷襄。
縈心眷顾,爱国盈怀。终遭罢绌,远迹沅湘。
《九歌》含粹,《离骚》哀伤。秦兵入郢,国破家亡。
汨罗沉溺,词赋流芳。建祠永祀,玉笥山苍。
千秋典范,日月争光。龙舟角黍,来吊梯航。
今逢盛世,国泰民康。文明建设,继志韶山。
前贤敬式,拜奠馨香。尚飨!②

又如《"情系湖湘·两岸文化联谊行"祭屈原文》(2007):

丁亥仲夏,屈子祠堂。猪头羊头,贡品满房。
两岸名流,聚汨罗江。漂洋过海,同祭忠良。
屈子数载,行吟江畔。玉笥山上,仰天长叹。
太息民生,国家多难。上下求索,变法图强。
离骚天问,千古绝唱。九歌九章,骚润万代。
志洁行廉,日月同在。爱国忧民,顶礼膜拜。

---

① 参见任东升《"骚体"与外诗汉译》,《外语与翻译》,2009 年第 3 期;彭建华、邢莉君:《论郭沫若的译诗》,《郭沫若学刊》,2010 年第 4 期;方亚婷:《译诗诗体表情功能研究——以胡适仿骚体译本《哀希腊》为例》,《郑州航空工业管理学院学报》(社会科学版),2013 年第 6 期;赵顺:《于右任〈望大陆〉书写内容及其风格研究》,《戏剧之家》,2017 年第 1 期。
② 任远:《汨罗屈子祠当代祭屈原文梳理》,《职大学报》,2013 年第 1 期。

文化源头,炳烛焚香。招屈子英魂,励士民壮志。
　　屈子祠堂,唱楚歌兮。祈天下安康,求国家和谐。
　　君若有灵,魂魄归来。英名长存,史册永载!
　　来格、来尝!①

这类当代楚辞体创作,继承汉代楚辞叙述歌颂屈原生平功业为核心内容。同时,古今对比,结合当代精神风貌,歌颂当今时代国泰民康、国家和谐,以此慰藉屈原灵魂。

当代将楚辞体创作正式命名名为"新楚辞",见于漆雕世彩所著《新楚辞》一书。该书共汇编作者四十八篇当代"新楚辞"作品,包括短篇十六篇,中篇八篇,长篇七篇。这些新楚辞作品"对屈原的崇敬,景慕,对屈原之借鉴,仿效,虽崇古而非一味泥古,无论主题、风调、题材、情韵、意境、修辞等方面,颇能求新求变,别开生面"②。作者漆雕在《新楚辞》自序中言及其创作旨趣道:"深入生活,积累素材,去反映时代,反映人民的呼声","今人写新楚辞,要写出时代特色,要写新人新事新风尚,要用当代人的人生观、宇宙观、审美观、价值观去观察,去审视,在语言文字上,让大多数人能看懂、读懂,要写出时代的强音,要写出人民的心声"③。

综上,"新楚辞"是对传统楚辞体在主题、风调、题材、情韵、意境、修辞等方面的继承与创新而形成的骚体诗歌。但,它不同于传统骚体,又未完全脱离"骚体",所以用"新"来标识。

## 二、当代"新楚辞"创作的主题类型

本文主要以最具代表性的漆雕世彩《新楚辞》一书作为研究对象,同时,结合当代大学生"新楚辞"作品,对当代"新楚辞"创作的主题类型加以讨论。概而言之,从重大的社会题材到小家庭中的生活琐事,从对至情人性的赞美到对人生形而上的思考,当代"新楚辞"的作品大体可归纳为"国""家""人性""咏物""咏史怀古"五个主题。

围绕"国"展开,或书写中华民族新史诗以展现时代大美,反映人民心底呼声;或传达和平统一的愿望歌颂爱国精神以展望时代未来,又兼有对时代弊病的思考。这一主题继承了屈原作品里忧国忧民的情怀与敢于批判邪佞的精神。如漆雕世彩《迎上海世博会》:"喜迎世博兮歌飞扬,龙腾虎跃兮气轩昂,大国雄风兮播四方!"表达了对我国"世博"盛况的讴歌。《赋玉树大地震国人捐款》:"话语何亲兮!真情何沛兮!善款何巨兮!人心其凝乎?"通过言语抚慰、捐款两个行动,写中国人民在面对大灾难时众志成城、齐心协力,赞美了我们民族人民一家亲的团结精神。《宝剑赋》将邓小平改革思想比作宝剑,歌颂改

---

① 任远:《汨罗屈子祠当代祭屈原文梳理》,《职大学报》,2013年第1期。
② 陈怡良:《传承楚骚薪火,发扬屈原精神——漆雕世彩先生《新楚辞》序》,《湖北师范大学学报》(哲学社会科学版),2017年第4期。
③ 漆雕世彩:《新楚辞》,北京:中国文史出版社,2018年。

革开放思想,赞美敢于创新的精神和踏实肯干的品质,同时也表现了20世纪90年代初期在邓小平思想指导下神州大地日新月异之貌:"宝剑者,邓公改革之思想也,神州大地因之面日新月异。""神州起虹霓,春景弥山川!金瓯获两制,大地响乐章!广厦插云汉,奇花遍海疆。华夏中兴日,万民喜欲狂。"又如《中国馆前放楚歌》以中华民族的崛起起笔,落笔于期望国人不要松懈,中华民族复兴之路道阻且长,对"苍蝇、老虎"类要严拍猛打;《致贪官》则写贪官们无尽地索取终将使人民陷入艰难之境,这两首均是表达作者对社会上的贪污腐败之不正风气的批判。依托楚辞的文体形式,将视角聚焦于现世生活的方方面面,但其意蕴层次并非是单一与完全独立的,而是一个丰富的、具有系统性的有机体。

"家"是温馨的港湾,是家国情怀的落脚点。当代"新楚辞"中一部分作品,从生活琐事中,汲取灵感,表现"家"的主题。如,漆雕世彩《我儿归来》取材于当代社会生活热点,关注当代家庭教育的忧思,以"家"为主题,采用骚体诗的文体,劝诫青少年不要沉迷网吧,不要被"武打淫秽"的内容污染纯净的心灵,珍惜时光,专心学业,回归真实的有意义的生活。诗歌用"招生魂"的楚辞《招魂》体创作,其曰:"我儿归来!网吧不可待些。武打淫秽,隳坏学业些。归来归来,时不可久些!"这类主题,紧跟社会热点问题,关心青年学生们的精神境界的培育,正是对屈原滋兰树蕙、挽救众芳变质的"园丁"精神的继承与发展。

"人性"主题,是文学的永恒主题。当代"新楚辞"在这方面的表现,集中于歌颂女性、歌颂新时代文人的相亲相助、歌颂人类对艺术的追求、歌颂新时代的英雄。第一类如漆雕世彩《赠妻诗》:"卿之人品,白玉无瑕。淑姿窈窕,亭亭荷花。""甘处清贫,不恋荣华。疼爱子孙,慈海无涯,言传身教,存正去邪。孝敬老人,勤俭持家;乐善好施,誉满荆沙。求善求美,敢拼敢拏。为寻真爱,喑呜叱咤!上穷碧落,下穷尘沙,不辞生死,勇登岩崖。"通过对妻子品质特性与生活情趣方面的由衷赞美,传达对妻子的浓浓爱意与敬仰之情,从而表现出对女性美丽、善良、正直、勤学、勇求真爱的精神的歌颂。第二类如漆雕世彩《致唐和先生》,通过刻画唐和先生遒劲高超的书法技艺,赞颂对艺术具有高远追求的雅人:"乱曰:书山苍苍,艺海泱泱。唐和先生,觅得珪璋。读书究理,奋力上翔,笔歌墨舞,飞凤回鸾。盛世新篇,和谐乐章,时代骄子,人民唐郎!"等。而"手机短信"系列,以手机短信格式,点明具体时间并交代缘由,通过一系列与其文友之间的短信往来,记录新时代文人间的精神交流,赞颂了他们之间真挚的友谊,书写当代文人的精神面貌。第三类如漆雕世彩《石缘》以长篇形式,分为七节展现生命的各个过程,分别是:石出、锻炼、寻觅、石室、新生、结缡、交欢,它以石为依托,极具象征意义,展示出作者对生命本质的思索,对人类最原始情感冲动与华美生命的热情颂歌以及对人类进化的膜拜,在哲学思考中融入了具体生动的形象和真挚的情感。这些骚体作品中,作者继承了屈原深于哲学思考的抒情传统,并不满足于停留在对人性赞美意义上,而是拓展到哲学意味层,展开对人性、对生命普遍性的思考。第四类如罗瑾瑜《汨罗江畔咏怀——怀祭凉山橙衣勇士》:"踏清明之忽晴兮,风暖长堤。草薰薰之渐靡兮,思绪依依。眘春光兮冯何享？螭吻临凡，赴凉山兮不复还。有微风之何来兮？/应自雅奢，携忠魂兮与屈逢。/隔水望兮唤屈子，沐江饮露，乘飞絮兮翩翩翥。讦曰：皇皇穆穆！阆草不厌兮恐财之不尽，忽回首时红已谢。鸱鸮驰骛兮苦名之不立，顾余生之芳华掠。章君子兮以为类，灰飞离逝兮何所畏？缭宿莽兮化为春，春光将休兮也明媚。"这首诗的创作缘起就是吊念 2019 年 4 月四川凉山森林大火中牺牲的三十名扑火队员。

咏物，是"新楚辞"中颇具吸引力的一类主题，作者大多借对某些本身具有不凡气节的植物或特别的器物的歌咏传达思想和情感。这些楚辞作品或新奇小巧的短篇，或是长篇巨制。短篇者，如尹倩《樱赋》："花压枝兮陆离，意恣态兮万千。红如桃兮夭夭，白若雪兮霏霏。美要眇兮宜修，气氤氲兮芬芳。清扬兮婉婉，含睇兮倩倩。顾盼兮神飞，窈窕兮无双。风吹吹兮飘飘，似美人兮潸然。红颜落兮瑟瑟，香犹存兮郁郁。韶华逝兮似水，光阴隙兮苦短。"通过对春日樱花盛开、飘落情景的再现描绘，抒发了作者内心对时光流逝的惋惜。又如漆雕世彩《白荷辞》，作者将白荷化身为嫦娥的形象降临人世，通过对白荷姣好的姿容的刻画以及其于人世间的经历的叙写，赋予白荷以人的性灵，将白荷理想化，从而以白荷的纯洁高雅来歌颂美好爱情，以白荷坚强不屈品格来赞美豪俊英雄："美兮白荷！月宫嫦娥,/降来人间，仙姝颜色。/美兮白荷！盈盈嫩萼,/河洛英骨，宓妃本色。""美兮白荷，凛凛英哲！/不避险阻，不避凉热；/笑对磨折，笑对灾厄；/共赴蹇产，共赴逼仄。/艰难铸我，铁骨赫赫，/豪俊在此，邪恶震慑！"再如李文钰《古琴》："有莺啼兮盘旋，有流水兮潺湲。有撞石兮迸脆，有风木兮轻远。声声入兮中心，弦弦敲兮三魂。音落落兮点情，情浅浅兮渐满。沉云延兮天阔，波澜起兮抹湖山。"用新楚辞描绘作者听人谈古琴的音乐意境。长篇咏物辞，如漆雕世彩《梅赋》，作者从梅花图出发，通过一系列比喻拟人等手法，穿插与友人对画作和民族气节的讨论，展现友人不凡的作画技巧与梅花卓越的气质，歌咏梅正义、善良、坚韧之品质。作者欲以笔代剑，铲除世上之黑暗面，发扬人间之光明面："或运笔迅疾兮，如轻车骏马之奔驰，或运笔徐缓兮，如清溪落花之未遑。""从今后，不可妒梅轻梅斫梅删梅锄梅夭梅鹭梅遏梅毁梅而又尽掩梅之芳香兮；合令天下名士美人昂其头挺其胸瑟兮僩兮赫兮喧兮厉厉落落其才情兮凛凛冽冽其骨气浩浩荡荡其正气兮蓬蓬勃勃其喜气洋洋兮！"再如《根赋》，作者思绪由友人油画作品《根》联想到华夏炎黄之根本，传颂中华民族甘于默默奉献、无怨无悔的精神："万千根系兮织巨大网络。输源源甘泉兮润枝叶菁菁！万千根须兮深扎泥土，经九级风暴兮本心不惊！"屈原《橘颂》被誉为"咏物之祖"，新楚辞继承屈原这一主题传统，借香草嘉木象征人性、抒发情感。

咏史怀古，同样是当代"新楚辞"中常见的一类主题，大多借对历史人物、事件的叙述，传达借古思今、吊古励今等思想和情感。如温玉清《精卫填海》："荒忽兮远望，发鸠之山何秀秀。瞠目兮近观，东海之流何涓涓。縻何食兮水裔？蛟何游兮西山？曾枝浮兮，山岳潜行。碎石溺兮，浊浪壅淤。木兰兮，扶桑兮，辛夷兮山乎？海也。文首兮，白喙兮，赤足兮鸟乎？女娲也。"精卫填海的故事最早记载于《山海经》,对其内涵理解丰富,或解说为战胜自然的信念,或者阐释为对精卫顽强精神的赞美,或诠释为母系氏族社会鸟图腾的信仰等。东晋陶渊明曾有"精卫衔微木,将以填沧海"(《读山海经》)寄托着诗人慷慨不平的心情和意愿。作为当代大学生,温玉清《精卫填海》创作初心,据其自己谈到就是用楚辞的文体形式写神话故事,用适合的、丰富的词汇来把故事讲清楚,把情节发生安排好。所以,读者能明显感受到,温玉清《精卫填海》在情感上并不是十分激烈,新时代成长起来的她,咏史寄托的主要是对上古神话的探寻好奇之情,表现出来的风格自然就没有陶渊明"金刚怒目"式了。楚辞文体传承中常常以屈原身世故事为题材,如贾谊《吊屈原赋》、东方朔《七谏》等,当代"新楚辞"创作作品也多会用诗歌形式表达对屈原忠贞高洁品格的赞美与怀念,如孙汝兰《独醒》:"滋杜衡兮树群芳,欲静止兮云扬扬。佳期宜兮纷纷修,宾客来兮如从流。观我往兮后将至,怀婉婉兮思美玉。望先驱而聊逍遥兮,降九州而博大。世上何处无高楼兮,宜华灵修而正正。既揣度兮曰独醒也,独吾能警醒世人尔？玉兰香兮芳馨留,流水潺湲兮洁净归。自好修兮明邈邈,观巍楼兮独醒醒。"又如罗瑾瑜《求索》:"夜来幽梦兮迷洞庭,雾缭星潜兮沉孤影。缘滋延伫兮困氤氲,暗流香草兮意微醺。寻香南行兮越江皋,攀峦横湍兮寸难行。断袂湿裸兮捐沅澧,饮露食菊兮药兰英。不觉晓光兮至罗水,却闻泽畔兮行者吟:路漫漫其修远兮,吾将上下而求索!对曰:水迢迢其长艰兮,复溯洄兮无可畏!"这些当代大学生对从一开始抱着对骚体诗无限神秘性的求索心走向了楚辞的研究与创作,古老而复杂的文体形式,晦涩难懂的字词与修辞,曾经让他们一开始不知从何处下手,但慢慢地,沉下心来,走近屈原,走近楚辞,从现实生活中找到灵感,创作出自己心声的作品。而这种沉浸式的体验自然地触发了他们对屈原精神和屈原作品意象的理解与继承。

## 三、当代"新楚辞"的文体特征

屈原所开创的楚辞,其文体特征鲜明,前人研究甚多[①]。"新楚辞"与传统的"楚辞"

---

① 如潘啸龙:《什么叫"骚体诗"？》,《文史知识》,1983年第6期;叶晨晖:《骚体诗与赋》,《远程教育杂志》,1984年第5期;徐徐:《论"楚辞体"的演变——兼谈屈原作品的文体》,《长江大学学报》(社会科学版),1986年第1期;侯慧章:《论刘勰对屈原骚体的评价》,《宁夏大学学报》(人文社会科学版),1987年第3期;施明智:《屈原骚赋对〈诗经〉语言艺术的继承和发展》,《杭州师范大学学报》(社会科学版),1988年第4期;郭建勋:《骚体的形成与称谓辨析》,《湖南师范大学社会科学学报》,1995年第6期;郭建勋:《骚体文学:当代楚辞研究中的一个新领域》,《中国韵文学刊》,2003年第2期;[日]冈村繁:《关于楚辞骚体文学的分离现象》,《云梦学刊》,2003年第3期;高华平:《论骚体的中国东西部文学交融性质》,《华中师范大学学报》(人文社会科学版),2004年第3期;白崇:《论元嘉作家的骚体句式》,《湖南大学学报》(社会科学版),2005年第5期;蔡红燕:《屈原骚体的形制结构与语词审美》,《云南民族大学学报》(哲学社会科学版),2008年第5期;王德华:《骚体"兮"字表征作用及限度——兼论唐前骚体兼融多变的句式特征》,《浙江大学学报》(人文社会科学版),2008年第5期;曹胜高:《骚体新变与汉魏文体的演进》,《古代文明》,2008年第1期;李慧芳:《关于骚体界定的新思考》,《浙江工业大学学报》(社会科学版),2011年第4期;熊良智:《楚辞的叙述视角》,《社会科学战线》,2015年第1期。

及汉代拟楚辞而产生的"骚体",在形式上既有明显继承关系,又有细微新变,这里从句式及叙述视角的继承与创新加以分析,以明晰当代"新楚辞"的文体特征。

1. 句式的继承与创新

相较于传统楚辞,当代"新楚辞"的句式特征,可以总结为以下两个方面:

(1)继承上,新楚辞继承了传统骚体"兮"字为句腰或句尾的句式,及以"之""以"等虚词为句腰的句式。以"兮"作句腰的,如:

> 推兮勘兮求点画,考兮研兮苦溯源;
> 笔势隐兮鸾凤舞,龙游腾兮蹲金蟾。
> 　　　　　　　　——漆雕世彩《石缘四·石室》①

> 忽呼啸兮龙梅蜿蜿,忽翻飞兮凤梅皇皇,
> 忽突兀兮鹤骨峻嶒,忽偃蹇兮逸趣悠长。
> 　　　　　　　　——漆雕世彩《梅赋》

> 水墨淋漓兮豪情万丈,五彩斑斓兮动千里霞光,
> 墨雨飞落兮疑星云之过霄汉,笔行纸上兮如群帝之骖龙翔。
> 霜风凝白兮千枝竞秀,笑影流丹兮万里飘香,
> 万千根系兮织巨大网络。输源源甘泉兮润枝叶菁菁!
> 万千根须兮深扎泥土,经九级风暴兮本心不惊!
> 赳赳道枝兮与天风海雨相摩碰,骁骁劲叶兮与炸雷掣电相冲腾。
> 　　　　　　　　——漆雕世彩《梅赋》

又有以"之"为句腰的,如:

> 似倒海之洪流,如错置之天壤。
> 似空中之流霞,如大道之宽广。
> 似蛋黄之流溢,如白乳之清爽。
> 似水墨之挥洒,如彩色之流淌。
> 　　　　　　　　——漆雕世彩《秋水伊人石》

> 有和风之抚慰兮,润甘雨之沙沙;
> 纷祥云之缭绕兮,欣红日兮相揶;
> 忽鸾鸟之翔集兮,迥彩凤之衔葩。
> 　　　　　　　　——漆雕世彩《根赋》

---

① 本文引用"新楚辞"作品,见漆雕世彩:《新楚辞》,北京:中国文史出版社,2018年;漆雕世彩编著《海内名家评〈梅赋〉》,沈阳:辽宁大学出版社,2013年。

维按辔而徐行兮,望九嶷之苍苍。
寻二妃之芳迹兮,见斑竹之修长。

——漆雕世彩《石缘三·寻觅》

"兮"字为句腰的句式,在新楚辞中短篇中常见,不少作品通篇都是这样的格式,例如漆雕世彩《七彩天松石》《至唐河先生》等。但在长篇中占少数,通常零星地夹杂在作品中,上面列举出来的《石缘》《梅赋》便为这种情况。此外,还有些句子更加灵活地使用"兮"字,如:

投兮掷兮,八卦炉中,红光荧荧;
压兮盖兮,烈火烧兮,浓烟熏蒸。
灼兮烤兮,燎兮烂兮,
煎兮熬兮,熔兮煅兮。

——漆雕世彩《石缘二·锻炼》

当代大学生"新楚辞"创作也擅长灵活运用了"兮""之"字句腰,如:

踏清明之忽晴兮,风暖长堤。
草薰薰之渐靡兮,思绪依依。
眷春光兮冯何享?蠡吻临凡,赴凉山兮不复还。有微风之何来兮?应自雅砻,携忠魂兮与屈逢。隔水望兮唤屈子,沐江饮露,乘飞絮兮翩翩翥。
讶曰:皇皇穆穆!阆草不厌兮恐财之不尽,回首红已谢。鸱鸱驰骛兮苦名之不立,顾余生之芳华掠。然章君子兮以为类,灰飞离逝兮何所畏?缭宿莽兮化为春,春光将休兮也明媚。

——罗瑾瑜《汨罗江畔咏怀》

(2)创新上,当代新楚辞创作受到近体诗的格律传统的影响,句末押韵更加严格。例如:

阳春柔吻兮,靡靡激离怅。
秾夏烂漫兮,昭昭愿未央。
霜秋落情兮,哀哀思绿杨。
凌冬寂默兮,雾雾仅疏香。

——李文钰《春想》

乘龙兮翼翼,神高驰乎昆仑。
心忡忡兮寻觅,献瑰宝乎丞民。
杂幽兰与茹蕙兮,遴众芳于瑶林。
集精微于书中兮,进明堂乎永存。

——漆雕世彩《房陵文集·医药卷》题词

2. 抒情视角的继承与创新

当代新楚辞创作继承了传统楚辞的抒情视角,同时有一些新变。具体而言:

(1)继承"第一人称"的抒情视角。屈原《离骚》全诗共出现五种第一人称称谓:"余""吾""朕""予""我"。"余"字作为第一人称出现共53处,"吾"出现26处,"朕"出现4处,"予"出现3处,"我"出现2处。通过第一人称视角,作品将抒情主人公对现实的挣扎苦闷、对理想世界追求渴望展现得淋漓尽致。

当代新楚辞创作继承了这一传统的抒情视角,以漆雕世彩的四十八篇新楚辞作品统计,除去咏物、咏人、记事、写景等题材的作品外,有《红梅赋》《梅赋》《七彩天松石》《赠妻诗》等二十五首诗篇均出现了"我""余""吾""予"等第一人称代词。如《梅赋》:"沏龙井以进献兮,予心骨酥而意洋洋!""吾与朱子觐见兮,起欢声而动官商。"诗句中的"予""吾"在表现作者的情感上给予读者更直观的感受,使得作品更有感染力,同时加强了作品的想象张力和情感高度。

(2)创新上,出现了以第二人称为抒情视角的作品。漆雕世彩有两篇以"你"为人称代词的作品分别是《秋水伊人石》和《根赋》。《秋水伊人石》:"伊人兮伊人,你引颈遥望,你何其凄美!惆怅兮伊人,你在望谁?你望穿了秋水!"诗句中直接采用第二人称的抒情视角,自然、亲切、直接。又如《根赋》:"根兮根兮,天地灵根兮,炎黄慧根兮,华夏本根兮……你是倔强坚韧默默奉献而又无怨无悔之精神。"作者以"根"来喻指中华民族描写出的根基,文明的根源,最后用"你"赞美"根",自然、亲切、直接。尹倩《沅湘》:"有童子兮坐于案,手执简兮诵离骚。好修人兮立于前,语成章兮室流芳。文栩栩兮势磅礴,声琅琅兮绕乌楹。声随风兮紫浩淼,神契合兮与君知。修忠清兮而不豫,披杜衡兮与汝同归。"诗歌写在汨罗屈子书院"沅湘堂"内看见儿童吟诵屈原作品,好像看见面前就站着屈原本人,于是与"修忠清兮而不豫,披杜衡兮与汝同归",毫不犹豫希望与屈原你一起追寻"忠清"之品格。可以看到,随着抒情视角的转化,新楚辞题材范围更加广阔,新楚辞情感抒发更加亲切。

## 四、当代"新楚辞"创作承传路径

将楚辞传承发扬光大,汉代文人率先垂范,确立了屈原骚体诗承传的文献学和文艺学基础。刘勰将"骚"纳入整部《文心雕龙》理论主脉:"盖文心之作也,本乎道,师乎圣,体乎经,酌乎纬,变乎骚。文之枢纽,亦云极矣。"①《昭明文选》专列"骚"体,梁阮孝绪《七录》专列"楚辞"②,此后,历代正史中的《艺文志》将"楚辞类"列置集部总集之首。清代末期王国维将"楚之骚"与"唐之诗""宋之词""元之曲"并列为"一代之盛",进一步强化了屈原开创的楚辞体在中国诗歌文学史上空前绝后、后世创作皆"难于并能"的观点。

楚辞文学地位高,影响及其深远。但在全民诗词"热"的今天,诗、词、赋继承创作不挫的背后,我们却发现楚辞这一古老的文学样式却显得相对沉寂。楚辞文体固定的语言形式、瑰丽晦涩的句章和当时楚人的思维特征,并非当代人能轻易理解和继承的。结合课题组当代大学生"新楚辞"创作实践,大致归纳出"新楚辞"创作承传的基本路径如下:

1. 对楚辞文体标识性艺术特征的继承

楚辞文体标识"兮"字(及其相应句腰虚词"之""于""以""其"等字)能给予文字一种情韵顿挫的节奏、带来诗性的升华,这是楚辞体最独特最优美的句式特征,因此,当代新楚辞创作对这一句式特点是不可摒弃的。

除此之外,楚辞"香草美人"象征体系也是楚辞文体的独特标识。据统计,楚辞中有大量香草:江离、芷、秋兰、木兰、宿莽、椒、菌桂、蕙、荃、留荑、揭车、杜衡、菊、薜荔、胡、绳、芰、荷等,并形成了其独特的象征表达:"善鸟香草以配忠贞,恶禽臭物以比谗佞,灵修美人以媲于君。"(王逸《楚辞章句叙》)这些香草美人意象及象征艺术思维,也是可以随创作者的意愿进行继承的。如,当代大学生创作的"新楚辞"作品《游屈子园》:

浩渺兮生烟,云青兮欲雨。
椒车驰兮渡汨罗,混沌蜇兮跨瑶湖。
绿萝披兮寻山鬼,琼舟偃兮载轻鹭。
独步至兮求索堂,回首蓦兮闻天问。
漱石流兮泉淙淙,草木惊兮鸟鸪鸪。
入其室兮其匾曰:"光争日月。"
余思其光何来兮,艾草香兮贯终古。
天色兮迟暮,归人歌渔父。③

---

① 《文心雕龙·序志》,刘勰著,周振甫注:《文心雕龙注释》,北京:人民文学出版社,2002年,第535页。

② 宋郑樵《通志·校雠略·编次必谨类例论》曰:"学之不专者,为书之不明也;书之不明也,为类例之不分也。有专门之书,则有专门之学,有专门之学,则有世守之能,人守其学,学守有其书,书守其类。"可见,当时楚辞早已定位为"专门之学","楚辞"一词内涵既是专门学问名称,又为独立图书部类名称及屈原等人楚辞作品总集之书名,还是文章体裁类别名称。

③ 本文作者孙汝兰自创新楚辞作品《游屈子园》。

### 2. 对屈骚精神的发展创新

屈原开创楚辞文体被历代继承发展的一个重要原因在于其给予人们的精神力量。东汉王逸《楚辞章句·离骚经序》道："其词温而雅，其义皎而朗。凡百君子，莫不慕其清高，嘉其文采，哀其不遇，而愍其志焉。"近代王国维《屈子文学之精神》赞叹："周、秦间之大诗人，不能不独数屈子也。"①

在当代新楚辞创作中面临困难重重，如日常素材储备不足、想象力不够丰富、词汇量严重不足、与生活实践脱节，写出来的东西难免俗气，更常见无病呻吟、牵强附会，没有意境、没有美感、更无精神。可以说，今天要做好传统楚辞文体的创作实践，必用历史发展的眼光来看待楚辞文体特征，紧扣我们这个时代的精神图谱，以为时代画像、为时代立传、为时代明德为创作宗旨，让屈原精神通过楚辞文体的继承来铸造我们的灵魂、培育我们的人格。如当代新楚辞作品《汨罗江畔咏怀——怀祭凉山橙衣勇士》的创作缘起就是吊念2019年4月四川凉山森林大火中牺牲的三十名扑火队员：

> 踏清明之忽晴兮，风暖长堤。
> 草薰薰之渐靡兮，思绪依依。
> 眷春光兮冯何享？
> 螭吻临凡，赴凉山兮不复还。
> 有微风之何来兮？
> 应自雅耇，携忠魂兮与屈逢。
> 隔水望兮唤屈子，
> 沐江饮露，乘飞絮兮翩翩纛。
> 谇曰：皇皇穆穆！
> 阆草不厌兮恐财之不尽，忽回首时红已谢。
> 鸥鹥驰骛兮苦名之不立，顾余生之芳华掠。
> 章君子兮以为类，灰飞离逝兮何所畏？
> 缭宿莽兮化为春，春光将休兮也明媚。②

可见，作为诗歌体裁的"楚辞"特色鲜明，后世模仿者代不乏人，直到当代青年学生都能较好把握该文体的精髓，在充分研究、理解、把握"楚辞"的文体特征基础上，当代"新楚辞"创作已呈现了"继承传统精华 紧跟时代主题"的创新理念，已探索了一条寻找"鲜

---

① 洪治纲主编：《王国维经典文存》，上海大学出版社，2003年，第157页。
② 本文作者罗瑾瑜自创新楚辞作品《汨罗江畔咏怀——怀祭凉山橙衣勇士》。

活"的语言和故事的创新路径。

综上,由于我国语言的自然嬗变,使得古典楚辞文体在现代汉语语境中不宜轻易模仿,导致当代楚辞文体的理论研究发达而"新楚辞"创作不发达。但从现有当代新楚辞创作作品和本课题组中当代大学生的创作实践看,充分研究、理解、把握"楚辞"的主题和文体特征基础上,当代"新楚辞"创作仍是可以实践的。

赋体文学研究

# 文士主体性研究视域下的西汉前期骚体赋

广州大学 陈咏红

汉初文士多以代屈原立言的方式来抒发极度悲愤、压抑之情,这种赋作被称为骚体赋。本文的"文士"指新兴文士群体。春秋战国之际,士阶层分化,新兴士群体形成。由于当政者大力提倡学文,"学士则多赏"(《韩非子》卷19《显学篇》),故文士数量日渐增多,"士竞于教"(襄九年《左传》)。此处的"文士",泛指那些掌握了较高文化知识,并对内试图寻求"仕"本位意识之外的新的人生价值标准,对外代表一定社会道义的人文知识阶层的成员。① 新兴士群体形成的标志是文士主体性的生成。所谓文士的主体性,是文士作为主体所特有的属性,指文士在追求理想、与外界相互作用中所表现的自主性、能动性和创造性。② 新兴士群体的主体性包含两个方面:一是主体意识(含群体主体意识和群体成员的个体主体意识)。文人(士)开始重新定义自己的身份,"志于道"者方可称得上士。《论语·里仁篇》云:"士志于道。"可见,文士皆有"志于道"的主体意识。而文士个人的"志于道"的具体方式,则为这一群体成员的个体主体意识。二是主体意识的表达方式。春秋晚期,"立言"与"立德""立功"被相提并论,被定为文人人生价值追求之一。③ 而文人更擅长以知识(立言)表达自我的思想、感情,并获得社会地位和生存资料。至春秋末年和战国时期,文士掀起了立言之高潮,其主体性高扬。

秦统一后,文士主体性的实现途径阻塞。由于儒士与秦皇权存在国家管治理念的差异,儒士在皇权社会还保持动辄"以古非今"的行为方式。最终,焚书、坑儒事件发生了。④

---

① 此处的"文士"即后世的"文人"。参:陈咏红:《"文人"概念起源考释》,《广州大学学报》,2014年第5期。
② 商、西周时期,宗法分封制保证了士等级的稳定,但严格的等级制度又使士的知识和技能无法充分施展,缺乏知识主体的自主性。他们不是独立的知识群体,其知识还没有形成理论学说,没有达到以知识为资本与社会进行交换的程度。在春秋战国,士摆脱了宗教等级的束缚,获得了较多的人身自由。孙立群:《中国古代的士人生活》,北京:商务印书馆,2003年,第2页。
③ 杜预注,孔颖达疏:《春秋左传正义》,北京:中华书局,1980年,第1979页。
④ 儒生冒死藏书。如,孔子的九世孙孔鲋(据《史记·孔子世家》),当焚书令一下,友人告诫:"秦将灭先王之籍,而子为书籍之王,其危哉!"他回答:"秦非吾友,吾何危哉!吾将藏之以待其求,求至无患矣!"他知道,儒生于秦政中寄托的种种理想已不可能实现了。博士伏生藏《尚书》等儒家典籍于壁中(《史记》卷121《儒林列传》),河间人颜芝亦藏《孝经》(《隋书·经籍志》),《史记·六国年表序》曰:"《诗》《书》所以复见者,多藏人家。"

汉初文士(多为儒士)从汉承秦制的现实条件出发,积极参与新政建设,并扩大自身学说的影响。① 但是,由于汉初即高祖到景帝时期,"汉高祖虽不喜儒,文景二帝,亦好刑名黄老"(《鲁迅全集》卷9《汉文学史纲要·藩国之文术》),故百家并存而以黄老为主体,儒学的地位不算高。另外,由于最高统治者不好辞赋,因此文士在朝堂上没有较高地位;而藩王"颇有倾心养士,致意于文术者。楚、吴、梁、淮南、河间五王,其尤著者也"(《鲁迅全集》卷9《汉文学史纲要·藩国之文术》),因此当时的一些文士(多为儒士,也是辞赋家)大多游走在吴王刘濞、淮南王刘安②、梁孝王刘武等诸侯王身边。如,韩婴,西汉燕(今属河北)人。文帝时为博士,景帝时至常山王刘舜太傅。(《史记》卷121《儒林列传》③)枚乘、邹阳等人就先游吴后游梁。以辞赋见长的司马相如、严忌、邹阳④、枚乘等,在梁孝王刘武在开封东南一带所辟园地组成了梁园文学集团,梁国成为当时汉朝的文学中心之一。基于上述原因,西汉前期的骚体赋主要表现士人主体性实现途径阻塞的状态及其引发的"怨",并表现文人对自身地位及前途的深刻反思。文士之所以选择骚体赋以抒情,主要是由于当时文人诗歌尚未得到较大发展;而当时的散文(多为论说文)也不宜抒情。可以说,西汉前期骚体赋是文士自我主体性实现途径探索的第一步,这种探索带来了骚体赋的内容和艺术呈现的创新,显示出"呼号"的总体特征。这是文士"立言"事业的新发展。其反复呼号的特征表现在内容和艺术呈现两个方面。

## 一、西汉前期骚体赋内容的特征

西汉前期,骚体赋的代表作包括贾谊《吊屈原赋》《鵩鸟赋》、董仲舒《士不遇赋》、司马迁《悲士不遇赋》、东方朔《七谏》、刘向《九叹》、王褒《九怀》、王逸《九思》等。在这些骚体赋中,屈原以死殉道的生命经历成为汉初文士思索的对象,他们深深同情屈原的悲惨命运,但不赞成屈原自沉。刘熙载《艺概》卷3《赋概》曾这样总结:"古人一生之志,往往于赋寓之。"⑤ 西汉前期骚体赋的内容特征是表现了文士主体性实现途径阻塞的困境,

---

① 马亮宽:《略论士人与汉初社会发展》,《天津社会科学》,2001年第6期。
② 汉初,淮南王刘安及其宾客不仅在《淮南子》中化用《庄子》语句,阐发庄子思想,而且作有《庄子略要》和《庄子后解》(已佚);刘氏集团还首开"老庄"联称之先。
③ "韩生者,燕人也。孝文帝时为博士,景帝时为常山王太傅。韩生推《诗》之意而为《内外传》数万言,其语颇与齐鲁间殊,然其归一也。淮南贲生受之。自是之后,而燕赵间言《诗》者由韩生。韩生孙商为今上博士。"(司马迁:《史记》,北京:中华书局,1959年,第3124页)
④ 《汉书》卷51《贾邹枚路传》:"邹阳,齐人也。汉兴,诸侯王皆自治民聘贤,吴王濞招致四方游士,阳与吴严忌、枚乘等俱仕吴,皆以文辩著名。久之,吴王以太子事怨望,称疾不朝,阴有邪谋,阳奏书谏。为其事尚隐,恶指斥言,故先引秦为谕,因道胡、越、齐、赵、淮南之难,然后乃致其意。"《汉书》卷51《贾邹枚路传》:"吴王不内(纳)其言。是时,景帝少弟梁孝贵盛,亦待士。于是邹阳、枚乘、严忌知吴不可说,皆去之梁,从孝王游。"
⑤ 刘熙载:《艺概》,见《刘熙载文集》,南京:江苏古籍出版社,2000年,第129页。

具体分为三点：一是文士所抒发的主体性方面情感具有极度悲愤的成分；二是对文士主体性实现途径的探索意识处于萌芽状态；三是文士对"道"的创新性阐释具有寻求精神解脱的特征。

（一）文士所抒发的情感具有极度悲愤的成分

在汉代前期帝国草创的时代，士人既有从政热情，同时也有极度悲愤之情。此种极度悲愤之情当然与高祖"轻士善骂"的学术环境、布衣将相居多的官僚格局以及后宫外戚专权的政治生态等具体因素相关，但是，即使这些因素有所改善，文士在皇权专制政治制度下的主体性实现途径阻塞的状况还是不会根本改变。为此，文人感到极度悲愤而又迷惘。如，从高祖到文、景时期的三代士人的代表陆贾、贾谊、晁错就分别表达了极度悲愤之情。

1. 贾谊的《吊屈原赋》《惜誓》和《鵩鸟赋》

贾谊的代表作《吊屈原赋》《惜誓》和《鵩鸟赋》等均体现了汉初文士的主体性实现的需求。

（1）《吊屈原赋》

贾谊（前200—前168）的遭际与屈原相似，对屈原的不平遭际深表同情与伤悼。其赋作《吊屈原赋》《惜誓》和《鵩鸟赋》等深具文士疏离思想。

《吊屈原赋》作于取道湘江、赴长沙王太傅任之际。《汉书》载："谊既以谪去，意不自得，及渡湘水，为赋以吊屈原。屈原，楚贤臣也，被谗放逐，作《离骚赋》，其终篇曰：'已矣！国亡人，莫我知也。'遂自投江而死。谊追伤之，因以自谕。"（《汉书》卷48《贾谊传》）的确，贾谊《吊屈原赋》借他人之酒杯浇自己之块垒。"颇通诸子百家之书"（司马迁）的贾谊年少得志，本来很得文帝的重视。贾谊其初得赏识时便建言文帝："改正朔，易服色，法制度，定官名，兴礼乐。乃悉草具其事仪法，色尚黄，数用五，为官名，悉更秦之法。"（《史记》卷84《屈原贾生列传》）崇尚黄老的文帝亦"谦让未遑"；而被"绛、灌、东阳侯、冯敬之属"所短，于是文帝疏之，不用其议，以其为长沙王太傅。"贾生既辞往行，闻长沙卑湿，自以寿不得长，又以谪去，意不自得。及渡湘水，为赋以吊屈原"（《史记》卷84《屈原贾生列传》），吊古伤己。班固亦云：

屈原，楚贤臣也，被谗放逐，作《离骚赋》，其终篇曰："已矣！国亡人，莫我知也。"遂自投江而死。谊追伤之，因以自谕。（《汉书》卷48《贾谊传》）

《吊屈原赋》前半嗟叹屈原"逢时不祥""独离此咎"，激愤于屈原以贤圣、忠贞之质而遭遇黑白颠倒、是非贤愚不分的浊世：

遭世罔极兮，乃陨厥身。乌虖哀哉兮，逢时不祥！鸾凤伏窜兮，鸱鸮翱翔。阘茸尊显兮，谗谀得志；贤圣逆曳兮，方正倒植。谓随、夷溷兮，谓跖、蹻廉；莫邪为钝兮，铅刀为铦。……斡弃周鼎，宝康瓠兮。腾驾罢牛，骖蹇驴兮；骥垂两耳，服盐车兮。章甫荐屦，渐不可久兮；嗟苦先生，独离此咎兮！（《汉书》卷48《贾谊传》）

贾谊借此对黑白颠倒的现实进行揭露和批判。《吊屈原赋》后半部分表达了离世远举的隐处、自由的精神：

已矣！国其莫吾知兮，子独壹郁其谁语？凤缥缥其高逝兮，夫固自引而远去。袭九渊之神龙兮，沕渊潜以自珍；偭蟂獭以隐处兮，夫岂从虾与蛭螾？所贵圣之神德兮，远浊世而自藏。使麒麟可系而羁兮，岂云异夫犬羊？般纷纷其离此邮兮，亦夫子之故也！历九州而相其君兮，何必怀此都也？凤皇翔于千仞兮，览德辉而下之；见细德之险徵兮，遥增击而去之。彼寻常之汙渎兮，岂容吞舟之鱼！横江湖之鳣鲸兮，固将制于蝼蚁。（《汉书》卷48《贾谊传》）

此处以凤为喻，谓德高也。作者表示，既然现实如此溷浊幽暗，那还不如学凤凰高飞、神龙潜隐、麒麟幽伏，得其自在之所。其中，"彼寻常之污渎兮，岂容吞舟之鱼、横江湖之鳣鲸兮，固将制于蝼蚁"几句显然来自《庄子·庚桑楚》。

而汉初，黄老之术兴盛，贾谊是其接受者之一。在困窘的环境中，屈原也表白过"自疏"（《离骚》）的念头，但在"国无人莫我知"的处境下最终选择了自沉汨罗之路。可是，贾谊不赞成这种选择。于是贾谊《吊屈原赋》指出屈原有两条出路，一条是归隐："所贵圣人之神德兮，远浊世而自藏"；另一条是离开楚国到别国去，求得贤君而辅佐之："历九州而相其君兮，何必怀此都也？"显然，这也是贾谊对自己前途的思考。

贾谊《吊屈原赋》还用排比的方式，列出"鸾凤伏窜兮，鸱鸮翱翔。阘茸尊显兮，谗谀得志；贤圣逆曳兮，方正倒植"等一系列黑白颠倒的现实，既伤悼屈原，又感叹自己"逢时不祥"，情绪极度激愤。贾谊《惜誓》就用"黄鹄后时而寄处兮，鸱枭群而制之""放山渊之龟玉兮，相与贵夫砾石。梅伯数谏而至醢兮，来革顺志而用国"等富有气势的排比句式，揭露了玉石不分的一系列世道恶象。要之，文士所抒发的主体性方面情感具有极度悲愤的成分。

(2)《惜誓》

刘熙载《艺概》卷3《赋概》曾指出："《惜誓》，余释以为惜者，惜己不遇于时，发乎情也；誓者，誓己不改所守，止乎礼义也。"[①]

贾谊《惜誓》表达了作者对前路选择的困惑。作者将文人仕隐出处行为对举以表达

---

① 刘熙载：《艺概》，见《刘熙载文集》，南京：江苏古籍出版社，2000年，第125页。

这种困惑:"或偷合而苟进兮,或隐居而深藏。"(贾谊《惜誓》①)"或推移而苟容兮,或直言之谔谔。"(贾谊《惜誓》)这显示出作者对道路选择的犹豫心态。《惜誓》揭示这种现实人文环境的成因是贤愚不分。如"黄鹄后时而寄处兮,鸱枭群而制之"(贾谊《惜誓》)、"放山渊之龟玉兮,相与贵夫砾石。梅伯数谏而至醢兮,来革顺志而用国"(贾谊《惜誓》)等句就感叹在现实生活中人们玉石不分,并借古贤之杯以浇自己胸中之块垒。

作者在时空变幻的超现实空间中,任意驰骋,随心驱驰。在想象和现实的对照下,他寂寞孤独,哀怨愤懑,只好企慕离世游仙,终以"远浊世而自藏"(贾谊《惜誓》)作为归宿。作者激愤地呼号:"使麒麟可得羁而系兮,又何以异乎犬羊?"(贾谊《惜誓》)

综之,《惜誓》的不少文字与《吊屈原赋》相同、相似。(龚克昌《中国辞赋研究》②)贾谊借《惜誓》倾泻蓄积胸中的困惑、不平和哀愤,显得孑立孤高、愤世嫉俗。

(3)《鵩鸟赋》

贾谊《鵩鸟赋》的作时稍晚。贾谊为长沙傅时,写下了《鵩鸟赋》:

> 谊为长沙傅三年,有鵩飞入谊舍,止于坐隅。鵩似鸮,不祥鸟也。谊既以谪居长沙,长沙卑湿,谊自伤悼,以为寿不得长,乃为赋以自广。(《汉书》卷48《贾谊传》)

既然"为赋以自广",那么,可见作者既是一个诉说者,也是一个寻求慰藉者。

能使心灵获得解脱的方法,自然是超越现实的方法。《鵩鸟赋》以道家变化无常、祸福相倚、万物齐同等思想为主旨,表达了作者"不为物役"的志向。贾谊虚拟的鵩鸟的话语实为作者的心声:

> 单阏之岁兮,四月孟夏,庚子日斜兮,鵩集予舍。止于坐隅兮,貌甚闲暇。异物来萃兮,私怪其故。发书占之兮,谶言其度,曰:"野鸟入室兮,主人将去。"请问于鵩兮:"予去何之?吉乎告我,凶言其灾。淹速之度兮,语予其期。"鵩乃叹息,举首奋翼;口不能言,请对以臆:

> "万物变化兮,固无休息。斡流而迁兮,或推而还。形气转续兮,变化而嬗。沕穆无穷兮,胡可胜言!祸兮福所依,福兮祸所伏;忧喜聚门兮,吉凶同域。彼吴强大兮,夫差以败;越栖会稽兮,勾践霸世。斯游遂成兮,卒被五刑;傅说胥靡兮,乃相武丁。夫祸之与福兮,何异纠缠;命不可说兮,孰知其极!水激则旱兮,矢激则远;万物回薄兮,振荡相转。云蒸雨降兮,纠错相纷;大钧播物兮,坱圠无垠。天不可预虑兮,

---

① 洪兴祖:《楚辞补注》,北京:中华书局,1983年,第229页。
② 龚克昌:《中国辞赋研究》,济南:山东大学出版社,2003年,第290—291页。

道不可预谋兮,迟速有命兮,焉识其时。"(《汉书》卷48《贾谊传》)

此处,鹏鸟(贾谊)从国家兴衰角度,以夫差自恃国强而终败、勾践卧薪尝胆而称霸为例,说明国运无常;接着,从个人功业角度,以李斯游说秦王功成而终被五刑、傅说本为胥靡(囚犯)而终相武丁两例,说明人生祸福相依。

紧接着,鹏鸟云:

且夫天地为炉兮,造化为工;阴阳为炭兮,万物为铜。合散消息兮,安有常则?千变万化兮,未始有极,忽然为人兮,何足控抟;化为异物兮,又何足患!小智自私兮,贱彼贵我;达人大观兮,物无不可。贪夫殉财兮,烈士殉名。夸者死权兮,品庶每生。怵迫之徒兮,或趋西东;大人不曲兮,意变齐同。愚士系俗兮,窘若囚拘;至人遗物兮,独与道俱。众人惑惑兮,好恶积亿;真人恬漠兮,独与道息。释智遗形兮,超然自丧;寥廓忽荒兮,与道翱翔。乘流则逝兮,得坻则止;纵躯委命兮,不私与己。其生兮若浮,其死兮若休;澹乎若深渊止之静,泛乎若不系之舟。不以生故自宝兮,养空而浮;德人无累兮,知命不忧。细故蒂芥兮,何足以疑!(《汉书》卷48《贾谊传》)

此处,作者以万物聚散无常、无尽的现象,阐明自己超越生死、"纵躯委命"的人生态度。由此可知,《鹏鸟赋》有着诸多由《庄子》及《鹖冠子》而来的文字,抒发了道家影响下的自然与自由的生命意识,它还汲取了《老子》的不少思想内容,像"祸兮福所倚,福兮祸所伏"等。正是有了"祸之与福,何异纠缠"、"天不可预虑兮,道不可预谋兮;迟速有命兮,焉识其时"、"合散消息兮,安有常则;千变万化兮,未始有极"等认识,作者才看淡了生死、利害、名位之类的问题,希望"纵躯委命""与道翱翔",以道家自然、自由心态为自己身心求得依归。

要之,作者以自己与一只带来凶兆的鹏鸟的对话,暗示出在长沙卑湿之地无友的孤寂处境;并表达出文士在中央集权政治制度建立初期个人追求与现实体制的矛盾,以及个人主体性难以实现的苦闷。

2. 淮南小山的《招隐士》

《招隐士》写山林之可怖,以招"王孙"出山归来。《招隐士》乃汉人"楚辞"拟作。《汉书》卷30《艺文志》云:"淮南王群臣赋四十四篇。"[①] 这是仅存的一篇。淮南小山可能为《招隐士》作者。王逸《注》云:"《招隐士》者,淮南小山之所作也。昔淮南王安,博雅好古,招怀天下俊伟之士。自八公之徒,咸慕其德,而归其仁,各竭才智,著作篇章,分造辞赋,

---

① 班固撰,颜师古注:《汉书》,北京:中华书局,1962年,第1747页。

以类相从,故或称小山,或称大山。其义犹《诗》有《小雅》《大雅》也。小山之徒,闵伤屈原,又怪其文升天乘云,役使百神,似若仙者,虽身沉没,名德显闻,与隐处山泽无异,故作《招隐士》之赋,以章其志也。"(《楚辞补注》卷12 ①)由此可见,《招隐士》可能为个人创作,也有可能是集体创作,其作者当是"小山之徒"或其中之一员。

关于《招隐士》的题旨,王逸较早提出"闵伤屈原"说;明清之际王夫之提出"为淮南召致山谷潜伏之士"之作(王夫之《楚辞通释》卷12 ②);现当代有人提出为思念淮南王之作(马茂元《楚辞选》引詹安泰、容庚、吴重翰合编《中国文学史》③)。无论如何,《招隐士》描述了汉初疏离文士对自己在皇帝集权制度下的出路的思虑和犹豫。这种思虑和犹豫的表现主要有三:

第一,美誉文士的高洁节操。"桂"具有象征意义。《招隐士》开篇曰:"桂树丛生兮山之幽。"后面又两次重复使用"攀援桂枝兮聊淹留"。王逸《注》云:"桂树芬香,以兴屈原之忠贞也。"(《楚辞补注》)屈原曾用"桂"以自喻高洁,如,《离骚》云:"杂申椒与菌桂兮,岂维纫夫蕙茝?"《九歌》多次使用"桂酒""桂舟""桂棹""桂栋""桂枝""桂浆""桂旗"等词。可见,王逸的"闵伤屈原"之说是有道理的;而《招隐士》作者显然追慕屈原的高洁的节操。

第二,强化文士的生命意识。《招隐士》以春秋代序的自然变化的描写,表达了文士的时不我待的时间焦虑。《招隐士》云:"王孙游兮不归,春草生兮萋萋。岁暮兮不自聊,蟪蛄鸣兮啾啾。"王逸《注》曰:"年齿已老,寿命衰也。中心烦乱,常含忧也。秋节将至,悲嚎噍也。以言物盛则衰,乐极则哀,不宜久隐,失盛时也。"(《楚辞补注》)

第三,抒发文士不遇于时的悲叹。《招隐士》发现文士不遇于时的人生境遇具有普遍性。《招隐士》云:

  猕猴兮熊罴,慕类兮以悲。(《招隐士》)

王逸《注》云:"哀己不遇也。"(《楚辞补注》)

综之,《招隐士》表达了汉代士人希望隐者出山委曲求全,或者干脆游走他国另觅明主的心声,就像贾谊《吊屈原赋》所言:"历九州而相其君兮,何必怀此都也?"《招隐士》引发了后来隐逸文学中尤以晋代为盛的以山林险恶为由"招隐"的系列作品。

### 3. 枚乘的《七发》

枚乘(?—前140),字叔。先事吴,后事梁。(《汉书》卷51《贾邹枚路传》)汉初梁园文学集团主要成员之一。《汉书》卷30《艺文志》录"枚乘赋九篇"。今存《七发》《柳赋》

---

① 洪兴祖:《楚辞补注》,北京:中华书局,1983年,第232页。
② 王夫之:《楚辞通释》,上海:上海人民出版社,1975年,第165页。
③ 马茂元:《楚辞选》,北京:人民文学出版社,1998年,第192页。

《菟园赋》(后两篇疑为伪托之作)。

枚乘《七发》记吴客游说太子之事。赋中假设吴客前去探望生病的楚太子,由两人的对话构成了七段文字。吴客在指出太子病因乃久耽贪欲、日夜无度所致之后,通过描述音乐的美妙动听、饮食的清新鲜美等六件乐事,劝说太子转变生活方式。太子想做这些乐事而不能,但太子身体里的阳气已渐渐升起。在此之际,吴客建议太子听"方术之士""论天下之释微,理万物之是非"。听了这番推荐之后,太子"据几而起",疾病得愈。枚乘此赋的主旨继承了楚辞"贫士失职而志不平"(宋玉《九辩》)的思想主题,用艺术形象论述了物质与精神的辩证关系,以求得心灵的解脱。战国末年到汉初,疏离文人作品普遍表现了这种生不逢时的哀叹。《汉书》卷30《艺文志》亦云:"春秋之后,周道浸坏,聘问歌咏不行于列国,学《诗》之士逸在布衣,而贤人失志之赋作矣。大儒孙卿及楚臣屈原离谗忧国,皆作赋以风,咸有恻隐古诗之义。"

此外,《七发》还表达了一些带有强化文士主体性意味的观念:

一是表达了道家清静寡欲的养生观念。《七发》认为养生要保持"血脉之和",这与道教的养生观念是一致的:"纵耳目之欲,恣支体之安者,伤血脉之和。"接着,作者以铺陈的笔墨罗列出耗伤血脉的生活方式并加以批判:"出舆入辇,命曰蹶痿之机;洞房清宫,命曰寒热之媒;皓齿娥眉,命曰伐性之斧;……"(《七发》[①])这种清静寡欲的养生观念源于"道"的自然、无为的特性。

由于劝喻者文士("客")持"道"而为贵族君主之师,因此,《七发》显示了文士主体性增强的特点。

二是儒、墨、道、纵横思想杂糅。在《七发》卒章,吴客向太子推荐能"论天下之释微"、"理万物之是非"的"圣人辩士":"将为太子奏方术之士有资略者,若庄周、魏牟、杨朱、墨翟、便蜎、詹何之伦,使之论天下之释微,理万物之是非。孔、老览观,孟子持筹而筭之,万不失一。此亦天下要言妙道也。"(《七发》[②])这些圣人辩士包括"庄周""魏牟""杨朱""墨翟""孔""老"和"孟子"等人。此处,作者所肯定的人物涉及墨、道、儒诸家,而"辩士"一词又透露了纵横思想存在的信息。这可见出儒、墨、道、纵横等思想杂糅于一人身上的现象,显示了文士利用一切思想成果应对现实的生存境况。这是文士主体性实现途径探索过程中的常见现象。《淮南子》等皆有同样现象。

综之,枚乘通过吴客的内容铺排的夸饰话语,流露出自己的主体性追求。枚乘从《上书谏吴王》以危险的现实具体人物为劝谏对象到《七发》以虚拟的"楚太子"为讽喻对象,这正是藩府士人由"实"入虚、进入相对安全一点的文学虚构世界的重要标志。"枚乘摘

---

① 费振刚、仇仲谦、刘南平校注:《全汉赋校注》,广州:广东教育出版社,2005年,第33页。
② 费振刚、仇仲谦、刘南平校注:《全汉赋校注》,广州:广东教育出版社,2005年,第37页。

艳,首制《七发》,腴辞云拘,夸丽风骇。"(《文心雕龙》卷3《杂文》[①])可以说,枚乘摆脱了《上书谏吴王》的行文运笔的拘谨而文思泉涌,开始确立汉大赋宏大体式。枚乘《七发》标志着骚体赋向汉代散体大赋的过渡。在赋史上,"七"成为一种专体。承继于枚乘之后,司马相如《子虚赋》更以完全虚化的人物"子虚""乌有"等展现出"苞括宇宙"的赋家之心。

(二)文士对自我主体性实现途径的探索意识处于萌芽状态

西汉前期,文士对自我主体性实现途径的探索意识处于萌芽状态,即文士对主体性实现途径的探索还没有与现实社会条件及自己的日常生活联系起来。具体表现为两点:

一是主要围绕屈原的人生选择作出评价,然后推人及己,迷惘不已。如,贾谊《吊屈原赋》指出屈原有两条出路,一条路是归隐:"所贵圣人之神德兮,远浊世而自藏";另一条路是离开楚国到别国去,求得贤君而辅佐之:"历九州而相其君兮,何必怀此都也"。显然,贾谊对自己主体性实现途径的探索是围绕屈原的遭遇而进行的,并没有与现实社会条件及自己日常生活密切联系起来思考自己的出路。其实,在贾谊的时代,大一统的环境已使文士难于"到别国去";他们更多是思考出处的问题。可见,文士普遍为主体性实现途径的阻塞而感到迷惘。

二是思想杂糅。思想杂糅正是对现实险恶的应对之道。当环境险恶时,人们会运用能运用的所有对象、方法,去保存自身的存在,或解释自身的存在。如,枚乘《七发》、刘安《淮南子》等均具有儒、墨、道、纵横思想杂糅的特点,显示出文士在严酷现实中思想左冲右突的情况。

要之,文士主体性实现途径的探索意识具有处于萌芽状态的特征。

(三)文士对"道"的创新性阐释具有寻求精神解脱的特征

"道"是具有高度概括性的范畴,文士"志于道"。在任何时候,文士自然都希望通过对"道"的重新阐释,分析自己的现实问题,为解决现实问题提供哲学依据。一般来说,文士对"道"的阐释及利用大致有三个层面:一是精神解脱层面;二是行动方向选择层面;三是个人主体性宣示层面。此期,文士对"道"的阐释、利用主要停留在精神解脱层面,即仅仅作为其生存的迷惘、激愤状态的一种解脱理论。

如,贾谊《鵩鸟赋》以人鸟对话的方式,借老庄超脱尘累、体"道"逍遥的超越性哲学以消解主体性实现途径阻塞的悲痛。贾谊在《鵩鸟赋》中痛感天道无常、祸福相倚:"天不可与虑,道不可与谋。"既然如此,那么处于尘世间的人就应该超脱尘累:"纵躯委命,不私与己","释智遗形,超然自丧","其生兮若浮,其死兮若休"。由体现孔子"天下无道则隐"的儒者之隐的"远浊世而自藏"(《吊屈原赋》),到体现全身远祸的老庄处世哲学的"释智遗形,超然自丧"(《鵩鸟赋》)的思想变化过程,反映了贾谊谪居长沙期间寻求精神解脱的心态变化过程。可见,文士在对"道"的创新性阐释方面具有寻求精神解脱的特征。

---

① 刘勰撰,王利器校笺:《文心雕龙校证》,上海:上海古籍出版社,1980年,第96页。

概言之,西汉前期骚体赋表现了文士主体性实现途径阻塞的困境。

## 二、西汉前期骚体赋的艺术特征

汉初骚体赋的艺术特征是抒情的反复性,具体表现为三点:文士情感的表现方式具有反复呼号的特征;文本具有复叠的结构特征;文本的山水题材具有避世深远的特征。下面分述之。

（一）文士情感的表现方式具有反复哭诉的特征

文士情感的表现方式的反复哭诉特征,是文士在社会转型时期无奈、迷惘心态的外化。此期文士反复哭诉的主要内容有三:

一是控诉现实贤愚不分。此期,作者常常控诉贤愚不分的现实,倾泻蓄积胸中的不平和哀愤。如,贾谊《惜誓》呼号:"使麒麟可得羁而系兮,何以异乎犬羊？"贾谊《吊屈原赋》反复呼号:"斡弃周鼎,宝康瓠兮。腾驾罷牛,骖蹇驴兮;骥垂两耳,服盐车兮。章甫荐履,渐不可久兮;嗟苦先生,独离此咎兮!"

二是感叹祸福无门、时命难猜。此期的作者普遍对祸福无门、时命难猜的人生感到十分压抑。贾谊《鹏鸟赋》描写自己所感受到的人生现象:"祸兮福所倚";他感叹自己对命途的难以把握:"迟速有命,鸟识其时",唯有"纵躯委命",把自己交与大自然,不再为生死、祸福之事介怀。贾谊对造化造人充满怨怼。贾谊《鹏鸟赋》认为,阴阳运化,生成万物:"天地为炉,造化为工;阴阳为炭,万物为铜。合散消息,安有常则。"而自己"忽然为人,何足控揣。"贾谊对造化造人充满怨怼,实质上是对自己"为人"而不可控的现实人生产生怨怼情绪。

三是对士群体人生不遇的普遍性的反思。文士逐渐发现自己不遇的人生境遇具有普遍性。如,《招隐士》云:"猕猴兮熊罴,慕类兮以悲。"这正是秦及汉初时期,文士对所在群体命运的普遍性的一种思考。

可见,文士情感的表现方式具有反复呼号的特征。

（二）文本具有复叠的结构特征

文本的复叠现象是迷惘心态在结构上的反映。主要表现为两点:

一是句式复叠。排比句是句式复叠的主要表现。此期的骚体赋较多使用排比句式营造激愤情感喷发而出的气势;由于排比句式占文章篇幅较多,几乎相当于以排比句式结构篇章。如,贾谊《吊屈原赋》等骚体赋就是如此。又如,枚乘《七发》云:"且夫出舆入辇,命曰蹷痿之机;洞房清宫,命曰寒热之媒;皓齿娥眉,命曰伐性之斧;甘脆肥脓,命曰腐肠之药。"[①] 同样的句式反复四次,气势非凡,增强了清淡生活有利于养生的观点的说服力。这是持有迷惘心态的文人试图超越现实的一种表现。

---

① 费振刚、仇仲谦、刘南平校注:《全汉赋校注》,广州:广东教育出版社,2005年,第33页。

二是意象复叠。如,《招隐士》开篇曰:"桂树丛生兮山之幽。"后面又两次重复使用"攀援桂枝兮聊淹留"。作者反复以"桂"意象象征自己的高洁。

文章句式或意象的复叠,是情感抒发的反复性的一种表现。这是文士主体性实现需求的一种显现。

（三）文本的山水题材具有避世深远的特征

文本的山水题材的避世深远特征,是体现文士主体性的疏离生活方式探索处于萌芽状态的表现。作为温带农耕国家的生存者,文士此时尚未将山水题材生活化、日常化,即尚未将山水作为文士疏离生活方式的重要构成因素及审美对象。如《招隐士》"王孙游兮不归,春草生兮萋萋。岁暮兮不自聊,蟪蛄鸣兮啾啾"等景物描写,显示出当时文士的山水题材选择具有避世深远之意。可见,此期的山水题材属于高山深谷,仍未具有日常生活性。

## 三、西汉前期骚体赋的呼号特征产生的原因

结合时代背景来考察,文士情感的表现方式的呼号特征产生的原因有二:

一是现实专制集权政治局面的形成对文士产生压迫感。面对新兴大一统帝国的威势和专制政治的无情,自觉怀瑾握瑜的文人,自感在皇权系统中无自我价值,于是,他们没有了屈子上下求索,虽体解而犹未悔的贵族的高傲和崇高的壮志,而只是引屈原的"信而见疑,忠而被谤"的"怨",类比自身的"怨";感屈原的怀石自沉的命运,抒自我的不遇于时的怨叹。

二是由现实与战国重士风气对比太过强烈而引发的强烈不适感。由现实与战国重士风气对比太过强烈而引发的强烈不适感或可称为"极度失望"。战国君主出于统一天下的需要,隆重礼遇文士;但是,秦及汉初皆轻士。在巨大的人生境遇的落差中,文士主体性的需求无处安顿,于是,他们反复呼号,以宣泄对"鸾凤伏窜兮,鸱枭翱翔。阘茸尊显兮,谗谀得志。贤圣逆曳兮,方正倒植"（贾谊《吊屈原赋》）的现实的无限失望之情。

## 结语

在文士主体性研究视域下,西汉前期骚体赋的呼号特征是作者（文士）在自我主体性实现途径阻塞后的困窘、矛盾心态的文学表现。这与西汉中后期至东汉前期的骚体赋不同,其时经学已成为汉代意识形态的主流与正统,其骚体赋反映文士多方追寻自我主体性实现途径的努力（以东方朔的《七谏》《答客难》《非有先生论》、董仲舒的《士不遇赋》、司马迁的《悲士不遇赋》、扬雄的《反离骚》等为代表）；也与东汉中后期的骚体赋不同,其时文士对体现自我主体性的生活方式的探索已露曙光,其骚体赋反映文士主体意识的更加自觉及其情感内涵的愉悦成分（以张衡的《应间》《思玄赋》《归田赋》、崔骃的《达旨》、崔寔的《答讥》、蔡邕的《释诲》等为代表）。质言之,西汉前期骚体赋的呼号特征是文士在自我主体性实现途径阻塞后迷惘心灵的一种写照。

# 《九思》与王逸所处的立场

东京大学　谷口洋

汉代楚辞作品历来被贬为"无病呻吟"之作,很少有人认真研究它。随着现代楚辞研究的全面化与客观化,这些作品也成了学术研究的对象。但是,收录于《楚辞章句》最后一卷的王逸《九思》尚未被学术界所注意,关于该篇的专文寥寥无几。最近大野圭介先生发表了《九思考》[①]一文,其中云:《九思》是《楚辞章句》的撰者王逸自身所作,因此为了研究楚辞文学的接受与展开,更应该得到重视。其言良是。

大野先生该文又涉及王褒《九怀》、刘向《九叹》等同类作品,他指出:这些作品各有追求创新之处,并非是千篇一律,尤其是《九思》最为明显地反映出了王逸所理解的楚辞文学最关键的因素。其论点极为重要,仍然有深入研究的余地。

两汉时期楚辞文学的变化并不限于楚辞一类的演变,同时也是整个两汉文学史上大潮流的反映。王逸也处在这大潮流之中,《九思》可视为他对同时代文学潮流的反应。本文将从这个视角试探王逸与其《九思》在文学史上的地位。

## 一、《九思》出现的文学背景

（一）《九歌》的展开与宫廷文学

楚辞文学中偶有以"九"为名的作品。就屈原的作品（本文仅讨论汉人的看法,因此所谓"疑古"问题可以暂不考虑）而言,有《九歌》与《九章》,其形式大有不同。在汉代,王褒《九怀》采用《九歌》的形式,刘向的《九叹》则以《九章》为样板。王逸在创作《九思》时不可能没有注意到这些事实。由于《九思》在形式上类乎《九歌》,因此我们先讨论《九歌》在汉代的展开。

《九歌》的确不失为楚辞文学最重要的作品之一,但如要选出屈原的代表作,则非举《离骚》不可。王逸的理解也是如此,在《楚辞章句》中将它称为"经"。《离骚》全篇以第一人称叙说主人公的苦恼,作品中的"吾"被视为作者屈原的直接表现。与此相比,《九歌》本于楚人"歌乐鼓舞,以乐诸神"之词,并没有出现《离骚》那么突出的自我表现,因此其与屈原的关系并不像《离骚》那么明显。

---

①　大野圭介《九思考》,2017 年屈原学会（云南昆明）发表,刊登于《富山大学人文学部纪要》,2019 年,第 70 号。

西汉以"淮南小山"的名义流传下来的《招隐士》，与《九歌·山鬼》关系较深，但就"招隐"的题目和呼唤"王孙"的内容本身而言，其与屈原的关系并不明显。《楚辞章句·招隐士·序》云："小山之徒闵伤屈原，……虽身沉没，名德显闻，与隐处山泽无异"①，如果这篇序失传了，我们就看不出这是"闵伤屈原"的作品了。

至于王褒的《九怀》，则以《九歌》的体裁咏叹屈原的身世，如："极运兮不中，来将屈兮困穷。余深愍兮惨怛，愿一列兮无从"（《匡机》）、"世溷兮冥昏，违君兮归真。……览旧邦兮滃郁，余安能兮久居？"（《昭世》）等等。在这一点上，《九怀》比《九歌》更直接地表现屈原其人，也更接近于《离骚》。但总的来说，比起内心的表白，它更倾向于对外界的描绘。这一点与《山鬼》《招隐士》等相类，虽然有抒情的成分，但同时也有对行为的描写，并不是直接叙说屈原的忧愤与悲叹的②。

《楚辞章句·招隐士·序》云："《招隐士》者，淮南小山所作也。""淮南小山"所指不甚明白，似乎是指"八公"等人士而言，但又似乎是指其作品而言③。无论如何，我们可以肯定的是《招隐士》是在淮南王宫廷的文学活动中产生的。《九怀》的作者王褒也是汉宣帝时期的宫廷文人。我们虽然没有直接证据足以断定《九怀》是在宫廷里制作与欣赏的，但是可以将《招隐士》《九怀》这一系列作品看作是楚辞文学的宫廷化的成果。在宫廷文化的环境中，楚辞本来的悲哀因素逐渐淡化了。

另一方面，《九歌》给予了汉武帝《郊祀歌十九首》深远的影响。《郊祀歌》中也有一些模仿《诗经》的篇章，但过半的篇章都使用了《九歌》的词汇来描绘翱翔天上结交神灵的天子形象。它虽然与屈原无涉，但是仍不失为《九歌》的一个发展形态④。《九歌》既然本于楚祭祀歌，那么它在汉朝宫廷里得到新的发展，也就是很自然的事了。

总之，汉代宫廷文化是《九歌》接受与展开的一个园地。在这里，楚辞文学的沉郁情绪变得单薄，更倾向于对外界的华丽描绘。

(二)骚体文学的展开与自我讲述

下面讨论楚辞文学的另一个轴心部分——骚体。

在西汉，以《离骚》《九章》的体裁诉说"吾"的苦恼的文学形式很流行。《楚辞章句》收录了几篇这一类的作品。根据一般的说法，这些是代屈原咏怀的"代言体"的"拟骚"

---

① 黄灵庚校点：《楚辞补注》（楚辞要籍丛刊），上海：上海古籍出版社，2015年，第381页。本文中《楚辞章句》所收作品的引文均依该书。但由于技术原因，部分字体未能改为简体，或使用了异体字替代。

② 关于《九怀》，本人已有专文，参见《论王褒的〈九怀〉——并谈楚辞文学两大系统与其继承》，《中国楚辞学》第21辑，2015年。

③ 《招隐士序》："昔淮南王安博雅好古，招怀天下俊伟之士。自八公之徒，咸慕其德，而归其仁，各竭才智，著作篇章，分造辞赋，以类相从，故或称小山，或称大山。其义犹《诗》有小雅、大雅也。"

④ 关于《汉郊祀歌》十九首，参见拙稿《西汉〈郊祀歌〉十九首与〈九歌〉》，《中国楚辞学》第19辑，2013年。

作品。

其实,对这一说法需要留心。就《惜誓》《七谏》《哀时命》等作于西汉武帝时期或更早的作品而言,虽然如此理解基本上不会引起矛盾,但仍存在一些问题,比如《哀时命》中出现了"子胥死而成义兮,屈原沈于汨罗"这一明显的第三人称。

如果是后代的拟古诗,作品的文本世界应属于模拟对象,作者一定要躲在作品的背面。比如我们虽然能够在陆机的《拟古诗》中看出来他的表现意图,但这是由于读者原本知道其并非古诗而是陆机的作品。作品本身试图再现古诗的意境,而并不试图展示陆机的内面。如此看来,《哀时命》的第三人称只能说是人称混淆、结构弛缓。作为拟古诗而言,这不能不说是很大的缺点。

可是,如果我们考察"代言体"这一概念的话,就发现以上的看法恐怕是并不妥当的。"代言体"这一概念本来是从乐府、歌行等歌谣文学研究中借用过来的。在这种作品中,尤其是在篇末,讲述的主体出现,以第三人称总结全篇,这是相当普遍的做法。虽云"代言",但替别人讲述的自己与被讲述的对象毕竟是两个人。与其说是"代替某人",毋宁说是"伴随某人"这一说法更为恰当。

与对象人物共有视点与口吻,但自己有时也露个面——作品中讲述人物的这种特征,在民间表演艺术中非常普遍。这一点与拟古诗在魏晋南北朝贵族文学中的流行又有所不同。正如乐府与歌行原本出自民间艺术一样,楚辞文学在西汉的某一个时期也接近于民间艺术。

刘向的《九叹》却与这种情况迥然不同。九个篇章均由骚体正文与《怀沙》体的"叹"组成,而沿着《离骚》的获罪—远游—挫折—再次远游这一情节而排列。我们在此可以看出作者刘向的明确的意图:以《九章》的形式来构成《离骚》的意境。而且,《九叹》中的"吾"甚至使用汉代的故事来抒发自己的苦恼,十分接近于作者刘向自己。咏怀的对象(即屈原)与主体(即刘向)之间的关系上发生了极大的变化。

至此,使用第一人称不吟咏屈原而是讲述自己的新文学迟早一定会出现。刘向的儿子刘歆所写的《遂初赋》,虽然沿袭了《离骚》的体式与表现,但描绘的对象已不是屈原在天上的彷徨,而是他自己在地上的辛苦旅程。其后班彪《北征赋》、班昭《东征赋》等陆续出现,于是"纪行赋"这一类型成立了。它已离开民间表演艺术的阶段,成为作者表现自己的士人文学了。同时,它也失去了楚辞原来较浓厚的神怪因素。

西汉的骚体文学未必全是朝着如上的方向发展的,也有使用第三人称描绘某个对象的一类。它们不与屈原形象相结合,在西汉变成了宫廷文学。司马相如的《大人赋》、扬雄的《甘泉赋》等描绘皇帝形象的一群作品就属于这一类。可是骚体倾向于讲述自己,本身就具有发展为自叙文学的可能性。宋玉的《九辩》早就如此,使用第一人称歌咏"贫士坎坷而志不平"的慨叹(尽管《九辩》并非全是骚体)。我们可以说,汉代士人通过对屈原形象的书写而获得了表达自己的第一人称。

## 二、《九思》的结构

(一)坚持拟骚的做法:试图忠实继承楚辞文学

在汉代,楚辞文学通过与屈原的结合,朝两个不同的方向分化下去了:一则以屈原为描绘对象的《九怀》的做法,二则借着屈原这个对象而抒发己情的《九叹》的做法。总的来说,前者多用《九歌》体,后者多用骚体。《九怀》在形式上依照屈原所作的《九歌》,内容上则歌咏屈原的身世,这可称为适合于宫廷文学的好创意。《九叹》沿着《离骚》与《九章》的内容与形式,按"九"这个数目重新进行创作。这意味着刘向将楚辞视为屈原使用第一人称的自我表现的作品,同时他也将自己的感情寄托在这里。

《九思》虽然与《九怀》同样仿效《九歌》,可是其内容有所不同。《九怀》尽管部分引入了屈原本人的形象,但是在文辞上基本袭用了《九歌》。因此其表现富于华丽的描绘性,使人仿佛看到屈原彷徨在神灵世界中。与此相比,《九思》较大胆地引进了《九章》的因素,如:列举历史故事、缕述价值颠倒、记述屈原的旅程,等等。如第三首《疾世》:

> 周徘徊兮汉渚,求水神兮灵女。嗟此国兮无良,媒女诎兮谯诔。鹝雀列兮哗讙,鹍鸹鸣兮聒余。抱昭华兮宝璋,欲衒鬻兮莫取。言旋迈兮北徂,叫我友兮配耦。日阴曀兮未光,阗睄窕兮靡睹。纷载驱兮高驰,将咨询兮皇羲。遵河皋兮周流,路变易兮时乖。濿沧海兮东游,沐盥浴兮天池。访太昊兮道要,云靡贵兮仁义。志欣乐兮反征,就周文兮郏岐。秉玉英兮结誓,日欲暮兮心悲。惟天禄兮不再,背我信兮自违。逾陇堆兮渡漠,过桂车兮合黎。赴昆山兮骉骤,从邛遨兮栖迟。吮玉液兮止渴,啮芝华兮疗饥。居嵺廓兮鲜畴,远梁昌兮几迷。望江汉兮濩诸,心紧絭兮伤怀。时眴眴兮旦旦,尘莫莫兮未晞。忧不暇兮寝食,吒增叹兮如雷。①

尽管偶有"水神""天池"等神灵世界的因素,可是主人公基本上周游的是现实的中国。其路途远至郏岐、陇堆等北方之地,反映了汉人的大一统观念,但仍以江汉为中心。因此《九思》中的第一人称比《九怀》更贴近于屈原。

其实,《九思》也未尝不是没有出现与屈原保持距离的表现。《遭厄》的开头是这样写的:

> 悼屈子兮遭厄,沉玉躬兮湘汨。何楚国兮难化,迄于今兮不易。士莫志兮羔裘,竞佞谀兮谗阋。指正义兮为曲,訾玉璧兮为石。鸦雕游兮华屋,骏骥栖兮柴蔟。起

---

① 洪兴祖:《楚辞补注》,北京:中华书局,1983年,第534页。

奋迅兮奔走,违群小兮谡诟。①

这一段不仅用第三人称,而且将屈原所处楚国的"难化"与自己所处的"今"互相对比。这种表现在其他的拟骚作品中是见不到的。《哀时命》曾使用第三人称,但尚未直接地言及作者自己的时代。《九叹》虽然提到了汉代的故事,但尚未将它与战国时代互相对比。拟骚既然是伴随屈原而咏怀的,作品中的时间当然是单一的。即使有时作者借此抒发自己的所怀,它毕竟也是影射,不影响作品本身的构造。在这一点上,《九思·遭厄》对比地叙述屈原与现代的写法,是打破常规的。

《遭厄》是《九思》的第五首,正位于全篇的中间。《九思》前一半的《逢尤》《怨上》《疾世》《悯上》等篇目很容易令人想起屈原的身世,体现出典型的拟骚风格。可是到了《遭厄》中,作者竟然与屈原"分离",感叹自己遭遇祸端。因此,读者看《悼乱》《伤时》《哀岁》等后续的篇目的时候,很容易理解成王逸在《九思》的后一半是对自己所处的东汉世情抒发愤懑。《九思》的最后一首名为《守志》,"守"如此字样却不太合适于屈原②,而习见于西汉末以后的骚体赋③。对自己所处的时代失望而闭门守拙,是骚体赋最重要的主题。"且从容兮自慰,玩琴书兮游戏"(《伤时》)这种表现也习见于东汉魏晋时的骚体赋。我们或许可以说,《九思》的后一半虽然采取拟骚的形式,却表现着东汉骚体赋的内容。

尽管如此,我们同时也要指出,王逸谨慎地避免在作品中反映东汉的现实。《遭厄》下文却忠实于《离骚》,主人翁离开现实而游行天上,最后见到郢都而流泪:

载青云兮上升,适昭明兮所处。蹑天衢兮长驱,踵九阳兮戏荡。越云汉兮南济,秣余马兮河鼓。云霓纷兮晻翳,参辰回兮颠倒。……攀天阶兮下视,见鄢郢兮旧宇。意逍遥兮欲归,众秽盛兮杳杳。思哽饐兮诘诎,涕流澜兮如雨。④

《悼乱》以下各首均为如此,始终不肯跳出拟骚的圈子:

嗟嗟兮悲夫,肴乱兮纷挈。茅丝兮同綜,冠屦兮共絇。督万兮侍宴,周邵兮负刍。白龙兮见射,灵龟兮执拘。仲尼兮困厄,邹衍兮幽囚。伊余兮念兹,奔遁兮隐居。……

---

① 洪兴祖:《楚辞补注》,北京:中华书局,1983年,第540页。
② "守"字不见于屈赋,唯一的例外是《天问》:"何所不死,长人何守?"在《楚辞章句》所收其他的作品中,只见下列三例:《九辩》:"块独守此无泽兮,仰浮云而永叹"、"与其无义而有名兮,宁穷处而守高",以及《哀时命》"块独守此曲隅兮,然欿切而永叹。"
③ 刘歆《遂初赋·乱》:"守信保己,比老彭兮"、崔篆《慰志赋》:"聊优游以永日兮,守性命以尽齿"、冯衍《显志赋》:"披山谷而闲处兮,守寂寞而存神"、班固《幽通赋》:"守孔约而不贰兮,乃辎德而无累"等。
④ 洪兴祖:《楚辞补注》,北京:中华书局,1983年,第540—541页。

吾志兮觉悟,怀我兮圣京。垂屣兮将起,跂俟兮须明。①(《悼乱》)

览往昔兮俊彦,亦诎辱兮系累。管束缚兮桎梏,百贸易兮传卖。遭桓缪兮识举,才德用兮列施。且从容兮自慰,玩琴书兮游戏。……顾章华兮太息,志恋恋兮依依。②(《伤时》)

俯念兮子胥,仰怜兮比干。投剑兮脱冕,龙屈兮蜿蟺。潜藏兮山泽,匍匐兮丛攒。窥见兮溪涧,流水兮沄沄。③(《哀岁》)

乘六蛟兮蜿蝉,遂驰骋兮升云。扬彗光兮为旗,秉电策兮为鞭。朝晨发兮鄢郢,食时至兮增泉。绕曲阿兮北次,造我车兮南端。……目瞥瞥兮西没,道遐回兮阻叹。志稸积兮未通,怅敞罔兮自怜。④(《守志》)

《悼乱》的"圣京"或许是指东汉洛阳而言的,其他的句子也莫不是批判当世。但这些并不具体因而难以证实,我们不能在此进行穿凿附会。

总之,《九思》尽管具有一些东汉文学的特点,甚至出现了一次与屈原异世的"今",可是作品中的视点基本上是伴随屈原的,作品中的时间与地点也都是屈原所处的战国楚地。王逸不像刘向那样在拟骚中引进作者自己。他坚持遵守拟骚原来的做法,其视线始终伴随着屈原。

(二)用《九歌》体叙述屈原:试图完美综合楚辞文学

在东汉,直接表述自己的骚体赋非常流行,拟骚已成为落后的形式。王逸在如此的情况下为何还坚持使用"代言体"拟骚的体裁?王逸既然将《离骚》尊为"经",那么在自己写作《九思》时,为何不像刘向那样用骚体,而用《九歌》体?其内容又与《九歌》不太相似,反而接近于《离骚》《九章》。这看来似乎有些不彻底,其实其中当暗含着相应的意图。

在王逸之前,刘向使用第一人称与骚体重构《离骚》的意境,将楚辞变成纯粹的抒情文学。这意味着他摈弃了《九歌》的神秘与幻想,但这一点或许使王逸感到不满。我们推想,为了更完美地综合屈赋的境界,王逸不直接模拟《离骚》或《九章》,而是使用《九歌》体歌咏屈原。这表面上与王褒的《九怀》相同,可是其意图恐怕与《九怀》那种作为宫廷文学的主张不同,当是来自王逸试图总结楚辞文学的立场。

《九思》之所以采用《九歌》体,并不止是为了补上《九叹》所缺。如上所述,在王逸所处的东汉时代,骚体已被与屈原割裂开,变为抒发作者自己的胸怀的骚体赋,被视为与楚辞不同的新文学。在这样的情况下,更好地显示楚辞风格的诗体则是《九歌》体。魏

---

① 洪兴祖:《楚辞补注》,北京:中华书局,1983年,第543页。
② 洪兴祖:《楚辞补注》,北京:中华书局,1983年,第546页。
③ 洪兴祖:《楚辞补注》,北京:中华书局,1983年,第549页。
④ 洪兴祖:《楚辞补注》,北京:中华书局,1983年,第551页。

晋以后仿效楚辞的作品中，《九歌》体比骚体居多，尤其以《山鬼》《招隐士》这一系列的作品最为突出，如：《今有人》(《宋书·乐志》)、《山中楚辞》(江淹)等等。在这个历史阶段，也许是这种形式与楚辞或屈原结合得更密切。

《离骚》早已被视为屈原的自叙文学而受到重视，包括《九章》在内的骚体作品在汉代已成为中原士大夫的书面教养。司马迁以《离骚》《怀沙》为主要材料写出了屈原的传记，扬雄早年拟《离骚》《九章》写作了《反离骚》《广骚》与《畔牢愁》等作品，均反映了这一情况。与此相比，更接近于歌谣的《九歌》体反而可能保留着本来的传承。《九思》主要由"〇〇〇兮〇〇""〇〇兮〇〇""〇〇〇兮〇〇〇"三种句式组成。此均为《九歌》的基本句式，而最后一种是在汉代歌谣中比较习见的。王逸听惯的楚地固有的歌谣莫不如是。

《九思》之所以选用《九歌》体，也关联到表现的主体与客体的问题。在骚体赋已成为自我表述的情况下，如果采用骚体，因其使用第一人称叙述，叙述者很容易被视为作者王逸自己，与作品中的屈原会发生冲突。相比之下，《九歌》所述本来就是屈原盼望神灵的心情。拟《九歌》的话，作者可以将自己向往屈原的感情与作品中屈原盼望神灵的心情重合在一起。

如此看来，对王逸来说，尽管《离骚》是至高无上的"经"，但《九歌》同样也是重要的。他写作《九思》不用骚体而用《九歌》体，也是有着充分的理由的。

《九思》的特点也反映在后人的评价上。朱熹曾将汉代拟骚斥为"无病呻吟"，其实他也熟读了这些作品，并且掌握了各篇的特色。我们仔细看其所言就发现，他对各篇的态度稍有不同。

> 《七谏》《九怀》《九叹》《九思》，虽为骚体，然其词气平缓，意不深切，如无所疾痛而强为呻吟者。就其中《谏》《叹》犹或粗有可观，两王则卑已甚矣。(《楚辞辩证·目录》)[1]

朱熹评为"粗有可观"的两篇则是骚体的，批评最严厉的"两王"则是《九歌》体作品的作者。但两王之间还有次序，他又云：

> 王逸所传楚辞篇次，本出刘向。其《七谏》以下，无足观者，而王褒为最下。(同·晁录)[2]

略观朱熹对楚辞各篇的评价，我们就发现它明显地以《离骚》为标准。在汉代拟骚中，

---

[1] 黄灵庚校点：《楚辞集注》(楚辞要籍丛刊)，上海古籍出版社，2015年，第224页。本文所引朱熹语均依该书。

[2] 洪兴祖：《楚辞集注》，北京：中华书局，1983年，第258页。

《惜誓》与《哀时命》是单篇的骚体作品，较忠实地模仿了《离骚》，因此朱熹也给予了一定程度的肯定，收于《楚辞集注》中。《七谏》与《九叹》虽为骚体，但由几篇整齐的短章组成，重复同一个主题，对朱熹来说似是弄巧成拙。至于两王《九歌》体之作，脱离《离骚》越来越远，简直是不值得一提的。但《九思》较接近屈原自己的口吻，这一点比《九怀》稍胜一筹。

朱熹以屈赋为"穷而呼天，疾痛而呼父母之词"，不取其"宏衍钜丽之观、欢愉快适之语"①。在屈赋中，《离骚》尽管偶有"宏衍钜丽之观"，可是"穷而呼天，疾痛而呼父母"的侧面最为突出。因此他对《离骚》的评价最高，对汉代拟骚的评价也以《离骚》为标准。在如此的标准之下，《九思》只能排在倒数第二位。可是，如果将视野扩大一些，我们也可以这样说:《九思》用《九歌》体再现《离骚》中屈原的口吻，由此继承了楚辞文学的传统，并且将楚辞文学两大体式综合起来。

## 三、《九思》的文学境界

(一)"悲、愁、哀、忧"

上文我们讨论了《九思》在形式上基本保存着屈原的口吻，那么，内容上能再现屈原的心情吗？从结论来说，《九思》所表现的情绪与屈赋是迥然不同的。第一首《逢尤》开宗明义就云：

> 悲兮愁，哀兮忧。天生我兮当暗时，被谗谮兮虚获尤。心烦愦兮意无聊，严载驾兮出戏游。②

由此我们可以了解，王逸认为屈赋的基调情绪可归纳为"悲、愁、哀、忧"这四个字。综观《九思》全篇，这些字出现得不少③，还有《哀岁》篇，其基调可想而知。

其实这四个字并不代表屈赋的情绪。如《离骚》，"愁""忧"等字全篇都不曾出现，"悲"字也只见于最后一句："仆夫悲余马怀兮，蜷局顾而不行。"而这不是灵均的感情。"哀"字则出现4次：其中"冀枝叶之峻茂兮，愿俟时乎吾将刈。虽萎绝其亦何伤兮，哀众芳之芜秽"、"长太息以掩涕兮，哀民生之多艰"为对后辈或民众的怜惜，"曾歔欷余郁邑兮，哀朕时之不当"、"朝吾将济于白水兮，登阆风而绁马。忽反顾以流涕兮，哀高丘之无女"为对时代或政局的愤懑。可见《离骚》的感情并不是闷在心里的忧愁，而是向外抒发的激情。

---

① 朱熹《楚辞后语·序》："盖屈子者，穷而呼天，疾痛而呼父母之词也。故今所欲取而使继之者，必其出于幽忧穷蹙、怨慕凄凉之意，乃为得其余韵，而宏衍巨丽之观、欢愉快适之语，宜不得而与焉。"(《楚辞集注》第265页)
② 洪兴祖：《楚辞补注》，北京：中华书局，1983年，第527—528页。
③ 其出现次数分别为："悲"5次，"愁"4次，"哀"8次，"忧"6次。

在《九章》中，这些字则要多得多①，还有《哀郢》《悲回风》等篇名，悲哀忧愁可谓是《九章》的重要主题。其情绪也有点内敛，如："背夏浦而西思兮，哀故都之日远"（《哀郢》）、"悲回风之摇蕙兮，心冤结而内伤"（《悲回风》）等。虽然如此，《哀郢》又云"哀州土之平乐兮，悲江介之遗风"，其所"哀"不是个人的境遇而是郢都的命运。《悲回风》也云"宁逝死而流亡兮，不忍为此之常愁"，表示并不愿意沉湎于悲哀之情。

至于汉代拟骚，不仅多用这些叹词，而且强调个人的命运多蹇与内心悲哀。我们一看其篇目就能发现这一点，严忌有《哀时命》，东方朔的《七谏》有《自悲》《哀命》，刘向的《九叹》有《忧苦》《愍命》等。如此来看，王逸以"悲、愁、哀、忧"四个字着笔《九思》，最多只能说是汉代拟骚的典型风格，并不能说是对屈赋的统括。

楚辞文学的基调如此变化，当然是由于作者个性的不同，而个性的变化也离不开时代环境的变化。处在至高无上的皇权之下，汉代士人已不能坚持屈原那种不屈不挠的精神。但是，就王逸的文学表现而言，我们还需要指出其文学上的原因。

其实，悲哀的突出与感情的内敛并不始于汉代拟骚。宋玉《九辩》早已如此，开头第一句"悲哉秋之为气也"就是其明显的例子。"悲"字共出现9次，其中也有"悲忧穷戚兮独处廓，有美一人兮心不绎"的"悲忧"，"离芳蔼之方壮兮，余萎约而悲愁"的"悲愁"等复合词。虽然"愁""哀""忧"等字样的出现不如《九章》多②，可是我们不妨称之为"悲愁的文学"。王逸在《九思》的开头连用"悲、愁、哀、忧"四个字，与其说是不知不觉地陷入了拟骚的老套，还不如说是自觉地学习宋玉。

在上文中我们已经讨论过，王逸在《九思》中试图再现屈原的口吻。那么其开头部分为何偏偏学习宋玉？我们认为，这均为王逸尊崇屈原的表现，并不相互矛盾。王逸认为宋玉是屈原弟子，也是《招魂》的作者。换句话说，他就是尊崇屈原而作赋的第一个人。既然如此，生于后代，尊崇屈原而创作楚辞作品的人，谁能不学宋玉呢？《九思》沉溺于悲哀忧愁，就显示着王逸对屈原的尊崇与哀惜。

（二）"怨"与"忠"

与悲哀忧愁相比，《九思》"怨"的情绪似乎相对淡薄些。《史记·屈原贾生列传》云："屈平之作《离骚》，盖自怨生也。国风好色而不淫，小雅怨诽而不乱。若离骚者，可谓兼之矣。"③指出"怨"是楚辞文学的另一个主调。《离骚》云："怨灵修之浩荡兮，终不察夫民心。"《九歌·湘君》云："交不忠兮怨长，期不信兮告余以不闲。"均为其例。《九章·涉江》文辞上虽云"与前世而皆然兮，吾又何怨乎今之人！"其实却包含着对当世无尽的怨

---

① "悲"8次，"愁"7次，"哀"9次，"忧"8次。
② "愁"3次，"哀"3次，"忧"2次。
③ 《史记》点校本二十四史修订本，中华书局，2013年，第2994页。据班固《离骚序》引用，此文原出于淮南王刘安《离骚传》。

情。宋玉以后也是如此,《九辩》:"蓄怨兮积思,心烦憺兮忘食事"、《七谏·谬谏》:"怨灵修之浩荡兮,夫何执操之不固?"(《七谏》还有《怨世》、《怨思》两篇)、《九叹·怨思》:"念社稷之几危兮,反为仇而见怨",等等,不胜枚举。

《九思》的第二首、第三首分别为《怨上》《疾世》,对俗世的颠倒黑白表示不满。但其怨愤之情并不突出,各篇的后半却倾向于"悲""哀"等的内向感情。《疾世》已见上文,此引《怨上》:

> 令尹兮謷謷,群司兮譨譨。哀哉兮淈淈,上下兮同流。菽藟兮蔓衍,芳虈兮挫枯。朱紫兮杂乱,曾莫兮别诸。……鸟兽兮惊骇,相从兮宿栖。鸳鸯兮噰噰,狐狸兮徵徵。哀吾兮介特,独处兮罔依。蟋蟀兮鸣东,蛩螽兮号西。载缘兮我裳,蠋入兮我怀。虫豸兮夹余,惆怅兮自悲。伫立兮忉怛,心结縎兮折摧。①

第四首《悯上》的表现是很特别的。它在前一半中也诉说了俗世的颠倒黑白,后一半描绘出在如此的苦境中落魄的主人翁:

> 哀世兮睩睩,諓諓兮嗌喔。众多兮阿媚,骫靡兮成俗。贪枉兮党比,贞良兮茕独。鹄窜兮枳棘,鹈集兮帷幄。……蜷跼兮寒局数,独处兮志不申,年齿尽兮命迫促。魁垒挤摧兮常困辱,含忧强老兮愁不乐。须发薴悴兮顠鬓白,思灵泽兮一膏沐。怀兰英兮把琼若,待天明兮立踯躅。云蒙蒙兮电儵烁,孤雌惊兮鸣呴呴。思怫郁兮肝切剥,忿悁悒兮孰诉告。②

《离骚》的"灵均"是一个很自尊的人,可是《渔父》则云:"屈原既放,游于江潭,行吟泽畔,颜色憔悴,形容枯槁。"《九辩》的主人公采取了这种落魄的形象,如:"坎廪兮,贫士失职而志不平;廓落兮,羁旅而无友生;惆怅兮,而私自怜。"于是落魄与孤独也成为楚辞文学的另一个主题了。连"代言体"的拟骚作品也继承了它,如《惜誓》:"惜余年老而日衰兮,岁忽忽而不反"、《哀时命》:"廓落寂而无友兮,谁可与玩此遗芳?"《九叹·逢纷》:"颜霉黧以沮败兮,精越裂而衰耄",等等,这些都可视为拟骚作者投影在屈原身上的自我形象。

虽然楚辞文学已有如此的表现传统,但是《九思》的落魄写得太执着,与此不可同日而论。它反复叙述屈原的落魄,由此来衬托出俗世的颠倒黑白。《九思》本文未曾用一个"怨"字,但是通过如此的叙述使读者怀有对俗世的"怨",可谓是一种侧面书写。《九思》

---

① 洪兴祖:《楚辞补注》,北京:中华书局,1983年,第531页。
② 洪兴祖:《楚辞补注》,北京:中华书局,1983年,第537—538页。

各篇基本上句式整齐,隔句协韵,可是《悯上》这一段却打破常规,句子长一些,而每句押韵,可见王逸的用意。至于下一首《遭厄》的开头,则云:"悼屈子兮遭厄、沉玉躬兮湘汨。何楚国兮难化、迄于今兮不易。"于是真正的主题露面了。而我们已讨论过,这又是一个超出常规的地方。《悯上》的末一段与《遭厄》的头一段,在《九思》整组诗的中间点显出了主题,形成了作品中的最高峰。

这种表现手法与《楚辞章句》所述的理论完全一致。《离骚序》云:

> 《离骚》之文,依《诗》取兴,引类譬喻,故善鸟香草以配忠贞,恶禽臭物以比谗佞,灵修美人以媲于君,宓妃佚女以譬贤臣,虬龙鸾凤以托君子,飘风云霓以为小人。①

王逸认为,楚辞最重要的表现手法为:通过运用动植物、人物等的"比兴"来显示"君子"的"忠贞"。鸟兽、植物等的比兴一直是楚辞文学的重要表现手法,而王逸以汉代《诗经》学的"比兴"说将它理论化了。我们从上面所举的例子可以看出,《九思》最喜欢通过比兴对比君子与小人,这表示王逸在自己的创作中自觉地运用了自己的理论。

我们同时也要注意,《九思》中的"怨"一直是朝向时局的,绝不转向主君。屈原向怀王竭诚而终于没能得到报偿,因此他对怀王抱有"忠""怨"交错纠结的矛盾感情。《九章·惜诵》集中地表现其矛盾:

> 惜诵以致愍兮,发愤以抒情。所作忠而言之兮,指苍天以为正。令五帝以枻中兮,戒六神与向服。俾山川以备御兮,命咎繇使听直。竭忠诚以事君兮,反离群而赘肬。忘儇媚以背众兮,待明君其知之。……
> 思君其莫我忠兮,忽忘身之贱贫。事君而不贰兮,迷不知宠之门。忠何罪以遇罚兮,亦非余心之所志。行不群以巅越兮,又众兆之所咍。……
> 吾闻作忠以造怨兮,忽谓之过言。九折臂而成医兮,吾至今而知其信然。②

可是这一点引起班固的批判,如:"今若屈原,露才扬己,竞乎危国群小之间,以离谗贼。然责数怀王,怨恶椒、兰,愁神苦思,强非其人,忿怼不容,沉江而死,亦贬絜狂狷景行之士。"③王逸在《离骚后叙》中对它反驳道:

> 今若屈原,膺忠贞之质,体清洁之性,直若砥矢,言若丹青,进不隐其谋,退不顾

---

① 洪兴祖:《楚辞补注》,北京:中华书局,1983年,第2页。
② 洪兴祖:《楚辞补注》,北京:中华书局,1983年,第181、184、189页。
③ 洪兴祖:《楚辞补注》,北京:中华书局,1983年,第73页。

其名。此诚绝世之行,俊彦之英也。而班固谓之露才扬己……殆失厥中矣。①

《九思》的"怨"表现得很间接,不朝向主君而朝向时局,这与《离骚后叙》赞美屈原的"忠贞""清洁"同可视为对班固等人批判屈原的回答。

在《九思》最后一首《守志》中,主人公对朝廷的颠倒黑白失去希望,向天飞上去,至此才正面地表现其"忠贞":

陟玉峦兮逍遥,览高冈兮峣峣。桂树列兮纷敷,吐紫华兮布条。实孔鸾兮所居,今其集兮惟鸮。乌鹊惊兮哑哑,余顾瞻兮怊怊。彼日月兮暗昧,障覆天兮祲氛。伊我后兮不聪,焉陈诚兮效忠。

摅羽翮兮超俗,游陶遨兮养神。乘六蛟兮蜿蝉,遂驰骋兮升云。扬彗光兮为旗,秉电策兮为鞭。朝晨发兮鄢郢,食时至兮增泉。绕曲阿兮北次,造我车兮南端。谒玄黄兮纳贽,崇忠贞兮弥坚。历九宫兮遍观,睹秘藏兮宝珍。就付说兮骑龙,与织女兮合婚。举天罼兮掩邪,彀天弧兮射奸。随真人兮翱翔,食元气兮长存。望太微兮穆穆,睨三阶兮炳分。相辅政兮成化,建烈业兮垂勋。②

"忠"字在屈赋中出现得不多,《离骚》中竟然不见一例③。上文所引的《九章·惜诵》则是其反面。尽管如此,王逸认为"忠"是楚辞的关键概念之一,在《楚辞章句》力图阐明屈赋中的"忠"。试看他对《离骚》的注释:

不抚壮而弃秽兮:年德盛曰壮。弃,去也。秽,行之恶也,以喻谗邪。百草为稼穑之秽,谗佞亦为忠直之害也。

路幽昧以险隘:路,道也。幽昧,不明也。险隘,谕倾危。言己念彼谗人相与朋党,嫉妒忠直,苟且偷乐,不知君道不明,国将倾危,以及其身也。

哀众芳之芜秽:言己所种芳草,当刈未刈,虽有霜雪,枝叶虽蚤萎病绝落,何能伤于我乎?哀惜众芳摧折,枝叶芜秽而不成也。以言己修行忠信,冀君任用,而遂斥弃,则使众贤志士失其所也。④

正如在《楚辞章句》中阐明了《离骚》的"忠",王逸在《九思》创造了一个理想世界,

---

① 洪兴祖:《楚辞补注》,北京:中华书局,1983年,第72页。
② 洪兴祖:《楚辞补注》,北京:中华书局,1983年,第551页。
③ "荃不察余之中情兮"句,补注本考异云:"中,一作忠。"《章句》在下句云:"言怀王不徐徐察我忠信之情,反信谗言而疾怒己也。"据此,王逸本有可能作"忠"。
④ 洪兴祖:《楚辞补注》,北京:中华书局,1983年,第9、12、17页。

使屈原尽量发挥其"忠贞之质"。可是这毕竟不是现实。《守志》的末四句突然发生了转折,在忧愁之中总结全篇,仿佛哀惜屈原的末路似的:

  目瞽瞽兮西没,道邈迥兮阻叹。志稸积兮未通,怅敞罔兮自怜。

但是其后又有简短的《乱》,叙述小人被退,贤臣晋升,采纳良策,大功告成的理想情况,赞美屈原的"英俊"素质:

  乱曰:天庭明兮云霓藏,三光朗兮镜万方。斥蜥蜴兮进龟龙,策谋从兮翼机衡。配稷契兮恢唐功,嗟英俊兮未为双。①

于是屈原成为与稷、契同样的理想存在了。如此的理想化,与《楚辞章句》将《离骚》称做"经"一脉相通。但是我们也必须指出,屈原并不是圣人。这并不意味着屈原的人品不及尧、舜、周、孔等。屈原无疑是一个值得尊崇的人,但他不是圣人那样的跪拜的对象,后人可以伴随屈原而哀惜他。无论王逸如何将屈原理想化,其心情总是与屈原相伴。

## 小结:哀惜屈原,尊崇屈原,伴随屈原

  以上我们大略考察了《九思》的形式与内容,并加以分析。在《九歌》体流于外在描写,骚体脱离屈原而变为自我表现的时世中,王逸用《九歌》体咏叹屈原的身世,试图完美地综合与继承楚辞文学。他学宋玉而强调悲哀忧愁,运用《诗》的比兴而突出俗世的颠倒黑白,对班固反驳而显示屈原的忠贞。《九思》并不是游戏性质的模拟之作,而是王逸学习历代文学与理论,直面东汉的情况,进行认真思考的成果。

  王逸写作《九思》的原动力,无疑是对屈原的哀惜与尊崇之念,而王逸知道这也是过去楚辞文学展开的原动力。《楚辞章句》每篇均有序,其体裁与《毛诗序》略同,其内容却有所不同。《毛诗序》只说明作诗的缘起,《楚辞章句序》则经常言及作品的读者。如:

  《离骚》之文,依《诗》取兴,引类譬喻,……其词温而雅,其义皎而朗。凡百君子,莫不慕其清高,嘉其文采,哀其不遇,而愍其志焉。②(《离骚序》)
  屈原放逐,忧心愁悴。彷徨山林,经历陵陆。嗟号昊旻,仰天叹息。见楚有先王之庙及公卿祠堂,……仰见图画,因书其壁,何而问之,以渫愤懑,舒泻愁思。楚人

---

① 洪兴祖:《楚辞补注》,北京:中华书局,1983年,第553—554页。
② 洪兴祖:《楚辞补注》,北京:中华书局,1983年,第2页。

哀惜屈原,因共论述,故其文义不次序云尔。①(《天问序》)

　　章者,着也,明也。言己所陈忠信之道,甚著明也。卒不见纳,委命自沈。楚人惜而哀之,世论其词,以相传焉。②(《九章序》)

《诗》文本的权威性来自无名圣人,没必要证明。屈原的文本则与此不同,由于楚人如此哀惜屈原,他的作品才获得了仅次于经典的地位。而因着这种哀惜之念,又陆续产生了新的作品。《楚辞章句序》也云:

　　小山之徒,闵伤屈原,又怪其文升天乘云,役使百神,似若仙者。虽身沉没,名德显闻,与隐处山泽无异。故作《招隐士》之赋,以章其志也。③(《招隐士序》)

　　东方朔追悯屈原,故作此辞,以述其志,所以昭忠信、矫曲朝也。④(《七谏序》)

　　(严)忌哀屈原受性忠贞,不遭明君,而遇暗世,斐然作辞,叹而述之,故曰《哀时命》也。⑤(《哀时命序》)

不难想象,王逸自己的思念也是如此。《九思序》云:"逸与屈原同土共国,悼伤之情与凡有异。"无论此序是否为王逸自作,此文所云也是中肯的。

楚辞文学在汉代一边演化为宫廷文学,又一边转变为自述文学。楚辞本来是在上古楚地特有的文化基盘之中产生的。在它失去了本来的生长基础,而确立为新时代文学的过程中,这种分化与偏离是一个必然的现象。在骚体赋已确立为自我表现的情况下,坚持采用拟骚的做法显得太过保守。从后代的眼光来看,连用"悲""愁""哀""忧"等字样并不能加强文学上的表现效果。可是王逸十分尊崇屈原,希望可以伴随其境遇与心境,但因身处异时而无可奈何,只能借其口吻而为他慨叹。对王逸来说,正因为如此哀惜屈原,所以才使用了拟骚的体裁,这样频繁地使用"悲""愁"等字,岂止是"无病呻吟"而已!

王逸如此伴随屈原,与其说是表现者的态度,毋宁说是注释家的态度。《九思》与《楚辞章句》是由王逸尊崇屈原、哀惜屈原、伴随屈原的心情而诞生的一组孪生子。

---

① 洪兴祖:《楚辞补注》,北京:中华书局,1983 年,第 128 页。
② 洪兴祖:《楚辞补注》,北京:中华书局,1983 年,第 180 页。
③ 洪兴祖:《楚辞补注》,北京:中华书局,1983 年,第 381 页。
④ 洪兴祖:《楚辞补注》,北京:中华书局,1983 年,第 388 页。
⑤ 洪兴祖:《楚辞补注》,北京:中华书局,1983 年,第 427 页。

# 王逸《九思》中的"情"与"景"

北京语言大学 甄 桢

汉代拟骚作品历来不受关注,相关研究甚少,而对拟骚作品的单篇研究则更是少之又少。《九思》是王逸创作的一篇拟骚之作。在文学作品的创作过程中,浓烈的感情是必备因素,而这种感情通常都是抑郁苦闷之情。司马迁认为但凡文学作品的诞生,都与创作者的苦闷之情有关。可以说,苦闷愁郁之情感,是文学作品的创作源泉。

## 一、《九思》因"怨情"而起

司马迁在阅读前人作品时,发现了一条贤圣著书的普遍规律,即"发愤著书"说。这里的"愤",便是在人生坎坷经历中产生的苦闷愁郁之情。

在《史记·太史公自序》和《报任安书》中有几乎完全相同的一段阐述,即司马迁列举了历史上贤圣著书的事迹,西伯侯作《周易》、孔子作《春秋》、屈原作《离骚》、左丘明作《国语》、孙子作《兵法》、吕不韦传《吕览》、韩非子著《说难》《孤愤》以及诗三百的产生等,司马迁认为这些传世杰作是在作者难以抒泄的郁结之情下产生的。

司马迁在对这些圣贤的事迹做总结时,发现了一条普遍规律,即一切伟大文学作品的产生,都和创作者的"怨"情有关。这些创作者都身处极端凄苦之境,愁郁苦闷之情难以抒发,便转而通过文学创作来表达自己内心的感受,这便是著名的"发愤著书"理论。"从文化史的宏阔视野上升到规律上加以总结,从而形成了他的'发愤著书'理论"①。司马迁自己亦如是,他因为李陵案件而受到牵连,身受宫刑,处境悲戚,但他从历代圣者贤人身上找到灵魂的共鸣,将苦闷绝望之情转化为奋发向上的动力,终著成千古之作《史记》。

人类的情感都是共通的。两千年以后,19世纪的日本也出现了一位作家厨川白村,他的文学作品创作论与司马迁的"发愤著书"说隔着历史时空遥相呼应,"生命力受了压抑而生的苦闷懊恼乃是文艺的根柢……"② 在厨川白村的著作《苦闷的象征》第一章《创作论》中,他对文学创作来源于苦闷之情这个问题作出详细的阐释。厨川白村认为:"文艺是纯然的生命的表现;是能够全然离了外界的压抑和强制,站在绝对自由的心境上,表现出个性来的唯一世界。"③ 文学作品所反映的必定是个体生命的特质,是独一无二的。

---

① 戴志钧:《千古第一知音——屈原之与司马迁论略》,《云梦学刊》,1998年第2期。
② [日]厨川白村著,鲁迅译:《苦闷的象征》,天津:百花文艺出版社,2000年,第11页。
③ [日]厨川白村著,鲁迅译:《苦闷的象征》,天津:百花文艺出版社,2000年,第11页。

"倘不是将伏藏在潜在意识的海的底里的苦闷即精神底伤害……乃是作家将自己的心底的深处,深深地而且更深深地穿掘下去,到了自己的内容的底的底里,从那里生出艺术来的意思。探检自己愈深,便比照着这深,那作品也愈高,愈大,愈强。"① 真正伟大动人的文学作品无一不体现着作者灵魂深处的苦闷,没有感情而只有技巧的文学作品,少了生命的灵性,则难成经典。

屈原作《离骚》便是如此。屈骚的创作缘于屈原自身的彷徨与苦闷的心理。司马迁提出了"怨骚"之论,认为屈原创作作品的情感动因,是因为"怨情","怨"和厨川白村所提出的"苦闷",情感特性是一致的。"屈平……故忧愁幽思而作《离骚》。……屈平之作《离骚》,盖自怨生也"②。"忧愁幽思"本就是苦闷之情的一种。明代焦竑《澹园集·雅娱阁集序》云:"古之称诗者,率羁人怨士,不得志之人,以通其郁结,而抒其不平,盖《离骚》所从来也。"③ 诗人的郁结之情、苦闷之意,难以抒怀,感情转换成文字,即发而为诗。清代程庭祚《骚赋论》云:"屈原……哀悼恻怛,发而为文。"④ 恻怛即哀伤。不仅屈原作诗源于苦闷,王逸作《九思》亦是如此。

王逸在担任侍中期间创作了《九思》。东汉中后期侍中的生存状态很不乐观,通过《后汉书》中记载的杨奇、向栩等人的事迹,我们可以看出在那个时代,侍中稍有不慎便会被贬谪或杀戮的真实历史情形。王逸生活在这样高压的环境下,生命朝不保夕,心情也一定难以舒展,苦闷之情必萦绕于心。这即是王逸创作《九思》最原始的情感动因。

王逸在注释楚辞的过程中,对楚辞文本早已熟稔于心,对楚辞的理解也已相当深刻。在楚辞中王逸找到了自己的知音——屈原,继而开始以灵魂共鸣之音解读屈作。

王逸深刻剖析了屈原的情感与创作之间的关系,与司马迁和厨川白村一样,王逸也认为苦闷之情是创作的源泉,这一点在其为屈作写的小序中便可体现出来:

《楚辞章句序》"屈原……忧心烦乱,不知所愬,乃作《离骚经》。"⑤(《楚辞补注》第 2 页)

《离骚叙》"屈原……忧悲愁思……而作《离骚》……不胜愤懑,遂复作《九歌》以下凡二十五篇。"(《楚辞补注》第 48 页)

《九歌序》"屈原……怀忧苦毒,愁思沸郁……作《九歌》之曲。"(《楚辞补注》

---

① [日]厨川白村著,鲁迅译:《苦闷的象征》,天津:百花文艺出版社,2000 年,第 28 页。
② 司马迁:《史记》(全十册),北京:中华书局,1959 年,第 2482 页。
③ 蔡景康:《明代文论选》,北京:人民文学出版社,1991 年,第 245 页。
④ 程庭祚:《骚赋论》(中)//《青溪集》卷三,黄山书社,2004 年。
⑤ 洪兴祖:《楚辞补注》,北京:中华书局,1983 年,第 2 页。本文所引楚辞原文皆出自此版本,其他引文不再赘述。

第 55 页）

《天问序》"屈原……忧心愁悴……周流疲倦,休息其下,仰见图画,因书其壁,何而问之,以泄愤懑,舒泻愁思。"(《楚辞补注》第 85 页)

《九章序》"屈原……忧心罔极,故复作《九章》。"(《楚辞补注》第 120 页)

《远游序》"思欲济世,则意中愤然,文采铺发,遂叙妙思。"(《楚辞补注》第 163 页)

《渔父序》"屈原……忧愁叹吟,仪容变易。"(《楚辞补注》第 179 页)

以上序言中诸如"忧心烦乱""忧悲愁思""忧心愁悴""忧心罔极"等表现情感特征的词语,皆是苦闷之情的不同反映。

对宋玉的楚辞创作以及汉代拟骚作品的创作,王逸也挖掘出了他们的情感特征,他在小序中用了一系列充满感情色彩的词语"悯惜""怜哀""闵伤""愍""哀"之类,表现出他对这些作品所反映出的创作者的情感把握十分准确。

《九辩序》"宋玉……悯惜其师……故作《九辩》以述其志。"(《楚辞补注》第 182 页)

《招魂序》"宋玉怜哀屈原……"(《楚辞补注》第 197 页)

《惜誓序》"惜者,哀也。"(《楚辞补注》第 227 页)

《招隐士序》"小山之徒,闵伤屈原。"(《楚辞补注》第 232 页)

《七谏序》"东方朔追闵屈原,故作此辞。"(《楚辞补注》第 236 页)

《哀时命序》"忌哀屈原受性忠贞……斐然作辞。"(《楚辞补注》第 259 页)

《九怀序》"追而愍之,故作《九怀》。"(《楚辞补注》第 269 页)

《九叹序》"追念屈原忠信之节,故作《九叹》。"(《楚辞补注》第 282 页)

《九思序》中说:"读《楚辞》而伤愍屈原,故为之作解。"又说:"逸与屈原同土共国,悼伤之情与凡有异。窃慕向、褒之风,作颂一篇,号曰《九思》,以裨其辞。"王逸与屈原因特殊的地缘关系,故在感情上更深一层。而刘向、王褒的作品也是伤愍屈原之作,伤悼之情相通。所以当王逸的苦闷之情难以排解,也欲以诗抒怀时,自然便选择了和刘向、王褒相同的方式,模拟屈骚,悲悯屈原并表述己意。

## 二、《九思》中的"哀情"表现

王逸的苦闷之情,激起了他创作的欲望,故作成《九思》。但《九思》亦是在注释屈作的基础上完成的,在表达王逸个体情感的同时也代屈原发声,故作品的情感表现具有多元性。

屈作将屈原愤懑难奈的情感表现得淋漓尽致。《九思》中的情感表现固然不如屈作中的澎湃激烈，而是呈现出哀婉连绵之状。《九思》中的哀婉之情延续了屈作中的情感主题，是以屈原之口吻对王逸所处的当时黑暗社会的现实拷问。

《九思》中的哀情有"时世之哀"。《逢尤》开篇便说："悲兮愁，哀兮忧。天生我兮当暗时，被谗谮兮虚获尤。"① 这里的"我"虽是第一人称的口吻，但却并非单一指代屈原，亦有王逸之情浑糅其中，使"我"具有了双重特质。王逸虽处东汉时期，亦有与屈原相同的经历。"时混混兮浇饡，哀当世兮莫知"，东汉宦官专权，政治黑暗，王逸虽为天子近臣却遭迫害，终被贬谪。

《九思》中的哀情亦有"君主之哀"。屈原在其作品中曾无数次表达对君主的希冀，希望君主远离奸佞，招揽贤士。王逸在《九思》中延续了这样的情感主题，因为王逸对汉代君主具有同样的期待。"思丁文兮圣明哲，哀平差兮迷谬愚"②，王逸希望君主是如殷武丁和周文王一样的圣君，但现实社会中却是"令尹兮謷謷，群司兮譨譨。哀哉兮溷溷，上下兮同流"，佞臣当道，君主昏蔽，上下同流合污。

《九思》中的哀情还有"述己之哀"。屈原一直希望求一位贤君作"知己"，从而实现自己的政治理想，可这种希望却被无情的现实粉碎，而自己也最终沉江汨罗。"哀吾兮介特，独处兮罔依""志阏绝兮安如，哀所求兮不耦""哀我兮寡独，靡有兮齐伦"，屈原的孤独彷徨，只影无依，在《九思》中被刻画得细致入微。

《九思》中缠绵悱恻的哀情既反映了屈原之哀，又抒发了一己之哀。在王逸表述一己之哀的同时，对屈原之情感的认识与体悟又更加深了一层。屈作之情与《九思》之情相互影响，彼此渗透，水乳交融。

屈骚具有强烈的抒情性，屈骚长短不一的句式恰能反映出屈原婉转细致的情思，而屈原对屈骚中良禽香草恰到好处的描述也反映出他彼时的心境，但这种浪漫奔放的抒情色彩在《九思》中已有所淡化。《九思》的句式结构趋于齐整，这令婉转百折的感情在表达时有了局限性，同时《九思》中的景物铺陈有所增多，呈现出"为文造情"的倾向。《九思》中的抒情更符合"怨而不怒，哀而不伤"的儒家诗教原则。

## 三、《九思》中抒情色彩的淡化

屈骚，承载了屈原全部的生命热情。孙梅《四六丛话》卷四《赋三·序》言："骚赋源出灵均，幽情藻思，一往而深。"③ 文学作品中的深情，反映出创作者之生命最本真的灵动。《左传》中有"三不朽"即"立德、立功、立言"，以深情立言写作，则其作不朽。屈骚深

---

① 洪兴祖：《楚辞补注》，北京：中华书局，1983年，第314页。
② 洪兴祖：《楚辞补注》，北京：中华书局，1983年，第315页。
③ 孙梅：《四六丛话》，北京：商务印书馆，1937年，第62页。

情,故屈作不朽。

浓郁的抒情性,是楚辞最重要的文体特色之一。陆时雍:"自屈原感愤陈情,而沅湘之音,创为特体,其人楚,其情楚,而其音复楚,谓之楚辞,雅称也。"① 由此可见,楚辞可以极大程度地表达作者的情感,而作品本身就蕴含着浓烈的情感特质。楚辞的多情首先与其地域环境有关。楚地自古以来,物产丰饶,山川奇秀,云水灵濛,"盖天地之气盛于东南,而楚山川又奇杰伟丽,足以发抒人之性情,故异材辈出……"② 一方水土养一方人,这样灵秀的环境自然滋养了楚人的性情,豪放浪漫,奇诡瑰丽,率真坦荡,而屈骚中那些唯美变幻、高阔远升的仙游之境,其原型就是楚地真实的山川水泽。楚地文化有"好淫祀,俗信鬼神"的地域性特征,而且巫风盛行。巫文化本身也有想象神奇、浪漫恣肆的特点,人文文化与地域特征相结合,更为楚辞的多情提供了现实的依托。

王逸的《九思》诞生于东汉中后期,汉初老庄之道为帝王所提倡的"顺势而为,无为而治",道家所提倡的"无为而无不为""人与万物合一"等方面的观点影响了人们处世的生活方式及对生命的态度。上文已有提及,汉代士人处在中央集权制的社会大环境下,已经失去了如春秋战国时期那种可横议言谈的相对自由,而要依附于统治者的喜好,不能直抒胸臆,表达自己的喜怒哀愁,否则稍有不慎便有生命危险。在汉初道家盛行之时,汉代士人受道家思想之影响,十分珍重生命,以"全身远祸,明哲保身"的态度生存于世。

汉武帝罢黜百家,独尊儒术之后,儒学被提高到无与伦比的高度,汉代士人入仕途的必备条件是要精通儒家的经典,故经学在汉代亦昌盛起来。儒家讲求"哀而不伤,怨而不怒"的中庸之道,"喜怒哀乐之未发,谓之中;发而皆中节,谓之和。中也者,天下之大本也;和也者,天下之达道也。致中和,天地位焉,万物育焉"③,"中和"才是天地之本,对情感要节制,这一点与道家泯灭人性之欲望,与万物相融的观点有共同之处。

王逸生活在这样的大环境下,自己本是儒者出身,又曾为东观校书,遍览文献典籍,思想早已被儒家浸润,从而在创作中依循儒家之规则。人的思想一旦被条条框框所束缚,就再难有肆意纵情的自由发挥,所以《九思》不可能有屈原作品中那种遨游天地、四海纵横的豪情,但可继承那种低回婉转、一吟百叹的哀情。

楚辞的抒情还与其长短不一的句式结构,灵活多变的写作手法,语气助词"兮"字的运用有关。句式的长短不一灵活多变可以更好地表达感情的起伏,这是自由创作的表现之一。《离骚》大部分是六、七言的句式,《九歌》是五言、七言杂用,《九章》则从四言到十一言都有,这样的句式随着感情的波动而变化,有着乐律的节奏感,可在最大程度上将

---

① 陆时雍《楚辞疏·楚辞条例》,见杜松柏主编《楚辞汇编》,台北:新文丰出版股份有限公司,1986年,第45页。
② 洪亮吉:《春秋十论》// 李宏:《楚辞与南阳汉画像石刻》,《江汉考古》,1987年第3期。
③ 朱熹:《四书章句集注》,北京:中华书局,1983年,第18页。

作者的感情抒发地淋漓尽致。屈骚以情盛,屈原倾尽生命的激情于诗歌之中,在其灵活婉转、一咏三叹的诗歌里,读者读到的是屈原灵魂深处的哀情。但《九思》的句式十分齐整,九个独立的章节中或全部用五言句式或全部用六言句式,或全部用七言句式,句法结构很单一,不利于作者感情的灵活表达,势必淡化了作品的抒情。

楚辞中的"兮"字,是楚辞体独特的语气词,是最有利于情感抒发的感情符号。"'兮'字作为一个语气词,总是与一定的情感抒发相联系。""悲壮、哀怨、伤感、凄楚等情绪,借助'兮'字的延展起伏,一唱三叹,得以淋漓酣畅地表现出来。'兮'字这种强烈的咏叹色彩和表情效果,是其他任何语气词所不可比拟的。"① 屈骚中的"兮"字的确发挥了这种功能,将作者或悲怨或愤懑或无奈或彷徨的心情呈现了出来。《离骚》与《九章》中并非是句句用"兮"字,《离骚》是隔句用"兮",《九章》除《橘颂》外也是隔句用"兮"。这样的运用方式使"兮"字有个间隔感和空间感,反而能深化抒情色彩。反观《九思》,文中句句用"兮",而句式结构又整齐单一,这使得本是最佳感情符号的"兮"字失去了其原本的功用,而成为一种可有可无或起断句作用的句式助词,从而淡化了作品的抒情性。

## 四、从屈骚到《九思》——由情胜于景到景胜于情

屈骚中的山川、动植都是充满灵性的,是与作者感情的变化完美融合在一起的。本文已经提到,楚地特有的瑰丽山川、朦胧水泽孕育了楚人天性浪漫的性格特点。在屈原愁郁难抒之时,烙印在他脑海深处的故土的一山一水、一云一风、香草木植,都成了他感情变化的载体,寄托着他的落寞、孤独与失意。屈原在诗中,塑造了一个瑰丽神奇、浪漫斑斓的世界,这个世界包罗万象,身在其中可肆意驰骋天上人间。

《离骚》中的情景都并非实写,景物皆是从屈原的感情中孕育而生的,是一种寄托情感的虚无的幻象。"扈江离与辟芷兮,纫秋兰以为佩。"屈原以己出生便内含天地之美,身携香草香花以示高洁之品性。"朝饮木兰之坠露兮,夕餐秋菊之落英,苟余情其信姱以练要兮,长顑颔亦何伤?"屈原终日以香草为伴,或为服饰或为食品,喻意自己内省自修毫不懈怠,自己坚持信念,即便身体受损也要一往无前。《离骚》中的香花香草香木,某种意义上讲,都表达了屈原的坚贞之情。当屈原欲远游天上仙境之时,他会驾玉虬、乘云气、随风而上,一日之间纵横千里,饮马天池,系辔扶桑,并与月神、云神为伴。这些从神话中而来的天上之景物与神人,玉虬、青鸾、咸池、扶桑木、月神、云神,皆出自于屈原的奇诡的浪漫之情。

《九歌》为祭祀之歌,其中有很多人神相恋的恋歌。《九歌》中开始有一些实化的景物描述。《湘夫人》中"嫋嫋兮秋风,洞庭波兮木叶下",秋风萧瑟,水波生愁,只一句便可令

---

① 郭建勋:《略论楚辞的"兮"字句》,《中国文学研究》,1998年第3期。

读者感受到一股莫名冷清的哀怨之情,缕缕萦绕,湘夫人的思念之情已寓于这秋风秋水之中。《山鬼》中:"余处幽篁兮终不见天,路险难兮独后来。表独立兮山之上,云容容兮而在下。杳冥冥兮羌昼晦。"山鬼所在的环境是幽篁蔽日、山路崎岖、云层厚重、一派昏暗之象,屈原为我们勾勒出一幅幽冥的云山之图,这样杳渺的意境仿佛已预示了山鬼等待一空的结局。"雷填填兮雨冥冥,猨啾啾兮又夜鸣。风飒飒兮木萧萧,思公子兮徒离忧。"雷雨交加,孤猿夜鸣,风木摇荡,伊人独守,山鬼最终没有等到心上人,缠绵悱恻的思念之情寄予这风雨飘零的山中,从而使得思情更怨。之后,在《涉江》《愁思》《悲回风》中都开始出现具象实化的景物描述,用以表达屈原深沉细腻的情感。诗人悲悯、哀伤、忧愁、耿介、孤独、执着、彷徨、失望等情绪都寄予这些诡谲奇炫的情景之中。

前文已提及,《九思》中的抒情相比于屈骚有所淡化。《九思》中幻想虚无的情景描写有所减少,具体实化的景物铺陈有所增多。屈骚是以情生文,而《九思》则是以文造情,清陈弘绪在《寒夜录》中说:"文生于情有限,情生于文无限"。对实化景物过多的刻意铺陈,反而淡化了抒情效果,更呈现出由骚体向以铺陈摛采著称的汉大赋过渡的痕迹。《九思·怨上》中云:"雷霆兮硠磕,雹霰兮霏霏。鸟兽兮惊骇,相从兮宿栖。鸳鸯兮嗈嗈,狐狸兮徵徵。哀吾兮介特,独处兮罔依。蟋蟀兮鸣东,蟊螫兮号西。蓺缘兮我裳,蠋入兮我怀。虫豸兮夹余,惆怅兮自悲。"雷霆、雹霰、鸟兽惊骇,虫豸哀鸣,这些都已经是非常具象化的实写,而作者之所以做这么多的描述,主要是为了表现诗中主人公的孤独无依之情,"雷霆兮硠磕……独处兮罔依。"要表达孤独之意,"蟋蟀兮鸣东……惆怅兮自悲"还是要表达孤独自悲之意,这样用不同的情景重复表达同一种情感,显然有刻意为之之嫌,给人故作深情,矫揉造作之感。再看《涉江》中,同样表达身处山中的孤独罔依之情,"深林杳以冥冥兮,猨狖之所居。山峻高以蔽日兮,下幽晦以多雨。霰雪纷其无垠兮,云霏霏而承宇。哀吾生之无乐兮,幽独处乎山中。"屈骚中的景皆生发于作者之情,故感情的流淌自然顺畅,其诗意之美,美得自然,美得真实。《九思·悯上》中有:"鹄窜兮枳棘,鹈集兮帷幄。巂蒵兮青苔,槀本兮萎落。"作者在这里继续沿袭了屈骚中的香草良禽、恶草臭物的意象之比,想要表达小人当道,贤臣被疏。《离骚》中与此句有相似之意的有"薋菉葹以盈室兮,判独离而不服","苏粪壤以充帏兮,谓申椒其不芳",两者相比,《离骚》之句虽简洁但感情丰沛,极少刻意抒情,却处处皆可生情。

《九思·悯上》中为了渲染主人公所处的凄楚环境,有大段的山川冰雪描写"川谷兮渊渊,山皀兮峇峇。丛林兮崟崟,株榛兮岳岳。霜雪兮灌澄,冰冻兮洛泽。东西兮南北,罔所兮归薄。庇荫兮枯树,匍匐兮岩石。""川谷""山皀""丛林"等这样具体物象的反复罗列反而禁锢了情感的表达,有赘述之嫌。再看《涉江》中的类似表达:"深林杳以冥冥兮,猨狖之所居。山峻高以蔽日兮,下幽晦以多雨。霰雪纷其无垠兮,云霏霏而承宇。""深林""高山""云雪"三处意境生动,情自淌出。《九思》中为生情而写景却令景盛情衰,屈骚中景自情出却景简而情盛。

　　综上所述,《九思》虽然是一篇拟骚作品,但并非是没有个体特征的完全模拟之作。王逸缘于苦闷而创作《九思》,那么《九思》必然能体现出创作者的个体情感和理想期望。厨川白村认为创作者的作品无论是以何种形式呈现,内容中一定包含了创作者人生的经验与体悟,是表述内心的心象,绝不会是单纯的模写与模仿。《九思序》中说:"以裨其辞","裨"字有"增添""补助"之意,说明阅读这篇作品对理解屈作很有帮助。很多学者认为包含《九思》在内的这几篇汉人拟骚作品对屈作有解读之作用。"可以肯定,拟作作者们,无论其身份地位、学识修养如何,大抵由于阅读到屈原作品,引起情感的共鸣,才有拟作的冲动;又由于其情感切入的方法角度不同,才有拟作内容的差异。"[①]一千个读者眼中有一千个屈原,由于个人经历不同,情感体验不同,对文本体悟不同,所以拟作对屈骚的解读也有差异。

---

① 胡凡英:《〈楚辞〉汉人拟作散论》,《中国楚辞学》,2005年第1期。

# 崇礼家范与谢庄骚、颂一体文风的形成

曲阜师范大学 孙 宝

元嘉时期,名家辈出,谢庄继谢灵运、颜延之之后成为庙堂制作的翘楚。钟嵘评价说:"颜延、谢庄,尤为繁密,于时化之。"[1]事实上,"繁密"作为谢庄文风的审美判断,首先在于其出经入史、隶事繁富,这离不开谢庄以礼立身的家风规训以及深湛的经学素养。[2]其次,"繁密"也有声韵不拘、配搭丰富的内涵。谢庄精于音韵之学,正如范晔所说:"年少中,谢庄最有其分,手笔差易,文不拘韵故也。"[3]谢庄换韵自由,平仄和谐,自然有节奏多变之美。再次,情韵绵密、辞旨哀回,这与陈郡谢氏素善"洛生咏"及偏好辞艳情哀的"清歌""委巷之歌"等西曲的传统有关。[4]谢庄早年追随庐陵王刘绍至江州出任南中郎咨议参军,后随王刘诞至襄阳为记室参军,能够更直接地接受出自荆、郢、樊、邓等楚地的"西曲"的影响。其在襄阳时期作《怀园引》,诗有"登楚都,入楚关,楚地萧瑟楚山寒"诸句,说明楚地风物令其印象深刻;该诗还多用《九歌》兮字为句腰的句式,抉发怀才不遇、叹老嗟卑之旨[5],说明其充分糅合西曲三字句与《九歌》六字句,对西曲进行了初步的雅化改制。至于谢庄诗赋多用楚辞事典与句式,更见其深受楚风影响。需要指出的是,陈郡谢氏具有深厚的世儒家学,即使偏好俗曲,亦未曾偏离汉魏以来以儒家经典为主的吟诵传统。[6]谢庄能够将自身经学素养与西曲、楚辞及诗颂深度绾合,正是在谢氏家风、学养、仕历、情感趣尚等多重因素作用下的结果。其结合《诗经》颂体与楚辞状物精工、情兼雅怨的技法,又形成骚、颂一体、典密清雅的文学特质,这对宋齐以降文风流变产生了深远影响。

---

[1] 曹旭:《诗品集注》卷中,上海:上海古籍出版社,1994年,第180页。
[2] 郁慧娟《谢氏宗风与山水诗传承中的第五代人:谢庄和谢朓》(《阴山学刊》2002年第5期)一文,主要从谢庄深化谢氏家族山水题材创作的角度立论,并未揭示儒学家风对谢庄整体创作的影响。
[3] 沈约:《宋书》卷六十九《范晔传》,北京:中华书局,1977年,第1830页。
[4] 参见余嘉锡:《世说新语笺疏(修订本)》,上海:上海古籍出版社,1993年,第369、756页;房玄龄等:《晋书》卷八十四《王恭传》,北京:中华书局,1974年,第2184页。
[5] 欧阳询:《艺文类聚》卷六十五,上海:上海古籍出版社,1999年,第1164页。
[6] 如汉顺、桓之际的名儒延笃曾说:"朝则诵羲、文之《易》,虞、夏之《书》。历公旦之典礼,览仲尼之《春秋》。夕则消摇内阶,咏《诗》南轩。"其中所言"诵""咏"者,除了《诗经》,尚包括《周易》《尚书》《春秋》等(见(宋)范晔:《后汉书》卷六十四《延笃传》,北京:中华书局,1965年,第2106页);陈琳《游览诗》其二也有"收念还寝房,慷慨咏坟经"句(俞绍初:《建安七子集》,北京:中华书局,2005年,第34页),均为其证。

## 一、崇礼家范与谢庄儒家政教观的确立

陈郡谢氏兼重事功与经学,自谢安《孝经注》迄至萧齐一代,就有谢道蕴《论语赞》、谢万《周易系辞注》《集解孝经》、谢庄《春秋图》《左氏列国篇木图》、谢超宗《礼仪注》等儒学著述传世,俨然形成了以孝礼、《左传》为核心的世儒家学传统。陈郡谢氏也注重家学教育,《世说新语·文学》载谢安与谢氏子弟摘句《毛诗》以定何句最佳,就是借鉴宫学经筵侍讲的"摘句"之法①,以提升谢氏子弟解读儒典的能力。谢混主持由族内子弟参与的"乌衣之游",也标举"吾家以素退为业,不愿干预时事,交游不过亲朋"的主旨②,以发扬谢安开启的家风轨范。③

谢庄之父谢弘微本为谢氏寒支谢恩之子,后过继给司空谢琰第二子、从叔谢峻为子,虽然生活境遇有了极大改善,却未沾染谢灵运、谢晦等同族盛支的躁竞习气,反而成为谢氏守礼的楷模。谢弘微于永初元年、元嘉四年,连遭母丧与其兄谢曜去世,孝行颇著,以致哀毁骨立。释慧琳劝其节哀,谢弘微则答:"衣冠之变,礼不可逾。在心之哀,实未能已。"④ 在崇儒重礼的家风熏陶下,谢庄七岁精通《论语》,长于文笔,"及长,韶令美容仪,太祖见而异之,谓尚书仆射殷景仁、领军将军刘湛曰:'蓝田出玉,岂虚也哉!'"⑤ "容仪"指礼仪轨范。除《周礼·地官·乡大夫》所载乡射礼之仪态神貌外,《仪礼》《礼记·曲礼》《少仪》等亦载关于日常饮食居处、待人接物、朝聘祭祀、婚丧冠射等仪态举止的规定,贾谊《新书》则专设《容经》《礼容语》阐述王族子弟"朝廷之容""祭祀之容""军旅之容""丧纪之容"等容仪。⑥魏晋时期虽然儒学中衰,但仪礼之学仍然有所发展,如沈约评价西晋何桢《冠仪约制》及王堪私撰《冠仪》,认为"亦皆家人之可遵用者也"⑦。刘宋时期也重视家仪,如王弘以"王太保家法"著称于世,谢弘微"举止必循礼度"⑧。谢庄的仪容之美自是谢弘微的影响所致,刘义隆称其"蓝田生玉",正是对其家风懿范的称道。

谢庄鉴于谢灵运恃才贾祸的惨痛教训与谢混、谢瞻、谢弘微等人提倡的谦谨家风,注

---

① 史载:"孝武帝尝讲《孝经》,仆射谢安侍坐,尚书陆纳侍讲,侍中卞眈执读,黄门侍郎谢石、吏部郎袁宏执经,(车)胤与丹阳尹王混摘句,时论荣之。"(《晋书》卷八十三《车胤传》,第 2177 页)这当对谢安家庭教育的方式有所启示。

② 沈约:《宋书》卷五十六《谢瞻传》,北京:中华书局,1977 年,第 1557 页。

③ 有关谢安在谢氏家学中的作用,可参王永平《谢安之家教与谢氏之门风》一文,见氏著《东晋南朝家族文化史论丛》,扬州:广陵书社,2010 年,第 15—20 页。

④ 沈约:《宋书》卷五十八《谢弘微传》,北京:中华书局,1977 年,第 1592 页。

⑤ 沈约:《宋书》卷八十五《谢庄传》,北京:中华书局,1977 年,第 2167 页。

⑥ 阎振益、钟夏《新书校注》卷六,第 227 页;卷五,第 206 页,北京:中华书局,2000 年。

⑦ 沈约:《宋书》卷十四《礼志四》,北京:中华书局,1977 年,第 336 页。

⑧ 分见沈约:《宋书》卷四十二《王弘传》,北京:中华书局,1977 年,第 1322 页;《宋书》卷五十八《谢弘微传》,第 1592 页。

意审时度势、以退为进。刘劭篡政之际,谢庄就"谢病私门,幸免虎口"①。孝建元年,刘骏任命其为吏部尚书,此职易招致不满与非议,谢庄写信给江夏王刘义恭托病推辞说:"禀生多病,天下所悉,两胁癖疾,殆与生俱,一月发动,不减两三,每至一恶,痛来逼心,气余如缐。利患数年,遂成痼疾,吸吸惙惙,常如行尸。……眼患五月来便不复得夜坐,恒闭帷避风日,昼夜慇懜。……此段不堪见宾,已数十日,持此苦生,而使铨综九流,应对无方之诉,实由圣慈罔已,然当之信自苦剧。……家素贫弊,宅舍未立,兒息不免粗粝,而安之若命,宁复是能忘微禄?正以复有切于此处,故无复他愿耳。……家世无年,亡高祖四十,曾祖三十二,亡祖四十七,下官新岁便三十五,加以疾患如此……但得保余年,无复物务,少得养疴,此便是志愿永毕。"②上述所言"两胁癖疾""痛来逼心,气余如缐""眼患"等并发症状有可能是肝脏疾病。③谢庄极言病痛侵扰的苦楚,又以家族成员多无高寿的事例论证其对养生延年的渴望,其中虽有遵循逢官须让的官场规则在,也是践行谢混"吾家以素退为业,不愿干预时事"的训诫。

谢庄的思想具有多面性,既以儒术立身,也广泛交结僧人。④其《八月侍华林曜灵殿八关斋诗》所说"澄淳玄化阐,希微寂理孚"⑤,就证明其对佛理颇有参悟。不过,从整体上来说谢庄拳拳服膺的仍是儒家学说。谢庄不仅遵循礼仪法度,而且精通《左传》《尚书》《诗经》《礼记》等儒家经典。他在为随王刘诞后军谘议、记室任上,"分左氏《经传》,随国立篇,制木方丈,图山川土地,各有分理,离之则州别郡殊,合之则宇内为一"⑥。早在西晋,裴秀曾依据《尚书·禹贡》的记载,结合先秦舆地记载,制《禹贡地域图》18篇,并提出"制图六体"的原则,对地图的比例、方位、距离、高低、曲直转化等问题加以明确规定。谢庄则继承裴秀的理论,立足《左传》,按照相应比例,用木制模型制成立体地图,单独的模块可表征郡邑地形,组合拼装又可构成国家地图,若无对《左传》等经传中舆地分布、历史沿革等情况具有相当的熟识程度,就不可能如此精巧绝伦。

扎实的经学根底决定了谢庄为政理念的儒家属性,简言之,即是儒家忠义诚信、崇俭爱民、明德慎罚之道。如其针对刘骏时"搜才路狭"的现状,化用《诗经·大雅》《尚书·秦誓》《礼记·大学》《尚书·皋陶谟》等词句,又援引《左传》所载公叔文子拔大夫僎升居

---

① 沈约:《宋书》卷八十五《谢庄传》,北京:中华书局,1977年,第2168页。
② 沈约:《宋书》卷八十五《谢庄传》,北京:中华书局,1977年,第2171—2172页。
③ 如《素问·藏气法时论》说:"肝病者,两胁下痛引少腹,令人善怒;虚则目𥉙𥉙无所见,耳无所闻,善恐,如人将捕之。……气逆,则头痛、耳聋不聪、颊肿。"见(清)张琦:《素问释义》卷三,《四库未收书辑刊》第四辑第24册,北京:北京出版社,1997年,第400页下A—B。
④ 《高僧传》卷七"义解四"载:"释梵敏……晚憩丹阳,频建讲说,谢庄、张永、刘虬、吕道慧皆承风欣悦,雅相叹重。"见(梁)僧祐:《高僧传》卷七,北京:中华书局,1992年,第287页。
⑤ 欧阳询:《艺文类聚》卷七十六,上海:上海古籍出版社,1999年,第1294页。
⑥ 沈约:《宋书》卷八十五《谢庄传》,北京:中华书局,1977年,第2167页。

卿位、管仲、赵文子进行举贤任能的人事改革、祁奚举贤不避亲等事例,凸显招贤纳士的必要性。① 谢庄在都官尚书任上,还引述《尚书·商书·多方》《周书·康诰》《周书·吕刑》等有关明德慎罚的典故,依据《周礼·秋官·小司寇》"五听"断案法与《周礼·秋官·司刺》《礼记·文王世子》等"三宥"仁恕法,力劝刘骏为政仁恕、罚当其罪。② 谢庄强调"政平讼理,莫先亲民,亲民之要,实归守宰"③,妥当公正地处理刑狱案件是亲民之本,当政官员则是亲民之要,主张只有恢复官员六年一任期,才能治有成效、民知所依。谢庄还视民心向背为立朝根基,其在泰始元年为刘彧登基作《改元大赦诏》,文中宣扬刘裕、刘义隆、刘骏三代之德,抨击刘子业不遵孝道、残害忠臣、屠戮王室的劣行,其化用《尚书·五子之歌》"予临兆民,懔乎若朽索之驭六马"抨击刘子业的暴政带来的统治危机,继而又突出刘彧"上缉三光之重,俯顾庶民之艰"的吊民伐罪的正义性④,为后者开朝大赦建立德政依据。

谢庄注重将儒礼家范迁移至为官理政的应用环节中。谢庄曾以竹作为人格象征,在《竹赞》中说:"瞻彼中唐,绿竹猗猗。贞而不介,弱而不亏。杳袅人表,萧瑟云崖。推名楚潭,美质梁池。"⑤ 其化用《诗经·卫风·淇奥》"瞻彼淇奥,绿竹猗猗",同时借用《淇奥序》"美武公之德也。有文章,又能听其规谏,以礼自防,故能入相于周"之意,以竹子"贞而不介,弱而不亏"的柔韧品性比拟立身之道与为政之法。颜峻、谢庄先后担任吏部尚书,而风格迥异。史载:"谢庄代(颜)竣领选,意多不行。竣容貌严毅,庄风姿甚美,宾客喧诉,常欢笑答之。时人为之语曰:'颜竣嗔而与人官,谢庄笑而不与人官。'"⑥ 可知,谢庄表面谦和,实则秉公铨选、不阿私情。他还恪尽职守,敢于犯颜讽谏。大明五年,谢庄身为侍中、前军将军以"蒐巡有度,郊祀有节,《盘》于游田,著之前诫"为据,拒绝仅凭符信就为纵乐夜归的刘骏开宫门,而必须后者的手书笔迹。⑦ 刘骏称道其为以强直著称的东汉郅恽,即为其证。

## 二、谢庄的颂美意识与依《诗》《礼》颂德

许嵩评价元嘉中后期至泰始文坛说:"时之风流领袖,则谢庄、何偃、王彧、蔡兴宗、袁顗、袁粲。……或清华以秀雅,或骁果以生类,固以轨道,廊庙之中,方驾向时之略。"⑧ 作为自傅亮、谢灵运、颜延之之后刘宋宫廷文坛的新出领袖,谢庄现存绝大多数作品均以善颂善祷为特色。立足《尚书》、三《礼》《诗》之《周颂》等儒家经典,则是其颂美文学的根

---

① 沈约:《宋书》卷八十五《谢庄传》,北京:中华书局,1977年,第2169—2170页。
② 沈约:《宋书》卷八十五《谢庄传》,北京:中华书局,1977年,第2173页。
③ 沈约:《宋书》卷八十五《谢庄传》,北京:中华书局,1977年,第2170页。
④ 严可均:《全宋文》卷三十四,北京:中华书局,1958年,第2626页下B至第2627页上A。
⑤ 沈约:《艺文类聚》卷八十九,北京:中华书局,1977年,第1554页。
⑥ 沈约:《宋书》卷七十五《颜峻传》,北京:中华书局,1977年,第1960页。
⑦ 沈约:《宋书》卷八十五《谢庄传》,北京:中华书局,1977年,第2176页。
⑧ 许嵩:《建康实录》卷十四《宋下·太宗明皇帝》,北京:中华书局,1986年,第557页。

柢所在。谢庄长于状物刻画,清丽精致,颇有谢灵运的遗风,然而他笔下的自然景致、天象物类却具有鲜明的选择性和目的性,那些具有祥瑞属性的物什尤为其所倚重。

上述又与统治者强化君权、好大喜功而特爱祥瑞咏颂密切相关。① 刘宋多雄强崇文之主,如刘裕不学无术亦曾多次举行文人雅集,刘义隆、刘骏、刘子业、刘彧诸帝及刘义庆、刘义恭、刘义真、刘义宗、刘濬等藩王更是长于写作、招纳文士的代表。② 强主好文,反而是造成刘宋中后期文人文学品格平庸的重要原因。此外,刘宋时期阴阳学兴起,刘子勋与刘彧争夺王位时,邓琬"乃称说符瑞,造乘舆御服……令顾昭之撰为《瑞命记》"。③ 至刘彧一朝,其信鬼神,于泰始六年九月立总明观,分为儒、道、文、史、阴阳五部学。虽"言阴阳者遂无其人"④,但它能上升为五部学之一却是世风推重的客观反映,更为文士歌颂祥瑞提供了借口。谢庄即深信阴阳灾异之说,曾于孝建元年十月荧惑犯进贤星而上表自解吏部尚书一职;其位于丹阳秣陵的园竹林于孝建二年三月降甘露,又上表称颂;大明五年正月大雪,"时右卫将军谢庄下殿,雪集衣。还白,上以为瑞。于是公卿并作花雪诗"。⑤ 可见,谢庄既是刘骏一朝祥瑞事件的造作者,也是祥瑞事件文学化的引领者,自然造成其以颂美为主的文风基调。

谢庄具有履行润泽鸿业的文臣职责的自觉意识,如元嘉二十九年作《赤鹦鹉赋应诏》,即借西域贡献赤鹦鹉宣扬"审国音于寰中,达方声于遐表"的大国风范。⑥《舞马赋》也堪为代表。《宋书·鲜卑、吐谷浑传》载:"世祖大明五年,拾寅遣使献善舞马、四角羊。皇太子、王公以下上《舞马歌》者二十七首。"⑦ 据乐闻的考证,文中"大明"二字为衍文,"五年"实指刘骏在位第五年的大明二年⑧,当是。此赋开篇即说:"天子驭三光,总万宇,抱云经之留宪,裁河书之遗矩。是以德泽上昭,天下漏泉,符瑞之庆咸属,荣怀之应必臻。"⑨ 其将吐谷浑首领拾寅献舞马、四角羊视为四方降顺的祥瑞,以此凸显

---

① 按,自刘裕建宋以来,即加强中央集权,剪除或钳制强臣与藩王的势力。刘义隆即位之初诛杀傅亮、谢晦、徐羡之等人,以范晔谋反案为契机,迫使刘义康自杀以消除君相权力之争。刘骏更是"亲览朝政,常虑权移臣下,以吏部尚书选举所由,欲轻其势力……于是置吏部尚书二人,省五兵尚书"。宋明帝晚年,"虑一旦晏驾,皇后临朝,则(王)景文自然成宰相,门族强盛,藉元舅之重,岁暮不为纯臣。泰豫元年春,上疾笃,乃遣使送药赐景文死"。(见《宋书》卷八十五《王景文传》,第2184页)
② 史载:"(元嘉)十一年三月丙申,禊饮于乐游园,且为江夏、衡阳二王来朝,帝有诏会者赋诗,命太子中庶子颜延之为序。"(《建康实录》卷十二《宋中·太宗文皇帝》,第429页)"元嘉中,河、济俱清,当时以为美瑞,(鲍)照为《河清颂》,其序甚工。"(见《宋书》卷五十一《宗室传》,第1477—1478页)又
③ 沈约:《宋书》卷八十四《邓琬传》,北京:中华书局,1977年,第2134页。
④ 许嵩:《建康实录》卷十四《宋下·太宗明皇帝》,北京:中华书局,1986年,第511页。
⑤ 沈约:《宋书》卷二十九《符瑞下》,北京:中华书局,1977年,第873页。
⑥ 《艺文类聚》卷九十一,第1577页。
⑦ 沈约:《宋书》卷九十六《鲜卑、吐谷浑传》,北京:中华书局,1977年,第2373页。
⑧ 乐闻:《宋书校议一则》,《文学遗产》,2007年第3期,第79页。
⑨ 沈约:《宋书》卷八十五《谢庄传》,北京:中华书局,1977年,第2175页。按,以下《舞马赋》引文均出自第2175—2176页,恕不遍注。

刘骏的君威德化。在这种心态下,谢庄对舞马的描摹细至纤毫,首先通过一系列动词"陵""跃""辞""去""乘""奋""超""逾""轶""铄"等,表现其远自西域、举止迅疾的特质;接着,又描述刘宋宫廷训马师对其在饮食、居处、佩饰等方面潜移默化与严格规训,详尽地刻画舞马骨骏神逸的风采。继而,充分发挥《周礼》中以马舞作为礼乐文明载体的内涵来描写舞马之舞说:"至于《肆夏》已升,《采齐》既荐,始徘徊而龙俯,终沃若而鸾旸,迎调露于飞钟,赴承云于鸳箭。……盛节之义洽,升中之礼殚。亿兆悦,精祇欢,聆万岁于曾岫,烛神光于紫坛。"上述显然已将骏马献舞纳入奏乐观礼的朝仪体系中。谢庄还将舞马神化为刘宋仁德传播的使者,通过大胆的想象与虚构,勾勒出舞马"历岱野而过碣石,跨沧流而轶姑余,朝送日于西坂,夕归风于北都。寻琼宫于倏瞬,望银台于须臾"的神行历程。不难看出,其套用了《离骚》以"朝发轫于天津兮,夕余至乎西极"为提示句的神游模式,并辅以"溘吾游此春宫兮"或"望瑶台之偃蹇兮"的神境描写。其进而以"舞马"奔腾四海、漫游天际的气势比作刘宋仁德广被的象征:"若乃日宣重光,德星昭衍,国称梁岱伫跸,史言坛场望践……圣主将有事于东岳,礼也。于是顺斗极,乘次躔,戒悬日于昭旦,命月题于上年。骈骈翼翼,泛修风而浮庆烟,肃肃雍雍,引八神而诏九仙。"谢庄赋予舞马以绝地天通、感神降灵的能力,对刘骏希图东巡封禅的一统志向加以讴歌。这与谢灵运在《北伐书》中鼓吹刘义隆"聪明圣哲,天下归仁"高度一致①,体现了陈郡谢氏主笔皇庭高文大册时一贯的政治逻辑与气魄。

谢庄的颂美作品具有依《诗》《礼》颂德的特点,集中体现在其祥瑞诗赋及郊庙歌辞等方面。谢庄按照《周礼》明堂祭祀之制,编订迎神、登堂、娱神、送神诸曲,依照《诗经》颂体、汉代四言雅体甚至五行之数,确定句式字数,追怀先祖、宣扬孝义、褒扬君德。如谢庄《宋明堂歌》九首之《迎神歌》描述了备好牺牲粢盛迎接列神降临的情形,对刘宋"皇德远,大孝昌。贯九幽,洞三光。神之安,解玉銮。昌福至,万宇欢"的盛世承平之治加以讴歌。②《登歌》则通过"昭事先圣,怀濡上灵。《肆夏》戒敬,升歌发德"的方式,祈求"永固鸿基,以绥万国"。《送神歌》依汉郊庙歌三言句式,仍阐发敦化崇孝之旨:"蕴礼容,余乐度。……浚化凝,孝风炽。顾灵心,结皇思。"③萧子显解释谢庄的阴阳五行思想与其郊庙乐辞的句式关系说:"明堂歌辞,祠五帝。汉郊祀歌皆四言,宋孝武使谢庄造辞,庄依五行数,木数用三,火数用七,土数用五,金数用九,水数用六。……《周颂·我将》祀文王,言皆四,其一句五,一句七。谢庄歌宋太祖亦无定句。"④由上可知,谢庄大致依《礼记·月令》所言五行之数及《周颂·文王》的四言颂体确定明堂歌的句式字数,但又结合乐谱演

---

① 沈约:《宋书》卷六十七《谢灵运传》,北京:中华书局,1977年,第1774页。
② 沈约:《宋书》卷二十《乐志二》,北京:中华书局,1977年,第569页。
③ 沈约:《宋书》卷二十《乐志二》,北京:中华书局,1977年,第571页。
④ 萧子显:《南齐书》卷十一《乐志》,北京:中华书局,1972年,第172页。

奏的需要,个别句式略有增减,可谓谢庄自我作古的独创。谢庄所作《宋明堂歌》九首之《歌太祖文皇帝》"依周颂体"而赞美刘义隆。其《殷贵妃谥策文》开篇化用《尚书》的古雅语调,文中也大量化用《诗经》等典事。

  谢庄其他应制诗赋也具有鲜明的以《诗》《礼》颂德的特点。大明元年应诏作《杂言咏雪》,其中除了对雪姿、雪景进行客观描写外,更立足儒家经典,赋予雪以德泽广被的属性。其开篇说:"玄管洽,《豳诗》平。火洲灭,日壑清。"其中"《豳诗》"指《诗经·豳风·七月》,其为现存最早的农事诗,古礼奏《豳风·七月》以开启一年的农事活动。《周礼·春官·籥章》载:"籥章:掌土鼓、豳籥。中春,昼击土鼓、吹《豳诗》,以逆暑。……凡国祈年于田祖,龡《豳雅》,击土鼓,以乐田畯。国祭蜡,则龡《豳颂》,击土鼓,以息老物。"上述《豳诗》《豳雅》《豳颂》均指《豳风·七月》,可知谢庄此诗应作于是年仲春之后,同时也为降雪赋予了儒家劝农的内涵。他还说:"若夫贞性贲道,润德晖经。"其引用《周易·贲卦》九三卦辞、《礼记·大学》"富润屋,德润身"赋予雪以贞德之性。接着又以《诗经·小雅·出车》《小雅·信南山》中对于雪色弥满与雪佑谷生的描写,赋予雪以泽被万物之德。由上可知,尽管谢庄在雪姿描写方面细腻精工,但着眼点却是弘扬其佑农劝耕的政教属性。与之相似的还有《和元日雪花应诏诗》,其中不乏"委霰下璇蕤,叠雪翻琼藻"等写景丽句,一以贯之的却是"从候昭神世,息燧应颂道。……泽厚见身末,恩逾悟生眇"的感戴颂歌之情。① 其他则如《烝斋应诏诗》说:"霜露凝宸感,肃偯动天引。西郊灭湮滂,东溟起昭晋。舞风泛龙常,轮霞浮玉轫。紫阶协笙镛,金途展转应。方见六诗和,永闻九德润。观生识幸渥,睇服惭辀吝。"②"烝斋"即是冬祭中的斋食之礼,其言"紫阶协笙镛,金途展转应。方见六诗和,永闻九德润",即反映了冬祭时礼乐彬盛的情形。其中"六诗"指《诗经·小雅》中《南陔》《白华》《华黍》《由庚》《崇丘》《由仪》六篇佚诗,《仪礼·燕礼》说:"笙入,立于县中,奏《南陔》《白华》《华黍》。……乃间歌《鱼丽》,笙《由庚》;歌《南有嘉鱼》,笙《崇丘》;歌《南山有台》,笙《由仪》。""六诗"均用笙来演奏,故也称笙诗,亦是诗中"笙镛"之本。"九德"出自《尚书·皋陶谟》所言九种德操品性,显然谢庄借笙乐雍和表达对君主德行远播的歌颂。

  史载:"自宋大明以来,声伎所尚,多郑卫淫俗,雅乐正声鲜有好者"③,谢庄却推动了刘宋中后期雅乐曲辞创的创新与发展。④ 谢庄所制郊庙雅乐歌辞,直到萧齐一代仍被沿袭用于宫廷祭祀。史载:"建元初,诏黄门郎谢超宗造明堂夕牲等辞,并采用庄辞。建武

---

① 逯钦立:《先秦汉魏晋南北朝诗》,北京:中华书局,1983年,第1250页。
② 徐坚:《初学记》卷十三,北京:中华书局,1962年,第319页。
③ 萧子显:《南齐书》卷四十六《萧惠开传》,北京:中华书局,1972年,第811页。
④ 参见李晓红《"以数立言"与九言诗之兴——谢庄〈宋明堂歌〉文体新变考论》(《中山大学学报》2012年第4期)、《南朝雅乐歌辞文体新变论析——以〈五帝歌〉为中心》(《文学遗产》2014年第5期)所论。

二年,零祭明堂,谢朓造辞,一依谢庄,唯世祖四言也。"① 谢庄成为皇家文制的不二圭臬,正体现出其依儒家价值体系进行颂德的创作模式在南朝的普遍性和延续性。当然,谢庄依《诗》《礼》颂德的应制之作,体现出取悦统治阶层的卑顺心态与堂皇典雅的官样型格。谢庄以颂美为主导的雅乐曲辞及诗赋谏表,亦是其履行文臣颂德职能的应有之义。

## 三、谢庄情兼雅怨与骚颂一体

如前所说,谢庄除浸淫儒家经典之外,深受楚辞影响。另外,其崇尚汉魏乐府文学传统,尤其对建安贵游文风多有继承,故能够大胆变创四言雅体的限制,吸纳三言、五言、六言、七言甚至九言等句式进入诗文创作中,从而产生格调高古、情兼雅怨、摹写工细、流美哀艳等审美特征。简言之,就谢庄作品的抒情性而言,其特征为情兼雅怨,就其体式特征而言,则是骚颂一体。史载:"谢庄作哀策文(即为宋孝武宣贵妃而作)奏之,帝卧览读,起坐流涕曰:'不谓当今复有此才。'都下传写,纸墨为之贵。"② 可以说,谢庄以其创作实绩推动了刘宋中后期典雅厚重与情旨哀艳并存共行的时代风气。

《月赋》正是骚颂一体的典型代表。该赋与谢灵运《拟魏太子邺中集诗八首》的性质相近,后者假托曹丕的口吻以《魏太子》诗自述外,还回忆与建安文士王粲、徐干、应玚、陈琳、刘桢、阮瑀、曹植笔墨游宴的经历,抒发了"岁月如流,零落将尽,撰文怀人,感往增怆"的感慨③,流露出对建安风骨的崇仰之情。谢庄此赋有仿效谢灵运的痕迹,以曹植追怀应玚、刘桢发端,引出曹植与王粲共同赏月而作赋的内容,赋的主体则为王粲对明月的咏颂。此赋由秋景入手,"沈吟《齐》章,殷勤《陈》篇",亦即以《诗经·齐风·东方之日》《陈风·月出》等描写月色的作品为模本,借"白露暧空,素月流天"的幽谧景致缅怀故去的友人④,这其实也奠定了全篇取乎《诗》法、兼用骚体的特色。谢庄以王粲口吻,通过"朒朓""朓魄"等月形变化及月随天变等特性,着力表现明月沉潜谦冲、阴柔随顺之德。其中化用《尚书·洪范》与《周易·谦卦》象辞等典故,赋予月亮与时更化、昭示天道的哲学深义。接着又以孙策之母、汉元帝傅皇后之母均梦月入怀,一则开创孙吴基业、一则母仪天下的史实,进一步深化月亮的涵化孕育之德。谢庄曾为宋明帝之母作《宣太后歌》说:"禀祥月辉,毓德轩光。嗣徽妫姒,思媲周姜。母临万宇,训蔼紫房。"⑤ 其以"月辉"喻指母德,以宣太后比美于商周始祖母,正是《月赋》中明月道德寓意之一。谢庄又从秋月饮宴、倍增怀情的角度,凸显开篇缅怀故旧的主题,其借鉴楚辞以"美人"比贤者或淑德的

---

① 萧子显:《南齐书》卷十一《乐志》,北京:中华书局,1972年,第172页。
② 李延寿:《南史》卷十一《后妃传上》,北京:中华书局,1975年,第324页。
③ 萧统:《文选》卷三十,北京:中华书局,1977年,第437页上B—下A。
④ 萧统:《文选》卷十三,北京:中华书局,1977年,第196页下A—B。
⑤ 沈约:《宋书》卷二十《乐志二》,北京:中华书局,1977年,第581页。

传统,大量化用楚辞名句,渲染幽凄淡雅的情感氛围。如文末采用《九歌》"兮"字居中的句式,"美人迈兮音尘阙,隔千里兮共明月。临风叹兮将焉歇,川路长兮不可越""月既没兮露欲晞,岁方晏兮无与归"诸句,糅合《九歌·少司命》"望美人兮未来,临风怳兮浩歌"、《招魂》"目极千里兮伤心悲"、《九歌·山鬼》"留灵修兮憺忘归,岁既宴兮孰华予",又恰切地结合汉魏乐府中以"明月"借代闺怨的习惯性手法①,产生了"满堂变容,回遑如失"的感伤效果。这在谢庄模仿西声而作的诗歌中也有体现,如《长笛弄》说:"月起悠悠,当轩孤管流。□郁顾慕含羁,含楚复含秋。青苔蔓,荧火飞,骚骚落叶散衣。夜何长,君吹勿近伤。夜长念绵绵,吹伤减人年。"②此曲亦以秋月咏闺怨之情,句式自由灵动,辞调低回感伤。《山夜忧吟》说:"庭光尽,山明归,流风乘轩卷,明月缘河飞。涧鸟鸣兮夜蝉清,橘露靡兮蕙烟轻。凌别浦兮值泉跃,经乔林兮遇猿惊。南皋别鹤伫行汉,东邻孤管入青天。沉疴白发共急日,朝露过鄽讵赊年。年去兮发不还,金膏玉液岂留颜。"③此诗结合楚辞句法与骈对句式,描写皓月当空、鸟啼蝉鸣之下,看烟露弥漫,听《别鹤》孤管,抒发了老病交加的痛苦,正与《月赋》借鉴楚辞与汉魏乐府的抒情状物手法如出一辙。不仅如此,谢庄《月赋》还将诗骚并用、以月比德的手法贯彻始终。如赋末说:"佳期可以还,微霜霑人衣!"即化用《九歌·湘夫人》"白薠兮骋望,与佳期兮夕张"、《九章·思往日》"何芳草之早殀兮,微霜降而下戒"和《诗经·小雅·白华》"英英白云,露彼菅茅。……啸歌伤怀,念彼硕人"。可以说,《月赋》借月念古怀人,既表达了对建安文坛的崇敬,又远接诗骚传统,讴歌月之阴顺涵容之德,"美人迈兮音尘阙,隔千里兮共明月"句正变创自《齐风·东方之日》《陈风·月出》以月下美人起兴的方式,与"沈吟《齐》章,殷勤《陈》篇"之句首尾呼应,浑然一体。

谢庄情兼雅怨的审美特质虽曾引起京都纸贵的轰动效应,其所依凭的骚颂一体的写作模式同样也招致争议。史载:"初,孝武尝问颜延之曰:'谢希逸《月赋》何如?'答曰:'美则美矣,但庄始知隔千里兮共明月。'帝召庄,乃以延之答语庄。庄应声答曰:'延之亦尝作《秋胡诗》,始知生为久离别,没为长不归。'帝抚掌竟日。"④颜延之讽刺谢庄《月赋》中"隔千里兮共明月"句,乃是借鉴楚辞及汉魏乐府歌辞的结果,并非原始创新的天才之语;谢庄则反唇相讥,认为颜延之《秋胡诗》基本也是汉乐府歌辞成句的变相改造,亦毫无新意可言。通过二人的争论,可知刘宋中后期文坛虽追求创新,但特别注重对先秦诗骚传统及汉魏乐府的继承已是普遍事实。

---

① 按,陈冲敏详细阐述了谢庄"隔千里兮共明月"句对汉乐府"明月怀远""托物寄情"传统的继承,参见其《"隔千里兮共明月"的继承与创新》,《中国韵文学刊》,2003年第1期,第58—60页。
② 逯钦立:《先秦汉魏晋南北朝诗》,北京:中华书局,1983年,第1255页。
③ 欧阳询:《艺文类聚》卷七,上海:上海古籍出版社,1999年,第127页。
④ 许嵩:《建康实录》卷十四《宋下·太宗明皇帝》,北京:中华书局,1986年,第541页。

其实,刘宋文坛谢庄骚颂一体的创作模式并非独创,而有承继前者之处。方东树《昭昧詹言》说:"谢公全用《小雅》《离骚》意境字句,而气格紧健沈郁。"① 可见,谢灵运就已经注重骚雅结合了。颜延之吸收楚辞、《诗经》《左传》《礼记》《周易》等的秀词丽句,形式上造成"错彩镂金"、词章炳焕的修辞效果,更是骚颂一体的先导。颜延之熟悉屈原的生平遭际,对其悲剧一生深致同情,他在《祭屈原文》中说:"曰若先生,逢辰之缺。温风怠时,飞霜急节。嬴、琇遘纷,昭、怀不端。谋折仪、尚,贞蔑椒、兰。身绝郢阙,迹篇湘干。比物荃荪,连类龙鸾。声溢金石,志华日月。如彼树芳,实颖实发。望泪心歊,瞻罗思越。藉用可尘,昭忠难阙。"② 上述基本综括《史记·屈原列传》及《离骚》《九章》《卜居》《渔父》等有关屈原的生平资料而成,末句"昭忠难阙",暗用《左传·隐公三年》"《风》有《采蘩》《采蘋》,《雅》有《行苇》《泂酌》,昭忠信也",体现出对屈原忠信品节的激赏之情。在知人论世的基础上,颜延之有许多拟物之作,如《天马状》《赤槿颂》《碧芙蓉颂》《赭白马赋》《白雪诗》《独秀山诗》等,均辞采焕烂,刻画精巧。除了静态描摹外,他更注重发扬楚辞摹物、抒情的特色,辅以儒家经典中对节令、物候的描写,工于捕捉动态景致的变化。如其《夏夜呈从兄散骑车长沙诗》说:"侧听风薄木,遥睇月开云。夜蝉当夏急,阴虫先秋闻。岁候初过半,荃蕙岂久芬?屏居恻物变,慕类抱情殷。九逝非空思,七襄无成文。"③ 其中对于"薄木""夜蝉""荃蕙""九逝"等描写,分别出自刘向《九叹·远逝》"雪雰雰而薄木兮,云霏霏而陨集"、《九辩》"燕翩翩其辞归兮,蝉寂漠而无声"、《离骚》"兰芷变而不芳兮,荃蕙化而为茅"、《招隐士》"猕猴兮熊罴,慕类兮以悲"、《九章·抽思》"惟郢路之辽辽兮,魂一夕而九逝"④,可以说楚辞作品的意象情境构筑了此篇的主干。此诗以岁时流逝、物华凋落,感念事功难成,其"岁候初过半"句基本由《九辩》"时亹亹而过中兮,蹇淹留而无成"句化生而来,也成为诗歌的主调。不过,他也将《诗经》词句化用诗中,如"七襄无成文"句出自《诗经·小雅·大东》,喻指空有抱负而徒劳无功。此句与"九逝非空思"形成工对,符合本诗有志难酬、愤愤不平的基调,达到了诗、骚意趣的有机统一。

谢庄对颜延之的借鉴甚为明显,如《豫章长公主墓志铭》以娥皇、女英、尧舜等典事进行颂美,就有参照颜延之《为张湘州祭虞帝文》"二妃嫔德,九子观命,在麓不迷,御衡以正。唐历既终,虞道乃光。咨尧授禹,素俎采堂"等句之处。⑤ 该墓志铭的主旨虽与颜文不同,但依据的典事相一致。谢庄《舞马赋》也有继承颜延之《赭白马赋》的地方,颜延之将"赭白马"提升为仁德符号,又运用楚辞句式,已开启骚颂一体的范式。如其"教敬

---

① 方东树:《昭昧詹言》卷五,北京:人民文学出版社,1961年,第129页。
② 萧统:《文选》卷六十,北京:中华书局,1977年,第837页上B—下A。
③ 萧统:《文选》卷二十六,北京:中华书局,1977年,第367页下B。
④ 洪兴祖:《楚辞补注》,北京:中华书局,1983年,第294、183、40、234、140页。
⑤ 欧阳询:《艺文类聚》卷十一,上海:上海古籍出版社,1999年,第217页。

不易之典,训人必书之举"句,出自《孝经》"圣人因严以教敬",而将刘义隆对赭白马的宠爱道德化;"惟帝惟祖,爱游爱豫"句,出自《孟子·梁惠王下》"一游一豫,为诸侯度";"然而殷于游畋,作镜前王"句,出自《尚书·伊训》"敢有殉于货色,恒于游畋,时谓淫风⋯⋯惟兹三风十愆,卿士有一于身,家必丧;邦君有一于身,国必亡";"肆于人上,取悔义方"句,①出自《左传·襄公十四年》师旷谏晋悼公说:"天之爱民甚矣,岂使一人肆于人上?"与《左传·隐公三年》石碏告诫卫庄公说:"臣闻爱子,教之义方,弗纳于邪。骄、奢、淫、泆,所自邪也。"颜延之《赭白马赋》虽为刘义隆悼念亡马而作,却通过大量的儒典谏止耽于游乐、玩物丧志之词对之加以微讽。其在描摹骏马形貌之美的基础上揭示其内在的政治内涵,这种写法为谢庄《舞马赋》所袭用。除广泛化用儒家经典增加赋作的雅重格调之外,颜延之《赭白马赋》以"兮"字充当句尾的《离骚》或《九章》句式作结束曲正为谢庄采用,谢庄在赋末用《九歌》"兮"字居中的句式深化舞马作为"祚神极兮贶皇家"的神迹表征,同时他积极运用《离骚》梦幻神游的虚构手法,使作品形成了骚、颂一体的特征。

谢庄是刘宋中后期的文坛翘楚,一生有四百余首诗文传世,其在世之际文名即远播北魏。谢庄众多颂美之作难免有谀颂之嫌,对刘宋中后期文格低落实有负面影响。他与颜延之因其在文坛的地位和影响,践行并扩大了骚颂一体的创作模式,促生了刘宋中后期颂美体式的官样型格。加之时局渐乱的客观因素,又强化了此期文坛的谀颂文风。究其原因,大致有三:

其一,"骚颂一体"中楚辞骚怨传统中独立批判的精神内核在刘宋时期被剔除,其在修辞与抒情方面的敷摛辞章、哀婉悱恻等特质则得到大力发扬,再加上汉魏乐府与时下吴楚新声的影响,而带有重娱情、重刻画而轻批判的世俗习气。

其二,士人出于功利目的以颂圣歌功作为天生职责,正如鲍照《河清颂》所说:"丰功韪命,润色朦策,盛德形容,藻被歌颂。⋯⋯斯乃臣子旧职,国家通义,不可辍也。"②

其三,刘义隆死后,刘宋渐开王室相残与贪虐暴政的乱局,刘骏、刘子业、刘彧等君主名为好文,实则忌刻,士人往往进退失据,继而将颂美或谀颂变成自保之术。如前废帝刘子业多有文采,同时忌讳敏感、深文周纳。刘子业生母为文穆皇后王宪嫄,谢庄《殷贵妃诔》极尽经史之才大力尊扬殷贵妃及其六子以及第十二皇女,加之殷贵妃之子刘子鸾一度是皇储的热门人选,故刘子业即位后质问谢庄"卿昔作《殷贵妃诔》,颇知有东宫不?"③刘骏喜狎侮群臣,"上每酣宴,辄诟辱群臣,并使自相嘲讦,以为欢笑",江智渊甚至因错议刘骏宠妃谥号而忧惧致死。④江夏王刘义恭为免刘骏迫害,"便辩善附会,俯仰承接,皆

---

① 萧统:《文选》卷十四,北京:中华书局,1977年,第205页上B—206上B。
② 沈约:《宋书》卷五十一《宗室传》,北京:中华书局,1977年,第1479—1480页。
③ 沈约:《宋书》卷八十五《谢庄传》,北京:中华书局,1977年,第2177页。
④ 沈约:《宋书》卷五十九《江智渊传》,北京:中华书局,1977年,第1610页。

有容仪。每有符瑞,辄献上赋颂,陈咏美德"①。藩王尚且以"陈咏美德"谋求苟全,更不论谢庄等以颂美为专职的笔吏文僚了。此外,刘彧"末年好鬼神,多忌讳,言语文书,有祸败凶丧及疑似之言应回避者,数百千品,有犯必加罪戮"②,更使讽谏抨击之作销声匿迹。如此一来,文士大上颂章、涵淀取容自成为一时风尚。

综上所述,谢庄在"宋孝武好文章,天下悉以文采相尚,莫以专经为业"的时代氛围中③,立足精湛的家学涵养,发扬浓厚的儒学政教主张,致意于雅乐曲辞的撰制,绾合骚颂雅怨相兼的审美特质,追求声韵抑扬、骈对工稳的修辞之美,其成就自不容抹煞。在谢氏家族中,谢庄以醇儒入世的务实心态规避谢灵运在诗文中难以调和的情理冲突和以道解儒的精神矛盾,以《诗》《礼》颂美、骚颂一体的创作模式,践行儒家积极进取的治政观念和道德人格,并对谢超宗在萧齐的庙堂制作有潜在影响。可以说,谢庄是谢氏家族文风由谢灵运狷狂放诞至柔明顺美转换的分水岭。

萧子显评价说:"谢庄之诔,起安仁之尘。颜延《杨瓒》,自比《马督》。以多称贵,归庄为允。"④因此,就刘宋文风的传承来看,谢庄向慕汉魏贵游传统,正是扬弃颜延之重典实、崇雅丽、多颂美、少性灵的宫廷文风的结果。虽然他受限于应制体裁的内容和外在的政治压力,往往并不能深入展示内在的精神诉求与自由的艺术旨趣,但为了摆脱上述创作困境,他在骚颂一体方面进行了一些创新,既发挥骚体长句抒情状物的优势,又广征经典熔铸四言,甚至以骚体句式取代诔文的固有的四言雅体的写作模式,在句式变换和典事措置之中融入绵绵情思,以凸显以经写情、堂皇雅丽的风格趣味。他在典事、声韵与句式技法方面进行了积极探索,并树立起"骚颂一体"、骚雅清典的文风标杆,不仅促动了楚辞文体的发展、变造,更对齐梁庙堂文学的发展发挥了重要作用。所以,尽管谢庄对齐梁"殆同书抄"、虚美谀颂的文弊负有一定的责任,但其在六朝文风改造方面的贡献亦值得进一步估衡与认定。

---

① 沈约:《宋书》卷六十一《武三王传》,北京:中华书局,1977年,第1650页。
② 沈约:《宋书》卷八《明帝纪》,北京:中华书局,1977年,第170页。
③ 李延寿:《南史》卷二十二《王俭传》,北京:中华书局,1975年,第595页。
④ 萧子显:《南齐书》卷五十二《文学传论》,北京:中华书局,1972年,第908页。

# 论《招隐士》的文体及《招隐》琴曲

中山大学（珠海）　姚鹏举

《招隐士》是《楚辞》中署名淮南小山的一部作品，在文体上通常被认为楚辞体，但也或被认为是赋[①]，或被认为是诗[②]，或被认为是文，[③]或被认为是楚歌[④]。定为汉文，当是古人的宽泛论述，否则必有讹误。[⑤]因为《招隐士》具有明显的铺采摛文的特点，所以通常被视为辞赋，但辞赋其实也是一种相对模糊的界定，因为楚辞体本身也有多种体式。楚歌体的界定相对明确，但是否如此，前人也未详细论证。因而，我们能否在前人基础上对《招隐士》的文体做出相对不那么模糊或者说进一步明确的界定，则是本文的出发点。借由对《招隐士》文体的界定，也可发现《九章》《九辨》中句式的承前启后，《九歌》与楚歌及《离骚》的关系。

## 一、《招隐士》的楚歌性质考辨

文体的判定，常从外在的形式特点切入，同时也常参考写作的技法。在写作手法上，《招隐士》用字奇奥，多有铺采摛文的"赋"的特点，体式近于辞赋。但关注其外在形式，则又有不同。今从句式、分字用法、音节等方面试对其文体作进一步考查。

（一）《招隐士》句式和楚歌、《九歌》《九章》《九辨》的对比

试将《招隐士》句式列表如下：

---

[①] 王逸《楚辞章句·招隐士》："《招隐士》者，淮南小山之所作也……故作《招隐士》之赋，以章其志也。"王逸撰、黄灵庚点校：《楚辞章句》，上海：上海古籍出版社，2017年，第244页。

[②] 林庚主编《中国历代诗歌选》（先秦至隋代）："是后世招隐诗之祖。"北京：清华大学出版社，2006年，第106页。

[③] 陆时雍《楚辞疏》卷十四《招隐士》眉批："张焕如曰古奥奇倔，当属汉文第一。"缉柳斋藏版。

[④] 王泗原《楚辞校释·招隐士》："本篇音节短促，存楚歌原始面貌。"北京：中华书局，2014年，第332页。林庚《从〈楚辞〉的断句说到〈涉江〉》认为《招隐士》是《越人歌》体，和《易水歌》《垓下歌》《大风歌》一样，可知林庚先生亦将其视为楚歌，只是楚歌又可归为诗歌，故视《招隐士》为诗歌。林庚：《林庚楚辞研究两种》，北京：清华大学出版社，2006年，第114页。

[⑤] 严可均辑《全上古三代秦汉三国六朝文》亦收录《招隐士》，由其《凡例》可知，是书分类编次包含骚、赋。由严书可知古人曾将骚、赋统属于文这一大类中。严可均校辑：《全上古三代秦汉三国六朝文》，北京：中华书局，1958年，《凡例》第2页。

| 句式 | 数量 | 文句 |
| --- | --- | --- |
| 一兮一 | 3 | 块兮轧、罔兮沕、憭兮栗 |
| 二兮二 | 4 | 凄凄兮漼漼、猕猴兮熊罴、慕类兮以悲、王孙兮归来 |
| 二兮三 | 1 | 岁暮兮不自聊 |
| 二兮五 | 1 | 山中兮不可以久留 |
| 三兮二 | 3 | 王孙游兮不归,春草生兮萋萋。蟪蛄鸣兮啾啾 |
| 三兮三 | 3 | 心淹留兮恫慌忽、虎豹斗兮熊罴咆、禽兽骇兮亡其曹 |
| 四兮二 | 1 | 状貌崟崟兮峨峨 |
| 四兮三 | 8 | 桂树丛生兮山之幽,偃蹇连蜷兮枝相缭。山气巃嵷兮石嵯峨。溪谷崭岩兮水曾波。猿狖群啸兮虎豹嗥。攀援桂枝兮聊淹留、丛薄深林兮人上栗 |
| 四兮四 | 4 | 嵚岑碕礒兮碅磳魂硊,树轮相纠兮林木茷骫。青莎杂树兮薠草靃靡,白鹿麏麚兮或腾或倚 |
| 三言 | 2 | 山曲岪、虎豹穴 |

全篇共三十句,却有十种句式,句式变化十分多样。虽然"四兮三"句式出现了八次,但从整体看,也并不占主导。汉赋中的兮字句多是《离骚》句式,少部分是《九歌》《九章》句式,句型通常固定。因而《招隐士》的句式和汉赋中句式不具可比性,比较当着眼于楚辞、楚歌。

楚歌的句式变化十分多样:

> 沧浪之水清兮,可以濯我缨;沧浪之水浊兮,可以濯我足。(《孺子歌》)
> 延陵季子兮不忘故,脱千金之剑兮带丘墓。(《徐人歌》)
> 今夕何夕兮搴舟中流,今日何日兮得与王子同舟。蒙羞被好兮不訾诟耻,心几顽而不绝兮得知王子。山有木兮木有枝,心说君兮君不知。(《越人歌》)[1]

这些歌并没有固定(主导)的句式,显得变化多样。即如《越人歌》,六句当中便有四种句式(四兮四、四兮六、六兮四、三兮三)。同时,句式散文化特点明显。至汉代楚歌,已出现固定(主导)的句式——三兮三句式。但仍有很多楚歌句式多样,如《瓠子歌》便有四种句式:三兮三、四兮四、三兮四、四兮三。

《九歌》的句式则相对固定,变化较少,试总结如下:

---

[1] 逯钦立辑校:《先秦汉魏晋南北朝诗》(上),北京:中华书局,1983年,第21、24页。

| 篇目 | 句式 | 句式汇总 |
|---|---|---|
| 东皇太一 | 二兮二、三兮二 | 二兮二、三兮二、三兮三 三兮四 三兮五 四兮二（二兮四） |
| 云中君 | 三兮二、二兮二 | |
| 湘君 | 三兮二、二兮二、三兮四（女嬋媛兮为余太息）、三兮五（期不信兮告予以不闲） | |
| 湘夫人 | 三兮二、二兮二、三兮三、四兮二（朝驰余马兮江皋） | |
| 大司命 | 二兮二、三兮二、三兮三 | |
| 少司命 | 二兮二、三兮二、四兮二（忽独与余兮目成、夫人自有兮美子①）、三兮三 | |
| 东君 | 三兮二、三兮三 | |
| 河伯 | 三兮二、三兮三 | |
| 山鬼 | 三兮三、四兮四（余处幽篁西中补见天） | |
| 国殇 | 三兮三 | |
| 礼魂 | 二兮二、三兮二 | |

《九歌》的句式主要有三种——二兮二、三兮二、三兮三，其他句式仅出现一两次，十分少见。且只有《少司命》一篇三种句式均多有出现，其他则一篇之中大多只有两种主导句式，《国殇》则通篇只有三兮三一种句式。因而在句式变化多样性方面，《九歌》和楚歌差别明显，《招隐士》则和楚歌相近。对比《九歌》和楚歌句式，又可发现：(1)《九歌》兮字前后有大量二字成分，但楚歌几乎没有；相应地，《九歌》的句子常常较楚歌短；(2)《九歌》句子凝练，近于诗歌；楚歌的句式很多近于散文，但从先秦至汉代也有不断凝练的趋势。

《离骚》句式相对固定，《九章》和《离骚》大致相同，但也有三兮二、三兮三、四兮四、四兮五（六、七）、五兮三、五兮五、六兮七等句式变化，其中尤以《怀沙》《思美人》变化较多①，兮字前后字数多在三言以上，颇类于散文句式，和楚歌体长句子类似。《九辩》也主要是《离骚》句式，但前面有两段②变化多样，有二兮二、三兮二、三兮三、四兮三、二兮四（五、六、七、八）、四兮五等句式。这些句式变化相对自由，兮字较少代替虚字的语法作用，因而多数明显具有散文的特点。故就句式长短和变化多样性而言，《九辩》这两段也多和

---

① 《怀沙》有四兮四（滔滔孟夏兮，草木莽莽）、四兮五（郁结纡轸兮，离慜而长鞠）、四兮六（玄文处幽兮，蒙瞍谓之不章）、四兮七（文质疏内兮，众不知余之异采）、五兮五（变白以为黑兮，倒上以为下）、六兮七（夫惟党人鄙固兮，羌不知余之所臧）、四三兮（浩浩沅湘，分流汨兮）、其他句式（眴兮杳杳，孔静幽默）。《思美人》则有四兮五（思美人兮，擥涕而伫眙）、四兮六（媒绝路阻兮，言不可结而诒）、五兮五（蹇蹇之烦冤兮，陷滞而不发）、六兮四（知前辙之不遂兮，未改此度）、四兮六（开春发岁兮，白日出之悠悠）、七兮八（命则处幽，吾将罢兮，愿及白日之未暮也）。

② "萧瑟兮草木摇落而变衰"至"惆怅兮而私自怜"一段。"悲忧穷戚兮独处廓"至"心怦怦兮谅直"一段。

楚歌类似。

综上可知楚歌的句式不固定,变化多样,且句式相对较长,很多近于散文,至汉代稍趋于凝练;《九歌》的句式相对固定、凝练,变化较少;《九章》《九辩》句式大体和《离骚》相同,个别章节则变化多样,明显受到了楚歌的影响。故而,就句式的变化多样及长短方面言,《招隐士》和楚歌、《九章》《九辩》颇有可比性,而和《九歌》不同;就整篇而言,和楚歌很相似,较先秦楚歌凝练,显示出汉代楚歌的特点。同时,《九章》《九辨》中句式变化多样的章节,显示了楚歌和《离骚》句式关系密切,《离骚》句式当是对楚歌句式的改造和固定。

(二)《招隐士》"兮"字和楚歌、《楚辞》的对比

《楚辞》中的"兮"字,研究较多的是《九歌》中的"兮"字,经典如闻一多先生的《怎样读九歌》,其主要观点是:(1)《离骚》中的"兮"字在句子末,仅有音乐的作用;(2)《九歌》的"兮"字在句子中间,不仅有音乐的作用,还兼有文法的作用,"竟可说是一切虚字的总替身";(3)《九歌》有少数例外,"《山鬼》《国殇》二篇的'兮'字,译成虚字,不如完全省去更为了当";因为这两篇"所释'而'字多可省,句法与其余各篇略异,疑为较晚近之作品"。①

以之审视楚歌,可发现《九歌》中兮字的典型用法——替代虚字,兼有文法作用——在楚歌中较少出现。《离骚》"兮"字的用法和闻先生所说的"少数例外"在楚歌中更常见。不少楚歌句子兮字前后的句子成分较长而又类似于散文,因而可以划为两句,如"心几顽而不绝兮得知王子"可分作"心几顽而不绝兮,得知王子",所以其中的"兮"字和《离骚》中"兮"的作用相同,在句子末尾,连接两个句子,主要是音乐的顿叹作用。闻先生所说的"少数例外",在楚歌中也常见,如"力拔山兮气盖世,时不利兮骓不逝"。这样的句子之所以"译成虚字,不如完全省去更为了当",乃是因为兮字前后是一种并列或自然承接的关系。这样的句子稍微变长,便和"蒙羞被好兮不訾垢耻"类似了。所以像"力拔山兮气盖世"这样的句子,"力拔山"可作一句,"气盖世"可作一句,兮字在二者之间主要起顿叹作用,因而实在可以算作两个句子的组合。这可以和上古带"兮"字的短句式类比:

卿云烂兮。糺缦缦兮。日月光华,旦复旦兮。(《卿云歌》)②

像这样三个字带一个"兮"字的独立的句子,"兮"字只有顿叹作用,如同闻先生所说的句子末尾的音乐作用。若将《卿云歌》改成"卿云烂兮糺缦缦。日月光华兮旦复旦",虽然顿叹的意味少了点,但意思完全一样。上古还有更短的歌,如"候人兮猗"(《涂山女

---

① 闻一多:《怎样读九歌》,见孔党伯、袁謇正主编:《闻一多全集·5·楚辞编》,武汉:湖北人民出版社,1994年,第380—382页。
② 逯钦立辑校:《先秦汉魏晋南北朝诗》(上),北京:中华书局,1983年,第3页。

歌》),排除顿叹词,则是两字成句。这也意味着不仅三兮三可能是两个三言句式,三兮二或二兮三也可能是两个二言或三言的句式。

如此,可以进一步审视上一节论述的《九章》《九辩》中的变化多样的句子:

滔滔孟夏兮,草木莽莽。/郁结纡轸兮,离愍而长鞠。(《怀沙》)
思美人兮,擥涕而伫眙。/知前辙之不遂兮,未改此度。(《思美人》)
萧瑟兮草木摇落而变衰。/登山临水兮送将归。(《九辩》)

《怀沙》《思美人》中这些句子,恰好可以看作《离骚》句式的缩短版和《山鬼》句式的扩长版,实际上它们正是楚歌中常见的句式。《九辩》中的"兮"字前面的两字或四字的形容词,如"萧瑟""憭栗""憯悽增欷",像《涂山女歌》的两字成句一样,都可以看成独立的感叹句。

因"兮"字作用的不同,又可见《九歌》和楚歌句式的不同。若兮字可代虚字,具有语法作用,则其前后成分组合起来是一个句子,如"采芳洲兮杜若"作"采芳洲之杜若",是一句。若兮字没有或几乎可以忽略语法作用,则其前后成分可独立成两句,如"蒙羞被好兮不訾诟耻","蒙羞被好""不訾诟耻"可作两个句子。这也意味着,《九歌》中以既有语法作用又有顿叹作用为特色的兮字是在句中,连接的是一个句子;楚歌中的兮字,较少语法作用,常常只有顿叹作用,更多是在一个句子的句末,连接的是两个句子。很多时候,楚歌这样的句子没有划为两句,是因为兮字本身就有停顿的作用,所以不必在兮字之后再加标点了。①

通过比较楚歌和《九歌》及其他楚辞作品兮字的作用,可知楚歌的"兮"字、句式和《九歌》中的《山鬼》《国殇》相近,而和《九歌》的其他作品有明显的不同。同时也和《离骚》《九章》《九辩》中的"兮"字作用相似,句式也可类比。这一比较可发现《怀沙》《思美人》《九辩》中的这些句式某种程度上是连接楚歌句式和《离骚》句式的桥梁,显示出《离骚》句式对楚歌的发展;也可发现《九歌》之于楚歌和《离骚》的"炼句技巧的进步"。②

以此来审视《招隐士》,可发现《招隐士》多数句子"兮"字前后是并列、承接关系,可独自成句,因而"兮"字代替虚字的语法作用大大降低,更多起顿叹作用。"岁暮兮不自

---

① 王小盾《关于〈乐府诗集·琴曲歌辞〉的几个问题》:"《乐府诗集·琴曲歌辞》中有很多句句韵作品,例如《伤殷操》:'麦秀渐渐兮禾黍油油,彼狡童兮不我好仇'……这种情况源于以二言、三言、四言为句的习惯,每韵包含了两个语句。由于'兮'字已经表明了句逗,故我们不必再在'兮'字之后加标点。"王小盾:《隋唐音乐及其周边 王小盾音乐学术文集》,上海:上海音乐学院出版社,2012年,第59页。

② 闻一多《怎样读九歌》引季镇淮先生说,孔党伯、袁謇正主编:《闻一多全集·5·楚辞编》,武汉:湖北人民出版社,1994年,第381页。

聊""山中兮不可以久留",在时间状语、地点状语和句子之间可不要虚字;"王孙兮归来",主语、谓语之间也可不要虚字。所以整体而言,《招隐士》中的"兮"和楚歌中的"兮"字作用相似,起顿叹作用,多是连接两个句子,即使是在一句之中,兮字前后成分间也多可省略虚字。

王逸注《招隐士》和《九歌》的不同可进一步证明上述观点。《招隐士》诸如"桂树丛生兮山之幽""王孙游兮不归""岁暮兮不自聊"等句子,王逸均将兮字前后成分分开注解。但他却将《九歌》中的兮字句只作一句注解。王泗原先生据王逸注言:

  王逸很明白楚辞形式,所以于音节短促的篇章,断句(可从注看出)多符合楚歌的特点,如《九辩》《招隐士》便是。……朱熹有意分节,然而没掌握楚辞形式的特点,也没明白王逸于《九辩》《招隐士》断句的意旨。……楚辞形式,通常是二句一韵,二韵一节。

  本篇音节短促,存楚歌原始面貌,王逸作注,于《九辩》二章及本篇,能显示这特点,值得称道。①

在王泗原先生看来,王逸注说明《招隐士》存楚歌原始面貌,《招隐士》中兮字连接的多是两个句子。由楚歌中兮字的作用可知,王先生说可从。

通过上面将《招隐士》和先秦两汉楚歌、《九歌》《九章》《九辩》的句式、"兮"字作用的对比,可知在句式变化、"兮"字作用方面,《招隐士》与《九歌》多有不同,却和先秦两汉楚歌相似。

(三)《招隐士》音节和楚歌、《九歌》《九章》《九辩》的对比

《招隐士》的音节可分两方面:(1)联绵词的使用(论述详下节),(2)用韵。笔者据上海高校比较语言学E-研究院主办的东方语言学网站中的上古音查询系统,总结《招隐士》的用韵如下:

幽(幽)、嘹(宵)、峨、波(歌)、嗥、留(幽)

归(微)、萋(脂)、聊、啾(幽)

轧(质)、弟(未知,弗,物部)、忽、汩(物)、栗、穴、慄(质)

硱、磈、磥、倚、崿、濉、累(歌)、悲(微)

留、咆、曹(幽)、来(之)、留(幽)②

朱季海《楚辞解故》四编《楚辞韵谱》除倒数第二句"王孙兮归来"不标韵,其他均

---

① 王泗原:《楚辞校释》,北京:中华书局,2014年,自序第5—6页、8页,正文第332页。
② 注:括号内显示所在韵部。

是句句用韵。① 王泗原《楚辞校释》认为故楚地方音来读如楼,与留相押。② 可知《招隐士》除末尾两句有异议外,其他均句句用韵,十分繁密,且前半部分转韵频繁,几乎两韵一转。李方桂《上古音研究·上古韵部的各别讨论·幽部》曾言"这部跟之部的距离最近,古韵中跟之部字往往有协韵的例子",据此说,则来、留或亦押韵。③ 上文所引王小盾先生的论述,琴曲歌辞中句句用韵"源于以二言、三言、四言为句的习惯",王泗原先生则言"楚辞形式,通常是二句一韵,二韵一节",由此可知《招隐士》也是承袭"以二言、三言、四言为句的习惯",如此我们认为的句句用韵,其实可以算是较短的二言、三言、四言句式的隔句用韵。由用韵情况也可知上一节论述的《招隐士》中的兮字连接的多是两个句子。

《招隐士》的用韵方式和《九辩》第二章相似,王泗原《楚辞校释》:

> 第二章(悲忧穷戚兮至至谅直),音节短促,与它章不同。就音节说,《垓下歌》就是这种形式。从这一章可见出自文人手笔的楚歌,也有语句不延长的。④

王先生将这种形式和《垓下歌》联系起来,并定其为楚歌,而《招隐士》此篇也"存楚歌原始面貌"。因而,我们可就楚歌的用韵情况做一番考查。将淮南王刘安前后的楚歌及其用韵情况统计如下:

| 作者 | 篇目 | 用韵情况 |
|---|---|---|
| 刘邦 | 大风歌 | 三句,句句用韵,未转韵 |
| 项羽 | 垓下歌 | 四句,句句用韵,两韵一转 |
| 赵王刘友 | 歌 | 九句,末二句显示不用韵,当有讹误,待考。馀句句用韵,两韵或三韵一转 |
| 汉武帝刘彻 | 瓠子歌1 | 十四句,句句用韵,两韵一转 |
| | 瓠子歌2 | 八句,句句用韵,两韵一转 |
| | 秋风辞 | 九句,句句用韵,前四句两韵一转,后五句一韵到底 |
| | 天马歌 | 四句,句句用韵,两句一转韵 |
| | 西极天马歌 | 四句,首句待考,后三句一韵到底 |
| | 思奉车子侯歌 | 八句,隔句用韵,一韵到底 |
| 淮南王刘安 | 八公操 | 八句,句句用韵,前六句一韵,末二句转韵 |

由上表可知,淮南王刘安前后时代的楚歌,除《思奉车子侯歌》为隔句用韵外,其他

---

① 朱季海:《楚辞解故》,上海:上海古籍出版社,2017年,第500—501页。
② 王泗原:《楚辞校释》,北京:中华书局,2014年,第337页。
③ 李方桂:《上古音研究》,北京:商务印书馆,1980年,第40页。
④ 王泗原:《楚辞校释》,北京:中华书局,2014年,第256页。

除个别古韵未知待考外,均句句用韵,而且两句一转韵的情形十分常见。《思奉车子侯歌》源出《洞仙传》,现载于《云笈七签》卷一百一十、卷一一一,乃仙传小说,因而此诗是否可靠,待考。①

审视《九歌》,虽然用韵也较繁密,且转韵较多,但仍多隔句用韵。《国殇》用韵最密,且转韵很多,但末四句仍是两句一韵。《九章》《九辩》等基本都是四句两韵。通过用韵的比较,可知《招隐士》更近于楚歌,和《九歌》《九章》《九辩》整体的区分较为明显。

综合以上对句式、用韵、兮字作用的分析,可知《招隐士》虽然有赋的写法,但由其形式可定文体是楚歌体。

## 二、《招隐士》为楚歌体琴曲歌辞考

### (一)《乐府古题要解》等文献记载显示《招隐士》当为琴歌

唐吴兢《乐府古题要解》卷下《招隐·反招隐》:

> 右《招隐》本《楚词》,汉淮南王安小山所作也,言山中不可以久留。后人改以为五言,若晋左思"杖策招隐士"等数篇,最为首出;晋王康居反其致,谓之《反招隐》。旧说《淮南》书有《小山》,亦有《大山》,政有大小,犹诗之有《大雅》《小雅》焉。②

吴兢,武周、玄宗时期人,杂采汉魏以来古乐府辞,著《古乐府》十卷,又于传记及诸家文集中采乐府所起本义以解释古题,为《乐府古题要解》。③ 此条"招隐""反招隐"并列,当是两个乐府名,在论述两个系列的乐府,但开头、结尾均言及淮南小山,整体论述了《招隐士》及其流变,故而"招隐"当指《招隐士》。④ 严羽《沧浪诗话·诗评》:

> 楚词,惟屈宋诸篇当读之。外惟贾谊怀长沙、淮南王《招隐》、严夫子《哀时命》,宜熟读。此外亦不必也。⑤

---

① 石昌渝主编:《中国古代小说总目·文言卷》"《洞仙传》"条,太原:山西教育出版社,2004年,第67页。
② 丁福保辑:《历代诗话续编》,北京:中华书局,2006年,第60页。
③ 王运熙:《乐府古题要解》,《乐府诗述论》,上海古籍出版社,2014年,第200页。
④ 李娜:《吴兢〈乐府古题要解〉研究》第四章第二节指其为杂体诗,郑州大学2012年博士论文;孙尚勇《吴兢〈乐府古题要解〉的体例及影响》因《乐府诗集》未录而不论其是否是乐府古题。录此备异。又,《乐府古题要解》有多个版本和节录本。曾慥编《类说》卷五十一、朱胜非撰《绀珠集》卷八、郑樵撰《通志》卷四十九《乐略第一》引《乐府古题要解》,均可知指《招隐士》为乐府古题。
⑤ 严羽著、张健校笺:《沧浪诗话校笺》(下),上海:上海古籍出版社,2012年,第611页。

《沧浪诗话校笺》"《招隐》"条校语：

> 底本及各本作"招隐操"，郭绍虞《校释》："各本'招隐'下有'操'字，胡鉴注：'按《楚辞》题《招隐》，无"操"字，疑衍。'日本宽永本《玉屑》引《沧浪诗话》亦无'操'字，今据删。"按宋本《玉屑》亦无"操"字。《楚辞》有《招隐士》，无《招隐操》，兹从《玉屑》。①

由校语可知《沧浪诗话》底本及各本均作"招隐操"。郭绍虞及张健先生据《诗人玉屑》引《沧浪诗话》改作"招隐"。但《诗人玉屑》有讹误。分析此条"惟屈宋诸篇当读之。外惟……"可知下面论述的必是贾谊作品，而非屈原《怀沙》。贾谊无《怀长沙》作品，而《玉屑》作"怀沙"②，可知《玉屑》必误。怀长沙、招隐操、哀时命均为三字，较为整齐。由《玉屑》讹误及《沧浪诗话》前后行文，此条不可据《玉屑》删改。又由《乐府古题要解》可知《招隐士》曾为乐府，故严羽此条"招隐操"或恰可说明《招隐士》曾为琴曲，故称《招隐操》。

"淮南王安为人好读书鼓琴"③，与此相关的歌舞也有多种。《乐府诗集·琴曲歌辞二》有淮南王《八公操》传世。而小山之徒也有《淮南王》舞曲。④《乐府诗集》卷七十三《爱妾换马》，疑淮南王刘安作⑤；卷七十四《杂曲歌辞十四》有《王孙游》，盖出于《招隐士》。⑥将此与《乐府古题要解》相联系，《招隐士》当为琴歌。且汉代琴歌多歌乐间奏的相和歌的形式，琴歌亦如同楚歌体的谣歌，只是它盛行于文人士大夫群体，主要表达的是文人士大夫的情怀，文辞相对凝练。⑦

（二）《招隐士》句式与琴歌的对比

《招隐士》是楚歌，但若将其和上表所列淮南王时代以前的楚歌作比较，可知在句式上又有特殊的地方：其他楚歌句式"兮"字前后字数均在三言以上，三言以下的则没有，

---

① 严羽著、张健校笺：《沧浪诗话校笺》（下），上海：上海古籍出版社，2012年，第612页。
② 严羽著、张健校笺：《沧浪诗话校笺》，上海：上海古籍出版社，2012年，第612页。
③ 参《史记·淮南衡山列传》，见（汉）司马迁撰、（宋）裴骃集解（唐）司马贞索隐、（唐）张守节正义：《史记》（点校本二十四史修订本），北京：中华书局，2014年，第3746页。
④ 张衡《观舞赋》："昔客有观于淮南者，美而赋之，曰……"（张衡著、张震泽校注：《张衡诗文集校注》，上海：上海古籍出版社，2009年，第257页。）张衡《西京赋》："校鸣葭、奏淮南，度阳阿……"（李善等：《六臣注文选》，北京：中华书局，2010年，第58页）《乐府诗集》引《晋书·乐志》曰："《拂舞》出自江左，旧云吴舞也。晋曲五篇：一曰《白鸠》，二曰《济济》，三曰《独禄》，四曰《碣石》，五曰《淮南王》。（中华书局，1979年，第788—789页）《乐府诗集》卷五十四《舞曲歌辞三·晋拂舞歌·淮南王篇》引崔豹《古今注》曰："《淮南王》，淮南小山之所作也。淮南王服食求仙，遍礼方士，遂与八公相携俱去，莫知所往。小山之徒，思恋不已，乃作《淮南王曲》焉。"（中华书局，1979年，第792页）故可知亦有《淮南王》舞曲。
⑤ 郭茂倩：《乐府诗集》，北京：中华书局，1979年，第1042页。
⑥ 郭茂倩：《乐府诗集》，北京：中华书局，1979年，第1051页。
⑦ 王小盾：《隋唐五代燕乐杂言歌辞研究》第六章《琴歌》的相关论述，北京：中华书局，1996年，第262—266页。

但《招隐士》却有三句"一兮一"、四句"二兮二"、一句"二兮三"、三句"三兮二"句式，显示出不同于一般楚歌。故《招隐士》虽为楚歌，却又有一定的特殊性。

考汉代楚歌的使用范围，除了庙堂楚声、感于哀乐缘事而发的谣歌体的楚歌外，还有琴歌。汉代的楚歌体的琴歌，"兮"字前后固然也多是三言以上的句子成分，但也有少于三言的：

欲久生兮无终。长不乐兮安穷。（广陵王刘胥《瑟歌》）
陟彼历山兮崔嵬，有鸟翔兮高飞。瞻彼鸠兮徘徊，河水洋洋兮青泠。深谷鸟鸣兮莺莺……（《思亲操》）①

可知《招隐士》在句式上和楚歌中的琴歌更相近。

块轧、罔沕、憭栗，本是双声字，不可分开，但在《招隐士》中每个词中间都加入了"兮"而变成"块兮轧""罔兮沕""憭兮栗"。其中"兮"字，汤炳正先生定为语气词②，王泗原先生定为衬音③，使原来的双音节变成三音节。读音延长，类似于增加了唱叹的作用，和琴歌常用唱叹结合的手法相似。琴歌的文学特点便是多虚辞、多叹词、多散文语言。④

（三）《招隐士》的联绵词

《招隐士》在较短的篇幅内却使用了大量的联绵词：

叠韵字：偃蹇、连蜷、巃嵸、嵯峨、嶄岩、曲崛、嵚岑、碕礒、硱磳、磈硊、岑崯、霹靂
双声字：块轧、慌忽、罔沕、憭栗、麏麚
叠字：莘莘、啾啾、岑岑、峨峨、凄凄、淰淰⑤

殷光熹先生认为这些联绵词的使用，"使得作品的音节谐美，铿锵有力，句调参差错落，读起来音声美听，韵味十足"⑥。《楚辞》中的屈宋诸作多有运用联绵词，《招隐士》也可能受到这方面的影响。上文既已定其为楚歌，一般的楚歌实较少使用，但琴曲歌辞中却常出现，如上文所引《思亲操》，即有崔嵬、徘徊、洋洋、青泠、莺莺等。故而联绵词的大量使用，也昭示着《招隐士》和琴歌关系密切。

---

① 逯钦立：《先秦汉魏晋南北朝诗》，北京：中华书局，1983年，第111、309页。
② 汤炳正、李大明等注：《楚辞今注》，上海：上海古籍出版社，2012年，第268页。
③ 王泗原：《楚辞校释》，北京：中华书局，2014年，第334页。
④ 王昆吾：《隋唐五代燕乐杂言歌辞研究》第六章《琴歌》，北京：中华书局，1996年，第274页。
⑤ 参考王泗原：《楚辞校释》，北京：中华书局，2014年，第332—337页。
⑥ 殷光熹：《学古出新 传扬楚骚——〈招隐士〉解读和审美》，《楚雄师范学院学报》，2004年第5期，该文也论述了招隐士在语词方面对屈宋的承袭。

综上,由相关文献记载、唱叹句式及联绵词的使用,可知《招隐士》当是楚歌中的琴歌。

## 三、《招隐》琴曲系列

《招隐士》的影响多在诗歌中,而不在辞赋中。诗歌又集中在两晋南北朝时期。① 这一时期明确以招隐、反招隐为题的诗歌有张华《招隐》二首、张载《招隐》一首、陆机《招隐》三首、左思《招隐》二首、闾丘冲《招隐》一首、王康琚《招隐》一首;南朝陈时,又有伏知道以"赋得招隐"为题的诗歌;反招隐则有王康琚的《反招隐》。这些诗歌对后来的琴曲有影响。

(一)改编左思《招隐诗》的《招隐》

左思《招隐诗》后来被改编成琴曲《招隐》,现存曲谱四种:明朱权《神奇秘谱》卷上、明朱厚爝《风宣玄品》(二册)卷二、清孔兴诱《琴苑心传全编》(11册)卷九、明杨表正《重修真传琴谱》(四册)卷三《招隐》三段②。前三种曲谱具有明显的传承关系,第四种可能是另一种不同的曲谱。朱权《神奇秘谱》卷上《招隐》:

《琴史》曰:是曲乃西晋时左思字太冲,见天下溷浊,将招寻隐者,欲退不仕,乃作《招隐》诗云……又有《招隐曲》云:"山中鸣琴,万籁声沉沉。何泠泠,石溜寒泉萦心。未必丝竹如清音。不如归去,踯躅投吾簪。归去来,丹葩耀林。归去来,幽兰涧深。灌木自吟,松竹阴。遑遑何之,三径为君寻。篱下黄花散金。振衣踯躅弹冠尘,莫教双鬓萧萧霜雪侵。"故有是操。③

将《招隐曲》和左思《招隐诗》对比,可知二者具有明显的改编关系。改编出于张景修之手。《琴书大全》卷十《弹琴·成玉磵琴论》:

张敏叔,毗陵人……每出必以琴自随,尝集《文选》中招隐诗作宫商中隐词,妙绝一时,欲与子瞻《醉翁吟》并驾。政和中相遇于三衢溪堂之上,仆乃援琴为作,敏叔欣然歌曰:"山间鸣琴,万籁声沈。泠泠,山溜寒泉莹心。未必如清音。不如归去,投簪。归去来,丹葩耀林。归去来,幽兰满襟。灌木自吟,竹柏成阴。君胡为遑遑何之,

---

① 对于招隐类诗歌与《招隐士》的关系以及集中在两晋南北朝时期的原因,小尾郊一和胡大雷先生均有论述。[日]小尾郊一著、邵毅平译:《中国文学中所表现的自然与自然观》,上海:上海古籍出版社,2014年,第61—72页。胡大雷:《〈文选〉诗研究》,西安:世界图书出版西安有限公司,2014年,第149—175页。

② 中国艺术研究院音乐研究所、北京古琴研究会编:《琴曲集成》,北京:中华书局,2010年,第一集第126页、第二集第96页、第十一集333—334页、第四集328—329页。

③ 中国艺术研究院音乐研究所、北京古琴研究会编:《琴曲集成》第一集,第126页。

三径幽寻。篱外黄花散金。振衣踯躅弹冠尘,莫教双鬓萧萧雪霜侵。"①

两相比较,可知曲辞虽有异文,但显是一曲。故知曲谱及曲辞创自张景修,后经人增损。张景修,字敏叔,宋治平四年进士,两为宪漕,五领郡符,而其家极贫,终祠部郎中,年七十余卒,有《张祠部集》。②

杨表正《重修真传琴谱》卷三《招隐》三段③,曲辞与上述不同,且与曲谱对应,显示是一种新的曲谱,曲词也改编自左思《招隐诗》。

(二)增损王琚旧辞之《招隐》和朱熹《招隐操》

叶梦得《避暑录话》卷下:

> 吾素不能琴,然心好之。……去年徐度忽得江外《招隐》一曲,以王琚旧辞增损而足成之,虽无弹者可歌成声,适吾意时,当稍依此自为一篇,以终闲志也。④

《北史》《旧唐书》均有王琚传⑤,此处所载不知何人,抑或王康琚脱康字而成,此曲待考。

朱熹《招隐操》包含《招隐》《反招隐》两首,据小序可知乃许进之弹奏《招隐操》,朱熹"依永作辞",实是宋词中的琴曲歌辞。⑥

以上所录作品,虽然不全⑦,但也可知后世《招隐》琴曲,多受《招隐士》和《文选》中招隐诗的影响,但多是招寻隐士,和《招隐士》的招隐士出山的主旨不同。

## 五、小结

参照《楚辞》,楚歌以及汉赋,从句式、用韵、联绵词和分字用法等方面入手,综合比较《招隐士》与上述作品形式特征的关系,可知:

---

① 蒋克谦辑:《琴书大全》,见中国艺术研究院音乐研究所、北京古琴研究会编:《琴曲集成》第五集,北京:中华书局2010,年,第208页。

② 参(宋)龚明之撰、孙菊园校点:《中吴纪闻》卷三"张敏叔"条,上海古籍出版社,1986年,第65—66页。叶梦得《避暑录话》卷上"张景修"条、《石林诗话》卷中"张景修"条均有载记。

③ 中国艺术研究院音乐研究所、北京古琴研究会编:《琴曲集成》第四集,中华书局,2010年,第328—329页。

④ 叶梦得:《避暑录话》卷下,丛书集成初编本,北京:中华书局,1985年,第57页。

⑤ 李延寿:《北史》卷九十二列传第八十《王琚传》,北京:中华书局,1974年,第3031页。刘昫等:《旧唐书》卷一百六列传第五十六,北京:中华书局,1975年,第3248—3251页。

⑥ 郭齐、尹波点校:《朱熹集》卷一,成都:四川教育出版社,1996年,第6—7页。

⑦ 徐铉《送李秀才归建安》"弹琴咏招隐,芳意飘若兰",可知宋初即有《招隐》琴曲。徐铉:《徐骑省集》卷二十二,北京:商务印书馆,1937年,第220页。

1. 上古有"侯人兮猗""旦复旦兮"这样排除顿叹作用"兮猗""兮"之外的二字、三字独立的句子。楚歌中我们通常视为三兮三("心悦君兮君不知")的句式,实际上多数是兮字连接的两个三字句,只是因为兮字具有停顿的作用,所以才不必用标点符号将它们句读开。《九辩》中像"萧瑟兮草木摇落而变衰"这样的句式,兮字连接的也是两个句子,只不过像"萧瑟啊"这样的是二言的感叹句,另一个则是散文长句;二言的感叹句明显传承于上古的二言短句。通观楚歌、《怀沙》《思美人》《九辩》《离骚》句式的传承和流变,则可明显感受到楚辞句式的演变史:它们都是以兮字连接两个句子,不过楚歌的两个句子可长可短,变化多样,具有明显的散文特点;《怀沙》《思美人》《九辩》和《离骚》的句式基本相同,但其中的变化多样的句式明显承袭自楚歌,恰可反映《离骚》对楚歌句式的改造。以楚歌的视角审视楚辞可对楚辞研究有所开拓,也可发现通常被视为句句用韵的楚歌,严格说来也是隔句用韵。

2. 如果按照"兮"字是在句中还是句尾,是仅有顿叹作用还是兼有文法作用的标准,去审视这些作品中"兮"字的用法,则可发现《九歌》的特殊性。《九歌》中的兮字多数具有闻一多所总结的兮在句中,兼具音乐作用和文法作用的特点,这可谓《九歌》中"兮"字的特色。楚歌、《九章》《九辩》《离骚》中的兮字则基本是在句尾,而仅有顿叹作用。因为兮字的作用不同,可知《九歌》的句式和楚歌、《九章》《九辩》《离骚》的不同。若视楚歌中兮字是在句中,则楚歌多句句用韵,而《九歌》多隔句用韵。楚歌和《九歌》的句式、兮字用法、用韵多有不同。《九歌》此种句式之于《离骚》句式,正显示出闻一多所说的"以一浑然的'兮',代替了很多职责分明的虚字,这里虚字,似在省去和未省之间,正是炼句技巧在迈进途中的一种姿态。《九歌》的文艺价值所以超过《离骚》,意象之美,固是主要原因,但那'兮'字也在暗中出过大力,也是不能否认的"[①]。故将《九歌》视为民间祭歌的说法值得怀疑。

3. 《招隐士》的句式、用韵和兮字用法和楚歌基本一致。又由其唱叹句式、联绵词的使用以及相关文献记载,大致可认定《招隐士》是楚歌中的琴歌。因为这样的文体,所以《招隐士》的影响主要在诗歌中。两晋南北朝时期出现了众多的以招隐、反招隐为题的诗歌,萧统《文选》为此特立一类。后世出现《招隐》琴曲系列:改编左思《招隐诗》的张景修《招隐》及杨表正《重修真传琴谱》卷三《招隐》三段,增损王琚旧辞的《招隐》和许进之奏、朱熹填词的《招隐操》。

---

[①] 闻一多:《怎样读九歌》,见孔党伯、袁謇正主编:《闻一多全集·5·楚辞编》,武汉:湖北人民出版社,1994年,第381页。葛晓音《从〈离骚〉和〈九歌〉的节奏结构看楚辞体的成因》在林庚先生的基础上有更进一步的论述。葛晓音:《先秦汉魏六朝诗歌体式研究》,北京:北京大学出版社,2012年,第104—119页。

# 试论中古辞赋与奏议的关系

首都师范大学文学院　冷卫国

奏议,是中国古代文章的大宗,"按《七略》《艺文》,谣咏必录;章表奏议,经国之枢机,然阙而不纂者,乃各有故事,布在职司也。"[①] 在《七略》和《艺文志》中,奏议没有被采录编纂的原因,乃是因为不在刘向、刘歆和班固的目录学或史学的整理范围之内。

但是由于按照西方传来的"文学史"的观念,奏议属于应用性文体而被排斥在中国文学史的范围之外。其实,在中国古代,无论是从先秦还是至明清时期,中国古代的文学观,一直属于杂文学,而没有纯粹的文学,因为按照儒家的价值观念,文出于五经,五经才是文之源。所有文章的价值,存在于其"体国经野"的宏大叙事,要求经世济用。除此之外的文章,都是等而下之的。这样的观念,在刘勰的《文心雕龙》和萧统的《文选》中都体现得非常明显。

我们在此处所谓的"奏议",实际上是一种文类,而并非一种文体。历代关于奏议文的范围大小不一,在这里,我们对奏议文范围的界定,主要依据《文心雕龙》的《章表》《奏启》篇,而这两篇涉及的文体主要有章、奏、表、议、启、弹事、封事。即所谓汉之四品的章、奏、表、议,再加上启和弹事、封事。因为封事是秘密上奏给皇帝的,与该专题的关系不大,所以略而不论。

## 一、"奏议"的发展脉络及其文体特征

根据历史文献,现在能够看到的最早的奏议,是《尚书》中的《商书·伊训》和《周书·无逸》。《伊训》篇是商代的五朝元老伊隐对太甲帝的劝诫之辞。商汤既没,到太甲帝时已是无朝,伊隐辅佐太甲,太甲元年在祭祀先王的仪式上,伊隐告诫太甲和百官:"呜呼!古有夏先后,方懋厥德,罔有天灾。山川鬼神,亦莫不宁,暨鸟兽、鱼鳖,咸若。于其子孙弗率,皇天降灾,假手于我有命,造攻自鸣条,朕哉自亳。惟我商王,布昭圣武,代虐以宽,兆民允怀。今王嗣厥德,罔不在初,立爱惟亲,立敬惟长,始天家、邦,终于四海。呜呼!先王肇修人纪,从谏弗咈,先民时若。居上克明,为下克忠,与人不求备,检身若不及,以至于有万邦,兹惟艰哉!敷求哲人,俾辅于尔后嗣,制官刑,儆于有位。曰:'敢有恒舞于宫,酣歌于室,时谓巫风。敢有殉于货色,恒于游畋,时谓淫风。敢有侮圣言、逆忠直、远耆德、

---

① 范文澜:《文心雕龙注》,北京:人民文学出版社,1958年,第406—407页。

比顽童、时谓乱风。惟兹三风十愆,卿士有一于身,家必丧;邦君有一于身,国必亡。臣下不匡,其刑墨,具训于蒙士。'呜呼!嗣王祗厥身,念哉!圣谟洋洋,嘉言孔彰。惟上帝不常,作善,降之百祥;作不善,降之百殃。尔惟德罔小,万邦惟庆;尔惟不德罔大,坠厥宗。"①在这段话中,追述了夏王商兴的教训,告诫太甲要继承先王的美好品德,伊隐强调了德的重要性,否则就会国破宗灭。《周书·无逸》则是周公辅佐成王对成王的告诫之辞:

  周公曰:"呜呼!君子所其无逸。先知稼穑之艰难,乃逸,则知小人之依。相小人,厥父母勤劳稼穑,厥子乃不知稼穑之艰难,乃逸乃谚。既诞,否,则侮厥父母,曰:'昔之人,无闻知。'"

  周公曰:"呜呼!我闻曰:昔在殷王中宗,严恭寅,畏天命,自度。治民祗惧,不敢荒宁。肆中宗之享国,七十有五年。其在高宗,时旧劳于外,爰暨小人。作其即位,乃或亮阴,三年不言。其惟不言,言乃雍。不敢荒宁。嘉靖殷邦,至于小大,无时或怨。肆高宗之享国,五十有九年。其在祖甲,不义惟王,旧为小人。作其即位,爰知小人之依,能保惠于庶民,弗敢侮鳏寡。肆祖甲之享国,三十有三年。自时厥后立王,生则逸。生则逸,不知稼穑之艰难,不闻小人之劳,惟耽乐之从。自时厥后,亦罔或克寿。或十年,或七八年,或五六年,或四三年。"

  周公曰:"呜呼!厥亦惟我周太王、王季,克自抑畏。文王卑服,即康功、田功。徽柔懿恭,怀保小民,惠鲜鳏寡。自朝至于日中昃,不遑暇食,用咸和万民。文王不敢盘于游田,以庶邦惟正之供。文王受命惟中身,厥享国五十年。"

  周公曰:"呜呼!继自今嗣王,则其无淫于观、于逸、于游、于田,以万民惟正之供。无皇曰:'今日耽乐',乃非民攸训,非天攸若,时人丕则有愆。无若殷王受之迷乱,酗于酒德哉!"

  周公曰:"呜呼!我闻曰:'古之人,犹胥训告、胥保惠、胥教诲,民无或胥诪张为幻。'此厥不听,人乃训之,乃变乱先王之正刑,至于小大。民否则厥心违怨,否则厥口诅祝。"

  周公曰:"呜呼!自殷王中宗及高宗及祖甲及我周文王,兹四人迪哲。厥或告之曰:'小人怨汝詈汝',则皇自敬德。厥愆,曰:'朕之愆'。允若时,不啻不敢含怒。此厥不听,人乃或诪张为幻,曰:'小人怨汝詈汝',则信之,则若时,不永念厥辟,不宽绰厥心,乱罚无罪,杀无辜。怨有同,是丛于厥身。周公曰:"呜呼!嗣王!其监于兹。"②

---

① 孔安国传,孔颖达正义,黄怀信整理:《尚书正义》,上海:上海古籍出版社,2007年,第302—307页。

② 孔安国传,孔颖达正义,黄怀信整理:《尚书正义》,上海:上海古籍出版社,2007年,第628—640页。

这段话开宗明义,强调不能贪图安逸,应知稼穑之难,戒绝荒淫,否则也会亡国破家,等等。尽管这两篇文字的真伪问题有争论,但是就现存文献来说,这毕竟是两篇最早的奏议文字,所以我们将全文录之如上,以便有更直观的了解。

按照刘勰的说法,"昔唐虞之臣,敷奏以言"①,根据以上两篇文字,我们对唐虞商周时代的奏议,庶可得其仿佛。

在《文心雕龙》一书中,刘勰梳理了唐虞之世"敷奏以言"的传统以后,又指出了降及七国,"言事于王,皆称上书"(《文心雕龙·章表》)。而到了秦汉时代,"秦汉之辅,上书称奏"②,到了汉定礼仪,"则有四品:一曰章,二曰奏,三曰表,四曰议。"③刘勰的梳理,基本是符合历史实际情况的。

唐虞商周,是"敷奏以言",尽管今天看来,商周时代已有成熟的文字,但是今天传世文献中的奏议文字并不多,基本上也就是《尚书》中的《皋陶谟》《伊训》《召诰》《无逸》非常有限的篇目。而战国时代,则称为上书。以"书"名篇的奏议中,战国时期最有名的就是李斯的《谏逐客书》(《史记》)。

《谏逐客书》作于秦王嬴政十年,秦王朝至前221年完成统一。"秦初定制,改书曰奏"④,也就是说,秦代以后,类似《谏逐客书》之类的奏议,以"书"名篇者,则渐见寥落了。

到西汉初年,叔孙通为刘邦定朝仪礼乐等,"汉定礼仪,则有四品:一曰章,二曰奏,三曰表,四曰议"。四品应该与此有关。根据蔡邕的《独断》:"凡群臣上书于天子者有四名:一曰章,二曰奏,三曰表,四曰驳议。"由此可见,刘勰的说法来自蔡邕的《独断》,而且,"议"本应称为"驳议",只不过因为《文心雕龙》是骈文的形式,所以就把"驳议"省称为"议"了。《文选》卷三十七李善注中又有以下一段话:"总有四品:一曰章,谢恩曰章。二曰表,陈事曰表。三曰奏,劾验政事曰奏。四曰驳,推覆平论有异事进之曰驳。"由此看见,在李善这里,"驳议"又被简称为"驳"。综上所述,"驳议""议""驳",虽名异而实同,其实一也。

"自汉以来,奏事或称'上疏',儒雅继踵,殊采可观。"由此可见,四品之一的"奏",又可称为"疏",汉代著名的疏,则有贾谊《论积贮疏》《陈政事疏》,晁错《论贵粟疏》(《汉书·食货志》),等等。

在《文心雕龙》中,刘勰论述了汉之"四品",其中《章表》论述了章、表二品,《奏启》论述了"奏",而以"启"附"奏"。《议对》论述了"议",而以"对"附"议"。

总之,汉定四品之中,章、表的名称比较固定,奏又称作"疏","议"称为"驳议""驳"

---

① 范文澜:《文心雕龙注》,北京:人民文学出版社,1958年,第421页。
② 范文澜:《文心雕龙注》,北京:人民文学出版社,1958年,第421页。
③ 范文澜:《文心雕龙注》,北京:人民文学出版社,1958年,第406页。
④ 范文澜:《文心雕龙注》,北京:人民文学出版社,1958年,第406页。

等,其实只不过是名异实同而已。这些名称在后世相对固定下来,并一直沿用至清代。所以,姚鼐《古文辞类纂》云:"奏议类者,盖唐虞三代圣贤陈说其君之辞,《尚书》具之矣。周衰,列国臣子为国谋者,谊忠而辞美,皆本《谟》《诰》之谊,学者多诵之。其载《春秋》内外传者不录,录自战国以下。汉以来有表、奏、疏、议、上书、封事之异名,其实一类。惟对策虽亦臣下告君之辞,而其体少别,故置之下编。两苏应制举时,所进时务策,又以附对策之后。"①

以下结合蔡邕《独断》等,论述"四品"各体的行文格式、功能及其基本特征。

> 凡群臣上书于天子者,有四名:一曰章二曰奏三曰表四曰驳议。
>
> 章者,需头称稽首上书谢恩陈事诣阙,通者也。
>
> 奏者,亦需头其京师官,但言稽首。下言稽首以闻其中者,所请若罪法劾案,公府送御史台,公卿校尉送谒者台也。
>
> 表者,不需头上言臣某言,下言臣某诚惶诚恐稽首顿首死罪死罪,左方下附曰某官臣某甲上。文多用编两行,文少以五行。诣尚书通者也,公卿校尉诸将不言姓,大夫以下有同姓官别者言姓。章口报闻公卿,使谒者将大夫以下至吏民,尚书左丞奏闻报可,表文报已奏如书。凡章表皆启封,其言密事得帛囊盛。
>
> 其有疑事,公卿百官会议。若台阁有所正处而独执异议者曰驳议。驳议曰某官某甲议以为如是,下言臣愚戆议异其非驳议,不言议异。其合于上意者,文报曰某官某甲议可。
>
> 汉承秦法,群臣上书皆言昧死言。王莽盗位,慕古法,去昧死曰稽首。光武因而不改。朝臣曰稽首顿首,非朝臣曰稽首再拜。公卿侍中尚书衣帛而朝曰朝臣,诸营校尉将大夫以下亦为朝臣。

再看刘勰《文心雕龙·章表》:

> 周监二代,文理弥盛,再拜稽首,对扬休命,承文受册,敢当丕显,虽言笔未分,而陈谢可见。降及七国,未变古式,言事于主,皆称上书。秦初定制,改书曰奏。汉定礼仪,则有四品:一曰章,二曰奏,三曰表,四曰议。章以谢恩,奏以按劾,表以陈请,议以执异。章者,明也。《诗》云"为章于天",谓文明也。其在文物,赤白曰章。表者,标也。《礼》有《表记》,谓德见于仪,其在器式,揆景曰表。章表之目,盖取诸此也。按《七略》《艺文》,谣咏必录;章表奏议,经国之枢机,然阙

---

① 姚鼐纂,宋晶如、章荣注释:《故辞类纂》,北京:中国书店出版,1986年,第5—6页。

而不纂者,乃各有故事而在职司也。①

李善《文选》卷三十七云:

> 三王已前,谓之敷奏,故《尚书》云:"敷奏以言",是也。至秦并天下,改为表,总有四品:一曰章,谢恩曰章;二曰表,陈事曰表;三曰奏,劾验政事曰奏;四曰驳,推覆平论,有异事进之曰驳。六国及秦汉兼谓之上书,行此五事。至汉、魏已来,都曰表。进之天子称表,进诸侯称上疏。魏已前天子亦得上疏。②

对照以上蔡邕、刘勰、李善所论,可以看出,后两者的说法皆以蔡邕的说法为据,其间的渊源关系,昭然若揭。

除了以上的"四品"之外,奏议文还包括启、弹事等一类的文体。其中,启是比较特殊的一类文体,与"奏""表"皆有关联。

> 启者开也。高宗云"启乃心,沃朕心",取其义也。孝景讳启,故两汉无称。至魏国笺记,始云启闻。奏事之末,或云"谨启"。自晋来盛启,用兼表奏。陈政言事,既奏之异条;让爵谢恩,亦表之别干。必敛饬入规,促其音节,辨要轻清,文而不侈,亦启之大略也。③

用来陈政言事的启,是奏的旁支,让爵谢恩的启,则与表也没有什么大的区别。

弹事是奏议中文体之一,《文选》专设"弹事"一类,且收录了任昉《奏弹曹景宗》《奏弹刘整》以及沈约《奏弹王源》,可见萧统对弹事的重视。按照刘勰的看法,弹事属于"按劾之奏"变化而来,所以在论述了"按劾之奏"以后,刘勰接着说:"后之弹事,迭相斟酌,惟新日用,而旧准弗差。"而结合《文选》收录的弹事三篇,也正好印证了这一特点。

封事,是一种在奏议中篇幅比较短小的文体,而且事涉机密。"自汉置八能,密奏阴阳,皂囊封板,故曰封事。晁错受书,还上便宜。后代便宜,多附封事,慎机密也。"(《文心雕龙·奏启》)据《后汉书·礼乐志中》:"各板书,封以皂囊,送西陛跪授尚书。"因为涉及机密,所以在篇幅上一般不会长篇大论。比较著名的有蔡邕《上封事陈政要七事》(《后汉书·蔡邕传》)等。

奏议,作为一类文体,在文体风格上的总体特征是什么?关于这个问题,其实在曹丕

---

① 范文澜:《文心雕龙注》,北京:人民文学出版社,1958年,第406—407页。
② 李善注:《文选》,上海:上海古籍出版社,1986年,第1667页。
③ 范文澜:《文心雕龙注》,北京:人民文学出版社,1958年,第423—424页。

的《典论·论文》和陆机的文赋中早已作出了规定。这就是经常被提及的所谓曹丕的"四科八体"和陆机《文赋》的文章"十体"。曹丕《典论·论文》提出："夫文本同而末异,盖奏议宜雅,书论宜理,铭诔尚实,诗赋欲丽。"此即所谓的"四科八体"。陆机《文赋》提出："诗缘情而绮靡,赋体物而浏亮,碑披文以相质,诔缠绵而凄怆,铭博约而温润,箴顿挫而清壮,颂优游以彬蔚,论精微而朗畅,奏平彻以闲雅,说炜晔而谲诳。"

不过,综合以上所论,需要注意的是,至少有两个问题。第一,曹丕所说的"奏议",陆机所说的"奏",应该指的是一个文类,而绝非单一的文体。即这里曹丕的"奏议"不是指奏和议,而是指章、表、奏议等文体。同样,陆机的"奏",也不是单指奏这种文体,在外延的指涉上,应该正和曹丕同义。第二,"雅"都是奏议的基本特点,陆机的"奏平彻以闲雅",应该是比曹丕"奏议宜雅"的更具体的说明与界定。而奏议类的文章之所以要具备"雅"的特点,这主要是因为其上奏的对象决定的。因为奏议类的文章,是群臣进于天子或群臣奏于诸侯之文。

关于奏议,即关于章、奏、表、议的发展的基本情况,按照刘勰的说法,"章"这一类文体,"前汉表谢,遗篇寡存"(《文心雕龙·章表》),在西汉所存即不多。

"奏",有时亦称"疏"。因为东汉实行察举制,必试章奏,所以,东汉时期,章奏的地位得以凸显出来。西汉著名的奏,或称疏,著名的有贾谊《论积贮疏》《陈政事疏》、晁错《论贵粟疏》等,东汉则有左雄《上疏陈事》(《全后汉文》卷五九),胡广章奏,天下第一,但他的作品已不存。

"表",著名的作品有诸葛亮《出师表》(《三国志·诸葛亮传》)、曹植《求自试表》《求通亲亲表》等(《全三国文》卷一五、一六等),西晋张华《让公表》,今已不存以及羊祜《让开府表》(《文选》卷三七)、刘琨《劝进表》(《文选》卷三七),东晋庾亮《让中书监表》(《文选》卷三八误作《让中书令表》)等等。

"议",又称驳议,著名的作品有东汉刘歆《孝武庙不毁议》,张敏《驳轻侮法议》《复上书议轻侮法》,应劭《驳韩卓募兵鲜卑议》,陆机《晋书限断议》(《初学记》卷二一存残文)等等。"对",著名的作品有晁错《贤良文学对策》(《汉书·晁错传》)、董仲舒《举贤良对策》三篇(《汉书·董仲舒传》)、杜钦《举贤良方正对策》《白虎殿对策》(《汉书·杜周附钦传》)等等。

## 二、"奏议"名篇及其赋体化表现

李斯《谏逐客书》是奏议中的名篇,且看以下两段文字:

臣闻吏议逐客,窃以为过矣。昔穆公求士,西取由余于戎,东得百里奚于宛,迎蹇叔于宋,来邳豹、公孙支于晋。此五子者,不产于秦,而穆公用之,并国二十,遂霸西戎。孝公用商鞅之法,移风易俗,民以殷盛,国以富强,百姓乐用,诸侯亲服,获楚、魏之师,举地千里,至今治强。惠王用张仪之计,拔三川之地,西并巴蜀,北收上郡,南取汉中,包九夷,制鄢郢,东据成皋之险,割膏腴之壤,遂散六国之纵,使之西面事秦,功施到今。昭王得范雎,废穰侯,逐华阳,强公室,杜私门,蚕食诸侯,使秦成帝业。此四君者,皆以客之功。由此观之,客何负于秦哉!向使四君却客而弗纳,疏士而弗用,是使国无富利之实,而秦无强大之名也。

今陛下致昆山之玉,有和随之宝,垂明月之珠,服太阿之剑,乘纤离之马,建翠凤之旗,树灵鼍之鼓。此数宝者,秦不生一焉,而陛下说之何也?必秦国之所生然后可,则夜光之璧不饰朝廷,犀象之器不为玩好,而赵卫之女不充后宫,骏良駃騠不实外厩,江南金锡不为用,西蜀丹青不为采。所以饰后宫充下陈,娱心意说耳目者,必出于秦然后可,则是宛珠之簪,傅玑之珥,阿缟之衣,锦绣之饰不进于前,而随俗雅化,佳冶窈窕,赵女不立于侧也。①

秦王嬴政十年,即公元前237年,秦下逐客令的起因,乃是由于韩人郑国在秦国作间谍事发,秦国的宗室大臣"请一切逐客",即驱除秦国境内所有的客,李斯也在被逐之列。正是在此背景下,李斯上《谏逐客书》。李斯为了说明客有功于秦,列举了秦穆公礼五士而霸西戎,孝公任商鞅而举地千里,惠王用张仪而散六国之纵,昭王得范雎而成帝业。历数秦王四世而用客,客之有功于秦遂昭然于纸上。然后转入美玉、宝货、玩好、美女、骏马、金锡、丹青、装饰、锦绣等等,虽非秦产,然早已随俗雅化,渗透进了秦人的生活,等等,此文洋洋洒洒,铺张扬厉,陈述了客之于秦的重要性。李斯是荀子的弟子,荀子作有《赋篇》,李斯的文风明显地表现出了赋化的特征。

汉代晁错的《论贵粟疏》,也是奏议名篇。且看以下这段文字:

今农夫五口之家,其服役者不下二人,其能耕者不过百亩,百亩之收不过百石。春耕夏耘,秋获冬藏,伐薪樵,治官府,给徭役;春不得避风尘,夏不得避暑热,秋不得避阴雨,冬不得避寒冻,四时之间亡日休息。又私自送往迎来,吊死问疾,养孤长幼在其中。勤苦如此,尚复被水旱之灾,急政暴虐,赋敛不时,朝令而暮改。当具有者半贾而卖,亡者取倍称之息;于是有卖田宅鬻子孙以偿债者矣。而商贾大者积贮倍息,小者坐列贩卖,操其奇赢,日游都市,乘上之急,所卖必倍。故其男不耕耘,女不蚕织,衣必文采,食必粱肉;亡农夫之苦,有阡陌之得。因其富厚,交通王侯,力过吏势,以利相倾;千里游敖,冠盖相望,乘坚策肥,履丝曳缟。此商人所以兼并农人,农人所以流亡者也。今法律贱商人,商人已富贵矣;尊农夫,农夫已贫贱矣。故俗之所贵,主之所贱也;

---

① 李善注:《文选》,上海:上海古籍出版社,1986年,第1755—1757页。

吏之所卑,法之所尊也。上下相反,好恶乖迕,而欲国富法立,不可得也。①

该篇的题目系后人所加,班固将其载入《汉书·食货志》。贵粟的目的,是为了"劝农力本",为统治者寻求长治久安之道。文中对五口之家的辛苦劳作,生活的艰难作了具体的描写,对商贾的富足也详细描绘了其中的一些细节。该篇以对比之法,渲染了"农人"与"商人"悬若天壤之别,从而回归到劝农力本的主题。其中有夸张,有铺排,有描写,包括句式、节奏、韵律等,都与赋的写法是一致的,明显带有赋体化的文体语言特征。同样,贾谊的有关奏议,如《陈政事疏》等,也是如此。

南北朝时期的奏议,如傅亮《为宋公至洛阳谒五陵表》:

> 臣裕言:近振旅河湄,扬旌西迈,将届旧京,威怀司、雍。河流湍疾,道阻且长。加以伊洛榛芜,津途久废,伐木通径,淹引时月。始以今月十二日,次故洛水浮桥。山川无改,城阙为墟。宫庙隳顿,钟簴空列。观宇之余,鞠为禾黍。廛里萧条,鸡犬罕音。感旧永怀,痛在心目。
>
> 以其月十五日,奉谒五陵。坟茔幽沦,百年荒翳。天衢开泰,情礼获申。故老掩涕,三军凄感。瞻拜之日,愤慨交集。行河南太守毛修之等,既开翦荆棘,缮修毁垣。职司既备,藩卫如旧。伏惟圣怀,远慕兼慰,不胜下情。谨遣传诏殿中中郎臣某,奉表以闻。②

《宋书·武帝纪》记载,东晋义熙十二年十月,刘裕北伐收复洛阳,率军拜谒五陵,时为宋公。傅亮代为向晋安帝奏捷。就一般意义上来讲,"表以陈请"(《文心雕龙·章表》),该表的写法却与之不同。先写行军路程,次写路上所见,再写路途艰险,淹留时日,再写宗庙久荒,市井萧条,再写五陵破败,再写重置藩卫,最后写奉表以闻。路途的艰险劳顿,内心如焚的黍离之悲,交织在一起,构成了该表的主要内容,从这个意义上说,该表独出机杼,不同于普通意义上的表的写法,反倒与汉魏六朝述行赋的情调颇为相类。

而陈代江总的《为陈六宫谢表》也不同于表的常规写法,颇具宫体赋的意味。且看以下文字:

> 鹤篰晨启,雀钗晓映。恭承盛典,肃荷徽章。步动云袿,香飘雾縠。愧缠艳粉,无情拂镜;愁萦巧黛,息意临窗。妾闻汉水赠珠,人间绝世;洛川拾翠,仙处无双。或有风流行雨,窈窕初日,声高一笑,价起两环。乃可桂殿迎春,兰房侍宠。借班姬之扇,

---

① 班固:《汉书》,北京:中华书局,1962年,第1132—1133页。
② 许梿评选,黎经诰注:《六朝文絜笺》,影印复旦大学图书馆藏清光绪十五年枕溢书屋刻本,第182—183页。

未掩惊羞;假蔡琰之文,宁披悚戴。①

这简直就是一篇美人赋的文字,与宋玉、司马相如、蔡邕、沈约等人的"丽人赋"之类的题材相比,可谓有过之而无不及。因此,清许梿《六朝文絜》评曰:"一意雕绘,语语精绝。恨不能唤起十三行妙手,玉版书之。"② 确实,该表是"一意雕绘"、充满脂粉气的六朝文章之典型。用典,愈益强化了其雕绘的特点。自"妾闻"以下,几乎句句用典,"汉水赠珠"用的是《列仙传》的典故,"洛川拾翠"用的是《洛神赋》的典故,"风流云雨""窈窕初日"用的是《高唐神女赋》《登徒子好色赋》的典故,以下则以此运用了赵飞燕、班婕妤和蔡琰的典故。该表处处扣住的是丽人形象,这简直不是在写奏表,而是借写奏表而突出丽人的妆扮、香艳、等待、羞怯、惶恐、感激、才华等多种外在形貌与内心活动的复杂交织,也就无怪乎许梿有"恨不能唤起十三行妙手"之评了。该表之写法,与同一时期的宫体赋运用的都是一样的手眼。

如前面所论,启是一种介于表和奏之间的文体。汉景帝名启,所以出于避讳的原因,两汉没有"启"这一类的文体。三国时魏国的笺记,在末尾加上"谨启"的字样。"自晋来盛启,用兼表奏。陈政言事,既奏之异条;让爵谢恩,亦表之别干"。晋代以后,启得到了广泛的运用,而且相当一部分的启,用来表达作者或作者代拟他人对于王、侯赐物的感谢,或者可以径直称作谢启也未尝不可。如下面的文字:

南中橙甘,青鸟所食。始霜之旦,采之风味照座,劈之香雾噀人。皮薄而味珍,脉不粘肤,食不留滓。甘踰萍实,冷亚冰壶。可以熏神,可以芼鲜,可以渍蜜。毡乡之果,宁有此邪?(梁刘峻《送橘启》)③

丽兼桃象,周洽昏明。便觉夏室已寒,冬裘可袭。虽九日煎沙,香粉犹弃;三旬沸海,团扇可捐。(梁刘孝仪《谢始兴王赐花纨簟启》)④

阶边细草,犹推缥叶之光;户前桃树,翻讶蓝花之色。遂得裾飞合燕,领斗分鸾。试顾采薪,皆成留客。(梁庾肩吾《谢东宫赉内人春衣启》)⑤

以上作品,都是紧扣所受之物的特点,加以描绘,而且时用隔句对。尤为明显的,是

---

① 许梿评选,黎经诰注:《六朝文絜笺》,影印复旦大学图书馆藏清光绪十五年枕湼书屋刻本,第187页。
② 许梿评选,黎经诰注:《六朝文絜笺》,影印复旦大学图书馆藏清光绪十五年枕湼书屋刻本,第187页。
③ 许梿评选,黎经诰注:《六朝文絜笺》,影印复旦大学图书馆藏清光绪十五年枕湼书屋刻本,第190页。
④ 许梿评选,黎经诰注:《六朝文絜笺》,影印复旦大学图书馆藏清光绪十五年枕湼书屋刻本,第190页。
⑤ 许梿评选,黎经诰注:《六朝文絜笺》,影印复旦大学图书馆藏清光绪十五年枕湼书屋刻本,第191页。

庾信的作品,如:

> 臣某启:奉敕垂赐杂色丝布绵绢等三十段、银钱二百文。
> 某比年以来,殊有缺乏。白社之内,拂草看冰;灵台之中,吹尘视甑。怼妻狠妾,既嗟且憎;瘠子羸孙,虚恭实怨。王人忽降,大赉先临。天帝锡年,无逾此乐;仙童赠药,未均斯喜。
> 张袖而舞,元鹤欲来;抚节而歌,行云几断。所谓舟楫无岸,海若为之反风;荞麦将枯,山灵为之出雨。况复全抽素茧,云版疑倾;并落青凫,银山或动。是知青牛道士,更延将尽之命;白鹿真人,能生已枯之骨。
> 虽复拔山超海,负德未胜;垂露悬针,书恩不尽。蓬莱谢恩之雀,白玉四环;汉水报德之蛇,明珠一寸。某之观此,宁无愧心!直以物受其生,于天不谢。谨启。(北周庾信《谢明皇帝赐丝布等启》)①
> 某启:奉教垂赉杂色丝布三十段。
> 去冬凝闭,今春严劲。霰似琼田,凌如盐浦。张超之壁,未足鄣风;袁安之门,无人开雪。覆鸟毛而不暖。然兽炭而逾寒。远降圣慈,曲垂矜赈。谕其蚕月,殆罄桑车;津实秉杼,几空织室。
> 遂令新市数钱,忽疑贩彩;平陵月夜,惊闻捣衣。妾遇新缣,自然心伏;妻闻裂帛,方当含笑。庄周车辙,实有涸鱼;信陵鞭前,元非穷鸟。仰蒙经济,伏荷圣慈。(北周庾信《谢赵王赉丝布启》)②
> 某启:奉教垂赉乌骝马一匹。
> 柳谷未开,翻逢紫燕;临源犹远,忽见桃花。流电争光,浮云连影。张敞画眉之暇,直走章台;王济饮酒之欢,长驱金埒。(北周庾信《谢滕王赉马启》)③

庾信的这几篇作品,词采高华,对仗工稳,音韵和谐,典实密集,是南北朝时期谢启的典型之作。作者将内心的感激与对所赐之物的赞美,融为一体。该类谢启,其写作模式几乎如出一辙,庶几可以看作一篇简短的咏物赋。

---

① 许槤评选,黎经诰注:《六朝文絜笺》,影印复旦大学图书馆藏清光绪十五年枕溢书屋刻本,第191—192页。
② 许槤评选,黎经诰注:《六朝文絜笺》,影印复旦大学图书馆藏清光绪十五年枕溢书屋刻本,第193页。
③ 许槤评选,黎经诰注:《六朝文絜笺》,影印复旦大学图书馆藏清光绪十五年枕溢书屋刻本,第195页。

## 三、奏议的赋化与赋化的奏议：
## 《修竹弹甘蔗文》《鉏表》与沈炯《经通天台奏汉武帝表》

汉魏六朝时期，奏议是文章的大宗。在这些奏议文当中，有三篇比较特殊的文本，一是沈约《修竹弹甘蔗文》，一是王琳《鉏表》，一时陈沈炯《经通天台奏汉武帝表》。为了论述的方便，兹将沈约的弹文录之如下：

修竹弹甘蔗文
　　渭川长兼淇园贞干臣修竹稽首，臣闻：艾黄蕴崇，农夫之善法。无使滋蔓，蔫恶之良图。未有蠹苗害稼，不加穷伐者也。切寻苏台前甘蔗一丛，宿渐云露，荏苒岁月，擢本盈寻，垂阴含丈，阶缘宠渥，铨衡百卉，而予夺乖爽，高下在心。每叨天功以为己力。风闻籍听，非复一涂，犹谓爱憎异说，所以挂乎严网。
　　今月某日，有台西阶泽兰、萱草到园同诉，自称虽惭杞梓，颇异蒿蓬，阳景所临，由来无隔。今月某日，巫岫敛云，秦楼开照，乾光弘普，罔幽不瞩。而甘蔗攒茎布影，独见郭蔽。虽处台隅，遂同幽谷。
　　臣谓偏辞难信，敢察以情。登摄甘蔗左近杜若、江蓠，依源辨覆，两草各处异列同欸？既有证据，羌非风闻，切寻甘蔗出自药草，本无芬馥之香，柯条之任，非有松柏后雕之心，盖阙葵藿倾阳之识。凭藉庆会，稽绝伦等，而得人之誉，靡即称平之声寂寞，遂使言树之草，忘忧之用莫施。无绝之芳，当门之弊斯在。妨贤败政，孰过于此？而不除戮，宪章安用？请以见事徙根翦叶，斥出台外，庶惩彼将来，谢此众屈。①

作者在这篇弹事中虚构了一个植物世界的诉讼事件。在这个植物世界中，修竹、甘蔗、泽兰、萱草、江蓠、杜若皆化而为人，其艺术手法一如庄子的寓言。修竹在文中化为了"渭川长兼淇园贞干臣"，以此身份弹劾甘蔗。起因是因为甘蔗凭借上天的优渥，肆意遮蔽了风光日月，使泽兰、萱草处于不见日月的幽闭状态。正因为甘蔗的障蔽导致生存处境的恶化，泽兰、萱草遂前往修竹那里诉讼。修竹认真勘实此事，调查了杜若、江蓠，查明情况属实，遂判令将甘蔗"徙根翦叶，斥出台外"，以示惩戒。

在作者虚拟的这个植物世界的诉讼之中，修竹作为贞干臣的义正词严，甘蔗的叨天功以为己力，泽兰萱草的极力控诉，杜若江蓠的配合调查，等等，都在这篇弹文中得以呈现或补足。以虚拟的方式，使动植物开口说话，化而为人，这样的方式，带有庄子寓言的成分，也是辞赋的传统。

---

① 张溥：《汉魏六朝一百三家集》卷八十七梁《沈约集》，清文渊阁四库全书本。

至于在这篇弹事中,到底单纯的游戏为文,还是另有隐喻,特别是隐喻朝臣的专横跋扈,借此文而以诫示? 这是另外的一个问题,而且笔者认为,恐怕以后者的可能性为大。这个问题,且俟以后专文探讨。

《鮆表》,一作《鯉表》,是奏议中另一篇独具特色的作品。鮆、鯉,显然系二字形近而致的异写。关于作者,在《酉阳杂俎》《太平广记》《全梁文》《骈体文钞》中的载录颇不一致。一曰为王琳,一曰为韦林,一作韦林。内容文字也有差异,其中以《太平广记》卷二百四十七"诙谐"三的载录最为完整,全文如下:

> 后梁王琳,明帝时为中书舍人。博学有才藻,好臧否人物。众畏其口,常拟孔稚珪。又为《鮆表》,以托刺当时。其词曰:
>
> 臣言:伏见除书,以臣为糁蒸将军、油蒸校尉,臛州刺史、脯腊如故者。肃承明命,灰身屏息,凭临鼎镬,俯仰兢惧。臣闻高沙走姬,非有意于绮罗;白鲔女儿,岂期心于珠翠。臣美愧夏鳣,味惭冬鲤,常恐鲐腹之讥,惧贻鳖岩之诮,是以漱流湖底,枕石泥中,不意高赏殊宏,曲蒙钩拔,遂得起升绮席,忝预玉盘,爰厕珉筵,猥烦象筯,泽覃紫腴,恩加黄腹。方当鸣姜动桂,纡苏佩檖,轻瓢纔动则枢榘如云,浓汁暂停则兰膏成列,婉转绿鳘之中,逍遥朱唇之内,衔恩噬泽,九殒弗辞,不任屏营之至,谨到铜铛门奉表以闻。
>
> 诏答曰:"省表,是公卿池沼缙绅,波渠后又穿蒲入苻,肥滑系彰,正膺兹选,无劳谢也。"
>
> 时恶之,或以讥诮闻孝明,亦弗之罪也,其文传于江表。①

以上所录,第一段是对王琳其人的介绍,最后一段则是对该表所产生的影响的说明。严可均《全梁文》略去"诏答曰"一段,就上下文来看,该段显然是全表的有机组成部分,严可均略去是不完整的。

关于王琳其人和该表的创作背景,《太平广记》卷二百三十四"食"类标目下,也有一段文字说明:"后梁韦林,京兆人,南迁于襄阳。天保中为舍人,涉猎有才藻,善剧谈。尝为鮆表以讥刺时人。"并特意标明有关文字出自《酉阳杂俎》②,与上面的文字结合,我们可以对作者和创作背景、主旨有更明确的认识。

作者将鮆鱼拟人化,以奏表的方式称谢。鮆鱼被加官晋爵,"以臣为糁蒸将军、油蒸校尉、臛州刺史、脯腊如故者",显而易见,所谓的"糁蒸""油蒸""臛州""脯腊",都是一

---

① 李昉:《太平广记》,北京:中华书局,1961年,第1910页。
② 李昉:《太平广记》,北京:中华书局,1961年,第1753页。

些不同的做鱼的烹饪方法。鲍鱼本有自知之明,"臣美愧夏鳣,味惭冬鲤,常恐鲐腹之讥,惧贻鳖岩之诮,是以潄流湖底,枕石泥中",无意被提拔,却突然受到重用,被置于丰盛的华宴之上,"婉转绿齑之中,逍遥朱唇之内,衔恩噬泽,九殒弗辞",被达官贵人反复咀嚼,还要千恩万谢。明明成为别人的口腹之物,还要感谢"恩加黄腹""衔恩噬泽",而且虽万死不辞。上表之后,结果皇帝下诏,认为鲍鱼无需推辞,正膺此选。就文意来看,同沈约的《修竹弹甘蔗文》一样,虽不乏游戏笔墨的成分,但是,总体来看,该表的情调与孔稚珪的《北山移文》一样,很可能其矛头所指,也是意在讽刺当世的某些假隐士。

同样,南朝陈沈炯《经通天台奏汉武帝表》与其说是奏表,不如说是在抒发自己对世事变幻的无限感慨,且在感慨中打入了自己的身世之感:"羁旅缧臣,能不落泪"。兹录之如下:

> 臣闻桥山虽掩,鼎湖之灶可祠;有鲁遂荒,大庭之迹无泯。伏惟陛下降德猗兰,纂灵丰谷。汉道既登,神仙可望。射之罘于海浦,礼日观而称功,横中流于汾河,指柏梁而高宴。何其甚乐,岂不然与?
> 
> 既而运属上仙,道穷晏驾,甲帐珠帘,一朝零落,茂陵玉碗,遂出人间。陵云故基,与原田而膴膴;别风余迹,带陵阜而茫茫。羁旅缧臣,能不落泪!
> 
> 昔承明既厌,严助东归;驷马可乘,长卿西反,恭闻故实,窃有愚心。黍稷非馨,敢望徼福。但雀台之吊,空怆魏君,雍丘之祠,未光夏后,瞻仰烟霞,伏增凄恋。(《南史》卷六十九)①

此表的创作背景,《南史》卷六十九有明确的交代:"魏克荆州,被虏,甚见礼遇,授仪同三司。以母在东,恒思归国。恐以文才被留,闭门却扫,无所交接。时有文章,随即弃毁,不令流布。尝独行经汉武通天台,为表奏之,陈己思乡之意"②,由此可见沈炯在陷魏之后的处境及其心态。"奏讫,其夜梦有宫禁之所,兵卫甚严。炯便以情事陈诉,闻有人言:'甚不惜放卿还,几时可至。'少日,便与王克等并获东归。"此段叙述,颇有小说家言的渲染性的成分,但是,由此可见,亦可见出修史者对此表的重视。

至于此表的文体归类,《太平御览》题为《祭汉武帝陵文》(见于卷八十九皇王部十四,四部丛刊三编景宋本)。根据《南史》的记载以及文体形式而言,应该为表,而不应以祭文视之。除了《南史》之外,《汉魏六朝一百三家集》《骈体文钞》皆题为表。

该表的特殊之处在于,身处北朝的沈炯,竟然向汉武帝上表,陈请思归南朝之意,这本身就有时空穿越的梦幻之感。通天台,乃汉武帝于元封二年年为求仙而建,通天,言台

---

① 李延寿:《南史》,北京:中华书局,1975年,第1678页。
② 李延寿:《南史》,北京:中华书局,1975年,第1678页。

之高。师古注："通天台者,言此台高,上通于天也。《汉旧仪》云高三十丈,望见长安城。"表中先言自黄帝以来的求仙有征,遗迹犹存,引出武帝时的神仙可望,欢乐无限;次叙武帝去世之后,通天台的荒落破败,一片草莽;最后抒发羁留北朝,不得南归的悲情。与通常意义上"表以陈请"的实用性不同,沈炯与汉武,相隔异代,就时间而言,相差六七百年之久,竟然能够以一名臣子的身份,向汉武帝上奏,款陈心曲,祈求东归。这足以说明,该表已经完全艺术化了,在创作的模式上也早已跳出"表以陈请"的实用性窠臼,其语言也是赋体化的,而采用隔代人物对话的方式,在屈原的作品以及谢庄《月赋》中早就存在这样的形式,不同之处在于,后者采取的是人物对话问答的方式,而该表则视为作者与汉武的心理对话而已。

## 余论

如前所述,奏议是中国古代文章的大宗。而且,中国古代的第一部总集即以《魏名臣奏议》开篇,由此可见奏议的重要性。《魏名臣奏议》又名《魏名臣奏事》《魏名臣奏》,系正始时期陈群受诏所撰,该书已不存,在严可均《全三国文》《太平御览》尚可见到部分表、议、奏、诏等。曹丕《典论·论文》所谓的"奏议宜雅",此处的奏议,也不是文体的概念,仅指奏、议两种文体,而是文类意义上的概念,指的是奏议这一个大类的文章,包括章、奏、表、议等臣对上的上行文体。

奏议的赋化,在李斯的《谏逐客书》,有贾谊《论积贮疏》《陈政事疏》、晁错《论贵粟疏》等,都表现出了明显的赋体化倾向。不仅如此,在汉代,即使应用于朝廷问答的廷对也是明显的赋体。如东方朔对武帝的一段话:

> 时天下侈靡趋末,百姓多离农亩。上(武帝)从容问朔:"吾欲化民,岂有道乎?"朔对曰:"尧、舜、禹、汤、文、武、成、康上古之事,经历数千载,尚难言也,臣不敢陈。愿近述孝文皇帝之时,当世耆老皆闻见之。贵为天子,富有四海,身衣弋绨,足履革舄,以韦带剑,莞蒲为席,兵木无刃,衣缊无文,集上书囊以为殿帷;以道德为丽,以仁义为准。于是天下望风成俗,昭然化之。今陛下以城中为小,图起建章,左凤阙,右神明,号称千门万户;木土衣绮绣,狗马被缋罽;宫人簪瑇瑁,垂珠玑;设戏车,教驰逐,饰文采,丛珍怪;撞万石之钟,击雷霆之鼓,作俳优,舞郑女。上为淫侈如此,而欲使民独不奢侈失农,事之难者也。陛下诚能用臣朔之计,推甲乙之帐燔之于四通之衢,却走马示不复用,则尧、舜之隆宜可与比治矣。《易》曰:'正其本,万事理;失之豪厘,差以千里。'愿陛下留意察之。"(《汉书》卷六十五《东方朔传》)[1]

---

[1] 班固:《汉书》,北京:中华书局,1962年,第2858页。

这段话,当然已经是口头语言的书面化,但借此还是可以看出奏议体现出的赋体因素。而在汉魏六朝时期,尤为值得重视的是,奏议的艺术化或曰赋体化,特别是像沈约的《修竹弹甘蔗文》《鲲表》与沈炯《经通天台奏汉武帝表》等等。

刘师培在《中国中古文学史讲义》中指出,自宋齐以来,作者"益为轻薄","梁则世风益薄,士多嘲讽之文,而文体亦因之愈卑矣"①。刘师培的说法,主要是针对宋齐至梁的游戏笔墨,以戏为文。这种现象,确实是比较普遍的。如宋袁淑《鸡九锡文》《驴山公九锡文》、齐孔稚珪《北山移文》等等,均不乏游戏为文的成分,并带有赋体化的因素。就文学史的意义而言,至少有以下几个方面值得注意:

一、中国文学,是大文学的观念,而非纯文学的观念,今天的文学史观,是按照西方文学观进行提纯的结果。在中国古代文章中,应用与非应用性文体之间,没有明显的文体界限。

二、赋在汉代是一代之文学,在魏晋南北朝已成为与诗相颉颃的重要文体。赋的传统已经形成,并渗入到了其他文体的创作之中。因此,我们看到,汉魏六朝文学在"尊体"的同时,也存在着"破体"的现象。赋体的一些重要特征,如虚构人物、铺排扬厉、对仗整齐、句式严整、词采华美等等,也被自觉地移植到了应用性文体的创作之中,这反映了文学的新变,也符合文体史或文学史的发展规律。

三、在文学史的研究中,除了诗赋词曲文等文体,某些应用性文体,也应该纳入文学史的研究范围,"文"与"非文"的互动,才构成了真正的中国文章发展史或中国文学发展史的发展轨迹。

---

① 刘师培:《中国中古文学史讲义》,北京:人民文学出版社,1957年,第93页。